U0421210

臧克和 等◎著

中国文字学手册

华东师范大学出版社
·上海·

图书在版编目（CIP）数据

中国文字学手册／臧克和等著. —上海：华东师范大学出版社，2023
ISBN 978-7-5760-4208-5

Ⅰ. ①中… Ⅱ. ①臧… Ⅲ. ①汉字—文字学—手册
Ⅳ. ①H12-62

中国国家版本馆CIP数据核字(2023)第184958号

中国文字学手册

著　　者　臧克和等
策划编辑　王　焰
责任编辑　朱华华
审读编辑　沈　苏　刘效礼
责任校对　王丽平
装帧设计　卢晓红

出版发行　华东师范大学出版社
社　　址　上海市中山北路3663号　邮编200062
网　　址　www.ecnupress.com.cn
电　　话　021-60821666　行政传真021-62572105
客服电话　021-62865537　门市(邮购)电话021-62869887
地　　址　上海市中山北路3663号华东师范大学校内先锋路口
网　　店　http://hdsdcbs.tmall.com

印 刷 者　上海中华商务联合印刷有限公司
开　　本　787毫米×1092毫米　1/16
印　　张　42.25
字　　数　732千字
版　　次　2023年10月第1版
印　　次　2023年10月第1次
书　　号　ISBN 978-7-5760-4208-5
定　　价　168.00元

出 版 人　王　焰

目录

第一章

绪论

第一节

中国文字的起源

关于中国文字的起源，在先秦时期已经出现一些说法，主要有结绳说、伏羲作八卦说、仓颉作书说、河图洛书说等。在其后的两千多年时间里，基本上是沿用这些说法，直到近现代西学传入，才产生了一些新的说法。

国外一些学者，曾怀疑中国文明包括文字起源于中国本土，例如17世纪耶稣会士柯切尔(A. Kircher)著《埃及之谜》(1654)与《中国礼俗记》(1667)二书，以中文与埃及文字相似，认为中国人为埃及人的后裔。18世纪法国汉学家德经(J. de Guignes)认为中国文明源于埃及，汉字与古埃及象形文字相似，是从埃及传入的。持相同观点的还有德梅兰(S. de Mairan)、沃伯顿(Warburton)、尼达姆(Needham)等人。① 1933年日人板津七郎著《埃汉文字同源考》，两年后又出版重订及补遗，仍主张中国文字源于埃及。② 在德经等人之后又有中国文字源于巴比伦说。19世纪末，伦敦大学教授拉克佩里(T. de Lacouperie)著《中国上古文明西源论》一书，认为中华民族系由巴比伦之巴克族东迁而来，其文化上包括文字有大量相似之处。③ 1899年日人白河次郎、国府种德合著的关于中国文明史的著作，进一步

---

① 〔法〕J. de Guignes: *Mémoire dans lequel on prouve, que les Chinois sonl une Colonie Egyptienne*, Paris: Desaint & Saillant, 1760.转引自江晓原、钮卫星：《天文西学东渐集》，上海书店出版社，2001年，第3页。

② 李学勤：《古埃及与中国文字的起源》，《比较考古学随笔》，广西师范大学出版社，1997年，第130页。

③ 〔法〕T. de Lacouperie: *The Western Origin of the Early Chinese Civilization*, London, 1894. 转引自江晓原、钮卫星：《天文西学东渐集》，上海书店出版社，2001年，第4页。

发挥拉氏之说，列举巴比伦与古代中国在学术、文字、政治、宗教、神话等方面相似者达 70 条之多。1913 年英国传教士鲍尔(C. J. Ball)著《中国人与苏美尔人》一书，持大体相同的说法。[①]

中国文明源西来说在 20 世纪初曾受到中国学者的普遍欢迎，如丁谦的《中国人种从来考》、蒋智由的《中国人种考》、章炳麟的《种姓篇》、刘师培的《国土原始论》《华夏篇》《思故国篇》、黄节的《立国篇》《种原篇》等皆赞同拉氏之说，其原因是清末反满情绪高涨，"汉族西来之说，可为汉族不同于满族之佐证"[②]。这种带有政治色彩的学术观点一直对中国文字起源研究产生影响。直到现在，仍有学者认为中国文字源于埃及，如苏三坚持认为中国文明来源于中东，中国文字来源于古埃及的象形文字[③]，不过是对西方学者说法又一形式的重复。

李济把"(中国)文字的开始"归于"尚难断定来源者"[④]，在地下材料还不够充分的条件下提出这样的看法，是一种审慎的态度。李济逝世后 30 年间，地下材料出土日益丰富，考古学也有长足进展。我们现在在这些有利条件下所作的论述，似可对李济先生的怀疑作一回答：中国文字的的确确起源于中国本土。中国文字不仅起源于本土，而且曾经出现两个文字体系，一个文字体系是中原文字，另一个文字体系是南方文字。中原文字发展为我们现在还在使用的汉字，南方文字则已消亡(但南方文字是否还存在影响，仍是需要探讨的一个问题)。

学者很早就对中国文字起源问题进行了探讨。李济说："甲骨文显然不是中国最早的文字；中国最早的文字可以早到何时？现在无答案。"[⑤]一些学者与李济持大致相同的观点，相信中国在商代之前，更早的时候已经有了文字。与李济不同的是，这些学者对中国最早的文字在何时出现进行了探讨。如郭沫若认为，仰韶文化彩陶上的那些"刻划的意义至今虽然尚未阐明，但无疑是具有文字性质的符号"[⑥]。于省吾也认为仰韶文化的刻划符号是"文字起源阶段所产生的一些简单文字"[⑦]。李孝定认为，从仰韶文化到城子崖上文化层各期，"几乎每期都有陶

① 江晓原、钮卫星：《天文西学东渐集》，上海书店出版社，2001 年，第 4 页。
② 方豪：《中西交通史》，岳麓书社，1987 年，第 32 页。
③ 苏三：《历史也疯狂》，金城出版社，2005 年。
④ 李济：《试论中国文化的原始》，《考古琐谈》，湖北教育出版社，1998 年，第 176 页。
⑤ 李济：《试论中国文化的原始》，《考古琐谈》，湖北教育出版社，1998 年，第 176 页。
⑥ 郭沫若：《古代文字之辩证的发展》，《奴隶制时代》，人民出版社，1973 年，第 245 页。
⑦ 于省吾：《关于古文字研究的若干问题》，《文物》1973 年第 2 期。

文出现”，这些陶文就是“我国早期较原始的文字”。[①] 唐兰则认为，“大汶口陶器文字是目前所能见到的我国最早的意符文字”，但我国意符文字的创始期还远在其前。大汶口陶器文字至少已经有一千多年的历史，因此，我国意符文字的起源，应在太昊与炎帝时代。[②] 把中国文字起源的时间上推到仰韶文化之前。而另外一些学者则认为中国文字出现的时间没有那么早，李先登认为文字形成于夏代初期[③]，陈炜湛认为文字形成于夏代中晚期[④]，裘锡圭则认为“汉字基本上形成完整的文字体系的时代，可能是夏商之际”[⑤]。

需要指出的是，“最早的文字”与文字的起源问题严格说来并不是同一问题。因为，我们把“最早的文字”找出来了，接着又要提出一个问题：“这个最早的文字来源于何处?”因此，文字的起源问题不能只谈“最早的文字”，还应包括与文字有关的“最初因素”。何崝认为，文字起源问题就要研究这些“最初因素”如何经过几个阶段发展为最初的文字体系。

现在看来，学者的以上探讨存在两个不足之处：第一，他们谈文字的形成，似乎主要着眼于符号本身的演变，似乎认为符号可以自然而然地演变成文字，对文字符号与社会发展的关系，包括与经济、文化的关系并未给予较多的关注。第二，他们对所谓的“最早的文字”“较原始的文字”“完整的文字体系”等概念并未加以严格的界定，因而他们所谈论的文字形成没有一个共同的标准，无异于扣盘扪烛，各说各话。何崝认为，这是研究包括中国文字在内的文字起源的两个基本的理论问题，而这两个基本的理论问题却一直未能得到解决。

这两个基本的理论问题实际上就是文字生成机制问题。何崝在《中国文字起源研究》一书的引论中，对文字生成机制进行了探讨。引论首先指出，在世界范围内，从旧石器时代晚期开始就陆续出现了图画和符号，但这些图画和符号并不是都能发展为文字体系。而所谓文字体系，是有不同层次的，引论中把文字体系划

---

① 李孝定：《再论史前陶文和汉字起源问题》，《汉字的起源与演变论丛》，联经出版事业公司，1986 年，第 223 页。

② 唐兰：《中国有六千多年的文明史——论大汶口文化是少昊文化》，《大公报在港复刊卅周年纪念文集》，大公报出版社，1978 年，第 45 页。

③ 李先登：《试论中国文字之起源》，《天津师大学报》1985 年第 4 期。

④ 陈炜湛：《汉字起源试论》，《中山大学学报（哲学社会科学版）》1978 年第 1 期。

⑤ 裘锡圭：《汉字形成问题的初步探索》，《中国语文》1978 年第 3 期。

分为巫师文字和通行文字。巫师文字主要是在巫术中用于人神交流,其本质是巫术精致化的表现;而通行文字则是运用于人际交流的书面符号系统,可以应用于社会各个方面。巫师文字和通行文字是两个不同层次的文字体系,后者是在前者的基础上发展而成的。

文字生成的机制,大致表现为三个阶段:第一阶段,图画和符号出现;第二阶段,巫师文字形成;第三阶段,通行文字形成。由图画和符号发展为巫师文字,需要有一定程度发展的农业经济基础。由巫师文字发展为通行文字,则需要具备开展较大规模贸易的条件,包括相当发展程度的农业、畜牧业和手工业,需要有优越的地理条件,需要能利用畜力和使用车辆之类的运载工具,需要在同一时期多个文明并起,而由此开展的较大规模贸易,则是通行文字形成的原动力。通行文字形成的条件十分严苛,在世界范围内,符合这一条件的地区极少,而只有地中海—西亚地区完全符合这一条件,这就是公认的最早的两个文字体系——苏美尔文和古埃及象形文字——在地中海—西亚地区形成的原因。

根据文字生成机制理论,苏美尔文和古埃及象形文字已经发展为通行文字,而美洲的玛雅文字尚处于巫师文字阶段。同样,我们可以根据文字生成机制理论,阐明中国文字是否为独立生成的文字,是在何时发展为通行文字。何崝在《中国文字起源研究》中研究中国文字的起源问题,基本上是按照这一理论而展开论述的。

在旧石器时代晚期,中国已出现了刻划现象,是否有图形出现,还存在不同看法。而抽象符号和象形符号在新石器时代早期就已出现,如黄河流域的大地湾文化、贾湖文化,淮河流域的双墩文化,长江中游的柳林溪一期遗存等。新石器时代中期,黄河流域的仰韶文化、马家窑文化、大汶口文化,长江流域的大溪文化、河姆渡文化、崧泽文化等;新石器时代晚期,黄河流域的齐家文化、龙山文化,长江流域的良渚文化等,发现了各种文字符号。此外,北方地区和南方地区的一些新石器时代遗址也发现了文字符号。总之,中国新石器时代的文字符号出现的时间早、分布面广、数量较多,由于中国新石器时代各史前文明具有多元一体、一脉相承、相互影响的联系,这些文字符号也存在着类似的联系。

中国新石器时代的文字符号是不是文字,上文提到,学者已进行了不少讨论,但由于他们还没有认识到文字发展的阶段性和文字的不同层次,没有对不同层次的文字作出明确的界定,笼统地把新石器时代的一些文字符号称为文字,因而对文字最早出现于何时看法不一。根据文字生成机制的三阶段理论,我们可以对中国新石器时代的文字符号的性质作出判断。

可以肯定地说,中国新石器时代的文字符号已经是文字,但都属于巫师文字,而尚未成为通行文字。因为这些文字符号都是在农业经济的基础上产生的,都毫无例外地还不具备较大规模的贸易条件:在同一时期多个较高程度的文明还没有出现,还未能利用畜力和使用车辆之类的运载工具,成规模的畜牧业、手工业还未出现,等等。

新石器时代早期的文字符号,如贾湖文化的文字符号,刻于龟甲、兽骨和陶、石器上,学者认为当时可能出现了巫师,因此这些文字符号属于巫师文字。双墩文化是以渔猎为主,农业为次的经济,也已经有了原始宗教。双墩文化的文字符号刻于陶器上,数量较多,有象形符号、抽象符号、组合符号和成组符号。双墩文化文字与古埃及图形文字,美索不达米亚的乌鲁克"古朴字"同属巫师文字,但双墩文化文字比后二者早一千多年,而且符号化程度更高,因此也更进步;可惜双墩文化及其所处时代远不具备进行较大规模贸易的条件,因而没能够发展为通行文字,而后二者则在较大规模贸易的推动下,发展为通行文字。

新石器时代中期的文字符号,如仰韶文化的文字符号,有刻划符号和描绘符号,皆刻划或描绘于彩陶之上。其描绘符号,学者大多认为是图案,其实有的图案具有抽象化、概括化的符号特征,是可以看作符号的。仰韶文化的彩陶上还有一些故事性图形,与古埃及的图形文字性质相近,实可视作图画文字。上文谈到,一些学者认为仰韶文化的刻划符号就是"具有文字性质的符号","文字起源阶段的简单文字",但实际上刻划符号和一些图案以及故事性图形都应该视作文字,只不过尚属于巫师文字,因为这些文字符号主要具有巫术意义,基本上还不具有表达语言的能力。

又如马家窑文化,其文字符号也主要见于彩陶上的刻划符号和描绘符号,在卜骨上也有少量的刻划符号,这些卜骨是迄今为止发现的最早卜骨,开创了在卜骨上刻写文字符号的先例。马家窑文化的文字符号接近 200 种,总数超过 1 000 个,大多数是抽象符号,有少量组合符号和成组符号。马家窑文化的原始宗教已发展到相当程度,其文字符号应属于巫师文字。在马家窑文化彩陶图案中有舞蹈人形,这些舞蹈人形是由西亚传入的,这说明马家窑文化与西亚的联系。

又如大汶口文化,发现陶尊上刻划文字符号 27 个,陶背壶上朱书文字符号 1

个，这些刻划和朱书文字符号共10种。这10种符号，大多数是象形符号。这些符号的象形特点，引起一些学者兴趣，他们把这些符号与后来的甲骨文和金文相比较，认为这些符号与甲骨文和金文是一脉相承的，把这些符号参照甲骨文和金文进行释读，并将我国有文字可考的文明时代上推到大汶口文化时期。另外一些学者认为大汶口文化的文字符号仅仅是“几个孤立的图形”，否认这些文字符号是文字。实际上刻写这些文字符号的陶尊与祭祀有关，因此这些文字符号与原始宗教有关，应属于巫师文字。

新石器时代中期的这些考古学文化，虽然产生了数量不等的象形符号和抽象符号，也有组合符号和成组符号出现，甚至出现了一些能表现故事情节、可视作图形文字的图形，但是，这些考古学文化仍然不具备进行较大规模贸易的条件：还没有发展出较大规模的畜牧业和手工业，还不能利用畜力和使用车辆等运载工具，也没有较发达的多个文明同时并立。这些考古学文化的原始宗教虽然得到进一步发展，但却没有将文字推向更高层次的原动力，故这些考古学文化的文字符号仍然处于巫师文字阶段。

新石器时代晚期的考古学文化得到进一步发展，学者提出一些考古学文化已形成酋邦。其已出土的文字符号数量虽然并未能超过先前时代，但出现了多例符号数较多的成组符号，其记事或记录语言的能力进一步增强了。但是种种迹象表明，这些文字符号仍处于巫师文字的阶段。

龙山文化的文字符号广泛分布于陕西、河南、山东等地区。如果将山西襄汾陶寺遗址归入龙山文化范畴，则山西也有龙山文化符号出土。

陕西龙山文化遗址只出土了几个简单符号。河南龙山文化遗址也只出土了10多个符号，在登封王城岗出土的一个符号被认为形似“共”字。在陶寺遗址出土的一件扁壶破片的两面有朱书文字符号，学者认为是文字，并纷纷进行考释，但释法不一。这些文字数量都不多，显然还不能形成通行文字，只能认为仍处于巫师文字阶段。

山东龙山文化的文字符号除城子崖遗址发现3例、青岛发现1例外，以山东邹平丁公陶文最引人瞩目（图1－1）。这片陶文刻有5行共11字，并且是连笔书写。大多数学者对这片陶文的可靠性是没有怀疑的，也有学者表示怀疑。但考虑到良渚文化遗址和高邮龙虬庄南荡文化遗存也有类似的字体出现，就知道丁公陶文并不是一个孤立的现象，是可以相信的。

图 1-1　山东邹平丁公陶文

一些学者认为丁公陶文已经"成文",甚至是"一个完整的文书"。有的学者还将丁公陶文与商周文字比照进行释读。但商周文字与山东龙山文化文字的关系,并不清楚,二者是否完全一脉相承,也没有证据。因此这种释读是不大可靠的。有的学者甚至将丁公陶文认作古彝文,现在彝族来源都还难以确定,提出这样的看法,显然缺乏依据。

山东龙山文化的经济已有冶铜和牛羊饲养等产业,与丁公陶文相似的字体在良渚文化遗址和高邮龙虬庄南荡文化遗存出现,说明这样的字体有可能在山东、江淮、江浙一带使用。但这样的陶文出土不多,并且山东龙山文化时期较大规模贸易的条件还不够充分,因此这种文字还不能得到充分发展。可以认为,丁公陶文大致已处在即将向通行文字转变的时刻,但由于转变的条件还不完全具备,因而仍处于巫师文字的阶段。

良渚文化发现了抽象和象形的单体符号 50 多种,还有组合符号 14 个,成组符号 7 例。良渚文化的手工业可能已形成专业性生产,其生产门类有纺织、竹编、制玉、制陶等。有迹象表明,良渚文化与大汶口文化存在长期的贸易联系,并且保持到大汶口文化的后续文化山东龙山文化。但是,从考古材料可以看出,这种贸易的规模并不是太大,可能是以供上层社会使用的玉器为主,应是较小规模的贸易。除大汶口文化外,良渚文化其他周边文化的经济发展程度都不足以与之进行较大规模的贸易。因此，良渚文化的文字符号还不具备发展为通行文字的充分条件。

此外，湖北石家河文化和其他龙山文化时期的遗址也出土了一些文字符号，这些文字符号都仍处于巫师文字阶段。

新石器时代晚期的经济、文化得到进一步发展，文字符号已有相当数量，组合符号和成组符号也超过以前时代，但进行较大规模贸易的条件还不完备，因此这些文化符号未能进一步发展为通行文字。可以相信，今后若继续有新石器时代的文字符号出土，我们也不会从中发现通行文字体系。不过应看到，山东龙山文化和良渚文化的文字符号虽然仍属巫师文字阶段，但已处于向通行文字发展的前夜。

夏代是否已经形成文字的问题，向来受到学术界的高度关注。学者或认为文字形成于夏代初期，或认为形成于夏代中晚期，或认为形成于夏商之际……总之，夏代被认为是文字形成的关键时期。对于学者们所谈论的文字形成于夏代的问题，首先要将他们所说的文字加以界定。讨论夏代是否形成文字，不应是泛泛而言的“简单文字”“原始文字”，而应是通行文字，即应用于全社会人际交流的符号系统。夏代能否形成这样的符号系统，应看夏代是否具备了形成通行文字的条件。根据何崝的考察，夏代还没有具备这样的条件。

夏王朝的经济在初期的发展程度还比较低，到了中晚期，即二里头文化时期，其经济才得到一定程度的发展。夏代早期的经济未能发展，可能与太康失国，后羿“因夏人而代夏政”等一系列变故有关。从考古材料看，夏人的经济贸易是在夏王朝中晚期（相当于二里头文化一、二期）才有所发展，这时开始有少量小型铜、玉器出现。这说明当时只可能有小规模的贸易。出土的文字符号也不多，甚至连成组符号也很少见，故此时还不具备形成通行文字的条件。进入商纪年后（相当于二里头文化三、四期），后夏文化的铜、玉器增多，这意味着夏遗民的贸易得到发展。在二里头文化三期，夏人才有了双轮车，有利于运输，可促进其贸易规模的扩大，而当时也有多个文明并起，有利于发展贸易。但此时夏王朝已被商王朝取代，夏遗民在政治上处于从属地位，其贸易是在商王朝的控制之下，其文化发展也必然会受到抑制，二里头遗址在二里头文化四期末至二里岗下层文化早段全面衰败，就说明这个问题。因此，在二里头文化三、四期，夏遗民虽然经济贸易上得到发展，但政治上的从属地位使其仍不能发展通行文字。

根据以上分析，夏代不可能形成通行文字，夏代的文字符号，仍然处于巫师文字阶段。

商代已经形成了一个文字体系，这早已得到学术界的公认。但学者大都认为在商代文字之前还有更早的文字。通过前面的讨论，关于商代文字之前是否有更早的文字，可以明确地回答，商代之前是有文字的，但基本上处于巫师文字阶段，这些巫师文字都没有发展为通行文字。如果我们承认商代已经形成文字体系，那么这个文字体系就是通行文字了。我们需要讨论的是这个通行文字体系形成的过程。

要了解商代文字的形成过程，必须了解商民族的经济和贸易发展过程。先商时期，商民族的经济尚不发达，其工具以石器和骨器为主，青铜器发现甚少。进入到商代，商民族的经济开始发展起来，农业、畜牧业、手工业、青铜铸造业等得到高度发展。出现了许多城址，这些城址都是经济、政治中心，青铜铸造和其他手工业作坊都集中在这些城址中。根据考古资料和文献资料，商民族已能利用马、牛、羊等畜力，使用车辆，利用畜力拉车。

商民族很早就开始了贸易。文献载商先公王亥"丧羊于易"，即是指王亥与狄人(有易)贸易之事。商先公与有易贸易，并建立婚姻关系，虽时有利害冲突，但长期保持密切联系。商先公从有易那里学会了使用车子，用牛驾车，掌握了放牧牛羊的技能，发展了新兴产业畜牧业，其实力迅速增强，终于取代了夏王朝。

商代的经济基础是农业，但商先公先王所直属的部族却靠贸易积累了财富，成为商民族中最强大的部族，也成为商民族政治、文化的中心。文献记载，殷商自契至汤八迁，汤至盘庚五迁，其迁徙的原因是多方面的，但其中应包含了贸易的因素。商王所迁之都，都有较大规模的青铜铸造、制陶、玉石器制造、骨牙器制造等作坊。这些作坊的产品除自己使用外，应该大部分是用于贸易。

据文献记载，商王朝建立了贡纳制度，规定属国向王室进贡各种物品，同时王室也要给予相应的赏赐。这实际上是物品的交易，是一种贸易行为。在甲骨文中，有10个专门用于贡纳的用语：氐(致)、共(供)、入、见(献)、登、取、冒、匄、来、至。贡品包括牲畜、野兽、大宗的卜甲和卜骨、谷物、奴隶、骨牙玉石、丝织品及其他财物等。

商王朝的手工业为贸易提供了大量商品，最重要的是青铜器。商文化青铜器，在商代早期主要是出土于城址和部分商文化分布区；中期分布范围扩大，并开始在商文化分布区以外出土；晚期不仅在商文化分布区广泛出土，也出土于商文化各地方类型，并且商文化范围以外也有出土。商王朝的陶器也是销售范围甚广的商品，有专供贸易的特定器型的陶窑，这类产品甚至在域外也有出土。商王朝不仅有大宗货物输出，也有大宗货物输入。最重要的一种货物是铜料，有学者认为，商王朝的铜料主要来自南方。还有玉料、海贝、龟等以及其他一些物品来自商王朝疆域之外甚至古代中国之外（域外）的地区。

从先商到殷墟时期商文明兴起的过程中，其周边有多个文明并起，这就为商民族提供了贸易对象。如二里头文化、岳石文化、吴城文化、马桥文化、湖熟文化、三星堆文化、晋中地区的土著文化、李家崖文化、郑家坡类遗存等所代表的先周文化、四坝文化、朱开沟文化、夏家店文化等。这些考古学文化的经济都有相当程度的发展，完全有实力与商民族进行贸易。同时，种种迹象表明，域外的印度河文明与商文明也存在贸易和文化交流的联系。

商民族的文字符号与其贸易基本上是同步发展的。先商时期似未见有可以确认为商民族的文字符号出土。河北下七垣遗址早商时期的文字符号仅有 2 个。郑州商代遗址和二里岗遗址的年代相当于早、中商时期，出土了陶器刻划符号和骨刻文字。属于商代中期的郑州小双桥遗址出土了陶器朱书文字和少量的陶器刻划符号。属于商代早期的河北藁城台西村遗址出土了陶器刻划符号。根据学者研究，二里岗期也出现了铜器铭文。这些陶器刻划符号、朱书文字、骨刻文字及铜器铭文总共 160 多个，单字字形约为 120 个，其中有性质为卜辞的文句 2 条，有 2 至 4 字的成组文字，还出现了合体字。这些文字符号显然还未能形成通行文字，但为殷墟文字的形成准备了条件。

郑州二里岗遗址出土的牛肋骨刻辞上有两条具有卜辞性质的文句（图 1－2）。学者先前将这个牛肋骨刻辞的时间定为武乙、文武丁时期，但近年来学者多认为应属二里岗期，应在商代早期晚段或至中期。将这个牛肋骨刻辞的时间定为早、中期后，出现一个问题：这个牛肋骨的“乙丑贞从受……七月”一辞包含了 3 种记数法，天干的 10 进制，地支的 12 进制，以及 60 甲子的 60 进制。在商代早、中期是否具有这样 3 种记数法的条件，需要加以讨论。

由郑州商代遗址出土的陶器刻划符号可以知道，商代早期使用的记数法是 5 进制。我们从新石器时代及较晚的文字符号中可以了解到，仰韶文化、马家窑文化和马桥文化使用的记数法是 5 进制，江西鹰潭角山商代窑址陶片上的数字也是 5 进制。这就说明从新石器时代到商代，从西部到中原地区、长江流域、南方地区

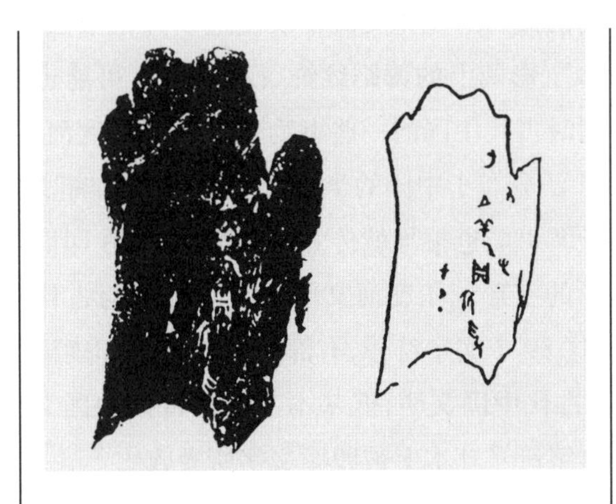

图 1-2　郑州二里岗遗址出土的牛肋骨刻辞

的广大范围内，普遍使用5进制记数法。殷墟时期商民族最常用的是10进制记数法，干支记日法说明还有12进制和60进制记数法，而二里岗牛肋骨刻辞表明，这3种记数法在商代早、中期就已在使用。但是，这3种记数法显然不是古代中国居民的发明，因为在商代早、中期以前看不到这3种记数法的任何迹象；也不会是商民族自己的发明，因为在较短的时间内发明这3种记数法是不可想象的事。何崝认为，这3种记数法应该来自域外，具体说来是来自古埃及和美索不达米亚。

学者多认为古代中国与古代西方文明存在文化交流。何崝认为，古代中国与地中海—西亚地区文明是存在文化交流的，但由于地域悬隔，路途遥远，这些交流主要不是直接的交流，而是间接的交流。远古时期存在着中西文化交流的接触点，这个接触点是在印度河流域。印度河流域处于西亚与古代中国的中点，因而与这两大区域都能有直接的接触。在印度河流域兴起的印度河文明（哈拉帕文明），其年代大约相当于古代中国新石器晚期至夏代或至商代早期，种种迹象表明，印度河文明与中国新石器晚期文明乃至商文明都有直接的接触。印度河文明陶器刻划符号中使用的是与仰韶文化、马家窑文化几乎完全一样的5进制记数法，而文献表明古印度已在使用10进制、12进制和60进制的记数法。但是，学者认为，古埃及、巴比伦更早地使用了10进制记数法，巴比伦又将10进制和12进制结合起来创造了60进制记数法。由于印度河文明与巴比伦存在频繁的贸易联系，这3种记数法传入了印度河文明，而商文明在与印度河文明的直接接触中掌握了这3种记数法。

古代中国与印度河文明的文化交流不仅使这 3 种记数法传入了中国,其他一些事物,如“丰育女神”、彩陶上的舞蹈纹饰、权杖头等,可能也是通过印度河文明传入古代中国的。同时古代中国的一些事物也传入了印度河文明,如上文提到的 5 进制记数法,还有广泛分布于中国的半地穴房屋、中国仰韶文化和龙山文化风格的器物等。中国的丝绸可能也很早就传入印度河文明,在印度河文明的文字和商文字中都有象束丝形的字形。印度河文明的文字符号与古代中国的文字符号相同相似的达 89 个。这 89 个文字符号,有部分见于早于印度河文明的古代中国文明,也有部分不见于古代中国文明,但基本上是由古代中国文明传入或由传入的符号衍生的。这些文字符号基本上被殷墟文字所吸收。

商民族在发展经济和贸易的同时,不断吸收和创造文字符号,至殷墟时期,初步形成了通行文字——殷墟文字。殷墟文字的字形主要有三个来源:一是新石器时代一些考古学文化的文字符号,一是与殷墟时代较近的考古学文化的文字符号,一是见于印度河文明的文字符号而实际上是古代中国人自己创造的符号。殷墟文字从各个来源吸收了 120 多个字形。但殷墟文字有 5 000 个左右的字形,这 120 多个字形与 5 000 个左右的字形关系到底如何呢?

何峙认为,殷墟文字的 5 000 个左右的字形主要是通过两种方式衍生出来的:一种方式是承续衍生,另一种是独立制作。所谓承续衍生,是指殷墟文字吸收的 120 多个字形,其中一些独体字(包括合体字中所含的独体字)具有较高的能产性,每个这样的独体字都可以衍生出不同数量的字形。这样的独体字有近 50 个,可以衍生出 3 000 个左右的字形。所谓独立制作,是指一些不见于殷墟时期之前的象形字,这些象形字中的大部分很可能是商民族在殷墟时期制作出来的,有 50 多个。这些象形字也具有较高的能产性,衍生了 1 000 多个字形。这两种方式衍生出来的字形已经接近殷墟文字的总数。

殷墟文字虽然可以说大体上是通过以上两种方式衍生出来的,但导致衍生字形的根本动力是商代中期以后形成的较大规模的贸易。商王室在贸易中一直占主导地位,其经营管理的人员有高级官员、卜人、臣或小臣、诸妇等。这些人员要取得、送入货物,并检视货物、记账等。而卜人对贸易活动的参与,对殷墟文字体系的形成起到关键的作用。文字最初掌握在卜人手中,但主要用于人神交流,他们掌握的文字只能是巫师文字。如果没有较大规模贸易的推动,巫师文字是不能发展成为能应用于整个社会的通行文字的。卜人参与了贸易活动后,由于贸易规模不断扩大,管理事务日趋复杂化,越来越需要较为准确的书面记录,于是卜人把他们原来掌握的文字用于贸易事务之中,不断加以完善,这就促成了文字体系的形成。

有理由认为殷墟文字体系基本上形成于武丁时期。根据一些统计,殷墟甲骨文中使用频率最高的约 2 800 个字形,在武丁时期出现的就有 2 100 多个,约占常用字的 77%。这是由于武丁时期的贸易规模迅速扩大,提高了对文字应用的需求。根据殷墟卜辞,武丁时期的卜人数有 70 名左右,远远超过其他各期的卜人数。这意味着当时卜人在参加贸易管理的同时,也参与了制作新字形。要制作新字形,就需要较多的卜人。武丁在位 59 年,在这并不太短的时间内,制作大量的新的文字符号是完全可能的。

在世界文字发展史上,仿造或借鉴已有的文字制作出本民族的文字不乏其例。商王朝与域外存在贸易联系,可能对巴比伦和古埃及的文字有所了解。由于相距遥远,商王朝不可能直接吸取其因素,但文字体系的优越性可能为商王朝发展文字体系提供借鉴。这种借鉴十分重要,因为它可以帮助破除依赖口述记事的传统。根据胡厚宣统计,殷墟甲骨中,有字甲骨与无字甲骨差不多各占一半。无字卜用甲骨的大量存在,说明当时占卜时所作卜辞仍往往靠记诵,故未在甲骨上刻出。由此可见口述记事传统之根深蒂固,以及武丁为打破这一传统而制作文字所作出的巨大努力。

随着贸易事务的日渐繁剧,文字逐渐传播到卜人以外的人群中。在殷都之内,已有传授知识包括传习文字的学校。在记事刻辞后署名的不限于卜人,也有官员和其他人。殷墟玉器、陶器和石器上常有刻字以及朱书或墨书的文字,这类文字不像新石器时代是由巫师或酋长所书刻,而应是工匠所为,这就意味着文字普及到工匠了。考古材料表明,商王朝制作的铜器不仅广泛分布于商文化地区,而且流传到商文化分布地区以外。这些铜器中有一部分是有铭铜器,这些铭文显然也能起到传播文字的作用。当然,玉、石、陶器和铜器不是日常应用的文字载体,但我们相信商代应有日常应用的文字载体,很有可能是竹、木、帛、麻等。由于这些材料的保存时限,我们现在几乎无从见到使用这些文字载体书写的文字,但从文献和一些迹象看,商代曾经使用过这些文字载体来书写日常应用的文字。总之,在殷墟时期,文字逐渐打破卜人的垄断,应用到全社会,开始成为通行文字。

殷墟时期商文字体系的形成,标志着中原文字体系基本形成。但是殷墟文字还处于通行文字的初期阶段,其表达语言的能力还较有限,长篇的文字还较少见。

因此商文字体系还必须得到传承和发展，才能真正成为通行文字。而商文字的主要传承和发展者无疑是周人。先前学者通常认为周人是在周初或殷末才开始学习、掌握商文字，现在看来，这低估了周人掌握和发展文字体系的能力。

出土材料和文献资料表明，在文王时代之前，周人已经在使用文字。周原甲骨文的形式、体例和风格与殷墟甲骨文都有较大的差异，并且出现了数十个不见于殷墟甲骨文的新字，这说明周原甲骨文绝不是殷墟甲骨文的翻版，而是经过较长时间发展的文字。在郑家坡文化范围内的岐山贺家村出土殷墟二期的有铭庚族器，说明至少在殷墟二期时，先周文化已经接触到铜器铭文。自二期至四期的庚族器在关中地区也有出现。此外岐山双庵还出土了四期的陆族器。值得注意的是在宝鸡斗鸡台出土的先周时期的夨族器。夨人属姬周族，为作册世家。同时还有一些商周混合式器，如聿贝甲罍、宝鸡峪泉簋和卣、泾川铜鬲上的铭文应都出于周人之手。当然，殷末商王朝的官员纷纷投奔周人，对周人掌握、发展文字也起到推动的作用，如文献所载殷臣辛甲大夫，内史向挚，秦先公中衍的玄孙、为殷“保西垂”的中潏等。但我们应看到，周人在殷末之前，早已有使用文字的基础了。

周原甲骨文与殷墟文字属于同一个体系，周人不仅掌握和使用这一文字体系，还将这一文字体系大大向前发展了。周人使用和发展文字体系的原因，在于其贸易不断得到发展。周人的经济基础同样是农业，但周人也非常重视贸易，并通过贸易积累了大量的财富。在周原甲骨文中有“五百牛”的刻辞，这五百牛很有可能是用于贸易的商品。周人所处的地理位置使其能垄断新疆与中原地区的玉料贸易，《穆天子传》的记载可以反映这些情况。《逸周书》中的一些篇章记载了文王发展贸易的政策措施。在季历时，周人已经通过贸易迅速强大起来，文王、武王也通过贸易蓄积了财力，最后才能完成翦商的大业。

如果说商文字进入了使中原文字成为通行文字的开始阶段，那么周文字则是巩固和发展了中原文字成为通行文字的趋势（图 1－3）。殷人事鬼敬神，其文字体系虽已开始成为通行文字，但仍带有浓厚的巫师文字色彩。周人则更具有务实精神，事鬼敬神而远之。他们新造的字多与具体事务有关。西周铜器铭文比殷墟卜辞和铜器铭文显得更加宏大，内容范围也扩大不少，几乎涉及当时社会生活的各个方面。殷末至西周，周人创造的文字中，形声字大大增加，故可认为周人巩固和发展了形声造字方法，使字形的数量大大增加，从而提高了文字记录语言的能力。

周文字得到发展以后，中原文字逐渐传播到吴越和南方地区，并成为这些地

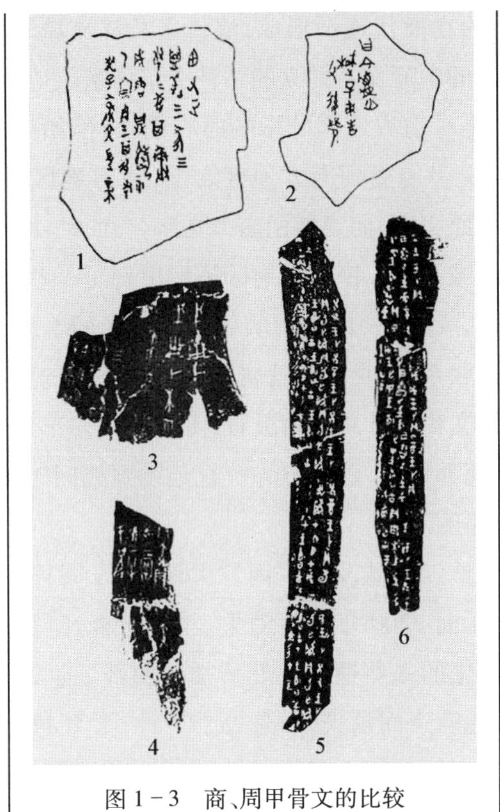

图 1－3 商、周甲骨文的比较

1、2 周甲骨文 3、4、5、6 商甲骨文

区使用的通行文字，可以说，周文字是中原文字在整个古代中国得以通行的基础。在此之前，南方地区虽有零星的中原文字传入，但基本上不使用中原文字，而是使用南方文字。出土铜器表明，西周初中原文字即通过吴国传播到长江下游地区。把中原文字传播到长江中游及其以南地区的主要是楚国。楚国在西周晚期，已能撰写比较长篇的铜器铭文，具有了较高的驾驭文字的能力。楚国的疆域扩展至洞庭以南，五岭一带，把中原文字带到这里，并逐渐形成自己的书写风格。同时，在西周时期，还有一些中原氏族、诸侯或官员把中原文字带到江汉地区，如长国后裔、姬姓之曾国、名为盂的官员等都有有铭铜器出土。但江汉地区的诸姬至春秋中期前大部分被楚所吞并，因此春秋以后，中原文字向南传播，主要是由楚国进行的。

中原文字是汉文字形成的源头，而周文字又是中原文字发展为通行文字的一个重要阶段，因此，我们应充分认识到周文字在汉文字形成过程中的重要作用。

在中原文字逐渐发展为通行文字时，南方地区也在形成一种文字，这就是南方文字。南方文字大约在商代逐渐形成,流传于长江流域及其以南广大地区,是与以商、周文字为代表的中原文字并立的一种文字体系。

夏商时期中原文化对南方地区的影响时有消长,但始终未能控制南方地区。在吴国和楚国把中原文字传播到南方地区之前,南方地区有零星的中原文字传入,但基本上不使用中原文字,而是使用南方文字。

夏商时期,长江流域及其以南广大地区虽然出现了一些地区性的土著文化和政治中心,但并未形成一个统一的政治实体。各地区的土著文化面貌各不相同,但存在着广泛、密切的联系,很早以来就属于一个大部族的共同体,形成共同的族文化,这就是古越族的文化。从总的情况看,南方地区东部的文化较为强势,许多文化因素是由东部向西部传播,这种态势一直延续到战国时期。因而南方文字大体上也是由东向西传播的。

在夏商时期以前,长江流域及其以南广大地区,发展程度最高的文化是良渚文化。良渚文化在公元前 2200 年前后消失,其去向直到现在也是一个尚待解决的问题。但是,良渚文化的一些遗物仍然传播到西部遥远的地区;其各种文化要素并未随着良渚文化的消失而消失,而是处于一种“潜育状态”,在一定的条件下会重新出现,或以新的面貌重新出现。例如,良渚文化的“神徽”、文字符号等,在西部的一些地区仍然产生了影响(图 1-4)。

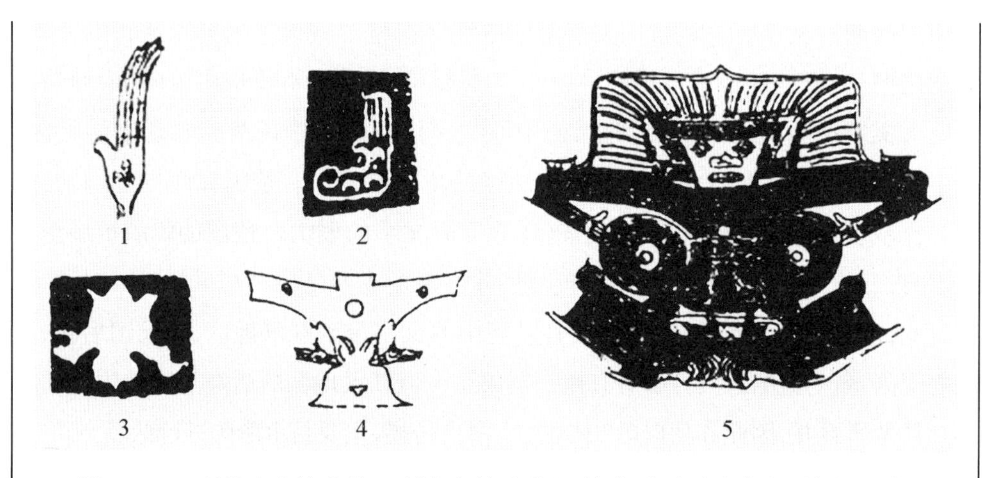

图 1-4 三星堆文化的手形、巴蜀文字的手形和“神徽”与良渚文化的“神徽”比较

1. 三星堆神树上龙的手形 2. 巴蜀文字的手形 3. 什邡圆印上的“神徽”
4. 美国佛利尔美术馆馆藏玉镯上的“神徽” 5. 反山良渚文化玉琮上的“神徽”

东部地区的其他文化遗物和文化因素也一直在传入西部并对西部地区产生影响，如东部的錞于、船棺（包括独木棺）、葬俗、一些越式器物等都曾传入西部。影响虽然是相互的，但东部对西部的影响却是主要的。因此，东部地区的文字符号对西部地区也产生很大影响。

南方文字分布很广，出土地点主要有上海的马桥遗址，江西的樊城堆遗址、吴城遗址、大洋洲商墓、鹰潭角山窑址，湖北鄂西地区的路家河遗址、香炉石遗址，湖北、湖南春秋、战国时期的墓葬，广东、广西的一些遗址和墓葬，巴蜀地区战国时期的墓葬和遗址等。这些地点出土的文字符号虽然各具特点，但看得出字形自东向西产生的影响。

马桥文化的年代大致在商代的中晚期到西周早期，出土了 47 个陶器刻划符号，其中一些符号亦见于吴城遗址的刻划符号中。其数字符号与鹰潭角山商代遗址有相似之处。

江西的吴城遗址和大洋洲商墓都属于吴城文化。吴城文化第一期相当于早商三期，受商文化影响强烈，但其文字符号与早商文化的文字符号大体上是处在同一发展水平，仅少数符号可以在商文字中找到相似形体，大部分是不相似的。在吴城文化第二至第三期，其文字符号与商文字相似的形体就更少。这些情况说明，吴城文化的文字符号受商文字影响不大。但吴城文化的文字符号与良渚文化的文字符号和其他南方地区的文字符号却有较多相似之处。

江西鹰潭角山商代窑址出土的文字符号达 1 489 个，其中数字类符号有 1 155 个，占总数的 77.57%。根据学者研究，这些数字类符号采用的是 5 进制记数法。但这 5 进制记数法并非古越族最先使用的，有材料表明，5 进制记数法在古代中国是分布甚广的记数法，新石器中期以来，中原地区的仰韶文化、马家窑文化就在使用；商代早、中期时，商民族仍在使用。商代早、中期后引入了 10 进制记数法，由于这种记数法比 5 进制记数法优越，更能适应贸易发展的需要，故 10 进制记数法很快取代了 5 进制记数法。而在南方地区，由于经济贸易落后于中原地区，故仍在使用 5 进制记数法。

鄂西地区的宜昌路家河遗址出土了 10 多个刻划符号和模印符号，香炉石遗址出土了两枚陶印章。学者大都认为鄂西地区与巴人有密切联系，传统的说法是巴人起源于鄂西地区的清江。但考古材料说明巴式典型兵器多源于陕甘地区，而非巴人所创造。文献记载武王封宗室于巴，故后来的巴族应是周宗室与鄂西地区廪君后的土著人结合而成。路家河遗址和香炉石遗址的居民还不能等同于后来的巴族。商周时期以西陵峡为中心的峡江地区遗址，虽然分布密集，但遗址面积一般不大，大多数仅几十平方米，其中面积最大的路家河遗址也仅320平方米，故这一带的商周时期遗址的文化发展程度不会太高。而楚族在夏商时期就已迁至江汉地区，与路家河遗址及香炉石遗址邻近，后者的文字符号和印章可能受楚人的影响。

在春秋战国时期，湖北、湖南的土著扬越人仍在使用自己的文字。扬越人的文字大致可以分为三类：A类字形，形体抽象，具有较高的符号化程度，通常是多个字形排列成竖行，可能已能组成文句；B类字形，形体较整齐，字形多重复，或是略有变化的重复，主要是左右结构的合体字，排列成竖行，只见于戈铭；C类字形，刻于印章、铜矛、錞于、铜钺、刮刀和其他器物上，包括抽象字形和图形符号。扬越人的文字与良渚文化文字明显有渊源关系，二者都有重复字形的现象，B类文字字形多重复，故B类文字应源自良渚文化；于越国的兵器铭文也有字形重复现象，也应与良渚文化文字符号有渊源关系。扬越人的文字与吴城文化的文字也有渊源关系，二者有相似的字形，尤其是A类字形，与吴城文字的风格十分近似；吴城文化铜器最早出现“王”字铭文，后亦为扬越人所吸收。扬越人的A、B、C三类字形亦见于巴蜀文字，故扬越人文字与巴蜀文字有密切联系。直到战国晚期楚人全部占领湖南后，扬越渐与楚人融合，开始使用楚文字。

有学者指出，湖南青铜时代越墓和两广青铜时代越墓在墓葬形制、随葬器物和器物组合方面基本相同，因此湖南、两广青铜时代越墓文化面貌基本一致，应属同一民族文化。这是由于两湖的扬越人在楚人的攻伐下，或与楚人融合，或不断南迁到达两广地区，再与土著人结合，他们带去的较先进的越文化成为当地的主流文化。楚人未能进入岭南地区，故两广地区楚文化影响较小，而以越文化为主。两广地区本有一些与吴城文化文字、角山商代窑址文字相似的符号，扬越人的进入带去了“王”字铭文和一些扬越人的文字。直到秦始皇统一中国后，中原文字才在两广地区推广开来。

巴蜀文字与晚期巴蜀文化关系十分密切，二者相伴始终。早期巴蜀文化也有少量文字符号，如三星堆文化文字符号、十二桥文化文字符号，但与巴蜀文字不是一个体系的文字，因此巴蜀文字不是由早期巴蜀文化的文字符号发展而成的。按照何崝的研究，巴蜀文字主要渊源于越文字。

大量材料证明,晚期巴蜀文化与越文化关系密切。晚期巴蜀文化的墓葬与越人墓葬有许多共同之处。晚期巴蜀文化中的狭长形土坑墓和船棺墓占较大比例,而这两种墓葬都是越人的葬式。其随葬品主要是实用器,很少有礼器,与两湖扬越人墓葬随葬品大体相同。

晚期巴蜀文化与早期巴文化和蜀文化有很大差异,这是由于晚期巴蜀文化的主要文化因素是扬越人带来的。开明王朝的建立者为鳖灵,先前学者多认为他是楚人,实际上他属于被楚人征服的扬越人。鳖灵所在的扬越人部族被楚人驱向西部实边,他乘机带领部族进入蜀地,取代杜宇建立了开明王朝。因他不是楚人而是扬越人,故不使用楚文字而使用扬越人文字。

巴蜀文字的字形也可以按照其特征,划分为A、B、C三类,这三类字形与两湖扬越人文字的A、B、C三类字形分别相似,两湖扬越人文字年代早于巴蜀文字,故可认为巴蜀文字渊源于两湖的扬越人文字。当然,巴蜀文字中也有少量形体与早期蜀文化的文字符号和一些文化因素有关;同时,晚期巴蜀文化也有一些自造的字形。

巴蜀文字的三类字形中,以A类字形具有较高的符号化程度,若在更大范围内使用,是有可能发展为通行文字的。但是,由于战国中期中原地区和楚国都普遍使用中原文字,巴蜀地区的居民不可能使用这种文字与境外居民进行交流,这种文字便不能得到进一步发展。并且巴蜀地区的经济实力也远不能与秦楚抗衡,文字的影响难以得到像商、周王朝那样的经济助力。看来,巴蜀文字已处于向通行文字发展的临界点上,由于周边文化过于强大,故不能发育为通行文字。巴蜀文字是南方文字发展的最后阶段,其发展程度高于此前阶段的其他南方文字。巴蜀文字尚且未能发展为通行文字,其他南方文字就只能是属于巫师文字了。

巴蜀文字大约在春秋战国之际于蜀地出现,在战国中期至晚期达到繁盛,在秦始皇统一中国后至西汉时期逐渐消亡。巴蜀文字消亡后可能还存在一些影响,道教符箓的形成可能与巴蜀文字有些关系,但这是需要进一步研究的。

第二节

中国文字的类型

中国幅员辽阔、民族众多,“中国文字”不仅包括世界上唯一一种传承至今的人类最古老的文字——汉字,还包括类型丰富多彩、数量可观的少数民族文字。这些中国文字异彩纷呈,承载着我国各民族的悠久历史和文化,是中华民族历史文化的重要组成部分。

从古至今,中国到底有多少种民族文字?时至今日,这依然是一个众说不一、不易准确回答的问题。

根据傅懋勣 1988 年在《中国大百科全书・语言文字》中的统计,中国文字约为 57 种:在中华人民共和国建立前,已使用的民族文字有 24 种。中华人民共和国建立以后,又为一些民族制定了以拉丁字母为基础的拼音文字方案 16 种。另外,还有 17 种在历史上使用过而后来停止使用的文字,即突厥文、回鹘文、察合台文、于阗文、焉耆—龟兹文、粟特文、八思巴字、契丹大字、契丹小字、西夏文、女真文、东巴图画文字、沙巴图画文字、东巴象形文字、哥巴文、水书、满文。①

聂鸿音对傅先生的上述统计进行了进一步的说明与补充,认为有四类民族文字未被列入:汉字女书、方块布依字和方块哈尼字等当时还未引起学界普遍注意的文字;新疆的佉卢文;20 世纪初西方传教士设计的少数民族文字;20 世纪 40 年代后制定但试行时间较短的拼音文字。根据聂先生估计,如果把傅先生统计出来

① 傅懋勣:《中国诸民族文字》,《中国大百科全书・语言文字》,中国大百科全书出版社,1988 年,第 520—521 页。

的57种同上述的若干种加在一起,我国的民族文字可以被认为有近百种。①

傅先生的统计不晚于1988年,聂先生的上述估计不晚于1998年。直到今天,随着民族文字调查与研究的发展,仍有一些民族文字被新发现或新认定,中国文字的数量应该在上述两位先生统计的基础上再加上几种,如纳西族的达巴文、云南富宁壮族地区使用的坡芽歌书等。

对于如此丰富的中国文字,我们可以从不同角度进行分类与归类。

关于文字的分类和归类工作,国内外的许多学者很早就已经开始重视,并提出了多种分类方法。我们曾在周有光先生《比较文字学初探》(语文出版社,1998年)中相关内容的基础上,进行一定的补充,对国内外学者在文字分类问题上所取得的研究成果做过初步的梳理。② 综观学界关于文字类型问题的研究成果,我们发现,相关研究结论目前还存在较大的分歧,其症结主要表现在两个方面:一是划分标准不尽统一,有的甚至在一次分类时采用了多个分类标准,从而造成了概念和术语的混乱,这些概念和术语有些名同实异,有些则名异实同;二是有些分类没能全面地反映文字的本质特性。

鉴于上述存在的不足,我们有必要对文字类型问题进行重新审视,以期从较为合理而科学的角度对这一问题作一番新的认识。我们认为,由于文字是一个符号系统,如果我们从符号学的角度入手进行文字分类研究,应该能够比较全面地反映文字的本质特性,也就是说,从符号学角度进行文字分类或许能比较科学地解决这一问题。

从符号学角度出发的文字分类研究,我们已在《符号学角度的文字分类研究》一文中作过详细论述。③ 我们认为,文字是记录语言的书写符号,它是一个独立的符号系统。现代西方符号学的发端主要有两个:一个在欧洲,以瑞士语言学家索绪尔(Ferdinand de. Saussure,1857—1913)为代表;一个在美国,以皮尔士(Charles Sanders Peirce,1839—1914)为代表。索绪尔与皮尔士的符号学观点是在各自独立于对方的情况下发展起来的,互相之间不存在谁影响谁的问题。通过对索绪尔和

---

① 聂鸿音:《中国文字概略》,语文出版社,1998年,第30页。

② 朱建军:《文字类型学研究的意义、现状及设想——兼谈各民族文字资料库的建立给文字类型学研究带来的契机》,《中国文字研究》第四辑,广西教育出版社,2003年,第240—245页。

③ 朱建军:《符号学角度的文字分类研究》,《中国海洋大学学报(社会科学版)》2010年第5期。

皮尔士的符号观的比较,我们发现,索绪尔持的是一种二元(能指、所指)关系的符号观,它是静态的、封闭的;皮尔士持的则是一种强调三元(代表项、对象、解释项)关系的符号观,它是动态的、开放的。因此,相比较而言,我们认为皮尔士的符号观比索绪尔的符号观更具有生命力,其适用性更广,解释力和分析力更强。文字作为一种符号,跟语言等其他符号一样,具备皮尔士所说的"代表项""对象""解释项"这三个要素。就文字符号而言,其"代表项"指的是文字的字形,即文字的符号体态;其"对象"是指文字字形所对应的语言中的"音义"或"音";其"解释项"是指文字字形记录语言中的"音义"或"音"的方式。从这三个要素出发的文字分类,不仅遵循了每次分类宜取一个标准的原则,而且紧紧地抓住了符号的本质特征。

下面,我们着重从上述三个角度对中国文字的类型问题进行介绍。同时,我们还将从发生学、使用地域等次要角度对中国文字的类型作简要介绍。

一、从文字的符号体态的角度

从这一角度,我们可以将中国文字分为图画文字、象形文字、记号文字三种。①

所谓"图画文字",是指那些形体繁复、图画色彩浓厚的文字体系。这种文字,由于其主要是从原始图画脱胎而来,有很多还处在似字似画、字画两可的阶段,很难下一个非此即彼的判断。这种文字具有以下几个特点:(1)字形往往是对客观事物或客观事物最能表现其特征的部位的忠实描绘;(2)文字的书写没有固定的格式和行款;(3)往往使用方位、颜色等辅助手段来表义和别义。纳西东巴文、尔苏沙巴文为此类文字的典型,殷周青铜器铭文中的族徽亦可看成是图画文字的孑遗。

"象形文字"是图画文字的进一步发展,其形体没有图画文字那样繁复,线条化倾向明显,通过形体我们仍可大致猜出其所代表的意义,即往往可以望"形"知"义",这样的文字系统就是"象形文字"。此种文字的特点是:(1)图画性相对于图画文字较弱,形体已趋于简化和线条化,符号化程度较高;(2)文字的书写有固定的格式和行款;(3)字符的大小已基本趋于一致。甲骨文、金文就是最具象形

① 我们这里所使用的"图画文字""象形文字""记号文字"是从文字的符号体态角度分类的结果,与文字学界使用类似提法的某些学者在对它们内涵的理解上可能会有一定的出入。

文字特点的文字类型。

所谓“记号文字”,是指形体完全符号化、不能通过望“形”而知“义”的文字系统。该类文字的特点是:(1) 形体完全符号化,抽象程度非常高;(2) 文字的书写格式与行款一般固定;(3) 字符形体显得比较规整。佉卢文、于阗文、回鹘文、蒙古文、满文、维吾尔文、哈萨克文以及新中国成立后政府组织创制的字母类文字均属于记号文字。

二、从文字字形所对应的语言中的“音义”或“音”的角度

这是最能反映文字的本质特性的角度。从这一角度,我们大致可以将中国文字分成语段文字、词符文字、音节文字、音素文字等几类。

“语段文字”的字符与语言中的词不能一一对应,字符记录的是语言中的一个语音段落,这个语音段落短则为一个短语,长则为一句话,甚至一段话。这种文字的特点是:(1) 不能顺序地、精确地记录和再现语言;(2) 它往往起到一种提示性的、帮助记忆的作用;(3) 字符所代表的音义具有一定的约定俗成性。纳西东巴文、尔苏沙巴文为典型的语段文字。

“词符文字”的字符能与语言中的词或语素一一对应,能顺序地、完整地记录语言。此类文字的特点是:能完整地记录语言,能够独立地把语言传于异时、留于异地,字符对应的语言单位是词或语素。如汉字、彝文、女真文等。

“音节文字”的每一个字符代表语言中的不同音节,能顺序地、完整地记录语言。其特点是:(1) 文字记录的是语言的音节,与语言的意义方面并无必然联系;(2) 能够顺序地、完整地记录语言;(3) 字符数量有限(少则几十个,多则几百个,其数量取决于语言中音节数的多少)。如纳西哥巴文、傈僳竹书、凉山的规范彝文等。

“音素文字”的每一个字符代表语言中的最小语音单位——音素,能顺序地、完整地记录语言。其特点是:(1) 文字记录的是语言中的音素,与意义没有必然的联系;(2) 能够顺序地、完整地记录语言;(3) 字符数量有限,一般控制在 20—40 之间。如新中国成立后政府组织创制的拉丁式纳西文、壮文、傈僳文等。

三、从文字字形记录语言中的“音义”或“音”的方式的角度

从这一角度,主要可以将中国文字分为形意文字、形音文字、意音文字三类。

所谓“形意文字”，是指以形表义、望“形”可知“义”、字形不直接表音的文字系统。其特点是：(1) 字符与意义直接挂钩，且关系固定；(2) 字符与读音不直接联系，二者之间的对应关系需要靠约定俗成来建立；(3) 从造字法来看，这类文字主要使用象形、指事、会意这三种表意类造字法，有时还可能会使用义借①造字法或颜色、方位等辅助表义手段。这类文字以尔苏沙巴文、纳西达巴文为代表。

所谓“形音文字”，是指以形表音、见“形”知“音”、字形不直接表义的文字系统。其特点是：(1) 字符与语音(音节或音素)直接挂钩；(2) 字符与意义之间没有固定的对应关系；(3) 从造字法来看，这种文字不存在象形、指事、会意、义借、形声等表意类的造字法，最多只可能存在假借。纳西哥巴文、傈僳竹书以及字母类民族文字均属此类。

所谓“意音文字”，是指这样一种文字：文字系统中既有与读音直接联系的字符，又有与意义直接联系的字符，甚至有以表音字素与表意字素组合而成的字符。这种文字兼有“形意文字”和“形音文字”的某些特点，具体表现为：(1) 有些字符直接与意义挂钩，有些字符直接与读音挂钩，有些字符则既与音相关，又与义相联；(2) 从造字法来看，此类文字同时存在象形、指事、会意、形声、假借等造字法，有时还可能会有义借造字法的留存。这类文字以汉字、彝文、纳西东巴文、水文等文字系统为代表。

四、从发生学的角度

从发生学角度看，中国文字可以分为自源文字、借源文字和拼盘文字三种。

所谓“自源文字”，即独立发生的文字系统。典型的中国自源文字有汉字、纳西东巴文、尔苏沙巴文、传统彝文等，这些文字均是独立发生的。

所谓“借源文字”，即由其他文种发展而来的文字系统。中国的借源文字又主要分为“汉字系”借源文字(如方块壮文、方块侗字、布依文、白文、西夏文、契丹文、女真文、女书等)，“印度文字系”借源文字(如佉卢文、于阗文、焉耆—龟兹文、藏文、八思巴字、傣文等)，“粟特文字系”借源文字(如回鹘文、蒙古文、满文、锡伯文、突厥文等)，“阿拉伯文字系”借源文字(如维吾尔文、哈萨克文、柯尔克孜文等)，

① 义借是指“借用一个现成的字的形体来记录另一个意义与它有关的词”的造字方法，“这种造字方法比较古远”。(王元鹿：《汉古文字与纳西东巴文字比较研究》，华东师范大学出版社，1988 年，第 50、83 页。)

“拉丁文字系”借源文字(如中华人民共和国成立后政府组织创制的壮文、纳西文、傈僳文等)。

所谓“拼盘文字”,即一部分单字为本民族所造、一部分单字借用自其他文字而形成的文字系统。水文就是典型的拼盘文字。

需要说明的是,从发生学的角度看,中国文字的实际情况是相当复杂的,我们只能依据它们各自的主流情况,进行如上初步的、大略的分类。之所以这么说,是因为我们对一些文字的发生情况或文字间的关系还不是很清楚,如纳西达巴文、傈僳竹书;也是因为我们对一些自源与借源状况并存但某一情况较占优势的文字很难处理,如传统彝文,该文种含有自源字和借源字,只是由于其中的借源字不占主流,故我们暂且将其归为自源文字。

此外,还需要指出的是,同属“汉字系”借源文字,至少还可以分为两大类:一类是主要借用汉字字形的,如方块壮文等;另一类是主要借用汉字造字理念的,如西夏文等。

五、从使用地域的角度

从文字的使用地域来看,汉字的使用地域最广,可谓全国各地都有使用汉字的。其他中国文字我们大致可以根据使用地域进行如下分类和归类:

西北地区文字:佉卢文、焉耆—龟兹文、粟特文、于阗文、回鹘文、西夏文、维吾尔文、哈萨克文、柯尔克孜文等。

北方地区文字:契丹文、女真文、蒙古文、八思巴字、满文、突厥文等。

中部地区文字:女书等。

南方地区文字:纳西东巴文、哥巴文、达巴文,尔苏沙巴文,彝文,傈僳竹书,水文,方块壮文,藏文,傣文,白文等。

本书涉及的中国文字具体可归入上述哪些文字类型,我们将在后面相关章节中逐一进行展示、介绍。

第二章

汉字的理论

第一节

汉字的性质

一、汉字性质的定义

汉字的性质，是汉字学领域讨论较多的理论问题之一，古今中外讨论观点也相对较为复杂。文字性质问题，简单说来，就是回答某种文字是一种什么样的书写系统。回答这个问题的定义，已经有许多。从汉字与汉语两边来说，到目前为止的讨论也许可以归为两大类：一边是就字符内部分类着眼，回答汉字字符的构成属性，比如以“六书”“三书”“二书”“字素”“构形”等作为核心概念的“表音”“表意”“意—音”文字；一边是就汉字所表汉语的方式及单位着眼，回答汉字记录汉语的方式，比如“表词”“表词素”“表语义范畴”等。两边各有侧重，都体现着在一定条件下对汉字基本属性的认识。条件变化，规则也就不同。自然，使用者不会满足于“汉字就是一种字符”的简单表述，因为这只是找出了“共性”，或者说是归类了一个范围。还有比较常见的做法就是注重字符体系内部分析分类，这是关于字符体制组织构成特点一边的揭示。比如，就像语言学关于“拼音字母”属性，人们也难以满足下列定义：“拼音字母是由辅音字母与元音字母构成的。”同样，自然科学化学领域如果以“H_2O 是由两个氢原子与一个氧原子组成的”来描述水分子的构成，也等于没有作出相关属性的本质性定义。除此之外，人们对太多概念的阑入也会感到纠缠不清。现代汉字学意义上，关于汉字基本属性，专业工作者指出每个汉字都具备形、音、义三个要素，三者统一于一体。汉字数字化信息处理时期，专家们又添加了码（文字编码）、频（使用频率）、序（排列顺序）等。后面三个,是为了信息处理的需要而添加的。前面的三个要素当中,音与义,来自语言。因此,谈到汉字性质,实际上就是关于汉字形体结构以及跟语言的关系;涉及汉字形体结构单位分类,以及由此体制规定了依据何种结构方式,体现汉语的何种单位。

毋庸赘言,各个民族所使用的文字,都是基于各自母语的。① 以汉字体系而言,字符的组合过程,以及后来的分析过程,无不对应特定汉语语境,即作为构字成分的功能分析,无不是在作为单字结构当中实现的——单字结构及方式则对应着所体现的语素,构字元素分析过程,就是熟悉并建立语素语境联系的过程。② 缺

① “汉字”作为一个文字学术语提出来,跟汉字使用的历史比起来,是非常晚近的事情。虽然大家不约而同地认为“汉语”之“汉”与“汉代”历史名称存在关联,但是至少在现存最早的汉代文字学专门字汇《说文解字》里尚未见到。作者东汉许慎在其中只是使用“文字”这样的概念,并对“文”和“字”加以区别性解释。这样看来,作为专门术语使用的历史,是“文字”早而“汉字”晚。考察“汉字”术语使用的历史,似乎有必要跟“汉语”作为语言学术语使用的历史联系起来。明代始有人将“汉朝人文字语言”联系起来,如明代唐顺之《答皇甫百泉郎中书》:“其于文也,大率所谓宋头巾气习,求一秦字汉语了不可得。”其中使用的显然是特定时代即汉朝的概念。南北朝才见到“胡言汉语”并列的词例,北周庾信《奉和法筵应诏》:“佛影胡人记,经文汉语翻。”其中“胡人”与“汉语”形成对文结构。

在西欧开展合作项目期间,笔者曾经留意“文字学”在英语、德语、法语区所对应的翻译术语。据相关专家直接告知,并没有现成对应的说法;特别需要的场合,一般会跟文献学(philology)发生联系。就是在所谓“汉字文化圈”主要使用地区,精通数国语言的越南汉喃研究院院长阮俊强教授提出,可以设计一个关于“字”的核心关系词 sin-graphic,前面可以分别冠以 Chinese、Japanese、Vietnamese、Korean 等,以此形成统一的概念表述。世界汉字学会秘书长、韩国汉字研究所所长河永三教授则认为,这样一来,就得损失中文的“hànzì”、日语的“かんじ”等特殊属性。芝加哥大学夏含夷教授则明确强调,“ideographic”(一般译为“表意文字”)这个词歧义性太大,不如直接译成“Chinese Writing”。这个词组,强调汉字书写功能属性即跟汉语的关联属性,更加适应于“书面语”。这大概是目前最能体现“文字”世界共同属性以及与语言关系的清晰表述。德国波恩大学顾彬教授,曾一起讨论过汉字的上位概念究竟是所谓“表意文字”,抑或是“符号”的逻辑关系。法国国家科学院东亚语言研究所罗端教授研究甲骨文语法,他当面给笔者的解释是,“汉字”意义上的“文字学”,大体相当于“文献学”。由此观之,在西方学术“术语体系”里,并未给“汉字”术语留出一席之地。汉字有时也被英译为 chinese characters,即“汉语的字符”。事实上,这是一个词组结构,即表达的是哪种外延范围内的“字符”(characters),而并未揭示作为一个术语概念的差异性内涵。

② 胸有成竹,目无全字。只有确立了这样一个前提,才有可能避免拆解文字结构的种种流俗弊端。例如“从立从早=章”“从口一声=日”“从言从身从寸=谢”之类。

少语境抑或语境不够充分，再写实的图像也与书写语言的文字体系无关。① 基于此，定义各种文字的特性，一般包含体制及功能两个维度，涉及三个项目关系：字符体系的结构组织及其类型特质、基于此种字符组织结构类型特点的记录语言特殊方式以及不同单位。完整定义一种文字的性质，大体需要顾及体制与功能两边关系：一边是这种文字组织结构相对于其他文字体制的特点是什么，一边是与这种文字组织结构相应的记录语言的特殊方式是什么。前面一边，考虑的是文字体制内部的结构方式和分类，并由后面一边所规定；后面一边，指具有这种结构方式的文字与所记录语言之间存在的关系，即字符以何种方式表现语言，包括所记录语言单位，或者说，后面一边规定了前面一边的字符数量及结构方式。汉字是经过漫长历史发展积淀而成的书写符号集合体，其主体类型是由更小的字符单位按照一定构造方式组织起来，以体示区别的原则表达汉语语素单位的视觉符号体系。汉字主体结构类型既依随汉语语素而被赋形，也在一定程度上即形而见义。相对于表音文字标记语言，汉字可以说是“体现”即以结构形体表现汉语的；如果某个汉字结构单位“不认识”，就意味着没有取得跟汉语语素单位的“对应”关联。汉字以其结构数量庞大、类符丰富，为汉语提供了繁多的体示与区别方式，诸如结构关系描述、形体组合调整，乃至同音替换，等等。假如像某些专业学者所理解的，汉字属于表音文字或既表音又表意文字，那么一个显而易见的事实是：汉语不需要如此庞大的文字体系。② 相对于表达音素的表音符号体系而言，似乎可以说汉字作为书面视觉符号体系，使得汉语书面语具有一定程度上理解的“可视化”；或者说，能够较为直接地呈现某些词义关系的语境，以至于有的学者声称，汉字具有部分汉语语言功能。根据上述关系定义，也许可以尝试这样描述汉字体系的特殊性质：

汉字主体是由类符、借用类符作为音符，按一定方式合成结构，体现汉语语素的书写符号体系。③

---

① 讨论汉字起源问题，判断某些图像是不是文字，到目前所能做的，实际上也就是看是否存在上下文语境。

② 即便在汉字使用地区，包括专业人士，在某些场合下都会遇到“不认识”的汉字。

③ 汉字类论著里习惯使用“形符/义符”，大体只是考虑跟“表音”“表意”“声符”概念相对的说法，不可能解释为“形状的符号”。根据视觉思维规则，只要进入语言，无论多么具象的字符，都具有概括性，代表的是一类。“形符/义符”都是代表某个类属，《说文·叙》（转下页）

这个定义包括三项要件：一是汉字类符构成与分类项，二是汉字类符与汉语关系项，三是在一、二项之间的链接项，即“体现”的方式及作用项。单纯第一项只能回答汉字基本字符构成及分类，不能完整揭示汉字属性定义内涵；而且，离开了第二项，字符的构成与分类也是无法想象、难以实现的。

二、汉字性质的讨论

古代关于汉字性质的一些相关认识。

历史上涉及汉字性质的讨论，有一个总的倾向：汉字相对独立，甚至与汉语形成对立。例如：

战国《孟子·万章上》：“故说《诗》者，不以文害辞，不以辞害志，以意逆志，是为得之。”其中“不以文害辞”所形成的一组关系中，“文”与“辞”构成对立，而与通常所见的“文质”结构有所不同，“文”就是指称所有的字。①

西汉扬雄《法言》：“言，心声也；书，心画也。”其中的“心”汉代文字学者理解为“具有思维功能的器官”，“画”指的是“图像”，组合起来就是“字”是思维的具象，直接与观念发生联系。② 关于“书”的这种定义解释，可以联系到周代青铜器铭文，这些出土先秦文字就使用在“文”符中间填补“心”形的结构。③

东汉许慎《说文解字》，最早对汉字体系进行了具有科学性质的分类。在后面所附“叙”的部分里，谈到原初的文字书写，作为独立存在，并不涉及语言：“仓颉之初作书，盖依类象形，故谓之文；其后形声相益，即谓之字。文者，物象之本也；字者，言孳乳而浸多也。著于竹帛谓之书，书者，如也。”“形声者，以事为名，取譬相

(接上页)也清楚表述为“盖依类象形，故谓之文”。因此，这里简称为“类符”。在不同的历史层次上，都曾经单独使用体现词义。至于这里提到的“音符”，人们习惯上称为“声符”。事实上，形声结构中的体现词的音节部分，并不单纯指向“声母”部分，而是指向整个字所标记词的音值，而且调查统计数据表明，更多的情况下，指向“韵母”部分。

① 臧克和：《读字录·中》，上海古籍出版社，2020 年，第 739—750 页。

② 臧克和：《〈说文〉认知分析》，湖北人民出版社，2019 年，第 69—84 页。

③ “文”字中间包孕“心”形，容庚《金文编》“文”条下收录 9 字，分别来自能匋尊、或者鼎、曾伯文鼎(2 文)、旂鼎、令簋、君夫簋、友簋、文簋、夌尊、趞罍、服尊、孟簋、臣谏簋、利鼎、师酉簋、史喜鼎等。(容庚：《金文编》，中华书局，1985 年，第 635 页。)臧克和、刘本才：“甲骨文 金文 简牍文 古玺文 古币文 石刻文，错画也，象交文。”(臧克和、刘本才：《实用说文解字》，上海古籍出版社，2012 年，第 277 页。)

成,江河是也。”[①]合体字组合,许慎在这里只提出“形声”类型,未及其他类型。

南朝刘勰《文心雕龙·练字》:“心既托声于言,言亦寄形于字。”[②]语言与文字,一主声,一主形,相互依待。

唐代孔颖达《尚书正义·序》涉及文字书写,也有类似的表述:“言者,意之声;书者,言之记。是故存言以声意,立书以记言。”[③]

清代陈澧《东塾读书记》还涉及到了文字有别于流动的口头语言的特殊功能作用:“声不能传于异地,留于异时,于是乎书之为文字。文字者,所以为意与声之迹也。”[④]文字是为了打破时空界限,保留语言的音义而流传下来的。这种功能定位,就跟不属于语言的一般图像区别开来了。

汉语史上某些“字”的习惯表述,其实所指依然是“词”。诸如“咬字”“吐字”“吐字清楚”“字正腔圆”“炼字”“字眼”“抠字眼”“点睛之笔”等。汉语学界有的专家以此为例,试图证明汉语的“字本位”性质,实在是一种误解。汉语交流经常见到的现象是,不另外架构“语境”,猝然之间,就难以理解。在这种情况下,往往以“写出来看”作为完成交流的最后手段。[⑤]

现代语言学意义上的汉字性质——关注文字与语言关系一边的讨论。

普通语言学“表意说”。瑞士普通语言学家索绪尔,最早将世界文字进行“表音体系”与“表意体系”划分,并且明确指出汉字属于“表意文字体系”:一个词只用一个符号表示,而这个符号却与词赖以构成的声音无关。这个符号和整个词发生关系,因此也就间接地和它所表达的观念发生关系。这种体系的典范例子就是

---

① 臧克和、刘本才:《实用说文解字》,上海古籍出版社,2012年,第469页。“仓颉之初作书,盖依类象形,故谓之文;其后形声相益,即谓之字。”仓颉在开始创造文字的时候,大抵依据事物的类别,描绘其形状,因此叫作“文”;后来形旁声旁相互补益,就叫作“字”。形声,形旁与声旁。相益,相互补益。“文者,物象之本也;字者,言孳乳而浸多也。”文,画的是事物形象的本原;字,说的是由文(独体)按一定方式组织滋生出来而逐渐增多的(合体)造字现象。现在通行的版本脱漏“文者,物象之本也”句,依《书序正义》《〈左传·宣公十五年〉正义》补字。

② 刘勰:《文心雕龙》,上海古籍出版社,2015年,第226页。

③ 孔安国、孔颖达:《十三经注疏·尚书正义》,中华书局,1991年,第113页。

④ 陈澧:《东塾读书记》,上海古籍出版社,2012年,第213页。

⑤ 所谓“语境”即言语环境,原本包括语言因素与非语言因素。以“写出来”构建“语境”,往往有效补充了汉语的区别手段。这类区别方式,直到明清之际的《儒林外史》《三国演义》《红楼梦》《儿女英雄传》等通俗作品中,都可以见到。

汉字。至于通常所说的表音体系,它的目的是要把词中一连串连续的声音摹写出来,即以音素为基础。① 汉字体系被指称为“与词的语音无关的”表意文字,这是迄今为止影响深远的语言学表述。由于对汉字体制内部一边的调查分析不够,也为后来的讨论分歧埋下了伏笔。

古文字学“表音说”。古文字学家姚孝遂先生较早明确提出:“就甲骨文字的整个体系来说,就它的发展阶段来说,就它的根本功能和作用来说,它的每一个符号都有固定的读音,完全是属于表音文字的体系,已经发展到了表音文字的阶段。”②由此说明,古汉字性质上属于表音文字体系。这种最为简洁的说法,是基于甲骨文阶段大量使用假借字记录卜辞的文字使用实际。毋庸赘言,姚先生释读这些甲骨文字,并不能简单以此为读音材料,就连被借用的字,读出来也需要凭借上下文语境的理解,乃至于有待于《说文解字》等工具书的“注音”。③

二重属性说。赵诚先生一方面提出甲骨文字作为有声语言的符号,在本质上是表音的;同时又注意到甲骨文字非常明显的表意性特点。他认为,正是以其表意性,汉字具有了与一般文字不同的特色。该说特别强调汉字“类别性形符”使用的意义,正是“类别性形符的普遍使用,使汉字走上了形声化的道路,产生了大量的形声字。一方面突出了汉字表音的本质,一方面又强化了汉字以形表义的特点”④。同样主张文字性质包含共性和特性双重属性,王伯熙先生更加强调特性所

① 〔瑞士〕索绪尔:《普通语言学教程》,高名凯译,商务印书馆,1980年,第47页。

② 姚孝遂:《古汉字的形体结构及其发展阶段》,《古文字研究》第四辑,中华书局,1980年,第7—39页。

③ 数据库文字学专家数据统计分析表明,甲骨文的象形字占总字形量的40.16%,指事字占5.06%,会意字占40.89%,形声字占13.89%。殷商金文的同口径统计结果印证支持了甲骨文的统计数据的真实性。统计结果相对以不重复字形为基数的统计,则数据发生如下变化:象形和指事的比重有所上升:象形从40.16%上升到76.97%,指事从5.06%上升到7.67%;而会意和形声则有较大幅度的下降:会意从40.89%下降到12.67%,形声从13.89%下降到2.5%。殷商金文的同口径统计结果同样印证支持了甲骨文的统计数据的真实性。该角度统计数据的这种变化,意味着独体字在甲骨文的常用字集中比合体字占据更高的比重。(臧克和:《中国文字发展史·总序》,华东师范大学出版社,2015年。)

④ 赵诚:《甲骨文字的二重性及其构形关系》,《古文字研究》第六辑,中华书局,1981年,第211—225页。赵诚:《汉字探索》,《汉字问题学术讨论会论文集》,语文出版社,1988年,第287—288页。

在，特性在于“不同的符号体系，记录语言的不同方式，所走过的不同发展道路，等等”，构成了不同文字各自的特性。[①] 这种说法顾及文字的共性与个性，符合规则，趋向理性。至于如何“表义”以及语义单位这一边，尚未及深入讨论。

汉字体系内部基本字符分类及属性——着眼于字符结构一边的讨论。这部分讨论主要是根据汉字字符属性，进行字符成分分类。

三书说。唐兰先生在《古文字学导论》中将“六书”归纳为“三书”，把汉字分成象形文字、象意文字、形声文字三类。[②] 后来在《中国文字学》中又有进一步说明：“象形、象意、形声，叫作三书，足以范围一切中国文字。不归于形，必归于意，不归于意，必归于声。形意声是文字的三方面，我们用三书来分类，就不容许再有混淆不清的地方。”[③]科学就是分类，分类意味着深入。作者力图使汉字学从词汇训诂、音韵等小学分支独立出来，但所分三类之间，仍然存在“混淆不清的地方”。

三书三段说。陈梦家先生在《说文解字》“六书”分类的基础上，重新进行归并，弥补唐兰先生“三书说”分类的不足，提出“象形字”“声假字”“形声字”三书为汉字的三个基本类型。三书排列顺序，也是汉字演进的三个阶段。[④] 其中的“声假字”，也就是所谓“假借字”。后来的“三书说”，大体上就是在这种归纳分类基础上进行的细化调整。进入本世纪，连登岗先生即在陈梦家先生“三书说”的基础上根据表意表音标准，把汉字分为三类：表意字、表声字与意声字。[⑤]

上述“三书说”，开辟了从字符作用属性进行文字分类的探索角度。更早些时候，沈兼士先生曾提出过“意符文字”与“音符文字”的“二分法”，已经属于根据字符功能属性的文字分类。[⑥]

意—音文字说。裘锡圭先生基本认同陈梦家“三书说”的分类，而在理论分析上体现出深入细化的趋势：明确区分构成字的字符与标记词的单位，不在同一层

---

① 王伯熙：《文字的分类和汉字的性质——兼与姚孝遂先生商榷》，《中国语文》1984 年第 2 期。

② 唐兰：《古文字学导论》，齐鲁书社，1981 年，第 57 页。

③ 唐兰：《中国文字学》，上海古籍出版社，1979 年，第 11 页。

④ 陈梦家：《中国文字学》，中华书局，2006 年，第 256—257 页。作者在书中所提出的“三书三段说”，即所谓“象形字”“声假字”“形声字”三书排列顺序，也是汉字演进的三个阶段，尚属有待于汉字起源发展的汉语史分期调查的问题。

⑤ 连登岗：《基础汉字学教程》，中央广播电视大学出版社，2011 年，第 63 页。

⑥ 沈兼士：《文字形义学》，《沈兼士学术论文集》，中华书局，1986 年，第 386 页。

次之上;表意字、假借字和形声字三大类字符,从属性上进一步划分为若干子类。例如,表意字又分成抽象字、象物字、指示字、象物字式的象事字、会意字、变体字等六种,会意字再分成图形式会意字、利用偏旁间的位置关系的会意字、主体和器官的会意字、重复同一偏旁而成的会意字、偏旁连读成语的会意字和其他等,共计六类。至于把象形改为表意,表意字使用意符,也可以称为意符字;假借不限制在本无其字的假借范围里,把通假也包括进去,假借字使用音符,也可以称为表音字或音符字;形声字同时使用意符和音符,也可以称为半表意半表音或意符音符字。这无疑都是基于这样一种观念:"一种文字的性质就是由这种文字所使用的符号性质决定的。"①

从"三书""三书三段"发展到"意—音"文字说,性质定位及其相关分类标准,在文字学界具有广泛的影响力。一切科学规则,都限定于特定场合与条件。首先,"三书说"中有的概念有待于考虑适用的范围:当假借字外延被放宽到包含"本有其字"的类型,即由于书写者偶然误用临时建立起来的关联,字符本体与字符使用被放置在同一层次上面,超出了汉字结构分类范围,也在一定程度上导致分类标准上的混乱。当文字的使用者面对一个字符集的时候,基本没有办法分辨出哪是本字,哪是借用字。在这点上,中国最早的字典《说文解字》集合了近万历史汉字结构单位,而整部字典里并没有"假借"字的存在,这表明作者许慎的文字集合分类贮存方式是符合汉字体系实际的。另外,"本有其字"的调查,对于任何一个汉字使用者来说都是难以胜任的。由此,实践上使得分类标准失效。即使到了今天,人们也会经常看到,大量调查标注出土文献所谓"通假字"的,往往是跟后世传世文献传世字汇对比的结果。事实上,各个时代出土文献抄写,并不一定存在后世才具备的文字系统,也不需要大量"假借"。换句话说,大量"通假字",是后人以今律古的认知结果。② "假借"这个概念,也许放到汉字实际使用的语言学场合才是有效的术语。③ 其次,除了"假借"不能跟"表意""形声"结构类型并列之外,就是表意字、形声字类型的字符功能分类也容易产生歧义。表意字形符或义符,跟合成之后去标注汉语的字符,二者原本不属于一个层次,功能能不能等同?

---

① 裘锡圭:《文字学概要》,商务印书馆,1988 年,第 10 页。

② 臧克和:《"注解"的标注——〈史记〉历代注本文字标注及相关问题》,《华东师范大学学报(哲学社会科学版)》2021 年第 5 期。

③ 同样,"异体字"这个概念,也只有放到汉语史汉字的调查整理过程中去讨论才是有效的。

就是形声结构，声符“示音”作用，在声符与形符“相益”“相成”过程中，都能够标记整个形声结构音值吗？换言之，表意字、形声字等概念，所揭示的是字符构成单位之间的结构关系；而通假字的概念，则是揭示字与字之间的不同类型关系。这与作者提出明确区分构成字的字符与标记词的单位，不在同一层次之上的观念是存在矛盾的。[①] 基于此，讨论并定义汉字性质，仅限于字符内部功能分类，不用考虑汉字相对应的汉语结构单位关系一边，包括：三书“表”汉语的方式是什么？所“表”汉语成分单位是什么？跟“表音文字”的“表”相同抑或有别？或存在深入讨论的理论空间。[②] 在上文关于文字性质定义的讨论过程中已经揭示过：各类字符分类及作用，正是来源于各类字符对语言的表达方式及标记的单位，或者说，字符跟语言的关系体现为字符分类及作用，两边初无“偏枯”。

李玲璞先生在《甲骨文文字学》中，相对于汉语的“语素”，率先提出“字素”这一核心术语，以此全面调查分析殷商时代甲骨文字形结构，作者认为，各类字形结构可以分析为“表词”方式。[③]

按照《甲骨文文字学》的字素结构单位及分类模式，相对应汉语的“语素”。问题在于，将核心术语“字素”——构成字的元素，定义为“形音义”完整统一体，跟作为“字”的“形音义”统一体，如果不加层次区分，难免会带来逻辑上的混乱。约言之，如果某个字符成分能够“形音义”统一于一体，那么这个结构单位就一定是一个字，一个独体结构的字。

---

① 上文所及《说文解字·叙》有两处解说形声结构，一是“形声相益”，一是“以事为名，取譬相成”。意思是，根据事类确定一个字符（形符部分，代表一个义类），选取一个和被造字读音近似字符（声符）相互合成。以事类作为“名”即义类范围划分，与声符譬况性标记合成。合成关系，形符与声符，相互依恃，形成区别，使事类由属类具体落实到种类。石刻文字楷化统计表明，“楷化选择倾向于形声结构，与其说是顽强保留示意标音功能，毋宁说是维护楷字结构区别性原则，由此带来认知机制上归类识别的方便”。（臧克和：《中国文字发展史·隋唐五代文字卷》，华东师范大学出版社，2015 年，第 76 页。）

② 关于字符内部各“书”类型分析，就具体过程而言，实际上都是基于汉语的词组、词、词素等单位语境所完成的认知过程。换句话说，所有独立的基本字符，都经过了实际语料使用过程。汉代许慎《说文》的分析分类，是在群经乃至通人的语料基础上完成的；后世的分析分类，也都是依据自己所熟悉的词汇语素等语境操作的。正因为客观上存在这一关联过程，汉字体现汉语词素才能实现。不过，这类关联已经习焉不察乃至于浑然不觉。

③ 李圃：《甲骨文文字学》，学林出版社，1995 年。这是甲骨学首部断代文字描写著作。虽然后来“字素”分析较少被提及，但实际上曾经影响了不少研究者的课题。因此，这里特别提到这一分类做法。

王宁先生“汉字构形学”，不为“六书说”“三书说”等所限，运用系统的方法，对传统“六书”理论进行全面分析。在汉字表意特性和汉字构形系统这两个基本原则的基础上，提出了适用于分层的历时汉字集合体结构分析，还有系统描写的普遍原理和可操作的方法，从汉字发展史的诸多现象中归纳规则，建立了有关汉字构形的术语体系。“汉字是记录汉语的视觉符号，它的音与义来源于汉语，字形才是它的本体。”①

“汉字构形学”构建了完整的“构形学”术语体系，拥有越来越多的采纳者。关于汉字功能性质即涉及语言文字关系的场合，例如“异体字”的“异写”与“异构”，使用者在进行实际语料调查分析过程中，仍然会感觉到存在一些难以操作的问题。基于此，前面特别指出，某些术语有其特定使用范围，如果移到汉字性质来讨论，实际上是增加了认知干扰。

龚嘉镇先生通过对汉字形音义关系进行比较研究发现：“汉字形音之间的结合较为脆弱，既弱于表音文字的形音联系，也弱于汉字的形义联系。”在《汉字的记词方式与结构功能》中进而提出这样的“模型”：汉字的性质是由字符在构意、构形中所发挥的表词功能来决定的。提示其字所记之词的语义者是义符，标示其字所记之词的语音者是音符，既不表义也不标音而仅具构形功能者为记号。汉字中义符的数量比声符少得多，义符的构字能力比声符强得多；义符系统不仅在系统性上强于声符系统，而且其表义功能也远强于声符系统的表音功能。因此可以说，“充当基本字符的义符反映了汉字的表意文字体制的特质”。②

在字符参与构意、构形中所发挥的表词功能关系中认识“汉字的性质”，是近年来有所拓展的表述。至于作者提出汉字体系中“义符的数量比声符少得多”，读者并不清楚如何得出这种统计结果，或许可以提出这样一个问题：承认汉字体系来自漫长使用历史的集合，根据时代性分层，那么声符到底是从哪里来的？如果这样考虑的话，能得出声符比义符多的结论吗？③

---

① 王宁：《汉字构形学导论》，商务印书馆，2015 年，第 291 页。

② 龚嘉镇：《现行汉字形音关系研究》，湖北人民出版社，1995 年，第 10 页；《汉字的记词方式与结构功能》，巴蜀书社，2018 年，第 233—234 页。

③ 参见上文关于姚孝遂先生“表音说”的有关甲骨文字形结构各类所占比例的数据分析脚注。《说文解字》分类，列出 540 部，体例原则上以形符（或义符）为部首。自然，现在看来除了有的部首所设，没有贯彻体例原则，还有一部分部首可以合并，一部分部首可以分解。另外，历代草书的使用，基本规则就是义类类符的归并认同。

意词字与音意字四分说。苏联维克多·亚历山大罗维奇·伊斯特林在《文字的产生和发展》中提出，根据一般文字类型字，汉字分为四类是最正确的：纯意词字，细分为两类——简单意词字（由一个要素组成）；合成意词字（由两个或几个简单表意要素组合而成）。音意字，由音词字与意符（偏旁）组合而成，又分为两类——通过使用一个汉字来表示几个读音相近，但字源上彼此没有联系的词的方法产生的音意字；由于该汉字表示的词出现新的字源上相近意义的结果而产生的音意字。①

作为普通文字学学者的理论见解，对于上述某些根据字符功能进行分类的做法，其影响是显而易见的。作者关于第三类即“音意字”中的第一类的描述，“使用一个汉字来表示几个读音相近，但字源上彼此没有联系的词的方法产生的音意字”，语法学“紧缩”提取出主干部分就是“一个汉字来表示几个词的方法产生的字”，假如不是译者理解存在问题，就是作者逻辑上的循环。因为参与结构合成的只能是字符结构单位，与作为直接标记词语字形并不在同一层次上。

汉字与汉语关系说。这方面的讨论者，主要集中在现代汉语、现代汉字学者中间。

汉字表意，通过记录汉语的词或词素，间接代表了词或词素的声音。这种说法见于黄伯荣先生、廖序东先生主编的《现代汉语》：“汉字不是直接表示音位或音节的字母，而是用大量表意符号来记录汉语的词或语素，从而间接代表了词或语素的声音。”②《现代汉语》关于汉字与汉语关系的表述是没有什么问题的，但是关于汉字字符本身这一边则缺少具体认识。

现代汉字学者苏培成认为汉字书写记录的汉语单位是语素，汉字可称为“语素字”。苏先生认为，在现代汉字里，形声字占全体汉字的80%以上，每个形声字都包含意符和音符两部分，完全不考虑音符部分，而把汉字定义为表意文字不能准确地反映汉字的本质。但是，并不同意排斥语言一边的定性：“撇开字符的性质，仅仅根据文字书写的基本单位所代表的语言成分的性质，来给文字体系定名，也是不妥当的。英文里几乎每个字都代表一个词，大家不是并没有把它看作表词文字，而是把它看作音素文字的吗？”③既然音素文字可以指称英文书写性质，作者

① 〔苏〕B. A. 伊斯特林：《文字的产生和发展》，左少兴译，北京大学出版社，1987年，第155页。
② 黄伯荣、廖序东：《现代汉语》上册，甘肃人民出版社，1983年，第161页。
③ 裘锡圭：《文字学概要》，商务印书馆，1988年，第17页。

在新近的论述中,认为根据字符的性质确定的是文字的内部结构,不是文字的性质。①

汉字字符属性及分类的精确化,有助于认识汉字记录汉语语素的方式。因此,这一边恐怕也是不能忽视的。汉字的核心属性,存在于上述两边关系当中。字符的分类及构成方式,是基于汉语孤立语结构单位;由汉字类符特点,规定了表现汉语的特点。这个特点在前面揭示为"体现",就是以类符结构形体来表现的。正是这个连接字符之"体制"到字符之"功能"两边的中间环节——"体现",反映了汉字跟各类文字的不同特质所在。各类文字都是"表"即"表现",诸如前端的"表意字""表音字""表音意字"等,后端的"表词""表词素""表语素"等。至于汉字的"表现",以其类符数量多,结构方式丰富,可以建立"以结构形体表现"汉语语素的关联;唯其适用"体现",造成汉字体系字符使用数量日趋庞杂的现象。

除了上述学者的探索之外,还有一些专业学者就"汉字性质"作出过深入思考,有的角度不同,存在专业背景差异,都有所贡献,有助于相关问题讨论的深入。例如,吕叔湘、赵元任、朱德熙、刘又辛、王凤阳、夏含夷、曹先擢、李大遂、詹鄞鑫等先生,以其所讨论角度与方法,大要不出上述范围。限于体例篇幅,这里不再逐一论列。

三、汉字性质研究展望

(一)比较文字学的研究

讨论汉字性质及汉字性质规定下的汉字特点问题,存在一个重要的逻辑前提,即汉字特质是相对于世界其他文字体系而言的。简单强调"文字→语音→观念",抑或先对应"读音"还是先对应"语义",得出世界上任何文字都是表音性质的,汉字当然也不例外。这等于将文字概念抽象到世界上只有一种文字,汉字性质也就没有什么内容可以继续讨论下去。

汉字相应于孤立语语法结构的汉语,是汉语书写标记符号。汉字体系依靠形体及其结构方式来帮助体示、区别汉语语素单位意义。基于此,汉字除了具有文字的共性即标注的约定性,同时还具有特殊性即标注的体示性。汉字作为诉诸视

① 苏培成:《汉字的性质和优点》,《中国文字研究》第三十四辑,华东师范大学出版社,2022年,第187—190页。

觉的标注符号体系,同世界其他民族文字一样,标注的结果属于书面语;汉语书面语不等于就是汉字体系。汉字字集,来自汉语书面语的汉字单位集合。所谓文字体系内部属性,就是文字体系所使用的基本字符的性质,包括字符结构类型、结构方式、结构数量、体现汉语结构单位——语素。像日语借用了汉字作为基本字符,不用说训读部分,就是音读部分,其表音功能属性与五十音图符号并不是一回事,也不能说是表音字。所谓表音字符,就是看到其书面记录形式就能读出来。这样的功能特点,在日语里只有五十音图才具备。中国第一部字典《说文解字》,也只能根据540个意义类属,归纳提取出相应的部首,进行分类,编排组织,而没有条件进行语音音位学上的分类组织,有效统摄所有汉字。

约定性。在遵循约定俗成这点上,所有具有书面语的语言类型都是相同的,区别仅存在于约定方式,以及使用约定符号的数量。在贸易、巫术等交流密集的社会集团里,较早是将具体的图像、少量记号与语言发生契约关系。汉语里这两类诉诸视觉的标记符号,就是后来的象形、指事结构。大部分汉字与汉语的词语或词素单位发生约定对应关系,而许多表音文字则是跟音素单位发生约定对应。① 至于汉字究竟先与汉语中的概念发生联系还是先与语音发生联系,属于普通语言

---

① 汉代语言里,也会发现使用一个汉字记录相当于一个词组的现象。比如,《史记·货殖列传》:"人富而仁义附焉。"附焉,附丽于其间;焉,相当于"于其间"三个音节的快读,合成"yān"音节结构。汉语史将这类词语称之为"兼词"。这类语言单位,历史地看,亦存在相反方向结构。在一些汉语方言区域所谓"方言本字"调查中仍然可以发现。通俗如白话文学作品中,记录军事术语有"刺斜里/隔斜里"(棘、刺都以朿为声符)。例如,《三国演义》第五回:"刘玄德掣双股剑,骤黄鬃马,刺斜里也来助战。"第四十八回:"(韩当)用牌遮隔。焦触捻长枪与韩当交锋。当手起一枪,刺死焦触。张南随后大叫赶来。隔斜里周泰船出。张南挺枪立于船头,两边弓矢乱射。周泰一臂挽牌,一手提刀,两船相离七八尺,泰即飞身一跃,直跃过张南船上,手起刀落,砍张南于水中,乱杀驾舟军士。"《水浒传》第四十八回:"欧鹏斗一丈青不下,正慌哩,只见一彪军马从刺斜里杀将来。"《西游记》第四十二回:"妖王道:'那猪八戒刺邪里就来助战。'"其中,"刺斜里/隔斜里",汉语史记录为"捷"字,例如,隋代大业三年《隋故银青光禄殷州刺史志铭》"奇锋四伐,非唯三捷"。或源于"捷足先登"之捷,俗称"抄小道""走捷径",由空间之近,类比为时间之短。《左传·成公五年》:"重人曰:'待我,不如捷之速也。'"杜预注:"捷,邪出。"这里所谓邪出,即斜出,从旁抄近而出。《国语·晋语五》:"传为速也。若俟吾避,则加迟矣。不如捷而行。"韦昭注:"旁出为捷。"由间行的捷径方式,类比用作快捷、便捷—报捷、捷报,认知转换渠道为"行动方式——名词使用——动词使用"。后世使用,以捷字职能繁多,于是较为通俗的说部文献里,词汇扩散为"刺斜"里,即由"捷"之一个音节,缓读为"刺斜"两个音节结构;再接方位"里",整体结构指向空间位置。反过来也可以说,"捷"不过就是"刺斜"两个音节促读而成的一个音节。

学、语言哲学乃至脑功能认知科学的课题，在汉字学中展开讨论，关系不密切，意义也不充分。

体示性。汉字以其基本字符的丰富性和结构方式的多样性，对于汉语语素意义具有一定的体示作用，这是汉字体系的个性。由于汉语存在大量同音词，加上语法手段非常有限，汉字记录汉语的作用之一就是“体示词义”“区别词义”。依据汉字的这种体示区别作用，可以将汉字符号体系进行分类。基于此，汉字学者和汉字认知过程，比较关注汉字形体结构，汉字形体结构的分析与分类。即使汉字体系当中主体类型的形声结构，也是依靠形符与声符的结合，形成对立区别。

从汉字体系功能的特殊性来看汉字结构的繁简问题。符号的简洁度跟思维效率存在正相关。但是，当出现了智能输入法、图像识别等科技媒介因素，汉字书写速度与汉字结构复杂性之间的矛盾得以逐步消解；相对构造笔画密度较高的汉字体系，其携带信息丰富、区别度高等方面，反而体现出某种优势。有的汉字学者认为：“没有汉字形体结构的复杂，也就没有汉字孳生能力强、区别性强的优点；没有偏旁表音不完全准确的缺点，也就没有汉字超越历史、超越方言的优点。了解这一点，也就不会责怪汉字的繁难了。”①

稳定性。汉字开始使用的主要区域——黄河长江流域，人们的生产与贸易，在历史上形成了稳定的循环体系。在此基础上，无论是朝代更替，还是书写媒介转换，汉字体系的流变也总是处于一种稳定状态。另外，在文字结构自身特征上，汉字的构造水平一开始就是趋于封闭的“完形”视觉结构，这与世界其他古文字，例如古埃及文字，差别就非常明显。

（二）历史分层的汉字属性研究

作为汉字使用者面对的汉字体系，可以说是一个历史集合体。要了解这个体系的属性，简单平面地分析字形结构显然是不够的。某个时期属于一类结构，到了不同的历史层次可能又演变成了其他结构类型。比如最为多见的形声结构，除了不同历史阶段会发生声符替换现象之外，还会被改造为其他结构类型，如此等

---

① 李大遂：《简明实用汉字学》，北京大学出版社，2003 年，第 23 页。颇契辩证之理。得失维均，自然法则。先秦古文字，基本属于由线条构成的曲折圆转的封闭图形；战国末期到秦汉的汉字隶变过程中，特别是早期的古隶，虽然写法便捷，打破了封闭的结构，但也是尽量以高密度的笔画组织去弥缝原形；至于近今文字，随着楷化过程以及草书的影响，笔画密度整体趋于降低。

等。历史分层的汉字属性研究，就是强调从汉字体系的历时属性深入认识汉字性质。前面定义“汉字性质”过程中，曾经开宗明义地揭示：使用者面对的汉字字集，本身就是一个包含不同发展阶段的杂糅系统，汉字结构体系具有历时属性。①

---

① 岁在壬寅，农历虎年。观察“虎”字结构使用的不同历史时段，可以发现同样存在几种类型转换。秦公大墓石磬作 。《说文·虍部》：“ ，山兽之君。从虍，虎足象人足。象形。 ，古文虎。 ，亦古文虎。”如汉代许慎所理解，虎头下附带虎足象人足，则殊不相类。至今，汉字使用地区如中国大陆地区“虎”下从几符。虎符演变，几经形体结构过渡演化。甲骨文及金文大部象形于虎的侧视体态，属于独体象形，唯独晚期金文存一 ，下部镶嵌一近“几”形，此殆后来进而有从几符之虎形的中介过渡。汉代玺印及石刻保存近似人形的虎，如 （汉印）。秦简里面多见一些虎形下部使用“巾”形的结构，可以理解为巾符为几符跟虎头有的笔画穿插的结果。例如，《睡虎地秦简·秦律杂抄》25 作 ，已属于典型的上虍下几穿合结构，这类结构在秦汉简牍文字中较为多见。《岳麓书院藏秦简·占梦书》38“梦见虎豹者见贵人”作 ，所穿插部分笔画还可以看出有意识地中断。《里耶秦简·第八层》170作 ，依然是人形，《说文》著录篆文应该以这类结构为来源。《北大藏西汉简·老子》36 作 ，为上部下部穿插形。另外，一批汉简书写字形，也为《说文》本部所见古文“虎”改造为从虍勿声结构奠定了基础。例如，《张家山汉简·引书》26 作 ，为《说文》所存“古文”改造为从勿声符提供了来源。另外，还有一部分简牍文，似乎存在向“市”声符发展的趋势。晋代南北朝隋代至于唐代字样刻石，由人形而演变为几符，遂成定形。例如， （晋《黄庭内景经》）、 （东魏《王偃墓志》）、 （隋《元智墓志》）、 （唐《干禄字书》）。虎字无论从几与从人或从儿，皆拟于不伦。

以几为声符结构，并非罕见。凫/甲骨文凫字所从几相近于人形，如   下部所从，即象人体俯伏之形，跟《说文》虎形下部所从之人，比较接近。凫的声符几与力、儿等区别度不高，声符误混。凫字从鸟几声，金文从隹几声，《说文》小篆分析为从鸟几声。“几”古文字象人体俯伏之形，隶变楷化阶段“几”“力”“儿”区别性丧失，汉简和南北朝石刻，结构多为从鸟从力，“力”实为“几”形横笔出头的结果。唐代石刻，则率多从鸟从几，或以“几”形横笔出头稍示区别，敦煌俗写沿用之。俯/金文“俯”作 ，为从府、几声，或可视为双声结构，而几为初文，象人体之俯伏形。《说文》无“俯”字，今“俯”为“頫”的后起形声字，从人府声。另外，“包”形构件“勹”也是声符，同为俯身人形的讹变。来自成都地区的周阳博士除了上述“俯”字双声符结构等连类，还告知四川成都方言把“孵蛋”叫作“抱蛋”，把“老虎”呼作“老斧”（音），把“豆腐”叫作“灰猫儿”（音）。否/唐代开元七年《大唐郫县修定寺传记》“于时金行运否，水德潜通”作 ，为“否”形而下缺末笔，亦从几得声的结构类型。殳/《说文·殳部》：“殳，以杸殊人也。从又几声。”其声符构造亦属人体俯伏形。另外，像某些多层合成结构，比如，處/从虍処声，其实処亦从几得声。

虎字在漫长的使用历史演化过程中，占主流地位的字形结构，应该是区分历史阶层的：商周甲骨文、金文基本为象形结构，战国金文到秦汉简牍文基本使用从虍几声形声结构，也使用不少虍符与声符几穿合结构，整体上起到与作为部首使用的“虍”符区别作用。汉代到魏晋南北朝隋唐五代定形为从虍从人或从几的缺少理据的结构，一直延续到现代。其中，韩国等地区还使用下部从儿的结构，现在通用字符集里也有这个结构的位置，可以算 （转下页）

汉字体系中人们所分析的“三书”等结构类型,从中归纳概括出来的“表音”或曰“示音”“示源”等结构成分,往往就是来源于曾经作为独体表达语素的结构。历代相沿续的汉语史事实是:汉字本身就是有待于被注音的对象、被注音的单位;与此相对,宛密配合描摹语言声音的表音符号,则是给予语词标记书面音读的。

第一阶段即早期初创阶段,该阶段汉字记录除了对应于词语,还存在对应于短语乃至语句汉语结构单位的部分。基本字符都是通过提取人体、物体形状及其位置关系手段得到的,也就是说,这部分基本字符来源于关于人体以及与人体活动范围密切相关的外物即“物象”,另外加上一批抽象数字“记号”。这部分初创字符表词方式为“象形+记号”,大部分形体特点就是习惯上所谓独体之“文”,也就是依靠形体结构的构造变化、空间物理关系取得标注词义短语义语句义的关联。这种关联一旦建立,也就等于固定了跟语音的关联。统计分析表明,这部分初创字符单位数量在400个上下。这400个左右的字符固定了先民自身生活与社会生产的基本关联和基本类型,为汉字因循社会生活日趋丰富而组合发展,形成鲜明的类比关联特征奠定了认知基础。

第二阶段,随着固定事物变化关系、标记新出事物的发展需求,除了继续创制少量基本字符“文”之外,大量地依靠组合基本字符而产生新的结构单位,这些合成单位,主要依靠单位之间的结构关系,来体示词义,更多的是区别词义。由于大量采用原有基本字符组合的方式,这个阶段合成的“字”,不可避免地受到独体字符原来跟词的语音固定下来的关联影响,生成“形声结构”,也就是借用现成独体字符作为“声符”的现象。根据方便、熟悉及省事的类比认知原则,这类合成结构区别词义天然地具有某种“能产性”。①

第三阶段,除了不断现成组合新“字”,主要就是在使用汉字标记过程中,追随

(接上页)作人符、几符的形近变体。总起来看,虎体连缀非有机组合字符,并无妨于语言的表达与理解。这说明,隶变楷化之后,体现语素功能趋于依靠结构整体轮廓区别,而字符组合关系所起的作用,已经趋于消解。

① 一位法国汉学家在访问过程中,提出以印欧语系的拼音字母类比现代汉字以笔画为单位记录汉语。这跟中国湖南电视台一位工作者专程跑到上海来给笔者看他写成的巨大发现存在某些相同之处:“每个汉字都是表音的,因为他发现每个汉字结构当中都有一个声符,只是以往的学者使用者没有把汉字结构分析到底而已。”比如“日”字为形声结构,中间可析出“一”,“一”就是“日”的声符,标注“日”的读音。姑且不论这样的做法基本无效(例如,像篆书结构的线条就没有这样分析笔画的方便了),即整个汉字系统将被彻底离散。

语音词义分化演变，作出结构方式上的调整。①

显而易见，过分简单化的做法，无助于学科讨论的深入，也不能适应文字体系随着各类数据集处理及相关学科交叉发展的需求。简单地说，不论是音母记号还是所谓“表意文字”，在表词/词素作用上，都是一致的，并无例外。凡是成熟的文字体系，音母记号②表达语素作用依靠约定关系，汉字表词/词素作用依靠“体现”加“约定”：依靠“体现”，则要有形体结构；有了形体，自然存在结构方式及结构表达语素的方式。表达语素的各类形体结构方式，背后都存在着类比认知模式。既然文字的主体部分需要依靠形体结构来“体现”语素、区别语素，自然就不是少量记号和形体结构所能胜任的，必定是需要满足“体现”汉语语言意义系统的大量字符。如果一种文字体系需要数百基本字符乃至数千字符构成，那么各个时期的文字使用情况需要调查整理就成为研究课题：这正是历代汉字学成为专业领域，甚至成为“显学”的学科前提与逻辑起点。

（三）认知科学等学科介入的跨学科汉字性质研究

传统所谓“以形表义”表述中，字形与“字义”的关系究竟是什么？词的音义应该是一个语言单位的两边：文字系统的区别，说到底就在于标记对应哪一边的问

---

① 例如，汉代之前的“臺”字，结构是从“高土”（甲骨文作，金文作，《说文·高部》：“崇也。象臺观高之形。从冂、口。与仓、舍同意。”）；现存《说文》小篆上部业已不象高形而接近于吉符。汉代及汉代以降，则主要是改换为从吉，以吉为声符。笔画未减，反而有所增加，而且也无“会意”可言。之所以要替换为吉符，主要是出于吉符作为声符发挥作用的考虑。汉代“臺”存在两读，一为质部，一为咍部。二部在汉代分化，其中质部读音不显，于是将“臺”字改换质部的“吉”作为声符。《史记·项羽本纪》记录地名“盱眙”，《三国志·倭人传》《后汉书·东夷传》记录同一日本古国地名，分别作“邪马壹”“邪马臺”，因为当时二者读音是一致的，壹（ ）、臺皆以吉为声符。由“高土会意”到“从吉形声”，这可以看作是不同时代，字形结构追随语言变化而作出构造方式的调整。参见臧克和：《“注解”的标注——〈史记〉历代注本文字标注及相关问题》，《华东师范大学学报（哲学社会科学版）》2021年第5期，第149—150页。又如“隸”字，从柰读还是从隶读？《说文·辵部》：“逮，唐逮，及也。从辵隶声。”《说文·隶部》：“隸，从隶柰声。郎计切。”秦简中大量使用“徒隸”，而大量字形结构并不“从尾省”，而是从“米”。“米”当作为声符标识参与合成，原因大体可以认为是“奈”的声符作用，当时由于功能分化两读而许多人可能已经不甚了了。秦及秦以降历代“隸”字使用、书写变化，可参考睡虎地秦简中的《秦律十八种》《为吏》、岳麓书院藏秦简《芮盗案》、里耶秦简《第五层》等。是及、逮互训，“唐逮”者，则为声训，促读为“咍”。《史记》时代，及、隶、逮或尚未完成读音分化。

② 这里不使用“字母”术语，为了避免讨论过程中“字母”与“字符”的混淆。

题。另外,从文字作为认知工具的性质来看,形体是客观的,“表义”则有文字使用者的认知作用存在,即具备不同认知经验、认知水平的人,“表义”效果并不总是等同的。[①] 不同历史阶段的汉字体系,存在“理据”的比例也处于变化过程当中。[②]还有,为什么是“体示”?加以“体示”的方式与类型是哪些?满足“体示”功能的体系,较之其他“标注”的符号体系,会在数量上有怎样的差别?这些差别会带来专业学科意义上的哪些特点?

字音。字音从何而来?文字一旦明确了实际读音,就是标记了词或词素,也就是书面语的一个词或词的构成部分。问题复杂性还在于,一个书写形式,往往会对应许多读音。到底其中哪个音节属于这个书写形式即字的音值?只能说都是,也等于说字音具有概况性。汉语字典词典的编写,难度就在于这里:到底文字所对应的各个音值之间,差别到何种程度,就算是两个乃至多个词,从而确立不同的字头抑或词条?另外,还要特别提出的,虽然相当部分的文字结构,带有跟所记录汉语词的读音接近,少量部分甚至完全相同的所谓“声符”,也只能看作是整个文字结构单位组合起来的作用。而且,这种作用仅仅是约定“区别”。人们会经常遇到同一个“声符”,在记录不同词语时,到一定阶段,对应的音值是不同的。[③]

汉字所固定下来的汉语语音系统,汉语史上一共仅有 400 多个音节,即便算上加注音值四声调号进行区分,也只有一千多个音节单位。部首即基本汉字字符的使用,大体上也是 400 个左右。这个底盘,决定了汉语存在大量同音词。在进行交际的过程中,往往需要靠汉字“写出来”加以区别。[④]

普通语言学谈到语言系统中形音义的关系,一般都会指出:先有语言,后有文字,文字追随声音。以至于一般文字工作者在回答这个问题的时候,答案也是如

① 臧克和:《结构的整体性——汉字与视知觉》,《语言文字应用》2006 年第 3 期。

② 古文字及隶变文字各个阶段各类出土文字结构变化数据,已见上文“古文字学”关于“表音文字”定义根据的注释。苏培成教授认为,现代汉字的理据度只有 50%左右。(苏培成:《试论汉字的理据性》,《汉字与汉字教育国际研讨会论文集》,中华书局,2013 年,第 12—20 页。)

③ 乂/艾—刈,台/苔—眙,吉/壹—臺,里/理—埋:古音阶段相通,而在使用过程中已经词汇扩散导致分化。

④ 像民间关于百家姓的区别法:千里艸——董、十日卜——卓、西贝——贾、口天——吴、立早——章、人可——何、弓长——张、言身寸——谢,等等。虽然并不符合表词构造方式,但因为在口语交际中确实起到了区别的作用,社会生活中也就并不鲜见。汉语史清代口语化语料像《红楼梦》《儒林外史》《三国演义》《儿女英雄传》等,依然沿用这种区别法。

此，似乎可以不假思索。就汉语史发展的实际情况而言，这个问题其实也是分层次的。在不同层次上，字形与语音的关系并不完全相同。在文字的发生创制阶段，文字追随语音，这是没有疑问的；而且为了追随语音，文字使用过程中的结构体制也总是不断做出相应调整。比如，形声结构中声符的调整等。但是，文字发生之后，文字体现为书面语，在漫长的社会历史时期，主要就是文字的传承使用过程。在文字的传承使用过程中，对于文字使用者提出字音与字形的关系，那就是根据字形，后加字音，即字音标识符是后来加上去的。可以说，创制文字阶段，与学习运用文字成为普遍社会现象，两个阶段的表音属性是需要区分的：前者是主动的，后者是外加的。[①] 汉字字符结构分析出所谓“声符”，专业人员一般承认具有“示音”功能。[②] 其实对于初学者的认知过程而言，这类功能基本是无效的。原因就在于，汉字这方面的作用毕竟不是“与生俱来”的。汉语史上存在过的种种“注音”形式，除了现代汉语使用的“拼音方案”，各类标注“读音”作用都存在若干局限。[③]

字义。“意义”这个概念属于哲学范畴，明确的意义存在或曰产生于统一的结构当中。关于文字学上的字义，从何而来？字义自然是由所记录词义赋予的。这

---

① 臧克和：《〈说文解字〉字音注释研究・序》，齐鲁书社，2007 年。

② 《说文解字・叙》中标注为“形声”，具体分析过程中，标注为“从某某声”等。实际上，这些场合下所使用的术语关联到的“声”，都是指向整个汉字结构读音而往往跟声符部分的音值存在差等。清代“说文学”学者朱骏声编写《说文通训定声》，系联的结论是“同声必同部”，即相同的声符结构，也一定处于同一韵部。（朱骏声：《说文通训定声》，中华书局，1984 年。）

③ 汉字阅读经验，约定俗成，就是见到汉字尤其难读部分，不是马上想起这个字形标注了什么音值，而是在具体使用语境下，即在词语短语语句结构当中它能够读什么音值以及有多少个音值。直到明代戏剧流行，而戏剧无论念白还是唱腔，对于读音吐字、字正腔圆都有特别的要求。有的刻本，对每出戏文所加音注现象。调查研究字—音关系、字—词关系等关联汉字属性者，应当对此特别留意。具见参考文献，所列是明代纪振伦校正，明代万历间（1573—1620）南京唐氏广庆堂本二卷，日本京都大学文学部图书馆原本，《出相点板梁状元折桂记》。编者认为，“出相”，该板刻特点在于刊刻出图像，犹如通俗文学所谓“绣像全图”；点板，则是加上句读校读，从板内看还包括添加音注。卷前叙文标题下钤“王国维”印章，有以考见该本经观堂之手流传东洋的线索。（纪振伦：《新刊校正全相音释折桂记》，河北教育出版社，2021 年。）是本页分上下双栏，页上端天头标注“音注”，计有 395 组（其中 1 组完全模糊难辨），大部分采取“直音法”标注，存在表音字与被表音字无法对齐、表音字较被表音字读出困难等。将结构较为复杂的字形，采用“直音”“读若”等标注，关联相对简单易读的字形，实际效果也势必存在很大局限。

里存在几个不同层次的问题,需要进一步明确。

第一,字义来源问题。字义,自然是所记录的词赋予的。但是,人们所面对的困惑是,一个字通常记录众多义项,到底哪个义项算是该字的“字义”? 只能说都是,也就等于说“字义”也是概括的。① 如同字音问题的处理,对于字典词典编纂者来说,究竟词义义项之间差异到何种程度就算是不同的“词单位”,需要不同的字来记录了? 其实也是颇费斟酌的问题。众多义项存在于大量语句当中,以至于使用者选择起来颇费周折。

第二,文字结构的所谓“构造意图”问题。一部分学者认为,之所以称文字属于表意文字,是因为文字既有记录词义的功能,同时自身结构就具有“构造意图”,即所谓“结构本义”。不少字形特别是古文字阶段使用的这部分字形,固然以其大部分结构形体“象形”程度较高,可以“体现”出某种构造理念,从而成为寻绎所记录词义的某种线索。但是,“具象”的字形结构也具有相当程度的概括性,才能相应于词义的概况性。② 这类字形的“构造意图”又是从何而来? 自然也是来自所记录的词、词组甚至语句(分别相应于句意字、图像字、表词字等);换言之,只有在具体语言结构单位的关联当中,“构造意图”的赋形(结体)赋能(作用)理解才成为可能。或者可以表述为:书写的结构形式,有待于句、词组、词、词素义的理解;同样地,理解了句、词组、词、词素义,才能选择相应的书写结构形式。事物基本规则,意义在于结构;汉字构造意图乃至字义理解成为可能,存在于汉语结构当中。

第三,汉字结构类型与表达语素方式。传统文字学关于文字结构分析(文献使用“说解”)提出“六书”,一般学者将其作为构造分类或者构造兼使用来看待。其实,这是在说明独体结构或合成结构跟所标记词的基本义项之间的联系,不同合成结构类型内部,各种构造成分作用问题。不论哪个类型的分析,最后都指向词的明确义项。在一些情况下,甚至给出词的用例。意义存在于结构当中,结构的整体意义不等同于部分抑或部分之间的简单相加。不论多少种类型(习惯所谓“三书”“六书”乃至“十几书”等),实质都是以结构的合成整体来区别并标记词的

① 汉字中存在数量不少的字,既标记名词义项,同时也标记动词义项,中国古典哲学称为“体用不二”,其实仍然是基于类比的认知结果。例如,钩:{吊钩}{钩止};筛:{筛子}{筛酒};镟:{镟子}{镟酒};货:{货币}{货卖};烛:{烛影}{烛照};刃:{刀刃}{手刃};等等。

② 臧克和:《汉字取象论》,圣环图书出版公司,1995年。

义项、词的音节，这些功能，分解的各个成分都是无法胜任的。① 因此，无论多少“书”(结构类型)，都应当看成是表达语素方式。基于此，说明了字义从何而来，大体上等于回答了文字基本属性问题。

阅读殷商时代甲骨卜辞，发现除了记录了地名、人名、植物、动物等各种事物名称以及人的动作行为等实词之外，也存在记录该时期的某些虚词的现象。上古传世文献，存在许多音节重叠的词。学者们以为这些地方，所使用的文字，可以算是“表音字”。事实上，上古汉语中使用记录虚词的字，往往经过了中间由实到虚的虚化过程；即使记录具有“语法功能”的量词字，量词作用许多也是由实词类比认知虚化过来的；或者经过了读音相同或非常相近的借用过程。②

(四) 汉语字、词关系的进一步讨论

近年来，随着关于汉字性质问题认知不断深化，关于汉语字、词关系的讨论也逐渐增加。

前面已指出，汉语史上，很多情况下所使用“字”的术语，其实都是关于“词”的问题。汉语史上曾经存在的这类现象，不应该成为对于汉语最基本结构单位的认

---

① 臧克和：《〈说文〉认知分析》，湖北人民出版社，2019 年。例如，水部常见形声结构，总体来看，是声符的参与构造，规定落实了所记录具体水名的区别性认知；同样也是类符水作为“偏旁”的参与合成，使得所标记词的读音落到具体实处。形声结构形成区别特点之二，相同的声符类型，有待于类符的具体区别。就是说，着眼于类符配置，才能使声符所对应字形结构标记的整个词音值个性化，即具体音值得到落实。按《说文》全文检索系统查询，“从某某声”认知标识的结构数量为接近 8 000 个。这样庞大的形声结构群体，即便从现代读音来看，绝大部分也都是由类符的参与组合而体现出声符认知功能，如朿声例，不能认为皆从朿得声，就消除了“帝”“策”等结构读音认知差别：帝，从丄朿声。策，从竹朿声。如氏声例，不能认为皆从氏得声，就消除了“祇”“底”等结构读音认知差别：祇(zhī)，从示氏声。底，从广氏声。如斤声例，不能认为皆从斤得声，就消除了“欣”“沂”等结构读音认知差别：欣，从欠斤声(听，音 yǐn，从口斤声，又见《口部》部分)。祈，从示斤声。沂，从水斤声。如林声例，不能认为皆从林得声，就消除了“禁”“琳”等结构读音认知差别：禁，从示林声。琳，从玉林声。如攸声例，不能认为皆从攸得声，就消除了“修”“條”等结构读音认知差别：修，从彡攸声。條，从木攸声。现代汉字书写，主要转换为电脑、手机的输入。事实上除了一部分语音输入，目前大部分也是利用“结构—区别”原则，以成词的方式拼合；如果单字输入，速度或成倍下降。

② 一期甲骨文(见《甲骨文合集》第 584 片正面)：“其有来艰？”“允有来艰自西。”占卜刻辞除了记录主体实词之外，于一句之中同时也记录了“其”(表达推测语气的虚词)、“允”(表达事实与所料相符的副词)、“自”(表达方位的介词)等。

知干扰。汉字的形音义三个属性要素，其实都是抽象概括的。除此之外，有些术语看起来属于汉字体系内部的概念，其实逻辑前提依然属于语言学范畴。

“异体字”定义成立的基础在于词汇学，汉字的基本属性在于形体，就字形属性而言，结构形体相同，自然就是同一个字；而结构形体不同，自然就是不同的字：初无所谓同音、同形、异形、异体、同源之类的区别。上述概念的使用，充其量只是在字与词发生联系即字形进入记录词语的实际使用过程当中，才有必要提出来的一些区别原则。换言之，是词本位参照下的结果。不同时代所面对的字形，都是历史积累的结果，体现着若干历时层次。要进行调查整理，才有必要援引“异体字”这类术语。

共时性质的文字材料，进行共时异体字的调查整理；历时性质的文字材料，通过溯源明流的历时考辨过程，则可以排除某一时间层次上偶然混用所形成的种种“体异用同”关系。但是，毋庸赘言，历时的整理其实是件很困难的事情，而基于某个共时的语言词汇层面才有可能做得比较彻底。使用的范围及频率，其实是很难调查清楚的事情。因此，所谓“记录了相同词语，在另外的历史条件下也完全可以互相替换”一类表述，只不过是试图把话说得周延一些，具体调查研究过程中却是无从把握的，也就是不具有可操作性。

历史调查表明，从隶变的过程，到草书流行的过程，中间产生的海量形体，属于“过渡”性形体书写。观察汉字发展真实历史，概括起来，异体关系的讨论，要考虑形体、使用和历史。①

（五）大数据统计分析研究

汉语史数据库调查分析，由于汉语作为孤立语，词性难以标注，到目前为止的数据库加工，实际上就是汉字属性库建设。统计分析各个历史分期出土的、虽纸媒而系一次性写定的、历代传世的汉字使用数量及使用频率，各类结构之间的此消彼长，将有助于精确把握汉字发展的历史规律及演变趋势。

所谓过渡性形体或曰中介性形体，是指在隶变楷化、草写草书流行过程中，由于种种变异带来形体结构分化，最终形成跟原形字迥乎不同的形体；有的变异结构甚至被字汇固定为另外的字，获得了独立地位，由此中断并失去联系：其间的变

---

① 臧克和：《中国文字发展史·总序》，华东师范大学出版社，2015 年，第 13 页。

异形体,都属于过渡性形体。[1]

在长期的使用和发展过程中,相对于最终为字汇所固定下来的字形,大量变异形体只起到了过渡性或曰中介性作用,所以曾被拟称为“过渡性形体”。历史地看,每个被实际使用过的形体,都已凝固为客观存在,本无所谓“过渡”;而相对于历史字汇的静态固定,大量存在于动态使用过程的字形则是被忽略的,充其量只是某种“过渡”阶段的产物。字汇所贮存的形形色色的异体字,有的甚至呈现为所谓“疑难字”,往往就是由“过渡性形体”演变的结果。

就实践层面而言,“过渡性形体”是观察字形变化趋向的关键环节,也是构建汉字认知关联的途径。因此,努力复原文字变异的大量中介过渡状态,成为汉字发展史真实观察、客观描写的重要因素。梳理过渡形体,可以实现将被固定为静态的字形,置于动态的使用历史过程考察,为文字的理解提供前所未有的可能性,从而使复杂字际关系定义、各种所谓“疑难字”的辨识,不啻恢复业经失落的联系环节、重建认识线索。由此可见,汉字过渡性或曰中介性形体,对于拓展汉字发展的认知渠道具有不可替代的价值。

过渡性形体调查过程,遵循“原形→过渡形(过渡Ⅰ—过渡Ⅱ—过渡Ⅲ……)→定形”复原模式,由此构成文字资源统计、文字规范标准研制,乃至汉字发展中考察字形取舍的关键环节。考察单位汉字演变,一项基本工作就是连缀业经讹误乃至中断的演变线索,复原当时社会文字生态环境。字形工具书编写,乃至“全字符集”建设,其字量的出入,事实上大量存在于过渡性形体的取舍上面。换言之,为一个字形确立独立字位,真正需要讨论的就是符合汉字历史演进的规则。过渡性形体的取舍,应从社会实际使用出发,调查其社会实际使用频率及其承前启后的影响地位。这种基于数据库的调查统计分析,是离不开文字知识大数据挖掘的。[2]如何建立一个保存人类书写记忆的文本库,是大数据时代汉字文化圈人类富于智慧的一项重要课题。汉字的“过渡形态”和“中介图谱系列”理论,为汉字文化圈书

---

① 例如,在【旌-旍-旗】异体组,从旌→旗,旗之于旌,乍瞥初观,结构相隔已然悬远;而中间旍形从全构造,生、全、令楷化轮廓则庶几近似。如此,旍形就构成旌→旗的中介联系环节。这个环节,作用为过渡。在【愍-[illegible]-[illegible]-悫】中,已知愍=[illegible]=[illegible],又因[illegible]=悫,则有愍=悫。在【鑄-[illegible]-[illegible]】中,已知鑄=[illegible],又因[illegible]=[illegible],则有鑄=[illegible]。在【涜-[illegible]-�】中,

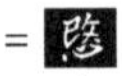

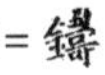

② 臧克和:《汉字过渡性形体价值》,《古汉语研究》2013年第3期。

面语文本的大数据挖掘提供了理论依据。“过渡形态”字段单位的设置,使得海量文本的数据化加工,具有了可操作性。依托该数据库,调查研究者具备了揭示人类认知行为发展规则与智力记忆传承的“第一手资料”。

所谓“过渡”,实质就是汉字发展历程的若干中间环节。提出“过渡形”并非要在原本就字词不分的淆乱的“汉字学”术语体系里再增加麻烦,只是为了观测认知的方便:实现将静态凝固化的结果,置于动态过程中观测,重构“语境”关联。

一切规则都是客观存在,人们所能做的,就是寻绎并建立与原本客观存在着的规则的关联,而且无间自然科学抑或人文科学。如果说语言作为人类的认知方式与认知结果建构了世界,那么是否可以说正是文字同构并固定了这个流动不居的大千世界?文字标记,为人类社会首次实现系统编码;同构赋形,使得万事万物可以存储,可以互联,可以分类,可以提取,进而可以格物,可以致知。① 悠远的历史汉字,定型了人类世界各类结构关系:既包括社会生活领域的结构关系,也包括观念领域的天人结构关系。② 使这个世界的结构变得“可视化”乃至“场景化”。规则得以明确,世界可以把握。万物皆流动,由旬无常居,白驹已过隙,文字树常绿。

---

① 格物,中国早期古书里是指招来外物。能够招来外物的人,往往能驾驭宇宙中的非常能量。例如,最早的历史档案文件《尚书》里提到的“凤凰”等。

② 从现存最早的甲骨文字所记载内容来看,人与神之间沟通,涉及了社会生活诸多领域。

第二节

汉字的结构

一、汉字结构的定义

（一）汉字结构的内涵

在汉字学中，汉字结构这一术语，具有以下几种含义。

1. 指汉字的造字方法

汉字的造字方法是指造字时汉字的形与音义结合的方式，传统汉字学认为具体的造字方法即六书。李芳杰、沈祥源说："汉字的结构方式是指汉字的造字方法。汉字是表意体系的文字，字形和字义有密切的关系……传统有六书的说法，这是古人分析汉字结构而归纳出来的六种条例。"[①]张大可、徐兴海说："汉字的结构，即造字方法，古人归纳为六种，即传统的所谓'六书'。"[②]高林波说："汉字的结构，即汉字的造字方法，包括象形、指事、会意和形声四种造字法。"[③]把"六书"称为"造字之法"的说法，源自汉代。[④]

---

① 李芳杰、沈祥源：《汉语》，武汉大学出版社，1984年，第228页。

② 张大可、徐兴海：《史学入门与文史工具书》，青海人民出版社，1987年，第83页。

③ 高林波：《现代汉语》，吉林人民出版社，2005年，第105页。

④ 班固《汉书·艺文志》："古者八岁入小学，故周官保氏掌养国子，教之六书，谓象形、象事、象意、象声、转注、假借，造字之本也。"唐颜师古注："文字之义，总归六书，故曰立字之本焉。"宋章如愚《群书考索》："造字之本有六书。"清何焯《义门读书记》："小学，谓象形、象事、象意、象声、转注、假借，造字之本也。"清黄以周《六书通故》："此六书者，皆古造字法，故曰'造字之本'。"

这种意义的"汉字结构",学者们有不同的叫法,如:"文字的构成"①"汉字的构造"②"汉字的结构"③,还有称为"构字法"④的。为了便于区别,我们把这种意义的汉字结构称为"造字结构"。

汉字的造字结构,实质上主要指汉字的形与音义结合的方式。从造字角度看,六书是指字形与其意义读音结合的方式。陈垂民、黎运汉说:"文字是表记语言的符号系统,每一个文字符号都是按照表记语言的需要构造的。因而,文字的构造方式实质上也就是文字表记语言的方式。语言是语音、语义结合的符号系统,每一个语言成分都是音义的结合体。文字表记语言成分,既可以侧重于语音方面,又可以侧重于语义方面,也可以两者兼顾。以表记语义的需要来构造的,称为表意字;以表记语音的需要来构造的,是表音字;两者兼顾的,是形声字。"⑤

2. 指汉字的整体与部分之间的组合关系及其方式

"汉字结构"的第二种含义是"汉字的整体与部分之间的组合关系及其方式"⑥。连登岗说:"汉字的结构指汉字作为形音义三者统一的书写符号的结构。汉字是形音义三者统一的书写符号,同时它又是层级结构文字,就是说,汉字是由其内部处于不同层次的各个部件组合而成的文字。因此,汉字结构指的是作为形

① 刘大白:《文字学概论》(大江书铺,1933 年)论"文字的构成"一节,具体内容为六书。

② 戴君仁《中国文字构造论》(世界书局,1934 年)中的"文字构造"就是指汉字的造字结构。张世禄《中国文字学概要》(文通书局,1941 年)第四章"中国文字的构造"。王力《古代汉语》(中华书局,1962 年)中的"汉字的构造"指的是汉字的造字结构。

③ 如姜亮夫《古文字学》(1956 年撰,重庆出版社,2019 年),郭锡良、唐作藩、何九盈等《古代汉语》(北京出版社,1983 年),蒋礼鸿、任铭善《古汉语通论》(浙江教育出版社,1984 年),裘锡圭《文字学概要》(商务印书馆,1988 年),王初庆《汉字结构析论》(中华书局,2010 年)等数十种著作中的"汉字的结构",都指汉字的造字结构。

④ 陈垂民、黎运汉《现代汉语教程》(广东高等教育出版社,1987 年)第 361 页:"构造方式也称构字法。"王镇远《中国书法理论史》(黄山书社,1990 年)第 222 页:"他所谓的'义理'就是指造字的原理,即象形、指事、会意、形声、转注、假借等'六书'的构字法。"此外,赵廷琛《古代汉语》(山东省教育局,1979 年),李新魁《古音概说》(广东人民出版社,1979 年),李国英《小篆形声字研究》(北京师范大学出版社,1996 年),王元鹿《普通文字学概论》(贵州人民出版社,1996 年)等十多种著作所用"构字法"一语,都指的是造字法。

⑤ 陈垂民、黎运汉:《现代汉语教程》,广州高等教育出版社,1987 年,第 361 页。

⑥ 连登岗:《中国汉字结构现代研究述略(一)》,《汉字汉文教育》第三十四辑,韩国汉字汉文教育学会,2014 年,第 306 页。

音义统一的书写符号的汉字内部的各级各类部件之间的组合方式。”①这种意义的汉字结构也有人称之为“内部结构”②“功能结构”③等。为了便于区别，我们把这种意义的汉字结构称为“汉字结构”。

3. 指汉字字形的构件组成整字的方式

“汉字结构”的第三种含义是汉字字形的构件组成整字④的方式。蒋一前《中国字之结构及其形母创说》⑤，孙钧锡《汉字通论》⑥第七章“汉字的结构和书写”，傅永和《汉字的结构》⑦，李大遂《简明实用汉字学》⑧等，都用“汉字的结构”指称汉字字形的构件组成整字的方式。《语言学名词》对“汉字结构”的解释是：“汉字字形的结体构造。即汉字的线条、笔画、部件、偏旁等构形要素，依据一定的理据和规律在空间排列展开的组合和构造。”⑨

字形结构，也有学者称之为“外部结构”。高家莺：“结构可以从外部结构和内部结构两方面去分析。外部结构单纯指字形结构，内部结构则是指字形同音义结合起来的方式，即一般所说的造字的方式方法。”⑩晓东说：“构形法研究的对象是汉字的‘外部结构’，即纯粹的字形外观结构的研究，它研究汉字字形如何由最小的构字元件（笔画）逐层组合成平面方块形汉字，它研究汉字的构形单位、构形方式、构形过程，以及构形单位之间的拓扑关系。”⑪为了便于区别，我们把这种意义的汉字结构称为“字形结构”。

---

① 连登岗：《汉字理论与实践》，甘肃教育出版社，2000 年，第 80 页。
② 苏培成：《现代汉字的构字法》，《语言文字应用》1994 年第 3 期。
③ 沙宗元：“我们认为，‘汉字结构’这个概念从总体上可划分为两大部分：外部结构和功能结构。……‘功能结构’，相当于有些学者所说的‘内部结构’。”（沙宗元：《文字学术语规范研究》，安徽大学出版社，2008 年，第 186—189 页。）
④ 整字，即形体完整的个体字，相对于部件、笔画等汉字构件而言。它是文字的基本单位。
⑤ 蒋一前：《中国字之结构及其形母创说》，识字教育社，1939 年，第 35 页。
⑥ 孙钧锡：《汉字通论》，河北教育出版社，1988 年。
⑦ 傅永和：《汉字的结构》，《语文建设》1991 年第 9 期。
⑧ 李大遂：《简明实用汉字学》（第 3 版），北京大学出版社，2013 年。
⑨ 语言学名词审定委员会：《语言学名词》，商务印书馆，2011 年，第 23 页。
⑩ 高家莺：《现代汉字的特点和结构》，《语文学习》1987 年第 2 期。
⑪ 晓东：《现代汉字字形结构研究的三个平面》，《语文现代化论丛》第二辑，语文出版社，1996 年，第 64—72 页。

（二）汉字结构的外延

汉字结构的外延，可以从三个角度来看：第一，从时间的角度看，汉字结构包括古文字的结构、今文字的结构和现代汉字的结构。[①] 第二，从书写符号的角度看，汉字结构只是指记录汉语的汉字书写符号的结构，不包括用于记录汉语的非汉字书写符号的结构。第三，从所记录的语言的角度看，汉字结构只是指记录汉语的汉字的结构，不包括记录非汉语的汉字的结构。

二、汉字结构与字形结构、造字结构的区别

（一）汉字结构与字形结构的区别

汉字结构与字形结构是两种不同的结构。孙钧锡说："结构，这里指汉字的书写结构，不是指汉字形、音、义之间的内部关系。汉字是表意性质的文字。汉字的形体结构有两个系统：一是笔画偏旁系统，这是就它的成形要素和构字单位说的；二是造字法系统（造字结构），这是就它的构形'理据'说的。"[②]连登岗认为汉字结构与字形结构存在着四个方面的区别：第一，二者的性质不同。字形结构是字的形体结构，即字形各构件在组成整字的形体时的空间位置结构。而字的结构则是具有一定的表音或表意作用的部件的组合。第二，二者的单位不同。字形结构具有三级单位，即笔画（或线条）、部件、整字；字的结构只有两级单位，即构字部件和整字。第三，二者所属的文字系统不同。字形结构是世界上所有的文字都具有的结构，而表词结构只是表词文字才具有的结构。第四，人们研究二者的角度和目的不同。对于字形结构的研究，有助于人们掌握汉字书写的规律，从而更科学、更美观、更快速地书写汉字。字的结构是从字的表词的角度所进行的研究，对于字的结构的研究，有助于人们掌握汉字以形表词的规律，从而更好地掌握通过汉字的形体来了解它的音义的方法，有效地提高学习汉字的效率。[③] 连登岗还说："汉字的字形结构和它的表词结构并不是截然分开的，而是互有联系的。具体地说，字形结构是表词结构的基础，因为汉字表词是通过字的形体来实现的，如果去掉字形，表词就无从谈起。表词结构，又是字形结构实现其表词功能的途径，如果没

---

① 古文字是指从商代到秦代的文字，今文字是指从汉代到清末的隶、楷书，现代汉字是指记录现代汉语的文字。

② 孙钧锡：《汉字通论》，河北教育出版社，1988 年，第 282 页。

③ 连登岗：《汉字理论与实践》，甘肃教育出版社，2000 年，第 81—82 页。

有表词结构,汉字就无从实现它以形表词的功能。”①

(二)汉字结构与造字结构的区别

汉字结构与造字结构的区别,苏培成有过论述。对于造字结构,他说:“造字法指的是字源的分析,构字法指的是现状分析。一个字在产生的时候所体现出来的构形条例,属于造字法范畴。传统的六书理论,研究的是古代汉字的造字规律;它要阐明的是古代汉字的字形和字音、字义的关系。”②对于汉字结构(苏培成称为“构字法”),他说:“构字法研究的是构字的理据,重点研究整字和构字部件的关系。构字部件由大到小,可以分级,如‘贷’字的‘代’和‘贝’是第一级部件,‘代’的‘亻’和‘弋’是第二级部件。”③由此可见,造字结构主要是指汉字整字构成要素的结合方式,即汉字的形音义三要素构成整字的方式。汉字结构,则是指汉字的整体与部分之间的组合关系及方式。固然,造字结构也存在着部分与整体的关系问题,但它的目的在于阐明形与音义的结合方式,而汉字结构主要指汉字系统④中整体与部分之间的组合关系及方式。

三、汉字结构的研究历史

早在先秦时期,就有人注意到汉字结构,对一些字的结构进行过解说。⑤ 到了

---

① 连登岗:《汉字理论与实践》,甘肃教育出版社,2000 年,第 82 页。

② 苏培成:《现代汉字的构字法》,《语言文字应用》1994 年第 3 期。

③ 苏培成:《一门新学科:现代汉字学》,语文出版社,2009 年,第 52 页。

④ 连登岗:“汉字系统是个复杂系统,从纵向上看,它存在着多个层级。它的文字结构与字形结构都是这样。整字是文字系统的基本单位,比整字小的文字单位是字素,字素是汉字整字的二级单位,是构成整字的直接材料。整字与整字之间还通过一定的方式结成比它更大的文字单位,这个单位可以是组合系统的单位,也可以是聚合系统的单位。比整字大的组合文字单位是字串,比整字大的聚合文字单位是字部,比字部大的文字单位是文字系统。这样,文字系统的文字单位就形成这样的层级结构:文字系统、文字串或字部,整字,字素。”(连登岗:《关于汉字性质的再认识》,《文字学论丛》第三辑,中国戏剧出版社,2006 年,第 13—68 页。)

⑤ 如《左传·宣公十二年》:“夫文,止戈为武。……夫武,禁暴戢兵,保大定功,安民和众,丰财者也。”《左传·宣公十五年》:“天反时为灾,地反物为妖,民反德为乱。乱则妖灾生,故文反正为乏。”《左传·昭公元年》记载了医和对于“蛊”这种疾病的解释:“淫溺惑乱之所生也。于文,皿虫为蛊。谷之飞亦为蛊。在《周易》,女惑男,风落山谓之蛊。皆同物也。”《韩非子》:“古者仓颉之作书也,自环者谓之私,背私谓之公。”他们能够进行文字结构分析,显然已经具有了汉字结构意识。

汉代，文字学兴起，汉字结构成为汉字学研究的重要内容，一直持续到现在。

（一）古代的汉字结构研究（东汉至清末）

汉字结构研究始于东汉。许慎对“六书”的名目作出了解释，创立了汉字造字结构理论，并且创立了汉字部首系统，把《说文解字》所收的全部汉字分为540部，分属于各部首之下，且对每个字的结构进行了分析，从而奠定了汉字结构研究的基础。

宋元明时期，郑樵、戴侗、周伯琦、赵㧑谦、赵宧光等学者在六书研究与字原研究的名义下，创立了“母、子”“父、母、子”学说①，对于汉字构件系统和汉字系统结构进行了研究，构建起了汉字系统结构理论。同时，他们对整字的结构也进行了研究。

清代学者对六书学说进行了改造。戴震把六书分为四体（即象形、指事、会意、形声）二用（即转注、假借），认为四体是造字法，二用是用字法。此说经段玉裁、王筠等学者弘扬，广为流传。王筠在其《说文释例》等书中，把六书分为许多小类，朱骏声《说文通训定声》构建了具有多层结构的汉字系统②，蕴含着他对汉字系统结构的认识。清代文字学家还对整字的结构进行了具体研究。

总的来看，古代的汉字学家创立了汉字结构理论，并对具体的汉字的结构进行了实际的研究。他们的研究为当时的典籍训释提供了有力的支撑，也为此后的汉字结构研究奠定了坚实的基础。然而，由于时代的局限，古人对汉字结构的研究大致属于造字结构层面，而且比较粗疏。③

（二）现代学者对汉字结构的研究（清末至1980年）

清代晚期，西学东渐，中国的学术范式发生了根本性的变化。五四新文化运动以来，文字改革成为潮流，关于汉字结构的研究出现了新的局面：一部分学者继续沿用传统的观点和方法来研究汉字的结构，如，刘师培《中国文学教科书》④，胡

---

① 用“祖父”“子孙”“母子”来比喻独体字与合体字之间的关系，最早见于唐张怀瓘《书断》：“夫文字者，总而为言，包意以名事也。分而为义，则文者祖父，字者子孙，得之自然，备其文理，象形之属则谓之文。因而滋蔓，母子相生，形声会意之属则谓之字。字者，言孳乳浸多也。”

② 连登岗：《研索〈说文解字〉部首与字原之著述》，《说文学研究》第五辑，线装书局，2010年，第186—232页。

③ 连登岗：《中国古代汉字结构研究的流变》，第三届汉字与汉字教育国际研讨会，北京，2012年。

④ 刘师培：《中国文学教科书·第一册》，国学保存会，1905—1906年。

朴安《文字学ABC》①,曹伯韩《中国文字的演变》②,杨树达《中国文字学概要》③,蒋伯潜《文字学纂要》④等都继续用六书理论来分析汉字的结构。更多的学者则运用现代语言学的理论和方法,对汉字的结构进行了研究,提出了新的学说,沈兼士、戴君仁、唐兰、张世禄、陈梦家、齐佩瑢、王力、陈独秀、孙常叙、蒋善国、刘又辛等学者都是如此。他们提出的新学说可以归纳为这样几类:对传统的造字结构理论加以改造,有所发展;创建了新的汉字构造理论;提出了汉字结构的观点;创建了字形结构理论。在汉字结构理论研究发生变化的同时,还有一些学者结合新发现的文字材料,对具体的汉字的结构进行了分析。如马叙伦《说文解字六书疏证》⑤就包含着对所收字的结构的分析。

四、汉字结构研究的进展(1981—2021年)

自20世纪80年代以来,在汉字信息处理、对外汉字教学和汉字文化学的推动下,汉字结构再度引起学界的关注,并逐渐成为汉字研究的主要问题之一。学者们运用新的科学理论、研究方法和技术,在继承古代学者汉字结构成果的基础上,对于汉字结构进行了多角度、多层次的深入研究,取得了丰硕的成果。

汉字结构理论有了新的发展。第一,传统的造字结构理论有了新发展。第二,出现了新的汉字结构理论。第三,建立起了现代汉字字形结构的理论体系。

汉字整字结构的研究有了进展。这一时期研究的主要对象是现行汉字的结构。学者们对汉字的造字结构、汉字结构和字形结构都进行了研究,取得了很大的成绩。

汉字结构应用研究有了进展。研究的内容主要包括以下几个方面:第一,汉字结构在汉字信息处理中的研究。第二,汉字结构理论与实践知识在汉字教学中的应用。第三,汉字结构辞书手册的编纂。第四,汉字结构的规范研究。

汉字结构与相关学科关系的研究。主要包括:第一,汉字结构与语言的关系研究。第二,汉字结构与思维的关系的研究。第三,汉字结构与书法艺术的关系

---

① 胡朴安:《文字学ABC》,世界书局,1929年。
② 童振华(即曹伯韩):《中国文字的演变》,生活书店,1937年。
③ 杨树达:《中国文字学概要》,国立湖南大学,1940年。
④ 蒋伯潜:《文字学纂要》,正中书局,1946年。
⑤ 马叙伦:《说文解字六书疏证》,科学出版社,1957年。

的研究。第四,汉字结构与历史文化的关系的研究。

这些研究都取得了新的成绩。

五、研究汉字结构的基本材料

(一)研究汉字结构的著作

1. 研究造字结构的著作

《说文解字》,东汉许慎撰,成书于100年前后。其中关于汉字结构研究的内容主要有:第一,《说文解字·叙》对"六书"进行了解释,构建了汉字结构理论。第二,正文部分对所收单字①的结构逐一进行了解说。第三,构建了汉字部首系统。第四,把所收汉字分为540部,每部又统领若干个单字,从而构建起了汉字系统。

《说文释例》,清王筠著。其中关于汉字结构研究的内容主要有:第一,在继承《说文解字》《六书略》等书研究成果的基础上,对六书理论作出了新的阐释。第二,把"六书"细分为若干小类,并进行了解释。第三,对一些单字的造字结构进行了具体分析。

《中国语与中国文》,瑞典高本汉著,1918年出版。原作为瑞典文,1931年由张世禄译为中文。该书第四章研究了汉字的结构,作者提出了汉字构字的五原则说。这五种原则是:第一,"中国文字最早的形式,成立于物体的图画"②(即象形)。第二,表示抽象的观念的文字(即指事)。第三,"是借一个具体的同音语词来代表的"③(即假借)。第四,"叫做'会意',由意义的会合而成"④。第五,是应用一个表意的字根和一个表音的音标,来组成新字(即形声)。

《中国文字构造论》,戴君仁著,世界书局1934年出版。作者认为汉字的造字法共有四大类:形表法、义表法、形义兼表法和取音法。其中形表法又分为七小类,义表法分为三小类,取音法分为两小类。

《古文字学导论》,唐兰著,写成于1934年。作者根据自己对上古文字与近古文字的研究,改造了传统的六书说,把整字的结构类型分为三类:象形字、象意字

---

① 单字,即个体汉字,与汉字字族、字部、文字系统等更大的文字单位相对而言。

② 〔瑞典〕高本汉:《中国语与中国文》,张世禄译,山西人民出版社,2015年,第52页。

③ 〔瑞典〕高本汉:《中国语与中国文》,张世禄译,山西人民出版社,2015年,第60页。

④ 〔瑞典〕高本汉:《中国语与中国文》,张世禄译,山西人民出版社,2015年,第61页。

和形声字。他在其《中国文字学》中重申了这一理论。[①]

《中国文字学》,陈梦家著,中华书局 2006 年出版。此书收有作者于 1939 年所著《文字学甲编》一书。作者在此书中从文字发展的角度,以甲骨文为据,把汉字的基本类型分为三类:“文”(象形字)、“名”(声假字)和“字”(形声字等)。此书收有作者《中国文字学》1943 年重印本,其中说:“文字的义可由三种方法表出:一由形,一由音,一半由形半由音。第一种是象形字,第二种是声假字(假借字或假音字),第三种是形声字。”[②]他在其 1956 年出版的《殷墟卜辞综述》中重申了这一观点。[③]

《中国文字学概要》,张世禄著,文通书局 1941 年出版。作者从文字记录语言的角度来分析汉字的构造方法,认为汉字的构造具有“写实”“象征”和“标音”三种方法。

《文字学概要》,裘锡圭著,商务印书馆 1988 年出版。此书继承了陈梦家的三书说,只是把陈梦家的“象形”改为“象意”。此外,作者还另立了“不能纳入三书的文字”一类,其中有记号字、半记号字、变体表音字、合音字、两声字等。这样就成了“八书说”。

此外,詹鄞鑫《汉字说略》[④],张玉金、夏中华《汉字学概论》[⑤],张其昀《汉字学基础》[⑥],王初庆《汉字结构析论》[⑦],李运富《汉字学新论》[⑧],李大遂《简明实用汉

---

① 唐兰:“刘歆或班固是首先对六书加以解释的(即使还另有所本)。照他们的说法,六书是造字之本,也就是造字的六种方法。象形、象意、象声三种,本已包括了一个字的形、音、义三方面,不过他们把图画实物的文字,和少数记号文字分开,所以多出了一种象事。至于转注和假借,实在只是运用文字来表达无穷的语言,跟产生新文字的方法,它们混合在一起,就和诗有六始,把风雅颂跟比兴赋混在一起是一样的。”(唐兰:《中国文字学》,上海古籍出版社,1979 年,第 68 页。)

② 陈梦家:《中国文字学》,中华书局,2006 年,第 256 页。

③ 陈梦家:“象形、假借和形声是从以象形为构造原则下逐渐产生的三种基本类型,是汉字的基本类型。”(陈梦家:《殷墟卜辞综述》,中华书局,1988 年,第 77 页。)

④ 詹鄞鑫:《汉字说略》,辽宁教育出版社,1991 年。

⑤ 张玉金、夏中华:《汉字学概论》,广西教育出版社,2001 年。

⑥ 张其昀:《汉字学基础》,中国社会科学出版社,2005 年。

⑦ 王初庆:《汉字结构析论》,中华书局,2010 年。

⑧ 李运富:《汉字学新论》,北京师范大学出版社,2012 年。

字学》[1],喻遂生《文字学教程》[2]等,都对汉字结构进行了研究。

2. 研究汉字结构的著作

《六书略》,宋郑樵著。此书关于汉字结构的内容主要有:第一,对"六书"重新进行了解释,且把"六书"细分为若干小类。第二,把汉字的结构类型分为"文""字"和"文、字俱"三类。[3] 第三,把汉字构件分为主形的"母"和主音的"子"。第四,提出了"合文而成字"[4]的整字结构观点。此外,《六书略》还介绍了他的《象类书》(已佚)对汉字系统结构的研究。

《六书故》,元戴侗著。这部书中关于汉字结构的内容主要有:第一,提出了母子递相生成的整字构字原理。他认为,所有的汉字都是由一些基本的"文""疑文"与"字"构成的。第二,对构字部件"母"与"子"进行了系统研究。第三,把所收字构建成了以义为纲的汉字系统。

《甲骨文文字学》,李圃著,学林出版社 1995 年出版。此书用作者创立的字素理论,对甲骨文字的结构进行了全面研究,主要内容有:第一,对字素(构字部件)进行了研究。第二,对字素构成整字的方式进行了研究。第三,对整字的结构类型进行了研究。第四,对甲骨文字的系统结构进行了研究。

《汉字构形学讲座》,王宁著,上海教育出版社 2002 年出版。此书介绍了作者创建的汉字构形学理论,其中研究了汉字结构的诸多问题。主要有:第一,把汉字的构造分为"构形"和"构意"。第二,对汉字构件及其系统进行了研究。第三,对构件组成整字的构形模式作了研究。第四,对整字的结构类型作了研究。第五,对汉字系统的结构作了研究。后来此书扩展为《汉字构形学导论》[5]。

《汉字理论与实践》,连登岗著,甘肃教育出版社 2000 年出版。此书第二章研究了汉字的结构。主要内容有:第一,对字形与字作了区分。第二,提出了汉字结构包括"字形结构"与"汉字结构"两种结构的观点。第三,分别对字形结构和汉字结构进行了具体分析。内容包括汉字的结构类型、构字部件,部件组合成整字的

---

① 李大遂:《简明实用汉字学》(第 3 版),北京大学出版社,2013 年。

② 喻遂生:《文字学教程》,北京大学出版社,2014 年。

③ 郑樵:"象形、指事,文也。会意、谐声、转注,字也。假借,文、字俱也。"(郑樵:《通志二十略·上》,中华书局,1995 年,第 233 页。)

④ 郑樵:《通志二十略·上》,中华书局,1995 年,第 261 页。

⑤ 王宁:《汉字构形学导论》,商务印书馆,2015 年。

方法，整字的切分等。

3. 研究汉字字形结构的著作

《中国字之结构及其形母创说》，蒋一前著，识字教育社 1939 年出版。此书第一次系统地研究了汉字的字形结构，构建了完整的汉字字形结构理论，不仅研究了整字的结构层次、构字部件的基本类型、笔画的基本类型，还研究了汉字各级单位组成其上级单位的基本方式。

《通用汉字结构论析》，仉烁著，河海大学出版社 1998 年出版。此书介绍了字形结构的理论，并对《现代汉语通用字表》中的 7 000 个汉字的结构逐字进行了解析。

4. 研究汉字系统结构的著作

研究汉字系统结构的著作有两类：第一类是把一定数量的单字集合在一起，构建成系统，然后对其中的每一个字的造字结构进行解释。第二类是对汉字系统的结构进行研究。

第一类著作有：

《说文通训定声》，清朱骏声著。全书共收单字 17 240 个，先以声母（即声符）为纲，归纳为 1 145 部①，然后再以韵部为纲，把这 1 145 部归纳为成 18 部，再由这 18 部构成全书。这样就把所收字构建成了具有多层结构的汉字系统。② 全书在对每一个整字的解释中，都包含着对其造字结构的解释。

《汉文典》，瑞典高本汉著，1940 年出版，原文为英文，1992 年由潘悟云等人译为汉语。此书“正文模仿朱骏声的《说文通训定声》，把所收汉字统系于一千多个谐声字族之中，字族依上古韵部排列；每一个字族中，先列声符字、独体字，后列会意字、形声字等”③。这样，就把所收字组织成了一个系统。在对整字的解释中，包含着对其造字结构的解释。

《古文字谱系疏证》，黄德宽主编，商务印书馆 2007 年出版。本书共收汉字 8 875 个，以韵部（23 部）为纲，统领声系（19 组），各声系统领整字，这样，就把所

① 《说文通训定声·凡例》：“声母 1 137 部，内不为子亦不为母者，254 部，实得声母 883 部。”据黄琼统计，《说文通训定声》实有声母 1 145 个。见黄琼：《〈说文通训定声〉与汉语同族词研究》，博士学位论文，华中科技大学，2013 年，第 31 页。

② 何书：《〈说文通训定声〉的词义研究》，博士学位论文，南京师范大学，2006 年。

③ 张世禄：《〈汉文典〉编译前言》，中华书局，2021 年。

收之字构建成了“整字→声系→韵部→全书”这样一个系统。在对整字的解释中，包含着对其造字结构的解释。

第二类著作有：

《西周金文文字系统论》，张再兴著，华东师范大学出版社2004年出版。此书对西周金文文字系统的结构进行了研究。

“汉字构形史丛书”，王宁主编，上海教育出版社2003年至2007年出版。包括：郑振峰《甲骨文字构形系统研究》、罗卫东《春秋金文构形系统研究》、赵学清《战国东方五国文字构形系统研究》、陈淑梅《东汉碑隶构形系统研究》、刘延玲《魏晋行书构形研究》、齐元涛《隋唐五代碑志楷书构形系统研究》、王立军《宋代雕版楷书构形系统研究》、易敏《云居寺明刻石经文字构形研究》。同类书籍还有：李运富《楚国简帛文字构形系统研究》[1]、王贵元《马王堆帛书汉字构形系统研究》[2]、杨宏《北魏石刻楷书构形系统研究》[3]、温英明《睡虎地秦隶构形系统研究》[4]。

5. 研究汉字构件的著作

研究汉字构件的专著：王术加《偏旁部首简说》[5]，陈枫《汉字义符研究》[6]，曾昭聪《形声字声符示源功能述论》[7]，叶昌元《字理——汉字部件通解》[8]，何山《魏晋南北朝碑刻文字构件研究》[9]，陈晓强《形声字声符示源功能研究》[10]，黄伟嘉《偏旁知识与偏旁问题》[11]，吴润仪《汉字部件解析》[12]。

研究部首的著作：徐复、宋文民《说文五百四十部首正解》[13]，董莲池《说文部

---

① 李运富：《楚国简帛文字构形系统研究》，岳麓书社，1997年。
② 王贵元：《马王堆帛书汉字构形系统研究》，广西教育出版社，1999年。
③ 杨宏：《北魏石刻楷书构形系统研究》，对外经济贸易大学出版社，2015年。
④ 温英明：《睡虎地秦隶构形系统研究》，北京师范大学出版社，2020年。
⑤ 王术加：《偏旁部首简说》，湖南人民出版社，1985年。
⑥ 陈枫：《汉字义符研究》，中国社会科学出版社，2006年。
⑦ 曾昭聪：《形声字声符示源功能述论》，黄山书社，2002年。
⑧ 叶昌元：《字理——汉字部件通解》，东方出版社，2008年。
⑨ 何山：《魏晋南北朝碑刻文字构件研究》，人民出版社，2016年。
⑩ 陈晓强：《形声字声符示源功能研究》，上海古籍出版社，2021年。
⑪ 〔美〕黄伟嘉：《偏旁知识与偏旁问题》，中华书局，2021年。
⑫ 吴润仪：《汉字部件解析》，商务印书馆国际有限公司，2017年。
⑬ 徐复、宋文民：《说文五百四十部首正解》，江苏古籍出版社，2003年。

首形义新证》[①],左民安、王尽忠《汉字部首讲解》[②],邹晓丽《基础汉字形义释源——〈说文〉部首今读本义》[③],王延林《汉字部首字典》[④],叶正渤《汉字部首学》[⑤],魏励《汉字部首解说》[⑥]。

研究汉字构件的代表性论文：李玲璞《说字素》[⑦],刘志基《试论汉字表意字素的意义变异》[⑧],李圃《字素理论与汉字分析问题》[⑨],张再兴《论字素功能的断代系统研究》[⑩],连登岗、连红《论文字的单位》[⑪]等。

6. 研究汉字结构演变的著作

《汉字结构演变史》,张素凤著,上海古籍出版社 2012 年出版。此书研究了汉字结构演变的历史,包括：第一,汉字结构变化描写。第二,汉字结构变化规律。第三,书写因素对汉字结构的影响。第四,记录职能对汉字结构的影响。第五,社会历史文化对汉字结构的影响。作者还出版了《古汉字结构变化研究》[⑫],内容与前者基本相同。

（二）研究汉字结构的文字材料

汉字结构存在于具体的汉字之中,研究汉字的结构,离不开具体的汉字。目前,可供研究汉字结构的汉字集合主要有两类。

1. 字典类

《说文解字》,东汉许慎撰,成书于 100 年前后,收字 9 353 个,另有重文1 163

---

① 董莲池：《说文部首形义新证》,作家出版社,2007 年。
② 左民安、王尽忠：《汉字部首讲解》,福建人民出版社,1998 年。
③ 邹晓丽：《基础汉字形义释源——〈说文〉部首今读本义》,北京出版社,1990 年。
④ 王延林：《汉字部首字典》,上海书画出版社,1990 年。
⑤ 叶正渤：《汉字部首学》,中国文联出版社,2001 年。
⑥ 魏励：《汉字部首解说》,商务印书馆国际有限公司,2015 年。
⑦ 李玲璞：《说字素》,《语文研究》1993 年第 1 期。
⑧ 刘志基：《试论汉字表意字素的意义变异》,《华东师范大学学报(哲学社会科学版)》1995 年第 2 期。
⑨ 李圃：《字素理论与汉字分析问题》,《中国文字研究》第二辑,广西教育出版社,2001 年,第 13—28 页。
⑩ 张再兴：《论字素功能的断代系统研究》,《中国文字研究》第二辑,广西教育出版社,2001 年,第 61—77 页。
⑪ 连登岗、连红：《论文字的单位》,《中国文字研究》第十六辑,上海人民出版社,2012 年,第 151—162 页。
⑫ 张素凤：《古汉字结构变化研究》,中华书局,2008 年。

个。东汉以前存世的汉字绝大多数收集于此书。

《玉篇》,南朝梁顾野王撰,成书于543年,收字22 561字。南朝梁以前存世的汉字绝大多数收集于此书。

《类篇》,宋司马光等撰,成书于1067年,收字31 319个。宋以前存世的汉字绝大多数收集于此书。

《康熙字典》,清陈廷敬、张玉书等编撰,成书于1716年,收字47 035个。宋以前存世的汉字绝大多数收集于此书。

《中华大字典》,徐元诰、欧阳溥存等主编,成书于1915年,收字4.8万多个。此字典成书以前的汉字绝大多数收集于此书。

《汉语大字典》,徐中舒主编,系多卷本,1990年全部出齐,收字5.6万多个。2010年出第二版,收字60 370个。现代所存楷体汉字大多数收集于此书。

《中华字海》,冷玉龙、韦一心主编,1994年出版,收字85 568个。此书收集了现代所存楷体汉字。

《古文字诂林》,李圃主编,系多册本,1999年至2004年出版,收有1万多个古文字与它们的不同形体16万多个。

2. 字表类

黄德宽主编、徐在国副主编的"古汉字字形表系列",包括《商代文字字形表》①《西周文字字形表》②《春秋文字字形表》③《战国文字字形表·上》④《战国文字字形表·中》⑤《战国文字字形表·下》⑥《秦文字字形表》⑦。

臧克和主编《汉魏六朝隋唐五代字形表》⑧。

臧克和主编《日藏唐代汉字抄本字形表》⑨,该字形表取材于中土所缺失、日本所藏用笔抄写并保存下来的共时纸质文献,反映了唐代真实的文字状况。

---

① 夏大兆:《商代文字字形表》,上海古籍出版社,2017年。
② 江学旺:《西周文字字形表》,上海古籍出版社,2017年。
③ 吴国升:《春秋文字字形表》,上海古籍出版社,2017年。
④ 徐在国、程燕、张振谦:《战国文字字形表·上》,上海古籍出版社,2017年。
⑤ 徐在国、程燕、张振谦:《战国文字字形表·中》,上海古籍出版社,2017年。
⑥ 徐在国、程燕、张振谦:《战国文字字形表·下》,上海古籍出版社,2017年。
⑦ 单晓伟:《秦文字字形表》,上海古籍出版社,2017年。
⑧ 臧克和:《汉魏六朝隋唐五代字形表》,南方日报出版社,2011年。
⑨ 臧克和:《日藏唐代汉字抄本字形表》(全9册),华东师范大学出版社,2016—2017年。

以上字形表,属于共时文献,真实反映了各自时代用字的实际概况。

六、汉字结构研究的各种问题

自许慎以来的两千年中,学者们对汉字结构进行了大量的研究,现将其梗概简介如下。

(一)对汉字结构的研究

上文说到,汉字结构这一术语含有三种概念:汉字造字结构、汉字结构与字形结构。下面就依此分为三个部分来介绍学者们对汉字结构的研究。

1. 汉字造字结构研究

对汉字造字结构的研究主要有:

(1)汉字构成方式研究

自许慎以来,许多学者都对汉字整字的构成方式进行了研究,提出了六书说、五书说、四书说、三书说、二书说等不同的说法。

六书说把汉字整字的构成方式分为六种。六书说又有新旧之分,传统的"六书",即象形、指事、会意、形声、转注、假借。六书的名目出自《周礼·地官·保氏》,《汉书·艺文志》称之为"造字之本"。《说文解字·叙》最先对它进行了解释,随后,《说文解字系传》《六书通》《六书故》《说文解字六书疏证》《汉字结构析论》等著作都对六书有所阐发。有的著作又把六书细分为若干小类,如王筠《说文释例》、杨树达《中国文字学概要》等。詹鄞鑫提出了新六书说,"将汉字结构类型分为六类:象形、指示、象事、会意、形声、变体"①。苏培成把现代汉字的结构分为六种:会意字、形声字、半意符半记号字、半音符半记号字、独体记号字、合体记号字。②

五书说认为造字方法共有五种。五书说首创于瑞典学者高本汉,他认为汉字构造的原则有五种,第一种,"成立于物体的图画"③,即象形。第二种,表示抽象的观念的文字,即指事。第三种,"是借一个具体的同音语词来代表的"④,即假

---

① 詹鄞鑫:《汉字说略》,辽宁教育出版社,1991 年,第 171 页。

② 苏培成:《现代汉字学纲要》,北京大学出版社,2001 年。

③ 〔瑞典〕高本汉:《中国语与中国文》,张世禄译,山西人民出版社,2015 年,第 52 页。

④ 〔瑞典〕高本汉:《中国语与中国文》,张世禄译,山西人民出版社,2015 年,第 60 页。

借。第四种,“叫做‘会意’,由意义的会合而成”①。第五种,是应用一个表意的字根和一个表音的音标,来组成新字,即形声。王元鹿认为,汉古文字的造字方法有五种,即象形、指事、会意、假借、形声。② 张其昀认为造字法有:象形造字法、标记造字法、会意造字法、形声造字法、变体造字法。③

四书说认为造字方法共有四种,而四书说又有几种不同的说法。一是源自六书的四书说,其说认为六书中只有象形、指事、会意、形声四种类型是造字法,而转注、假借则是用字法。此说导源于明代杨慎④,成立于清朝戴震,经过段玉裁、王筠等人的阐发弘扬,广为学界接受。二是戴君仁的四书说,1934年,戴君仁出版了《中国文字构造论》,他抛开六书理论,将汉字的构造划分为四大类型:形表法、义表法、形义兼表法和取音法。三是张玉金、夏中华的四书说,他们认为,“汉字的造字法有四类,即表义法、表音法、音义法和记号法”⑤。

三书说把汉字的造字方法归纳为三种。三书说滥觞于宋代郑樵,他说:“象形、指事,文也。会意、谐声、转注,字也。假借,文、字俱也。”⑥清代王筠把六书归为形、义、声三类。⑦ 现代三书说创立于唐兰,他认为汉字只有三种,即象形文字、象意文字和形声文字。⑧ 齐佩瑢把六书分为三级:表形字(含象形、指事字);表意字(含会意);表音字。⑨ 张世禄的三书说是“写实法”“象征法”和“标音法”。⑩ 陈梦家的三书说是:“第一种是象形字,第二种是声假字(假借字或假音字),第三种是形声字。”⑪刘又辛认为:“人类创造文字,也只有这三种方式:或表形,或表音,

---

① 〔瑞典〕高本汉:《中国语与中国文》,张世禄译,山西人民出版社,2015年,第61页。

② 王元鹿:《汉古文字与纳西东巴文字比较研究》,华东师范大学出版社,1988年,第43—44页。

③ 张其昀:《汉字学基础》,中国社会科学出版社,2005年,第70页。

④ 杨树达:《中国文字学概要》,吉林人民出版社,2014年,第10页。

⑤ 张玉金、夏中华:《汉字学概论》,广西教育出版社,2001年,第162页。

⑥ 郑樵:《通志二十略·上》,中华书局,1995年,第233页。

⑦ 王筠:“一字之蕴,形声义尽之。即六书之名,亦可以形声义统之。……象形,形也;指事、会意,义也;形声、转注、假借,皆声也。”(王筠:《说文释例》,中华书局,1987年,第8页。)

⑧ 唐兰:《中国文字学》,上海古籍出版社,1979年,第75—76页。

⑨ 齐佩瑢:《中国文字学概要》,国立华北编译馆,1942年。

⑩ 张世禄:《中国文字学概要》,文通书局,1941年。

⑪ 陈梦家:《中国文字学》,中华书局,2006年,第256页。

或兼表形音。"[1]林沄认为:"文字符号和所记录语词的关系可分为三大类,即以形表义、以形记音、兼及音义。"[2]裘锡圭说:"我们认为陈氏的三书说基本上是合理的,只是象形应该改为表意(指用意符造字)。这样才能使汉字里所有的表意字在三书说里都有它们的位置。"[3]王凤阳把造字法分为形象写词法、象声写词法和形声写词法。[4] 张玉金认为:"文字的创造方法应该是下述三种,即绘形表义法、形体分化法、表义拟声法。"[5]赵诚说:"从理论和从实用两个方面考虑,结合甲骨文字的实际,可以把甲骨文字构成的类型分成三种,即形义字、音义字、形声字。"[6]

二书说把汉字的造字方法归纳为两种。此说系王力于1940年所创,他认为,造字之法"归纳起来,只有两大类:(一) 纯粹的意符(象形、指事、会意);(二) 标音的意符(形声)"[7]。此说后被王力主编的《古代汉语》、胡裕树主编的《现代汉语》等教材采用而广为流行。孙常叙把汉字看作"象形文字",再把它们归纳为两类,一类是没有标音成分的象形文字,它们是象物、象事、象意;另一类是象形文字的标音化,包括形声、假借。[8] 蒋善国把汉字分为两类,一类是"象形文字",包含象形字、指事字和会意字;一类是"标音文字",包括假借字、转注字和形声字。[9] 黄天树也提出了二书说[10],大体是袭用前人成说。

(2) 汉字构件研究

汉字构件,即组成汉字整字的部件。构件有许多名称:旁、子母、偏旁、字符等。从汉代到现在,文字学家们对汉字构件的研究,大致可以归纳为以下两个

---

① 刘又辛:《关于汉字发展史的几个问题(上)》,《语文建设》1998年第11期。

② 林沄:《古文字研究简论》,吉林大学出版社,1986年,第14页。

③ 裘锡圭:《文字学概要》,商务印书馆,1988年,第106页。

④ 王凤阳:《汉字学》,吉林文史出版社,1989年,第356页。

⑤ 张玉金:《对近百年来汉字学研究的历史反思》,《辽宁师范大学学报(社会科学版)》1991年第3期。

⑥ 赵诚:《甲骨文字学纲要》,商务印书馆,1993年,第144页。

⑦ 王了一:《汉字改革》,商务印书馆,1940年,第4页。

⑧ 孙常叙:《中国语言文字学纲要》,上海古籍出版社,2014年,第251页。

⑨ 蒋善国:《汉字的组成和性质》,文字改革出版社,1960年。

⑩ 黄天树:"我们试图建立一个切合历代汉字结构类型的新框架。为此,我们以汉字结构中有无'声符'作为分类的标准,把汉字分成两大类:一类不含声符,将其称为'无声符字';另外一类含有声符,将其称为'有声符字'。"(黄天树:《说文解字通论》,北京大学出版社,2014年,第57页。)

方面。

第一,对构件种类的研究。汉字构件,不同的学者有不同的分类。许慎把汉字构件分为表声部件、表意部件与音义兼表部件三类。① 从东汉起就有人把构字部件叫作“旁”,到了唐代,有学者称之为偏旁②,一直沿用到现在。一般把偏旁分为“声旁”“形旁”。近代以来,有的学者把构字部件称为“字符”,对其类别,学者们有不同的分法。刘大白把字符分为“形符”“意符”“音符”三类。③ 裘锡圭把汉字的部件称为“符号”,认为符号有意符、音符和记号三类,而记号又包含五小类。④ 另外从东汉到现在,许多学者研究了部首,部首是一部字之首,同时又是构字部件,《汉字部首表》对部首的定义是:“可以成批构字的一部分部件。含有同一部件的字,在字集中均排列在一起,该部件作为领头单位排在开头,成为查字的依据。”⑤

第二,对汉字构件在整字中功能的研究。学者们对汉字构件在整字中的功能作了研究,其看法不尽相同。许慎在分析汉字结构时,常用“从某,某声”的格式,这就表明,他认为构字部件在整字中分别具有表意与表音的功能。他还用“从某,某亦声”的格式,说明他认为汉字的一些构件还具有音义兼表的功能。裘锡圭认为意符与整字的意义有关系,音符与整字的声音有关系,记号与其参与构成的整字的音义都没有关系,只能起把代表不同语素的文字区别开来的作用。⑥

(3) 汉字整字构成类型研究

随着对汉字构成方式看法的不同,学者们对汉字整字构成类型的分类也就出现了分歧。持六书说者,把汉字的结构类型分为六类,即象形字、指事字、会意字、形声字、转注字、假借字。持四书说者,把汉字的结构类型分为四类,即象形字、指

① 许慎没有给构字部件取专门的名称,但从其对汉字结构分析中的术语中可以看出,他是把汉字构件分为三类的。如“从某,某声”,“从某”一般指的是表意部件,“某声”指的是表声部件。还有“亦声”,指的是音义兼表部件。

② 刘靖年:《汉字结构研究》,博士学位论文,吉林大学,2011年,第36—39页。

③ 刘大白:《文字学概论》,大江书铺,1933年,第22页。

④ 裘锡圭:《文字学概要》,商务印书馆,2015年,第11页。

⑤ 中华人民共和国教育部、国家语言文字工作委员会:《汉字部首表》,语文出版社,2009年,第1页。

⑥ 裘锡圭:《文字学概要》,商务印书馆,2015年,第16页。

事字、会意字、形声字。持三书说者，把汉字的结构类型分为三类，即表意字、表声字（即假借字）和音意兼表字（即形声字）。

2. 汉字结构研究

对汉字结构的研究主要有：

（1）汉字构件研究

汉字构件有许多名称，例如，子母、部件、字素、字根、字元等。不同的学者对汉字构件的命名和功能看法不同。

郑樵把构字部件分为两类，一类叫作“母”，是表义部件，在整字中具有表义作用；一类叫作“子”，是表音部件，在整字中具有表音作用。他说：“文有子母，母主义，子主声。”①

沈兼士把构字部件叫作“字体之最小分子”②。陈独秀把构字部件叫作“字根及半字根”，分为十类：象数、象天、象地、象草木、象鸟兽虫鱼、象人身体、象人动作、象宫室城郭、象服饰、象器用。③

李圃把汉字构件叫作字素，他对字素进行了多角度的分类：从是否具有独立造字功能的角度，把字素分为字素和字缀；又从字素所呈现的状态的角度，把它分为稳性字素（处于独立的静态）和活性字素（进入汉字的结构之中的字素）；还从字素中包含下级字素的数量，把它分为单字素与复字素。④

连登岗认为，汉字整字的构字部件有字素和示意符号两种，又从多角度对字素进行了分类：根据在整字中表示音义的作用，字素可以分为义素、音素和音义素三类；根据形体结构，字素可以分为独体字素、加符字素和复合字素三类；按照字素与整字的关系，字素可以分为直接字素和间接字素；按照构字能力的强弱和使用频率的高低，字素可以分为基本字素与非基本字素。⑤

王宁把构字部件分为五类：表形构件、表义构件、示音构件、标示构件和记号构件。这些构件分别在整字中起着表形功能、表义功能、示音功能和标示功

① 郑樵：《通志二十略·上》，中华书局，1995 年，第 261 页。

② 沈兼士：《沈兼士学术论文集》，中华书局，1986 年，第 1 页。

③ 陈独秀：《小学识字教本》，新星出版社，2017 年。

④ 李圃：《甲骨文文字学》，学林出版社，1995 年，第 13—23 页。

⑤ 连登岗：《汉字理论与实践》，甘肃教育出版社，2000 年。

能等。[1]

（2）汉字结构方式研究

学者们对汉字结构方式的看法各不相同。郑樵认为，用“文”（独体字）构成“字”（合体字）的方式是“文合而成字”[2]。戴侗认为，整字的结构方式有两种：“独立为文，胖合为字。”[3]沈兼士认为，所有的整字都是由“最小分子”，通过“象形，指事，会意，形声”等方法组织起来的。[4] 李玲璞认为，甲骨文的造字方法共有八种，即独素造字、合素造字、加素造字、更素造字、移位造字、省变造字、缀加造字、借形造字。[5] 连登岗认为，汉字结构方式有三类，即独素成字、加符成字、合素成字。[6] 王宁认为，汉字的构形方式有十一种，即全功能零合成字、标形合成字、标义合成字、会形合成字、形义合成字、会义合成字、无音综合合成字、标音合成字、形音合成字、义音合成字和有音综合合成字。[7]

3. 字形结构研究

（1）文字学对字形结构的研究

文字学对字形结构的研究始于20世纪中叶。1939年，蒋一前在其《中国字之结构及其形母创说》一书中，构建了汉字字形结构体系。第一，研究了整字的结构层次，认为汉字的结构包括三级，即“笔画→单体（又称“形母”）→合体字”。第二，研究了汉字构字部件的基本类型，作者把笔画归纳为十一类，即点、横、直、撇、剔（一般称为提）、捺、钩、左湾（弯）、右湾（弯）、上湾（弯）、下湾（弯）；把笔画组成的单体归纳为五类，即离吸结合类、干枝结合类、斗角结合类、穿交结合类和接折结合类。第三，研究了汉字各级单位组成其上级单位的基本方式，认为笔画组成

① 王宁：《汉字构形学讲座》，上海教育出版社，2002年。

② 郑樵：《通志二十略·上》，中华书局，1995年，第261页。

③ 戴侗：《六书故》，上海社会科学院出版社，2006年，第14页。

④ 沈兼士说：“凡文字，皆系应用象形，指事，会意，形声等法，以·，—，|，U，O，X，+，……诸简单符号组合而成。前者谓之造字之元则，后者谓之字体之最小分子。本上定义以施研究之法，其术有二：（a）分析各字体，以定各最小分子之作用及其分类。（b）综合各最小分子，以观各元则之应用。”（沈兼士：《沈兼士学术论文集》，中华书局，1986年，第1页。）这里，把汉字整字的结构看作二层结构，即由最小分子直接组成整字。其所谓“造字之元则”指的是最小分子组成整字时的形音义组合方式。

⑤ 李圃：《甲骨文文字学》，学林出版社，1995年，第40页。

⑥ 连登岗：《汉字理论与实践》，甘肃教育出版社，2000年。

⑦ 王宁：《汉字构形学讲座》，上海教育出版社，2002年，第58—61页。

单体的基本方式有五种，即离吸结合、干枝结合、斗角结合、穿交结合、接折结合；认为单体组成整字的基本方式有八种，即左右平列配合、上下堆叠配合、斜称配合、内外包围配合、中旁挟带配合、主从配合、穿叠配合、夹道式配合。这样就构成了完整的汉字字形结构理论。遗憾的是，这一创造性的学说长期以来湮没无闻，未能在汉字学研究中发挥应有的作用。

到了20世纪70年代，电子计算机进入人们的生活，汉字信息处理技术迫切需要汉字结构知识，而“传统的汉字分析理论和方法不尽适用。传统的研究成果不能提供定量分析的数据，这就迫使一些研究自然科学的人不得不自己动手根据需要进行汉字的部件分析统计”①。他们的研究促进了对汉字字形结构的认识。1983年，张普对已有的汉字字形结构学说进行了总结梳理，发表了《汉字部件分析的方法和理论》等论文，提出了自己的汉字字形结构理论。他把汉字的结构单位分为三级：笔画、部件、整字。并且研究了部件的种类、部件构成整字的方式与笔画的种类、笔画构成部件的方式，等等。这一理论框架后来成为学术界的共识。现代汉字学著作中的汉字字形结构理论多与张普的理论大同小异（详见本书“现代汉字”部分）。

（2）书法学对字形结构的研究

书法学对字形结构的研究，是文字学字形结构研究的先驱，不过，书法学研究的汉字结构是“点画之间的联结、搭配和组合，以及实画和虚白的布置。……书体结构一般包括字的内部结构和章法的布局结构”②。从晋代起，一些书法家，如卫铄、王羲之、欧阳询、张怀瓘、李淳、黄自元都对汉字结构进行过研究，留下了一系列关于字形结构的论著③。现代书法学家赓续古代的传统，出版了许多专门研究汉字结构的著作④，对汉字字形结构的各种问题都进行了探讨。

4. 专门性的论著对汉字构件、整字结构与汉字系统结构的研究

除了上述通论性的著作对汉字结构的研究之外，一些专门性的论著也对汉字

---

① 张普：《汉字部件分析的方法和理论》，《语文研究》1984年第1期。

② 马国俊：《书法散论》，甘肃教育出版社，2001年，第43页。

③ 如唐欧阳询《三十六法》、元无名氏《大结构》中的“五十三法”、明李淳《大字结构八十四法》、清黄自元《间架结构摘要九十二法》等。

④ 如陈启智：《汉字的艺术结构》，新蕾出版社，1992年；周晓陆：《汉字艺术——结构体系与历史演进》，贵州人民出版社，1997年；孙广如：《破译汉字结构密码》，天津人民美术出版社，2007年；郑轩、孟繁禧：《汉字结构黄金率》，人民美术出版社，2019年。

结构进行了研究。现简介如下：

（1）汉字构件研究

学者们对不同的汉字构件及其功能分别进行了研究，主要有：对声旁的表音功能的研究，如：周有光《汉字声旁读音便查》①，高家莺《声旁的表音功能及其利用》②等。对声旁的表义作用的研究，如：胡双宝《声旁的表义作用》③。对声符的示源功能的研究，如：曾昭聪《形声字声符示源功能述论》④，陈晓强《形声字声符示源功能研究》⑤。对形符的研究，如：陈枫《汉字义符研究》⑥，毛远明《汉魏六朝碑刻中的汉字形旁类化问题》⑦，郭瑞《汉字楷化过程中构件形体的混同与分化——以魏晋南北朝石刻文字为例》⑧，齐元涛《构件表义功能的实现及其对汉字发展的影响》⑨等。对构件系统的研究，如：李国英《小篆形声字研究》⑩。对字形构件的研究，如：沈克成、沈迦《汉字部件学》⑪。此外，学者们还对文字学部首进行了研究⑫，对检字法部首进行了研究⑬。

（2）整字结构研究

自汉代以来两千多年中，研究整字结构的成果不胜枚举，举其要者，有这样几类：第一，以形为纲，研究字形与其音义之间的关系。如，《说文解字》《说文解字

---

① 周有光：《汉字声旁读音便查》，吉林人民出版社，1980 年。
② 高家莺：《声旁的表音功能及其利用》，《语文学习》1983 年第 9 期。
③ 胡双宝：《声旁的表义作用》，《语文研究》1985 年第 1 期。
④ 曾昭聪：《形声字声符示源功能述论》，黄山书社，2002 年。
⑤ 陈晓强：《形声字声符示源功能研究》，上海古籍出版社，2021 年。
⑥ 陈枫：《汉字义符研究》，中国社会科学出版社，2006 年。
⑦ 毛远明：《汉魏六朝碑刻中的汉字形旁类化问题》，《中国文字研究》第七辑，广西教育出版社，2006 年，第 67—73 页。
⑧ 郭瑞：《汉字楷化过程中构件形体的混同与分化——以魏晋南北朝石刻文字为例》，《中国文字研究》第十七辑，上海人民出版社，2013 年，第 138—142 页。
⑨ 齐元涛：《构件表义功能的实现及其对汉字发展的影响》，《语言教学与研究》2016 年第 5 期。
⑩ 李国英：《小篆形声字研究》，北京师范大学出版社，1996 年。
⑪ 沈克成、沈迦：《汉字部件学》，机械工业出版社，1998 年。
⑫ 研究文字学部首的著作有几十部，如王延林：《汉字部首字典》，上海书画出版社，1990 年；徐复、宋文民：《说文五百四十部首正解》，江苏古籍出版社，2003 年；董莲池：《说文部首形义新证》，作家出版社，2007 年；叶正渤：《汉字部首学》，中国文联出版社，2001 年；王玉新：《汉字部首认知研究》，山东大学出版社，2009 年。
⑬ 魏励：《汉字部首解说》，商务印书馆国际有限公司，2017 年。

系传》《汉字形义分析字典》[1]《汉字结构解析》[2]等。第二,以音为纲,研究字音与其形义之间的关系。如,《说文通训定声》《汉文典》《古文字谱系疏证》等。

(3) 汉字系统结构研究

从宋代到现在,许多学者对汉字系统的结构进行了研究,如郑樵、戴侗、李圃、王宁、黄德宽、张再兴等人都在他们的专著中研究过汉字系统的结构,这在前面已有介绍。再如,罗来栋《汉字系统的结构特点与识字教学》[3]、谢春玲《论汉字系统的耗散结构特征》[4]、连登岗《关于汉字性质的再认识》[5]等文章都对汉字系统的结构进行了研究。

5. 对汉字结构演变的研究

一些专家对汉字结构的演变进行了研究。如:张素凤《汉字结构演变史》[6],以汉字构形学为理论指导,对汉字构形情况进行了历时比较研究。还有一些专家对汉字结构发展变化进行了研究,如:吴伯方《简论汉字的结构和演变》[7],赵平安《汉字形体结构围绕字音字义的表现而进行的改造》[8],申小龙《汉字结构形态的历时变异》[9],李运富《论汉字结构的演变》[10],何书《〈说文解字注〉对汉字构形示意的分析》[11],齐元涛《汉字发展中的跨结构变化》[12],王贵元《汉字构形系统及其发展阶段》[13],王立军《从"篆隶之变"看汉字构形系统发展的方向性调整和泛时性特

---

① 曹先擢、苏培成:《汉字形义分析字典》,北京大学出版社,1999 年。
② 郑慧生:《汉字结构解析》,河南大学出版社,2011 年。
③ 罗来栋:《汉字系统的结构特点与识字教学》,《江西教育》1991 年第 10 期。
④ 谢春玲:《论汉字系统的耗散结构特征》,《广东社会科学》1993 年第 3 期。
⑤ 连登岗:《关于汉字性质的再认识》,《文字学论丛》第三辑,中国戏剧出版社,2006 年,第 50—51 页。
⑥ 张素凤:《汉字结构演变史》,上海古籍出版社,2012 年。
⑦ 吴伯方:《简论汉字的结构和演变》,《华南师范大学学报(社会科学版)》1988 年第 1 期。
⑧ 赵平安:《汉字形体结构围绕字音字义的表现而进行的改造》,《中国文字研究》第一辑,广西教育出版社,1999 年,第 61—86 页。
⑨ 申小龙:《汉字结构形态的历时变异》,《中学语文》2002 年第 11 期。
⑩ 李运富:《论汉字结构的演变》,《河北大学学报(哲学社会科学版)》2007 年第 2 期。
⑪ 何书:《〈说文解字注〉对汉字构形示意的分析》,《南通大学学报(社会科学版)》2007 年第 6 期。
⑫ 齐元涛:《汉字发展中的跨结构变化》,《中国语文》2011 年第 2 期。
⑬ 王贵元:《汉字构形系统及其发展阶段》,《中国人民大学学报》1999 年第 1 期。

征》[1]等。

6. 对汉字结构理论的发展演变的研究

一些专家对汉字结构理论的发展演变进行了研究，如：王晶《以“六书”为滥觞的汉字结构类型理论的流变》[2]，连登岗《中国古代汉字结构研究的流变》[3]，余延《20世纪汉字结构的理论研究》[4]，林志强《20世纪汉字结构类型理论的新发展——以“三书说”和“新六书说”为例》[5]，王宁、周晓文《以计算机为手段的汉字构形史研究》[6]，韩伟《汉字结构类型古今研究综述》[7]，沙宗元《百年来文字学通论性著作关于汉字结构研究的综述》[8]，连登岗《中国现代汉字结构观的流变》[9]，刘精盛《对汉字构形进行逻辑阐释的历史和现状》[10]，吴慧、吴梅红《21世纪以来汉字构形研究综述》[11]等。此外，有些学者对汉字结构的理据进行了研究[12]，有些学者

① 王立军：《从“篆隶之变”看汉字构形系统发展的方向性调整和泛时性特征》，《语文研究》2020年第3期。

② 王晶：《以“六书”为滥觞的汉字结构类型理论的流变》，《长春师范学院学报》2006年第1期。

③ 连登岗：《中国古代汉字结构研究的流变》，第三届汉字与汉字教育国际研讨会，北京，2012年。

④ 余延：《20世纪汉字结构的理论研究》，《汉字文化》1997年第3期。

⑤ 林志强：《20世纪汉字结构类型理论的新发展——以“三书说”和“新六书说”为例》，《福建师范大学学报（哲学社会科学版）》2001年第3期。

⑥ 王宁、周晓文：《以计算机为手段的汉字构形史研究》，《中国文字研究》第二辑，广西教育出版社，2001年，第5—12页。

⑦ 韩伟：《汉字结构类型古今研究综述》，《深圳教育学院学报》2002年第1期。

⑧ 沙宗元：《百年来文字学通论性著作关于汉字结构研究的综述》，《安徽大学学报（哲学社会科学版）》2004年第2期。

⑨ 连登岗：《中国现代汉字结构观的流变》，《汉字汉文教育》第三十四辑，韩国汉字汉文教育学会，2014年。

⑩ 刘精盛：《对汉字构形进行逻辑阐释的历史和现状》，《唐都学刊》2005年第4期。

⑪ 吴慧、吴梅红：《21世纪以来汉字构形研究综述》，《新余学院学报》2021年第4期。

⑫ 如周复刚：《略论汉字构形理据的认识及其运用》，《贵州文史丛刊》1992年第2期；王宁：《汉字构形理据与现代汉字部件拆分》，《语文建设》1997年第3期；赵光：《原始思维对汉字构形理据的影响》，《语言研究》2002年第A1期；李海涛：《汉字构形理据的历史演变》，《山东省农业管理干部学院学报》2006年第2期；陈拥军：《汉字构形理据的历史演变与汉字的记号化》，《贵州民族大学学报（哲学社会科学版）》2014年第2期；张智慧、宋春淑：《现代汉字构形模式与理据度分析》，《唐山师范学院学报》2014年第3期。

则对汉字结构的方式进行了研究①。

（二）汉字结构应用研究

学者们除了对汉字结构本体进行研究之外，还对汉字结构应用的诸多问题进行了研究。

1. 汉字结构认知研究

20 世纪 90 年代以来，一些学者对汉字结构的认知进行了研究，如：陈传锋、黄希庭《结构对称性汉字认知研究与应用》②，喻柏林、曹河圻《汉字结构方式的认知研究》③，臧克和《结构的整体性——汉字与视知觉》④。

2. 汉字结构书写研究

有学者对汉字结构的书写进行了研究，如：郝美玲、范慧琴《部件特征与结构类型对留学生汉字书写的影响》⑤，李恩江《书写材料对汉字形体、结构的影响》⑥，齐元涛《汉字构形与汉字书写的非同步发展》⑦。

3. 汉字结构教学研究

据现有资料，早在先秦，就有人把汉字结构用于教学⑧；唐代，国子监把《说

---

① 如黄德宽：《汉字构形方式的动态分析》，《安徽大学学报（哲学社会科学版）》2003 年第 4 期；于丽萍：《汉字构形的发展与字体的演变》，《内蒙古师范大学学报（哲学社会科学版）》2004 年第 A2 期；刘精盛：《论汉字构形的优势和表意文字说的片面性》，《延安大学学报（社会科学版）》2005 年第 4 期；吴慧：《论汉字构形的整体联系性》，《重庆邮电大学学报（社会科学版）》2007 年第 1 期；陈顺芝：《论汉字构形的个性特征》，《江西社会科学》2007 第 12 期；周晓文：《汉字构形层级变化之量化研究》，《陕西师范大学学报（哲学社会科学版）》2008 年第 6 期；贾爱媛：《论汉字构形中的类化现象》，《青海师范大学学报（哲学社会科学版）》2007 年第 4 期；吴慧：《古汉字构形方式的演进及动因》，《宁夏大学学报（人文社会科学版）》2021 年第 5 期。

② 陈传锋、黄希庭：《结构对称性汉字认知研究与应用》，新华出版社，2004 年。

③ 喻柏林、曹河圻：《汉字结构方式的认知研究》，《心理科学杂志》1992 年第 5 期。

④ 臧克和：《结构的整体性——汉字与视知觉》，《语言文字应用》2006 年第 3 期。

⑤ 郝美玲、范慧琴：《部件特征与结构类型对留学生汉字书写的影响》，《语言教学与研究》2008 年第 5 期。

⑥ 李恩江：《书写材料对汉字形体、结构的影响》，《古汉语研究》1991 年第 1 期。

⑦ 齐元涛：《汉字构形与汉字书写的非同步发展》，《励耘语言学刊》第二十七辑，中华书局，2017 年，第 276—287 页。

⑧ 《周礼·地官·保氏》："保氏掌谏王恶，而养国子以道，乃教之六艺：……五曰六书。"班固《汉书·艺文志》："古者八岁入小学，故周官保氏掌养国子，教之六书，谓象形、象事、象意、象声、转注、假借，造字之本也。"

文解字》用作文字学教材，其中就有汉字结构的内容；清代王筠著《文字蒙求》，运用汉字结构进行汉字教学。现代以来，随着教育的普及，研究汉字结构教学的论著更多，据统计，从1960年到2021年，研究汉字结构教学的文章有150多篇。专著也不断涌现，如：董正春、陈明祥《汉字形义分析与识字教学》①，佟乐泉、崔峦《教学汉字规范手册》②，刘靖年、曹文辉《汉字规范部件识字教学法》③，行玉华《基于现代汉字结构系统的对外汉字教学研究》④。详情参见本书“汉字与教学”部分。

4. 汉字结构规范研究

在语言文字学界和信息处理学界，关于汉字结构有着诸多不同的理论和操作方法，出于汉字信息处理与教学研究的需要，国家有关部门组织专家进行了一些关于汉字结构规范的研究，制定了关于偏旁、部首、笔画、笔顺等方面的规范，有的学者还研究了汉字结构教学规范化问题。详情参见本书“现代汉字”部分。

5. 汉字结构字典编纂

有学者编纂了汉字结构字典，如吕平贵《汉字楷书结构字典》⑤，蓝祖伸、邓瑞蓉《汉字结构字典》⑥，商务印书馆《学生笔画部首结构字级笔顺字典》⑦等。

6. 汉字结构信息处理研究

汉字结构的信息处理研究始于20世纪70年代末，一直延续到现在，研究的问题主要有：在汉字信息处理过程中的汉字编码、储存、识别、输出等各个环节中遇到的字形结构问题，以及用计算机统计汉字的结构信息等。详情参见本书“汉字与计算机技术”部分。

（三）汉字结构与语言、思维、美学艺术、文化等事物关系的研究

一些学者对汉字结构与语言、思维、美学艺术、文化等事物的关系进行了研究。

---

① 董正春、陈明祥：《汉字形义分析与识字教学》，山东教育出版社，1986年。

② 佟乐泉、崔峦：《教学汉字规范手册》，人民教育出版社，2000年。

③ 刘靖年、曹文辉：《汉字规范部件识字教学法》，吉林大学出版社，2009年。

④ 行玉华：《基于现代汉字结构系统的对外汉字教学研究》，南开大学出版社，2018年。

⑤ 吕平贵：《汉字楷书结构字典》，陕西人民出版社，1994年。

⑥ 蓝祖伸、邓瑞蓉：《汉字结构字典》，湖南人民出版社，2010年。

⑦ 商务印书馆：《学生笔画部首结构字级笔顺字典》，商务印书馆国际有限公司，2017年。

1. 汉字结构与语言研究

这方面的研究有这样一些内容：第一，汉字结构的语义关系①；第二，汉字结构与词②；第三，汉字结构与语音③；第四，汉字结构与语法④；等等。

2. 对汉字结构与思维关系的研究

一些专著对汉字结构与思维的关系进行了研究。如：王作新《汉字结构系统与传统思维方式》，武汉出版社 1999 年 10 月出版⑤。此书研究了汉字结构系统与传统思维方式的关系，内容包括：第一，汉字与意象思维。第二，汉字与整体思维。第三，汉字与"天人合一"观。第四，汉字与偶对思维。第五，汉字与圜道观。第六，汉字与推原思维。此外，姚淦铭《汉字文化思维》⑥，申小龙《汉字思维》⑦等书中均有汉字结构与思维的内容。一些论文对汉字结构与思维的关系进行了研究，其内容大体有这样几类：第一，概括地研究汉字结构与思维的关系⑧；第二，关于汉字结构思维模式的研究⑨；第三，关于汉字结构对思维的影响的研究⑩；第四，关

---

① 如杨舸：《汉字结构的语义关系试析》，《上海大学学报（社会科学版）》1990 年第 1 期。

② 如王翊：《从汉字结构看"以"字词义、词性的演引》，《辽宁师范大学学报（社会科学版）》1986 年第 2 期。

③ 如舒华、曾红梅：《儿童对汉字结构中语音线索的意识及其发展》，《心理学报》1996 年第 2 期；贺荟中：《汉语聋童对汉字结构中语音线索的意识及其发展》，《西北师大学报（社会科学版）》2012 年第 4 期。

④ 如张世辉、孔令富：《基于结构文法的汉字表达及其应用》，《燕山大学学报》2004 年第 3 期；卢凤鹏：《从汉文佛典对梵文语法分析看汉字结构中的语法观》，《铜仁学院学报》2008 年第 3 期。

⑤ 王作新：《汉字结构系统与传统思维方式》，武汉出版社，1999 年。

⑥ 姚淦铭：《汉字文化思维》，首都师范大学出版社，2008 年。

⑦ 申小龙：《汉字思维》，山东教育出版社，2014 年。

⑧ 如林钦娟：《论汉字构形与传统思维模式》，《钦州师范高等专科学校学报》1998 年第 3 期；吴慧、付婷：《汉字的形体结构与辩证思维》，《巢湖学院学报》2005 年第 1 期；刘敬林：《古人有关人脑思维能力的认识及其在文字构形上的反映》，《励耘学刊（语言卷）》第二辑，学苑出版社，2005 年，第 101—110 页；丁庆富：《汉字结构与叙事思维》，《汉字文化》2020 年第 22 期；孙迪：《浅谈汉字结构与中医象思维》，《汉字文化》2021 年第 1 期。

⑨ 如孙雍长：《汉字构形的思维模式》，《湖北大学学报（哲学社会科学版）》1990 年第 4 期；申小龙：《论汉字构形的辩证思维》，《江苏社会科学》1994 年第 1 期；王应龙：《论汉字构形的思维特征》，《新疆石油教育学院学报》2005 年第 5 期。

⑩ 如钱伟：《浅析汉字构形对中国人思维方式的影响》，《中国西部科技》2010 年第 27 期；邢立志：《我国古文字构形中"意象"造字思维研究》，《语文建设》2015 年第 24 期；申小龙：《汉字构形的主体思维及其人文精神》，《学术月刊》1994 年第 11 期。

于思维对汉字结构的影响的研究①。

3. 汉字结构的美学艺术研究

有些文章研究了汉字结构中所具有的美②,有些文章研究了汉字结构美的应用③,有些文章探讨了字形结构中美的形成④。

4. 汉字结构与文化研究

20 世纪 90 年代以来,随着汉字文化学的兴起,对汉字结构与文化的关系的研究也随之开启。研究的角度是多方面的,主要有:第一,从汉字的形体结构来探求中国文化;第二,从文化的角度来解释汉字结构;第三,从汉字结构与文化的双向关系来进行研究。详情参见本书“汉字与文化”部分。

七、汉字结构研究热点

在近几十年中,汉字结构研究的热点主要有:

汉字结构。汉字结构是汉字学的核心问题之一,多年来,说文学著作、通论性的汉字学著作一般都有汉字结构的内容。研究汉字结构的论文也层出不穷,据不完全统计,近 60 年来,研究六书的论文有 600 多篇,研究偏旁(包括声符、形符等)的文章有近千篇。

汉字结构教学。近 60 年来,汉字结构知识用于各类教学:普通教育的识字教学、对外汉字教学、古文字教学和汉字书法教学。于是,对汉字结构教学的研究也就成为热点。据统计,自 1965 年以来,出版发表汉字结构教学研究的论著近 200 部(篇)。

---

① 如赵光:《原始思维对汉字构形理据的影响》,《语言研究》2002 年第 S1 期;李晓华:《论思维方式对汉字构形理据的影响》,《甘肃联合大学学报(自然科学版)》2011 年第 S1 期。

② 如廖振华:《浅谈汉字结构的艺术美》,《衡阳师专学报》1985 年第 3 期;张如之:《汉字二元结构和书艺美的创造》,《兰州教育学院学报》1991 年第 2 期;王苹:《汉字的线条美和结构和谐均衡美》,《喀什师范学院学报》2006 年第 2 期;杨志恒:《论汉字构形的形象美与抽象美问题》,《艺术教育》2006 年第 6 期。

③ 如利江:《汉字字“形”结构及字体设计“形”的重构分析》,《美术界》2011 年第 11 期;王惠:《简析广告设计中汉字结构的创意应用》,《美术教育研究》2018 年第 9 期;张天平:《汉字结构在包装艺术设计中的创意与应用》,《中国包装工业》2015 年第 13 期。

④ 如陈兆军、王玉新:《论汉字构形方式中抽象内容具象化的手段》,《中国书法》2018 年第 16 期;郭照川:《汉字构形图式形成机制探析》,《陕西师范大学学报(哲学社会科学版)》2018 年第 6 期。

汉字结构与文化艺术的关系。三十多年来,汉字结构与文化艺术的关系,受到语言文字学、艺术装饰学、美学等学界的高度重视,对它的研究,既有理论探索,也有实践操作,领域不断拓宽,高度不断提升,成果不断涌现,成为一个热点。

汉字结构与信息处理。四十多年来,汉字结构与信息处理问题,受到信息处理学界和语言文字学界的共同重视,成为研究的热点。

八、汉字结构研究未来展望

展望未来,在汉字结构问题上,以下问题还有较大的研究空间,有进一步研究的必要:

汉字结构基本理论研究。在现有的汉字结构研究中,存在着对象不一、名实不一、概念不清、逻辑混乱等诸多问题,这就需要在现代科学理论的指导下,运用现代的科学方法,对汉字结构的基本问题,诸如汉字结构的对象、功能、特点、发展演变等问题进行系统综合的研究,以期得出符合汉字结构实际并且适用的汉字结构理论。

汉字字族结构和字部结构研究。汉字结构具有不同的单位,如构字部件的结构、整字的结构、字族的结构、字部的结构、汉字系统的结构。迄今,对整字结构和构字部件结构研究得比较多,而对字族结构和字部结构的研究还远远不够,有待于加强。

汉字结构与思维结构关系研究。汉字结构在一定程度上反映着思维结构,思维结构在一定程度上制约着汉字结构,二者之间存在着对立统一的关系。对于二者之间的关系,虽然目前已有一些研究成果,但这些研究还比较零散、比较浮泛,有待于综合深入,使之系统化。

汉字结构与语言结构关系研究。汉字结构在一定程度上反映着语言的结构,语言结构在一定程度上制约着汉字结构,二者之间存在着对立统一的关系。对于二者之间的关系,虽然目前已有一些研究成果,但这些研究还比较零散、比较浮泛,有待于深入研究,使之系统化。

汉字结构与人的生理关系研究。汉字的制作和使用都离不开人,就此而言,汉字的制作、使用是人的一种生理活动。不言而喻,汉字结构与人的生理存在着密切的关系,对这种关系的研究,迄今仅有少量研究成果,还很不成熟,很不系统,今后应该加强。

汉字结构与物质关系研究。汉字的制作离不开一定的物质,因而汉字的结构在一定程度上与这些物质有着密切的关系。这方面的研究尚待展开。

汉字结构理论史研究。这方面的研究,仅有一些局部的、片段的研究,今后应有系统的研究。

第三节

汉字的简化

一、汉字简化的定义

（一）汉字简化的内涵

汉字的简化（省称"汉字简化"），既指对汉字进行简化的工作[①]，也指汉字笔画减少和汉字字数减少的文字现象[②]。汉字笔画减少是指同一个单字笔画减少的现象，字数减少是指在一定时期内社会通用字字种减少的现象。也有把汉字简化定义为汉字的形体由繁复趋向简省的，如，《语言学名词》："简化：汉字形体演变的一种现象。汉字在音义不变的情况下，通过省去某些构形要素等方式，使字形由繁复趋向简省。"[③]本书所说的汉字的简化，兼指汉字简化工作与汉字笔画减少和汉字字数减少的文字现象。

---

① 夏征农、陈至立：《大辞海》第一卷，上海辞书出版社，2015 年，第 1585 页："简化汉字：研究和整理现行汉字的一项工作。包括笔画的简化和字数的精简两个方面，即把笔画多的汉字改为笔画少的，把有几种写法的改用一种写法。"

② 吴玉章："汉字简化是为了逐步精简汉字的笔画和字数，以减少汉字在记认、书写、阅读和印刷中的困难。……汉字简化的主要目的是要把群众手写已成习惯的那些简笔字用到印刷上面，以代替原来的繁笔字，同时淘汰印刷和书写中常见的异体字。"（吴玉章：《文字必须在一定条件下加以改革》，《文字改革文集》，中国人民大学出版社，1978 年，第 101 页。）郑林曦："汉字简化的工作包括两部分：1. 字形的简化，2. 字数的减少。"（郑林曦：《文字改革》，上海教育出版社，1984 年，第 62 页。）

③ 语言学名词审定委员会：《语言学名词》，商务印书馆，2011 年，第 22 页。

（二）汉字简化的外延

汉字的简化从时间上说，包括从古代到现代的汉字简化；从地域上说，是指中国内地的汉字简化，不包括中国香港、澳门、台湾的汉字简化，也不包括其他国家所使用的简体汉字。

二、汉字简化运动概述

汉字简化是从古到今都有的文字现象。不同的是，古代的汉字简化是一种社会自发行为，而现代的汉字简化成为一种社会自觉行为，是由学者推动、政府主导、群众参与的有组织、有领导、有计划、有目的、有步骤的文字工作。

现代的汉字简化，是文字改革运动的一部分。在汉字简化运动兴起之前，就有了文字改革运动，正是这个运动催生了汉字简化。19 世纪中叶，在内外各种剧烈矛盾的促使下，中国陷入"三千余年一大变局"①，值此生死存亡之秋，一批仁人志士，奋起救亡图存，寻求变革之道。他们中的一些人认为，中国之所以遭受帝国主义列强欺负，是因为中国落后；中国之所以落后，是因为教育落后，文化不够普及；教育落后，文化不够普及是由于汉字繁难，所以，要救亡图存，就要进行汉字革命。

汉字革命始于 19 世纪末。1891 年，宋恕提出了"须造切音文字"的主张②，与此同时，卢戆章、王照、劳乃宣等人发起了切音字运动。到了 20 世纪初，吴稚晖、李石曾等人倡导世界语，提出"汉字革命"的口号。③"五四"运动期间，钱玄同、傅斯年等学者大力提倡、积极践行"汉字革命"，他们认为汉字繁难，是阻碍中国进步的罪魁祸首；主张废除汉字，改用拼音文字。④ 经过一个时期的研究与实践，钱玄同等人认识到，实现中国文字拼音化这一目标是遥远的，在实现这一目标之前，当务之急是简化汉字。⑤ 于是，"汉字革命"的具体行为便由中国文字拼音化改为汉

---

① 李鸿章：《李鸿章全集》第二册，时代文艺出版社，1998 年，第 873 页。

② 倪海曙：《清末汉语拼音运动编年史》，上海人民出版社，1959 年，第 30 页。

③ 李石曾：《进化与革命》，《回读百年：20 世纪中国社会人文论争》第一卷，大象出版社，1999 年，第 45—53 页。

④ 钱玄同：《汉字革命》，《钱玄同文字音韵学论集》，上海古籍出版社，2011 年，第 44—64 页；傅斯年：《汉语改用拼音文字的初步谈》，《新潮》1919 年一卷三号。

⑤ 钱玄同：《减省现行汉字的笔画案》，《钱玄同文字音韵学论集》，上海古籍出版社，2011 年，第 65—71 页。

字简化[1]。这一主张得到一批知识分子和群众支持，于是兴起了汉字简化运动。20世纪30年代，民国政府曾下令推行简体字，但随后又停止。1949年，中华人民共和国成立，党和国家把汉字简化纳入文字改革，付诸实施。到了20世纪80年代，由于语言文字生活环境的变化，批量的汉字简化暂时停止实施，汉字进入规范化、标准化、信息化的新时期，至此，汉字简化工作暂告停止。

三、汉字简化研究简史

汉字简化研究，与汉字简化工作同时启动，一路随行，直到现在，仍在继续。

（一）汉字简化研究的起始阶段（1909—1948年）

1. 汉字简化的理论

汉字简化工作需要理论的指导，而中国传统的文字学素来缺乏这种理论。出于简化汉字工作的需要，在20世纪20年代至30年代期间，李石曾、吴稚晖、陆费逵、傅斯年、钱玄同等学人运用文字是工具、是语言的符号的观点，研究了汉字的缺点和文字发展的规律，论证了汉字改革的必然性、必要性、可行性，提出了汉字简化的目的、方法、步骤，从而建立了文字改革的理论，为简化汉字提供了理论依据。

2. 汉字简化的实践

简化字运动兴起于"五四"运动时期。1919年，钱玄同在《北京大学月刊》第1卷第1期发表了《中国字形变迁新论》，提倡简化汉字。1922年，在国语统一筹备会[2]第四次大会上，钱玄同提交《减省现行汉字的笔画案》，得到陆基、黎锦熙、杨树达等人的支持，获得通过。大会成立了汉字省体委员会。从此简化汉字形成运动：胡适、周作人等知名人士发表文章赞同汉字简化，许多热心简化汉字的学者，或发表文章，或出版专书，进行汉字简化的理论研究、方法探索；一些学者开始了简体字资料搜集和具体的汉字简化，在一些地方，简体字开始实施。[3] 1935年8

---

① 汉字简化运动肇始于陆费逵。1909年，陆费逵在《教育杂志》创刊号上发表《普通教育当采用俗体字》，在《教育杂志》第3期发表《答沈君友卿论采用俗字》；1922年，陆费逵在《国语月刊》第1卷第1期发表《整理汉字的意见》。这些文章提出了普通教育应采用笔画简单的俗体字的主张，论述了采用俗体字的好处，提出了简化汉字的方法步骤。

② 国语统一筹备会成立于1919年4月21日，隶属于国民政府教育部。

③ 王均：《当代中国的文字改革》，当代中国出版社，1995年，第1—35页；苏培成：《二十世纪的现代汉字研究》，书海出版社，2001年，第183—282页。

月，国民政府教育部公布了《第一批简体字表》，下令推行，但由于戴季陶、何键等人的反对[①]，到了1936年2月，国民政府下令“暂缓推行”，此后再无下文。但是，国统区的汉字简化工作仍在民间进行。[②]

此外，中国共产党领导的解放区，于抗日战争和解放战争时期，推行并创造了许多简化字。随着人民革命运动的发展，这些简化字流行到全国各地，被称为“解放字”。

总的来看，这一时期，创建了汉字简化的理论，确定了汉字简化的目标、任务和方法，并且开始了汉字简化的实际工作与理论研究。但是，这一时期的汉字简化，学者的积极性高，而政府的积极性低；理论研究较多，提倡号召较多，而实际工作成效却并不显著。

（二）汉字简化及其研究的全面展开（1949—1979年）

1949年中华人民共和国成立，标志着中国社会进入新的历史阶段。汉字简化作为文字现代化的重要组成部分，得到中国共产党和人民政府的高度重视。汉字简化的研究以及简化字的实施，陆续全面展开。这一时期的汉字简化工作与简化汉字研究的基本情况如下：

1. 汉字简化工作的全面实施

从1949年到1955年，在党中央和国务院的领导下，陆续成立了中国文字改革协会、中国文字改革研究委员会、中共中央文字问题委员会和中国文字改革委员会，来主管全国的文字改革工作。先后有吴玉章、黎锦熙、胡乔木、马叙伦、胡愈之、罗常培、韦悫、林汉达、陆志韦、叶圣陶、曹伯韩、叶恭绰、魏建功、丁西林等数十人主持并参与其事。[③]

文字改革的主管部门，在组织专家进行充分研讨、广泛听取各界意见的基础上，制定了文字改革的方针，确定了简化汉字的任务与方法、步骤，同时开始了汉字简化的实施。

从1951年到1955年，中央教育部社会教育司与中国文字改革委员会先后主持编制了《汉字简化方案》，该方案于1956年1月经国务院全体会议第二十三次

---

① 何键：《对于教育部推行简体字表之意见》，《船山学报》1935年第4期。

② 1936年10月，容庚出版《简体字典》；同年11月，陈光尧出版《常用简字表》；1937年5月，字体研究会发表了《简体字表》第一表。

③ 王均：《当代中国的文字改革》，当代中国出版社，1995年，第1—35页。

会议通过，从1956年2月1日起分四批推行。后来又对《汉字简化方案》进行了多次调整，于1964年在此基础上编制了《简化字总表》。①

《汉字简化方案》通过之后，中国文字改革委员会又开始制定新的汉字简化方案，定稿后命名为《第二次汉字简化方案（草案）》，1975年报请国务院审阅，1977年12月20日开始试行。但由于该方案问题较多，各方面意见很大，到了1986年6月24日，国家语委经国务院批准，宣布废止。

2. 对汉字简化工作的研究

从1949年到1955年期间，党和政府组织有关专家对简化汉字的必要性、可能性、方向、任务、方法、步骤等问题进行了充分的研究。② 专家们认为，为了提高学习工作效率，进行扫盲，从而满足人民的文化需要和国家的建设需要，必须简化汉字。③ 专家们认为，有党和国家的坚强领导、广大人民群众的支持和众多专家的努力，汉字简化是能够成功的。专家们还对汉字简化的方向进行了研究④，这个方向体现在1956年国家制定的文字改革方针中，这个方针是："汉字必须改革，汉字改革要走世界文字共同的拼音方向，而在实现拼音化以前，必须简化汉字，以利目前的应用。"⑤经专家研究后制定的简化汉字的步骤⑥是"约定俗成，稳

① 苏培成：《近百年来汉字的简化与规范》，《东方早报》2013年8月28日，第B03版。

② 研究这些问题的论著主要有吴玉章《关于汉字简化问题》、于在春《论汉字的简化》、陈光尧《简化汉字》、张世禄《汉字改革的理论和实践》、蒋善国《汉字形体学》、梁东汉《汉字的结构及其流变》，都包含着汉字简化必要性与可能性的内容。还有丁西林、叶恭绰、魏建功等人的论文。

③ 1952年，时任中央人民政府政务院文化教育委员会主任的郭沫若说："人民现在在经济上、政治上翻身，迫切需要学习文化，因之，文字工具问题急需解决。再就国家建设来说，文字也是迫切需要改革的。"1955年10月15日，时任国务院副总理的陈毅，在全国文字改革会议上说，应该把文字改革"和完成三个五年计划和我国建成社会主义工业国家联系起来"。

④ 研究汉字改革的方针、原则的文章有吴玉章《关于汉字简化问题》、韦悫《略谈汉字简化工作》、叶恭绰《汉字整理和汉字简化》，都谈到汉字的历史功绩、今天所起的作用和它的严重缺点；都谈到中国文字必须改革，要走世界文字共同的拼音方向；都谈到这是长远目标，当下必须整理和简化汉字，这是汉字改革的第一步。

⑤ 王均：《当代中国的文字改革》，当代中国出版社，1995年，第73页。

⑥ 曹伯韩《精简汉字问题》、易熙吾《同音假借是精简汉字的一个方法》、郑林曦《汉字同音代替的初步研究》、陈光尧《谈精简汉字》、保琦《谈谈简化字的几种方法》和《谈谈写汉字》、曹伯韩《汉字文章夹用拼音字举例》、卢芷芬《整理印刷字体的建议》、季羡林《随意创造复音词的风气必须停止》等文章，对整理简化汉字的各种方法——剔除异体字，采用简笔字，在一定范围内简化合并偏旁部首，在采取多音词连写办法的条件下省去形旁和用同音字代替（假借），参用拼音字，等等，分别作了细致的讨论。

步前进”[①]。专家们确定的简化汉字的方法有八种：保留原字轮廓；保留原字特征部分，省略一部或大部；改换为形体较简单的声旁或形旁；另造新会意字；草书楷化；符号代替；同音代替；利用古旧字体（利用古本字，利用古代异体，利用废弃字形）。[②] 在《简化汉字方案（草案）》初步编制完成，进入讨论阶段时，曹伯韩、魏建功、黄伯荣、金鸣盛等专家还撰文对方案的具体内容、编制过程与汉字简化的历史意义和汉字简化方案的历史基础进行了说明和讨论。[③]

3. 对简化字的研究

“简化字”是专有名词，“简体字和简化字是两个不同的概念，两者的区别在于：简体字是指流行于群众之中、未经整理和改进的形体较简易的俗字，它不具有法定性，其写法可以是一种，也可以有多种。而简化字则是指在简体字的基础上，经过专家的整理和改进，并由政府主管部门公布的法定简体字，其写法只有一种。收入《汉字简化方案》（后发展成为《简化字总表》）中的简体字即为现行简化字”[④]。

汉字简化以后，简化字成为社会通用的法定用字，每个社会成员都需要了解它，掌握它，因而，对简化字及其教学的研究就成为这一时期研究的重点。研究的具体问题有：简化字的源流；《第二次汉字简化方案（草案）》的内容、实施等；简化字教学；汉字简化工作；简化字；简化字书法。

这一时期的汉字简化取得了很大的成就：简化字有史以来第一次获得了法定地位，并在全国范围内得到推行，对于提高汉字教学效率、扫除文盲、迅速提高人民群众的文化水平，发挥了积极作用。简化汉字的理论研究也取得了一些成果。但是，由于对文字发展规律的认识存在偏差，导致了在汉字简化中，发生了只注意字形的简化，而对字形与其音义的联系注意不够等偏误，加之工作中有急于求成倾向，导致了《第二次汉字简化方案（草案）》的失败。

---

① 吴玉章：“在汉字简化工作中，我们采取的方针，是‘约定俗成，稳步前进’。‘约定俗成’，也就是从群众中来到群众中去的方针。”“我们不主张一次简化很多字，我们主张稳步前进。这就是说，不是一次简化，而是分成若干次，并且每次公布的简化字，还可以分成若干批推行。”（吴玉章：《文字必须在一定条件下加以改革》，《文字改革文集》，中国人民大学出版社，1978 年，第 102 页。）

② 张书岩、王铁昆、李青梅等：《简化字溯源》，语文出版社，1997 年，第 34—35 页。

③ 吴玉章等：《简化汉字问题》，中华书局，1956 年。

④ 张书岩、王铁昆、李青梅等：《简化字溯源》，语文出版社，1997 年，第 5—6 页。

（三）汉字简化及其研究的转变（1980—1999年）

1980年至1999年是汉字简化及其研究的转变阶段。这个时期，中国的语言文字生活发生了重大的变化：首先，一大批汉字得到简化，人民群众的文化水平得到很大的提高，文盲率大为下降①，继续简化汉字不再是当务之急。其次，改革开放以来，与境外语言文字交流剧增，简化字与繁体字之间，中国汉字与国外汉字之间的矛盾凸显出来。再次，汉字处理信息化手段的出现使汉字的稳定化、规范化、标准化、信息化成为新的趋势。在这种背景下，国家对语言文字工作方针进行了调整，汉字的简化工作和对简化字的研究也随之转变。

1. 简化汉字工作的重大转变

这一时期，简化汉字工作发生了重大转变：

国家对语言文字工作方针进行了调整。1986年，党中央和国务院适时地规定新时期语言文字工作的方针为：贯彻执行国家关于语言文字工作的政策和法令，促进语言文字规范化、标准化，继续推动文字改革工作，使语言文字在社会主义现代化建设中更好地发挥作用。把文字工作的主要任务调整为：研究和整理现行汉字，制订各项有关标准；研究汉语汉字信息处理问题，参与鉴定有关成果；加强语言文字的基础研究和应用研究，做好社会调查和社会咨询、服务工作。另外，关于文字改革的方向和对汉字简化工作也有了新的提法：关于汉语拼音化问题，许多同志认为这是将来的事情，现在不忙于作出结论；从长远看汉字不能不简化，但今后对于汉字的简化，应持谨慎的态度，在一个时期内使汉字的形体保持相对的稳定，以利社会应用。② 至此，批量简化汉字工作暂告一段落。

废止《第二次汉字简化方案（草案）》。1986年6月24日，国务院同意国家语言文字工作委员会《关于废止〈第二次汉字简化方案（草案）〉和纠正社会用字混乱现象的请示》，规定："1977年12月20日发表的《第二次汉字简化方案（草案）》，自本通知下达之日起停止使用。"③

---

① 中华人民共和国教育部：《中国普及九年义务教育和扫除青壮年文盲报告》，2012年11月。

② 全国语言文字工作会议秘书处：《全国语言文字工作会议纪要》，《新时期的语言文字工作》，语文出版社，1987年，第2—4页。

③ 国家语言文字工作委员会政策法规室：《国家语言文字政策法规汇编（1949—1995）》，语文出版社，1996年，第29页。

重新发表《简化字总表》。根据国务院的要求,为便利人们正确使用简化字,国家语言文字工作委员会于1986年10月10日重新发表《简化字总表》(原《简化字总表》中的个别字,作了调整),要求“社会用字以《简化字总表》为标准”①。

2. 汉字简化工作的研究

这一时期对汉字简化工作的研究主要有:对汉字简化历史的研究;对汉字简化工作的总结与反思;有关汉字简化工作评价的争议。还有学者对汉字简化方法步骤进行了再研究。

3. 简化字的研究

这一时期,对简化字的研究主要集中在三个方面:对简化字与繁体字关系的研究;对现行简化字存在问题的研究;对境外汉字简化及简化汉字的研究。

四、汉字简化工作及其研究的新发展(2000—2021年)

2000—2021年,汉字简化工作及其研究有了新的发展。

(一)汉字简化工作背景的新变化

2000年以来,汉字简化工作的背景发生了明显的变化。

汉字生活状况发生了很大变化。第一,处理汉字的工具、方法和平台发生了很大变化。电脑、手机、网络迅速普及,它们成为汉字处理的重要工具和平台。第二,汉字对外交流的范围进一步扩大,在海峡两岸暨港澳地区,在传统的汉字文化圈,乃至世界范围内,繁简字的冲突逐渐凸显。第三,传统文化得到进一步重视,社会对识读使用繁体字的需求有所增加。这种情况对文字提出了矛盾的要求,一方面要重视文字的稳定性、实用性,快速实现汉字用字的规范化、信息化、标准化,另一方面又要求妥善处理简化字与繁体字的关系。

国家相关法律和政策发生了新的变化。第一,2000年10月31日,国家公布了《中华人民共和国国家通用语言文字法》,对包括简化字在内的汉字的地位、使用作出了法律规定。第二,2012年12月4日,教育部、国家语言文字工作委员会发布了《国家中长期语言文字事业改革和发展规划纲要(2012—2020年)》,对包括简化字在内的汉字使用和研究作出了规划。

① 国家语言文字工作委员会政策法规室:《国家语言文字政策法规汇编(1949—1995)》,语文出版社,1996年,第167页。

（二）《通用规范汉字表》对简化字的新处理

教育部、国家语委组织制定的《通用规范汉字表》，于 2013 年 6 月 5 日公布实施。《简化字总表》被整合进《通用规范汉字表》，成为规范字的一部分。原《简化字总表》停止使用。

（三）汉字简化工作研究的新发展

这一时期对汉字简化工作的研究，依然围绕着上一个时期的几个议题，即对汉字简化历史的研究，汉字简化工作的总结与反思，对简字简化工作的基本评价。但是，研究更加深入，更为系统。

（四）简化字研究的新发展

进入 21 世纪以来，对简化字的研究主要有这样一些内容：

1. 围绕《通用规范汉字表》而展开的研究

在《通用规范汉字表》研制之前和研制过程中，国家语委等部门，多次召开专题学术研讨会，在全国范围内，召集有关专家，对简化字的方方面面进行了充分研讨①。此外，许多学者也自发地围绕《通用规范汉字表》的研制而对简化字进行了研究，特别是对现行简化字存在的问题及解决办法进行了研究，一些学者还出版了解读简化字的著作。《通用规范汉字表》公布之后，有的学者对其中的简化字进行了阐释，有的学者对此表所收录简化字存在的问题提出质疑，还有学者对表外字是否类推简化问题等进行了研究。

2. 对繁简字关系的研究

汉字简化以后，繁体字仍然存在于人们的汉字生活之中。然而《简化字总表》《通用规范汉字表》规定的简化字与繁体字的对应关系颇为复杂，这给人们掌握繁简字的对应关系，进行繁简字的转换造成了很大的困难，因而，一直以来，有关学者都在进行着繁简字的对应关系及其转换的研究。

3. 对境外汉字简化及简化汉字的研究

中国的简化字已经广播境外，境外也有自己的简化字。这一时期，对境外汉字简化和简化汉字的研究进一步增多，研究更为深入，更为细致。

4. 一些旧有的简化字研究议题仍在继续

如对汉字简化方案及有关字表的研究，对简化字源流的研究，对简化字前途

---

① 研讨会论文见史定国：《简化字研究》，商务印书馆，2004 年。

的研究，对简化字教学的研究，对简化字书法的研究等，不断有新的成果出现。

5. 简化字研究新拓展

例如，对简化字研究史的研究，对汉语简化字与其他文字的比较研究，对简化字与社会文化关系的研究等，都有了新的拓展。

五、研究汉字简化的基本材料

研究汉字简化，需要多方面的材料，现分类介绍如下：

（一）研究汉字简化运动的基本材料

1. 研究汉字简化运动历史的基本材料

吴玉章《文字改革文集》[①]。该书收录了作者任中国文字改革委员会主任十多年间[②]有关文字改革的文稿，阐述了党和国家关于文字改革工作的方针、政策，总结了中国文字改革工作的经验，是研究汉字简化的重要资料。

傅永和《规范汉字》[③]。该书分两部分，一是汉字的简化，二是汉字的整理，系统地介绍了1950年到1988年期间，国家关于汉字简化和汉字整理的各种规范的内容及其研制、发表的过程。

王均《当代中国的文字改革》[④]。该书系统地介绍了从清代末年到1985年期间中国的文字改革，其中包含了这一时期的汉字简化情况。

费锦昌《中国语文现代化百年记事（1892—1995）》[⑤]。该书记载了1892—1995年期间中国语文现代化的重要事件，其中包括汉字简化的重要事件。

2. 有关汉字简化的国家政策法规

中华民国时期关于简体字的政令，主要有：《国民政府教育部第11400号部令》《各省市教育行政机构推行部颁简体字办法》。这两个文件规定了当时推行简体字的范围、时间和方法，同时阐述了推行简体字的缘由。

中华人民共和国有关简化字的政策法规，主要有：1956年1月28日《国务院

---

① 吴玉章：《文字改革文集》，中国人民大学出版社，1978年。

② 1949年10月，中国文字改革协会成立，吴玉章被选为协会常务理事会主席。1954年，中国文字改革委员会成立，吴玉章任主任，在此后的10多年中，他领导全国的文字改革工作，制定并实施了《汉字简化方案》《第一批异体字整理表》和《汉语拼音方案》，推广普通话。

③ 傅永和：《规范汉字》，语文出版社，1994年。

④ 王均：《当代中国的文字改革》，当代中国出版社，1995年。

⑤ 费锦昌：《中国语文现代化百年记事（1892—1995）》，语文出版社，1997年。

关于公布〈汉字简化方案〉的决议》,1986 年 6 月 24 日《国务院批转国家语言文字工作委员会〈关于废止《第二次汉字简化方案(草案)》和纠正社会用字混乱现象的请示〉的通知》[①],中华人民共和国文化部、中国文字改革委员会《关于发布〈第一批异体字整理表〉的联合通知》[②],以及《中华人民共和国国家通用语言文字法》和《国家中长期语言文字事业改革和发展规划纲要(2012—2020 年)》。

《国家语言文字政策法规汇编(1949—1995)》[③],其中收有 1949 年至 1995 年期间与汉字简化工作密切相关的国家政策法规。

《语言文字规范手册》(第五版)[④],该手册收有国家现行的语言文字政策法规,其中包括有关简化字的现行国家政策法规。

(二)研究简化字的基本材料

研究简化字的基本材料主要包括简化字表与简化方案。自 1935 年以来,取得简化字身份的简体字,绝大多数在以下几个文件中:

《第一批简体字表》,1935 年 8 月国民政府教育部公布,收录了 324 个民间流传最广的俗字、古字和草书字。最初规定"各学校及出版机关遵照采用",后来又要求全面推行简体字表,但因为有人反对,所以,到了 1936 年 2 月,教育部决定"暂缓推行"[⑤],此后,此表不了了之。

《汉字简化方案》[⑥],包括汉字简化第一表,列有简化字 230 个;汉字简化第二表,列有简化字 285 个;汉字偏旁简化表,列有 54 个简化偏旁。表中每个简化字与简化偏旁后面都列有与其相对应的繁体。该方案于 1956 年 1 月 28 日由中华人民共和国国务院全体会议第 23 次会议通过。《国务院关于公布〈汉字简化方案〉的决议》规定了该方案的施行范围和步骤。

《简化字总表》。此表是在《汉字简化方案》的基础上编制的,包括三个字表:

---

① 《国务院批转国家语言文字工作委员会〈关于废止《第二次汉字简化方案(草案)》和纠正社会用字混乱现象的请示〉的通知》,《中华人民共和国国务院公报》1986 年第 18 期。

② 中华人民共和国文化部、中国文字改革委员会:《关于发布〈第一批异体字整理表〉的联合通知》,1955 年 12 月 22 日。

③ 国家语言文字工作委员会政策法规室:《国家语言文字政策法规汇编(1949—1995)》,语文出版社,1996 年。

④ 语文出版社:《语言文字规范手册》(第 5 版),语文出版社,2019 年。

⑤ 苏培成:《二十世纪的现代汉字研究》,书海出版社,2001 年,第 198—199 页。

⑥ 《国务院关于公布〈汉字简化方案〉的决议》,《人民日报》1956 年 1 月 31 日,第 04 版。

第一表是“不作简化偏旁用的简化字”,收简化字352个。第二表是“可作简化偏旁用的简化字和简化偏旁”,收简化字132个和简化偏旁14个。第三表是“应用第二表所列简化字和简化偏旁得出来的简化字”,收简化字1 754字。三个表合计收简化字2 238个①。此表于1964年公布后,即在全国施行。1986年10月,国务院宣布废止《第二次汉字简化方案(草案)》后,国家语委经国务院批准后重新发布了《简化字总表》,并作了个别调整。

《第二次汉字简化方案(草案)》(习称《二简》),包括两个字表:第一表有简化字248个,第二表有简化字605个,另外有简化偏旁61个。该方案由文字改革委员会报请国务院,于1977年12月20日批准。国务院批示:第一表的248个简化字,自公布之日起在出版物上试用;第二表的简化字只征求意见,不试用。《二简》发表之后,各方意见很大,反应强烈。1986年6月24日,《国务院批转国家语言文字工作委员会关于废止〈第二次汉字简化方案(草案)〉和纠正社会用字混乱现象的请示的通知》下达,《二简》废止。

《通用规范汉字表》。此表是在整合《第一批异体字整理表》(1955年)、《简化字总表》(1986年)、《现代汉语常用字表》(1988年)、《现代汉语通用字表》(1988年)的基础上制定的,它吸收了《简化字总表》中的全部简化字,还收录了《简化字总表》和《现代汉语通用字表》之外的226个简化字。该表于2013年6月5日公布实施,随着此表的公布,被整合的各字表停止使用。

以上字表中的简化字,既是字表编制者研究的成果,也是字表发表后人们研究简化字的重要对象。

(三)研究简化字、繁体字、异体字对应关系的基本材料

1. 针对《第一批异体字整理表》和《简化字总表》编写的繁简字对照字典

《汉字简化字与繁体字对照字典》,苏培成编著,中信出版社1992年6月出版。本字典收入1986年重新发表的《简化字总表》中的2 235个简化字,还有《第一批异体字整理表》中的39个选用字。每字都有注音、简明释义、例词,并有对繁简体字之间关系的说明。

《简化字繁体字对照字典》,江蓝生、陆尊梧编著,汉语大词典出版社2007年6

① 又因为“须”和“签”在总表内各出现两次(第一表和第三表),重复计算,所以实际有简化字2 236个。见苏培成《二十世纪的现代汉字研究》,书海出版社,2001年,第209页。

月出版。本字典共收入简化字 2 274 个,包括 1986 年重新发表的《简化字总表》中的 2 235 个简化字和《第一批异体字整理表》中的 39 个选用字。本字典分注音释义和说解两部分,在说解部分,介绍了简化字的部首、字形结构、构字方法、简化方法,此外还根据古代的字书、韵书和民间写本、刊本等文献资料,介绍了某些简化字或简化方法在汉字字体变迁史上的根据和先例。

2. 针对《通用规范汉字表》编写的简化字繁体字异体字对照字典

《简化字繁体字异体字对照字典》,张书岩主编,上海辞书出版社 2021 年 1 月出版。本字典收入《通用规范汉字表》中有简化字、繁体字、异体字对照内容的单字头约 3 700 组,其中一级字约 2 050 组,二级字约 1 150 组,三级字约 500 组。每个简化字单字头后列出其对应的繁体字或异体字,加注汉语拼音并释义。设有"辨析"和"备考",内容为辨析同一个字头的简化字、繁体字、异体字的音、形、义对应关系。

《简化字繁体字异体字对照字典》,汉语大字典编纂处编,四川辞书出版社 2019 年 6 月出版。本字典由凡例,汉语拼音音节索引,正文,从简化字查繁体字、异体字笔画索引,从繁体字、异体字查简化字笔画索引,汉字简化总表等部分组成。每个字头都有简繁或者简异对照,设置了简繁对照的字头配有简繁转化规律的栏目,每个字头下都配有释义,对释义部分进行了逐个处理。对于一些一对多或者多对一的现象,还专门配有"注意"栏目,说明各自的关系。

《简化字繁体字异体字对照字典》,杨合鸣主编,崇文书局 2019 年 10 月出版。本字典依据《通用规范汉字表》收字,并兼收部分该表未收而《新华字典》《现代汉语词典》收录的繁体字和异体字。共收录规范汉字 2 990 个,繁体字 2 456 个,异体字 1 070 个,共计 6 516 个。本字典不仅梳理了简化字与繁体字、异体字的复杂对应关系,还于书后附录多种,包括一对多繁体字简表,容易读错、写错的古代人名、地名等。

(四)研究简体字的资料

简化字,并非来自研究者的创造,而是来自已有的简体字①。研究简化字,离不开简体字,保存简体字的资料主要有以下几种。

1. 古代的字书

例如,《说文解字》《玉篇》《干禄字书》《广韵》《集韵》《五音集韵》《龙龛手镜》

① 张书岩、王铁昆、李青梅等:《简化字溯源》,语文出版社,1997 年,第 6 页。

《字汇》《字汇补》《正字通》《隶辨》等。

2. 现代学者整理的俗字书

刘复、李家瑞《宋元以来俗字谱》[①],此书从宋元明清12部通俗文学刻本中,搜集到6 240个俗字,分列在与它们相对应的1 604个正字之下,其中有许多简体字。1964年《简化字总表》直接吸收其简体字形269个,微调字形后采用简俗字191个。[②]

潘重规《敦煌俗字谱》[③],黄征《敦煌俗字典》[④],张涌泉《敦煌俗字研究》[⑤],这几本书整理了敦煌文献中的俗字。

赵红《吐鲁番俗字典》[⑥],收集并解释了吐鲁番写本中的俗文字。

储小旵、张丽《宋元以来契约文书俗字研究》[⑦],研究了近年来安徽、贵州、浙江、云南、北京、福建、广东、内蒙古、湖北、四川、台湾等地陆续发现并公布的宋元以来契约文书中的俗字。

杨小平《清代手写文献之俗字研究》[⑧],该书对清代手写文献(档案、文书)中的俗字进行了研究。

以上俗字书和研究俗字的书中包含着简体字。

3. 书法字典

栾传益、栾建勋《中国书法异体字大字典：附考辨》[⑨],收录近4 000个汉字的字形演变,其中有许多简体字。

4. 从古代文字材料中搜集整理成的字形表

黄德宽主编、徐在国副主编的“古汉字字形表系列”,包括《商代文字字形表》[⑩]《西

---

① 刘复、李家瑞:《宋元以来俗字谱》,中央研究院历史语言研究所,1930年。

② 邱龙升:《〈宋元以来俗字谱〉与简化字》,《励耘语言学刊》第二十辑,学苑出版社,2014年,第290—308页。

③ 潘重规:《敦煌俗字谱》,石门图书公司,1978年。

④ 黄征:《敦煌俗字典》,上海教育出版社,2005年。

⑤ 张涌泉:《敦煌俗字研究》(第2版),上海教育出版社,2015年。

⑥ 赵红:《吐鲁番俗字典》,上海古籍出版社,2019年。

⑦ 储小旵、张丽:《宋元以来契约文书俗字研究》,人民出版社,2021年。

⑧ 杨小平:《清代手写文献之俗字研究》,北京师范大学出版社,2019年。

⑨ 栾传益、栾建勋:《中国书法异体字大字典：附考辨》,西泠印社出版社,2018年。

⑩ 夏大兆:《商代文字字形表》,上海古籍出版社,2017年。

周文字字形表》[1]《春秋文字字形表》[2]《战国文字字形表·上》[3]《战国文字字形表·中》[4]《战国文字字形表·下》[5]《秦文字字形表》[6]。

臧克和《汉魏六朝隋唐五代字形表》[7]。

臧克和《日藏唐代汉字抄本字形表》[8],该字形表取材于中土所缺失、日本所藏用笔抄写并保存下来的共时纸质文献,反映的是唐代真实的文字状况。

以上字形表,属于共时文献,真实地反映了各自时代用字的实际概况,其中包含着简体字。

5. 古文字字典

如徐中舒《甲骨文字典》[9]、何琳仪《战国古文字典》[10]等收有当时的简体字。

6. 现代大型字典

如《辞海》《汉语大字典》《中华字海》[11]等都收有简体字。

六、汉字简化研究的基本问题

自1909年到2021年的100多年间,学者们对汉字简化工作和简化字进行了多方面的研究,下面分为对汉字简化工作的研究与对简化字的研究两个部分,择其要者予以简介。

(一)对汉字简化工作的研究

1. 汉字简化的必要性、可能性、目的与方法

在汉字简化的各个阶段,都有学者对当时汉字简化的必要性、可能性、目的与方法进行过研究。如:

---

① 江学旺:《西周文字字形表》,上海古籍出版社,2017年。

② 吴国升:《春秋文字字形表》,上海古籍出版社,2017年。

③ 徐在国、程燕、张振谦:《战国文字字形表·上》,上海古籍出版社,2017年。

④ 徐在国、程燕、张振谦:《战国文字字形表·中》,上海古籍出版社,2017年。

⑤ 徐在国、程燕、张振谦:《战国文字字形表·下》,上海古籍出版社,2017年。

⑥ 单晓伟:《秦文字字形表》,上海古籍出版社,2017年。

⑦ 臧克和:《汉魏六朝隋唐五代字形表》,南方日报出版社,2011年。

⑧ 臧克和:《日藏唐代汉字抄本字形表》(全9册),华东师范大学出版社,2016年至2017年。

⑨ 徐中舒:《甲骨文字典》,中华书局,1980年。

⑩ 何琳仪:《战国古文字典》,中华书局,1998年。

⑪ 冷玉龙、韦一心:《中华字海》,中华书局、中国友谊出版公司,1994年。

钱玄同《汉字革命》[1]《减省现行汉字的笔画案》[2],对五四运动时期汉字简化的必要性、可能性、目的与方法进行了研究。

吴玉章《文字改革文集》[3],郑林曦、魏建功、曹伯韩等《中国文字改革问题》[4],丁西林、叶恭绰、魏建功等《汉字的整理和简化》[5],于在春《论汉字的简化》[6],陈光尧《简化汉字》[7],曹伯韩《汉字简化问题提纲》[8],对20世纪50年代汉字简化的必要性、可能性、目的与方法进行了研究。

史定国《简化字研究》[9],对21世纪初汉字简化的必要性、可能性、目的与方法进行了研究。

2. 汉字简化的历史

有些论著对汉字简化的历史进行了宏观性研究,如:范子靖《汉字简化之旅》[10],苏培成《简化汉字60年》[11],傅永和《汉字简化五十年回顾》[12],向光忠《国语运动百年与汉字简化进程》[13],眸子《简化字的史源与时运》[14]等。

有些论著对某一个特定时段的汉字简化进行了研究,如:林翔《从"简字"到"简体字"——清末民初文字改良策略的调整》[15],孙建伟《清末民国时期汉字简化

---

① 钱玄同:《汉字革命》,《国语月刊》1923年第7期。

② 钱玄同:《减省现行汉字的笔画案》,《钱玄同文字音韵学论集》,上海古籍出版社,2011年,第65—71页。

③ 吴玉章:《文字改革文集》,中国人民大学出版社,1978年。

④ 郑林曦、魏建功、曹伯韩等:《中国文字改革问题》,新建设杂志社,1952年。

⑤ 丁西林、叶恭绰、魏建功等:《汉字的整理和简化》,中华书局,1954年。

⑥ 于在春:《论汉字的简化》,通联书店,1953年。

⑦ 陈光尧:《简化汉字》,通俗读物出版社,1955年。

⑧ 曹伯韩:《汉字简化问题提纲》,《语文建设》1960年第12期。

⑨ 史定国:《简化字研究》,商务印书馆,2004年。

⑩ 范子靖:《汉字简化之旅》,上海锦绣文章出版社,2016年。

⑪ 苏培成:《简化汉字60年》,《语言文字应用》2009年第4期。

⑫ 傅永和:《汉字简化五十年回顾》,《中国语文》2005年第6期。

⑬ 向光忠:《国语运动百年与汉字简化进程》,《云南师范大学学报(哲学社会科学版)》2011年第6期。

⑭ 眸子:《简化字的史源与时运》,《文史知识》2008年第9期。

⑮ 林翔:《从"简字"到"简体字"——清末民初文字改良策略的调整》,《中国语文》2020年第3期。

运动的发生与发展》[1],崔明海《中华人民共和国成立初期汉字简化改革研究》[2]。

有些论著研究了著名学者对汉字简化工作的贡献,如：陈靖《陈光尧与简化汉字》[3],赵贤德《民国时期苏南语言学家对汉字简化政策的影响》[4],孙建伟《钱玄同对汉字简化的理论阐述及实践推进》[5],孙建伟《黎锦熙汉字简化的理论与实践》[6]。

有些著作包含着汉字简化历史的内容,如：王均《当代中国的文字改革》[7],苏培成《二十世纪的现代汉字研究》[8],沈克成、沈迦《汉字简化说略》[9],王爱云《新中国文字改革》[10]等。

3. 对汉字简化工作的总结与反思

有些论著对汉字简化工作进行了全面的总结,如：费锦昌《简化汉字面面观——正确处理汉字简化工作中的10种关系》[11],陈章太《论汉字简化》[12],张其昀《关于汉字简化的回顾与思考》[13],郭龙生《汉字简化的得与失》[14],张民权、郭凌鹤《关于汉字简化问题的理性思考》[15]等。

有些论著对汉字简化工作的某些方面进行了研究,如：陈明远《汉字简化刍

---

① 孙建伟:《清末民国时期汉字简化运动的发生与发展》,《宁夏大学学报(人文社会科学版)》2020年第1期。

② 崔明海:《中华人民共和国成立初期汉字简化改革研究》,《史林》2020年第1期。

③ 陈靖:《陈光尧与简化汉字》,《纵横》2006年第12期。

④ 赵贤德:《民国时期苏南语言学家对汉字简化政策的影响》,《江苏理工学院学报》2016年第1期。

⑤ 孙建伟:《钱玄同对汉字简化的理论阐述及实践推进》,《宁夏大学学报(人文社会科学版)》2021年第3期。

⑥ 孙建伟:《黎锦熙汉字简化的理论与实践》,《汉字汉语研究》2021年第4期。

⑦ 王均:《当代中国的文字改革》,当代中国出版社,1995年。

⑧ 苏培成:《二十世纪的现代汉字研究》,书海出版社,2001年。

⑨ 沈克成、沈迦:《汉字简化说略》,人民日报出版社,2001年。

⑩ 王爱云:《新中国文字改革》,北京人民出版社,2019年。

⑪ 费锦昌:《简化汉字面面观——正确处理汉字简化工作中的10种关系》,《语文建设》1991年第3期。

⑫ 陈章太:《论汉字简化》,《语言文字应用》1992年第2期。

⑬ 张其昀:《关于汉字简化的回顾与思考》,《盐城师专学报(哲学社会科学版)》1994年第2期。

⑭ 郭龙生:《汉字简化的得与失》,《现代语文》2004年第3期。

⑮ 张民权、郭凌鹤:《关于汉字简化问题的理性思考》,《现代传播》2004年第5期。

议——从汉字笔画的统计和分析看汉字简化》①,连登岗《论汉字简化对汉字基础部件及其系统的影响——兼论汉字规范应正确处理基础部件》②,丁德惠、蒋继华《传播视域下建国后两次汉字简化改革研究》③,张惠玲《汉字简化必要性的再认识》④,高玉《汉字简化理由及其反思》⑤,焦海燕、陈先松《新中国成立初期汉字简化改革体现的人民立场》⑥,连登岗《论汉字简化"约定俗成"方针的偏颇》⑦,张书岩《因类推简化造成的简繁体字之间的复杂关系——兼及作为规范字表的形式问题》⑧,苏培成《"表外字不再类推"的要害是恢复繁体字》⑨等。

有些论著对汉字简化工作加以否定,如:段生农《关于文字改革的反思》⑩,申小龙《汉字简化的目的:合理化还是拼音化?》⑪,王文元《欲简弥繁,欲清弥浑,欲速弥迟——有感于简化字改革》⑫,流沙河《正体字回家:细说简化字失据》⑬等。

(二)对简化字的研究

1. 简化字源流研究

有些论著对简化字起源进行了泛时研究,如,易熙吾《简体字原》⑭,李乐毅

---

① 陈明远:《汉字简化刍议——从汉字笔画的统计和分析看汉字简化》,《自然杂志》1981年第12期。

② 连登岗:《论汉字简化对汉字基础部件及其系统的影响——兼论汉字规范应正确处理基础部件》,《中国文字研究》第六辑,广西教育出版社,2005年,第230—235页。

③ 丁德惠、蒋继华:《传播视域下建国后两次汉字简化改革研究》,《汉字文化》2018年第19期。

④ 张惠玲:《汉字简化必要性的再认识》,《长江丛刊》2018年第21期。

⑤ 高玉:《汉字简化理由及其反思》,《中国现代文学论丛》2018年第2期。

⑥ 焦海燕、陈先松:《新中国成立初期汉字简化改革体现的人民立场》,《马克思主义研究》2019年第8期。

⑦ 连登岗:《论汉字简化"约定俗成"方针的偏颇》,《汉字研究》第一辑,学苑出版社,2005年,第63—67页。

⑧ 张书岩:《因类推简化造成的简繁体字之间的复杂关系——兼及作为规范字表的形式问题》,《辞书研究》2009年第1期。

⑨ 苏培成:《"表外字不再类推"的要害是恢复繁体字》,《北华大学学报(社会科学版)》2014年第1期。

⑩ 段生农:《关于文字改革的反思》,教育科学出版社,1990年。

⑪ 申小龙:《汉字简化的目的:合理化还是拼音化?》,《中学语文》2002年第23期。

⑫ 王文元:《欲简弥繁,欲清弥浑,欲速弥迟——有感于简化字改革》,《书屋》2002年第8期。

⑬ 流沙河:《正体字回家:细说简化字失据》,新星出版社,2016年。

⑭ 易熙吾:《简体字原》,中华书局,1955年。

《简化字源》[①],张书岩、王铁昆、李青梅等《简化字溯源》[②],姜继曾《简化字的由来》[③],李乐毅《80%的简化字是“古已有之”的》[④]等。

有些论著对一些特定时期的简化字进行了研究,如:郭存孝《太平天国的简化字》[⑤],张双《两汉魏晋碑刻简体字研究》[⑥],李水、李凤兰、李媚乐《始见于秦汉时期的现行简化字溯源》[⑦],孟宪武、李贵昌、李阳《殷墟文字中简化字研究三例》[⑧]。

有些论著研究了一定著作中的简化字,如:刘复、李家瑞《宋元以来俗字谱》[⑨],吴楠楠《〈复古编〉简体字研究》[⑩],崔一非、张传博《对〈说文解字〉〈干禄字书〉〈宋元以来俗字谱〉中出现的简化字的整理及研究》[⑪],雷黎明《敦煌马圈湾汉简简化字及其汉字学价值考》[⑫],吴继刚《〈汉语大字典〉简化字溯源——基于汉魏六朝碑刻》[⑬]等。

2. 简化字解释、简化字理据研究

有些著作对简化字作了解释,如:邵鸿、邵冠勇《简化汉字解说》[⑭],李文焘《简化字释》[⑮],钟焕懈《简化字注》[⑯]。

---

① 李乐毅:《简化字源》,华语教学出版社,1996 年。
② 张书岩、王铁昆、李青梅等:《简化字溯源》,语文出版社,1997 年。
③ 姜继曾:《简化字的由来》,四川大学出版社,2015 年。
④ 李乐毅:《80%的简化字是“古已有之”的》,《语文建设》1996 年第 8 期。
⑤ 郭存孝:《太平天国的简化字》,《文字改革》1961 年第 11 期。
⑥ 张双:《两汉魏晋碑刻简体字研究》,硕士学位论文,西南大学,2008 年。
⑦ 李水、李凤兰、李媚乐:《始见于秦汉时期的现行简化字溯源》,《沈阳农业大学学报(社会科学版)》2013 年第 1 期。
⑧ 孟宪武、李贵昌、李阳:《殷墟文字中简化字研究三例》,《殷都学刊》2015 年第 4 期。
⑨ 刘复、李家瑞:《宋元以来俗字谱》,中央研究院历史语言研究所,1930 年。
⑩ 吴楠楠:《〈复古编〉简体字研究》,《绵阳师范学院学报》2010 年第 10 期。
⑪ 崔一非、张传博:《对〈说文解字〉〈干禄字书〉〈宋元以来俗字谱〉中出现的简化字的整理及研究》,第三届汉字与汉字教育国际研讨会,北京,2012 年。
⑫ 雷黎明:《敦煌马圈湾汉简简化字及其汉字学价值考》,《励耘语言学刊》第二十七辑,2017 年,第 288—299 页。
⑬ 吴继刚:《〈汉语大字典〉简化字溯源——基于汉魏六朝碑刻》,《平顶山学院学报》2020 年第 1 期。
⑭ 邵鸿、邵冠勇:《简化汉字解说》,齐鲁书社,2010 年。
⑮ 李文焘:《简化字释》,南开大学出版社,2012 年。
⑯ 钟焕懈:《简化字注》,江西教育出版社,2021 年。

有些论著对简化字理据进行了研究，如：梁廷山《简化字有字理》[①]，董国炎《论普通话与简化字的学理依据——兼论学术史上几桩重要公案》[②]，李晰《简化字中形声字理据性浅析》[③]。

3. 简化字方案及简化字表研究

有些论著对《第二次汉字简化方案（草案）》进行了研究，如：殷焕先《学习〈第二次汉字简化方案（草案）〉——试论同音代替与形声字》[④]，刘新友《〈第二次汉字简化方案（草案）〉第一表初步研究》[⑤]，朱玉金《〈第二次汉字简化方案（草案）〉研究》[⑥]。

有些论著对《简化字总表》进行了研究，如：连登岗《〈简化字总表〉归并字代替字研究》[⑦]，吴芳芳《〈简化字总表〉中简化字与其对应繁体字理据性比较与分析》[⑧]，姚菲《〈简化字总表〉所收简化字研究》[⑨]。

有些论著对《通用规范汉字表》进行了研究，如：邵霭吉《〈通用规范汉字表〉简化字统计与思考》[⑩]。

4. 繁简字关系研究

有些论著对繁简字关系进行了研究，研究的问题主要包括以下几个方面：

简化字与繁体字对应关系，如：王正《简化字与繁体字对应关系例析（一）》[⑪]，

---

① 梁廷山：《简化字有字理》，《学术交流》1991 年第 2 期。

② 董国炎：《论普通话与简化字的学理依据——兼论学术史上几桩重要公案》，《山西大学学报（哲学社会科学版）》2001 年第 2 期。

③ 李晰：《简化字中形声字理据性浅析》，《哈尔滨学院学报》2005 年第 6 期。

④ 殷焕先：《学习〈第二次汉字简化方案（草案）〉——试论同音代替与形声字》，《文史哲》1978 年第 2 期。

⑤ 刘新友：《〈第二次汉字简化方案（草案）〉第一表初步研究》，《四平师院学报（哲学社会科学版）》1978 年第 1 期。

⑥ 朱玉金：《〈第二次汉字简化方案（草案）〉研究》，硕士学位论文，山东师范大学，2005 年。

⑦ 连登岗：《〈简化字总表〉归并字代替字研究》，《汉字书同文研究》第十辑，2012 年，第 146—173 页。

⑧ 吴芳芳：《〈简化字总表〉中简化字与其对应繁体字理据性比较与分析》，硕士学位论文，河北大学，2003 年。

⑨ 姚菲：《〈简化字总表〉所收简化字研究》，硕士学位论文，青岛大学，2018 年。

⑩ 邵霭吉：《〈通用规范汉字表〉简化字统计与思考》，《汉字文化》2017 年第 4 期。

⑪ 王正：《简化字与繁体字对应关系例析（一）》，《秘书》2011 年第 7 期。

汤吟菲《〈简化字总表〉繁简字对应关系的注释说明》[①],沙宗元、沈亮《〈通用规范汉字表〉与〈简化字总表〉简繁汉字对比分析》[②]。

简化字与繁体字的转换,如:向光《简、繁体字的编排变换》[③],徐仁尧《简体字、繁体字的自动转换》[④],苏培成《简化字与繁体字的转换》[⑤],小乌云《解决繁简体字转换的方法》[⑥],刘爽《基于〈简化字总表〉"非对称"繁简字的转换问题研究》[⑦],徐炜《简化字—繁体字转换中所出现混淆的探讨》[⑧],祝伊湄《繁简字转换是古籍编辑的一道坎——对〈规范字与繁体字、异体字对照表〉的一点建议》[⑨]。

简化字与繁体字比较研究,如:陈明远《汉字的简化字和繁体字》[⑩],张书岩《简化字与繁体字关系的两个问题》[⑪],郭曙纶《简化字与繁体字笔画数的动态统计与比较》[⑫],徐志学《不作简化偏旁用的简化字简繁、繁简非对称现象分析》[⑬]。

5. 简化字评价

许多论著对简化字进行了评价,有以下几类:

对简化字的全面评价,如:马克·拉弗里(Mark Lavery)《利与弊——对中华

---

① 汤吟菲:《〈简化字总表〉繁简字对应关系的注释说明》,《郧阳师范高等专科学校学报》2010年第4期。

② 沙宗元、沈亮:《〈通用规范汉字表〉与〈简化字总表〉简繁汉字对比分析》,《中国文字学报》第八辑,商务印书馆,2017年,第17—28页。

③ 向光:《简、繁体字的编排变换》,《辞书研究》1983年第4期。

④ 徐仁尧:《简体字、繁体字的自动转换》,《现代图书情报技术》1990年第3期。

⑤ 苏培成:《简化字与繁体字的转换》,《语文研究》1993年第1期。

⑥ 小乌云:《解决繁简体字转换的方法》,《网络与信息》2007年第9期。

⑦ 刘爽:《基于〈简化字总表〉"非对称"繁简字的转换问题研究》,硕士学位论文,三峡大学,2019年。

⑧ 徐炜:《简化字—繁体字转换中所出现混淆的探讨》,《文史杂志》2013年第1期。

⑨ 祝伊湄:《繁简字转换是古籍编辑的一道坎——对〈规范字与繁体字、异体字对照表〉的一点建议》,《编辑学刊》2018年第1期。

⑩ 陈明远:《汉字的简化字和繁体字》,《语言教学与研究》1981年第4期。

⑪ 张书岩:《简化字与繁体字关系的两个问题》,《第四届全国语言文字应用学术研讨会论文集》,四川大学出版社,2007年,第10—19页。

⑫ 郭曙纶:《简化字与繁体字笔画数的动态统计与比较》,《北华大学学报(社会科学版)》2009年第2期。

⑬ 徐志学:《不作简化偏旁用的简化字简繁、繁简非对称现象分析》,《三峡论坛(三峡文学·理论版)》2018年第5期。

人民共和国简化字的看法》[①],周策纵《中国语文改革与教学刍议——特论简化字问题》[②],孙建伟《二十世纪前半叶学界对简体字的辩证认知》[③]。

指出简化字存在的问题,同时提出解决办法,如:夏军《试论简化字中的声旁混同现象》[④],苏培成《重新审视简化字》[⑤]。

肯定简化字,如:张静《简化字植根于人民群众之中》[⑥],王惠《简化字在电视传播中的优势》[⑦],刘夏《对外汉语教学工作中简化字优于繁体字》[⑧],李长仁、阿龙《使用简化字符合汉字发展趋势》[⑨],陈瑶《信息化时代下简化字的优势分析》[⑩],苏培成《就汉字简化问题和台湾学者商榷》[⑪],蒋松谷、钱玉趾《〈正体字回家〉与简化字的未来》[⑫]等。

否定简化字,如:潘丽敏《被兼并掉的汉字文化魅力——计算机时代对汉字简化的反思》[⑬],司空白《简化字大部分是开历史的倒车》[⑭],何林《刍议简化汉字》[⑮],王慧女《同源归并　同音替代——简化字真的“简化”了吗?》[⑯],吉文辉《综述简化

---

① 〔美〕马克·拉弗里:《利与弊——对中华人民共和国简化字的看法》,王志尧译,《平顶山师专学报》1998年第1期。

② 周策纵:《中国语文改革与教学刍议——特论简化字问题》,《中国文学研究(辑刊)》第四辑,江西教育出版社,2001年,第1—22页。

③ 孙建伟:《二十世纪前半叶学界对简体字的辩证认知》,《中国社会科学报》2021年2月9日,第A03版。

④ 夏军:《试论简化字中的声旁混同现象》,《中国文字研究》第四辑,广西教育出版社,2003年,第261—263页。

⑤ 苏培成:《重新审视简化字》,《北京大学学报(哲学社会科学版)》2003年第1期。

⑥ 张静:《简化字植根于人民群众之中》,《语文建设》1991年第2期。

⑦ 王惠:《简化字在电视传播中的优势》,《语文建设》1995年第1期。

⑧ 刘夏:《对外汉语教学工作中简化字优于繁体字》,《焦作大学学报》2009年第4期。

⑨ 李长仁、阿龙:《使用简化字符合汉字发展趋势》,《社会科学战线》2005年第4期。

⑩ 陈瑶:《信息化时代下简化字的优势分析》,《产业与科技论坛》2020年第6期。

⑪ 苏培成:《就汉字简化问题和台湾学者商榷》,《语文建设》1991年第3期。

⑫ 蒋松谷、钱玉趾:《〈正体字回家〉与简化字的未来》,《文史杂志》2016年第2期。

⑬ 潘丽敏:《被兼并掉的汉字文化魅力——计算机时代对汉字简化的反思》,《汉字文化》2006年第5期。

⑭ 司空白:《简化字大部分是开历史的倒车》,《中国钢笔书法》2008年第7期。

⑮ 何林:《刍议简化汉字》,《首都博物馆丛刊》第二十三辑,北京燕山出版社,2009年,第119—123页。

⑯ 王慧女:《同源归并 同音替代——简化字真的“简化”了吗?》,《科技视界》2015年第13期。

字的失误，呼吁启用正体字》[1]，王文元《汉字到了最危险的时候——评苏培成先生〈汉字进入了简化字时代〉》[2]。

6. 对识繁写简的研究

对于处理简化字与繁体字的关系问题，学者们提出了两种主张：

主张识繁写简，如：袁晓园《识繁写简书同文字共识互信促进祖国和平统一》[3]，袁晓园《论"识繁写简"与"文字改革"——答吕叔湘等先生》[4]，张朋朋《论"识繁写简"的学术价值及其重大意义》[5]等。

反对识繁，如：郑林曦《汉字简化错了吗？——兼论"识繁写简"》[6]，文炼《谈谈"识繁写简"》[7]，陈双新、安丽娟《对"识繁写简"问题的认识》[8]，苏培成《与"废止〈简化字总表〉及相关之说"的商榷》[9]，陈曼《浅谈简化字的命运——简化字的社会性与科学性》[10]。

7. 简化字与文化的关系研究

有些论著对简化字与文化的关系进行了研究，所持的观点有两种：

认为简化字阻止了文化传承，如：朱大可《文化复苏当从汉字起步》认为简化字制造古代典籍的阅读障碍，并阻止了自然有效的文化传承。

认为简化字并未切断传统文化，如：李友昌《繁体字和简化字的文化含量比较》[11]，张杰《简化字同样传承传统文化》[12]，苏培成《简化字有利于中国社会的发

---

① 吉文辉：《综述简化字的失误，呼吁启用正体字》，《汉字文化》2015 年第 3 期。

② 王文元：《汉字到了最危险的时候——评苏培成先生〈汉字进入了简化字时代〉》，《社会科学论坛》2011 第 12 期。

③ 袁晓园：《识繁写简书同文字共识互信促进祖国和平统一》，《汉字文化》1989 年第 Z1 期。

④ 袁晓园：《论"识繁写简"与"文字改革"——答吕叔湘等先生》，《汉字文化》1992 年第 2 期。

⑤ 张朋朋：《论"识繁写简"的学术价值及其重大意义》，《汉字文化》2013 年第 2 期。

⑥ 郑林曦：《汉字简化错了吗？——兼论"识繁写简"》，《语文建设》1990 年第 1 期。

⑦ 文炼：《谈谈"识繁写简"》，《语文建设》1991 年第 2 期。

⑧ 陈双新、安丽娟：《对"识繁写简"问题的认识》，《寻根》2009 年第 5 期。

⑨ 苏培成：《与"废止〈简化字总表〉及相关之说"的商榷》，《通化师范学院学报》2014 年第 5 期。

⑩ 陈曼：《浅谈简化字的命运——简化字的社会性与科学性》，《北京宣武红旗业余大学学报》2010 年第 3 期。

⑪ 李友昌：《繁体字和简化字的文化含量比较》，《云南电大学报》2008 年第 2 期。

⑫ 张杰：《简化字同样传承传统文化》，《中国社会科学报》2013 年 8 月 21 日，第 A02 版。

展——评朱大可〈文化复苏当从汉字起步〉》①,苏培成《简化字从未切断我国的传统文化》②,邓海霞《汉字简化与文化传承问题再思考》③,于全有《汉字简化与文化传承探讨需要澄清的几个问题》④。

8. 境外汉字简化及简化字研究

有些论著研究了境外汉字简化和简化字的情况,可以分为以下几类:

境外简化汉字状况研究,如:邱大任《境外简体字刍议(连载)》⑤,邱大任《境外简体字刍议(连载二)》⑥,陈键兴《简体字在台湾——两岸出版交流一瞥》⑦,赵晶华《浅谈日语的"简体字"》⑧,王恩逵《谈海外中文媒体上使用简化字的意义》⑨,何华珍《日本简体字探源》⑩。

简化字向境外推广研究,如:王正智《在丰富和平统一实践中柔性推广简体字》⑪,胡裕树、陈光磊《让简化汉字走向世界——〈汉字简化方案〉发布35周年感言》⑫。

中国大陆与境外的简化字比较研究,如:邵嘉陵《漫谈中日两国的简体字》⑬,马叔骏《中日使用汉字之比较——兼论统一汉字简化字》⑭,于广元《从信息处理

---

① 苏培成:《简化字有利于中国社会的发展——评朱大可〈文化复苏当从汉字起步〉》,《北华大学学报(社会科学版)》2015年第6期。

② 苏培成:《简化字从未切断我国的传统文化》,《常州工学院学报(社会科学版)》2015年第1期。

③ 邓海霞:《汉字简化与文化传承问题再思考》,《汉字文化》2015年第6期。

④ 于全有:《汉字简化与文化传承探讨需要澄清的几个问题》,《沈阳师范大学学报(社会科学版)》2019年第3期。

⑤ 邱大任:《境外简体字刍议(连载)》,《北京警院学报》1995年第6期。

⑥ 邱大任:《境外简体字刍议(连载二)》,《北京警院学报》1996年第4期。

⑦ 陈键兴:《简体字在台湾——两岸出版交流一瞥》,《两岸关系》2003年第4期。

⑧ 赵晶华:《浅谈日语的"简体字"》,《日语知识》2001年第1期。

⑨ 王恩逵:《谈海外中文媒体上使用简化字的意义》,首届世界华文传媒论坛,南京,2001年。

⑩ 何华珍:《日本简体字探源》,《语言研究》2003年第4期。

⑪ 王正智:《在丰富和平统一实践中柔性推广简体字》,《统一论坛》2020年第1期。

⑫ 胡裕树、陈光磊:《让简化汉字走向世界——〈汉字简化方案〉发布35周年感言》,《语文建设》1991年第1期。

⑬ 邵嘉陵:《漫谈中日两国的简体字》,《复旦学报(社会科学版)》1980年第2期。

⑭ 马叔骏:《中日使用汉字之比较——兼论统一汉字简化字》,《内蒙古大学学报(哲学社会科学版)》1994年第2期。

的角度看中日整理简化汉字》[1],金红月《中、韩、日三国汉字简化字比较研究》[2],任青云《日语常用汉字和现代汉语简化字的字形比较》[3],崔晓飞《日语当用汉字与中国简化汉字的比较研究》[4],常乐《中日简化汉字对比研究》[5],谢世涯、王春晓《新中日简体字研究》[6],林智辉《海峡两岸留学生的繁、简体字使用情况和学习情况》[7]。

境外关于简化字争论的研究,如:戴家鸿《简化汉字在美国引发的一场论战》[8],戴家鸿《反对简化汉字的实质何在?——简化汉字在美国引发的一场大论战之二》[9]。

9. 简化字教学研究

简化字教学研究,可以分为以下四类:

简化字对语文教学作用的研究,如:郑林曦《简化汉字有利于改进语文教学》[10],刘夏《对外汉语教学工作中简化字优于繁体字》[11],王露莹《汉字简化与汉字教学研究》[12],陈歌《例析〈简化字总表〉中同音代替字对文言文教学的影响》[13],廖序东《简化字的进一步推广和汉字教学》[14]。

---

① 于广元:《从信息处理的角度看中日整理简化汉字》,《扬州大学学报(人文社会科学版)》2001 年第 2 期。

② 金红月:《中、韩、日三国汉字简化字比较研究》,硕士学位论文,中央民族大学,2005 年。

③ 任青云:《日语常用汉字和现代汉语简化字的字形比较》,《中国科教创新导刊》2008 年第 7 期。

④ 崔晓飞:《日语当用汉字与中国简化汉字的比较研究》,《汉字文化》2008 年第 5 期。

⑤ 常乐:《中日简化汉字对比研究》,硕士学位论文,大连海事大学,2011 年。

⑥ 谢世涯、王春晓:《新中日简体字研究》,《华西语文学刊》2011 年第 2 期。

⑦ 林智辉:《海峡两岸留学生的繁、简体字使用情况和学习情况》,硕士学位论文,南京大学,2020 年。

⑧ 戴家鸿:《简化汉字在美国引发的一场论战》,《集宁师专学报》1998 年第 3 期。

⑨ 戴家鸿:《反对简化汉字的实质何在?——简化汉字在美国引发的一场大论战之二》,《集宁师专学报》1999 年第 2 期。

⑩ 郑林曦:《简化汉字有利于改进语文教学》,《语文学习》1955 年第 2 期。

⑪ 刘夏:《对外汉语教学工作中简化字优于繁体字》,《焦作大学学报》2009 年第 4 期。

⑫ 王露莹:《汉字简化与汉字教学研究》,硕士学位论文,扬州大学,2011 年。

⑬ 陈歌:《例析〈简化字总表〉中同音代替字对文言文教学的影响》,《学苑教育》2012 年第 10 期。

⑭ 廖序东:《简化字的进一步推广和汉字教学》,《语文建设》1991 年第 2 期。

简化字教学方法和途径研究，如：高更生《学习〈简化字总表〉的捷径(1)》[1]，林春含《谈如何利用字理识字简化汉字教学》[2]。

简化字教学中出现的问题研究，如：郭宏君《小学语文教师对简化字的四种误解及教学启示》[3]。

简化字的对外教学研究，如：木村守、上地宏一《如何对已学过简体字的日本学生教繁体字》[4]，陈淑梅、陶琳、佘锦华《针对日本学生的汉语简体字多媒体课件》[5]，林逸欣《德籍汉语学习者繁体字转换成简体字过渡时期之汉字偏误》[6]。

10. 简化字书法研究

许多学者对简化字书法进行了研究，如：丰子恺《简化字一样可以艺术化》[7]，杨莹庭《简化字也可以入书法》[8]，邓森《写简化字也要注意汉字的书写规律》[9]，张立玫《翰墨垂范——邓散木与简化字谱》[10]，陈炜湛《书法家与简化字——纪念〈汉字简化方案〉公布35周年》[11]，李瑞涛《启功先生的简化字书法作品》[12]，任平《汉字简化和简化汉字的书法问题小议》[13]，陈云华《汉字书法的繁体字与简化字》[14]。

---

① 高更生：《学习〈简化字总表〉的捷径(1)》，《中学语文教学》2001年第7期。

② 林春含：《谈如何利用字理识字简化汉字教学》，《西部素质教育》2018年第2期。

③ 郭宏君：《小学语文教师对简化字的四种误解及教学启示》，《福建基础教育研究》2020年第9期。

④ 〔日〕木村守、〔日〕上地宏一：《如何对已学过简体字的日本学生教繁体字》，第四届中国古籍数字化国际学术研讨会，北京，2013年。

⑤ 陈淑梅、陶琳、佘锦华：《针对日本学生的汉语简体字多媒体课件》，《国际汉语教育研究》第三辑，高等教育出版社，2015年，第75—86页。

⑥ 林逸欣：《德籍汉语学习者繁体字转换成简体字过渡时期之汉字偏误》，第九届汉字与汉字教育国际研讨会，台北，2019年。

⑦ 丰子恺：《简化字一样可以艺术化》，《文字改革》1964年第6期。

⑧ 杨莹庭：《简化字也可以入书法》，《文字改革》1985年第1期。

⑨ 邓森：《写简化字也要注意汉字的书写规律》，《文字改革》1961年第11期。

⑩ 张立玫：《翰墨垂范——邓散木与简化字谱》，《书法赏评》2016年第2期。

⑪ 陈炜湛：《书法家与简化字——纪念〈汉字简化方案〉公布35周年》，《语文建设》1991年第2期。

⑫ 李瑞涛：《启功先生的简化字书法作品》，《中国书画》2020年第11期。

⑬ 任平：《汉字简化和简化汉字的书法问题小议》，《书法》2015年第10期。

⑭ 陈云华：《汉字书法的繁体字与简化字》，《新疆艺术(汉文)》2016年第1期。

七、汉字简化研究热点

近二十年来,汉字简化的热点大致有以下三点。

(一)关于汉字简化成败得失与简化字兴废存亡问题的争议

汉字简化,在新中国成立以后,是党和国家语言文字工作的一项重要任务,作为一项工作,到了1986年就已告一段落,然而关于汉字简化成败得失的争议却一直未停。20世纪50年代,《汉字简化方案》公布之后,围绕简化字,展开过争议。20世纪80年代、90年代,21世纪以来,关于汉字简化工作和简化字是非功过、成败得失的争论时起时伏,一直未断。而关于简化字的兴废存亡也存在着不同看法,有人主张维持现状,有人主张继续简化,有人主张废简复繁,有人主张识繁用简。

(二)繁体字的教学问题

汉字简化之后,繁体字并未完全退出现实文字生活。近年来随着传统文化的复兴,社会对繁体字的需求大为增加,然而,我们的基础教学用字是规范字,这样一来,汉字的教学与使用就产生了矛盾。近三十年来,关于繁体字教学的争议和研究一直不断,争议和研究的问题主要有:繁体字教学要不要进中小学的课堂?怎样进行繁体字的教学?

(三)繁简字转化问题

简化字与相对应的繁体字之间的关系颇为复杂,给非专业人士的学习和使用造成了很大的困难,因而,对这个问题的研究从推行简化字开始到现在,一直热度不减。

八、汉字简化研究未来展望

展望未来,在今后的一段时间内,关于汉字简化研究,有这样一些方面需要加强:

加强汉字简化史的研究。汉字简化已历百年,作为迄今规模最大,影响最为深远的汉字简化运动,应该对它的历史留下系统的详细的记载,呈给今人,留给后人,以资借鉴。目前虽已有一些研究汉字简化史的论著,然而,这些研究或者作为语言文字史的一部分而存在,或者只是一些局部的研究,尚未发现对汉字简化史进行全面系统综合研究的著作。不言而喻,加强汉字简化史的研究,不论对于汉字发展史，还是对于当前和今后的汉字规划、汉字研究工作，都是必要的。

加强汉字简化理论的研究。一直以来，汉字简化的理论依据是工具论、符号论和汉字落后论。现在看来，这些理论失之偏颇，简化汉字中出现的一些问题，归根结底，都与这种理论有关。而要全面彻底地解决简化字中存在的问题，非得有更为科学的理论不可。遗憾的是，目前这种理论尚不成熟，这就需要加强汉字基础理论研究，以便找到一个更好的理论来解决简化字遇到的难题。

加强对简化汉字工作前景的研究。汉字是否需要继续简化，需要明确的答案。1986 年国家教育委员会和国家语言文字工作委员会印发的《全国语言文字工作会议纪要》写道："汉字的演变是从繁到简的。从长远看汉字不能不简化，但今后对于汉字的简化，应持谨慎的态度，在一个时期内使汉字的形体保持相对的稳定。"①从那时起，30 多年过去了，关于简化字的兴废存亡，社会上一直争议不断，以致影响到现实的文字生活。究竟应该怎么办，文字学界应该进行研究，作出理论回答。

加强对现行简化字调整的研究。现行简化字是否需要调整，如何调整，需要有所规划。现行简化字中，存在一些不合理的问题。例如，现行简化字中，存在一批归并字②，这些字并不符合汉字的体系性，是造成掌握简化字和简繁转化困难的主要原因，有人提出对它们进行适当调整，可是至今未得实施。那么，这些字是否应该调整，是否能够调整，怎样进行调整，这些问题应该展开研究。

加强对繁体字教学的研究。繁体字的教学问题需要解决。毋庸讳言，认读使用繁体字，不仅是一些特殊的科研、教学、工作的需要，而且在一定程度上是广大群众文化生活的需要，例如，阅读古书、书法、对外交流，甚至旅游，都会遇到繁体字。然而，在现行的普通教学体系中，繁体字教学的地位缺失。因此，怎样进行繁体字教学，是一项值得进一步开展的研究课题。

---

① 全国语言文字工作会议秘书处：《新时期的语言文字工作》，语文出版社，1987 年，第 4 页。

② 所谓归并字，指的是这样一种情况，即简化字跟被它代替的字之间，不是同一个字的简体与繁体的关系，而是一个简化字对应着两个或两个以上的意义（或音义）不同的繁体字。也就是说，归并字是代替着两个或两个以上的意义（或音义）不同的繁体字的简化字。

第四节

现 代 汉 字

一、现代汉字的定义

（一）现代汉字的内涵

现代汉字是指用于记录现代汉语通用语的汉字系统。①

对于现代汉字的定义，学术界存在着两种意见：一种意见认为，现代汉字指的是现代汉语用字。持这种意见的学者主要有王尔康、周有光、张志公、苏培成、杨润陆等人。② 另一种意见认为，现代汉字是指五四以来的现代社会所用的汉字。持这种意见的学者主要有高家莺、费锦昌、杜丽荣、邵文利等人。③

我们认为，第二种定义不够合理，因为，现代社会所用的汉字，既有记录现代汉语的汉字，也有记录古代汉语的汉字，可见，这个定义未能区分现代汉字跟古代

---

① 《语言学名词》对现代汉字的定义是："20 世纪以来用于记录现代汉语的汉字书写符号系统。"（语言学名词审定委员会：《语言学名词》，商务印书馆，2011 年，第 21 页。）

② 王尔康：《试论现代汉字的结构及其简化规律》，《厦门大学学报（哲学社会科学版）》1961 年第 2 期；周有光：《现代汉字中声旁的表音功能问题》，《中国语文》1978 年第 3 期；张志公：《现代汉语》，人民教育出版社，1982 年，第 72 页；苏培成：《二十世纪的现代汉字研究》，书海出版社，2001 年，第 1 页；杨润陆：《现代汉字学通论》，长城出版社，2000 年，第 93 页。

③ 高家莺、范可育、费锦昌：《现代汉字学》，高等教育出版社，1993 年，第 21 页；费锦昌：《现代汉字与现代汉字学》，《中国文字研究》第八辑，大象出版社，2007 年，第 165—174 页；杜丽荣、邵文利：《现代汉字刍议》，《中国文字研究》第二十辑，上海书店出版社，2014 年，第 183—190 页。

汉字之间的区别。

（二）现代汉字的外延

现代汉字的外延，如果从所记录语言的角度看，它“包括古今汉语通用字和现代汉语专用字”①；如果从规范的角度看，它包括现代汉字中的规范字和不规范字②。现行汉字中的规范字即《通用规范汉字表》中的汉字，共有8 105个。

对于现代汉字的外延，学术界的看法不尽相同。杨润陆认为：“现代汉字包括现代汉语口语和书面语的用字，也包括现代和古代都通用的汉字。现代汉字不包括古代的人名、地名、器物名和文言古语用字，也不包括白话文中夹用的文言引语、文言成语、文言词语的用字。现代汉字不同于古代汉字，它不以记录文言文为己任。现代汉字也不包括方言字，它不以记录方言为己任。当然，现代汉字也不包括外族语言的用字，如韩文和日文中夹用的汉字。这就是说，现代汉字是严格意义上的记录现代汉语的用字，而不是指现代通用的汉字。现代通用的汉字仅从使用上着眼，又称现行汉字。现行汉字所指称的范围比现代汉字要大，除了现代汉字，起码还要包括现代人文章中夹用的文言引语、文言成语、文言词语的用字，此外还要包括一些方言用字以及台湾、港澳使用的和内地不同的用字。”③而杜丽荣、邵文利则认为：“现代汉字既包括中国大陆正在使用的规范汉字，也包括台港澳同胞和海外华人现阶段使用的汉字，还包括汉字文化圈国家特别是日本、韩国、新加坡等当前使用的汉字。”④

我们同意前一种意见，而不同意后一种意见。因为，第一，方言用字、台港澳同胞和海外华人现阶段使用的汉字，与现代汉语通用语用字并不完全相同。第二，日本、韩国等国当前使用的汉字，严格地讲，已经不再属于汉字，因为它们记录

① 苏培成：《现代汉字学纲要》（第3版），商务印书馆，2014年，第24页。

② “所谓规范汉字，是指经过整理简化并由国家以字表形式正式公布的正体字、简化字和未经整理简化的传承字。”（国家语言文字工作委员会政策法规室：《语言文字工作百题》，语文出版社，1995年，第63页。）不规范汉字是指与国家公布的简化字相对应的繁体字、国家公布的已经废止的异体字，还有社会上使用的种种未经过国家有关机关认可的俗字。有人认为，现代汉字仅指规范汉字，这不符合事实，也不符合逻辑。因为，人们记录现代汉语，在使用规范汉字的同时，也会使用一些不规范汉字。这些不规范汉字用来记录现代汉语，也就是现代汉字了。

③ 杨润陆：《现代汉字学通论》，长城出版社，2000年，第93页。

④ 杜丽荣、邵文利：《现代汉字刍议》，《中国文字研究》第二十辑，上海书店出版社，2014年，第183—190页。

的不是汉语，而是别的语言。又，这些记录别的语言的汉字，虽然来源于中国汉字，但是其中一些字的形、音、义都与中国大陆正在使用的规范汉字有着较大的差异。所以，不宜把它们纳入现代汉字的范畴。

二、现代汉字的特点

这里所说的现代汉字的特点，不是拿它与非汉字的文字相比较而得出的不同之点，而是拿它与古代汉字相比较而得出的不同之点。从体式上看，现代汉字与近代汉字①中的楷书并无差别，所以，有的学者并不把记录现代汉语的汉字看作汉字史上一个独立的阶段②。但是，从其他方面来看，比起古代汉字，现代汉字还是具有一些自己的特点：

所记录的汉语的时代不同。古代汉字记录的是古代汉语，现代汉字记录的是现代汉语。

简体字、异体字在古今汉字体系中的地位不同。在古代汉字系统中，简体字作为俗字而被排除于正字之外；而现代汉字系统，则把两千多个简体字确定为规范字。异体字的多种形体在古代汉字系统中往往同时具有正字的地位，而现代汉字系统则从古代的相互对应的异体字中选择一个作为选用字，其余的则作为异体字被废止。

规范化程度不同。古代用字虽然也有规范标准，但其规范化程度较低，而现代汉字的规范化程度更高。

与其他书写符号的关系不同。在古代汉语著作中，汉字占据着绝对的统治地位，大多数著作通篇都是汉字，只有少数作品在汉字中夹杂着一些非文字图符。而在现代汉语著作中，汉字经常与非汉字书写符号③并存共用。

在国际上的使用范围不同。历史上汉字的使用，基本上局限在国内；现代汉字成了世界性文字，与其他文字一道为世界服务。

---

① 近代汉字是指“秦汉以后至 20 世纪初叶使用的以隶书和楷书为主体的汉字书写符号系统”。（语言学名词审定委员会：《语言学名词》，商务印书馆，2011 年，第 21 页。）

② 苏培成：《二十世纪的现代汉字研究》，书海出版社，2001 年，第 34—35 页。

③ 例如阿拉伯数字符号、新式标点符号、科技符号、字母词、火星文等。

三、现代汉字的形成和发展概述

“现代汉字”这一名称出现于20世纪50年代①，但是现代汉字的形成却要早得多。现代汉字并不是一种新创的文字，而是由古代汉字演变而来的。这种文字原来记录的是古代汉语，到了“五四”运动时期，现代汉语产生②，它转而记录现代汉语，于是，就成为现代汉字了。

现代汉字自产生以后，一直在发展演变。这种变化，不仅是用字数量的限制和部分整字形体的简化，而且是汉字的应用、制作等从古代模式向现代模式的转化。可以说，现代汉字的发展过程，就是不断现代化的过程。汉字的现代化，从根本上说，是社会发展在推动，而表现在文字生活层面，则是汉字的使用者根据社会需要，对汉字加以规范的结果。

现代汉字诞生之初，也就是它开始记录现代汉语的时候，社会用字并无严格的规范：繁体、简体，正字、俗字都具有同等的法律地位，都在使用。从五四运动到1949年所进行的汉字改革，其内容就是减少用字数量、简化汉字形体、改革注音方法和检字方法，这些改革对汉字提出了现代规范化的要求。

1949年到1980年，国家根据教育普及化、用字大众化的需要，对汉字进行了系统的简化和整理，所做的工作主要有：

第一，简化汉字。1956年中华人民共和国国务院会议通过《汉字简化方案》，该方案所含字表于1964年整理为《简化字总表》，收入简化字2 236个，被简化的繁体字2 264个。③ 后经多次调整，进入《通用规范汉字表》的简化字2 546个，被废止的繁体字2 574个④。

第二，整理异体字。1955年，中华人民共和国文化部和中国文字改革委员会

① 20世纪50年代，丁西林、黎锦熙、吴玉章、周有光等学者在自己的文章中都使用过“现代汉字”这一术语。见苏培成：《二十世纪的现代汉字研究》，书海出版社，2001年，第34—35页。

② 1918年4月，鲁迅创作《狂人日记》，这是中国第一部现代白话小说，它的问世，标志着文人创作用语从古代汉语（文言文）转向现代汉语。“1920年以后，一些著名刊物如《东方杂志》《小说月报》等也改用白话。1920年教育部明令国民学校的国文科改为国语科，并废止原来的文言教科书。”（何九盈：《中国现代语言学史》，广东教育出版社，2005年，第25页。）这是官方对现代汉语的认可。

③ 苏培成：《二十世纪的现代汉字研究》，书海出版社，2001年，第209页。

④ 慈舒：《通用规范汉字表》，语文出版社，2013年，第90页。

公布《第一批异体字整理表》,该字表共整理 1 865 字,确定 810 字为选用字(规范字),1 055 字作为异体字予以废止。[①] 后经多次调整,《通用规范汉字表》收录的被废止的异体字共 1 023 个。[②]

第三,更改地名用字和统一计量单位名称用字。从 1955 年 3 月 30 日到 1964 年 8 月 29 日,经国务院批准,更改了县以上地名用字 35 个。[③] 1977 年 7 月 20 日,中国文字改革委员会和国家标准计量局联合发出《关于部分计量单位名称统一用字的通知》,淘汰原有计量单位名称用字 20 个。[④]

第四,整理印刷铅字字形。1965 年,文化部和中国文字改革委员会发布施行《印刷通用汉字字形表》,包含印刷通用的宋体字(习称"新字形",也叫"人民体"[⑤])6 196 个(不包括排印古籍及其他专门用字)[⑥]。通过这些工作,实现了汉字的简易化、规范化与注音的拼音化。

1980 年以后,国家根据汉字应用信息化、世界化的新趋势,加强了汉字规范化、标准化、信息化建设,制定并实施了一系列规范,主要有:《现代汉语常用字表》《现代汉语通用字表》《普通话异读词审音表》《中华人民共和国国家通用语言文字法》《通用规范汉字表》《现代常用独体字规范》《现代常用字部件及部件名称规范》《GB13000.1 字符集汉字折笔规范》《GB13000.1 字符集汉字字序(笔画序)规范》《汉字部首表》《GB13000.1 字符集汉字部首归部规范》《通用规范汉字笔顺规范》。这些法规的实施,使现代汉字的规范化、标准化、信息化程度有了新的提升。

另外,对汉字注音字符和注音方法进行了改革。古代汉字注音所用字符都是汉字,注音方法有直音、反切等。进入现代以来,学者们把汉字注音字符改为表音符号,把注音方法改为拼音。研制的注音工具得到普遍施行的有两套:第一,汉语注音符号,1913 年中国读音统一会制定,1918 年北洋政府教育部正式颁行。在中国大陆使用到 1958 年,中国台湾地区至今仍在使用。第二,《汉语拼音方案》,

---

① 苏培成:《二十世纪的现代汉字研究》,书海出版社,2001 年,第 237 页。

② 慈舒:《通用规范汉字表》,语文出版社,2013 年,第 90 页。

③ 苏培成:《二十世纪的现代汉字研究》,书海出版社,2001 年,第 262 页。

④ 苏培成:《二十世纪的现代汉字研究》,书海出版社,2001 年,第 270 页。

⑤ 苏培成:《二十世纪的现代汉字研究》,书海出版社,2001 年,第 255 页。

⑥ 中国科学院语言研究所汉字字形整理组:《印刷通用汉字字形表》,文字改革出版社,1986 年,第 3 页。

1958年2月11日第一届全国人民代表大会第五次会议批准推行,1982年国际标准化组织决定作为拼写汉语的国际标准。这个方案采用拉丁字母,采用音素化的音节结构拼写方法。《汉语拼音方案》不仅是汉字注音工具,而且具有多方面的用途。

四、现代汉字研究史概要

现代汉字研究的历史,从20世纪初到1999年,大致可以分为以下三个阶段。

(一)现代汉字研究的起始阶段(20世纪初至1949年)

20世纪初至1949年是现代汉字研究的起始阶段。这一时期,倡导并推行汉字改革,同时进行汉字改革研究的,是以吴稚晖、钱玄同、黎锦熙、陈望道、瞿秋白、吴玉章等为代表的汉字改革派,还有政府相关部门与一些社会组织。他们建立了汉字改革的基本理论,制定了汉字改革的目的、步骤、方法,初步确立了汉字要实行定形、定量、定音、定序的基本任务,并在一定范围内进行了实践。然而,这一阶段参与汉字改革人数较少,探讨的问题比较分散,研究的成果在社会上影响不大,对于普及教育、提高民众的文化水平发挥的作用有限。另外,从一开始,就有学者对上述文字改革的主张和做法,提出了不同意见。

(二)现代汉字研究的发展阶段(1949—1980年)

1949年到1980年,是现代汉字研究的发展阶段。为了迅速扫盲、普及教育,满足人民提高文化水平和社会主义建设事业需要,国家成立了专职机构,制定了语言文字改革的方针政策,组织引导众多的专家,展开了全面系统的汉字改革及其研究工作;构建起了现代汉字体系,使现代汉字成为国家通用文字;初步规范了现代汉字的形体、读音,确定了汉字的注音符号,实现了现代汉字的初步规范化。这些工作对于迅速扫盲、提高基础教育识字效率,满足人民提高文化水平和社会主义建设事业需要作出了历史性的贡献。

在取得成绩的同时,也出现了一些问题。主要有:第一,对汉字性质和功能的认识不够全面。第二,简化汉字使用的一些方法不够妥当。第三,对汉字前途的认识存在偏颇。第四,汉字改革一度采用运动的形式,产生了政治化的弊病。从而一定程度上对汉字的体系性造成了损害。

(三)现代汉字研究的转折阶段(1980—2000年)

到了20世纪80年代,现代汉字自身状况及其生态发生了变化:首先,随着基础教育的普及,人民群众的文化水平得到极大提高,扫盲已经不是汉字研究的主要任务。其次,汉字经过简化和整理,建立起了现代汉字的规范字系统,基本能适应记录现代汉语的需求。再次,随着信息化大潮的涌起,汉字信息处理技术的出现对汉字提出了新的要求。最后,国内外汉字生态发生了重大的变化。

面对新的形势,国家调整了语言文字工作方针①,确定了新的工作任务②,制定公布了新的汉字规范③,使汉字改革和研究的重心,从简化整理汉字转向对现行汉字的规范化、标准化、信息化建设和研究。

这一时期,现代汉字的本体研究发生了变化:第一,创建了汉字学,使汉字研究由零散局部转向综合系统。第二,现代汉字的字形研究有了很大的进展。第三,汉字字音研究取得了新的成绩。

这一时期,现代汉字的应用研究发生了变化:第一,出于汉字信息处理的需要,国家一些部门单位开始了字频研究,取得了多项成果。第二,对于国家制定的汉字规范,展开了相关研究。第三,现代汉字的教学研究有了新的进展。第四,汉字信息处理的研究,取得了突破性的进展,为汉字信息处理奠定了基础。④

此外,这一时期,对于汉字的优劣以及汉字改革方向等问题的争议再次成为热点,汉字文化研究勃然兴起,构建起了汉字文化学。

---

① “党中央和国务院适时地规定新时期语言文字工作的方针为:贯彻执行国家关于语言文字工作的政策和法令,促进语言文字规范化、标准化,继续推动文字改革工作,使语言文字在社会主义现代化建设中更好地发挥作用。”(全国语言文字工作会议秘书处:《新时期的语言文字工作》,语文出版社,1987年,第3页。)

② 国家于1986年把语言文字工作的主要任务调整为:“研究和整理现行汉字,制订各项有关标准”,“研究汉语汉字信息处理问题,参与鉴定有关成果;加强语言文字的基础研究和应用研究,做好社会调查和社会咨询、服务工作”。(全国语言文字工作会议秘书处:《新时期的语言文字工作》,语文出版社,1987年,第3页。)

③ 1985年12月发布了《普通话异读词审音表》。1986年,废除了《第二次汉字简化方案(草案)》,重新发布了《简化字总表》。1988年至1999年,国家组织专家制定并发布了一系列字表、规范,主要有:《现代汉语常用字表》(1988年)、《现代汉语通用字表》(1988年)、《信息处理用GB13000.1字符集汉字部件规范》(1997年)、《GB13000.1字符集汉字笔顺规范》(1999年)、《GB13000.1字符集汉字字序(笔画序)规范》(1999年)等。

④ 此类研究开始于20世纪70年代末,而在这一时期,随着电子计算机的普及,对于汉字信息处理的研究全面展开,取得了众多成果,特别是国家标准局发布《信息交换用汉字编码字符集·基本集》(GB2312-80),共有汉字6763个,适用于一般汉字处理、汉字通信等系统之间的信息交换。在此后的20年时间里,它都是汉字编码研究、汉字库、汉字信息处理等方面的权威标准,为国家信息化事业的早期发展发挥了十分重要的作用。

五、现代汉字研究的新进展(2000—2021年)

2000年到2021年是现代汉字研究的最新阶段,这个时期,语言文字生活发生了新的变化:首先,电脑和网络的普及,对汉字规范提出了新的要求。其次,汉字使用范围的扩展对汉字规范提出了新的要求。再次,国家建设和人民生活对汉字提出了新的要求。在这种形势下,国家先后发布了《中华人民共和国国家通用语言文字法》和《国家中长期语言文字事业改革和发展规划纲要(2012—2020年)》,现代汉字的研究有了新的进展,主要包括:

对汉字规范的整合提升。为了贯彻落实《中华人民共和国国家通用语言文字法》,国家有关部门经过十多年的努力,研制了《通用规范汉字表》,于2013年6月由国务院公布。该字表整合了原有的相关汉字规范,是对这些规范的综合提升。在《通用规范汉字表》整个研制过程中,众多专家参与了研究。该表公布以后,也一直有人对它进行研究。

对汉字功能的研究有了拓展。在现代汉字研究的最初50年中,学者们对汉字功能的研究,主要集中在其记录语言的功能上。到了21世纪,学者们对汉字文化,特别是汉字书法、汉字艺术的研究明显增多。

现代汉字应用研究有了新的进展。汉字规划研究有了新的内容,开始了现代教学技术下的汉字教学研究,编撰了多部现代汉字字典,汉字信息处理研究有了很大提升。

对现代汉字研究的历史开始了系统的研究。①

六、现代汉字研究的基本材料

现将现代汉字研究的基本材料分类介绍如下:

(一)现代汉字法规

《中华人民共和国国家通用语言文字法》,2000年10月31日第九届全国人大常委会第十八次会议审议通过。这部法律第一次以法律形式确定了普通话和规范汉字作为国家通用语言文字的法律地位,它的颁布与实施标志着我国语言文

---

① 如苏培成:《二十世纪的现代汉字研究》,书海出版社,2001年;陈双新:《60年来现代汉字研究与规范的三个阶段及相关问题》,《励耘语言学刊》第二十四辑,学苑出版社,2016年,第277—293页。

字规范化、标准化工作开始走上法治轨道。它不仅是现代汉字使用的法律依据，而且是现代汉字学研究的重要对象。

《国家语言文字政策法规汇编(1949—1995)》,国家语言文字工作委员会政策法规室编,语文出版社 1996 年出版。本书收集了 1949 年至 1995 年期间国家语言文字政策法规。

《语言文字规范手册》,张书岩主编,语文出版社 2019 年出版。本手册收录了国家现行最重要的语言文字规范标准,是研究现代汉字的重要参考资料。

(二)现代汉字规范

《通用规范汉字表》,2013 年由中华人民共和国国务院公布。它整合并取代了《第一批异体字整理表》《简化字总表》《现代汉语常用字表》和《现代汉语通用字表》。该字表收字 8 105 个,分为三级：一级字 3 500 个,满足基础教育和文化普及的基本用字需要。二级字 3 000 个。一、二级字共 6 500 个,满足出版印刷、辞书编纂、信息处理等方面的一般用字需要。三级字 1 605 个,满足与大众生活密切相关的专门领域(如姓氏人名、地名、科技术语、中小学文言文用字)的用字需要。

《汉字部首表》,教育部、国家语委组织制定,2009 年 3 月 2 日发布。《汉字部首表》规定了汉字的部首表及其使用规则,主部首 201 个,附形部首 99 个。这一规范主要适用于工具书编纂、汉字信息处理及其他领域的汉字排序检索,也可供汉字教学等参考。

《现代常用字部件及部件名称规范》,教育部、国家语委 2008 年 3 月 24 日发布。本规范规定了现代常用字的部件拆分规则、部件及其名称,给出了《现代常用字部件表》和《常用成字部件表》。本规范适用于汉字教育、辞书编纂等方面的汉字部件分析和解说,也可供汉字信息处理等参考。

《GB13000.1 字符集汉字字序(笔画序)规范》,国家语委 1999 年 10 月 1 日发布。本规范是按照笔画排序的汉字字序规范,给出了 GB13000.1 字符集汉字字库的定序规则及该字符集所收 20 902 个汉字的字序表,主要适用于汉字的信息处理、排序检索、辞书编纂等方面。

《GB13000. 1 字符集汉字部首归部规范》,教育部、国家语委 2009 年 1 月 12 日发布。本规范规定了 GB13000.1 字符集汉字部首的归部原则和规则,给出了 20 902 个汉字的部首归部表。

《现代汉语字频统计表》,国家语委、国家标准局汇编,语文出版社 1992 年出版。所据语料为1977年到1982年间的汉语文本,合计1 108万字,含7 754个字种。列有汉字频度表十三个:社会科学·自然科学综合、社会科学综合、新闻报道类、历史哲学类、文学艺术类、政治经济类、文体生活类、自然科学综合、基础知识类、农林牧副渔类、重工业类、轻工业类、建筑运输类。

《普通话异读词审音表》,由国家语委、国家教委和广电部于1985年12月发布。本表主要对普通话有异读的词和有异读的作为语素的字的读音作出了规范,它是关于异读词读音规范的法定标准,是规范异读字读音的主要依据。

《通用规范汉字笔顺规范》,教育部、国家语委2021年3月1日发布。本规范依据《通用规范汉字表》的标准宋体字形,给出每个字的逐笔跟随和笔画序号式笔顺,提供ISO/IEC10646国际标准编码(UCS)和《通用规范汉字表》序号。本规范是服务和满足语言生活对语言文字规范标准需求的一项基础性规范,为社会通用层面的汉字教学与研究、信息处理、排序检索、辞书编纂等提供重要依据。

(三)现代汉字字典、手册

《新华字典》,这是新中国成立后出版的第一部现代汉语字典,1953年10月由人民教育出版社出版,后改由商务印书馆出版,至2020年8月10日出第12版。该字典2020年版,根据国家语文规范和标准修订,收单字13 000多个。每个字头下,先注音(用汉语拼音),再释义。它是收集、查阅现代汉字的重要资料。

《通用规范汉字字典》,王宁主编,商务印书馆2013年出版。本字典用于解读《通用规范汉字表》,指导规范汉字的使用。本字典反映了国家语言文字方面的标准,包括字量、字用、字序、字形、字音等。

《简化字繁体字异体字对照字典》,张书岩主编,上海辞书出版社2016年出版。本字典分检字表、正文两部分,其内容包括:从简化字查繁体字、异体字;从繁体字、异体字查简化字。

《〈通用规范汉字表〉使用手册》,李行健主编,人民出版社2013年出版。本手册对《通用规范汉字表》所收字标注出读音、笔画数、所属部首等基本信息,并简明释义,概括说明其基本义或常用义。正文按《通用规范汉字表》分为一级字表(1—3 500)、二级字表(3 501—6 500)和三级字表(6 501—8 105)。

(四)研究现代汉字及汉字改革的理论著作

1. 全面系统研究现代汉字的著作

此类著作对现代汉字进行了全面系统的研究,包括现代汉字的定义、性质、特点、功能、结构、字形、字音、字义、规范、教学、信息处理以及产生和发展等各类问题。主要有：孙钧锡《汉字和汉字规范化》①，张静贤《现代汉字教程》②，高家莺、范可育、费锦昌《现代汉字学》③，苏培成《现代汉字学纲要》④，杨润陆《现代汉字学通论》⑤等。

2. 研究介绍文字改革的著作

《文字改革文集》，吴玉章著，中国人民大学出版社1978年出版。此书收录了作者自1940年至1980年期间关于文字改革的文章，包含文字改革的理论，对党和国家文字改革的阐述，对文字改革工作的经验总结。

《汉字改革》，王力著，商务印书馆1940年出版，收入《龙虫并雕斋文集》第二册。此书站在语言学的立场上，对汉字的优缺点作了全面的分析，对文字改革的成败与社会政治的关系作了深刻的分析，提出了汉字改革的方案。此书理论性强，思想深刻，见解卓越，对于今天的汉字规范工作，仍有启发作用和指导价值。⑥

《一九四九年中国文字改革论文集》，杜劲松编，大众书店1950年出版。收有胡愈之、陆志韦、曹伯韩论述五四运动与改革的文章，有邢公畹、黎锦熙等人论述拉丁化运动、新文字方案的文章，还有倪海曙、叶籁士、唐兰、杜子劲等人论述我国文字改革问题的文章。

《中国文字改革问题》，郑林曦、魏建功、曹伯韩等著，新建设杂志社1952年出版。此书收有郑林曦、魏建功、曹伯韩、易熙吾、黎锦熙等人的12篇文章，文章论述了汉字的性质、发展历史和它的简化改进问题，还讨论了中国文字拼音化的问题。

《中国文字拼音化问题》，中国语文杂志社辑，东方书店1954年出版。这是

---

① 孙钧锡：《汉字和汉字规范化》，教育科学出版社，1990年。

② 张静贤：《现代汉字教程》，现代出版社，1992年。

③ 高家莺、范可育、费锦昌：《现代汉字学》，高等教育出版社，1993年。

④ 苏培成：《现代汉字学纲要》，商务印书馆，2014年。

⑤ 杨润陆：《现代汉字学通论》，长城出版社，2000年。

⑥ 周有光说："王先生站在'语言学'的立场上来谈汉字改革，使中国的语文问题，从群众运动发展为学术研究，开拓了语文运动的新境界。由此，渐渐有人知道，语文运动不能再满足于简单的宣传，而是要重视科学性和客观性，使运动和学术结合起来。""50年前王力先生写的《汉字改革》一书，虽然具体情况今天已经变化，可是其中许多论点仍旧有启发作用和指导价值。"见周有光：《缅怀王力教授对文改事业的贡献——王力先生和〈汉字改革〉》，《语文建设》1986年第5期。

1952年至1954年之间,有关文字改革方针政策的重要文献汇集,其中郭沫若、马叙伦和吴玉章的讲话,反映了当时的文字改革方针政策;韦悫、丁西林、罗常培的文章,用具体材料论证了汉字走拼音化道路的必要性和可能性。

《汉字改革》,郑林曦著,新知识出版社1957年出版。此书系统地讲述了汉字的缺点,论述了改革汉字的必然性,探究了汉字简化和实现文字拼音化等问题。

3. 研究汉字规范化的著作

《汉字的整理和简化》,中华书局1954年出版,这是一本论文集,收有丁西林、叶恭绰、魏建功、曹伯韩、易熙吾、郑林曦、陈光尧、保琦、季羡林等学者的文章,论证了汉字简化与整理的主要内容和重要性,讨论了汉字简化与整理的方法,对于滥造复音字和新形声字的错误倾向,进行了批判。

《简化汉字问题》,吴玉章等著,中华书局1956年出版。此书第一部分有吴玉章、韦悫、叶公绰等人的文章,介绍了汉字改革的方针、原则。第二部分有曹伯韩、魏建功、黄伯荣、金鸣盛、王显等人的文章,是对《汉字简化方案(草案)》的编制过程和具体内容的说明与分析。

"汉字规范问题研究丛书",商务印书馆2004年出版,包含四本论文集:第一本,李宇明、费锦昌主编《汉字规范百家谈》。第二本,张书岩主编《异体字研究》。第三本,厉兵主编《汉字字形研究》。第四本,石定国主编《简化字研究》。论文集所收论文为"规范汉字表"课题组召开的系列学术研讨会会议论文,作者来自全国文字学界,论文对字表所涉及的各方面问题进行了全面深入研究,对而后《通用规范汉字表》的研制产生了较大影响。

4. 关于文字改革反思和汉字评价的著作

《1957年文字改革辩论选辑》,新知识出版社1958出版。此书收录了1957年文字改革辩论的23篇文章,反映了当时对文字改革的各种不同意见和对汉字的不同评价。

《汉字问题学术讨论会论文集》,中国社会科学院语言文字应用研究所编,语文出版社1988年出版。文集收录了中国社会科学院语言文字应用研究所于1986年2月召开的"汉字问题学术讨论会"会议论文37篇,内容涉及汉字的性质、功能、发展规律,汉字与中国文化,汉字改革等诸多方面,对一些长期争论的问题进行了认真的研讨。

《关于文字改革的反思》,段生农著,教育科学出版社1990年出版。作者对文字和汉字的发展进行了分析，提出了汉字拉丁化存在的问题，并对简化汉字的改革进行了反思。

《科学地评价汉语汉字》，尹斌庸、苏培成编，华语教学出版社1994年出版。此书收录了20世纪80至90年代研究和评价汉语汉字的论文28篇，其中许多文章对汉字优越论进行了批驳。

《汉字新论》，刘庆俄编，同心出版社2006年出版。此书收录了45位作者的72篇文章，研究问题涉及：新时期的语文工作，对汉字的新评价，汉字的性质和特点，汉字的功能，关于汉字落后论，关于汉字拉丁化，汉字和汉语拼音的比较，汉字心理学，汉字的起源和发展，繁简字的纠葛，汉字信息处理，汉字的文化蕴含。核心是对汉字的评价问题，批驳了汉字落后论，指出了汉字拼音化的失误。

5. 现代汉字研究史著作

《二十世纪的现代汉字研究》，苏培成著，书海出版社2001年出版。此书系统地介绍了20世纪的现代汉字研究，包括汉字的性质、现代汉字和现代汉字学、现代汉字的字频统计与分析、现代汉字的字量研究、现代汉字的简化和整理、现代汉字的字形分析、现代汉字的构字法、现代汉字的字音研究、现代汉字的字序研究、现代汉字的规范化、现代汉字和中文信息处理、海峡两岸的书同文、汉字的评价和前途等十三个部分，是汉字研究史的重要成果。

6. 研究汉字改革史的著作

《当代中国的文字改革》，王均主编，当代中国出版社1995年出版。此书系统地研究了清代末年至1985年期间的中国文字改革运动，其中包含现代汉字的形成发展过程。

《中国语文现代化百年记事(1892—1995)》，费锦昌主编，语文出版社1997年出版。此书记录了从1892年到1995年期间中国语文现代化过程中的重大事件，其中包括有关现代汉字的各类重大事件。

《当代中国的语文改革和语文规范》，苏培成主编，商务印书馆2010年出版。此书全面论述了1949年至2007年间中国的语文改革和语文规范的历史，其中包含现代汉字的形成发展过程。

七、现代汉字研究的问题

自20世纪五四运动以来的一百年间，几代学者对现代汉字进行了广泛而深入的研究,现分类简介如下。

(一) 汉字改革问题

汉字改革研究始于清代末年,一直延续至今。对汉字改革进行研究并作出创造性贡献的著名学者有吴稚晖、钱玄同、陈独秀、胡适、黎锦熙、瞿秋白、陈望道、吴玉章、韦悫、叶恭绰、曹伯韩、魏建功、郑林曦等,他们对汉字改革的必要性、可能性、目标、步骤、方法等问题进行了研究。

1. 汉字改革的必要性和可能性研究

上述学者认为,第一,文字是器具,是符号。① 第二,文字要适用。② 第三,文字演变的规律是由繁到简。③ 第四,汉字是落后文字,必须改革。④ 第五,汉字改革的方向是走拼音化道路。第六,汉字改革,不仅必要,而且可行。⑤ 这些理论的建立,为随后的汉字改革提供了理论依据。

2. 汉字改革的目的、步骤、方法研究

从五四运动开始,直到 1986 年,汉字改革者把汉字改革的最终目标确定为实

---

① 赖鸿逵说:"古人各因物成字,形体虽别,无非以字作记事珠耳。"劳乃宣说:"文字者,所以为记语言之表识也。"刘照藜、陶柟说:"窃思语言者为人之心声,文字者记事之符号。故语言与文字合则进化易,语言与文字分则进化难。"钱玄同说:"文字本是语言的符号;语言用符号写了出来,则可以行远传久。""减省之后,造字的本意自然不可复见了。但文字本是语言的符号,语言是用声音来表示思想感情的,文字就是这种声音的符号,只要有若干简易的形式,大家公认为某音某音的符号,就行了;什么肖形,什么表意,全是莫须有的。"(钱玄同:《减省现行汉字的笔画案》,《钱玄同文字音韵学论集》,上海古籍出版社,2011 年,第 67 页。)

② 林辂存说:"盖字者,要重之智器也。器惟求适于用,故书法代有变更,字类代有增广。"王照说:"吾国古人造字,以便民用,所命之音,必与当时语言无异,此一定之理也。而语言代有变迁,字亦随之。"钱玄同说:"文字本是一种工具,工具应该以适用与否为优劣之标准。笔画多的,难写,费时间,当然不适用。笔画少的,容易写,省时间,当然是适用。我们应该谋现在的适用不适用,不必管古人的精意不精意。"

③ 汤金铭说:"自古及今,文字屡变,由古文籀篆八分以至隶楷行草,皆有由繁趋简之机。"沈学说:"苍颉制六书以代结绳,文物渐昌明矣。籀文篆隶,字体代变,历数千年,几尽失制字精英,大都删繁就简,畏难趋便。然亦人性使然,事理必至。"

④ "现行的汉字,笔画太多,书写费时,是一种不适用的符号,为学术上、教育上之大障碍,这是大家都知道的。"(钱玄同:《减省现行汉字的笔画案》,《钱玄同文字音韵学论集》,上海古籍出版社,2011 年,第 67 页。)

⑤ 丁西林、叶恭绰、魏建功等:《汉字的整理和简化》,中华书局,1954 年;中国文字改革委员会:《文字改革和汉字简化是怎么回事?》,通俗读物出版社,1956 年。

行拼音文字。[①] 然而,改革的步骤上,出现了分歧。钱玄同等人认为,在实现这个目标之前,应该先简化汉字。[②] 瞿秋白、吴玉章等学者,主张用新文字(一种拼音文字)直接取代汉字。1956 年,国家确定的语言文字改革方针是:"汉字必须改革,汉字改革要走世界文字共同的拼音方向,而在实现拼音化以前,必须简化汉字,以利目前的应用,同时积极进行拼音化的各项工作。"[③]学者们认为,汉字改革的具体内容主要是对现行汉字进行简化和整理。[④] 也有学者对汉字改革的目标、内容,方法持有不同意见。[⑤]

(二)现代汉字基本理论研究

在创建现代汉字学的过程中,学者们对现代汉字的基本理论展开了研究,研究的问题主要包括以下几个方面:

1. 现代汉字的定义

王尔康、周有光、张志公、苏培成、杨润陆、费锦昌、杜丽荣、邵文利等学者都研究过现代汉字的定义,其具体情况,前面已经作过介绍。

2. 现代汉字的性质

学者们对现代汉字的性质进行了研究,但他们的看法不尽相同。有的学者把现代汉字看作只是记录汉语的工具。如:费锦昌:"汉字应该是表意兼表音的语素—音节文字,也可以简称为意音文字或语素文字。"[⑥]苏培成:"汉字的单字记录的是汉语的语素,所以汉字是语素文字。"[⑦]王小宁:"现代汉字是意音文字。"[⑧]还有学者认为汉字是多功能符号,连登岗:"文字不仅是语言的符号,而且是思维、艺

---

① 王均:《当代中国的文字改革》,当代中国出版社,1995 年,第 73 页。

② 钱玄同:《减省现行汉字的笔画案》,《钱玄同文字音韵学论集》,上海古籍出版社,2011 年,第 46 页。

③ 王均:《当代中国的文字改革》,当代中国出版社,1995 年,第 73 页。

④ 丁西林、叶恭绰、魏建功等:《汉字的整理和简化》,中华书局,1954 年;吴玉章等:《简化汉字问题》,中华书局,1956 年。

⑤ 王钧:《当代中国的文字改革》,当代中国出版社,1995 年,第 468—477 页;刘庆俄:《汉字新论》,同心出版社,2006 年。

⑥ 费锦昌:《现代汉字的性质和特点》,《语文建设》1990 年第 4 期。

⑦ 苏培成:《现代汉字学纲要》,商务印书馆,2014 年,第 2 页。

⑧ 王小宁:《从形声字声旁的表音度看现代汉字的性质》,《清华大学学报(哲学社会科学版)》1999 年第 1 期。

术、文化的符号;它不是单一功能的符号,而是多功能的符号。”①

3. 现代汉字的特点

有学者对现代汉字的特点进行了研究,但看法各异。高家莺认为,现代汉字的特点有四:现代汉字是表意性质的文字,现代汉字是代表音节的,现代汉字是方块形的平面文字,现代汉字记录汉语不实行连写法。② 费锦昌认为,现代汉字主要有以下特点:符号的数目多、结构繁;不同汉字的使用频率相差悬殊;形声字是主体;记号字、半记号字增多;简化字成为标准字形;字形呈方块,不实行分词连写。③苏培成认为,汉字的特点包括:汉字和汉语基本适应;汉字是形音义的统一体;汉字有较强的超时空性;汉字字数繁多,结构复杂,缺少完备的表音系统;汉字用于机械处理和信息处理比较困难;汉字用于国际文化交流比较困难。④

4. 现代汉字来源及规范字的形成

许多学者对现代汉字的来源进行了研究,如:李义琳《〈说文〉与现代汉字》⑤,蒋宗福《〈说文解字〉与现代通用汉字》⑥,人民教育出版社辞书研究中心《汉字源流精解字典》⑦等。也有学者对现代规范汉字的形成作了研究,如:傅永和《新中国的汉字整理》⑧。

5. 对汉字优劣及其前途的争论

对汉字优劣及其前途的争论,已有一百多年,可分三个时期:

第一时期,从五四时期到1949年。钱玄同、傅斯年、赵元任、蔡元培、鲁迅、瞿秋白、吴玉章等学者认为汉字劣于拼音文字,主张汉字改革要走拼音化道路,但吴俊升、朱经农等人认为,汉字具有拼音文字不可替代的优点,不应该废除它。

第二时期,从1950年到1979年。在汉字改革全面实施阶段,又出现了对汉字评价与汉字改革前途的争议。吴玉章、罗常培、曹伯韩、郑林曦等学者认为汉字劣

① 连登岗:《关于汉字的性质》,《南通大学学报(社会科学版)》2005年第2期。

② 高家莺:《现代汉字的特点和结构》,《语文学习》1987年第2期。

③ 费锦昌:《现代汉字的性质和特点》,《语文建设》1990年第4期。

④ 苏培成:《现代汉字学纲要》,商务印书馆,2014年,第5—9页。

⑤ 李义琳:《〈说文〉与现代汉字》,《贵州文史丛刊》1994年第4期。

⑥ 蒋宗福:《〈说文解字〉与现代通用汉字》,《西南师范大学学报(人文社会科学版)》2002年第4期。

⑦ 人民教育出版社辞书研究中心:《汉字源流精解字典》,人民教育出版社,2017年。

⑧ 傅永和:《新中国的汉字整理》,《语文建设》1995年第7期。

于拼音文字,应该改革。李振麟、梁东汉等学者认为根据文字发展规律,汉字必将为表音文字所取代。唐兰、陈梦家、陶坤、蒯伯赞等学者,认为汉字具有很多优点,它的缺点可以克服,不应该改为表音文字。[①]

第三时期,从1980年至今。到了20世纪80年代,关于汉字优劣与文字改革方向问题,再次成为研究的热点。段生农对汉字拉丁化的改革方向提出了质疑,认为应该放弃汉字拉丁化的道路。[②] 曾性初、安子介、袁晓园等认为汉字比拼音文字具有更多优越性,有着远大的前程。[③] 任继愈认为汉字的功能是当前世界上流行通用文字中最全的。[④] 钱伟长认为"汉字可能成为未来通用的世界文字"[⑤]。高家莺、张志公、许嘉璐、周祖谟、伍铁平、侯一麟等学者也都认为汉字不是落后文字,不应该被表音文字所取代。[⑥] 但周有光等学者仍然坚持认为,汉字必将被拼音文字取代。第三种观点认为汉字既有优点,也有缺点,应该加以改进,继续使用。持这种观点的有吕叔湘、朱德熙等。[⑦]

6. 现代汉字学学科建设研究

从20世纪80年代起,一些专家开始了现代汉字学学科建设的研究,如:周有光《现代汉字学发凡》[⑧],高家莺、范可育《建立现代汉字学刍议》[⑨],苏培成《现代

① 詹鄞鑫:《二十世纪文字改革争鸣综述》,《中国文字研究》第四辑,广西教育出版社,2003年,第34—50页。

② 段生农发表了《汉字拉丁化质疑》(《北京师范大学学报(哲学社会科学版)》1981年第5期),《汉字拼音化的必要性初探》(《文字改革》1982年第1期),出版了《关于文字改革的反思》(教育科学出版社,1990年)。

③ 曾性初:《汉字好学好用证》,《教育研究》1983年第1、2期;安子介:《汉字的再认识》,《第二届国际汉语教学讨论会论文选》,北京语言学院出版社,1988年,第448—450页;袁晓园:《论汉语汉字的科学性》,《汉字文化》1989年第1—3期。

④ 任继愈:《〈昭雪汉字百年冤案〉序》,《汉字新论》,同心出版社,2006年,第123—126页。

⑤ 钱伟长:《在汉字问题座谈会上的讲话》,《汉字新论》,同心出版社,2006年,第103—112页。

⑥ 詹鄞鑫:《二十世纪文字改革争鸣综述》,《中国文字研究》第四辑,广西教育出版社,2003年,第34—50页。

⑦ 吕叔湘:《汉字和拼音字的比较》,《汉字问题学术讨论会论文集》,语文出版社,1988年,第8—10页;朱德熙:《在"汉字问题学术讨论会"开幕式上的发言》,《汉字问题学术讨论会论文集》,语文出版社,1988年,第11—16页。

⑧ 周有光:《现代汉字学发凡》,《语文现代化》第二辑,知识出版社,1980年,第94页。

⑨ 高家莺、范可育:《建立现代汉字学刍议》,《上海师范大学学报(哲学社会科学版)》1985年第4期。

汉字学的学科建设》[1],费锦昌《现代汉字与现代汉字学》[2]等。

7. 汉字改革史研究

有的学者对汉字改革史进行了研究,如:周有光《汉字改革概论》[3],武占坤、马国凡《汉字·汉字改革史》[4],赵遐秋、曾庆瑞《清朝末年的汉字改革和汉语拼音运动——纪念"切音字"运动七十周年(1892—1962)》[5],王尔康《新民主主义时期的汉字改革运动》[6],刘晓明《清末至新中国成立(1892—1949)汉字改革史论》[7]等论著都对汉字改革的历史有所研究。

(三)现代汉字本体研究

对于现代汉字本体,学者们进行了这样一些研究:

1. 对汉字结构与汉字字形结构加以区分

高家莺、苏培成、陶晓东等学者对汉字结构与汉字字形结构作了区分,他们把前者称为构字法、造字法。[8]

2. 构字法研究

有学者对现代汉字的构字法进行了研究,如:贺建国《现代汉字构字法新探》[9]、丁方豪《现代汉字造字法探索》[10]、苏培成《现代汉字的构字法》[11],就是专门研究构字法的论文。另外,张静贤《现代汉字教程》[12]、苏培成《现代汉字

---

① 苏培成:《现代汉字学的学科建设》,《语言文字应用》2007年第2期。

② 费锦昌:《现代汉字与现代汉字学》,《中国文字研究》第八辑,大象出版社,2007年,第165—174页。

③ 周有光:《汉字改革概论》,文字改革出版社,1961年。

④ 武占坤、马国凡:《汉字·汉字改革史》,湖南人民出版社,1988年。

⑤ 赵遐秋、曾庆瑞:《清朝末年的汉字改革和汉语拼音运动——纪念"切音字"运动七十周年(1892—1962)》,《北京大学学报(哲学社会科学版)》1962年第6期。

⑥ 王尔康:《新民主主义时期的汉字改革运动》,《福建师大学报(哲学社会科学版)》1983年第2期。

⑦ 刘晓明:《清末至新中国成立(1892—1949)汉字改革史论》,博士学位论文,河北师范大学,2013年。

⑧ 高家莺:《现代汉字的特点和结构》,《语文学习》1987年第2期;苏培成:《现代汉字的构字法》,《语言文字应用》1994年第3期。

⑨ 贺建国:《现代汉字构字法新探》,《镇江师专学报(社会科学版)》1989年第4期。

⑩ 丁方豪:《现代汉字造字法探索》,《语文现代化》第十辑,知识出版社,1990年,第191—204页。

⑪ 苏培成:《现代汉字的构字法》,《语言文字应用》1994年第3期。

⑫ 张静贤:《现代汉字教程》,现代出版社,1992年。

学纲要》[1]等书中也有对构字法的研究。

3. 对现代汉字的形体系统的研究

把汉字的形体剥离出来，作为单独的研究对象进行研究，是现代汉字学的一大特色。1961 年，王尔康开始了现代汉字的形体系统研究。[2] 20 年后，陈明远、高家莺、苏培成、陶晓东等学者相继展开了这方面的研究[3]，建立了相对完整的理论体系。现代汉字的形体研究主要包括以下内容：

汉字字形整字的结构层次。王尔康、高家莺等学者认为，现代汉字的字形结构是三级结构，王尔康认为，笔画是最小的文字单位，笔画和笔画组成笔画组合，再由笔画组合构成整字。[4] 高家莺说："整字分解出部件，部件分解出笔画。整字、部件、笔画，是汉字三个结构层次上的三种结构单位。"[5]以后，这种看法成了现代汉字学的共识。

汉字字形整字的基本构件。王尔康、高家莺、苏培成等学者认为，字形的基本构件分为两级：第一，笔画，它是构成汉字字形的最小单位。第二，部件，它由笔画构成，又是构成整字的部件。

构件构成的基本方式。学者们把现代汉字字形结构方式分为两级，一级是笔画构成部件的方式。林语堂认为，笔画构成部件的方式有三种，即交、接、离。[6] 丁西林认为，笔画构成部件的方式有四种，即分离、相交、相切、连接。[7] 现在一般认为笔画构成部件的方式分为相离、相接、相交三种。[8] 一级是部件构成整

---

① 苏培成：《现代汉字学纲要》，北京大学出版社，1994 年。

② 王尔康：《试论现代汉字的结构及其简化规律》，《厦门大学学报（哲学社会科学版）》1961 年第 2 期。

③ 陈明远：《汉字简化刍议——从汉字笔画的统计和分析看汉字简化》，《自然杂志》1981 年第 12 期；高家莺：《现代汉字的特点和结构》，《语文学习》1987 年第 2 期；苏培成：《现代汉字的构字法》，《语言文字应用》1994 年第 3 期；晓东：《现代汉字独体与合体的再认识》，《语文建设》1994 年第 8 期；晓东：《现代汉字字形结构研究的三个平面》，《语文现代化论丛》第二辑，语文出版社，1996 年，第 64—72 页。

④ 王尔康：《试论现代汉字的结构及其简化规律》，《厦门大学学报（哲学社会科学版）》1961 年第 2 期。

⑤ 高家莺：《现代汉字的特点和结构》，《语文学习》1987 年第 2 期。

⑥ 林玉堂：《汉字索引制说明》，《新青年》四卷 2 号，1918 年第 2 期。

⑦ 丁西林：《汉字的笔画结构及其写法与计算笔画的规则》，《中国语文》1956 年第 8 期。

⑧ 苏培成：《二十世纪的现代汉字研究》，书海出版社，2001 年，第 309 页。

字的基本方式。有人认为具有相离、相交、相接三种方式①,有人认为只有相离和相接两种类型②。

现代汉字字形整字的结构类型。许多学者对现代汉字字形整字的结构类型进行了研究,其结论不尽相同: 王尔康分为5类,张普分为5大类11小类,傅永和分为8类,李公宜、刘如水分为5类,苏培成分为13类。③

现代汉字部件及其切分。有的学者对现代汉字的部件切分进行了研究,如: 苏培成《现代汉字的部件切分》④,费锦昌《现代汉字部件探究》⑤,王宁《汉字构形理据与现代汉字部件拆分》⑥,张德劭《汉字部件规范的目的和部件拆分标准——兼评〈基础教学用现代汉语常用字部件规范〉》⑦,陈燕《现代汉字部首法所用单字切分的研究》⑧等。

此外,对于汉字字形的微观层次的一些问题,如,笔画的定义、笔画的名称、笔画的种类、笔画的功能、笔画的顺序,部件的定义、部件的种类、各类部件的名称、部件的统计信息、部件的变形,等等,都有研究成果问世。⑨

4. 对现代汉字字音的研究

从民国初年到现在,一些学者对现代汉字的字音进行了研究,出版过一些著作,如: 教育部读音统一会《国音字典》⑩,教育部国语统一筹备委员会《国音常用字汇》⑪,周有光《现代汉字中声旁的表音功能问题》⑫,厉兵《汉字异读问题纵横

---

① 张普:《汉字部件分析的方法和理论》,《语文研究》1984年第1期。

② 苏培成:《二十世纪的现代汉字研究》,书海出版社,2001年,第347页。

③ 苏培成:《二十世纪的现代汉字研究》,书海出版社,2001年,第352—355页。

④ 苏培成:《现代汉字的部件切分》,《语言文字应用》1995年第3期。

⑤ 费锦昌:《现代汉字部件探究》,《语言文字应用》1996年第2期。

⑥ 王宁:《汉字构形理据与现代汉字部件拆分》,《语文建设》1997年第3期。

⑦ 张德劭:《汉字部件规范的目的和部件拆分标准——兼评〈基础教学用现代汉语常用字部件规范〉》,《中国文字研究》第九辑,大象出版社,2007年,第229—233页。

⑧ 陈燕:《现代汉字部首法所用单字切分的研究》,《天津师范大学学报(社会科学版)》2006年第4期。

⑨ 详见苏培成:《二十世纪的现代汉字研究》,书海出版社,2001年,第283—348页。

⑩ 教育部读音统一会:《国音字典》,商务印书馆,1920年。

⑪ 教育部国语统一筹备委员会:《国音常用字汇》,商务印书馆,1932年。

⑫ 周有光:《现代汉字中声旁的表音功能问题》,《中国语文》1978年第3期。

谈》①,张清常《汉语汉文的一字多音问题》②,张一舟《从某些多音字的单音化倾向谈起》③,张普《现代汉语的独字音节》④等。此外,张静贤《现代汉字教程》,高家莺、范可育、费锦昌《现代汉字学》等,都有对现代汉字字音进行研究的内容。

5. 现代汉字字义研究

许多专家对现代汉字的字义、现代汉字的形义关系、现代汉字的音义关系等问题进行了研究,发表了大量论文。张静贤《现代汉字教程》,高家莺、范可育、费锦昌《现代汉字学》都有对现代汉字的字义进行研究的内容。研究的问题主要有:现代汉字字义的特点、现代汉字的表义功能、字义和词义、现代汉字的功能分类等。

6. 现代汉字艺术研究

汉字自古以来就具有审美功能,古代书法研究属于文字学的重要内容。中国社会进入现代以来,汉字被广泛地用于多种装饰,在这些装饰中,汉字被艺术化。随着汉字的艺术化,对汉字艺术的研究也随之而起。有研究汉字的书写艺术的,有研究汉字的装饰功能的,有研究汉字的审美心理的,等等。详见本书"汉字的应用"部分。

7. 对现代汉字研究史的研究

如苏培成《二十世纪的现代汉字研究》,对20世纪的现代汉字研究历史作了系统的研究。

(四)现代汉字应用研究

1. 现代汉字字频的统计与研究

近一百年来,学者们对不同范围的汉字字频进行了研究,取得了很多成果⑤。

---

① 厉兵:《汉字异读问题纵横谈》,《语言文字应用》1993年第3期。

② 张清常:《汉语汉文的一字多音问题》,《语言学论文集》,商务印书馆,1993年,第123—138页。

③ 张一舟:《从某些多音字的单音化倾向谈起》,《语文建设》1996年第10期。

④ 张普:《现代汉语的独字音节》,《语言文字应用》1994年第2期。

⑤ 字频统计的成果主要有:第一,《汉字频度统计》。第二,《汉字频率表》,收字4 574个,载《现代汉语频率词典》中。第三,《最常用的汉字是哪些——三千高频度汉字字表》,文字改革出版社,1986年。第四,《现代汉语字频统计表》,语文出版社,1992年。第五,《现代汉语常用字频度统计》,语文出版社,1989年。第六,《现代汉语通用字数据统计表》,附在《现代汉语通用字表》内。第七,专项的字频统计:《〈毛泽东著作选读(乙种本)〉的用字和出现频率的统计》《〈毛泽东选集〉用字统计资料》《姓氏人名用字分析统计》。

2. 现代汉字字量研究

早在20世纪20年代,陈鹤琴就开始了现代汉字字量的研究。1949年以后,国家组织专家对现代汉字字量进行了详细的统计,对用字量作出了规范。目前,国家规范把用字量分为三个层次：第一,常用字[①]量;第二,通用字[②]量;第三,专门用字[③]量。学者们还对现代汉字字量的其他问题进行了研究。[④]

3. 现代汉字字序研究

学者们在现代汉字字序研究方面,主要作了这样一些工作：第一,定序,即确定文字在一定文字集合内的排列次序,例如,在字典辞书等汇集文字的书籍中的字序,在汉字信息处理所用的字符集中的字序,等等。第二,整理检字法[⑤]。经过整理,现行检字法主要有四种,即部首检字法、音序检字法、笔画检字法和四角号码检字法。

4. 现代汉字规范研究

100多年来,在汉字规范方面的研究,主要包括以下内容：

对汉字规范工作的研究。如：傅永和《谈规范汉字》[⑥],王宁《论汉字规范的社会性与科学性——新形势下对汉字规范问题的反思》[⑦],龚嘉镇《关于新时期汉字规范问题的思考》[⑧],黄德宽《论汉字规范的现实基础及路径选择》[⑨],陆锡兴《论汉字规范的三个原则问题》[⑩],王宁《再论〈通用规范汉字表〉发布的背景和制定的意

---

① 常用字指人们经常要使用的字,也就是使用频率高的字。选定常用字,对于识字教学特别重要,现代汉字诞生不久,就有学者对它进行研究。

② 通用字有多种含义,这里说的“通用字”指的是书写现代汉语一般要用到的字,它是与罕用字相对而言的一个概念。见苏培成:《现代汉字学纲要》,北京大学出版社,1994年,第39—40页。

③ 专门用字指社会某个特定群体的用字。

④ 苏培成:《二十世纪的现代汉字研究》,书海出版社,2001年,第99—182页。

⑤ 检字法也叫查字法,指工具书或其他书里的文字排列次序的检索方法。

⑥ 傅永和:《谈规范汉字》,《语文建设》1991年第10期。

⑦ 王宁:《论汉字规范的社会性与科学性——新形势下对汉字规范问题的反思》,《中国社会科学》2004年第3期。

⑧ 龚嘉镇:《关于新时期汉字规范问题的思考》,《中国语文》2005年第6期。

⑨ 黄德宽:《论汉字规范的现实基础及路径选择》,《语言文字应用》2007年第4期。

⑩ 陆锡兴:《论汉字规范的三个原则问题》,《中国文字研究》第十辑,大象出版社,2008年,第166—173页。

义——兼论汉字规范保持稳定的重要性》①等,都对汉字规范中的一些问题进行了研究。

现代汉字字形规范研究。20 世纪 50 年代以来,一些学者对现代汉字字形规范进行了研究。如:蒋维崧《简化汉字建立汉字字形的规范》②,苏培成《汉字字形规范的理论和实践》③,张万彬《关于字形规范的几个问题》④,连登岗《汉字字形系统与印刷字形规范》⑤,詹鄞鑫《汉字规范与汉字字形问题》⑥等。

现代汉字字音规范研究。有学者对现代汉字字音规范进行了研究,如高名凯、刘正埮《语音规范化和汉字正音问题》⑦,王力《论审音的原则》⑧,周有光《现代汉字中声旁的表音功能问题》⑨,厉兵《汉字异读问题纵横谈》⑩,徐世荣《〈审音表〉剖析》⑪,曹先擢《学习和贯彻〈审音表〉的若干问题——〈现代汉语规范字典〉编写体会之一》⑫,吕永进《〈审音表〉管窥》⑬,张清常《汉语汉文的一字多音问题》⑭,张普《现代汉语的独字音节》⑮等。此外,张静贤《现代汉字教程》,高家莺、范可育、费锦昌《现代汉字学》等,都有对现代汉字字音进行研究的内容。

对汉字规范表的研究。许多专家对汉字规范表进行了研究。如:张书岩《研

---

① 王宁:《再论〈通用规范汉字表〉发布的背景和制定的意义——兼论汉字规范保持稳定的重要性》,《云南师范大学学报(哲学社会科学版)》2014 年第 6 期。

② 蒋维崧:《简化汉字建立汉字字形的规范》,《文史哲》1958 年第 5 期。

③ 苏培成:《汉字字形规范的理论和实践》,《语言文字应用》1992 年第 2 期。

④ 张万彬:《关于字形规范的几个问题》,《语言文字应用》2003 年第 3 期。

⑤ 连登岗:《汉字字形系统与印刷字形规范》,《南通师范学院学报(哲学社会科学版)》2003 年第 4 期。

⑥ 詹鄞鑫:《汉字规范与汉字字形问题》,《语言文字应用》2008 年第 1 期。

⑦ 高名凯、刘正埮:《语音规范化和汉字正音问题》,《新建设》1956 年第 3 期。

⑧ 王力:《论审音的原则》,《中国语文》1965 年第 6 期。

⑨ 周有光:《现代汉字中声旁的表音功能问题》,《中国语文》1978 年第 3 期。

⑩ 厉兵:《汉字异读问题纵横谈》,《语言文字应用》1993 年第 3 期。

⑪ 徐世荣:《〈审音表〉剖析》,《语文建设》1995 年第 11 期。

⑫ 曹先擢:《学习和贯彻〈审音表〉的若干问题——〈现代汉语规范字典〉编写体会之一》,《语文建设》1997 年第 9 期。

⑬ 吕永进:《〈审音表〉管窥》,《语文现代化论丛》第三辑,语文出版社,1997 年,第 260—269 页。

⑭ 张清常:《汉语汉文的一字多音问题》,《语言学论文集》,商务印书馆,1993 年,第 123—138 页。

⑮ 张普:《现代汉语的独字音节》,《语言文字应用》1994 年第 2 期。

制〈规范汉字表〉的设想》[①],邵文利《试论〈规范汉字表〉整理异体字的原则与方法》[②],王铁琨《〈规范汉字表〉研制的几个问题》[③],李宇明《规范汉字和〈规范汉字表〉》[④],王立军《汉字的自然发展规律与人为规范——兼谈〈规范汉字表〉研制的科学理念》[⑤],胡双宝《关于〈通用规范汉字表〉的几点看法》[⑥],张猛《国学传承工具的汉字之现在与未来——谈〈通用规范汉字表〉和"汉语消亡论"》[⑦],王晓明《论〈通用规范汉字表〉的社会性》[⑧]等。

对汉字规范历史的研究。有学者对汉字规范的历史进行了研究,如:傅永和《规范汉字》[⑨],傅永和《汉字规范化 60 年》[⑩],陈双新《60 年来现代汉字研究与规范的三个阶段及相关问题》[⑪]等。

5. 现代汉字的教学研究

自从现代汉字诞生以来,对它的教学研究就开始了。随着时代的发展和汉字教学的扩展,汉字教学研究也在不断发展。研究的问题主要集中在这样几个方面:现代教育技术下的汉字教学;应用文字学原理进行汉字教学;联系汉字自古文字以来的形体演变进行教学;对外汉字教学。详见本书"汉字与教学"部分。

6. 汉字生存环境的变化对汉字造成的冲击及其对策研究

随着现代科学技术的兴起和对外文化交流的扩大,汉字的内外生存环境发生了巨大变化,对汉字的生存造成了强烈的冲击,许多学者对此进行了研究,并提出

---

① 张书岩:《研制〈规范汉字表〉的设想》,《语言文字应用》2002 年第 2 期。

② 邵文利:《试论〈规范汉字表〉整理异体字的原则与方法》,《四川大学学报(哲学社会科学版)》2003 年第 2 期。

③ 王铁琨:《〈规范汉字表〉研制的几个问题》,《语文研究》2003 年第 4 期。

④ 李宇明:《规范汉字和〈规范汉字表〉》,《中国语文》2004 年第 1 期。

⑤ 王立军:《汉字的自然发展规律与人为规范——兼谈〈规范汉字表〉研制的科学理念》,《语言文字应用》2008 年第 2 期。

⑥ 胡双宝:《关于〈通用规范汉字表〉的几点看法》,《汉字文化》2010 年第 1 期。

⑦ 张猛:《国学传承工具的汉字之现在与未来——谈〈通用规范汉字表〉和"汉语消亡论"》,《中国训诂学报》2013 年第 1 期。

⑧ 王晓明:《论〈通用规范汉字表〉的社会性》,《语言文字应用》2016 年第 3 期。

⑨ 傅永和:《规范汉字》,语文出版社,1994 年。

⑩ 傅永和:《汉字规范化 60 年》,《语言文字应用》2009 年第 4 期。

⑪ 陈双新:《60 年来现代汉字研究与规范的三个阶段及相关问题》,《励耘语言学刊》第二十四辑,学苑出版社,2016 年,第 277—293 页。

了对策。如：陆锡兴《汉字的内忧与外患》[1]，连登岗《论汉语文杂用外文与字母词》[2]，秦伟、翟启明《信息时代下的汉字生存危机》[3]，田宁《网络拼音缩写背后的汉字危机思考》[4]等。

7. 现代汉字比较研究

有的学者还拿现代汉字与境外汉字进行了比较研究。如：赵旭《现代汉语汉字与日语当用汉字的比较分析》[5]，任青云《日语常用汉字和现代汉语简化字的字形比较》[6]，杨恬《韩中现行汉字差异的文化取向——对汉字教育、现代汉字热点问题的思考》[7]，王平、河永三《中韩通用汉字数据库的建设与韩国现代汉字研究》[8]等。

8. 现代汉字字典的编纂

现代汉字产生以来，学者们编纂了大量的现代汉字字典，其中具有代表性的，除上文介绍过的之外，还有张万有《现代常用汉字规范字典》[9]、张书岩《现代汉语通用规范字典》[10]等。

9. 汉字信息处理研究

20 世纪 70 年代以来，专家们对汉字信息处理的各种问题进行了研究。详见本书“汉字与计算机技术”部分。

---

① 陆锡兴：《汉字的内忧与外患》，《中国文字研究》第五辑，广西教育出版社，2004 年，第 89—91 页。

② 连登岗：《论汉语文杂用外文与字母词》，《中国文字研究》第十二辑，大象出版社，2009 年，第 147—152 页。

③ 秦伟、翟启明：《信息时代下的汉字生存危机》，《内蒙古农业大学学报（社会科学版）》2009 年第 3 期。

④ 田宁：《网络拼音缩写背后的汉字危机思考》，《汉字文化》2021 年第 20 期。

⑤ 赵旭：《现代汉语汉字与日语当用汉字的比较分析》，《北京第二外国语学院学报》1999 年第 2 期。

⑥ 任青云：《日语常用汉字和现代汉语简化字的字形比较》，《中国科教创新导刊》2008 年第 7 期。

⑦ 杨恬：《韩中现行汉字差异的文化取向——对汉字教育、现代汉字热点问题的思考》，《现代语文（语言研究版）》2009 年第 8 期。

⑧ 王平、河永三：《中韩通用汉字数据库的建设与韩国现代汉字研究》，《中国文字研究》第十八辑，上海书店出版社，2013 年，第 260—262 页。

⑨ 张万有：《现代常用汉字规范字典》，陕西人民教育出版社，2006 年。

⑩ 张书岩：《现代汉语通用规范字典》，上海辞书出版社，2014 年。

10. 汉字文化研究

自1987年李玲璞先生提出建设汉字文化学的构想以来,汉字文化研究迅猛发展,如今汉字文化学已经成为一门学科,研究了汉字文化的方方面面,出版了许多专著,发表了数以千计的论文。详见本书“汉字与文化”部分。

八、现代汉字研究热点

总览现代汉字研究的历史和现状,以下问题是现代汉字研究热点。

(一) 汉字教学问题

追溯现代汉字的历史,可以发现在现代汉字研究史中,汉字教学是一个恒久性的研究课题。开始,汉字教学难,问题出在形体繁复、数量众多方面。当汉字经过简化整理之后,教学问题在于怎样提高识字效率。当计算机、手机等现代化汉字处理工具出现之后,效率问题解决了,可是又出现了提笔忘字的问题。于是,在新的条件下,改进汉字教学方法,提高汉字识字教学效率和质量仍是研究的热点。

(二) 汉字艺术化问题

在现代社会,随着工商业的迅猛发展,影视文化、服饰文化、雕塑文化迅猛发展,汉字成为一种常用的表达符号和装饰符号。于是,关于汉字艺术化的问题迅速成为研究的热点。

(三) 汉字文化问题

在汉字改革的前期,学者们把研究重点放在汉字记录汉语与汉字教学效率方面。20世纪90年代以来,汉字文化成为汉字研究的热点。

(四) 汉字信息处理问题

在近四十年当中,汉字信息处理是汉字研究的热点之一。有学者统计,“1949年到2015年12月国家发布的仍在使用的251项语言文字规范标准中,针对计算机信息处理的规范标准达190项,时间越靠后,这方面的规范标准所占比例越高”①。

九、现代汉字研究未来展望

现代汉字已经走过100多年的路程,对它的研究也逾百年。回顾过去,审视

① 陈双新:《60年来现代汉字研究与规范的三个阶段及相关问题》,《励耘语言学刊》第二十四辑,学苑出版社,2016年,第283页。

现在，展望未来。不难发现，现代汉字在取得丰硕成果的同时，依然存在一些问题；在新的百年奋斗历程起步之际，国家对语言文字工作提出了新的要求。综合这些情况，大致可以断定，以下内容将是以后一段时间内要研究解决的问题。

汉字基础理论研究。在汉字性质、特点、性能、发展前途等问题上，自现代汉字产生以来，语言文字学界主流一向沿用西方有关理论，这些理论并不完全符合汉字的实际，在一定程度上误导了中国的汉字研究。今后，从汉字的实际出发，运用唯物辩证法和历史辩证法构建更为科学的汉字基本理论，将是一个艰巨任务。

科学地评价汉字及其前途问题。自现代汉字产生以来，汉字繁难落后，不能适应现代社会，必将为拼音所取代的观点长时间占据汉字改革的主导地位，现在仍有一定影响。如今看来，这种认识失之偏颇。建立科学的评价体系，历史地、全面地综合看待汉字的性质、特点和功能，对它的优劣作出科学、公正的评价，对它的前途进行科学的预测，是现代汉字研究的一个重大课题。

进一步挖掘和发挥汉字的文化功能问题。汉字不仅是记录汉语的书写符号，而且是中华文化的重要载体。进一步挖掘其文化内涵，发挥其文化功能，是汉字研究的又一个任务。

提升现代汉字服务能力问题。目前，汉字已经在很大程度上成为规范化、标准化、信息化的文字系统，但是，随着社会的发展，国家建设和人民文字生活对汉字提出了更高的要求，这就需要加快现代汉字规范化、标准化、信息化建设，提升现代汉字服务能力。怎样完成这一任务，需要展开研究。

汉字中夹杂非汉字书写符号的问题。近几十年来，在汉语书面语中，出现了大量的汉字中夹杂着一些非汉字书写符号的现象，对于这种现象，理论上如何认识，实践中如何妥善解决，需要进一步研究。

海峡两岸的书同文问题。目前，中国大陆与台湾的汉字规范不同，所用汉字的字形、字音、字序以及计算机用字，都存在着较大的差异，这个问题如何妥善解决，需要进一步研究。

现代汉字的生态研究。现代汉字的生态，指它存在的环境，包括社会环境与文化环境。汉字环境是汉字生存、运行、发展的基本条件，离开环境，汉字将无所托身。近几十年来，汉字的生态环境发生了巨大的变化，对汉字造成了强烈的冲击，但目前对这一问题的研究还很薄弱，今后，应当大力加强。

第三章

历史中的汉字

第一节

甲骨文

一、甲骨文的定义

（一）甲骨文的内涵

甲骨文是商代后期刻写在龟甲和兽骨上的文字，这是从书写介质的角度对文字所作的一种广泛的定义。在世界范围内，已知的被大量契刻或书写在龟甲和兽骨上，并已形成体系的成熟文字符号，仅中国殷商时期的甲骨文一种。商朝人尚鬼神，行事惯于卜问鬼神，问卜的内容被有意识地刻写于占卜所用的龟甲和兽骨上，得以保存至今。因此，我们通常说到甲骨文，一般就是概指这种刻写在龟甲和兽骨上的记录性文字。

综上，所谓甲骨文，指的是刻写在龟甲和兽骨上的成体系的文字，通常是指中国殷商时期被契刻或书写在龟甲和兽骨上、主要用于记录商代占卜事类的古老文字。

（二）甲骨文的外延

根据不同的定义角度，“甲骨文”的概念还可以有不同的属性划分：就出土地点而言，甲骨文主要出土于河南安阳殷墟，但在郑州二里岗、济南大辛庄等地也有发现①，故可由此分为殷墟甲骨文、二里岗甲骨文、大辛庄甲骨文等；就文字所属时代而言，迄今所发现的甲骨文主要属于殷商时期，但陕西岐山等地也发现有西周

---

① 赵全嘏：《郑州二里岗的考古发现》，《新史学通讯》1953 年第 6 期；方辉：《济南大辛庄遗址出土商代甲骨文》，《中国历史文物》2003 年第 3 期；李学勤：《谈安阳小屯以外出土的有字甲骨》，《文物参考资料》1956 年第 11 期。

时期的甲骨文①,由此又可分为商代甲骨文、西周甲骨文等;而就甲骨文的内容而言,其中绝大多数是占卜文辞,但亦有少量记录纳贡信息或干支表等的记事刻辞,故可由此分为甲骨文卜辞、甲骨文记事刻辞等。②

甲骨文是已知的中国最早的成体系的文字,它是中国文字在历史发展中的一个阶段。甲骨文的内容虽主要为占卜记录性文辞,但其涉及的内容并不单一,包括自然、天象、祭祀、田猎、军事、外交等。因此,研究甲骨文不仅对于探索中国文字发展的源头具有重要意义,而且对于还原上古中国历史的面貌也具有重要参考价值。本文所涉及的甲骨文主要指殷墟出土的商代甲骨文(见图 3-1、图 3-2),因西周甲骨文与商代甲骨文一脉相承,故在下文相应版块中对西周甲骨文也有所涉及。

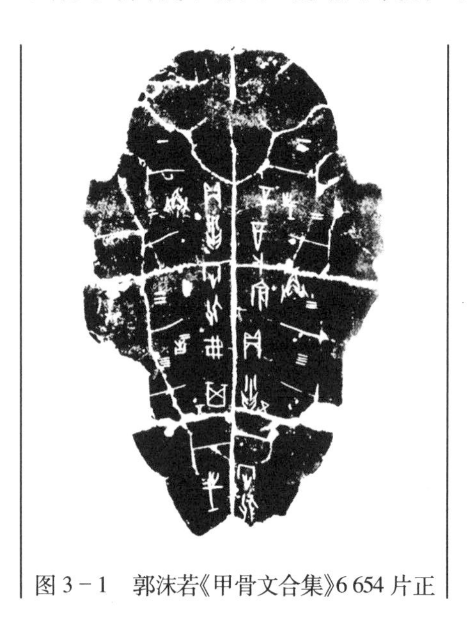

图 3-1　郭沫若《甲骨文合集》6 654 片正

图 3-2　社科院考古所《小屯南地甲骨》2 366 片

二、甲骨文的材料和工具书

(一) 甲骨文的发掘

甲骨文的发掘分为私人发掘和科学发掘。私人发掘指的是甲骨文被发现之

① 陕西周原考古队:《陕西岐山凤雏村发现周初甲骨文》,《文物》1979 年第 10 期;陕西周原考古队:《扶风县齐家村西周甲骨发掘简报》,《文物》1981 年第 9 期。

② 胡厚宣:《武丁时五种记事刻辞考》,《甲骨学商史论丛初集》,齐鲁大学国学研究所,1944 年,第 467—614 页。

初1899年至1928年之间的私人盗掘时期；科学发掘则是指甲骨文出土地被锁定在河南安阳小屯村附近后，由政府部门所组织的专业考古相关人员在1928年至1937年之间所进行的大规模科学发掘。私人发掘所得的甲骨文材料来源较为复杂，这里不多赘述。1949年以前的甲骨文科学发掘共计15次，得到甲骨文材料24 800片左右，其中最重要的一次发掘是1936年的第十三次发掘，这次的发掘在被命名为“YH127”坑的完整窖藏中，获得完整龟腹甲200余版，甲骨片17 800余片。科学发掘的前九次都在董作宾的主持下完成，其所获6 500余片甲骨文材料大多被拓印收录在《殷虚文字甲编》当中，但该著录直至1948年才得以刊行面世。第十至十二次发掘未获得有字甲骨。而第十三至十五次发掘所得的18 400余片甲骨材料，在董作宾的主持下被编纂为《殷虚文字乙编》三册，分别于1948、1949、1953年刊行。①

（二）甲骨文的数量

甲骨文为出土古文献，研究甲骨文的主要依据就是出土的原始材料，但甲骨文被发现后历经战乱，现存的原始材料广布于海内外两三百家机构和私人收藏中。这些材料究竟有多少呢？20世纪对甲骨文材料数量做过整理工作的主要是胡厚宣，他自1937年至1996年间进行整理，其统计结果显示，殷墟1985年来出土甲骨文材料总计有15万片左右。② 此后，孙亚冰于2006年对胡厚宣的整理进行了补充和修订，其重新统计认为殷墟发掘100年来的甲骨文材料总计13万片左右。③ 其后，葛亮又于殷墟发掘120周年之际，再一次对甲骨材料进行了全新的统计和整理，其整理结果显示，120年来出土的商周甲骨刻辞总数约16万片。④

作为出土古文物，甲骨文原始材料无法广泛地供大多数研究者进行实体研究，因此甲骨研究者主要依据以原始材料为基础的拓片、照片和摹本等材料展开相关研究。

---

① 其他非科学发掘以及科学发掘的具体情况参见赵诚：《二十世纪甲骨文研究述要》，书海出版社，2006年。

② 胡厚宣：《甲骨文材料之统计》，《益世报·人文周刊》1937年第13期；胡厚宣：《甲骨文发现之历史及其材料之统计》，《甲骨学商史论丛初集》，齐鲁大学国学研究所，1944年，第727—772页；胡厚宣：《五十年甲骨文发现的总结》，商务印书馆，1951年；胡厚宣：《八十五年来甲骨文材料之再统计》，《史学月刊》1984年第5期。

③ 孙亚冰：《百年来甲骨文材料统计》，《故宫博物院院刊》2006年第1期。

④ 葛亮：《一百二十年来甲骨文材料的初步统计》，《汉字汉语研究》2019年第4期。

（三）甲骨文著录

甲骨文发现迄今120余年，公开发行的甲骨文材料著录有上百种之多，我们根据这些著录的特性将其分为以下几类分别介绍。

1. 早期著录

早期著录指的是在大型集成性著录书出版之前由各甲骨学者或收藏者拓印出版的著录书。其发端于刘鹗《铁云藏龟》（1903），这是世界上第一部甲骨文著录专书。其后有罗振玉《殷虚书契前编》（1912）、《殷虚书契菁华》（1914）、《铁云藏龟之余》（1915）、《殷虚书契后编》（1916）；加拿大明义士《殷虚卜辞》（1917）；日本林泰辅《龟甲兽骨文字》（1921）；叶玉森《铁云藏龟拾遗》（1925）；董作宾《新获卜辞写本》（1928）；关百益《殷虚文字存真》（1931）；胡厚宣《甲骨六录》（1945）、《战后平津新获甲骨集》（1946）、《甲骨续存》（1955）；董作宾《殷虚文字甲编》（1948）、《殷虚文字乙编》（1948—1953）等数十部甲骨著录书先后问世。① 早期著录书由于时代所限，存在印刷质量不高、摹本错误、材料不辨真伪等问题，且当时所刊布的范围不广、印数不多，导致材料难以获取。

2. 大型集成性著录

大型集成性著录是将早期著录和其他散见甲骨材料进行综合整理后的集成性著录成果。1978年至1982年间，中国社会科学院历史研究所成员在郭沫若的组织下，广泛收集当时各地著录和私人收藏，推出了国内第一部集成性甲骨文著录书《甲骨文合集》（以下简称《合集》）。《合集》全书分13册，共收甲骨材料41 956片，其中拓本39 476片、摹本2 480片，材料按“五期法”分期，每期按卜辞内容进行下位分类。② 1999年，胡厚宣主编《甲骨文合集补编》（以下简称《补编》），补充了《合集》未收的材料8 000余片，同时将《合集》中的部分材料进行了缀合。《补编》全书分7册，共收甲骨材料13 450片，其中拓本13 170片、摹本280片。③《合集》和《补编》都是综合性的甲骨文著录，二者所收材料包含了当前可见甲骨文材料的大多数，至今仍是甲骨文研究的最主要著录。

---

① 早期甲骨著录繁杂，此处不便逐一征引，详参赵诚：《二十世纪甲骨文研究述要》，书海出版社，2006年。

② 郭沫若、胡厚宣：《甲骨文合集》，中华书局，1978—1983年。

③ 彭邦炯、谢济、马季凡：《甲骨文合集补编》，语文出版社，1995年。

3. 新见材料著录

新见材料著录是指在集成性著录书出版之后所新见的甲骨文材料的著录。1973 年，中国社会科学院考古研究所在安阳小屯村南地发掘甲骨 4 589 片，后将其整理成《小屯南地甲骨》（以下简称《屯南》）。《屯南》成书于 1980 年和 1983 年，当时《合集》尚未刊行完毕，故《屯南》内容未收入《合集》之中。《屯南》全书分上、下册，上册为图版，共收有字甲骨 4 612 片，下册是释文和索引等内容。①

1991 年，殷墟花园庄东地 H3 灰坑中发掘出一批重要甲骨材料，其中有字甲骨刻辞共计 689 片，这批材料最终被整理为《殷墟花园庄东地甲骨》。② 学界常称该批材料为“花东甲骨”“花东 H3 甲骨”等，或因该批甲骨卜辞占卜主体不是商王而是“子”，而常称之为“花东子卜辞”等。

1986 年至 2004 年间，中国社会科学院考古研究所先后在殷墟小屯村的村中和村南两地进行考古发掘，先后获得有字甲骨 305 片及 233 片，这批材料被整理为《殷墟小屯村中村南甲骨》，共计收录有字甲骨 538 片。③

4. 补充性著录

补充性著录主要指《合集》《补编》等综合性著录所未收或未能完整收录的各种官方和私人收藏甲骨材料的再著录。因是对过去已见甲骨材料进行的补充性著录，故其中包含不少《合集》或《补编》已经收录过的重复材料，但即使是重复材料，也有拓片更清晰、更完整等全新价值。在补充性著录中，较为重要的官方收藏材料主要有：1979 年《东洋文库所藏甲骨文字》，1980 年《美国所藏甲骨集》，1983 年《东京大学东洋文化研究所藏甲骨文字》，1985 年《英国所藏甲骨集》，1985 年《法国所藏甲骨录》，1987 年《天理大学附属天理参考馆甲骨文字》，1995 年《殷虚文字乙编补遗》，1997 年《德瑞荷比所藏一些甲骨录》，1998 年《山东省博物馆珍藏甲骨墨拓集》，1998 年《河北大学文物室所藏甲骨》，1999 年《瑞典斯德哥尔摩远东古物博物馆藏甲骨文字》，2007 年《中国国家博物馆馆藏文物研究丛书·甲骨卷》，2008 年《北京大学珍藏甲骨文字》，2009 年《上海博物馆藏甲骨文字》，2009 年《史语所购藏甲骨集》，2011 年《中国社会科学院历史研究所藏甲骨集》，2013 年《俄罗斯国立爱米塔什博物馆藏殷墟甲骨》，2014 年《旅顺博物馆所藏甲骨》，2016

① 中国社会科学院考古研究所：《小屯南地甲骨》，中华书局，1980、1983 年。

② 中国社会科学院考古研究所：《殷墟花园庄东地甲骨》，云南人民出版社，2003 年。

③ 中国社会科学院考古研究所：《殷墟小屯村中村南甲骨》，云南人民出版社，2012 年。

年《重庆三峡博物馆藏甲骨集》,2017年《香港中文大学藏甲骨集》,2019年《复旦大学藏甲骨集》,2019年《安阳博物馆藏甲骨》,2021年《河南藏甲骨集成・开封博物馆卷》,2021年《吉林大学藏甲骨集》等。除官方收藏材料外,民间私藏或学者辑录的甲骨材料也不乏具有重要参考价值者,其中主要有:1979年《怀特氏等收藏甲骨文集》,1996年《中岛玉振旧藏的甲骨片》,1996年《甲骨续存补编》,2000年《路东之梦斋藏甲骨文》,2005年《殷契拾掇》,2006年《洹宝斋所藏甲骨》,2008年《殷墟甲骨辑佚》,2009年《张世放所藏殷墟甲骨集》,2009年《云间朱孔阳藏戬寿堂殷虚文字旧拓》,2015年《殷墟甲骨拾遗》,2015年《珍秦斋藏甲骨文》,2016年《笏之甲骨拓本集》,2017年《邓尔雅旧藏甲骨》,2018年《符凯栋所藏殷墟甲骨》,2018年《徐宗元尊六室甲骨拓本集》,2019年《绘园所藏甲骨》,2019年《〈甲骨文合集〉第十三册拓本搜聚》等。①

甲骨文材料的散布使得甲骨文著录书的种类纷繁多样,其中虽间杂着不少重复著录者,但各著录都有其独有的参考价值,因而令人难以取舍。研究者可根据研究需要,以大型集成性著录材料为主,同时辅以新出和补充的著录材料展开相关研究,或有针对性地对个别著录材料展开专题研究。

(四)甲骨缀合材料

甲骨缀合是依据龟甲形态、卜辞内容、地层坑位等信息,将残断的甲骨材料拼缀在一起,尽可能复原整版甲骨材料的原貌。而缀合材料指的就是对缀合后甲骨材料的辑录。

甲骨文发现之初已经有不少学者对甲骨材料进行过零散的缀合工作,如郭沫若在《卜辞通纂》中收录有缀合甲骨30余版。最早专门针对甲骨进行缀合整理工作的是曾毅公,他在1939年出版的《甲骨叕存》是第一部甲骨缀合专书。此后的

① 2017年前著录的具体情况详参宋镇豪:《甲骨文材料的全面整理与研究》,《甲骨文与殷商史》新七辑,上海古籍出版社,2017年,第1—12页。余者见李宗焜:《典雅劲健:香港中文大学藏甲骨集》,香港中文大学出版社,2017年;吕静、葛亮:《复旦大学藏甲骨集》,上海古籍出版社,2019年;安阳博物馆:《安阳博物馆藏甲骨》,西泠印社出版社,2019年;张新俊:《河南藏甲骨集成・开封博物馆卷》,河南美术出版社,2021年;吴振武:《吉林大学藏甲骨集》,上海古籍出版社,2021年;宋镇豪:《符凯栋所藏殷墟甲骨》,上海古籍出版社,2018年;宋镇豪、马季凡:《徐宗元尊六室甲骨拓本集》,上海古籍出版社,2018年;宋镇豪、马季凡:《绘园所藏甲骨》,上海古籍出版社,2019年;拓本搜聚策事组:《〈甲骨文合集〉第十三册拓本搜聚》,文物出版社,2019年。

相关成果还有：1950 年曾毅公《甲骨缀合编》,1955 年郭若愚、曾毅公、李学勤《殷虚文字缀合》,1975 年严一萍《甲骨缀合新编》,1976 年严一萍《甲骨缀合新编补》,1989 年严一萍《殷虚第十三次发掘所得卜甲缀合集》,1999 年蔡哲茂《甲骨缀合集》,2004 年蔡哲茂《甲骨缀合续集》,2010 年黄天树《甲骨拼合集》,2011 年林宏明《醉古集》,2011 年黄天树《甲骨拼合续集》,2011 年蔡哲茂《甲骨缀合汇编》,2013 年林宏明《契合集》,2013 年黄天树《甲骨拼合三集》,2016 年黄天树《甲骨拼合四集》,2019 年黄天树《甲骨拼合五集》,等等。①

（五）工具书

除了著录和缀合材料以外,甲骨文研究中还需要参考一些相关的工具书。主要有以下几种：

1. 字编类

字编类工具书主要是将单个甲骨文字形进行综合性的辑录或类纂。早期手抄本有：王襄《簠室殷契类纂》,商承祚《殷虚文字类编》,孙海波《甲骨文编》等。② 新时期印刷体出版的主要成果有：沈建华、曹锦炎《新编甲骨文字形总表》(有改版及改版增订),刘钊《新甲骨文编》(有增订本),李宗焜《甲骨文字编》,王蕴智《甲骨文可释字形总表》,陈年福《甲骨文字新编》,韩江苏、石福金《殷墟甲骨文编》,等等。③

2. 字释类

字释类工具书主要是收集单个甲骨文字考释意见的工具书,包括字典和文字集释类。早期有朱芳圃《甲骨学文字编》,后期有集成性成果《甲骨文字诂林》。④ 其他重要成果还有：李孝定《甲骨文字集释》,徐中舒《甲骨文字典》,松丸道雄、高

① 具体书目情况参见李爱辉：《甲骨缀合的发展回顾》,《中国书法》2019 年第 23 期。

② 王襄：《簠室殷契类纂》,《甲骨文献集成》(十四),四川大学出版社,2001 年,第 400 页(1920 年初版);商承祚：《殷虚文字类编》,北京图书馆出版社,2000 年(1923 年初版);孙海波：《甲骨文编》,哈佛燕京社,1934 年。

③ 沈建华、曹锦炎：《新编甲骨文字形总表》,香港中文大学出版社,2001 年;沈建华、曹锦炎：《甲骨文字形表》,上海辞书出版社,2008 年;刘钊：《新甲骨文编》,福建人民出版社,2009 年;李宗焜：《甲骨文字编》,中华书局,2012 年;刘钊：《新甲骨文编》(增订本),福建人民出版社,2014 年;沈建华、曹锦炎：《甲骨文字形表》(增订版),上海辞书出版社,2017 年;王蕴智：《甲骨文可释字形总表》,河南美术出版社,2017 年;陈年福：《甲骨文字新编》,线装书局,2017 年;韩江苏、石福金：《殷墟甲骨文编》,中国社会科学出版社,2017 年。

④ 朱芳圃：《甲骨学文字编》,商务印书馆,1933 年;于省吾：《甲骨文字诂林》,中华书局,1996 年。

岛谦一《甲骨文字字释综览》,何景成《甲骨文字诂林补编》等。①

3. 词典类

词典类工具书是以甲骨文词语为单位进行释义的参考书,主要有:赵诚《甲骨文简明词典·卜辞分类读本》,张玉金《甲骨文虚词词典》,孟世凯《甲骨学辞典》等。②

4. 辞例排谱类

辞例排谱类工具书是以甲骨文句子为单位,将同类卜辞辞例进行分类排谱或类纂者。主要成果有:岛邦男《殷墟卜辞综类》,姚孝遂《殷墟甲骨刻辞类纂》,齐航福、章秀霞《殷墟花园庄东地甲骨刻辞类纂》,朱歧祥《甲骨文词谱》,洪飏《殷墟花园庄东地甲骨文类纂》,李霜洁《殷墟小屯村中村南甲骨刻辞类纂》等。③

5. 释文类

释文类工具书是以甲骨片为单位,对各著录书所收甲骨片内容进行逐句释读者。主要成果有:姚孝遂、肖丁《殷墟甲骨刻辞摹释总集》,胡厚宣《甲骨文合集释文》,白于蓝《殷墟甲骨刻辞摹释总集校订》,曹锦炎、沈建华《甲骨文校释总集》,陈年福《殷墟甲骨文摹释全编》等。④

6. 综述和文献编目

此类材料指的是甲骨文相关研究的综述性文献和相关文献的编目型工具书。该类成果繁多,此处仅列部分成果以供参考,如:胡厚宣《五十年甲骨文发现的总结》《五十年甲骨学论著目》,陈梦家《殷虚卜辞综述》,王宇信《甲骨学通论》,宋镇豪《百年甲骨学论著目》,赵诚《二十世纪甲骨文研究述要》,刘一曼、韩江苏《甲骨

---

① 李孝定:《甲骨文字集释》,"中研院"历史语言研究所,1970年;徐中舒:《甲骨文字典》,四川辞书出版社,1989年;〔日〕松丸道雄、〔日〕高岛谦一:《甲骨文字字释综览》,东京大学出版会,1994年;何景成:《甲骨文字诂林补编》,中华书局,2017年。

② 赵诚:《甲骨文简明词典·卜辞分类读本》,中华书局,1988年;张玉金:《甲骨文虚词词典》,中华书局,1994年;孟世凯:《甲骨学辞典》,上海人民出版社,2009年。

③〔日〕岛邦男:《殷墟卜辞综类》,汲古书院,1967年;姚孝遂:《殷墟甲骨刻辞类纂》,中华书局,1989年;齐航福、章秀霞:《殷墟花园庄东地甲骨刻辞类纂》,线装书局,2011年;朱歧祥:《甲骨文词谱》,里仁书局,2013年;洪飏:《殷墟花园庄东地甲骨文类纂》,福建人民出版社,2016年;李霜洁:《殷墟小屯村中村南甲骨刻辞类纂》,中华书局,2017年。

④ 姚孝遂、肖丁:《殷墟甲骨刻辞摹释总集》,中华书局,1988年;胡厚宣:《甲骨文合集释文》,中国社会科学出版社,1999年;白于蓝:《殷墟甲骨刻辞摹释总集校订》,福建人民出版社,2004年;曹锦炎、沈建华:《甲骨文校释总集》,上海辞书出版社,2006年;陈年福:《殷墟甲骨文摹释全编》,线装书局,2010年。

文书籍提要》(增订本)等。①

三、甲骨文研究的历史和进展

针对甲骨文展开的研究已发展为专门的学科——甲骨学。甲骨学研究的范围包括甲骨语言文字、断代、钻凿、缀合、历史、文化、地理等。甲骨语言文字研究是从文字学角度对甲骨文展开的专题研究,它主要针对甲骨文字考释、词汇、语法等语言文字的内容,与利用甲骨文考证历史等方面的研究有所不同。本书仅讨论甲骨文字研究,其他甲骨学研究视情况略为述及。

(一) 文字考释

在近年新出的甲骨文字编类工具书中,《甲骨文字形表》(增订版)共收甲骨文字头 4 159 个,《甲骨文字新编》收字 4 078 个,据此可推知当前可见甲骨文不重复的单字字目总数约在 4 100 个。《甲骨文可释字形总表》共收甲骨文可释字 1 336 个,由此可知,在 4 000 多个甲骨文单字中,被释出的单字尚不足半数,仍有大部分甲骨文字处于待考释状态。

甲骨文的考释研究可根据其发展情况大体分为以下几个时期:

1. 奠基时期

甲骨文发现之初的前 20 年可认为是甲骨文考释的奠基时期。此时期的代表人物为孙诒让、罗振玉、王国维。孙诒让一般被认为是甲骨文考释第一人,他的《契文举例》是第一部甲骨文考释专书,其开创之功不可没。罗振玉先著有《殷商贞卜文字考》,其后在此基础上作成《殷虚书契考释三种》,后者被认为是甲骨文考释的奠基之作。王国维的甲骨文研究最初受到罗振玉较大影响,但其研究为学界提供了很多重要参考。其考释成果除了见于罗振玉所编《殷虚书契》的考释当中,还有《戬寿堂所藏殷虚文字考释》等。② 奠基时期所考释出的甲骨文字总计近 600

---

① 胡厚宣:《五十年甲骨文发现的总结》,商务印书馆,1951 年;胡厚宣:《五十年甲骨学论著目》,中华书局,1952 年;陈梦家:《殷虚卜辞综述》,中华书局,1988 年;王宇信:《甲骨学通论》,中国社会科学出版社,1989 年;宋镇豪:《百年甲骨学论著目》,语文出版社,1999 年;赵诚:《二十世纪甲骨文研究述要》,书海出版社,2006 年;刘一曼、韩江苏:《甲骨文书籍提要》(增订本),上海古籍出版社,2017 年。

② 孙诒让:《契文举例》,齐鲁书社,1993 年;罗振玉:《殷商贞卜文字考》,《甲骨文献集成》(七),四川大学出版社,2001 年(1910 年初版);罗振玉:《殷虚书契考释三种》,中华书局,2006 年;王国维:《戬寿堂所藏殷虚文字考释》,仓圣明智大学,1917 年。

个,已将近当前甲骨文确释字总数的一半,为后世甲骨文考释奠定了坚实的基础。①

2. 发展时期

随着殷墟科学发掘的甲骨材料越来越丰富,考释者的队伍也日益壮大,甲骨文考释研究进入了发展时期。该时期的主要代表人物有郭沫若、唐兰、于省吾等。郭沫若的成果主要有《甲骨文字研究》《殷契余论》《卜辞通纂》和《殷契粹编》等,其字词考释有独到见解,且对商代社会历史问题展开了相关探讨。唐兰的重要成果有《殷墟文字记》《天壤阁甲骨文存并考释》等,其对文字考释方法的理论化研究对后世影响较大。同样对考释理论研究有重大贡献的还有于省吾,其成果主要有《双剑誃殷契骈枝》《双剑誃殷契骈枝续编》和《双剑誃殷契骈枝三编》。于省吾是继罗振玉和王国维之后,考释甲骨文字最多者。②

除此之外,该阶段还有一些较为重要的考释成果,如:柯昌济《殷虚书契补释》,陈邦怀《殷虚书契考释小笺》,王襄《簠室殷契征文》,叶玉森《殷契钩沉》,商承祚《殷虚文字考》,杨树达《积微居甲文说》《耐林庼甲文说》,屈万里《殷虚文字甲编考释》,等等。③

3. 综合拓展时期

随着甲骨文著录书和考释成果的不断发表,甲骨文考释工作进入了综合拓展时期,诸多集成性的考释成果纷纷涌现。如吴其昌《殷虚书契解诂》,朱芳圃《殷周文字释丛》,李孝定《甲骨文字集释》,于省吾《甲骨文字释林》,朱歧祥《殷墟甲骨文字通释稿》,等等。该时期的集大成之作应以于省吾主编的《甲骨文字诂林》为

① 张德劭:《甲骨文考释简论》,世界图书出版广东有限公司,2012 年,第 7 页。

② 郭沫若:《甲骨文字研究》,大东书局,1931 年;郭沫若:《殷契余论》,科学出版社,1982 年;郭沫若:《卜辞通纂》,科学出版社,1983 年;郭沫若:《殷契粹编》,科学出版社,1965 年;唐兰:《殷墟文字记》,中华书局,1981 年;唐兰:《天壤阁甲骨文存并考释》,辅仁大学,1939 年;于省吾:《双剑誃殷契骈枝 · 双剑誃殷契骈枝续编 · 双剑誃殷契骈枝三编》,中华书局,2009 年。

③ 柯昌济:《殷虚书契补释》,《甲骨文献集成》(七),四川大学出版社,2001 年,第 213 页;陈邦怀:《殷虚书契考释小笺》,《甲骨文献集成》(七),四川大学出版社,2001 年,第 222 页;王襄:《簠室殷契征文》,《甲骨文献集成》(一),四川大学出版社,2001 年,第 99 页;叶玉森:《殷契钩沉》,富晋书社,1929 年;商承祚:《殷虚文字考》,《国学丛刊》1924 年第 4 期;杨树达:《积微居甲文说 · 耐林庼甲文说 · 卜辞琐记 · 卜辞求义》,上海古籍出版社,1983 年;屈万里:《殷虚文字甲编考释》,"中研院"历史语言研究所,1992 年。

主,该书遍收甲骨文发现90年来的文字考释成果,总计收录甲骨文字3 691个,每字集释后均附有姚孝遂所作按语。① 除上述集释成果之外,综合拓展时期的甲骨文考释代表人物还有徐中舒、饶宗颐、姚孝遂、裘锡圭、鲁实先、徐锡台、张亚初等。

4. 考释新时期

随着甲骨新材料的出土,以及简帛等其他出土文献新材料的刊布,甲骨文考释进入了一个全新的时期。新时期的甲骨文考释成果主要散见于学者们的单篇考释文章中,主要代表人物有裘锡圭、蔡哲茂、黄天树、连劭名、刘钊、陈剑、陈斯鹏、沈培、赵平安、何景成、蒋玉斌、刘桓、时兵、徐宝贵、张玉金、王子杨等。新时期甲骨文考释的集成性成果以何景成的《甲骨文字诂林补编》为主,其中收录了1990年至2013年间的甲骨文考释成果。②

据张德劭统计,甲骨文发现后的20年,学者已得出较可信的考释成果约400个,几乎达到了当前无疑义考释成果的半数。而到甲骨文发现后50年,总计得到可信的考释字800余个,占当前可信考释字总数的70%左右。③ 尽管学界对可信考释字有不同见解而使"确释字"的总数有一定差异,但甲骨文考释发展进程的不均衡性确是显而易见的。早期被释出的字包含象形独体字、干支用字、数字等,这些字相对较易释出,而以这些字为基础构形的一系列相关字也不难被考释出来,因而早期的释字成果相对而言是很丰富的。但随着研究的深入,考释的难度越来越大,成果也相对越来越少,这不是学术水平的退步,而是考释研究发展的必然。

新时期的甲骨文考释不论是考释角度、考释深度,还是考释方法,都得到了一定程度的发展和创新。就考释角度而言,新时期的考释常常以简帛等新出古文字材料为证,通过形、音、义等方面的系联,进而考释甲骨文字,如张新俊《据新出楚简谈谈甲骨卜辞中的"梏"、"圉"等字》就是这方面的实践④;在考释深度上,新时期的考释不仅只是释读某甲骨字形对应某个现代通用汉字,还主要关注文字形、

---

① 吴其昌:《殷虚书契解诂》,艺文印书馆,1960年;朱芳圃:《殷周文字释丛》,中华书局,1962年;李孝定:《甲骨文字集释》,"中研院"历史语言研究所,1970年;于省吾:《甲骨文字释林》,中华书局,1979年;朱歧祥:《殷墟甲骨文字通释稿》,文史哲出版社,1989年;于省吾:《甲骨文字诂林》,中华书局,1996年。

② 何景成:《甲骨文字诂林补编》,中华书局,2017年。

③ 张德劭:《甲骨文考释简论》,世界图书出版广东有限公司,2012年,第7—8页。

④ 张新俊:《据新出楚简谈谈甲骨卜辞中的"梏"、"圉"等字》,《楚简楚文化与先秦历史文化国际学术研讨会论文集》,湖北教育出版社,2013年,第501—510页。

音、义方面的历史演变和字际关系等问题，如陈剑《甲骨金文旧释“尤”之字及相关诸字新释》[①]等；在考释方法上，新时期出现了类组差异对比法、量化分析法等多种新的考释方法，如王子杨《甲骨文旧释“凡”之字绝大多数当释为“同”——兼谈“凡”“同”之别》就是根据字形类组差异对比法对形近字考释的成果。[②]

（二）词汇语法研究

1. 词类研究

此方面的综合研究以杨逢彬的《殷墟甲骨刻辞词类研究》为主，此外还有各个词类的专题讨论。[③] 名词方面主要有黄天树的方位词研究、巫称喜的名词研究、邓飞的时间词研究；动词方面有郑继娥的祭祀动词研究、李发的军事行为动词研究、葛亮的田猎动词研究、张玉金和禤健聪对动词“于”的研究；代词方面有陈年福和张玉金对代词“何”“此”的讨论、沈培和黄天树对代词“其”的讨论；介词方面有郭锡良和裘锡圭对介词“于”的讨论、张玉金对介词“于”和“自”的讨论、毛志刚的介词专题研究等；连词方面有杨逢彬对“暨”“以”“比”等连词的讨论、张玉金对连词“暨”的讨论；助动词方面有黄天树的相关研究；副词中的否定副词方面有叶正渤、洪飏、杨于萱、龚波、张国艳、连劭名等的相关研究，其他副词以司礼义的“其”字研究影响最大，此外还有沈培的“气”字研究、张玉金的“其”字研究、王娟的时间副词研究、朱彦民的“叀”“隹”研究等。[④]

2. 语法句法研究

甲骨文的语法研究最早始于 1928 年胡小石的《甲骨文例》，这是第一部甲骨文语法研究专著。此后语法相关的综合研究主要还有张玉金的《甲骨文语法学》

---

① 陈剑：《甲骨金文旧释“尤”之字及相关诸字新释》，《北京大学中国古文献研究中心集刊》第四辑，北京大学出版社，2004 年，第 74—94 页。

② 王子杨：《甲骨文旧释“凡”之字绝大多数当释为“同”——兼谈“凡”“同”之别》，《出土文献与古文字研究》第五辑，上海古籍出版社，2013 年，第 6—30 页。

③ 杨逢彬：《殷墟甲骨刻辞词类研究》，花城出版社，2003 年。

④ 涉及词汇语法研究的文章过多，限于篇幅此处不逐一征引，具体文章出处可参考张玉金：《21 世纪以来甲骨文语法研究的回顾与展望》，《出土文献》2021 年第 2 期。其余主要成果还可参考黄天树：《古文字研究——黄天树学术论文集》，人民出版社，2018 年；邓飞：《商代甲金文时间范畴研究》，人民出版社，2013 年；郑继娥：《甲骨文祭祀卜辞语言研究》，巴蜀书社，2007 年；沈培：《殷墟甲骨卜辞语序研究》，文津出版社，1992 年；Paul L-M Serruys（司礼义）：“Towards a Grammar of the Language of the Shang Bone Inscriptions”，《“中央研究院”国际汉学会议论文集 · 语言文字组》，“中研院”，1981 年，第 313—364 页。

和《甲骨卜辞语法研究》、李曦的《殷墟卜辞语法》,等等。①

除综合性语法研究外,对句式句法等问题亦有不少专题讨论,如齐航福的宾语前置句和双宾语句研究、邓统湘对花园庄东地甲骨卜辞的双宾语句和三宾语句研究、喻遂生的三宾语句研究、沈培的被动句研究、张玉金的句型句式研究、陈练文的句法研究、喻遂生的祭祀动词句研究、姚志豪的句法断代研究,等等。②

3. 甲骨文例研究

卜辞语言的特殊性使得甲骨文"文例"的概念与一般语言学上的"文例"有所不同,它是仅限于甲骨文这种特定语言材料的行文用语体例。王宇信认为:"卜辞文例,在甲骨学上的约定意义为占卜文辞与占卜载体的结合关系之表象,专指卜辞在卜用甲骨上所刻写的辞例形式、地位、行款走向的习惯和分布规律等等。"③宋镇豪认为甲骨文例还应包括"字体写刻习惯"。④

甲骨文例的研究最早可追溯到孙诒让的《契文举例》,书中《杂例》一章即可认为是最早的甲骨文例探讨。而第一个对甲骨文例展开专题研究的是胡光炜(胡小石)的《甲骨文例》。其后,董作宾在此方面有所展开,如在《商代龟卜之推测》中探讨了通过定位法研究文例等,其他相关成果还有《大龟四版考释》《殷代文例分常例特例二种说》《骨文例》等。除董作宾外,其他学者的成果主要有胡厚宣《卜辞杂例》《卜辞同文例》、张秉权《论成套卜辞》、李达良《龟版文例研究》、刘影《殷墟胛骨文例》、何会《殷墟王卜辞龟腹甲文例研究》,等等。⑤

---

① 胡小石:《甲骨文例》,中山大学语言历史学研究所,1928 年;张玉金:《甲骨文语法学》,学林出版社,2001 年;张玉金:《甲骨卜辞语法研究》,广东高等教育出版社,2002 年;李曦:《殷墟卜辞语法》,陕西师范大学出版社,2004 年。

② 相关文章出处同参张玉金:《21 世纪以来甲骨文语法研究的回顾与展望》,《出土文献》2021 年第 2 期。

③ 王宇信、杨升南:《甲骨学一百年》,社会科学文献出版社,1999 年,第 258 页。

④ 宋镇豪:《甲骨文例研究·序言》,台湾古籍出版有限公司,2003 年,第 1 页。

⑤ 胡小石:《甲骨文例》,中山大学语言历史学研究所,1928 年;董作宾:《商代龟卜之推测》,《安阳发掘报告》1929 年第 1 期;董作宾:《大龟四版考释》,《安阳发掘报告》1931 年第 3 期;董作宾:《殷代文例分常例特例二种说》,《中国文字》1962 年第 6 期;董作宾:《骨文例》,《中央研究院历史语言研究所集刊》1936 年第 7 期;胡厚宣:《卜辞杂例》,《中央研究院历史语言研究所集刊》1939 年第 8 期;胡厚宣:《卜辞同文例》,《中央研究院历史语言研究所集刊》1947 年第 9 期;张秉权:《论成套卜辞》,《庆祝董作宾先生六十五岁论文集·上册》,"中研院"历史语言研究所,1960 年;李达良:《龟版文例研究》,《甲骨文献 (转下页)

随着研究的发展，有关甲骨文例的研究也在逐渐细化，学者们根据不同的研究角度展开了文例的分类研究，如可根据甲骨材料分别研究龟甲文例和胛骨文例等，根据卜辞类型分别研究成套卜辞文例和对贞卜辞文例等，根据卜辞内容分别研究田猎卜辞文例和祭祀卜辞文例等。

（三）数字化模式的甲骨文精细化定量性研究

定量研究使用于甲骨文领域是近年来甲骨文研究的新角度，这是甲骨文庞大的材料数据量所决定的。量化研究以精细的数据分析为基础，对于促进科学的甲骨文研究具有重要意义。该方面研究以刘志基为首，他以量化数据材料为基础，对甲骨文字形、构件、字频等方面作出精细分析，拉开了甲骨文精细化定量研究的序幕。[①] 其所辅导的诸篇学位论文也对甲骨文字形的定量研究作了许多工作。[②] 除此之外，采用定量法对甲骨文展开研究的还有贾燕子、崎川隆等。[③]

（四）其他甲骨学研究

相较于甲骨文语言研究而言，甲骨学的研究更侧重历史考古等语言文字以外的内容。

1917年王国维通过《殷卜辞中所见先公先王考》考证了商人先祖之名[④]，郭沫若的《中国古代社会研究》利用甲骨等出土材料探讨了中国古代社会问题[⑤]，这些研究使文献中的商朝成为信史，自此打开了利用甲骨文研究历史文化的新局面。

（接上页）集成》（十七），四川大学出版社，2001年，第219页；刘影：《殷墟胛骨文例》，首都师范大学出版社，2016年；何会：《殷墟王卜辞龟腹甲文例研究》，中国社会科学出版社，2020年。

① 刘志基：《甲骨文字形规整化再研究》，《华东师范大学学报（哲学社会科学版）》2009年第5期；刘志基：《简论甲骨文字频的两端集中现象》，《语言研究》2010年第4期；刘志基：《字频视角的甲骨文构件定量研究》，《汉字研究》（韩国）2010年第2期；刘志基：《偏旁视角的先秦形声字发展定量研究》，《语言科学》2012年第1期；刘志基：《基于文献用字分类的甲骨卜辞话题类型简说——以〈小屯南地甲骨〉为例》，《汉字研究》（韩国）2013年第9期；刘志基：《中国文字发展史·商周文字卷》，华东师范大学出版社，2015年。

② 陈婷珠：《殷商甲骨文字形系统再研究》，博士学位论文，华东师范大学，2007年；康烜黄：《𠂤组甲骨文字体分类定量研究》，硕士学位论文，华东师范大学，2019年。

③ 贾燕子：《甲骨文单祭祀动词句型定量研究》，《漳州师范学院学报》2006年第3期；贾燕子：《甲骨文多祭祀动词句定量研究》，《周口师范学院学报》2006年第6期；〔日〕崎川隆：《宾组甲骨文分类研究》，上海人民出版社，2012年。

④ 王国维：《殷卜辞中所见先公先王考》，《观堂集林·卷九》，中华书局，1959年。

⑤ 郭沫若：《中国古代社会研究》，联合书店，1930年。

1. 国家社会研究

这方面的研究主要有贝塚茂树《古代殷帝国》、宋镇豪《夏商社会生活史》等。①

2. 世系礼仪制度研究

此方面的研究王国维发挥了重要作用,除《殷卜辞中所见先公先王考》和《续考》之外,其重要成果还有《殷周制度论》《殷礼征文》等。其他学者的研究有:常玉芝《商代周祭制度》,丁山《甲骨文所见氏族及其制度》,李学勤《论殷代亲族制度》,林沄《从武丁时代的几种"子卜辞"试论商代的家族形态》,朱凤瀚《商周家族形态研究》,等等。②

3. 历法天文研究

相关研究有董作宾的《殷历谱》《甲骨年表》《续甲骨年表》、常玉芝《殷商历法研究》、冯时《百年来甲骨文天文历法研究》,等等。③

4. 地理方国研究

相关研究有李学勤《殷代地理简论》、钟柏生《殷商卜辞地理论丛》、郑杰祥《商代地理概论》、陈珈贝《商周南土政治地理结构研究》,等等。④

5. 科技经济研究

温少峰和袁庭栋的《殷墟卜辞研究——科学技术篇》是较早的成果,此后还有杨升南的《商代经济史》和彭邦炯的《甲骨文农业资料考辨与研究》等。⑤

---

① 〔日〕贝塚茂树:《古代殷帝国》,美铃书房,1957 年;宋镇豪:《夏商社会生活史》,中国社会科学出版社,2005 年。

② 王国维:《王国维全集》,浙江教育出版社,2009 年;常玉芝:《商代周祭制度》,线装书局,2009 年;丁山:《甲骨文所见氏族及其制度》,科学出版社,1956 年;李学勤:《论殷代亲族制度》,《文史哲》1957 年第 11 期;林沄:《从武丁时代的几种"子卜辞"试论商代的家族形态》,《古文字研究》第一辑,中华书局,1979 年,第 214—236 页;朱凤瀚:《商周家族形态研究》,天津古籍出版社,2004 年。

③ 董作宾:《董作宾先生全集》,艺文印书馆,1977 年;常玉芝:《殷商历法研究》,吉林文史出版社,1998 年;冯时:《百年来甲骨文天文历法研究》,中国社会科学出版社,2011 年。

④ 李学勤:《殷代地理简论》,科学出版社,1959 年;钟柏生:《殷商卜辞地理论丛》,艺文印书馆,1989 年;郑杰祥:《商代地理概论》,中州古籍出版社,1994 年;陈珈贝:《商周南土政治地理结构研究》,花木兰文化出版社,2009 年。

⑤ 温少峰、袁庭栋:《殷墟卜辞研究——科学技术篇》,四川省社会科学院出版社,1983 年;杨升南:《商代经济史》,贵州人民出版社,1992 年;彭邦炯:《甲骨文农业资料考辨与研究》,吉林文史出版社,1997 年。

6. 人物称谓研究

饶宗颐的《殷代贞卜人物通考》是早期很有影响力的有关卜辞人物的专题研究成果。此后还有吴俊德《殷卜辞先王称谓综论》和赵林《殷契释亲：论商代的亲属称谓及亲属组织制度》对称谓问题的专题研究，以及王进锋《臣、小臣与商周社会》的臣和小臣专题研究。①

7. 综合研究

综合研究是指各学者的甲骨学综合研究成果，主要有胡厚宣《甲骨学商史论丛初集》及《二集》《三集》，陈梦家《殷虚卜辞综述》，朱芳圃《甲骨学商史编》，丁山《商周史料考证》；彭邦炯《商史探微》，宋镇豪《商代史》，等等。② 另有综述性文献如：胡厚宣《五十年甲骨文发现的总结》《殷墟发掘》，王宇信《建国以来甲骨文研究》《甲骨学通论》等。③

（五）西周甲骨文研究

1. 简述

西周甲骨文研究是甲骨文研究的重要分支。西周甲骨因其所属年代而得名，其出土地点较为分散，主要集中在陕西、山西、河南、河北、山东、湖北、四川等地，其中以 1977 年至 1979 年间周原凤雏（学界也专称其为“凤雏甲骨”），以及 2008 年周公庙遗址所出甲骨最多。④ 目前已知的西周甲骨数量不少于 17 000 片，当前已公布的有字刻辞为 335 片。西周甲骨文的内容较为丰富，主要涉及祭祀、祝祷、年成、田猎、出入、征伐等。

---

① 饶宗颐：《殷代贞卜人物通考》，中华书局，2015 年；吴俊德：《殷卜辞先王称谓综论》，里仁书局，2010 年；赵林：《殷契释亲：论商代的亲属称谓及亲属组织制度》，上海古籍出版社，2011 年；王进锋：《臣、小臣与商周社会》，上海人民出版社，2018 年。

② 胡厚宣：《甲骨学商史论丛初集・二集・三集》，齐鲁大学国学研究所，1944—1945 年；陈梦家：《殷虚卜辞综述》，中华书局，1988 年；朱芳圃：《甲骨学商史编》，香港书店，1972 年；丁山：《商周史料考证》，中华书局，1988 年；彭邦炯：《商史探微》，重庆出版社，1988 年；宋镇豪：《商代史》，中国社会科学出版社，2010 年。

③ 胡厚宣：《五十年甲骨文发现的总结》，商务印书馆，1951 年；胡厚宣：《殷墟发掘》，学习生活出版社，1955 年；王宇信：《建国以来甲骨文研究》，中国社会科学出版社，1981 年；王宇信：《甲骨学通论》，中国社会科学出版社，1989 年。

④ 陕西周原考古队：《陕西岐山凤雏村发现周初甲骨文》，《文物》1979 年第 10 期；陕西周原考古队：《扶风县齐家村西周甲骨发掘简报》，《文物》1981 年第 9 期；周公庙考古队：《周公庙考古工作汇报暨新出西周甲骨座谈会纪要》，《中国文物报》2009 年 3 月 27 日。

2. 著录和考释

西周甲骨的主要著录有曹玮的《周原甲骨文》和台北故宫博物院的《赫赫宗周：西周文化特展图录》，二者所收材料出自周原凤雏和岐山周公庙遗址。①

3. 相关研究

对于西周甲骨文的考释等相关研究，较为综合性的成果主要有李学勤和王宇信《周原卜辞选释》，陈全方《陕西岐山凤雏村西周甲骨文概论》，徐锡台《周原甲骨文综述》，陈全方《周原与周文化》，王宇信《西周甲骨探论》，朱歧祥《周原甲骨研究》，冯时《陕西岐山周公庙出土甲骨文的初步研究》，李学勤《周公庙遗址祝家巷卜甲试释》，董珊《试论周公庙龟甲卜辞及其相关问题》，刘源《周公庙"宁风"卜甲的初步研究》，李零《读〈周原甲骨文〉》，等等。此外，针对个别字形的考释，以裘锡圭释"卲"字和夏含夷释"由"字为主要代表。②

西周甲骨文的字形总体上不如商代甲骨文整饬，其形体和词汇方面也与商代甲骨文略有差异。对西周甲骨文字体风格的研究主要有曹玮《对周原甲骨刻辞刻锋问题的讨论》、董琨《周原甲骨文与汉字形体发展》。此外，门艺《周原甲骨文动词及用字形义关系浅析》也对西周甲骨文的词汇方面有所讨论。③

---

① 曹玮：《周原甲骨文》，世界图书出版公司北京公司，2002 年；台北故宫博物院：《赫赫宗周：西周文化特展图录》，台北故宫博物院，2012 年。

② 李学勤、王宇信：《周原卜辞选释》，《古文字研究》第四辑，中华书局，1980 年，第 245—258 页；陈全方：《陕西岐山凤雏村西周甲骨文概论》，《四川大学学报丛刊》第十辑，四川人民出版社，1982 年，第 305—434 页；徐锡台：《周原甲骨文综述》，三秦出版社，1987 年；陈全方：《周原与周文化》，上海人民出版社，1988 年；王宇信：《西周甲骨探论》，中国社会科学出版社，1984 年；朱歧祥：《周原甲骨研究》，学生书局，1997 年；冯时《陕西岐山周公庙出土甲骨文的初步研究》、李学勤《周公庙遗址祝家巷卜甲试释》、董珊《试论周公庙龟甲卜辞及其相关问题》，三者均载北京大学中国考古学研究中心：《古代文明・五》，文物出版社，2006 年；刘源：《周公庙"宁风"卜甲的初步研究》，《中国古代文明与国家起源学术研讨会论文集》，科学出版社，2011 年，第 258—263 页；李零：《读〈周原甲骨文〉》，《待兔轩文存・说文卷》，广西师范大学出版社，2015 年，第 45—87 页；裘锡圭：《释西周甲骨文的"卲"字》，《第三届国际中国古文字学研讨会论文集》，香港中文大学中国语言及文学系、中国文化研究所，1997 年，第 27—38 页；〔美〕夏含夷：《再论周原卜辞由字与周代卜筮性质诸问题》，《兴与象：中国古代文化史论集》，上海古籍出版社，2012 年，第 57—85 页。

③ 曹玮：《对周原甲骨刻辞刻锋问题的讨论》，《2004 年安阳殷商文明国际学术研讨会论文集》，社会科学文献出版社，2004 年，第 87—94 页；董琨：《周原甲骨文与汉字形体发展》，《古汉语研究》1994 年增刊；门艺：《周原甲骨文动词及用字形义关系浅析》，《商丘师范学院学报》2004 年第 6 期。

相较于拥有120多年研究历史的殷商甲骨文而言,西周甲骨文的研究尚处于初步阶段,诸多未知的疑问和未成定论的问题有待学者们的进一步探索。

四、甲骨文研究热点

(一)命辞性质问题的探讨

命辞指占卜时提出所卜问内容的话。甲骨卜辞中的命辞通常出现在“贞”字之后。有关命辞的性质问题,一度引起学界诸多讨论。最初学者们一般把命辞看作问句,但到了20世纪70年代,开始有学者对命辞是否为问句提出了质疑。最先发出此声音的是1972年吉德炜的《释贞——商代贞卜本质的新假设》以及司礼义的《商代卜辞语言研究》,此后倪德卫和李学勤等也相继提出类似质疑。1988年裘锡圭撰文驳回了新说的部分论点,并在分别讨论了卜辞中命辞作为问句和非问句的两种情况后,认为卜辞中大部分命辞既可看作陈述句又可看作问句,任何一概而论的观点都不够准确。裘先生的观点获得了较多学者的认同,但仍有不同的声音出现,如王宇信、张玉金等始终认为卜辞中的命辞均为疑问句,巫称喜认为命辞是陈述句而非疑问句,等等。[①] 尽管学界对命辞是问句还是陈述句的观点仍未形成一致意见,但在引用卜辞时,多数采取裘先生的意见,保守地使用句号标点。

(二)“四方风”研究

“四方风”指的是卜辞可见《山海经》等传世文献中的“四方名”和“四方风名”。最早公开发表相关研究成果的是胡厚宣,他先后撰文引《山海经》《尚书·尧典》考证甲骨文中东南西北的四方名分别为“析、夹、夷、宛”,四方风名分别为“协、

① 吉德炜文章参见〔法〕雷焕章:《法国所藏甲骨录》,利氏学社,1985年,第123页;〔美〕司礼义:《商代卜辞语言研究》,《通报》1974年第1—3期;〔美〕倪德卫:《问句的问题》,檀香山商代文明国际讨论会,檀香山,1982年;李学勤:《续论西周甲骨》,《中国语文研究》1984年第7期;裘锡圭:《裘锡圭学术文集·甲骨文卷》,复旦大学出版社,2012年,第309—337、344—349页;王宇信:《申论殷墟卜辞的命辞为问句》,《中原文物》1989年第2期;张玉金:《论殷墟卜辞命辞的语气问题》,《古汉语研究》1995年第3期;巫称喜:《甲骨卜辞的命辞》,《汉语学报》2011年第3期;巫称喜:《再论甲骨卜辞的命辞》,《汉字文化》2013年第6期;巫称喜:《三论甲骨卜辞的命辞》,《汉字文化》2014年第2期;巫称喜:《四论甲骨卜辞的命辞——“可控+不可控”类吉凶型二重对比复句分类研究》,《汉字文化》2016年第1期;巫称喜:《甲骨文命辞二重对比复句研究——五论甲骨卜辞的命辞》,《贵州师范大学学报(社会科学版)》2016年第2期。

微、東、役”。杨树达提出四方风表现了商代人的四季观念。陈梦家认为甲骨四方名是四方神名，而四方风为帝使。自此，学界掀起了甲骨文四方风研究的高潮。在语言文字方面，对于四方风的用字问题，各家意见纷纭。如南方名的释字意见主要有陈邦怀释“炎”、丁山释“粦”、裘锡圭释“因”；南方风名的考释有陈邦怀释“长”、严一萍释“摇”、林沄释“髟”；西方风名的考释有于省吾释“介”、连劭名释“函”、裘锡圭释“東”、刘洪涛释“困”；北方名的释读有曹锦炎释“伏”、李家浩释“勹”；北方风名的考释有丁山释“殿”、于省吾释“洌”、李学勤释“㚇”、何景成释“卷”、陈剑和方稚松释“杀”，等等。对于四方风的解释，除了释字不同，其他方面的解释也诸家各异，主要的成果除上述诸家释字意见外，还可参考郑慧生、詹鄞鑫、饶宗颐、李学勤、蔡哲茂、李发等学者的意见。① 四方风的研究至今仍为学界所关注，它既是甲骨文研究的热点之一，也是古代史和古典文献等相关领域所关注的问题。

（三）非王卜辞研究

非王卜辞指的是甲骨文中存在的一部分占卜主体不是商王的卜辞。有关非王卜辞的内涵，黄天树认为王卜辞的占卜主体是王，但“王卜辞”不等于“王室卜辞”，非王卜辞的占卜主体非王，但“非王卜辞”也不等于“非王室卜辞”。② 意即说，非王卜辞只限定于占卜主体非王者，但不排除占卜主体是王室成员者。非王卜辞的类别并不单一，根据占卜主体的不同，可将非王卜辞分为妇女卜辞、子组卜辞、花东卜辞等类别。蒋玉斌曾将非王卜辞具体分类为甲种、乙种、丙种、圆体类、劣体类、刀卜辞、花东类、侯南类、屯西类、散见类等。③

非王卜辞的研究开始于20世纪30年代。在此之前，学界基本认为卜辞的占卜主体都是商王。1938年日本学者贝塚茂树最早对此观点提出异议，并在文章中先后提到“子卜贞卜辞”和“多子族卜辞”的存在。李学勤于20世纪50年代末指出陈梦家所谓“午组”和“子组”是非王卜辞的观点，这是学界首次提出“非王卜辞”的概念。随着“非王卜辞”概念的提出，学界开始关注非王卜辞的专题研究，如

---

① 此类研究多属单篇文章，涉及篇目较多，此处不作详细征引，具体可参见刘晓晗：《甲骨四方风研究的新进展与反思》，《中国史研究动态》2021年第4期。

② 黄天树：《关于非王卜辞的一些问题》，《陕西师范大学学报（哲学社会科学版）》1995年第4期。

③ 蒋玉斌：《殷墟子卜辞的整理与研究》，博士学位论文，吉林大学，2006年。

李学勤专题讨论了帝乙时代的非王卜辞,林沄指出非王卜辞的主人是商王室贵族首脑“子”,黄天树通过多篇文章探讨了各类非王卜辞的相关问题,彭裕商讨论了非王卜辞的时代和内容,等等。相关的专题讨论层出不穷,具体还可参考魏慈德、姚萱、蒋玉斌、杨军会、常耀华等学者的研究。①

(四)分期、分组、分类和断代研究

分期断代的目的在于将甲骨文献与具体的历史时代系联,从而提升甲骨文献的史料价值,促进相关的语言和历史研究。甲骨文的分期断代始于20世纪初,具体研究过程可分为以下几个阶段:

1. 断代分期

1917年,王国维在《殷卜辞中所见先公先王考》一文中根据称谓和世系判断具体甲骨片所处的商王年代,就此拉开了甲骨文断代研究的序幕。1928年,明义士在整理《殷墟卜辞后编》时明确对部分卜辞进行了时期的划分。1931年,董作宾在《大龟四版考释》中列举了八个对卜辞进行断代的标准。此后董作宾继续在1933年《甲骨文断代研究例》中正式提出甲骨文断代的“十项标准”,并将卜辞按照商王世系分为五期,这就是学界通用至今的甲骨分期理论——五期分期法。②

2. 贞人分组

卜辞的分组研究始于董作宾,但组别概念由陈梦家提出。董作宾在《大龟四

---

① 〔日〕贝塚茂树:《论殷代金文中所见图像文字[illegible]》,《东方学报》1938年第9册;〔日〕贝塚茂树、〔日〕伊藤道治:《甲骨文断代研究法的再检讨——以董氏所谓文武丁时代卜辞为中心》,《东方学报》1953年第23册;李学勤:《评陈梦家〈殷虚卜辞综述〉》,《考古学报》1957年第3期;李学勤:《帝乙时代的非王卜辞》,《考古学报》1958年第1期;林沄:《从武丁时代的几种“子卜辞”试论商代的家族形态》,《古文字研究》第一辑,中华书局,1979年,第214—236页;黄天树:《黄天树古文字论集》,学苑出版社,2005年;彭裕商:《非王卜辞研究》,《古文字研究》第十六辑,中华书局,1986年,第57—81页;魏慈德:《殷墟花园庄东地甲骨卜辞研究》,台湾古籍出版有限公司,2006年;姚萱:《殷墟花园庄东地甲骨卜辞的初步研究》,线装书局,2006年;蒋玉斌:《殷墟子卜辞的整理与研究》,博士学位论文,吉林大学,2006年;杨军会:《殷墟子卜辞整理及其文字研究》,博士学位论文,华东师范大学,2012年;常耀华:《殷墟甲骨非王卜辞研究》,线装书局,2006年。

② 王国维:《殷卜辞中所见先公先王考》,《观堂集林·卷九》,中华书局,1959年;〔加〕明义士:《殷墟卜辞后编·序》,艺文印书馆,1972年;董作宾:《大龟四版考释》,《安阳发掘报告》1931年第3期;董作宾:《甲骨文断代研究例》,《庆祝蔡元培先生六十五岁论文集·上册》,中央研究院历史语言研究所,1933年,第323—424页。

版考释》中首次确定将卜辞中“卜”后“贞”前一字认为是“卜人”之名，并经由共版关系，将四片龟版上的卜人名加以联系，结合所祀帝王、书体等信息，整理出一系列同时期的卜人群。这是据贞卜人物进行卜辞分组的最初尝试。陈梦家延续董作宾的研究，将贞卜人物定义为“贞人”，并通过同版关系系联出一系列贞人组，将各贞人组以主要贞人名命名为“宾组”“出组”“何组”等组别，这些组别名称至今仍通用于学界。

3. 字体分类

字体分类是从字体特征的角度对甲骨文进行的分类，该分类法始于李学勤和林沄的理论，发扬于黄天树的实践研究。1957 年，李学勤首次将卜辞的字形分类与分期断代进行区分，他认为：“卜辞的分类与断代是两个不同的步骤，我们应先根据字体、字形等特征分卜辞为若干类，然后分别判定各类所属时代。同一王世不见得只有一类卜辞，同一类卜辞也不见得属于一个王世。”①林沄同意李学勤的意见，认为“无论是有卜人名的卜辞还是无卜人名的卜辞，科学分类的唯一标准是字体”②。黄天树结合李、林二位学者的理论，对殷墟王卜辞展开字体分类的实践研究，将殷墟王卜辞按照字体形态分为 20 个类型。彭裕商和李学勤也先后展开了卜辞分期分类研究工作。③ 自此，甲骨文按照字体分类的研究进入精细化发展阶段。学者们结合前人的理论和实践，开始致力于甲骨字体分类的精细化研究，主要成果有张世超《殷墟甲骨字迹研究 · 自组卜辞篇》、杨郁彦《甲骨文合集分组分类总表》、蒋玉斌《殷墟子卜辞的整理与研究》、刘风华《殷墟村南系列甲骨卜辞的整理与研究》、崎川隆《宾组甲骨文分类研究》、王建军《宾组卜辞字形特征及类型划分》、莫伯峰《殷墟甲骨卜辞字体分类的整理与研究》、萧晟洁《历组卜辞字体分析》、陈健《殷商甲骨文“庚”“戌”“酉”字体穷尽分类及相关问题研究》、徐丽群《殷墟第二期出组甲骨卜辞的整理与研究》，等等。④

---

① 李学勤：《评陈梦家〈殷虚卜辞综述〉》，《考古学报》1957 年第 3 期。

② 林沄：《无名组卜辞中父丁称谓的研究》，《古文字研究》第十三辑，中华书局，1986 年，第 25—39 页。

③ 黄天树：《殷墟王卜辞的分类与断代》，文津出版社，1991 年；彭裕商：《殷墟甲骨断代》，中国社会科学出版社，1994 年；李学勤、彭裕商：《殷墟甲骨分期研究》，上海古籍出版社，1996 年。

④ 张世超：《殷墟甲骨字迹研究 · 自组卜辞篇》，东北师范大学出版社，2002 年；杨郁彦：《甲骨文合集分组分类总表》，艺文印书馆，2005 年；蒋玉斌：《殷墟子卜辞的整理与研 （转下页）

（五）𠂤组、历组的时代和“两系说”

1. 𠂤组卜辞时代提前

殷墟第十三次发掘的其中一批卜辞，从贞人名“扶”和称谓“父乙、母庚”可断其为第一期武丁时，但其字体又属第四期文丁时。董作宾将这批具名贞人“扶”的卜辞认为是“文武丁卜辞”，并据称谓“大乙”判定其年代属于后期。贝塚茂树和陈梦家否定董氏意见，将“文武丁卜辞”前移到武丁时期。此后，邹衡、肖楠、李学勤等均通过小屯南地地层关系论证𠂤组卜辞当属武丁时代无疑，应当提前。至此，𠂤组、午组、子组时代前移至武丁时期的结论成为学界共识。①

2. 历组卜辞的时代

最初被学界认为是第四期的历组卜辞（“武乙、文丁辞”），在李学勤的论证下，认为其年代应当提前到武丁、祖庚时期。由此引起了一场激烈的讨论。1976 年妇好墓被发掘，李学勤《论“妇好”墓的年代及有关问题》根据字体特征认为原定第四期卜辞中的“妇好”称谓非异代同名，原第四期的一部分卜辞（即“历组卜辞”）应当提前到武丁晚年或祖庚时期。② 同意李学勤意见者还有裘锡圭、李先登、连劭名、彭裕商、林沄、黄天树、林宏明等。肖楠据屯南地层关系和称谓系统认为李学勤所谓“历组卜辞”仍为第四期“武乙、文丁卜辞”。③ 持相同意见者还有严一萍、陈炜湛、刘一曼、曹定云、方述鑫、许进雄、常玉芝、吴俊德等。裘锡圭《论“历组卜辞”的时代》否定肖说，提出“地层学只能确定相对年代，不能确定绝对年代”。并

（接上页）究》，博士学位论文，吉林大学，2006 年；刘凤华：《殷墟村南系列甲骨卜辞的整理与研究》，上海古籍出版社，2014 年；〔日〕崎川隆：《宾组甲骨文分类研究》，上海人民出版社，2012 年；王建军：《宾组卜辞字形特征及类型划分》，博士学位论文，郑州大学，2010 年；莫伯峰：《殷墟甲骨卜辞字体分类的整理与研究》，博士学位论文，首都师范大学，2011 年；萧晟洁：《历组卜辞字体分析》，博士学位论文，华东师范大学，2013 年；陈健：《殷商甲骨文“庚”“戌”“酉”字体穷尽分类及相关问题研究》，博士学位论文，华东师范大学，2016 年；徐丽群：《殷墟第二期出组甲骨卜辞的整理与研究》，博士学位论文，华东师范大学，2021 年。

① 董作宾：《殷虚文字甲编 · 序》，商务印书馆，1948 年；〔日〕贝塚茂树：《中国古代史学的发展》，弘文堂，1946 年；陈梦家：《殷虚卜辞综述》，中华书局，1988 年；邹衡：《试论殷墟文化分期》，《北京大学学报（哲学社会科学版）》1964 年第 4 期；肖楠：《安阳小屯南地发现的“𠂤组卜甲”——兼论“𠂤组卜辞”的时代及其相关问题》，《考古》1976 年第 4 期；李学勤：《关于𠂤组卜辞的一些问题》，《古文字研究》第三辑，中华书局，1980 年，第 32—42 页。

② 李学勤：《论“妇好”墓的年代及有关问题》，《文物》1977 年第 11 期。

③ 肖楠：《论武乙、文丁卜辞》，《古文字研究》第三辑，中华书局，1980 年，第 43—79 页。

举历组与早期𠂤组、宾组等字体文例相近的例子，论证历组卜辞属早期。① 时至今日，该争议仍未平息，曹定云、刘一曼通过系联两篇甲骨材料，提出“三祖”说，并以祭祀顺序为依据仍旧支持历组晚期说。② 林沄否定曹、刘意见，认为所谓“三祖”是宾组中的“三父”，并对二者的卜辞系联提出质疑。③ 蔡哲茂发文认为所谓“三祖”其实是“三公”，以此否定曹、刘观点。④

3. 两系说

“两系说”是与上述“历组卜辞的时代”问题相关联的产物。该说由李学勤提出。在历组卜辞时代的问题中，由于历组卜辞中与宾组、出组卜辞在称谓、人名、事类上有太多重叠，而它们之间的字体和文例又风格迥异，这个情况与董作宾“五期说”产生矛盾，因此李学勤提出了“两系说”的理论。⑤ “两系”指的是殷墟王卜辞中按照卜法的差异分为两个系统，一个系统主要出现在小屯村村北，大体按照宾组、出组、黄组的路径发展，而另一个系统主要出现在小屯村村南，主要按照历组、无名组的路径发展。按照两系说，则历组卜辞与宾组、出组同期而字体和文例风格迥异的情况就得到了很好的解释。“两系说”的提出获得了较多学者的认可。但该说同样受到持“历组晚期论”学者的反对，如方述鑫、林小安、刘一曼、曹定云等。⑥

（六）钻凿与甲骨形态

1. 钻凿研究

最早讨论甲骨钻凿问题的是1910年罗振玉《殷商贞卜文字考》的卜法一节。1929年董作宾在《商代龟卜之推测》中根据传世文献将甲骨上钻凿的孔洞分别命

① 裘锡圭：《论“历组卜辞”的时代》，《古文字研究》第六辑，中华书局，1981年，第262—321页。

② 曹定云、刘一曼：《四论武乙、文丁卜辞——无名组与历组卜辞早晚关系》，《考古学报》2019年第2期。

③ 林沄：《评〈三论武乙、文丁卜辞〉》，《第四届国际汉学会议论文集：出土材料与新视野》，“中研院”，2013年，第1—26页。

④ 蔡哲茂：《殷卜辞“三公父二”试释》，《承继与拓新：汉语语言文字学研究》，商务印书馆（香港）有限公司，2014年，第156—170页。

⑤ 李学勤：《论“妇好”墓的年代及有关问题》，《文物》1977年第11期。

⑥ 方述鑫：《殷墟卜辞断代研究》，文津出版社，1992年；林小安：《再论“历组卜辞”的年代》，《故宫博物院院刊》2000年第1期；刘一曼、曹定云：《三论武乙、文丁卜辞》，《考古学报》2011年第4期。

名为“钻”和“凿”。1973 年许进雄《卜骨上的凿钻形态》对殷墟五期甲骨的凿钻形态展开系统研究,开辟了甲骨研究的新领域,其后又在《甲骨上钻凿形态的研究》中确定了钻凿各部位的称名问题。[①] 1980 年《屯南》下册将“钻凿”部分单独列出,2003 年《殷墟花园庄东地甲骨》著录也将钻凿研究单独列出。周忠兵《甲骨钻凿形态研究》结合两系说和甲骨组类研究理论,对甲骨钻凿形态展开系统研究,使钻凿形态研究紧跟学术前沿。2012 年《殷墟小屯村中村南甲骨》著录将钻凿分为六型。此外,刘一曼《论殷墟甲骨整治与占卜的几个问题》对甲骨钻、凿、灼的排列情况作了相关研究,赵鹏也先后撰文对各组类甲骨的钻凿情况作了专题讨论。[②]

甲骨文发现一百多年来,钻凿研究始终受到学界关注,相关研究为甲骨学发展提供了诸多有力参考,具体可参考赵鹏对百年来甲骨钻凿研究情况的述评。[③]

2. 甲骨形态学

甲骨形态学是研究龟甲、胛骨形态的学问。黄天树将甲骨形态学定义为“研究完整肩胛骨的构造;研究完整龟腹甲、背甲和甲桥的外层和内层构造;研究骨缝片外形轮廓及其盾纹、齿纹形态;研究钻凿、兆坼形态,总结规律,以利于甲骨残片材质的识别、残片部位的判断、残片的缀合和卜辞的释读”[④]。甲骨形态研究始于 1929 年董作宾的《商代龟卜之推测》,[⑤]张秉权在《殷虚卜龟之卜兆及其有关问题》

---

① 罗振玉:《殷商贞卜文字考》,《甲骨文献集成》(七),四川大学出版社,2001 年,第 1 页(1910 年玉简斋石印);董作宾:《商代龟卜之推测》,《安阳发掘报告》1929 年第 1 期;许进雄:《卜骨上的凿钻形态》,艺文印书馆,1973 年;许进雄:《甲骨上钻凿形态的研究》,艺文印书馆,1979 年。

② 中国社会科学院考古研究所:《小屯南地甲骨》,中华书局,1980、1983 年;中国社会科学院考古研究所:《殷墟花园庄东地甲骨》,云南人民出版社,2003 年;周忠兵:《甲骨钻凿形态研究》,《考古学报》2013 年第 2 期;中国社会科学院考古研究所:《殷墟小屯村中村南甲骨》,云南人民出版社,2012 年;刘一曼:《论殷墟甲骨整治与占卜的几个问题》,《古文字与古代史》(四),“中研院”历史语言研究所,2015 年,第 187—228 页;赵鹏:《殷墟 YH127 坑宾组龟腹甲钻凿布局探析》,《考古学报》2017 年第 1 期;赵鹏:《出组二类胛骨钻凿布局、兆序排列与占卜》,《古文字研究》第三十二辑,中华书局,2018 年,第 127—138 页;赵鹏:《黄组胛骨钻凿布局、兆序排列及相关问题》,《南方文物》2019 年第 3 期。

③ 赵鹏:《殷墟甲骨钻凿研究述评》,《甲骨文与殷商史》新十辑,上海古籍出版社,2019 年,第 428—435 页。

④ 黄天树:《甲骨形态学》,《甲骨拼合集》,学苑出版社,2010 年,第 515 页。

⑤ 董作宾:《商代龟卜之推测》,《安阳发掘报告》1929 年第 1 期。

中首次公布了龟腹甲的线图，并在《卜龟腹甲的序数》中最早提到“齿缝”一词。① 董作宾的《甲骨实物之整理》最早使用“盾纹”一词。② 严一萍的《甲骨学》介绍了背甲、腹甲以及胛骨各自的形态。③ 2010 年，黄天树的《甲骨形态学》提出建立甲骨形态学这一甲骨分支学科，文中首次使用了“龟缝片”这一概念，还使用“原边”概念指称甲骨中天然形态的边缘。④ 李延彦的《殷墟卜甲形态研究》全面细致地研究了龟甲形态。⑤ 甲骨形态研究拓宽了甲骨研究的新领域，同时为促进甲骨缀合等甲骨相关研究提供了助力，是甲骨学研究的重要分支。

五、甲骨文研究未来展望

甲骨被发现 120 余年来，甲骨文相关研究获得了丰硕的成果。在甲骨文研究进入第二个百年的如今，甲骨文相关研究还可在以下诸方面展开深入探索。

（一）文字考释

甲骨文字的考释相较于它被发掘后的最初 50 年而言，越到后期越难有成果。但文字考释是古文字一切研究的基础，因而在未来的甲骨文研究中，文字考释仍旧是一大重心。随着西周甲骨的发掘、新见金文和新出简帛材料的公布，学者们通过系联法，已经或多或少地解决了甲骨文释字中的部分疑难。而随着考释研究的发展，文字考释不再局限于单字的认读，还深入到字形、字义、字音等多方面的文字历史演变研究，这是甲骨文考释发展的必然趋势。相信未来通过更多新材料互证，以及新兴技术和新研究方法的发展，甲骨文字考释还能获得更多值得期待的成果。

（二）字形的精细化分类

字形分类自黄天树的分类断代研究以来，已经获得了较长足的发展。近年来有关字形分类的研究越来越趋于精细化，这不仅是字形分类研究的必经之路，也是甲骨文研究的必然追求。精细化的字形分类研究能有效促进甲骨文字形体的

---

① 张秉权：《殷虚卜龟之卜兆及其有关问题》，《“中央研究院”院刊》（一），“中研院”，1954 年；张秉权：《卜龟腹甲的序数》，《“中央研究院”历史语言研究所集刊》第二十八本上，“中研院”历史语言研究所，1956 年，第 229—272 页。

② 董作宾：《甲骨实物之整理》，《“中央研究院”历史语言研究所集刊》第二十九本下，“中研院”历史语言研究所，1957 年，第 908—921 页。

③ 严一萍：《甲骨学》，艺文印书馆，1978 年。

④ 黄天树：《甲骨形态学》，《甲骨拼合集》，学苑出版社，2010 年，第 515 页。

⑤ 李延彦：《殷墟卜甲形态研究》，故宫博物院博士后出站报告，2017 年。

历史演变研究,更是推动甲骨文断代研究发展的基础。但目前甲骨文各个组类的精细分类还处于初级发展阶段,有待更多学者的致力,相信未来此方面研究定能获得更深远、更全面的发展。

(三) 组类差异对比

甲骨文分组分类研究的其中一个重点就在于通过组类之间的字形和语言等差异,研究甲骨文字形和语言的演变途径。王子杨的类组差异现象研究是一个很好的开端,但相关的专题研究在学界中还所见不多,尤其诸如各组类间的逐字字形和用语对比分析、同时期各组类间逐字字形和用语异同情况分析、相邻组别而不同期各组类间的逐字字形和用语异同分析等问题,总因材料过多、工作量庞大之故,而难以获得较全面的展开。组类差异对比对于卜辞分组分类研究以及进一步的甲骨断代研究都具有重要意义,未来在此方面的研究或可借助数字化等新手段展开进一步深入。

(四) 数字化、智能化研究

随着计算机信息工程和人工智能技术的发展,越来越多的传统学科开始借助于先进科技手段来促进相关学科研究,以甲骨文为首的古文字研究也是如此。早在 2005 年,刘志基就通过《面向古文字数字化的文本处理刍议》提出了甲骨文及古文字数字化研究的相关问题。① 近年来,甲骨文智能化更是吸引了大批工科学者的关注,如:顾绍通等人的甲骨文识别技术研究②,肖明等人的甲骨文编码技术研究③,以及吴琴霞等人通过技术手段研究甲骨文语料库建设问题,等等④。当

---

① 刘志基:《面向古文字数字化的文本处理刍议》,《华东师范大学学报(哲学社会科学版)》2005 年第 4 期。

② 顾绍通:《基于分形几何的甲骨文字形识别方法》,《中文信息学报》2018 年第 10 期;刘永革、刘国英:《基于 SVM 的甲骨文字识别》,《安阳师范学院学报》2017 年第 2 期;栗青生、杨玉星、王爱民:《甲骨文识别的图同构方法》,《计算机工程与应用》2011 年第 8 期。

③ 肖明、赵慧、甘仲惟:《甲骨文象形编码方法研究》,《中文信息学报》2003 年第 5 期;李东琦、刘永革:《基于构件的甲骨文字编码器设计与实现》,《科技创新导报》2010 年第 15 期;周晓文、李国英:《建立"信息交换用古汉字编码字符集"的必要性及可行性》,《北京师范大学学报(社会科学版)》2006 年第 1 期。

④ 吴琴霞、高峰、刘永革:《基于本体的甲骨文专业文档语义标注方法》,《计算机应用与软件》2013 年第 10 期;葛彦强、汪向征、杨彤:《基于贝叶斯网络的甲骨文辅助考释专家系统语料库的构建》,《计算机应用与软件》2011 年第 11 期;开金宇、刘永革、李欣:《甲骨刻辞词性标注语料库系统设计与实现》,《殷都学刊》2011 年第 2 期。

然，甲骨文学者对相关问题的讨论也越来越多，如陈婷珠、莫伯峰、门艺等人的相关研究。① 近年，华东师范大学中国文字研究与应用中心已经成功研制出“甲骨文智能识别”平台，河南大学黄河文明与可持续发展研究中心对甲骨文人工智能识别展开了深入研究，安阳师范学院也成立了甲骨文信息处理实验室。由此可见，基于智能化技术的甲骨文研究已引起各大高校和各研究机构中甲骨文及相关学者的深切关注。

数字化和智能化的研究不仅能有效促进专业领域的甲骨文形义考释研究，而且能方便其他专业学者利用甲骨文知识展开其他相关研究，使甲骨文从艰深的学术领域走进普罗大众的视野，让甲骨文这项“冷门绝学”不再“冷”，未来也不会“绝”。甲骨文数字化和智能化研究势头刚起，随着更多学者的参与，该领域研究定能在未来大放异彩。

① 陈婷珠、吴少腾、吴江等：《基于编码的甲骨文识别技术研究》，《中国文字研究》第二十九辑，上海书店出版社，2019 年，第 1—12 页；莫伯峰：《利用深度神经网络进行甲骨文单字识别和检测的初步测试》，《出土文献综合研究集刊》第九辑，巴蜀书社，2019 年，第 1—28 页；莫伯峰、张重生、门艺：《AI 缀合中的人机耦合》，《出土文献》2021 年第 1 期；门艺、张重生：《基于人工智能的甲骨文识别技术与字形数据库构建》，《中国文字研究》第三十三辑，华东师范大学出版社，2021 年，第 9—16 页。

第二节

商 周 金 文

一、什么是金文

金文是根据载体命名的一种中国古文字，指铸刻在商周时期（下限到战国末）青铜器上的文字。

这类古文字因为都是以铸刻方式施之于青铜器的，所以最初被称为“彝器款识”；由于勒铭之器多为钟鼎，因此又称它“钟鼎文”；由于青铜器是以青铜铸就，古称青铜为“吉金”，因此又称它“吉金文”，简称“金文”；由于以青铜器为载体，因此又称它“青铜器铭文”。其中“金文”是今天学界对这类文字的普遍称呼。

二、金文书写史

中国古代在青铜器上勒铭，始于商文化的二里岗时期，一般认为属于早商，距今已有三千五六百年。下面是出土的二里岗时期有文字的青铜器：

（文字：龟）

图 3－3　龟鼎　1977 年北京市平谷县刘家河二里岗时期墓葬出土。早商

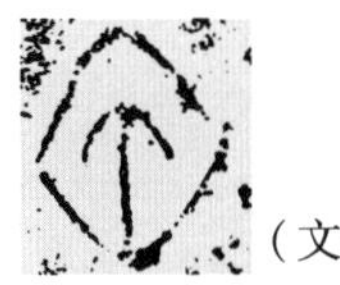
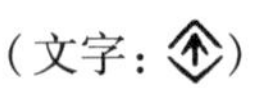

图 3－4 甗 1972 年山西省长子县北关同福生产队北高庙出土。早商

（文字：亘）

图 3－5 亘鬲 二里岗时期中国国家博物馆藏。早商

这些文字，一般认为是被用来记载器物所属的族氏，是金文书写的开端。

其后，勒铭之风流行，目前见到的商代中期铜器，勒铭者有近二十器之多，到了商代晚期，已发展为一种普遍风气，勒铭之器多达 5 000 余件。铭文字数为 1 字、2 字、3 字者在千件以上，1 字一般是族氏名；2 字有的是祖、父、母、妣等亲属称谓加日名，如“父乙”“且丁”“母戊”“匕壬”等，有的是族氏名，如“亚弜”“亚矣”“北单”等；3 字一般是族氏名加亲属称谓加日名，如“黿父乙”“凢父丁”等，也有非族氏名加亲属称谓加日名者，如“司母戊”之类。10 字以上者近 110 件，字数最多达 48 字，见于小子𠭯卣，记载和战争相关的事件；其次为 45 字，见于四祀𠨘其卣，记载商王举行祭祀、赏赐等活动。

西周时，从王室到贵族，普遍把镂之金石和地位、尊荣、不朽等相联系，铸器勒铭之风大盛于商代，目前所见西周有铭铜器多达 7 100 余件，铭文最长者多达 497 字（毛公鼎）。内容涵盖当时社会的多个领域，不少篇章足可与传世《尚书》相媲美，是研究西周王朝乃至人类早期文明的宝藏。

东周时，从春秋开始，王朝衰落，诸侯国势力崛起，整个社会政治、思想、文化发生重大变化，铸器勒铭之风虽未减，但铭文形式和内容很多已不同于西周，今天发现的春秋 1 800 余件铭文，开篇奉王之正朔（唯王正月）者不足十分之一。内容或为作器者誓愿、祈愿，或为作器者署款表明自己是器主，或歌颂自己的先人，只有戎生编钟、晋姜鼎、秦公钟镈簋等少数铭辞保留一些西周气象。这段时期，铭文最长者是叔夷镈，494 字。

战国时期，诸侯不统于王，周王朝由原来的天子之国变成“小邦周”，完全失去

图 3－6 毛公鼎照片及鼎铭拓本

对诸侯的控制力，“天下分为七国”，各方面都发生重大改变，表现在铸器勒铭上，变化更大，有铭的铜器目前所见 2 091 件，但兵器就占了绝大多数，钟、鼎、鬲、簋、盘、匜、尊、壶、盉、符节等只占很小的比重。铭文内容和春秋又有不同，兵器物勒工铭，容器衡量器记容记重，钟则有不少是记钟律，用器方面只有中山三器内容丰富，鼎铭多达 469 字，以史事箴诫嗣王，是这一时期金文最长的篇章。符节方面，最有价值者是鄂君启节，载述当时楚国的经贸活动，内容涉及楚国的商业、交通、地理、制度等，是研究战国经济活动和楚史的珍贵文献。

从早商到战国末，金文被使用了近千年。

三、金文在商周书体中的地位

金文创制书写于早商。商代的主要书写工具是毛笔，由金文形体看，毛笔书风相当明显。如：“子”写作“”（小子射鼎）、“元”写作“”（兀作父戊卣），“日”写作“”（日癸簋），而甲骨文要用刀子刻在龟甲上，受书写工具和载体的局限，不得已把“子”写作“”（《合集》27649），把“日”写作“”（《合集》6571），把“元”写作“”（《合集》19642），改变了正常写法。我们知道，在中国文字的书写领域，所书写的文字一向有正俗的区分，由于甲骨文有些字改变了正常写法，因此具有鲜明的俗体特点，而金文则始终能基本保持本来的写法，因而被认为是正体。

西周金文和商代金文一脉相承。从目前所见文字数据看，它是西周所使用的主要字体。将其和周原发现的属于西周早期甲骨上的文字相比，仍然表现出正体的特征。如周原甲骨“楚子”写作“”（H11：83），“楚”字“足”旁上部和“子”的头部都作方形，而西周早期金文“楚”作“”（叔簋），“子”作“”（史子日癸甗），都是正体写法。因此西周时期，金文也是西周文字的正体，这一点和商代一致。

四、金文字形及演化

金文字形的演化分两大阶段。第一个阶段是商到西周末，第二个阶段是春秋到战国末。

（一）第一个阶段的字形特征

1. 某些独体字象形性强

（皇　燃着的灯的象形　皇旗卣 商代）

（若　象人跽坐梳顺头发之形　亚若癸鼎　商代）

（牛　牛的头部象形　牛鼎　商代）

（止　趾的初文，象足趾形　亚害止鼎　商代）

（由　截取胄的上部而成字，象胄的上部之形　协卣　商代）

（荆　象用刀斫荆之形　鬳鼎　西周早期）

（马　马的象形　召尊　西周早期）

（首　荣作周公簋　西周早期）

（须　遣叔吉父盨　西周中期）

2. 某些合体字偏旁象形性强

（咸　从口从戌　“口”旁“戌”旁都象形　咸子作祖丁鼎　商代）

（步　“步”的繁体　“步”旁和“彳”旁都象形）

（正　“正”的繁体　“止”旁和城邑符号“□”都象形　正鴞尊　商代）

（遣　“冓”旁相遘的二“鱼”象形　肆作父乙簋　商代）

（髭　表示髭须的偏旁“”象形　大盂鼎　西周早期）

（县　悬挂之“悬”初文　“木”“系”“首”都象形　县改簋　西周中期）

（頯　“页”旁象形　颂簋盖　西周晚期 ）

（穆　主体“”象形　戜方鼎　西周中期）

3. 象形的笔画朝线条化方向发展

文字是记录语言的书写符号，简便易写好记是基本要求，而象形具备图画性，笔画性不强，书写繁难，也不容易记忆，因此必然要把图形部分用点、线改造。目前所见商周金文材料，商代金文，基本是帝乙帝辛时期的书写遗迹，历史跨度不很长，但西周，经历了 275 年（前 1046—前 771，此据《夏商周断代工程年表》。旧或据古本《竹书纪年》，推定前 1027 年为西周始年，积年为 257），属于漫长的历史时期，线条化演化非常明显。

（1）整体线条化

元，商到西周被书写了 45 次，商或西周早期两次书写作“”（狈元作父戊卣器）、“”（狈元作父戊卣盖），元的本义是人头（首），《左传・僖公三十三年》“狄人归其元，面如生”是其证。字于人的躯体上画一大大的人头表示。但在西周早期金文中把头形用一横线表示，作“”，表示头的横又加了一横画作为饰笔。这种写法在殷墟甲骨文里已经出现。此后一直到西周晚期，都是这类写法。只有 1 见复古作“”的写法。

天，商到西周被书写了 513 次，商代写作“”（天鼎）。天的本义表示人的颠顶。《说文》：“天，颠也。”字于正面人形脖颈上部画一圆圆的头表示。但早在商代金文中，圆圆的头颠就改为一条横线表示，作“”（皿天全方彝盖），甲骨文如此写法更是多见。西周中期，头颠和人身都开始朝线条化方向演变，写作“”（追簋），到了西周晚期，就有很多“天”字采用这种线条化方式书写。

王，商到西周被书写了1 877次。“王”是商和西周的最高统治者称号，握有生杀大权，造字取象最具威慑力的刑具斧钺表示，该字在武丁时的卜辞中写作“”（《合集》21471反），商末金文写作“”，象形非常明显，可是就在商代金文中，它已被完全线条化，写作“”（嘗亚作父癸角盖）、“”（小臣邑斝），到了西周中期，线条化写法普遍，作“”（吴方彝盖），到了西周晚期，有斧钺影子的“王”字一例也见不到了。

（2）局部线条化

古，商代写作“”，“古”是“固”的初文，从象形的“（盾的象形）”、从“口”（亚古父已觚），西周早期写作“”（大盂鼎），西周中期写作“”（史墙盘），晚期径作“”（师询簋），“”线条化为“”，盾牌之形全失。

寽，商代写作“”（商尊），象一手从另一手捋取“”，“”是一圆形物，西周中期写作“”，“”用一横线表示。

取，商代写作“”，以“手”取“耳”会意。西周中期写作“”，“耳”旁被线条化为“”，“耳”形尽失。

但也并不是所有字都如此，比如“明”字，商代写作“”（明亚乙鼎），西周早期写作“”（矢令方彝），西周中期写作“”（服尊），西周晚期写作“”（四十二年逑鼎乙），均从“囧”，为窗牖镂空状，是窗牖的象形，字以月光照在窗牖上会照亮义。到了小篆仍旧写作“”，“囧”也没发生太大变化。

4. 团块一体的表意字发生割裂

商和西周金文，有的是采用团块一体的图画方式表意的，伴随着线条化发展，这类字被割裂，形成几个独立部分，其中有的是表意偏旁或表音偏旁，有的只是无声义的构件。如“保”字，商代金文作“”（保父癸斝）、“”（保鼎），是一个人把手背过去背小儿。“背”是其本义，《尚书·召诰》“保抱携持厥妇子”用的就是本义。这种形体，商代已开始割裂，作“”（子保觚），伸向后背的“手”被割掉，在“子”的下方残留一偏旁“”，成为无声义的构件，早期书写的“保”字，常常要带着这个构件，如西周早期保卣盖所见保字作“”就是如此。再比如“厷”字，商代金文所见作“”（亚厷父乙卣），西周发生割裂，毛公鼎写作“”，成为“”和

“O”的组合，“ㄗ”是义符，“O”只是构件，虽无声义，却不可缺少。

5. 异写、异构

异写、异构都是一个字的异体。异写是指同构字具有笔画上的差异或偏旁位置上的差异，异构是指不同构的同一个字。

异写异构特别是异写，在很多字中都存在，体现着该时期文字形体的特点。

比如高频字“顋”，有多种异写，如：

双手捧持洗浴器皿沫面类：

省略捧持的双手类：

皿在下部类：

不从皿类：

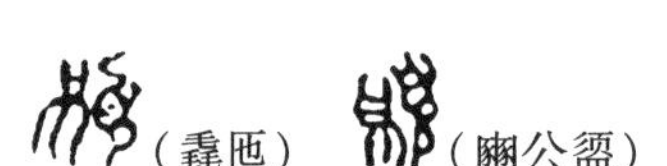

这个字也存在异构，如：

再如高频字“宝”，商和西周书写了3 600多次，有多种异写，如：

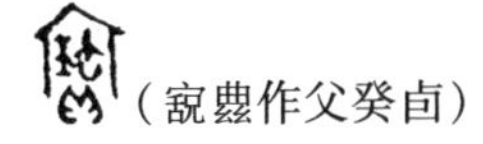
（寏豊作父癸卣）

上述例子最突出的表现是“宀”“玉”“贝”“缶”这些偏旁在组合成字时位置并不固定。

该字也有多种异构，如：

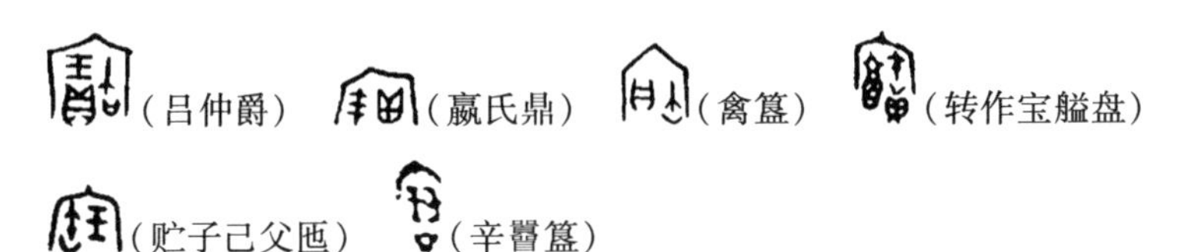
（吕仲爵）（嬴氏鼎）（禽簋）（转作宝艦盘）
（贮子己父匜）（辛罾簋）

例不备举。

异构字的产生，有一些是发展形成的，例如为更好体现其表意性，追加意符繁化，为明确其读音，追加声符繁化，有时还会更换声符或意符，有时为书写简便，进行简化等。

例如“粱”字，写作“粉”（曾叔寏父盨），从米，刅声，又改从“梆”声，写作“粱”（伯公父簠）。“粉”“粱”异构；又如“环”字，西周中期从“袁”声写作“”（师遽方鼎），西周晚期从“睘”声写作“”（毛公鼎），“”“”异构；又如“珏”字，西周中期写作“”（㚸簋），从玉彀声，西周晚期改从“”（璧的象形文）彀声，写作“”（鄂侯鼎），“”“”异构；又如“曼”字，商代作“”（曼鼎），两手张目形，本义表示纵目放眼，会意，西周增从“冃”声写作“”，成为形声字，“”“”异构；又如“参”字，商代写作“”（氢参父乙盉），象形字，西周中期写作“”（卫盉），追加了“三”声，成为形声字，“”“”异构；又如“簋”字，商代西周都写作“”（㠯簋　商代）“”（毛公旅鼎　西周），西周又增加意符“皿”写作“”（舟作宝簋），“”“”异构；再如“髭”字，商代金文写作“”（髭鼎），象形字，西周早期追加“此”声作“”（大盂鼎），形声字，“”“”异构。

商周金文异写异构现象大多存在于那些构形较复杂、整字象形程度较高或偏旁象形程度较高的字上，至于构形较为简单或表示抽象概念的某些字，异写（或异构）状况虽然也有，但并不严重，例如“奠”“乎”“于”“虔”“值”；有些字简直不存在异写，例如“反”“又”“兮”等。

异写异构字的存在，造成字的大量异体，说明金文在当时书写规范程度还不高，一些字多一笔少一笔甚或“走形”都不妨害该字的读用，因为人们认识一个字，一是看其形，二是观其境，“境”就是使用环境，也就是上下文。比如“眉寿”的“眉”，通常写法是“釁”“蠙”“覺”，有时写作“”，和“釁”“蠙”“覺”字形差距非常大，由于和“寿”成词，又处在嘏辞位置，可知就是“眉寿”之“眉”。

6. 字形方向渐趋定型

古文字的许多形体有朝左或朝右的方向性。在殷墟甲骨文中，我们可以看到很多字的朝向比较随意，因此有“左右无别”的说法。但在商周金文中，很多字的朝向，后者大体宗前，朝向渐趋定型。比如“反”字，商和西周书写 46 次，一律“厂”左“又”右，写作“反”，绝无作“”者；再比如“比”字，书写 21 次，20 次作“比”。“保”字，从西周开始，书写 136 次，作左“”右“”（或下无“丿”，或“子”上有“玉”旁）的“”达 134 次，作“”形写法仅 2 见。“卑”，书写 18 次，作“”17 次，反向者仅 1 次。“宕”字，书写 16 次，皆作“”。“弔”（叔）字，书写 530 次，只有 2 器 4 见“人”右向作“”，526 见皆左向，作“”。“父”字，书写 4 180 次，基本作“”，左向，右向作“”者极少。

（二）第二个阶段的字形特征

这一阶段，承续第一阶段的演化趋势进一步发展，形体更加线条化。而且由于这一阶段“诸侯力政（征），不统于王，恶礼乐之害己，而皆去其典籍。分为七国”，各自为政，致令“田畴异亩，车涂（途）异轨，律令异法，衣冠异制，言语异声”，文字方面则出现“异形”（上引见《说文·叙》）。“异形”就是同一个词各国用来记录它的字不同，同一个字各国书写出来的字形不同。比如前者，“郡县”之“县”，齐金文用“縣”（叔夷镈“其縣三百”）表示，三晋用“鄡”（涑鄡戈）表示，燕用“還”（右泉州還矛）表示；“兵甲”之“甲”，秦用“甲”（新郪虎符）表示，齐用“虩”（庚壶）表示，三晋用“夅”（中山王礜壶）表示；“山陵”之“陵”，秦用“陵”（十五年高陵君鼎）表示，楚用“陲”（曾姬壶）表示；等等。后者如“受”，春秋早期秦写作（秦公镈），楚写作“”（蔡侯盘），三晋写作“”（令狐君世子壶）、“”（永用涅郢壶），后一形体已面目皆非，难于辨认了。再如“宜”，秦写作“”（宜安戈），三晋写作“”（梁上官鼎）、“”（中山王礜鼎）；“安”，秦写作“”（宜安戈），三晋写作“”（安邑下官钟）、“”（信安君鼎），齐写作“”（陈纯釜），吴越写作“”（者沙钟）；“”，燕写作“”（郾侯载鼎），齐写作“”（陈喜壶）、“”（陈逆簋），楚写作“”（曾侯乙钟）、“”（楚王酓前鼎）、“”（鄂君启节），三晋写作“”（中山王礜鼎）；“民”，燕写作“”（燕侯载鼎），齐写作“”（陈喜壶)，三晋写作“”(好盗壶)、“”(鱼鼎匕)；“老”，齐写作“”(寺公典盘)、“”(荆公孙敦)，三晋或写作“”(中山王䜌壶)；等等。文字异形，是这一历史阶段字形方面最突出的特征。

五、金文行款、字数和构形

(一)行款

行款指字的书写顺序和行的排列形式。目前见到成篇二字以上者，字的书写顺序一般由上往下行，也偶有由右往左横行者(只限“亲属称谓+日名”，如“父乙”)。行的排列顺序一般是由右往左行，偶有由左往右行者，由左往右行者如西周中期的㝬歒鼎(《集成》02201)，西周晚期的汤叔盘(《集成》10155)、虞司寇壶(《集成》9694)等。

(二)字数和构形

截至目前刊布的全部金文资料，见于《说文》的可识单字有2 363个，不见于《说文》的可隶单字有1 873个，无法隶定的有1 878个。总共单字6 114个。

见于《说文》的可识字，构形主要有象形、指事、会意、形声四大类。此外还有一小部分属于记号字、构形不明字。

1. 象形类

这类字是描摹所表事物的图形，因“形”传达其所表。如：

人，商代作“”(作册般甗)，西周作“”(大盂鼎)，春秋作“”(洹子孟姜壶)，战国作“”(中山王䜌壶)。描摹的是人的侧面躯干和前伸的手臂，通过这样的“形”来表示“人”这个词。

舞，商代作“”(无䍙觚)、“”(作册般甗)，西周早期作“”(大盂鼎)、“”(匽侯舞昜铜泡)，中期作“”(宗人簋器)、“”(仲辛父簋)，晚期作“”(颂簋)，春秋作“”(秦公镈)。描摹的是人双手持旄尾(舞具)而舞之姿，表示舞蹈之“舞”。

例不备举。象形是金文构形的基础方式，根据目前所见统计，这类字有365个，约占可识字的15%。

2. 指事类

这类字的构形是选取一个和所表词义相关的字作基本偏旁，在其上加指事符号指(示意)其所表。许慎称作“视而可识，察而可见”。如：

朱,株的初文。西周早期作“”(女朱戈觶),中期作“”(𢦚方鼎)。以树木的象形“”作为基本形体,于株干处用一短横或一圆点指其字义所在。

亦,腋的初文。西周早期作“”(毛公旅鼎),中期作“”(六年琱生簋)。以正面张臂的人形“”作为基本形体,在两腋下各加一点指该字所表。

例不备举。这类字共有 30 个,约占可识字的 1.2%。

3. 会意类

这类字是选取与字义相关的几个字作为偏旁组合成一个字,许慎称作“比类合谊,以见指撝”。如:

戎,商代作“”(乙戎鼎),西周金文作“”(大盂鼎),从戈、从盾,戈表攻击性武器,盾表防守性武器,“戈”“盾”组合,以会兵戎意。

祼,商代作“”(毓祖丁卣),西周早期作“”(德方鼎),从“又”表示手,从“”表示灌器,从“示”表示神主,以从“又”持“”灌“示”会祼祭之意。

会意的造字方式能产性仅次于形声,用这种方式造的字共有 544 个,约占可识字的 23%。

4. 形声类

这类字是取一个和字义有关的字作为形旁(即表义偏旁),再取一个和字的读音相近或相同的字作为声旁,“形”“声”相合,构成一字,许慎称作“以事为名,取譬相成”。如:

贼,西周金文写作“”(散氏盘),《说文》:“贼,败也。”意即破坏、毁坏。字从戈,戈是攻击性兵器的代表,字从戈得义,“则”是声旁,表示字的读音。

醴,西周金文写作“”,醴是速酿而成的甜酒,《说文・酉部》:“醴,酒一宿孰也。从酉豊声。”《玉篇・酉部》:“醴,甜酒也。”因为是一种酒,所以取“酉”作形旁,“酉”是盛酒器的象形,古文字又用它表示“酒”。“豊”和“醴”音近,取“豊”表示字的读音。

形声方式造字能力最强,用这种方式造的字有 1 402 个,约占可识字的 59%。

5. 记号字

这类字,有的是截取相关他字的部分笔画而成,有的是采用积画表示数字,如“尔”,截取“爾”的上部而成;“易”,截取“”的右部而成;“于”,截取象形的“竽”字部分笔画而成;“一”,积一横画成字;等等。这类字共有 15 个,约占可识字的 0.6%。

此外还有构形不明者,共 7 个,约占可识字的 0.3%。

六、金文字用

金文字用主要有以下几种情况:

一字对一词。就是一个字固定地表示一个词。如:“神”,只表示鬼神之“神”;“社”,只表示社稷之“社”;“祸”,只表示祸害之祸;“礿”,只表示礿祭之“礿”;“骓”,只表示马名;“[illegible]”,只表示干盾之“盾”;“讼”,只表示争讼之“讼”;“谰”,只表示“谏”;“妾”,只表示臣妾之“妾”;“虖”,只表示语气词“乎(呼)”;“馑”,只表示饥馑之“馑”;“今”,只表示“今”;“采”,只表示采邑之“采”;等等。一字对一词好多都属于本字本用。

一字对多词或多义。就是一个字可以表示几个词或多个义。如:“不”,既可以表示否定词“不”,又可以表示形容词“丕”;“衣”,既可以表示上衣之“衣”,也可以表示终竟义的“卒”;“受”,既可以表示接受之“受”,又可以表示授予之“授”;“夆”,既表示地名,也表示界封之“封”;“休”,既表示休息义,也表示荫庇、庇佑、赏赐等义。一字对多词涉及文字假借。

多字对一词。就是用多个字表示同一个词。如:用“易”“睗”表示赏赐之“赐”;用“隹”“唯”表示语气词“唯”;用“詐”“诈”“乍”表示造作之“作”等。多字对一词也涉及文字假借。

多形对一词。多形指的是一个字的异写异构,多形对一词是金文用字上较普遍的现象。上面谈异写异构时已经涉及,这里不再重复举例。

七、金文的内容

举凡姓氏家族、祝嘏祈福、封建册命、军旅征战、宗庙祭享、官制法律、商贸买卖、土地采邑、训诰箴诫、田猎巡省、媵嫁婚娶等都有载,金文是商周社会文化宝藏,史料价值极高,也是最可靠的商周人书面语,是研究商周语言的珍贵语料。

例如:

① 姓、氏

商姓,可见者有子姓,载宋公栾簠:“有殷天乙唐孙宋公栾作其妹句敔夫人季子媵簠。”“季”是排行,“子”是她的姓。宋为商之后。商,子姓,子不从女,大概是承商书写习惯。周姓,可见者有姬、姜、妃、姞、姒、妘、娟、妘、妫、妊、婕、姚、[illegible]、嫘、嫞、当、嬴等。

商周族氏有䢅、鼋、䣲、戈、息、南宫、奠(鄭)、番、奠井、散、虢、匽等。

② 宗法制度

宗法制度是商周基本的社会制度。这种制度在商周金文中都有载。例如商代金文小子𩰫卣记载大宗族长“子”和小宗族长“小子”。西周金文没有“子”,但有“小子”,而“小子”是相对“子”而称,说明有“子”存在,而且“大宗”一词西周金文中有见。

③ 重大历史事件

克商营洛

克商营洛是周初两件大事,都见于铭文,如利簋载“甲子朝,岁鼎克䎽,夙有商”,何尊载“隹王初迁宅于成周”。印证了传世文献记载的可靠。

平乱践奄

武王克商,封纣子武庚于殷都为侯俾守商祀,置管、蔡、霍三叔尹殷地以监殷遗,所谓“三监”,武王崩,武庚与“三监”勾结作乱(详见《逸周书·作雒解》等)。周、召佐成王平定武庚三监之乱,其时东夷亦发动叛乱,周、召帅大军平之。

封建诸侯

封建诸侯是西周王朝建立后为巩固王国施行的一项重大举措。西周金文有不少这方面的记载,例如,小臣𪊲鼎记载封召公于北匽(燕)、召公亲往主持建匽(燕)大典,渣司徒疑簋铭载封卫康叔史事,宜侯夨簋记载“徙封虞侯夨”,四十二年逨鼎记载“封建杨侯”,等等。

④ 历法

西周常用“月相”辅助记时,成为一代特色。常见的“月相”有四个:初吉(今学者有的反对是月相)、既生霸、既望、既死霸。王国维认为这是把一个月四分,每段长度七八天,其说遵行的人较多,但并不是定说。四个词语也见于《尚书》《逸周书》,其含义,从汉代刘歆便开始研究,直到今天,仍然没有大家都认可的成果问世,是今后需要继续研究的课题。

⑤ 祭祀、战争、军旅戍守

这几项内容,金文都有突出的反映,祭祀如禋(哀成叔鼎、蔡侯尊)、礿(我方鼎)、禘(剌鼎)、祼(何尊、德方鼎)、御(我方鼎)、尝(与兵方壶)、𥜽(𡒊方鼎)、柴(大盂鼎)等。战争主要是商与“人方”的战争,记载该类史事的有商器小子𩰫卣、小臣艅犀尊、作册般甗等；周平定三监与武庚之乱，与“尸(夷)”“戎”“玁狁”之战，记载该类史事的有小臣单觶、渣司徒疑簋、禽簋、刚刧尊、塱方鼎、大保簋、保卣、晋侯苏钟、四十二年逑鼎乙、㦰簋、班簋、史密簋等。

⑥ 册命

册命是西周王朝命官赐爵的一种礼仪活动，也是一种政治制度。当时的很多高官都通过这一仪式产生。贵族们成为高官自然觉得很荣光，一定要铸器勒铭，一是用来答谢王的荫庇，二是用来传扬后世，作为家族的荣耀。这方面的铭文，西周早期就有见，例如大盂鼎，但数量较少，西周中期开始增多，当是得官者争相仿效之故，为我们研究西周册命、官制留下了丰富的史料。

⑦ 土地制度

“溥天之下，莫非王土”，王是天下土地的最高所有者，这点商代金文未见明确载述，西周金文中有载，如大盂鼎：“不(丕)显玟王，受天有大令(命)，才(在)珷王嗣玟王乍(作)邦，辟氒(厥)匿(慝)，匍(溥)有四方。”“四方”就是普天下的土地，全部归王所有。铭文讲得很清楚，该权力来自“天命”，神圣不可侵夺，为万民所从。这是最高层级的占有，李零先生把它称作“王有”。

在土地的使用上，诸侯王臣获得使用占有权，“王”是最终决定者，方式是“封授”。有赐土，如西周早期大盂鼎载王“授民授疆土”，宜侯夨簋载王徙封虞侯为宜侯，“易(赐)土：氒(厥)川𠀎(三百)□，氒(厥)［田?］百又廿”。有赐采，如遣尊：“隹(唯)十有二月辛卯，王才(在)斥，易(赐)遣采曰‘𧻚’。”采也称采地，《礼记·礼运》载“大夫有采以处其子孙”，“采”就是因官受封的土地的一种名称。颜师古解释说：“采，官也。因官食地，故曰采地。”(《汉书·刑法志》颜师古注)有因功封赏，如召卣载召勤劳王室，王封赏他“毕土方五十里”，大保簋载大保平乱有功，王“易休余土”，等等。

在土地买卖交换、转移使用权等方面，金文也有很多记载，都发生在贵族之间。如卫盉、五祀卫鼎、九年卫鼎、琱生簋、散氏盘等。

⑧ 思想文化

例如近年发现的豳公盨铭载上天命令禹布土(堙填洪水)，禹隓高山(填堙低洼之地)，疏通水道(让泛滥的洪水流回江河湖海)，上天于是给予他九畴大法，设立五行之官的“正”去掌行。上天降生众民，监察其德，于是造了一个与自己相配的人君，使民看重德，天诞生王，作民父母，又造了王的臣，他看重的只是德，众民喜好有光明的德行之君，德化天下，益发光明美好，百姓安乐，无不勉力，孝、友之道大明，都把斋戒作恒常之举，心好祭祀，没有凶恶之念，一心只在德上，连婚姻也能上协天理，因而获得祖先神不断给予的福禄，使天下长久安宁。

铭文载述“芒芒禹迹”的神话，反复强调“德”的重要，这和文献所载周人贵“德”相一致。

⑨ 法律

法律是依靠政权力量强制实施的行为规范，对全体成员具有普遍约束力。不同的社会有不同的法律。在商周，由王朝来制定，由部门官员来掌司，官员职责主要是考察法的遵行情况，对违法案件加以处置。从西周金文看，王朝对法的施行原则上强调“慎罚”。这方面在西周金文都有记载。如大盂鼎载王册命官员时告诫官员要“敏諫罚讼”，就是要小心谨慎审理刑事诉讼案件。审讯处置刑事案件，要“中”（不偏斜）、“井”（型，遵循法律），不能“虐”民等（见牧簋）。

还有一些篇章记载了刑名，如鞭刑、弃；记载了判罚种类，如刑罚辅以财罚、免刑罚加重财罚、拒不执行则加重处罚等；记载了审判过程、处置方式等，见散氏盘、曶鼎、𠑇匜、霸姬盘。

⑩ 商贸经济

商周是农耕社会，商贸是“润滑剂”，西周金文中有不少篇章记载了商贸。如1986年河南信阳浉河滩主航道上发现的一批西周早期青铜器，角、觚、方彝上的铭文记载一个叫作“曟”的人为“肇贾”作器纪念，“肇贾”就是开始做买卖；颂鼎载有“成周贾”，“贾”就是商人；鲁方彝记载“齐生鲁肇贾休多赢”，说齐生鲁开始做买卖得到荫庇多多盈利；兮甲盘则记载了王朝对集市贸易的管理；等等。

⑪ 媵嫁

大量见于春秋铜器，记载作器媵送，如1979年河南固始侯古堆M1出土的一件宋公栾簠（䀇）：“有殷天乙唐孙宋公栾作妹句敔夫人季子媵簠。”宋公栾就是宋景公，宋为殷后，子姓。所以作器称“有殷”，天乙唐就是殷先王“太乙汤”，自称其孙，表示自己是其后，“句敔”读作“句吴”，就是“攻吴”，也就是吴，是她所嫁国，“季”是排行，“子”是姓。这篇铭文虽短，内容却十分丰富，记载了春秋时期宋曾和吴联姻，这一史实不见于传世典籍，可补史缺，珍贵之极。

⑫ 诰教箴诫

这方面的内容见于很多铭，表达王对臣下的期望、要求。如大盂鼎载康王告诫臣下“酒无敢醷,有(侑)醬(柴)蒸(烝)祀无敢㱃(扰)”,要“苟(敬)雍(拥)德巠(经)。敏朝夕入谰(谏)”。如毛公鼎载宣王诰教毛公“女(汝)母(毋)敢妄(荒)寍(宁),虔夙(夙)夕叀(助)我一人(一人),雝(雝-拥)我邦尖(小大)猷,母(毋)䜣(折)緘(缄),告余先王若德,用印(仰)卲(昭)皇天,申(绅-申)圉(固)大命,康能亖(四)或(域),俗(欲)我弗乍(作)先王忧”。

八、金文资料的整理著录

根据《汉书》记载,金文数据早在汉武帝时就有出土。《说文 · 叙》亦载有其时“郡国亦往往于山川得鼎彝,其铭即前代之古文”的说法。

大规模的发现、整理、研究开始于北宋。刘敞是第一个整理研究金文资料的人,他著有《先秦古器记》。

其后吕大临撰《考古图》十卷,收有铭铜器 224 件。这是刘敞之后的一部私家大型著录专书,在著录方法和体例上极富开创性,对后世影响极大。北宋末大观初年,宋徽宗敕纂《宣和殿博古图录》(简称《宣和博古图》《宣和博古图录》)三十卷(学者或认为应是二十卷),收器 527 件;宣和时重修,收器增至 839 件(或说以今本查对 840 多件),称为《重修宣和博古图录》(又称《宣和重修博古图录》)三十卷,是宋代金石著作中收器最多的一部书。当时搜集到的铜器器影、铭文独赖二书得传。

元明两代金文资料的整理无成就可言。清代受政治、学术大环境孕育影响,形成整理研究的高峰。

一是官方大规模整理著录。乾隆十四年,梁诗正等奉敕仿《宣和博古图录》编纂《西清古鉴》,全书共四十卷,收内府所藏商至唐器 1 529 件,数量大大超过《宣和博古图录》。这部书所收,据学者研究,后来有 990 件下落不明,只有 179 件见录于他书,其余 780 件的形制、铭文只能通过这部书考知,所以这部书在数据保存上功劳相当大。乾隆四十四年又纂成《宁寿鉴古》十六卷,收器 701 件;乾隆五十八年王杰等纂成《西清续鉴甲编》二十卷,收器 944 件,同时又编有《西清续鉴乙编》二十卷,收奉天行宫所藏铜器 900 件。三书连同《西清古鉴》合称“西清四鉴”(也称“乾隆四鉴”),是官方编纂的四部大型著录书。

二是民间学者整理著录。传世成果有钱坫《十六长乐堂古器款识考》四卷,曹载奎《怀米山房吉金图》二卷,刘喜海《长安获古编》二卷,吴云《两罍轩彝器图释》

十二卷，潘祖荫《攀古楼彝器款识》二卷，吴大澂《恒轩所见所藏吉金录》二册，端方《陶斋吉金录》八卷（其余见“器铭的考释”部分）。

近现当代，整理著录成果大大超过清代。1937 年，罗振玉出版《三代吉金文存》，是近人编纂的第一部集成性金文总集，收商周器铭 4 835 件。此后，邱德修纂《商周金文集成》，1983 年五南图书出版公司出版，收器 8 974 件。严一萍纂《金文总集》，1983 年艺文印书馆出版，收 7 823 器，下限截止到 1983 年 6 月。中国社会科学院考古研究所编《殷周金文集成》，1984—1994 年由中华书局出版，共十八册。《殷周金文集成》是《三代吉金文存》后著录规模最大、收器铭最多的一部总集，第一册收器截至 1983 年，第十六册截至 1988 年，第十七、十八册是兵器。《殷周金文集成》收录的数据来自四个方面：国内外博物馆、其他单位和私人收藏的传世铜器；各地历年考古发现中获得的铜器；宋代以来著录诸书中现已不知所在的器物；未曾见于著录的铭文资料。所收按器类编排，顺序是乐器、炊器、盛食器、酒器、水器、兵器、其他。每类器按铭文字数由少到多编排，每册铭文编排完毕后附该册铭文说明，交待该器字数、器物时代、著录、出土、流传、现藏、本书拓片资料来源。全书共收器 11 983 件（顺序编号是 12113）。2006 年又出版了修订增补本，共 9 册，1—8 册是正文，9 册是索引（器物出土地索引、器物现藏地索引、器物著录书刊索引、部分著录书刊与本书器号对照表），对“文字说明”的某些内容作了增补，对某些拓本不清的器铭附了摹本，并在每器铭下增附张亚初先生所撰《殷周金文集成引得》上的释文。

接续《殷周金文集成》的是中华书局 2002 年出版的由刘雨、卢岩编著的《近出殷周金文集录》，四册，分正、附两编，正编收 1 258 器，凡铭文模糊不清无法利用者编为附录，附录收 96 器，共收 1 354 器，时代下限截止到 1999 年 5 月；中华书局 2010 年出版的由刘雨、严志斌编著的《近出殷周金文集录二编》，四册，收 1 346 器，附录收 90 器，本书作者疑伪之器一律不收。

2006 年，钟柏生等编纂出版了《新收殷周青铜器铭文暨器影汇编》，三册。该书收器接续《殷周金文集成》，兼收《殷周金文集成》漏收者，收器下限截止到 2005 年，共收器 2 005 件，分上、下两编及附录。上编为出土地明确者，按省份排列，省份按出土多寡排序，多者在前，寡者在后；下编为出土地不详者，以现场地笔画多寡编排；附录包括收录数据总览、器类字数索引、族徽索引、人名索引、地名索引、官名索引、引用书目表等。

2012年9月,吴镇烽编辑出版了《商周青铜器铭文暨图像集成》三十五卷,所收资料截止到2012年2月,共收传世和新出土商周有铭青铜器16 704件,近700件属于首次著录。每器载其“时代”“收藏者”“尺度重量”“形制纹饰”“铭文字数”“铭文释文”“备注”“器影”“铭文拓本”等九方面内容,全书按器类编排,每类以字数多少为序,少者在前,多者在后。

其后吴镇烽又于2016年出版《商周青铜器铭文暨图像集成续编》四卷,体例同于前书,收录前书出版后陆续收集到的有铭青铜器1 509件,其中未发表的公私藏品742件,占总数的一半。2020年又出版《商周青铜器铭文暨图像集成三编》四卷,体例亦同前书,收录2015年6月至2019年12月出土及所见有铭铜器1 772件。吴氏三书是当今著录已刊布的有铭铜器最丰之作。

九、器铭的考释

专门性的考释始于宋代的薛尚功,成果是他的《历代钟鼎彝器款识法帖》二十卷。铭文主要采自《考古图》和《宣和博古图录》,但范围远出二书之外。考夏器铭二,商器铭二百〇九,周器铭二百五十三,秦器铭五,汉器铭四十二,总共五百一十一铭。铭文采取摹录方式,作出释文,然后对器铭中的疑难字词加以考释。如卷二“己酉戍命彝”,其考释“己酉戍”云:“曰‘己酉’者,纪其岁也。‘戍’者,守也。以地而有所守,如《春秋》齐侯使连称管至父戍葵丘之谓。”考释“隮宜于還奏镛”云:“‘宜于昭黼’者,以言其别,故旌以别之,如衮衣取藻粉采黼黻之类。”考释“商贝朋方”云:“‘商贝朋方’者,五贝为朋,如《诗》‘锡我百朋’,言其禄之多。”考释“用室围宗彝”云:“彝,宗庙之常器,如《周官》所载六彝之类也。”薛尚功释“宜”、释“戍”、读“商”为赏、释“贝”、释“朋”、释“彝”,都很正确,代表了宋人的释字水平。薛书在创建铭文考释的体例方面也作了很好的工作,其体例为后来铭文考释者所本。在文献保存方面,其功更不可灭,不少珍贵的铭文独赖此书得传,如《师訇簋铭》《微縊鼎铭》《越王钟铭》等。

薛尚功后,迎来考释高潮的是清代。有成就有影响的成果有以下数种:

钱坫撰有《十六长乐堂古器款识考》四卷,嘉庆元年自刻本。收商周铜器29件,其他是秦汉器。每器图录器形,以摹刻方式录入器铭,然后作简要考释。总的来看,这部书考释水平并不高,但有一重要贡献,就是把宋人释为“敦”的器物根据自名字“毁”而改释为“簋”,纠正了宋人在器物定名上的一大错误,一字千金。

阮元撰有《积古斋钟鼎彝器款识》十卷,嘉庆九年自刻本。阮元是乾嘉时期著名经学家。阮元这部书是清人考释铭文的第一部大型之作。收商周器 446 件,只收器铭,加以考释,器铭根据拓本或摹本摹入。有些器铭摹写较精,有原字神韵,曶鼎铭最早以摹本方式著录于此书,阮元作了释文并作了考释。阮元的考释博采经史,有些字词释读很准确,有些创说对后人颇有影响。

陈介祺亦对天亡簋、鄂侯鼎、兮甲盘、大盂鼎、毛公鼎作了考释。

吴荣光撰有《筠清馆金文》五卷。

徐同柏撰有《从古堂款识学》十六卷(著名的大盂鼎铭、毛公鼎铭最早著录于此书)。

其后,吴式芬撰有《攈古录金文》,收器 1 334 件,器铭为摹本,考释主要采许印林、徐同柏之说。

吴大澂撰有《窸斋集古录》《窸斋集古录释文剩稿》《说文古籀补》《字说》,都是铭文考释的优秀之作。其中《窸斋集古录》二十六册,录铭采用拓本方式,拓印精良,共收 1 144 器(除去重出和漏目者,实收 1 026 器),对器铭作释文,考释字词,如第一册郑井叔钟,释文后考释云:"奠,古郑字。丼,古邢字。《说文》:'邢,郑地邢亭。'邢叔,屡见于曶鼎、宂彝、宂敦,阮氏《积古斋款识》所载宂彝上云'王在郑',下云'邢叔右宂',亦即郑之邢叔矣。"他把"丼"和"井"相区别,认为"丼"就是郑邢之"邢"的古文,十分精当。其《窸斋集古录释文剩稿》是考释金文的遗稿,共考 136 器。其《说文古籀补》是一部以收录金文为主的字编,主要通过列出字头方式表达考释意见,觉得有必要则在字头下写出考释意见。其《字说》是对金文中一些重要字词的考释,"敇字说""夷字说""鞭字说""文字说""干吾字说""叔字说""沙字说""钵字说"等都十分精当。吴大澂这几部著作,一是刷新了铭文著录方式,二是对较关键的疑难字词作了很好的考释,或纠正前人时人误说,或自创新说,为金文研究作出了杰出贡献。

方濬益撰有《缀遗斋彝器款识考释》三十卷,收录商周器铭 1 382 件,器铭录入采用摹写方式,所摹非常精确,摹本下释文、考释,其考释成就和吴大澂相伯仲。

刘心源撰有《奇觚室吉金文述》二十卷、《古文审》八卷。《奇觚室吉金文述》收商周铜器 575 件,兵器 77 件(其他略),以拓本方式著录器铭,有些拓本非常优良。拓本下隶定,然后考释该铭。《古文审》先释文,将铭文摹写在释文之左,字形和释文形成对照,然后考释全铭。刘心源的考释特色是注重字的构形分析,考字多有发明。这两部书也都是金文考释的优秀之作。

孙诒让撰有《古籀拾遗》上、中、下三卷,《古籀余论》二卷。《古籀拾遗》上卷选取薛尚功《历代钟鼎彝器款识法帖》十四铭加以考订,中卷选取阮元《积古斋钟鼎彝器款识》三十铭加以考订,下卷选取吴荣光《筠清馆金文》二十二铭加以考订,书末附《宋政和礼器文字考》。《古籀余论》是为考订吴式芬《攈古录金文》而作,共一百零五篇。孙诒让这两部著作,每考释一字,都注意从形体研究入手,采用偏旁分析法,同时综合使用历史比较法、辞例推勘法,科学性极强,很多字的考释正确可信,代表清代金文考释的最高水平。其考释方法,经后人整理系统化,成为古文字考释的科学方法。

近现当代,由于西方语言学、考古学、天文学等科学理论的影响,由于甲骨、简帛、金石等新资料的发现,考释者的视野大大开阔,考释成就超越清代,迎来最辉煌的时期。

首先是王国维。他著有《生霸死霸考》,研究金文月相辞语,取得突破性进展,创立了"四分一月"说,影响极为深远。

他研究关乎西周史最切的长铭,著有《观堂古金文考释五种》(《毛公鼎铭考释》《散氏盘铭考释》《不期敦盖铭考释》《盂鼎铭考释》《克鼎铭考释》)。同时研究疑难字词,著有《说斝》《说珏朋》《释辪》《释弜》等,创获颇多。他还在《毛公鼎考释序》中提出考释文字和通读铭辞的"六项原则": 考之史事与制度文物,以知其时代之情状;本之诗书,以求其文之义例;考之古音,以通其义之假借;参之彝器,以验其文字之变化;由此而之彼,即甲以推乙,则于字之不可释、义之不可通者,必间有获焉;然后阙其不可知者,以俟后之君子。这六条原则,对后人启发甚大。

其次是郭沫若。他在 20 世纪 30 年代于日本印行《两周金文辞大系》,考释西周王臣器铭 162 件,东周诸侯器铭 161 件。其考释特色是先断代或确定国别,然后考证铭文中的关键性字词,打通铭意,通过他的考证,每一篇铭文都成为研究两周史的有价值的鲜活史料。此外他还著有《殷周青铜器铭文研究》《金文丛考》《金文丛考补录》,在疑难词语考释、要铭释读等方面创说颇多,如《戈琱㦸𫘤必彤沙说》《释𡉚》《释巠》《毛公鼎之年代》等。

郭沫若后,唐兰、徐中舒、于省吾、张政烺、杨树达、陈梦家、李学勤、裘锡圭、林沄、于豪亮等皆有重要贡献。

唐兰于20世纪30年代末著《古文字学导论》，建立起古文字学的科学体系，提出考释古文字的四个方法，循此研究金文，取得丰硕成果，代表性成果有专著《西周青铜器铭文分代史征》，对西周176篇铭文作了断代，同时作了注释和译文。又有论文《毛公鼎“朱韍、葱衡、玉环、玉瑹”新解》《“蔑曆”新诂》等多篇，考释疑难字词，多有发明，如把锡命铭文常见的表示一种赏赐物的“黄”字释读为带衡之“衡”，指出就是系市的带子，纠正了释“璜”的错误，其说为学界所公认。

徐中舒著有《金文嘏辞释例》，系统考证金文中的嘏辞，创说颇多，影响深远。

于省吾著有《释𦥑》《释两》《墙盘铭文十二解》等论文。他研究古文字，强调既要注意每一个字本身的形音义三方面的相互关系，又要注意每一个字和同时代其他字的横的关系以及它们本身在不同历史阶段字形间的纵的关系，所以他的考释都必先从形体研究开始，将字释对，然后再去考证其所用，结论让人信服。例如他释墙盘铭“𢕌趚”就是连语“竞爽”，谓刚强爽明，结论学界公认。再如释“𦥑”为“举”，也得到学界多人认可。考释“网”的构形原理，被诸家奉为确论，等等。

张政烺《试释周初青铜器铭文中的易卦》，揭开了铜器铭文上的一个长期未解谜团。《利簋释文》《夨王簋盖跋》等，也无不考字创说、析疑释难。

杨树达著有《积微居金文说》《积微居金文余说》，解说314器，以跋语形式释读难解辞语，成就亦颇高。

陈梦家著有《西周铜器断代》两册，上册上编为“西周器铭考释”，从武王开始，考到宣王为止，共考218器；上册下编为“西周铜器总论”，其“周礼部分”撰有《释市》《释黄》《释非余》《释鞞䩤》，都是疑难字词考释的攻坚之作。

李学勤著有《新出青铜器研究》，收考释论文67篇。又有《李学勤集》《文物中的古文明》《中国古代文明研究》《夏商周文明研究》《夏商周年代学札记》等著作，也收有考释金文的文章。李学勤考释的特色是注重语境、语用，其释“贾”（《鲁方彝与西周商贾》）、释“卒”（《多友鼎的“卒”字及其他》），纠正了学界长期以来的误释。

裘锡圭著有金文考释多篇，今已集中收录在《裘锡圭学术文集》第三卷中，裘锡圭考释的特点是注重字形研究和文献证据，结论让人信服。他考释选取的字词不少是关涉史实、礼制的疑难字词，如小臣𪓐鼎铭中的“[illegible]”，释为“建”，揭示出“召公建燕”的史实；从字形文义上论证了见于散盘而长期被误释为“眉”的“[illegible]”为“履”字，是勘核土地面积确定其边界用语，这个字的释出，揭示了西周土地使用权转移的履田立封制度;其释“離豪”为“申就”,解为重复申成义,揭示了古代册命礼的一个重要仪节。其《复公仲簋盖铭补释》,纠正了把写作“𡚾、𡜍”的“寑”释为“妇”的错误;其《说金文“引”字的虚词用法》,对毛公鼎某些文句提出了正确的释读意见;等等。他的考释,大都为学界奉为确论。

林沄详辨了豊、豐形体的区别,推倒豊、豐同字的误说,纠正了长期以来把金文中的一些“豊”字释为“豐”的错误。

于豪亮释出一直被误释为“弘”的“引”字,又释出“俎”字,纠正了俎、宜同字的误说,等等。

近些年又有一些新成果问世,如把毛公鼎旧释为“䰙”的“嘼”改释为“钩膺”之“钩”,把旧释为“戮”的字改释为“翦伐”之“翦”,把师询簋旧释为“殳”的字改释为“股”本字,把㝬钟等铭上旧释为“孳”、读为“子”的字改释为“孪”、读为“蛮”,把见于小臣单觯铭的“反”溯源自“㕣”“陖”,解为毁黜铲除,把“[illegible]”“[illegible]”“[illegible]”类疑难字释为“失”(佚),把旧释为“豙”(读为坠)的“[illegible]”改释为“彖”(读为惰),把旧释为蔑历之“历”的“厤”分析为从“厤”得声读为“懋”,把㦰簋中的“鄞”及相关之字释为“奔袭”之“袭”本字,把见于墙盘误释读为“戾”的“盭”改释为同“盭”读为“调”,把见于四十二年逑鼎等铭中的“戜”释为“蠢”的古文,等等。例不备举。

以上述及的仅是商和西周段的研究成果,春秋战国段也有丰厚成果,如张政烺对庚壶铭文的研究,张政烺、李学勤等对中山国铜器铭文的研究,林宏明对战国中山国文字的研究,裘锡圭、李家浩对曾侯乙墓钟磬铭文的研究,朱德熙、李家浩对鄂君启节的研究,等等。例不备举。

此外,还有一批注释、通释、通考、汇考、专题研究之作,如马承源《商周青铜器铭文选》、唐兰《西周青铜器铭文分代史征》、白川静《金文通释》、曹锦炎《鸟虫书通考》、林清源《两周青铜句兵铭文汇考》、陈英杰《西周金文作器用途铭辞研究》等,都是金文研究的重要成果。

十、铜器的断代

目前见到的铜器,1928 年之前的都是传世器或者私掘流于市肆者,作为断代的重要参考或根据的出土地、墓葬、地层、同出器物等信息一般都不存在,断代难度非常大。宋人当年曾尝试断代,成就甚微。有重大建树者是近现代的郭沫若,他在 20 世纪 30 年代提出:“器物年代每有于铭文透露者”,“据此等器物为中心以推证他器，其人名事迹每有一定之脉络可寻。得此，更就文字之体例、文辞之格调，及器物之花纹形式以参验之，一时代之器大抵可以踪迹。即其近是者，于先后之相去要必不甚远，至其有历朔之记载者，亦于年月日辰间之相互关系，求其合与不合。”（《两周金文辞大系·序》）他根据这样的方法给西周 162 器断了代（器数据其《序》，列国略），被称为“标准器断代法”（即根据铭文和史实相印证，确定它制作的年代或绝对年代，以此再综合所能提供的一切因素去判定没有明确的历史信息的铜器大概制作的年代），影响非常大。中华人民共和国成立后，陈梦家进一步发展完善“标准器断代法”，在 20 世纪 50 年代末发表《西周铜器断代》，是继郭沫若后取得的重大成果。20 世纪 60 年代初，唐兰发表《西周铜器断代中的“康宫”问题》，提出铜器铭文中屡见的“康宫”就是康王之庙，凡铭见“康宫”者，器必在康王之后，以此类推，他提出凡铭见“卲（昭）宫”“穆宫”“徲（夷）宫”“剌（厉）宫”者，器一定在“昭”“穆”“夷”“厉”诸王之后。这在铜器断代上被称作“康宫说”，也是标准器断代法，得到很多学者的赞同。其后，李学勤也有成果问世，他在《西周中期青铜器的重要标尺——周原庄白、强家两处青铜器窖藏的综合研究》（《中国历史博物馆馆刊》1979 年第 1 期）一文中提出“标准器”的确定要注意利用家族窖藏器提供的“群”“组”，因为比较准确地估定西周中期青铜器的年代需要较多的标准器。他认为：“最好能找到一批青铜器群，其各器间不仅有横的联系（同器主同时代的器物），也要有纵的联系（器主家族几个世代的器物）。这样的青铜器群可以当作一种标尺，用来检验我们排定的青铜器年代序列是否正确，告诉我们各王时的器物究竟有哪些特征。”他依照这个思路，研究论证了庄白、强家村窖藏器，确定标准器，以之系联，断代昭王世器和恭、懿、孝、夷世器，提出昭、穆两个时期青铜器差距较大，昭王时器从形制、花纹、字体等方面看较多保留成、康时期的特征，穆王时变化已多，出现了不少新的因素，早、中期青铜器的界限应划在昭、穆之间，下限应划在孝、夷之间，中期范围是穆、恭、懿、孝四王，昭王时器仍属早期范畴。上述之外，还有不少学者投入研究，王世民、陈公柔、张长寿《西周青铜器分期断代研究》，彭裕商《西周青铜器年代综合研究》，张振林《试论铜器铭文形式上的时代标记》成就亦颇高，限于篇幅，不详细介绍。

今天出版的今人著录书，例如《殷周金文集成》《新收殷周青铜器铭文暨器影汇编》《近出殷周金文集录》《近出殷周金文集录二编》《商周青铜器铭文暨图像集成》（包括《续编》《三编》）等，所收铜器都有断代信息，时段一般分为：殷（或称

“商”),西周早期、西周中期、西周晚期、西周,春秋早期、春秋中期、春秋晚期、春秋,战国早期、战国中期、战国晚期、战国。

至于西周诸王所隶时段,一般遵依陈梦家之说。陈梦家以公元前1027年为西周年代始点,以前771年为终点,把武(前1027—前1025)、成(前1024—前1005)、康(前1004—前967)、昭(前966—前948)划归西周早期段(80年,“早”陈称“初”),把穆(947—928)、恭(927—908)、懿(前907—前898)、孝(前897—前888)、夷(前887—前858)划归西周中期段(90年),把厉(前857—前842)、共(共和)(前841—前828)、宣(前827—前782)、幽(前781—前771)划归西周晚期段(87年)。但今天不少学者已把夷王划归西周晚期。

十一、工具书的编纂

(一) 释字类工具书

释字类工具书的编纂始于宋代吕大临的《考古图释文》,收字按韵编排,属于草创。清代时,吴大澂遵循《说文》部次纂成《说文古籀补》,是以收释金文形体为主的字编,影响深远。1925年,容庚编纂了近代以来第一部专门收释金文的字编《金文编》,分别在1939年、1959年、1985年修订增补(张振林、马国权摹补),为推动金文研究以及其他古文字研究作出巨大贡献。

1985年以后,《金文编》未能再加增订。2011年,董莲池编纂出版了《新金文编》(作家出版社),《新金文编》在收录原则、字形录入、字形编排等方面都有重大创新,资料收录下限截至2010年,释字充分吸收了学界新成果。该书2015年获教育部第七届高等学校科学研究优秀成果奖(人文社会科学)二等奖,已成为当前普遍使用的一部金文工具书。

(二) 形义类工具书

戴家祥《金文大字典》,1995年学林出版社出版,以楷书标列字头,字头下收列字形拓片,标注所出之器、所在文句,然后解说字的构形、字用、字义。

张世超等《金文形义通解》,1996年日本中文出版社出版。该书按《说文》部次,字头下分字形、解字、释义三部分,字形部分收列该字异体,解字部分讲解字的构形原理、形体演化,释义部分分条揭举金文中的用义。

此外,王文耀《简明金文词典》、陈初生《金文常用字典》等,都是查考形义的重要工具书。

（三）检索字句类工具书

华东师范大学中国文字研究与应用中心《金文引得》，张亚初《殷周金文集成引得》，张桂光《商周金文辞类纂》，董莲池、刘志基、张再兴等《商周金文原形类纂》，都是逐字引得，其中最后一种是“引得”原形字句，范围基本涵盖目前所刊布的全部金文数据，亦可以作为字形全编的工具书检索所需字形。

（四）检索著录目类工具书

王国维《三代秦汉金文著录表》（《国朝金文著录表》，罗福颐校补）、《宋代金文著录表》，孙稚雏《金文著录简目》，刘雨、沈丁、卢岩等《商周金文总著录表》，孙稚雏《青铜器论文索引》（？—1982 年），王文耀《金文主要论著目录（1915 年—1990 年）》（《简明金文词典》附录），张懋镕、张仲立《青铜器论文索引（1983—2001）》，张懋镕《青铜器论文索引（2002—2006）》，王晓丽、杨远新《中国青铜器论著索引》。

（五）检索研究成果的工具书

《金文诂林》，周法高主编，张日昇、徐芷仪、林洁明编纂，香港中文大学 1974 年出版。《金文诂林》体例仿《说文解字诂林》，十四卷。字头遵依 1959 年版《金文编》，共 1 894 个，字头下移录 1959 年版《金文编》所收字形，增入文句，然后摘录诸家对该字的考释，分条编排在其左。所摘录的考释上限始于阮元《积古斋钟鼎彝器款识》（他们认为金文之学至阮元始上轨道），下限止于 1974 年。《甲骨文字集释》已录入的金文考释成果不再重复录入，日本学者只录高田忠周的《古籀篇》，按语由张日昇、林洁明、周法高分别撰写。该书录入的成果，大体具备“检一字而诸说咸在”的功效，给研究带来极大便利，其按语颇具参考价值，对推动金文研究乃至其他古文字研究发挥了巨大作用。

《金文诂林附录》，李孝定、周法高、张日昇编著，香港中文大学 1977 年出版。该书是对 1959 年版《金文编》附录上下所录字的诂林。

《金文诂林补》，周法高编撰，“中研院”历史语言研究所 1982 年出版。该书体例同于《金文诂林》，字头在 1959 年版《金文编》基础上增加了 379 个，共 2 273 个。所补一是《金文诂林》当时漏收的成果；二是《金文诂林》出版后发表的成果；三是日本加藤常贤《汉字的起源》、赤冢忠《殷金文考释》、白川静《金文通释》《说文新义》中的相关成果，由林洁明译为中文后收入。按语由周法高撰写，不是每字头必有。

《古文字诂林》,李圃主编,上海教育出版社 1999 年出版。这部书是对甲骨文、金文、玺印文、货币文、陶文、简帛文、石刻文、盟书等古文字的诂林,收录截至1997 年的诸家考释成果,《金文诂林补》出版后 15 年间的金文研究成果都可以在这部书中查考得到。

《金文文献集成》,刘庆柱、段志洪、冯时主编,线装书局 2005 年出版。正编四十六册,索引一册,共四十七册。这是我国文化史上第一部大型的分类汇编的宋代至现当代金文著录、研究文献的总集,第 1—18 册为“古代文献”:其中 1—8 为“图像与铭文综录”,9—16 为“铭文及考释”,17 为“字书与字说”(一部分入第 18 册),18 为“器目与序跋”。第 19—46 册为“现代文献”:其中 19—22 为“图像与铭文综录”,23—29 为“铭文及考释”,30—36 为“文字学研究”,37 为“器物研究”,38—39 为“历法与断代”,40 为“商周史研究”,41 为“辨伪”,42 为“器目”,43—45 为“日文论著”,46 为“西文论著”。第 47 册为“索引卷”。收录的文献一般都是该文献的整部,有些节录也是该文献涉金内容的全部。它是金文文献的渊海,一般的金文文献可借助它进行查考,也是一部金文研究必据的工具书。

第三节

简　帛

据《墨子·非命下》载:“书之竹帛,镂之金石,琢之盘盂,传遗后世子孙。”竹指简,材料其实不限于竹,也有木简。帛是我国古代用来书写文字的丝织品。

竹简是我国历史上非常重要的一种书籍载体,关于这一点,钱存训有过精彩的论述:

> 书籍的起源,当追溯至竹简和木牍,编以书绳,聚简成篇,如同今日的书籍册页一般。在纸发明以前,竹木不仅是最普遍的书写材料,且在中国历史上被采用的时间,亦较诸其他材料更为长久。甚至在纸发明以后数百年间,简牍仍继续用作书写。①

根据历史文献记载以及考古发现可知,早在殷商时代便有简册存在。《尚书·多士》:“惟殷先人,有册有典。”甲骨文中亦见“册”字,作“ ”形。帛书又称缯书,是我国古代书写在丝帛上的文书。由于简帛很容易损坏、腐烂,早期的竹简文字很难保存下来,已发现的简帛文字以战国时代的为最早。② 由于简帛研究材料众多,时代跨度较大,地域辽阔,因此下面分为楚简帛、秦简牍、汉简帛三部分来论述。

---

① 钱存训:《书于竹帛——中国古代的文字记录》,上海书店出版社,2002 年,第 71 页。

② 裘锡圭:《文字学概要》,商务印书馆,2013 年,第 59 页。

第一部分　楚简帛

一、楚简帛的定义

根据《汉书・艺文志》《说文解字・叙》《晋书・束皙传》等古代文献记载可知，我国历史上曾有两次重要的竹简材料发现，即孔子壁中书和汲冢竹书，然二者并非楚简。

楚简是我国古代战国时期盛行于楚地的一种书籍形式，其文字载体为经过修治的竹简，且都是用毛笔蘸墨书写。自20世纪50年代以来，我国陆续发现了多批重要的楚简材料。早期发现的楚简较多见的是遣册、卜筮祭祷记录、司法文书等。随着郭店简、上博简、清华简、安大简等大批楚简的公布，典籍类楚简逐渐成为学界研究的重心。现存实物帛书以长沙子弹库楚墓中出土的战国楚帛书为最早。

二、楚简帛的公布情况

1942年，盗墓者于湖南长沙东郊子弹库楚墓中盗掘出楚帛书，几经辗转，现藏于美国华盛顿赛克勒艺术馆。楚帛书所记录的是与时、岁等内容相关的典籍文献。①

1951年，中国科学院考古研究所湖南调查发掘团在湖南省长沙市五里牌406号战国楚墓发掘获得竹简38枚，内容为遣册。②

1953年，湖南省文物工作者在湖南省长沙市仰天湖25号战国楚墓发掘获得竹简42枚，内容为遣册。③

1954年，湖南省文物工作者在湖南省长沙市杨家湾6号战国楚墓发掘获得竹简72枚，文字模糊不清，其内容待考。④

1957年，河南省文化局文物工作队在发掘信阳长台关一号墓时发现一批战国

① 饶宗颐、曾宪通：《楚帛书》，中华书局香港分局，1985年。

② 中国科学院考古研究所：《长沙发掘报告》，科学出版社，1957年。

③ 湖南省博物馆、湖南省文物考古研究所、长沙市博物馆等：《长沙楚墓》，文物出版社，2000年，第420页。

④ 湖南省博物馆、湖南省文物考古研究所、长沙市博物馆等：《长沙楚墓》，文物出版社，2000年，第428页。

竹简。这批竹简可分为两组,第一组为典籍,共 110 枚,内容或以为儒家著作,或以为《墨子》佚文,待考。第二组为遣册,共 29 枚。①

1965 年至 1966 年,湖北省文物考古研究所在湖北省江陵县望山 1、2 号两座战国楚墓发掘获得两批竹简。其中 1 号墓获 207 枚,内容为卜筮祭祷资料;2 号墓获 66 枚,内容为遣册。②

1978 年,荆州地区博物馆在湖北省江陵县观音垱公社五山大队境内的天星观战国楚墓发掘获得竹简 70 余枚,其内容为卜筮记录及遣册。③

1978 年,湖北省文物工作者在湖北省随州市擂鼓墩曾侯乙墓 1 号墓发掘出土竹简 240 余枚。因曾国为楚国附庸国,深受楚文化影响,且曾侯乙墓竹简文字与常见战国楚简文字相同,故学界通常将此批竹简视为楚简。其内容为遣册等。④

1980 年,考古工作者在湖南省临澧县九里 1 号墓发掘获得竹简 100 余枚,内容为占卜记录及遣册。⑤

1981 年,湖北省博物馆江陵工作站在江陵县九店公社砖瓦厂 56 号战国楚墓发掘获得竹简 205 枚,一部分内容与农作物有关,一部分内容为日书、占卜书。⑥

1982 年,湖北省荆州地区博物馆在江陵县马山公社砖厂 1 号战国楚墓中发掘获得竹简 1 枚,内容为签牌。⑦

1983 年,湖南省常德市德山夕阳坡 2 号战国楚墓出土竹简 2 枚,保存完整,内容为楚王给臣下士尹赏赐岁禄的诏书。⑧

1986 年至 1987 年,湖北省荆沙铁路考古队在湖北江陵秦家咀发掘了战国楚墓 49 座。其中,1 号墓出土竹简 7 枚,为卜筮祭祷类文字;13 号墓出土竹简 18 枚,

---

① 河南省文化局文物工作队第一队:《我国考古史上的空前发现——信阳长台关发掘一座战国大墓》,《文物参考资料》1957 年第 9 期。

② 湖北省文物考古研究所、北京大学中文系:《望山楚简》,中华书局,1995 年。

③ 湖北省荆州地区博物馆:《江陵天星观 1 号楚墓》,《考古学报》1982 年第 1 期。

④ 随县擂鼓墩一号墓考古发掘队:《湖北随县曾侯乙墓发掘简报》,《文物》1979 年第 7 期。

⑤ 湖南省文物考古研究所:《湖南省考古工作五十年》,《新中国考古五十年》,文物出版社,1999 年,第 301—302 页。

⑥ 湖北省文物考古研究所:《江陵九店东周墓》,科学出版社,1995 年,第 339 页。

⑦ 荆州地区博物馆:《湖北江陵马山砖厂一号墓出土大批战国时期丝织品》,《文物》1982 年第 10 期。

⑧ 杨启乾:《常德市德山夕阳坡二号楚墓竹简初探》,《楚史与楚文化研究》,求索杂志社,1987 年。

内容为卜筮祭祷记录;99 号墓出土竹简 16 枚,内容为卜筮祭祷及遣册。①

1987 年,湖北省荆沙铁路考古队在荆门市十里铺镇王场村包山岗包山 2 号墓中发掘获得竹简 278 枚,内容分为文书、卜筮祭祷记录、遣册三大类。其中,文书简是若干独立的事件或案件的记录,都是各地官员向中央政府呈报的文件。②

1987 年 5 月至 6 月间,湖南省文物考古研究所与慈利县文物保护管理研究所对慈利县城关镇石板村 36 号战国墓进行发掘,出土了一批竹简。这批竹简残损严重,共有残段 4 371 件。竹简中保存最长者为 36 厘米,最短者仅 1 厘米左右。估计完简长为 45 厘米左右,数量约 1 000 支,字数约 21 000 字。③ 该批竹简内容可分为两类,“一类是有传世文献典籍可资对勘的,如《国语・吴语》和《逸周书・大武》”,“另一类是《管子》、《宁越子》等书的佚文或古佚书”。④

1989 年,江陵九店 621 号战国楚墓出土竹简 127 枚,残损严重,内容难以辨识。⑤

1989 年至 1994 年间,香港中文大学文物馆入藏 10 枚战国楚简,内容为典籍。经诸多学者研究,该批楚简与上海博物馆藏战国楚简多能拼缀、编联,应为同一批竹简。⑥

1992 年,襄阳市博物馆与老河口市博物馆组成联合考古队对湖北省老河口市仙人渡镇安岗 1 号战国楚墓进行发掘,获得竹简 21 枚,内容为遣册,记录了该墓的随葬物品。⑦

1992 年,荆州博物馆考古工作队在荆州江陵砖瓦厂 370 号战国楚墓发掘获得竹简 6 枚,内容为司法文书。⑧

---

① 荆沙铁路考古队:《江陵秦家咀楚墓发掘简报》,《江汉考古》1988 年第 2 期。

② 湖北省荆沙铁路考古队:《包山楚简》,文物出版社,1991 年。

③ 湖南省文物考古研究所、慈利县文物保护管理研究所:《湖南慈利石板村 36 号战国墓发掘简报》,《文物》1990 年第 10 期。

④ 张春龙:《慈利楚简概述》,《新出简帛研究:新出简帛国际学术研讨会文集》,文物出版社,2004 年,第 5 页。

⑤ 湖北省文物考古研究所:《江陵九店东周墓》,科学出版社,1995 年,第 340 页。

⑥ 陈松长:《香港中文大学文物馆藏简牍》,香港中文大学文物馆,2001 年。

⑦ 襄阳市博物馆、老河口市博物馆:《湖北老河口安岗一号楚墓发掘简报》,《文物》2017 年第 7 期。

⑧ 滕壬生、黄锡全:《江陵砖瓦厂 M370 楚墓竹简》,《简帛研究二〇〇一》,广西师范大学出版社,2001 年,第 218—221 页。

1992年至1993年，黄冈市博物馆与黄州区博物馆在曹家岗5号战国楚墓发掘获得竹简7枚，内容为遣册。①

1993年10月，湖北省荆门市博物馆组织考古工作人员对郭店1号楚墓进行了抢救性清理发掘，出土了诸多随葬器物。其中最引人注意的当是出土的800余枚竹简。据整理后的数字统计，有字简共730枚，存13 000余字。内容包含多篇古籍，以道、儒两家学说为主。具体说来，该批竹书可以分为十三种十八篇：《老子》甲、乙、丙三篇，《太一生水》《缁衣》《鲁穆公问子思》《穷达以时》《五行》《唐虞之道》《忠信之道》《成之闻之》《尊德义》《性自命出》《六德》，以及《语丛》四篇。②

1994年，河南省文物考古研究所对驻马店市新蔡县葛陵村平夜君成墓进行抢救性发掘，获得竹简1 571枚，内容为卜筮祭祷记录以及遣册文书。③

1994年春，香港古玩市场上陆续出现了一些竹简，张光裕将此讯息告诉了上海博物馆的马承源馆长，并且陆续电传了一些简文摹本。马承源及其同事经研究决定购买这批竹简。1994年5月间，这批竹简送抵上海博物馆。同年秋冬之际，香港古玩市场又出现一批文字内容与第一批有关联的竹简。这批竹简由朱昌言等合资购买并赠与上海博物馆。两次收入的全部完、残简合计1 200余枚，内容包括哲学、文学、历史、政论等方面的记载。除少数篇章可以和传世文献进行对照外，多数为古佚籍。④ 这批楚简以《上海博物馆藏战国楚竹书》为名，于2001年出版第一辑，至2012年，共出版九辑。

2002年，河南省文物考古研究所对信阳市长台关7号战国楚墓进行抢救性发掘，获得一批竹简，内容为遣册。⑤

2008年7月，清华大学入藏了一批校友捐赠的竹简。随即，清华大学出土文献研究与保护中心对这批竹简进行了保护、鉴定、拍照与初步整理的工作。这批

---

① 黄冈市博物馆、黄州区博物馆：《湖北黄冈两座中型楚墓》，《考古学报》2000年第2期。

② 荆门市博物馆：《郭店楚墓竹简》，文物出版社，1998年。

③ 河南省文物考古研究所、河南省驻马店市文化局、新蔡县文物保护管理所：《河南新蔡平夜君成墓的发掘》，《文物》2002年第8期；河南省文物考古研究所：《新蔡葛陵楚墓》，大象出版社，2003年。

④ 马承源：《上海博物馆藏战国楚竹书（一）》，上海古籍出版社，2001年；《马承源先生谈上博简》，《上博馆藏战国楚竹书研究》，上海书店出版社，2002年，第1—8页。

⑤ 河南省文物考古研究所、信阳市文物工作队：《河南信阳长台关七号楚墓发掘简报》，《文物》2004年第3期。

竹简完、残简共计 2 388 枚，估计原有完简 1 700—1 800 枚。① 关于这批竹简的内容，《清华大学所藏竹简鉴定会鉴定意见》写道："这批竹简内涵丰富，初步观察以书籍为主，其中有对探索中国历史和传统文化极为重要的'经、史'类书，大多在已经发现的先秦竹简中是从未见过的，具有极高的学术价值。"②除少数篇章可以和传世文献进行对照外，多数为古佚籍。这批竹简以《清华大学藏战国竹简》为名，于 2010 年出版第一辑，至 2021 年，已出版十一辑。

2009 年 5 月，武汉市江夏区丁家咀发现 4 座战国楚墓，其中 1 号墓出土竹简 1 枚，2 号墓出土竹简 20 余枚，内容为卜筮记录及遣册文书。③

2015 年初，安徽大学从海外抢救回一批战国竹简，清洗整理后得到完、残简共 1 167 枚。整简居多，品相上乘，字迹清晰。北京大学文物鉴定中心的碳-14 检测认定，竹简年代约在公元前 400 年至公元前 350 年之间，为战国时期楚国之物。这批竹简记载的是经学、史学、哲学、文学等领域的文献，包括《诗经》、孔子语录和儒家著作、楚史、楚辞等作品。《安徽大学藏战国竹简（一）》已于 2019 年公布，收录《诗经》文献。④

2015 年，荆州博物馆考古工作者从荆州郢城遗址南郊的夏家台 106 号墓中清理出 400 余枚竹简。经专家考证，确认其内容为《诗经・邶风》《尚书・吕刑》以及《日书》等。整体材料尚在整理之中。⑤

三、楚简帛研究的基本材料

（一）著录类

1985 年，饶宗颐、曾宪通编著《楚帛书》，收录 20 世纪 40 年代出土于湖南长沙子弹库楚墓的楚帛书。⑥

1991 年，湖北省荆沙铁路考古队将 1987 年出土于荆门十里铺镇王场村包山

---

① 李学勤：《清华大学藏战国竹简（一）》，中西书局，2010 年；李学勤：《我与清华简的初步整理研究》，《民族艺术》2014 年第 5 期。

② 刘国忠：《走近清华简》，高等教育出版社，2011 年，第 2 页。

③ 李永康：《武汉江夏丁家咀发现战国楚墓并出土竹简》，《江汉考古》2009 年第 3 期。

④ 黄德宽、徐在国：《安徽大学藏战国竹简（一）》，中西书局，2019 年。

⑤ 叶俊：《夏家台战国楚墓出土竹简〈诗经〉》，《荆州日报》2016 年 1 月 29 日，第 01 版。

⑥ 饶宗颐、曾宪通：《楚帛书》，中华书局香港分局，1985 年。

岗包山 2 号楚墓的楚简汇编为《包山楚简》,作了详细的释文及考释。①

1995 年,商承祚编著《战国楚竹简汇编》,收录 20 世纪五六十年代出土于湖南长沙、河南信阳、湖北江陵三地的七批竹简,即湖南长沙五里牌 406 号楚墓竹简,长沙仰天湖 25 号楚墓竹简,长沙杨家湾 6 号楚墓竹简,河南信阳长台关 1 号楚墓出土的两组竹简,湖北江陵望山 1 号楚墓竹简,江陵望山 2 号楚墓竹简,共计八百余枚。该书将这些竹简缀合为五百余枚,并作了释文及考释。②

1998 年,荆门市博物馆将 1993 年出土于湖北省荆门市郭店 1 号墓的竹简整理成《郭店楚墓竹简》一书。整理者对其进行了分篇、系联,作了详细的释文注释。裘锡圭对书稿进行了审定,缀合了一些残简,对简序、分篇、字词训释提出了许多建议。③

自 2001 年起,马承源主编的《上海博物馆藏战国楚竹书》持续公布。至 2012 年,已公布了 9 册。每册收录原大图版、放大图版、释文考释等内容。④ 目前已公布的上博简并非其全貌,仍有内容在持续公布中,如曹锦炎《上博竹书〈卉茅之外〉注释》一文,披露了上博简中的一篇先秦佚文。⑤

自 2010 年起,由清华大学出土文献研究与保护中心编、李学勤主编的《清华大学藏战国竹简》以每年一册的速度持续公布。至 2021 年,已经公布至第 11 册。每一册均收录原大图版、放大图版、释文注释、字形表、竹简信息表等内容。⑥ 清华简尚在持续公布中。

2019 年,安徽大学汉字发展与应用研究中心编,黄德宽、徐在国主编的《安徽大学藏战国竹简》第一册由中西书局出版,收录安徽大学藏战国竹简中的《诗经》部分内容。全书收录原大图版、放大图版、释文注释、字形表、竹简信息表等内容。⑦

---

① 湖北省荆沙铁路考古队:《包山楚简》,文物出版社,1991 年。

② 商承祚:《战国楚竹简汇编》,齐鲁书社,1995 年。

③ 荆门市博物馆:《郭店楚墓竹简》,文物出版社,1998 年。

④ 马承源:《上海博物馆藏战国楚竹书(一—九)》,上海古籍出版社,2001—2012 年。

⑤ 曹锦炎:《上博竹书〈卉茅之外〉注释》,《简帛》第十八辑,上海古籍出版社,2019 年,第 1—11 页。

⑥ 李学勤:《清华大学藏战国竹简(壹—捌)》,中西书局,2010—2018 年;黄德宽:《清华大学藏战国竹简(玖—拾壹)》,中西书局,2019—2021 年。

⑦ 黄德宽、徐在国:《安徽大学藏战国竹简(一)》,中西书局,2019 年。

武汉大学简帛研究中心主持编著《楚地出土战国简册合集》,收录历年楚地出土战国简册十四批,包括包山简、郭店简、望山简(两批)、九店简(两批)、曹家岗简、曾侯乙简、长台关简、葛陵简、五里牌简、仰天湖简、杨家湾简、夕阳坡简。该项目利用红外影像技术拍摄更为清晰的楚简图版,释文及注释亦更为精确,是楚简研究的重要参考书目。现已公布四册,收录了郭店楚墓竹书、葛陵楚墓竹简、长台关楚墓竹简、曾侯乙墓竹简、望山楚墓竹简、曹家岗楚墓竹简等数批楚简。①

(二)研究类

1. 楚简帛文字编

曾宪通《长沙楚帛书文字编》(中华书局,1993 年),收录长沙楚帛书中所有单字、重文、合文。

滕壬生《楚系简帛文字编》(湖北教育出版社,1995 年),是早期所公布楚简帛文字的最为详备的文字编。其收录楚简 18 批,另包括曾侯乙墓竹简以及长沙子弹库楚帛书文字。增订本于 2008 年由湖北教育出版社出版。

何琳仪《战国古文字典:战国文字声系》(中华书局,1998 年),收录长沙子弹库帛书、长沙仰天湖楚简、信阳简、曾侯乙简、包山简、九店简、郭店简、天星观简等楚简文字。

汤余惠《战国文字编》(福建人民出版社,2001 年),收录长沙仰天湖楚简、信阳简、望山简、曾侯乙简、包山简等楚简文字。

张守中于 1996 年撰《包山楚简文字编》,于 2000 年撰《郭店楚简文字编》,均由文物出版社出版。

李守奎、贾连翔、马楠《包山楚墓文字全编》(上海古籍出版社,2012 年),收录出土于包山楚墓的所有文字。

李守奎《楚文字编》(华东师范大学出版社,2003 年),收录 2000 年以前公布的所有楚简帛文字。

张光裕《曾侯乙墓竹简文字编》(艺文印书馆,1999 年),收录曾侯乙墓简中的所有文字。

李守奎、曲冰、孙伟龙《上海博物馆藏战国楚竹书(一——五)文字编》(作家出版社,2007 年),收录上博简前五册竹简文字,部分字形下附有考释按语。

---

① 武汉大学简帛研究中心:《楚地出土战国简册合集(一——四)》,文物出版社,2011—2019 年。

程燕《望山楚简文字编》(中华书局,2007 年),收集望山楚简中的竹简字形,共收单字字头五百字,按《说文解字》部首排序。

张新俊、张胜波《新蔡葛陵楚简文字编》(巴蜀书社,2008 年),穷尽式收集新蔡葛陵楚简中的竹简文字,吸收了学界诸多考释成果。

饶宗颐《上博藏战国楚竹书字汇》(安徽大学出版社,2012 年),收录上博简第一至七册中的文字,按照部首编排。

徐在国《上博楚简文字声系(一—八)》(安徽大学出版社,2013 年),穷尽式搜集上博简前八册中的文字资料,全书以韵部为经,以声纽为纬,以声首为纲,以谐声为目,排列上博简文字字形。单字字形后附有辞例以及相关字词考释意见。

关于清华简的文字编,首先,清华简整理者在每一辑整理报告中均附有本辑字形表。此外,李学勤《清华大学藏战国竹简(一—三)文字编》(中西书局,2014 年)、《清华大学藏战国竹简(四—六)文字编》(中西书局,2017 年)、《清华大学藏战国竹简(七—九)文字编》(中西书局,2020 年)亦在持续出版中。

徐在国、程燕、张振谦《战国文字字形表》(上海古籍出版社,2017 年)收录战国文字字形,其中包括楚帛书、信阳简、包山简、望山简、曾侯乙简、九店简、新蔡简、郭店简、上博简(一—九)、清华简(一—五)中的文字字形。

2. 综合研究

通论性著作有陈伟《楚简册概论》(湖北教育出版社,2012 年),该书首先详细介绍了楚简的发现与研究历程,接着介绍楚简整理研究的必要途径,最后分类别详细介绍每一类楚简的具体内容。牛新房《战国竹书研究方法探析》(花木兰文化出版社,2014 年),分别从“竹简复原”“文字考释”“文献比勘”三方面讨论楚简的具体研究方法。

关于楚简帛文字构形的研究,何琳仪《战国文字通论(订补)》(上海古籍出版社,2017 年)涉及楚简帛文字的构形分析。李运富《楚国简帛文字构形系统研究》(岳麓书社,1997 年)详细讨论了楚简帛文字构形分析方面的问题。魏宜辉《楚系简帛文字形体讹变分析》(南京大学博士学位论文,2003 年)详细举例分析了楚简帛文字中的形体讹变现象。萧毅《楚简文字研究》(武汉大学出版社,2010 年)讨论了楚简帛文字中的构形规律、特殊构件、地域标志等问题。

楚简帛通假字现象特别显著,因此,楚简帛通假字研究一直是学界关注的一个重点。白于蓝《简牍帛书通假字字典》(福建人民出版社,2008 年)收录楚帛书、信阳简、郭店简、九店简和上博简(一—五)中的通假字。在此书基础上扩充的《简帛古书通假字大系》(福建人民出版社,2017 年)补充收录后来公布的上博简(六—九)以及清华简(一—六)。王辉《古文字通假字典》(中华书局,2008 年)以古文字通假字为收录对象,其中包括楚帛书、仰天湖楚简、信阳简、望山简、九店简、包山简、郭店简、上博简(一—四)等楚简帛通假字。刘信芳《楚简帛通假汇释》(高等教育出版社,2011 年)收录楚帛书、曾侯乙简、新蔡葛陵简、信阳简、望山简、天星观简、仰天湖简、九店简、包山简、郭店简、上博简(一—六)中的通假字。

楚简帛字词考释类可参陈剑《战国竹书论集》(上海古籍出版社,2013 年)、杨泽生《战国竹书研究》(中山大学出版社,2009 年)、李守奎《古文字与古史考——清华简整理研究》(中西书局,2015 年)等。

3. 单批楚简帛的专题研究

这方面的研究著作较多。李零《长沙子弹库战国楚帛书研究》(中华书局,1985 年)、《楚帛书研究(十一种)》(中西书局,2013 年)对楚帛书进行系统研究。徐在国《楚帛书诂林》(安徽大学出版社,2010 年)收录楚帛书研究的诸多资料,并附有按语。陈伟《楚地出土战国简册(十四种)》(经济科学出版社,2009 年)对包山简、郭店简、望山简、九店简、曹家岗简、曾侯乙简、长台关简、葛陵简、五里牌简、仰天湖简、杨家湾简、夕阳坡简等十四批楚简重新进行整理研究,可资参考。宋华强《新蔡葛陵楚简初探》(武汉大学出版社,2010 年)对葛陵简进行全面整理研究。朱晓雪《包山楚简综述》(福建人民出版社,2013 年)对包山简进行细致集释,另有专题研究。郭店简的校释有李零《郭店楚简校读记》(中国人民大学出版社,2007 年)、刘钊《郭店楚简校释》(福建人民出版社,2005 年)等。刘传宾《郭店竹简文本研究综论》(上海古籍出版社,2017 年)对郭店简年代与墓主、竹简形制、缀合编联、文字研究、文献对比等进行综合研究。关于上博简的研究,有李零《上博楚简三篇校读记》(中国人民大学出版社,2007 年)、单育辰《新出楚简〈容成氏〉研究》(中华书局,2016 年)、季旭昇《上海博物馆藏战国楚竹书读本》(万卷楼图书股份有限公司,2004—2017 年)、俞绍宏与张青松《上海博物馆藏战国楚简集释(全十册)》(社会科学文献出版社,2019 年)等可资参考。关于清华简的研究,有刘光胜《〈清华大学藏战国竹简(壹)〉整理研究》(上海古籍出版社,2016 年)、苏建洲等《清华二〈系年〉集解》(万卷楼图书股份有限公司,2013 年)、高佑仁《清华伍书类文献研究》(万卷楼图书股份有限公司,2018 年)等可参。

四、楚简帛研究所关注的热点

楚简帛文字考释研究。楚简帛作为古文字材料，研究时最先面临的便是文字释读的问题。关于楚简帛文字的考释方法，学者也多有论及。如黄德宽《古文字学》(上海古籍出版社，2019年)所涉及的古文字考释方法，在楚简帛文字考释中多可利用。单育辰《楚地战国简帛与传世文献对读之研究》(中华书局，2014年)详细举例论证楚简帛文字的考释方法，亦可参。牛新房《战国竹书研究方法探析》(花木兰文化出版社，2014年)亦专题论述竹书文字的考释方法。

楚简帛词义训诂研究。楚简帛文字考释之后，则需要解决简帛文句的通读问题，这就涉及楚简帛词义训诂问题。相关研究可参颜世铉《郭店竹书校勘与考释问题举隅》(《"中央研究院"历史语言研究所集刊》第七十四本，2003年第4期)、孟蓬生《简帛文献语义研究》(《简帛文献语言研究》，社会科学文献出版社，2009年)、王挺斌《战国秦汉简帛古书训释研究》(清华大学博士学位论文，2018年)、吴祺《战国竹书训诂方法探论》(华东师范大学博士学位论文，2019年)等。

出土楚简帛与传世文献的对读研究。从目前公布的几批重要的楚简帛材料来看，其中能与传世文献对读的篇章、词句不在少数。如郭店简《老子》、上博简《武王践阼》、清华简《金縢》、安大简《诗经》等。对读研究，不论是对于楚简帛的研究，还是对于传世文献的研究，均有很大帮助。

楚简帛字词关系研究。字词关系研究是出土文献研究的一个新的热点，学者们对甲骨文、金文、战国秦汉简帛字词关系都作了有益的探讨。关于楚简帛字词关系研究，可参陈斯鹏《楚系简帛中字形与音义关系研究》(中国社会科学出版社，2011年)、禤健聪《战国楚系简帛用字习惯研究》(科学出版社，2017年)等专著。

五、楚简帛研究未来展望

未来，楚简帛可以在以下几个方面予以进一步深入研究。

楚简帛文字考释。文字考释是楚简帛研究的重中之重。新材料不断公布，新字形不断出现，为我们正确考释楚简帛疑难字提供了新的契机。

楚简帛分类整理综合研究。如前文所介绍，目前公布的楚简帛材料种类丰富、批次众多。然此前的研究多是仅就一批材料进行专题研究，失去了许多通过不同资料比对而取得释读突破的机会。因此，楚简帛分类整理综合研究，对于深化楚简帛研究，亦有一定帮助。

数字化研究。随着楚简帛研究的不断深入，各方面研究趋于细致。各类语料库、数据库、网络检索系统也应当应运而生。

第二部分　秦简牍

一、秦简牍的定义

秦简牍是战国晚期秦国至秦代的简牍资料。截至目前，秦简牍共出土13批材料，其中最早问世的是1975年至1976年于湖北省云梦县出土的睡虎地4号、11号秦墓简牍。秦简牍文字由书手蘸墨书写，其材质和形制多为竹简、木牍，亦有木简、竹牍、木觚等。秦简牍内容分为典籍和文书两大类，且以文书为主，前者有《日书》、病方、饮酒诗歌等，后者有司法文书、律令、簿籍、书信等。与楚国有楚帛书、汉代有马王堆帛书不同，战国秦国至秦代尚未发现书写于缯帛上的文字材料。

二、秦简牍的公布情况

（一）湖北云梦睡虎地4号、11号秦墓简牍

1975年至1976年，湖北云梦睡虎地4号秦墓出土木牍2枚，内容为士卒黑夫和惊写给家里的书信。11号秦墓出土竹简1 155枚，另有残片80枚，内容为《编年记》《语书》《秦律十八种》《效律》《秦律杂抄》《法律答问》《封诊式》《为吏之道》《日书》甲种和《日书》乙种。①

（二）四川青川郝家坪50号秦墓木牍

1980年，四川青川郝家坪50号秦墓出土木牍2枚。其中1枚正面字迹清晰，记载田律条文，背面字迹残泐，记载不除道之人及其天数。另一枚字迹漫漶严重，

---

① 睡虎地秦墓竹简整理小组：《睡虎地秦墓竹简》，文物出版社，1978年，“出版说明”第2—3页；湖北孝感地区第二期亦工亦农文物考古训练班：《湖北云梦睡虎地十一座秦墓发掘简报》，《文物》1976年第9期。

多不可识。①

（三）甘肃天水放马滩 1 号秦墓简牍

1986 年，甘肃天水放马滩 1 号秦墓出土竹简 461 枚，内容为《日书》甲种、《日书》乙种和《墓主记》（或命名为《志怪故事》《丹》）。另有木牍 6 枚，缀合为 4 方，绘有 7 幅地图。②

（四）湖北江陵岳山 36 号秦墓木牍

1986 年，湖北江陵岳山 36 号秦墓出土木牍 2 枚，内容都为《日书》。③

（五）湖北云梦龙岗 6 号秦墓简牍

1989 年，湖北云梦龙岗 6 号秦墓出土一批竹简和木牍。竹简现场清理时编为 293 个出土登记号（含残简 10 个号）。内容为法律条文，《云梦龙岗 6 号秦墓及出土简牍》《云梦龙岗秦简》分为“禁苑”“驰道”“马牛羊”“田赢”“其他”五类，《龙岗秦简》则认为简文是从不同法律中抄录的与禁苑事务相关的条文。木牍 1 枚，内容为司法文书。④

（六）湖北江陵扬家山 135 号秦墓竹简

1990 年，湖北江陵扬家山 135 号秦墓出土竹简 75 枚，内容为遣策。⑤

（七）湖北江陵王家台 15 号秦墓简牍

1993 年，湖北江陵王家台 15 号秦墓出土一批竹简和竹牍。竹简清理时编为 813 号，残损过甚者未予编号，相邻断简可缀合者编为一号，内容为《归藏》《效律》

---

① 四川省博物馆、青川县文化馆：《青川县出土秦更修田律木牍——四川青川县战国墓发掘简报》，《文物》1982 年第 1 期；四川省文物考古研究院、青川县文物管理所：《四川青川县郝家坪战国墓群 M50 发掘简报》，《四川文物》2014 年第 3 期；陈伟：《秦简牍合集（贰）》，武汉大学出版社，2014 年，第 187—189 页。

② 何双全：《天水放马滩秦简综述》，《文物》1989 年第 2 期；甘肃省文物考古研究所：《天水放马滩秦简》，中华书局，2009 年，“概述”第 1—4 页；孙占宇：《天水放马滩秦简集释》，甘肃文化出版社，2013 年，“概述”第 1—4 页。

③ 湖北省江陵县文物局、荆州地区博物馆：《江陵岳山秦汉墓》，《考古学报》2000 年第 4 期。

④ 湖北省文物考古研究所、孝感地区博物馆、云梦县博物馆：《云梦龙岗 6 号秦墓及出土简牍》，《考古学集刊》第 8 集，科学出版社，1994 年，第 87、105、119 页；刘信芳、梁柱：《云梦龙岗秦简》，科学出版社，1997 年，第 1、27、45 页；中国文物研究所、湖北省文物考古研究所：《龙岗秦简》，中华书局，2001 年，第 1—9 页；陈伟：《秦简牍合集（贰）》，武汉大学出版社，2014 年，第 3—9、129—131 页。

⑤ 湖北省荆州地区博物馆：《江陵扬家山 135 号秦墓发掘简报》，《文物》1993 年第 8 期。

《政事之常》《日书》《灾异占》。竹牍1枚,残损严重,内容不详。①

(八)湖北沙市周家台30号秦墓简牍

1993年,湖北沙市周家台30号秦墓出土一批竹简和木牍。竹简经拼接缀合共计381枚,整理者分为三组,分别拟名为《历谱》《日书》《病方及其他》。木牍1枚,整理者归为《历谱》。②

(九)湖南龙山里耶秦简牍

2002年,湖南龙山里耶战国—秦代古城遗址1号井出土简牍38 000余枚,除第5层堆积物中出土的竹简具有楚国文字特点外,其余为秦代木质简牍。2005年,北护城壕11号坑出土51枚秦简牍。这些简牍是秦朝洞庭郡迁陵县的公文档案,按其内容和名称可分为书传类、律令类、录课类、簿籍类、符券类、检楬类、历谱、九九术、药方、里程书和习字简。③

(十)湖南大学岳麓书院藏秦简

2007年,湖南大学岳麓书院从香港购藏一批秦简,经揭取共计2 100个编号。2008年,香港一收藏家捐赠其所购秦简,共计76个编号。经比对,两者应属同一批出土秦简。这批秦简绝大部分是竹简,少量为木简,内容为《质日》《为吏治官及黔首》《占梦书》《数》《为狱等状四种》《秦律令》。④

(十一)北京大学藏秦简牍

2010年,北京大学入藏了一批从海外回归的秦简牍。其中竹简762枚、木简21枚、木牍6枚、竹牍4枚、木觚1枚。内容为《从政之经》《善女子之方》《道里

---

① 荆州地区博物馆:《江陵王家台15号秦墓》,《文物》1995年第1期;王明钦:《王家台秦墓竹简概述》,《新出简帛研究:新出简帛国际学术研讨会文集》,文物出版社,2004年,第26—49页。

② 湖北省荆州市周梁玉桥遗址博物馆:《关沮秦汉墓清理简报》,《文物》1999年第6期;湖北省荆州市周梁玉桥遗址博物馆:《关沮秦汉墓简牍》,中华书局,2001年,第145、154—156页。

③ 湖南省文物考古研究所、湘西土家族苗族自治州文物处、龙山县文物管理所:《湖南龙山里耶战国——秦代古城一号井发掘简报》,《文物》2003年第1期;湖南省文物考古研究所:《里耶发掘报告》,岳麓书社,2006年,第38、41、179—211页;湖南省文物考古研究所:《里耶秦简(壹)》,文物出版社,2012年,"前言"第1—6页。

④ 陈松长:《岳麓书院所藏秦简综述》,《文物》2009年第3期;朱汉民、陈松长:《岳麓书院藏秦简(壹—叁)》,上海辞书出版社,2010—2013年;陈松长:《岳麓书院藏秦简(肆—陆)》,上海辞书出版社,2015—2020年。

书》《制衣》《公子从军》《隐书》《泰原有死者》、数学文献、饮酒歌诗、数术方技类文献、记账文书。①

（十二）湖南益阳兔子山简牍

2013 年，湖南益阳兔子山遗址 16 口古井中有 11 口出土楚、秦、汉、三国时期的简牍。这批简牍初步估计在 16 000 枚以上，以 3、6、7 号井为多，包括竹简、竹牍、木简、木牍、检、楬、觚、封检、椠材、白简等，内容多为司法文书、吏员管理等。其中 9 号井出土简牍 780 枚，内有秦二世胡亥继位第一个月发布的诏书。②

（十三）湖北云梦郑家湖 274 号秦墓木觚

2021 年，湖北云梦郑家湖 274 号秦墓出土木觚一枚，正反两面各 7 行，约 700 字，内容为箓游说秦王寝兵立义之辞，是一篇全新的策问类文献。③

三、秦简牍研究的基本材料

（一）著录类

目前完整公布的秦简牍有 7 种，分别为睡虎地秦简牍、郝家坪秦木牍、放马滩秦简牍、岳山秦木牍、龙岗秦简牍、周家台秦简牍、郑家湖秦木觚，详细的著录信息如下：

湖北孝感地区第二期亦工亦农文物考古训练班《湖北云梦睡虎地十一座秦墓发掘简报》（《文物》1976 年第 9 期）公布了睡虎地 4 号秦墓 2 枚木牍的图版和释文。睡虎地秦墓竹简整理小组《睡虎地秦墓竹简》（文物出版社，1977、1978、1990 年）分别公布了睡虎地 11 号秦墓竹简的三种整理本。其中 1977 年线装本共七册，包含《编年记》等八种简文（《日书》甲种、乙种除外）的图版、释文及注释。1978 年平装本无图版，在前版的基础上更改部分篇名，调整简序，增补注释，并添加《语书》等六种简文的语释。1990 年精装本包含全部竹简的图版、释文、注释以

---

① 北京大学出土文献研究所：《北京大学藏秦简牍概述》，《文物》2012 年第 6 期。

② 周西璧：《洞庭湖滨兔子山遗址考古 古井中发现的益阳》，《大众考古》2014 年第 6 期；湖南省文物考古研究所、益阳市文物管理处：《湖南益阳兔子山遗址九号井发掘报告》，《湖南考古辑刊》第 12 集，科学出版社，2016 年，第 129—163 页。

③ 罗运兵、赵军、张宏奎等：《湖北云梦郑家湖墓地考古发掘获重大收获》，国家文物局网 2021 年 11 月 18 日（http://www.ncha.gov.cn/art/2021/11/18/art_723_171977.html）；李天虹、熊佳晖、蔡丹等：《湖北云梦郑家湖墓地 M274 出土“贱臣箓西问秦王”觚》，《文物》2022 年第 3 期。

及六种简文的语释。另外,《云梦睡虎地秦墓》编写组《云梦睡虎地秦墓》(文物出版社,1981 年)收录了睡虎地秦简牍的全部图版,并于简左旁注释文。

四川省博物馆、青川县文化馆《青川县出土秦更修田律木牍——四川青川县战国墓发掘简报》(《文物》1982 年第 1 期)公布了 1 枚郝家坪秦木牍的正面图版、正反面摹本及释文。

甘肃省文物考古研究所《天水放马滩秦简》(中华书局,2009 年)公布了放马滩秦简的全部图版、释文。孙占宇《天水放马滩秦简集释》(甘肃文化出版社,2013 年)进行了再整理,将大多数图版替换为红外照片,调整简序,重新校订释文,并附有集释。

湖北省江陵县文物局、荆州地区博物馆《江陵岳山秦汉墓》(《考古学报》2000 年第 4 期)公布了岳山秦木牍的正面图版及释文。

湖北省文物考古研究所、孝感地区博物馆、云梦县博物馆《云梦龙岗 6 号秦墓及出土简牍》(《考古学集刊》第 8 集,科学出版社,1994 年)公布了龙岗秦简牍的全部图版、释文及注释。刘信芳、梁柱《云梦龙岗秦简》(科学出版社,1997 年)在原报道的基础上订正了部分失误,增加简文摹本和引得。中国文物研究所、湖北省文物考古研究所《龙岗秦简》(中华书局,2001 年)进行了再整理,重新校订释文,增补注释、今译、校证及摹本。

湖北省荆州市周梁玉桥遗址博物馆《关沮秦汉墓简牍》(中华书局,2001 年)公布了周家台秦简牍的全部图版、释文及注释。

陈伟《秦简牍合集》(武汉大学出版社,2014 年)共四册,包括《睡虎地秦墓简牍》《龙岗秦墓简牍·郝家坪秦墓木牍》《周家台秦墓简牍·岳山秦墓木牍》《放马滩秦墓简牍》。该书对上述这些早年公布的秦简牍进行了再整理,刊布 1∶1 和 2∶1 两种更为清楚的红外或常规图版,重新校订释文,在释字、断读、缀合、编连等方面提出新解,附有集释。陈伟《秦简牍合集:释文注释修订本》(武汉大学出版社,2016 年)又对约 200 处释文、注释进行了修改。该书是秦简牍研究成果的阶段性总结,是秦简牍研究重要的参考书。

李天虹、熊佳晖、蔡丹等《湖北云梦郑家湖墓地 M274 出土“贱臣筡西问秦王”觚》(《文物》2022 年第 3 期)公布了郑家湖秦木觚的图版和释文。

目前尚未完整公布的秦简牍有 6 种,分别为扬家山秦简、王家台秦简牍、里耶秦简牍、岳麓秦简、北大秦简牍、兔子山简牍,详细情况如下:

湖北省荆州地区博物馆《江陵扬家山135号秦墓发掘简报》(《文物》1993年第8期)载有6枚扬家山秦简的图版。

荆州地区博物馆《江陵王家台15号秦墓》(《文物》1995年第1期)载有7枚王家台秦简的图版和部分释文。王明钦《王家台秦墓竹简概述》(《新出简帛研究:新出简帛国际学术研讨会文集》,文物出版社,2004年)亦载有部分释文。

湖南省文物考古研究所《里耶秦简(壹)》《里耶秦简(贰)》(文物出版社,2012年、2017年)分别公布了里耶1号井第5、6、8层和第9层简牍的图版和释文。剩余3辑将分别公布1号井第7、10、11、13层,第12、14层,第15、16、17层及护城壕第11号坑简牍。陈伟《里耶秦简牍校释(第一卷)》《里耶秦简牍校释(第二卷)》(武汉大学出版社,2012年、2018年)分别对上述两辑里耶秦简重新校订释文,增加注释,并附《缀合编连一览》表。此外,张春龙《湖南里耶秦简》(重庆出版社,2010年),里耶秦简博物馆、出土文献与中国古代文明研究协同创新中心中国人民大学中心《里耶秦简博物馆藏秦简》(中西书局,2016年),里耶秦简博物馆《里耶秦简博物馆馆藏文物选萃》(学苑出版社,2020年)亦刊有部分图版和释文。

朱汉民、陈松长《岳麓书院藏秦简(壹—叁)》,陈松长《岳麓书院藏秦简(肆—陆)》(上海辞书出版社,2010—2020年)公布了岳麓秦简《质日》《为吏治官及黔首》《占梦书》《数》《为狱等状四种》和1 002枚律令的彩色图版、红外图版、释文及简注。《岳麓书院藏秦简(柒)》将刊布秦令剩余的400多个编号(包括残简、漏简等)。陈松长《岳麓书院藏秦简(壹—叁)释文》(上海辞书出版社,2018年)对前3辑岳麓秦简重新校订释文,增补注释。陶安《岳麓秦简〈为狱等状四种〉释文注释(修订本)》(上海古籍出版社,2021年)附编联摹本和单简摹本,亦重新校订释文。

北京大学出土文献研究所《北京大学藏秦代简牍书迹选粹》(人民美术出版社,2014年),北京大学出土文献研究所《北京大学藏秦简牍概述》、朱凤瀚《北大藏秦简〈从政之经〉述要》、李零《北大秦牍〈泰原有死者〉简介》、韩巍《北大秦简中的数学文献》、陈侃理《北大秦简中的方术书》(《文物》2012年第6期),朱凤瀚《北大秦简〈公子从军〉的编连与初读》、李零《隐书》、辛德勇《北京大学藏秦水陆里程简册的性质和拟名问题》、韩巍《北大秦简〈算书〉土地面积类算题初识》、田天《北大秦简〈祓除〉初识》(《简帛》第8辑,上海古籍出版社,2013年),朱凤瀚《三种"为吏之道"题材之秦简部分简文对读》、陈侃理《北京大学藏秦代佣作文书初释》、田天《北大藏秦简〈杂祝方〉简介》(《出土文献研究》第14辑,中西书局,2015

年)，田天《北大藏秦简〈祠祝之道〉初探》(《北京大学学报(哲学社会科学版)》2015年第2期)等著作和期刊载有北大秦简牍的部分图版和释文。

湖南省文物考古研究所、益阳市文物管理处《湖南益阳兔子山遗址九号井发掘报告》(《湖南考古辑刊》第12集，科学出版社，2016年)公布了兔子山9号井简牍的图版和释文。

(二) 工具书类

秦简牍文字编有陈振裕、刘信芳《睡虎地秦简文字编》(湖北人民出版社，1993年)，张守中《睡虎地秦简文字编》(文物出版社，1994年)，徐富昌《睡虎地秦简文字辞例新编》(万卷楼图书股份有限公司，2021年)，陈松长、李洪财、刘欣欣等《岳麓书院藏秦简(壹—叁)文字编》(上海辞书出版社，2017年)，蒋伟男《里耶秦简文字编》(学苑出版社，2018年)，张世超、张玉春《秦简文字编》(中文出版社，1990年)，方勇《秦简牍文字编》(福建人民出版社，2012年)等。涉及秦简牍的文字编有徐无闻《秦汉魏晋篆隶字形表》(四川辞书出版社，1985年)，陈建贡、徐敏《简牍帛书字典》(上海书画出版社，1991年)，袁仲一、刘钰《秦文字类编》(陕西人民教育出版社，1993年)，李正光、郑曙斌、俞燕姣等《楚汉简帛书典》(湖南美术出版社，1998年)，王辉《秦文字编》(中华书局，2015年)，单晓伟《秦文字字形表》(上海古籍出版社，2017年)，臧克和、郭瑞《秦汉六朝字形谱》(华东师范大学出版社，2019年)，张雷《秦汉简帛医书文字编》(中国科学技术大学出版社，2020年)等。

与秦简牍相关的其他工具书有张显成《秦简逐字索引》(四川大学出版社，2010年)，刘钰、袁仲一《秦文字通假集释》(陕西人民教育出版社，1999年)，白于蓝《战国秦汉简帛古书通假字汇纂》(福建人民出版社，2012年)，白于蓝《简帛古书通假字大系》(福建人民出版社，2017年)，甘肃省文物考古研究所、甘肃简牍保护研究中心《甘肃简牍百年论著目录》(甘肃文化出版社，2008年)，沈刚《秦汉魏晋简帛论文目录：集刊、论文集之部(1955—2014)》(中西书局，2017年)，方成慧、周祖亮《简帛医药词典》(上海科学技术出版社，2018年)等。

(三) 研究类

1. 睡虎地秦简牍

研究类著作有高敏《云梦秦简初探》(河南人民出版社，1981年)，饶宗颐、曾宪通《云梦秦简日书研究》(香港中文大学出版社，1982年)，余宗发《〈云梦秦简〉中思想与制度钩摭》(文津出版社，1992年)，徐富昌《睡虎地秦简研究》(文史哲出版社,1993年),刘乐贤《睡虎地秦简日书研究》(文津出版社,1994年),吴福助《睡虎地秦简论考》(文津出版社,1994年),魏德胜《〈睡虎地秦墓竹简〉语法研究》(首都师范大学出版社,2000年),高敏《睡虎地秦简初探》(万卷楼图书股份有限公司,2000年),魏德胜《〈睡虎地秦墓竹简〉词汇研究》(华夏出版社,2002年),王子今《睡虎地秦简〈日书〉甲种疏证》(湖北教育出版社,2002年),洪燕梅《〈说文〉未收录之秦文字研究:以〈睡虎地秦简〉为例》(文津出版社,2006年),工藤元男《睡虎地秦简所见秦代国家与社会》(上海古籍出版社,2010年),夏利亚《睡虎地秦简文字集释》(上海交通大学出版社,2019年),龙仕平《〈睡虎地秦墓竹简〉文字研究:以〈说文解字〉为主要参照系》(岳麓书社,2019年),温英明《睡虎地秦隶构形系统研究》(北京师范大学出版社,2020年)等。论文集有中华书局编辑部《云梦秦简研究》(中华书局,1981年)、陈谷栋《云梦睡虎地秦简艺术研究》(长江文艺出版社,2015年)等。

2. 郝家坪秦木牍

研究类论文集有李蓉、黄家祥《青川郝家坪战国墓木牍考古发现与研究》(巴蜀书社,2018年)。

3. 放马滩秦简牍

研究类著作有雍际春《天水放马滩木板地图研究》(甘肃人民出版社,2002年)、程少轩《放马滩简式占古佚书研究》(中西书局,2018年)等。论文集有雍际春、孛鹏旭《天水放马滩木板地图研究论集》(中国社会科学出版社,2019年)。

4. 里耶秦简牍

研究类著作有王焕林《里耶秦简校诂》(中国文联出版社,2007年),田忠进《里耶秦简隶校诠译与词语汇释》(海南出版社,2012年),于洪涛《里耶秦简经济文书分类整理与研究》(知识产权出版社,2019年),郭照川《里耶秦简文字研究》(河北人民出版社,2019年)等。论文集有中国社会科学院考古研究所等《里耶古城·秦简与秦文化研究:中国里耶古城·秦简与秦文化国际学术研讨会论文集》(科学出版社,2009年),张忠炜《里耶秦简研究论文选集》(中西书局,2021年)。

5. 岳麓秦简

研究类著作有陈松长等《岳麓书院藏秦简的整理与研究》(中西书局,2014年),萧灿《岳麓书院藏秦简〈数〉研究》(中国社会科学出版社,2015年),于洪涛《岳麓秦简〈为吏治官及黔首〉研究》(花木兰文化出版社,2015年),陶安《岳麓秦简复原研究》(上海古籍出版社,2016年),朱潇《岳麓书院藏秦简〈为狱等状四种〉与秦代法制研究》(中国政法大学出版社,2016年),陈松长《岳麓秦简与秦代法律制度研究》(经济科学出版社,2019年),朱红林《〈岳麓书院藏秦简(肆)〉疏证》(上海古籍出版社,2021年)等。

6. 综合类研究

该类研究既有秦简牍内部的研究,又有基于出土文献视角而涉及秦简牍的研究,内容包括法律、日书、制度、医药、地理、语言文字等多方面。

秦简牍内部研究著作有曹旅宁《秦律新探》(中国社会科学出版社,2002年),孙铭《简牍秦律分类辑析》(西北大学出版社,2014年),徐世虹等《秦律研究》(武汉大学出版社,2017年),陈伟等《秦简牍整理与研究》(经济科学出版社,2017年),吴小强《秦简日书集释》(岳麓书社,2000年),孙占宇、鲁家亮《放马滩秦简及岳麓秦简〈梦书〉研究》(武汉大学出版社,2017年),陈伟《秦简牍校读及所见制度考察》(武汉大学出版社,2017年),谢坤《秦简牍所见仓储制度研究》(上海古籍出版社,2021年),沈刚《秦简所见地方行政制度研究》(中国社会科学出版社,2021年),吴方基《新出秦简与秦代县级政务运行机制研究》(中华书局,2021年),晏昌贵《秦简牍地理研究》(武汉大学出版社,2017年),郝茂《秦简文字系统之研究》(新疆大学出版社,2001年),黄静吟《秦简隶变研究》(花木兰文化出版社,2011年),朱湘蓉《秦简词汇初探》(中国社会科学出版社,2012年),伊强《秦简虚词及句式考察》(武汉大学出版社,2017年),王晓光《秦简牍书法研究》(荣宝斋出版社,2010年),洪燕梅《出土秦简牍文化研究》(文津出版社,2013年)。

涉及秦简牍的其他研究著作有张功《秦汉逃亡犯罪研究》(湖北人民出版社,2006年),高恒《秦汉简牍中法制文书辑考》(社会科学文献出版社,2008年),吕利《律简身份法考论:秦汉初期国家秩序中的身份》(法律出版社,2011年),张伯元《出土法律文献丛考》(上海人民出版社,2013年),曹旅宁《秦汉魏晋法制探微》(人民出版社,2013年),蒋波《简牍与秦汉民法研究》(中国社会科学出版社,2015年),赵久湘《秦汉简牍法律用语研究》(人民出版社,2017年),黄儒宣《〈日书〉图像研究》(中西书局,2013年),张国艳《简牍日书文献语言研究》(中国社会科学出版社,2018年),晏昌贵《楚地出土日书三种分类集释》(武汉大学出版社,2020年),刘乐贤《简帛数术文献探论(增订版)》(中国人民大学出版社,2012年),董平均《出土秦律汉律所见封君食邑制度研究》(黑龙江人民出版社,2007年),冨谷至

《秦汉刑罚制度研究》(广西师范大学出版社,2006年),臧知非《秦汉土地赋役制度研究》(中央编译出版社,2017年),陈松长等《秦代官制考论》(中西书局,2018年),朱德贵《新出简牍与秦汉赋役制度研究》(中国人民大学出版社,2021年),晋文《秦汉土地制度研究:以简牍材料为中心》(社会科学文献出版社,2021年),游逸飞《制造"地方政府":战国至汉初郡制新考》(台大出版中心,2022年),王辉、王伟《秦出土文献编年订补》(三秦出版社,2014年),郑威《出土文献与楚秦汉历史地理研究》(科学出版社,2017年),周祖亮、方懿林《简帛医药文献校释》(学苑出版社,2014年),张雷《秦汉简牍医方集注》(中华书局,2018年),熊益亮《先秦两汉简帛医方研究》(广东科技出版社,2021年),李玉《秦汉简牍帛书音韵研究》(当代中国出版社,1994年),陈昭容《秦系文字研究:从汉字史的角度考察》("中研院"历史语言研究所,2003年),黄文杰《秦至汉初简帛文字研究》(商务印书馆,2008年),李明晓、胡波、张国艳《战国秦汉简牍虚词研究》(四川大学出版社,2011年),刘玉环《秦汉简帛讹字研究》(中国书籍出版社,2012年),黄文杰《秦汉文字的整理与研究》(社会科学文献出版社,2015年),王辉、陈昭容、王伟《秦文字通论》(中华书局,2016年),张显成、王玉蛟《秦汉简帛异体字研究》(人民出版社,2016年),黄潇潇《秦汉简帛文献与〈说文解字〉新证》(中国农业大学出版社,2017年),魏晓艳《简帛早期隶书字体研究》(中国社会科学出版社,2019年),周晓陆《秦文字研究》(西北大学出版社,2021年),李学勤《简帛佚籍与学术史》(江西教育出版社,2001年),李均明《秦汉简牍文书分类辑解》(文物出版社,2009年),孙瑞《金文简牍帛书中文书研究》(吉林文史出版社,2009年),王晓光《秦汉简牍具名与书手研究》(荣宝斋出版社,2016年),袁延胜《秦汉简牍户籍资料研究》(人民出版社,2018年),杨振红《出土简牍与秦汉社会》(广西师范大学出版社,2009年),于振波《简牍与秦汉社会》(湖南大学出版社,2012年),杨振红《出土简牍与秦汉社会(续编)》(广西师范大学出版社,2015年),吕亚虎《战国秦汉简帛文献所见巫术研究》(科学出版社,2010年),吕亚虎《秦汉社会民生信仰研究:以出土简帛文献为中心》(中国社会科学出版社,2016年),周婵娟《秦汉简帛所见妇女史资料考校》(四川大学出版社,2018年),汤浅邦弘《战国楚简与秦简之思想史研究》(万卷楼图书股份有限公司,2006年),倪晋波《出土文献与秦国文学》(文物出版社,2015年),陈松长《中国简帛书法艺术编年与研究》(上海书画出版社,2015年),刘兆彬、任瑞金《秦汉简牍笔法与结字研究》(中国社会科学出版社,2021年)等。

7. 论文集

涉及秦简牍研究的论文集有张伯元《出土法律文献研究》(商务印书馆,2005年),汪桂海《秦汉简牍探研》(文津出版社,2009年),胡平生《胡平生简牍文物论稿》(中西书局,2012年),张俊民《简牍学论稿:聚沙篇》(甘肃教育出版社,2013年),杨剑虹《秦汉简牍研究存稿》(厦门大学出版社,2013年),李均明《耕耘录:简牍研究丛稿》(人民美术出版社,2015年),萧灿《简牍数学史论稿》(科学出版社,2018年),邢义田《今尘集:秦汉时代的简牍、画像与文化流播》(中西书局,2019年),何有祖《新出秦汉简帛丛考》(科学出版社,2021年),甘肃省文物考古研究所《秦汉简牍论文集》(甘肃人民出版社,1989年),吴荣曾、汪桂海《简牍与古代史研究》(北京大学出版社,2012年),张德芳《甘肃省第二届简牍学国际学术研讨会论文集》(上海古籍出版社,2012年),张德芳《甘肃省第三届简牍学国际学术研讨会论文集》(上海辞书出版社,2017年),马聪、王涛、曹旅宁《出土文献与法律史研究现状学术研讨会论文集》(暨南大学出版社,2017年)等。

四、秦简牍研究所关注的热点

文字训诂与简序编连。随着研究的深入、新材料的公布,秦简牍存在的字词释读、文句梳理、简序编连问题得以有新的解决思路。部分秦简牍公布时只有图版、释文,或附有简注,随着研究成果的不断积累,出现了很多重新整理的校释类著作。

律令与司法。秦简牍有大量的法律简牍,如睡虎地秦简牍、龙岗秦简牍、里耶秦简牍、岳麓秦简等,极大地推动了对秦代律令体系、司法诉讼、刑罚制度等方面的研究。

社会制度。秦简牍大多数为文书简,包括官府文书、律令、簿籍、书信等。作为第一手资料,秦简牍能真实反映秦代社会的方方面面,特别是社会制度方面。因此学者利用秦简牍对秦代的土地制度、赋役制度、户籍制度、官吏制度、地方行政制度、仓储制度等进行多方面的研究。

《日书》研究。秦简牍出土了多批《日书》简,如睡虎地秦简、放马滩秦简、岳山秦木牍、周家台秦简等,推动《日书》及数术研究的进一步发展。

医药研究。周家台秦简《病方及其他》涉及医药病方、祝由术,是研究秦代医药及医疗水平的重要参考。

语言文字及书体研究。秦简牍多为出土文书,记录了秦文字的真实面貌,是研究秦文字音韵、词汇、语法的重要材料。目前所见秦简牍的年代为战国晚期至秦代，正是汉字发生隶变的重要时期，因此秦简牍也是研究汉字形体变化的重要材料。

五、秦简牍研究未来展望

未来，秦简牍可以从以下几个方面予以进一步深入研究。

文字考释和字词考证。此项可从三个角度进行：其一，借助近年来公布的清晰图版，秦简牍旧日未能确释之字可以重新加以探讨。其二，秦简牍仍存有文字已识但文句未能疏通的现象，可以进一步研究。其三，《秦简牍合集》对早年公布秦简牍的研究成果已经进行了很好的总结，但早年公布秦简牍的近年研究成果、新公布秦简牍的研究成果有待整体性梳理。

材料贯通性的综合研究。以《日书》为例，从出土《日书》的材料来看，秦简牍有睡虎地秦简、放马滩秦简、周家台秦简等，楚简有九店简、夏家台简，汉简有孔家坡汉简、香港中文大学文物馆藏汉简等，因此可以综合利用这些简牍材料对出土《日书》展开多方面的整体性研究。

社会制度研究。秦简牍内容丰富，涵盖社会生活的方方面面，其中蕴含的土地、户籍、地方行政等社会制度也十分多样，并且随着里耶、岳麓、兔子山等简牍的进一步公布，秦代社会制度仍有很大的研究空间。

第三部分　汉 简 帛

一、汉简帛概述

汉简帛即汉代的简牍和帛书。汉简一般指汉代书写于简牍上的文字。汉代竹木简牍，其形制具体包括简、两行、牍、觚、检、楬等。简又可称作札、牒，较窄，多用于书写一行文字。两行较宽，通常可以写两行字，故名。牍则更宽，可容数行文字。觚是一种多棱形柱状物，通常有三个以上棱面。检是封检，用于传递文书和财物。楬即签牌，多系于簿册或器物之上，题写名称。此外，还有很多从简牍上削下来的带字的薄片，称为“削衣”。①

---

① 李均明：《古代简牍》，文物出版社，2003 年，第 135—137 页；黄文杰：《秦汉文字的整理与研究》，社会科学文献出版社，2015 年，第 6 页。

帛,或称缣帛,是丝织物的总称。帛书也叫缯书,是中国古代用来书写文字的丝织品。帛比简册方便,但帛价也比竹木贵重,因而不能像简册那样普遍使用。

汉代简帛文字的内容,可以分为典籍和文书。李学勤先生谓"书籍指的是狭义的书,依《汉书·艺文志》的分类,有六艺(经)、诸子、诗赋、兵书、数术、方技等","文书,包括当时朝廷及地方的文件、簿籍、档案。一些私家的簿籍,亦得附属于此"。[①] 李均明等指出由于功能不同,简帛典籍与简帛文书在形式上的区别是很明显的。文书是各级行政当局在行政运作、经济活动及个人社会活动中产生的文字记录。[②] 此外,就字体来看,汉代简帛文字有篆书、隶书、草书和楷书等。[③]

二、汉简帛的材料

简牍通常分为典籍和文书,就目前所发现的汉简材料来说,其中大部分属于文书。下面即大致按照典籍和文书的分类分别对汉简的每一批重要材料加以介绍,需要注意的是同一批材料中往往既有典籍又有文书。

(一) 汉简典籍

1. 甘肃武威磨嘴子汉简

1959年,甘肃武威磨嘴子6号汉墓出土竹简480支,其中《仪礼》简469支,内容为古代《仪礼》的一部分。18号汉墓出土木简10枚,即"王杖十简",内容为王杖诏书抄录本。[④]

2. 香港中文大学文物馆藏简牍

1989年至1994年,香港中文大学文物馆历年入藏简牍259枚,其中汉简229枚,包括西汉《日书》简109枚、遣册简11枚、奴婢廪食粟出入簿简69枚、"河堤"简26枚,东汉"序宁"简14枚。[⑤]

3. 山东临沂银雀山汉简牍

1972年,山东临沂银雀山1号汉墓出土竹简4 942枚、木牍2枚。竹简内容为

---

① 李学勤:《简帛书籍的发现及其影响》,《文物》1999年第10期。

② 李均明、刘国忠、刘光胜等:《当代中国简帛学研究(1949—2019)》,中国社会科学出版社,2019年。

③ 李均明:《古代简牍》,文物出版社,2003年,第144—147页。

④ 甘肃省博物馆、中国科学院考古研究所:《武威汉简》,中华书局,2005年。

⑤ 陈松长:《香港中文大学文物馆藏简牍》,香港中文大学文物馆,2001年。

《孙子兵法》《孙膑兵法》等传世典籍的古本,也有失传已久的佚书。木牍为《孙子兵法》《守令守法等十三篇》的篇题。2 号汉墓出土竹简 32 枚,为《元光元年历谱》,是最早、最完整的古代历谱。①

4. 河北定县八角廊汉简

1973 年,河北定县八角廊村 40 号汉墓出土了大批竹简,内容有《论语》《儒家者言》《哀公问五义》《保傅传》《太公》《文子》《六韬》《六安王朝五凤二年正月起居记》《日书·占卜》等。《论语》620 多支简,共 7 576 字。《文子》277 枚简,约存 2 790 字。《六韬》共 144 支简,计 1 402 字。②

5. 安徽阜阳双古堆简牍

1977 年,安徽阜阳双古堆 1 号汉墓出土木简 1 000 余枚,木牍 3 枚。内容包括《诗经》《仓颉篇》《刑德》《万物》《日书》《年表》《周易》《行气》《辞赋》《相狗经》《大事记》《作务员程》《杂方》等十余种古籍。③

6. 湖北江陵张家山汉简

1983 年至 1984 年,湖北江陵张家山 247 号、249 号、258 号三座西汉墓共出土竹简 1 600 余枚。其中 247 号墓出简最多,达 1 236 枚。简文内容包括《二年律令》《奏谳书》《盖庐》《脉书》《引书》《算数书》《日书》、历谱、遣册等。249 号墓发现竹简约 400 枚,内容为《日书》。258 号墓出土竹简 58 枚,内容为历谱。④

7. 甘肃武威旱滩坡医简

1972 年,甘肃武威旱滩坡东汉墓出土木简 78 枚、木牍 14 枚,内容是治疗疾病

---

① 银雀山汉墓竹简整理小组:《银雀山汉墓竹简(壹)》,文物出版社,1985 年;银雀山汉墓竹简整理小组:《银雀山汉墓竹简(贰)》,文物出版社,2010 年;山东博物馆、中国文化遗产研究院:《银雀山汉墓简牍集成(贰)》,文物出版社,2021 年;山东博物馆、中国文化遗产研究院:《银雀山汉墓简牍集成(叁)》,文物出版社,2021 年。

② 河北省文物研究所:《河北定县 40 号汉墓发掘简报》,《文物》1981 年第 8 期;定县汉墓竹简整理组:《定县 40 号汉墓出土竹简简介》,《文物》1981 年第 8 期。

③ 安徽省文物工作队、阜阳地区博物馆、阜阳县文化局:《阜阳双古堆西汉汝阴侯墓发掘简报》,《文物》1978 年第 8 期;阜阳汉简整理组:《阜阳汉简简介》,《文物》1983 年第 2 期。

④ 张家山二四七号汉墓竹简整理小组:《张家山汉墓竹简[二四七号墓]》,文物出版社,2001 年;张家山二四七号汉墓竹简整理小组:《张家山汉墓竹简[二四七号墓](释文修订本)》,文物出版社,2006 年。

的医方。①

8. 北京大学藏西汉竹书

2009年,北京大学入藏一批流失海外的西汉竹简,完整简约1 600枚,残断简1 700余枚,总数达3 300多枚。竹简内容属古代书籍,含有近20种古代文献,基本涵盖了《汉书·艺文志》所分"六艺""诸子""诗赋""兵书""数术""方技"六大类。②

9. 成都天回老官山医简

2012年至2013年,成都市金牛区天回镇西汉墓地1号墓出土木牍50枚,根据内容初步分为官府文书和巫术两大类。3号墓出土医学竹简920枚,可分为9部医书。③

10. 江西南昌海昏侯汉简

2014年至2016年,南昌市西汉海昏侯1号墓发现木牍约200枚,包括遣策类的签牌和奏牍。竹简5 200余枚,内容属于古代文献书籍。其中六艺类分别为《诗经》竹简1 200余枚,《礼记》类约300余枚,《论语》500余枚,《春秋》200余枚,《孝经》类600余枚。诸子类50余枚,诗赋类200余枚,六博1 000余枚,数术类300余枚,方技类约200枚。④

11. 湖北随州周家寨汉简

2014年,湖北省随州市曾都区周家寨村8号墓出土竹简1卷(566枚),其中完整简约360枚,内容为日书;同出木牍1枚,内容为告地书;竹签牌3枚,上书奴婢名字。⑤

---

① 甘肃省博物馆、甘肃省武威县文化馆:《武威旱滩坡汉墓发掘简报——出土大批医药简牍》,《文物》1973年第12期;甘肃省博物馆、武威县文化馆:《武威汉代医简》,文物出版社,1975年。

② 北京大学出土文献研究所:《北京大学藏西汉竹书概说》,《文物》2011年第6期;北京大学出土文献研究所:《北京大学藏西汉竹书(壹—伍)》,上海古籍出版社,2012—2015年。

③ 王军、陈平、杨永鹏等:《成都天回镇老官山汉墓发掘简报》,《南方民族考古》第十二辑,科学出版社,2016年,第215—218页;中国中医科学院中国历史文献研究所、成都文物考古研究院、荆州文物保护中心:《四川成都天回汉墓医简整理简报》,《文物》2017年第12期。

④ 江西省文物考古研究院、北京大学出土文献研究所、荆州文物保护中心:《江西南昌西汉海昏侯刘贺墓出土简牍》,《文物》2018年第11期。

⑤ 湖北省文物考古研究所、随州市曾都区考古队:《湖北随州市周家寨墓地M8发掘简报》,《考古》2017年第8期。

12. 马王堆帛书

1972 年,湖南长沙马王堆 3 号墓东边箱的 57 号长方形漆盒中出土了大批帛书,内容十分丰富,涵盖了《汉书·艺文志》"六艺、诸子、诗赋、兵书、数术、方技"六大类除"诗赋"之外的其他五类图书。①

(二)简牍文书

1. 敦煌汉简

20 世纪在敦煌及其周边地区汉代烽燧遗址发现的简牍。1907 年,斯坦因第二次中亚考察,获简 705 枚。1914 年,斯坦因第三次中亚考察,获简 168 枚。1920 年,周炳南在敦煌小方盘城玉门关外沙碛上发现木简 17 枚。1944 年,夏鼐在敦煌小方盘城等地获简 48 枚。

1977 年,玉门花海汉代烽燧遗址采集获简 91 枚。1979 年,敦煌马圈湾烽燧遗址出土简牍 1 217 枚。1981 年,敦煌酥油土烽燧遗址采得简牍 76 枚。1986 年至 1988 年,敦煌市博物馆在文物普查中陆续采得汉简 137 枚。②

2. 居延汉简

1930 年,今内蒙古额济纳河流域汉代烽燧 32 处遗址发现简牍 10 000 余枚,出土简牍较多的地点有大湾、地湾和破城子:大湾出土 1 500 枚,地湾出土 2 000 枚,破城子出土 5 216 枚。简文内容主要为屯戍文书。③

3. 居延新简

1972 年至 1973 年,内蒙古额济纳旗甲渠候官遗址和甲渠塞第四燧遗址出土简牍 8 000 余枚,内容为屯戍文书。④

4. 肩水金关汉简

1973 年,甘肃金塔肩水金关遗址出土简牍 11 577 枚,内容为屯戍文书。⑤

---

① 陈松长:《长沙马王堆西汉墓》,上海古籍出版社,1998 年;裘锡圭:《长沙马王堆汉墓简帛集成(壹—陆)》,中华书局,2014 年。

② 罗振玉、王国维:《流沙坠简》,中华书局,1993 年;张凤:《汉晋西陲木简汇编》,上海有正书局,1931 年;甘肃省文物考古研究所:《敦煌汉简》,中华书局,1991 年;张德芳:《敦煌马圈湾汉简集释》,甘肃文化出版社,2013 年。

③ 简牍整理小组:《居延汉简(壹—肆)》,"中研院"历史语言研究所,2014—2017 年。

④ 张德芳:《居延新简集释》,甘肃文化出版社,2016 年。

⑤ 甘肃简牍保护研究中心(甘肃简牍博物馆)、甘肃省文物考古研究所、甘肃省博物馆等:《肩水金关汉简(壹—伍)》,中西书局,2011—2016 年。

5. 额济纳汉简

1999年至2002年，额济纳旗甲渠候官遗址附近的第七、第九、第十四、第十六、第十七、第十八燧以及甲渠候官东南三十二公里处的察汗川吉烽燧遗址发现汉简500余枚。①

6. 地湾汉简

1986年，甘肃金塔地湾遗址出土汉简778枚，内容为肩水候官的各种原始文书档案。②

7. 玉门关汉简

1998年，敦煌玉门关遗址出土汉简381枚，内容为屯戍文书。③

8. 悬泉汉简

1990年至1992年，敦煌甜水井附近的汉代悬泉置遗址出土有字简牍2.3万余枚。内容包括大量的诏书、各级官府的通行文书、律令、司法文书、簿籍、私信及典籍等。④

9. 新疆罗布淖尔汉简

1930年，西北科学考察团团员黄文弼在罗布淖尔发现木简71枚，内容涉及西域职官、各式通行文书及日记、器物簿、校士名籍、历谱等。⑤

10. 甘肃武威"王杖诏书令"册

1981年，武威县文物管理委员会从该县新华乡农民手中收得一份简册，木简凡26枚，内容为五份诏书。⑥

---

① 魏坚：《额济纳汉简》，广西师范大学出版社，2005年。

② 甘肃简牍博物馆、甘肃省文物考古研究所、出土文献与中国古代文明研究协同创新中心中国人民大学分中心：《地湾汉简》，中西书局，2017年。

③ 张德芳、石明秀：《玉门关汉简》，中西书局，2019年。

④ 甘肃省文物考古研究所：《甘肃敦煌汉代悬泉置遗址发掘简报》，《文物》2000年第5期；甘肃省文物考古研究所：《敦煌悬泉汉简内容概述》，《文物》2000年第5期；甘肃省文物考古研究所：《敦煌悬泉汉简释文选》，《文物》2000年第5期；甘肃简牍博物馆、甘肃省文物考古研究所、陕西师范大学人文社会科学高等研究院等：《悬泉汉简（壹—贰）》，中西书局，2019—2020年。

⑤ 黄文弼：《罗布淖尔考古记》，线装书局，2006年。

⑥ 武威县博物馆：《武威新出王杖诏令册》，《汉简研究文集》，甘肃人民出版社，1984年，第34—61页。

11. 甘肃武威旱滩坡东汉律令简

1989年,甘肃武威旱滩坡东汉墓出土残简17枚,内容为诏书令的若干条款。①

12. 湖南长沙马王堆汉简

1972年,湖南长沙马王堆1号汉墓出土竹简312枚,内容为随葬物品记录;出土签牌49枚,文字为竹笥所盛物品的名称。另有竹牌19枚,其中有字的16枚。1973年至1974年,马王堆2号汉墓出土竹简1枚。3号汉墓出土简牍600余枚,其中407支为遣册,包括木牍7支、竹简400支。另外200枚为医简,其中竹简189枚,木简11枚,按内容划分包含四种书:《十问》《合阴阳》《杂禁方》《天下至道谈》。所述主要为养生及房中术。3号汉墓另有签牌53枚。②

13. 湖北江陵凤凰山简牍

1973年,湖北江陵凤凰山8号墓出土竹简176枚,9号墓出土竹简80枚、木牍3枚。8号墓和9号墓竹简内容均为随葬品清单。10号墓出土竹简170枚、木牍6枚,简牍内容大多为乡里文书。1975年,湖北江陵凤凰山167号墓出土木简174枚,内容为随葬物品清单。出土木楬5枚,其上署粮食名称及数量。168号墓出土竹牍1枚、竹简66枚、带字天平横杆1件、无字木牍6枚,内容为随葬品清单。169号墓亦出土一批竹简,内容为随葬器物清单。③

14. 青海大通上孙家寨汉简

1978年,青海大通上孙家寨115号汉墓出土木简400余枚,内容包括兵法、军法、军令、军爵和篇题目录。④

15. 湖北沙市萧家草场汉简

1992年,湖北省荆州市沙市区关沮乡萧家草场26号汉墓出土竹简35枚,内

① 武威地区博物馆:《甘肃武威旱滩坡东汉墓》,《文物》1993年第10期;李均明、刘军:《武威旱滩坡出土汉简考述——兼论“挈令”》,《文物》1993年第10期。

② 裘锡圭:《长沙马王堆汉墓简帛集成(陆)》,中华书局,2014年。

③ 湖北省文物考古研究所:《江陵凤凰山西汉简牍》,中华书局,2013年。

④ 青海省文物考古工作队:《青海大通县上孙家寨一一五号汉墓》,《文物》1981年第2期;国家文物局古文献研究室、大通上孙家寨汉简整理小组:《大通上孙家寨汉简释文》,《文物》1981年第2期;李零:《青海大通县上孙家寨汉简性质小议》,《考古》1983年第6期;青海省文物考古研究所:《上孙家寨汉晋墓》,文物出版社,1993年。

容为遣册。①

16. 江苏连云港尹湾简牍

1993年,江苏省连云港市东海县温泉镇尹湾村发掘6座汉墓。其中2号墓出土木牍1枚,6号墓出土木牍23枚、竹简133枚,内容包括集簿、东海郡吏员簿、东海郡下辖长吏名籍、东海郡下辖长吏不在署未到官者名籍、东海郡属吏设置簿、武库永始四年兵车器集簿、赠钱名籍、神龟占、六甲占雨、博局占、元延元年历谱、元延三年五月历谱、君兄衣物疏、名谒、元延二年日记、刑德行时、行道吉凶、《神乌傅(赋)》等。②

17. 甘肃甘谷汉简

1971年,甘肃天水甘谷刘家岴汉墓出土木简23枚,内容为文书。③

18. 广西贵县罗泊湾简牍

1976年,广西贵县罗泊湾1号汉墓出土木牍5枚、木简10余枚、封检2枚,内容为随葬物品清单等。④

19. 江苏连云港花果山云台汉简

1978年,江苏连云港花果山云台汉墓出土竹木简牍13枚,内容涉及有关伤害罪的一系列刑事案件。另有数枚历日干支。⑤

20. 江苏邗江胡场汉简牍

1980年,江苏扬州邗江胡场5号汉墓出土木牍13枚、木楬6枚、封检7枚。⑥

21. 西安汉未央宫遗址木简

1980年至1989年,西安汉未央宫前殿A区遗址出土木简115枚。简文内容涉及田地禾稿、柏杏李榆、疾病梦状、鸣击钟磬、祭祀鬼神等。⑦

---

① 湖北省荆州市周梁玉桥遗址博物馆:《关沮秦汉墓简牍》,中华书局,2001年。

② 连云港市博物馆、东海县博物馆、中国社会科学院简帛研究中心等:《尹湾汉墓简牍》,中华书局,1997年。

③ 张学正:《甘谷汉简考释》,《汉简研究文集》,甘肃人民出版社,1984年,第85—141页。

④ 广西壮族自治区文物工作队:《广西贵县罗泊湾一号墓发掘简报》,《文物》1978年第9期;广西壮族自治区博物馆:《广西贵县罗泊湾汉墓》,文物出版社,1988年。

⑤ 李洪甫:《江苏连云港市花果山出土的汉代简牍》,《考古》1982年第5期。

⑥ 扬州博物馆、邗江县图书馆:《江苏邗江胡场五号汉墓》,《文物》1981年第11期。

⑦ 中国社会科学院考古研究所:《汉长安城未央宫——1980—1989年古发掘报告》,中国大百科全书出版社,1996年。

22. 江苏仪征胥浦简牍

1984 年,江苏省扬州市仪征县胥浦 101 号汉墓出土竹简 17 枚、木牍 2 枚、封检 1 枚,内容为墓主临终遗嘱、记钱物账簿等。①

23. 湖南张家界古人堤简牍

1987 年,湖南张家界古人堤遗址 1 号探方出土简牍 90 枚,简文内容大致可分为汉律、医方、官府文书、书信及礼物楬、历日表、九九乘法表六类。②

24. 湖北江陵高台木牍

1990 年,湖北江陵高台 18 号汉墓出土木牍 4 枚,内容为文书、随葬器物清单。③

25. 湖南沅陵虎溪山汉简

1999 年,湖南沅陵虎溪山 1 号汉墓出土竹简 1 336 枚(段),内容包括簿籍、日书、美食方等。④

26. 湖北随州孔家坡汉简

2000 年 3 月,湖北随州孔家坡 8 号汉墓出土简牍近 800 枚,竹简内容为《日书》和《历日》。有字纪年木牍 1 枚,内容为告地书。⑤

27. 甘肃武都赵坪村汉简

2000 年,甘肃省武都县琵琶乡赵坪村出土一批木简,陕西博物馆征集得 12 枚。内容涉及吏名籍、廪食发放、出入关、从军家属等。⑥

28. 湖北荆州印台汉简

2002 年至 2004 年,湖北荆州沙市区关沮乡印台墓地 9 座西汉墓出土竹木简 2 300 余枚、木牍 60 余方,内容包括文书、卒簿、历谱、编年记、日书、律令以及遣策、

---

① 扬州市博物馆:《江苏仪征胥浦 101 号西汉墓》,《文物》1987 年第 1 期。

② 湖南省文物考古研究所、中国文物研究所:《湖南张家界古人堤遗址与出土简牍概述》,《中国历史文物》2003 年第 2 期;湖南省文物考古研究所、中国文物研究所:《湖南张家界古人堤简牍释文与简注》,《中国历史文物》2003 年第 2 期。

③ 湖北省荆州地区博物馆:《江陵高台 18 号墓发掘简报》,《文物》1993 年第 8 期。

④ 湖南省文物考古研究所:《沅陵虎溪山一号汉墓》,文物出版社,2020 年。

⑤ 湖北省文物考古研究所、随州市考古队:《随州孔家坡汉墓简牍》,文物出版社,2006 年。

⑥ 王子今、申秦雁:《陕西历史博物馆藏武都汉简》,《文物》2003 年第 4 期。

器籍、告地书等。①

29. 山东日照海曲汉简

2002年，山东省日照市西郊西十里堡村西南106号汉墓出土木牍4枚、竹简39枚。木牍为遣策，竹简为汉武帝后元二年视日简。②

30. 湖南长沙走马楼汉简牍

2003年，湖南长沙走马楼街东侧湖南省供销社基建工地一口编号为J8的古井中，出土有字西汉简2 100枚，内容皆为当时的行政文书，绝大多数是官文书，私人书信仅见1枚。③

2010年，长沙走马楼发现上万枚东汉简牍。④

31. 安徽天长纪庄木牍

2004年11月，安徽省天长市安乐镇纪庄村19号西汉墓出土木牍34枚，内容有户口簿、算簿、书信、木刺、药方、礼单、账簿等。⑤

32. 湖北荆州纪南松柏简牍

2004年，湖北荆州市纪南镇松柏村1号墓出土木牍63枚(其中6枚无字)、木简10枚。木牍内容包括遣书、各类簿册、叶(牒)书、令、历谱、功劳记录、公文抄件。木简内容与木牍有关，当为放置于各类木牍之后的标题。⑥

33. 广州市南越国宫署遗址木简

2004年至2005年，广州市南越国宫署遗址南越水井J264出土100余枚西汉南越国木简。简文内容主要是籍簿和法律文书。⑦

---

① 郑忠华：《印台墓地出土大批西汉简牍》，《荆州重要考古发现》，文物出版社，2009年，第204—208页。

② 山东省文物考古研究所：《山东日照海曲西汉墓(M106)发掘简报》，《文物》2010年第1期。

③ 长沙简牍博物馆、长沙市文物考古研究所联合发掘组：《2003年长沙走马楼西汉简牍重大考古发现》，《出土文献研究》第七辑，上海古籍出版社，2005年，第57—64页。

④ 田芳等：《长沙走马楼出土万枚东汉简牍》，《长沙晚报》2010年6月24日，第A08版。

⑤ 天长市文物管理所、天长市博物馆：《安徽天长西汉墓发掘简报》，《文物》2006年第11期；杨以平、乔国荣：《天长西汉木牍述略》，《简帛研究二〇〇六》，广西师范大学出版社，2008年，第195—202页。

⑥ 荆州博物馆：《湖北荆州纪南松柏汉墓发掘简报》，《文物》2008年第4期；袁延胜：《荆州松柏木牍及相关问题》，《江汉考古》2009年第3期。

⑦ 广州市文物考古研究所、中国社会科学院考古研究所、南越王宫博物馆筹建处：《广州市南越国宫署遗址西汉木简发掘简报》，《考古》2006年第3期。

34. 湖北云梦睡虎地汉简牍

2006 年,湖北云梦睡虎地 77 号西汉墓出土简牍 2 137 枚,内容包括质日、官府文书、私人簿籍与律典、算术、书籍、日书等。①

35. 湖北荆州谢家桥简牍

2007 年,湖北荆州市沙市区关沮乡谢家桥村 1 号汉墓出土竹简 208 枚、竹牍 3 枚,竹简内容为遣册,竹牍内容为告地书。②

36. 甘肃永昌水泉子汉简

2008 年,甘肃省永昌县水泉子 5 号汉墓出土木简 1 400 余枚,其中较为完整者 700 余枚。内容大致包括两部分,一为日书,一为字书,另外还发现"本始二年"简 1 枚。③

2012 年,水泉子 8 号汉墓出土简牍 35 枚,其中 34 枚有字,内容为"五凤二年"历日。④

37. 敦煌一棵树汉简

2008 年 12 月,敦煌一棵树汉代烽燧遗址共拾获简牍 16 枚,内容有檄书、日常屯戍簿册、私人书启及其他。⑤

38. 江苏扬州汉广陵王豢狗木牍

2015 年,扬州市一座西汉中期墓葬出土木牍 13 枚,其中有 3 枚是侍中"遂"向"王"呈报的关于一只名为"麋"的狗先后两次走失事件的奏疏及处理情况。⑥

---

① 湖北省文物考古研究所、云梦县博物馆:《湖北云梦睡虎地 M77 发掘简报》,《江汉考古》2008 年第 4 期;熊北生:《云梦睡虎地 77 号西汉墓出土简牍的清理与编联》,《出土文献研究》第九辑,中华书局,2010 年,第 37—41 页;熊北生、陈伟、蔡丹:《湖北云梦睡虎地 77 号西汉墓出土简牍概述》,《文物》2018 年第 3 期。

② 荆州博物馆:《湖北荆州谢家桥一号汉墓发掘简报》,《文物》2009 年第 4 期;曾剑华:《谢家桥一号汉墓简牍概述》,《长江大学学报(社会科学版)》2010 年第 2 期。

③ 甘肃省文物考古研究所:《甘肃永昌水泉子汉墓发掘简报》,《文物》2009 年第 10 期;张存良、吴荭:《水泉子汉简初识》,《文物》2009 年第 10 期。

④ 甘肃省文物考古研究所:《甘肃永昌县水泉子汉墓群 2012 年发掘简报》,《考古》2017 年第 12 期。

⑤ 杨俊:《敦煌一棵树汉代烽燧遗址出土的简牍》,《敦煌研究》2010 年第 4 期。

⑥ 闫璘、许红梅:《扬州新出汉广陵王豢狗木牍详考与再研究》,《简帛研究二〇一八(春夏卷)》,广西师范大学出版社,2008 年,第 210—220 页;闫璘、张朝阳:《扬州新出汉广陵王豢狗木牍释考》,《出土文物的世界——第六届出土文献青年学者论坛论文集》,中西书局,2018 年,第 119—127 页。

39. 湖南长沙望城坡西汉渔阳墓木楬

1993 年,湖南长沙望城坡西汉渔阳墓出土木楬、签牌、封泥匣等 100 余件,字数达 2 000 字以上。①

40. 连云港陶湾黄石崖西郭宝墓简牍

1985 年,江苏连云港黄石崖东海郡太守西郭宝墓发现简牍 6 枚,其中 2 枚名谒,2 枚衣物疏,2 枚竹简。②

41. 山东青岛黄岛区土山屯简牍

2011 年,青岛市黄岛区张家楼镇土山屯墓群 6 号、8 号墓各发现木牍 1 枚,两面均有墨书隶体文字,记载随葬器物,应属于遣册。2017 年,47 号、157 号、177 号墓共发现木牍 23 枚,竹简约 10 枚。木牍内容有遣册、尚未使用的"名刺"、"上计"文书性质的公文。③

42. 山西太原东山汉简

2018 年,山西太原东山 6 号西汉墓出土大批西汉木简,判断数量为 600 枚左右。④

43. 四川渠县城坝汉简

2014 年至 2018 年,四川省达州市渠县土溪镇城坝遗址发现汉代竹木简牍 200 余件,内容分为楬、书信、爰书、户籍、簿籍、识字课本、九九术表、习字简等。⑤

44. 湖南长沙东牌楼东汉简牍

2004 年,湖南长沙东牌楼 7 号古井出土东汉简牍 426 枚,其中有字简 206 枚,无字简 220 枚。简牍内容大致可分为公文、私信、杂文书、习字及残简五大类。⑥

---

① 长沙市文物考古研究所、长沙简牍博物馆:《湖南长沙望城坡西汉渔阳墓发掘简报》,《文物》2010 年第 4 期。

② 连云港市博物馆:《连云港市陶湾黄石崖西汉西郭宝墓》,《东南文化》1986 年第 2 期。

③ 青岛市文物保护考古研究所、黄岛区博物馆:《山东青岛市土山屯墓地的两座汉墓》,《考古》2017 年第 10 期;彭峪、于超、綦高华等:《青岛土山屯墓群考古发掘获重要新发现——发现祭台、"人"字形椁顶等重要遗迹,出土温明、玉席和遣册、公文木牍等珍贵文物》,《中国文物报》2017 年 12 月 22 日,第 4 版。

④ 冯钢、冀瑞宝:《山西首次发现汉代简牍——太原悦龙台 M6 室内考古的新发现》,《中国文物报》2018 年 11 月 16 日,第 7 版。

⑤ 四川省文物考古研究院、渠县历史博物馆:《四川渠县城坝遗址》,《考古》2019 年第 7 期。

⑥ 长沙市文物考古研究所、中国文物研究所:《长沙东牌楼东汉简牍》,文物出版社,2006 年。

45. 湖南长沙五一广场东汉简牍

2010年,湖南长沙五一广场编号为1号的窖内出土一批东汉简牍,总数6 862枚。简牍大部分为官文书,有少量用于封缄文书的封检及函封、标识文书内容的楬等,也有部分名籍及私人信函。[①]

46. 湖南长沙尚德街东汉简牍

2011年至2012年,湖南长沙尚德街九口古井中出土了257枚简牍,其中有字简和有墨迹的简牍171枚,无字简86枚,内容包括诏书律令、官府公文、杂账、名簿、药方、私人书信、习字等。[②]

47. 湖北荆州胡家草场汉简

2018年至2019年,湖北荆州胡家草场12号西汉墓出土西汉简牍4 600余枚,主要内容大致可分为岁纪、历、日至、法律文献、医方及杂方、日书、簿籍、遣册等几类。[③]

三、汉简帛研究的基本材料

(一)著录类

汉简帛典籍目前完整公布出版的主要有武威汉简、马王堆汉简和帛书、银雀山汉简、北京大学藏汉简等。武威汉简有甘肃省博物馆、武威县文化馆《武威汉代医简》(文物出版社,1975年),甘肃省博物馆、中国科学院考古研究所《武威汉简》(中华书局,2005年)。

马王堆汉简和帛书有湖南省博物馆、中国科学院考古研究所《长沙马王堆一号汉墓》(文物出版社,1973年),马王堆汉墓帛书整理小组《老子甲本及卷前古佚书》(文物出版社,1974年)、《老子乙本及卷前古佚书》(文物出版社,1974年)、《马王堆汉墓帛书〈经法〉》(文物出版社,1976年)、《马王堆汉墓帛书〈老子〉》(文

---

① 长沙市文物考古研究所:《湖南长沙五一广场东汉简牍发掘简报》,《文物》2013年第6期;长沙市文物考古研究所、清华大学出土文献研究与保护中心、中国文化遗产研究院等:《长沙五一广场东汉简牍选释》,中西书局,2015年;长沙市文物考古研究所、清华大学出土文献研究与保护中心、中国文化遗产研究院等:《长沙五一广场东汉简牍(壹—陆)》,中西书局,2018—2020年。

② 长沙市文物考古研究所:《长沙尚德街东汉简牍》,岳麓书社,2016年。

③ 李志芳、蒋鲁敬:《湖北荆州市胡家草场西汉墓M12出土简牍概述》,《考古》2020年第2期;李志芳、李天虹:《荆州胡家草场西汉简牍选粹》,文物出版社,2021年。

物出版社,1976年)、《马王堆汉墓帛书〈战国纵横家书〉》(文物出版社,1976年),国家文物局古文献研究室、马王堆汉墓帛书整理小组《马王堆汉墓帛书(壹)(叁)(肆)》(文物出版社,1980—1985年),裘锡圭《长沙马王堆汉墓简帛集成》(中华书局,2014年)。

银雀山汉简有银雀山汉墓竹简整理小组《孙膑兵法》(文物出版社,1975年),银雀山汉墓竹简整理小组《银雀山汉墓竹简:孙子兵法》(文物出版社,1976年),吴九龙《银雀山汉简释文》(文物出版社,1985年),银雀山汉墓竹简整理小组《银雀山汉墓竹简(壹)》(文物出版社,1985年),银雀山汉墓竹简整理小组《银雀山汉墓竹简(贰)》(文物出版社,2010年),山东博物馆、中国文化遗产研究院《银雀山汉墓简牍集成(贰)(叁)》(文物出版社,2021年)。

北京大学藏汉简有《北京大学藏西汉竹书(壹—伍)》(上海古籍出版社,2012—2015年)。其他的还有河北省文物研究所定州汉墓竹简整理小组《定州汉墓竹简:论语》(文物出版社,1997年),陈松长《香港中文大学文物馆藏简牍》(香港中文大学文物馆,2001年),湖北省文物考古研究所、随州市考古队《随州孔家坡汉墓简牍》(文物出版社,2006年)。

简牍文书中西北汉简的著录主要如下:张凤《汉晋西陲木简汇编》(上海有正书局,1931年),劳干《居延汉简·图版之部》("中研院"历史语言研究所,1957年),中国科学院考古研究所《居延汉简甲编》(科学出版社,1959年),中国科学院考古研究所《居延汉简甲乙编》(中华书局,1980年),林梅村、李均明《疏勒河流域出土汉简》(文物出版社,1984年),《居延汉简新编》(简牍学会,1986年),大庭修《大英图书馆藏敦煌汉简》(同朋舍,1990年),甘肃省文物考古研究所、甘肃省博物馆、文化部古文献研究室等《居延新简:甲渠候官与第四燧》(文物出版社,1990年),甘肃省文物考古研究所《敦煌汉简》(中华书局,1991年),吴礽骧、李永良、马建华《敦煌汉简释文》(甘肃人民出版社,1991年),甘肃省文物考古研究所、甘肃省博物馆、中国文物研究所等《居延新简》(中华书局,1994年),魏坚《额济纳汉简》(广西师范大学出版社,2005年),汪涛、胡平生、吴芳思《英国国家图书馆藏斯坦因所获未刊汉文简牍》(上海辞书出版社,2007年),甘肃简牍保护研究中心(甘肃简牍博物馆)、甘肃省文物考古研究所、甘肃省博物馆等《肩水金关汉简(壹—伍)》(中西书局,2011—2016年),简牍整理小组《居延汉简(壹—肆)》("中研院"历史语言研究所,2014—2017年),甘肃简牍博物馆、甘肃省文物考古研究所、出土文献与中国古代文明研究协同创新中心中国人民大学分中心《地湾汉简》(中西书局,2017 年),甘肃简牍博物馆、甘肃省文物考古研究所、陕西师范大学人文社会科学高等研究院等《悬泉汉简(壹—贰)》(中西书局,2019—2020 年),张德芳、石明秀《玉门关汉简》(中西书局,2019 年)。

湖南长沙简牍有长沙市文物考古研究所、中国文物研究所《长沙东牌楼东汉简牍》(文物出版社,2006 年),长沙市文物考古研究所《长沙尚德街东汉简牍》(岳麓书社,2016 年),长沙市文物考古研究所、清华大学出土文献研究与保护中心、中国文化遗产研究院等《长沙五一广场东汉简牍选释》(中西书局,2015 年),长沙市文物考古研究所、清华大学出土文献研究与保护中心、中国文化遗产研究院等《长沙五一广场东汉简牍(壹—陆)》(中西书局,2018—2020 年)。

此外,还有广西壮族自治区博物馆《广西贵县罗泊湾汉墓》(文物出版社,1988 年),连云港市博物馆、东海县博物馆、中国社会科学院简帛研究中心等《尹湾汉墓简牍》(中华书局,1997 年),张家山二四七号汉墓竹简整理小组《张家山汉墓竹简[二四七号墓]》(文物出版社,2001 年),张家山二四七号汉墓竹简整理小组《张家山汉墓竹简[二四七号墓](释文修订本)》(文物出版社,2006 年),青海省文物考古研究所《上孙家寨汉晋墓》(文物出版社,1993 年),湖北省荆州市周梁玉桥遗址博物馆《关沮秦汉墓简牍》(中华书局,2001 年),湖北省文物考古研究所《江陵凤凰山西汉简牍》(中华书局,2013 年),湖南省文物考古研究所《沅陵虎溪山一号汉墓》(文物出版社,2020 年),李志芳、李天虹《荆州胡家草场西汉简牍选粹》(文物出版社,2021 年)。

(二)工具书类

汉代简帛相关的文字编等工具书有:王梦鸥《汉简文字类编》(艺文印书馆,1974 年),李正光《马王堆汉墓帛书竹简》(湖南美术出版社,1988 年),陆锡兴《汉代简牍草字编》(上海书画出版社,1989 年),大庭修《居延汉简索引》(关西大学出版部,1995 年),童曼之《马王堆汉墓简帛选字》(湖南美术出版社,1999 年),陈松长《马王堆简帛文字编》(文物出版社,2001 年),骈宇骞《银雀山汉简文字编》(文物出版社,2001 年),徐富昌《武威仪礼汉简文字编》(“国家”出版社,2006 年),甘肃省文物考古研究所、甘肃简牍保护研究中心《甘肃简牍百年论著目录》(甘肃文化出版社,2008 年),唐金岳《马王堆帛书书法大字典》(湖南美术出版社,2010 年),张守中《张家山汉简文字编》(文物出版社,2012 年),京都大学人文科学研究所简牍研究班《汉简语汇——中国古代木简辞典》(岩波书店,2015 年),黄艳萍、张再兴《肩水金关汉简字形编》(学苑出版社,2018 年),刘钊《马王堆汉墓简帛文字全编》(中华书局,2019 年)。

此外,还有一些涉及汉简的工具书,如陈建贡、徐敏《简牍帛书字典》(上海书画出版社,1991 年),李正光、郑曙斌、喻燕姣等《楚汉简帛书典》(湖南美术出版社,1998 年),樊中岳、陈大英、陈石《简牍帛书书法字典》(湖北美术出版社,2009 年),白于蓝《战国秦汉简帛古书通假字汇纂》(福建人民出版社,2012 年),白于蓝《简帛古书通假字大系》(福建人民出版社,2017 年),沈刚《秦汉魏晋简帛论文目录：集刊、论文集之部(1955—2014)》(中西书局,2017 年),方成慧、周祖亮《简帛医药词典》(上海科学技术出版社,2018 年)。

(三) 研究类

有关汉代简帛研究的著作数量庞大,下面对其中较为重要者加以分类列举。

1. 汉简典籍

北京大学出土文献研究所《古简新知：西汉竹书〈老子〉与道家思想研究》,上海古籍出版社,2017 年;陈徽《老子新校释译：以新近出土诸简、帛本为基础》,上海古籍出版社,2017 年;陈伟武《简帛兵学文献探论》,中山大学出版社,1999 年;郭丽《简帛文献与〈管子〉研究》,方志出版社,2015 年;韩自强《阜阳汉简〈周易〉研究》,上海古籍出版社,2004 年;刘桓《新见汉牍〈苍颉篇〉〈史篇〉校释》,中华书局,2019 年;刘乐贤《简帛数术文献探论(增订版)》,中国人民大学出版社,2012 年;刘乐贤《简帛数术文献探论》,湖北教育出版社,2003 年;彭浩《张家山汉简〈算数书〉注释》,科学出版社,2001 年;骈宇骞《银雀山汉墓竹简晏子春秋校释》,书目文献出版社,1988 年;田河《武威汉简集释》,甘肃文化出版社,2020 年;王聪潘《阜阳汉简〈周易〉校释》,吉林人民出版社,2019 年;吴文文《北大汉简老子译注》,中华书局,2022 年;吴辛丑《简帛典籍异文研究》,中山大学出版社,2002 年;熊益亮《先秦两汉简帛医方研究》,广东科技出版社,2021 年;张焕君、刁小龙《武威汉简〈仪礼〉整理与研究》,武汉大学出版社,2009 年;张雷《秦汉简牍医方集注》,中华书局,2018 年;张显成《简帛药名研究》,西南师范大学出版社,1997 年;张延昌、朱建平《武威汉代医简研究》,原子能出版社,1996 年;张延昌《武威汉代医简微课堂五十讲》,甘肃科学技术出版社,2019 年;张延昌《武威汉代医简注解》,中医古籍出版社,2006 年;赵雅丽《〈文子〉思想及竹简〈文子〉复原研究》,北京燕山出版社,2005

年；周祖亮、方懿林《简帛医药文献校释》，学苑出版社，2014 年；朱凤瀚《海昏简牍初论》，北京大学出版社，2020 年；胡平生、韩自强《阜阳汉简诗经研究》，上海古籍出版社，1988 年；阎盛国《出土简牍与社会治理研究：以〈银雀山汉墓竹简（贰）〉为中心》，河南人民出版社，2018 年；张震泽《孙膑兵法校理》，中华书局，1984 年。

2. 尹湾汉简

蔡万进《尹湾汉墓简牍论考》，台湾古籍出版有限公司，2002 年；连云港市博物馆、中国文物研究所《尹湾汉墓简牍综论》，科学出版社，1999 年；廖伯源《简牍与制度：尹湾汉墓简牍官文书考证》，广西师范大学出版社，2005 年；张显成、周群丽《尹湾汉墓简牍校理》，天津古籍出版社，2011 年。

3. 西北汉简

白军鹏《敦煌汉简校释》，上海古籍出版社，2018 年；蔡渊迪《〈流沙坠简〉考论》，中西书局，2017 年；陈梦家《汉简缀述》，中华书局，1980 年；陈槃《汉晋遗简识小七种》，上海古籍出版社，2009 年；陈直《居延汉简研究》，中华书局，2009 年；程艳《居延新简文字研究》，河北人民出版社，2019 年；大庭修《汉简研究》，广西师范大学出版社，2001 年；丁义娟《肩水金关汉简初探》，中国农业科学技术出版社，2019 年；冨谷至《汉简语汇考证》，中西书局，2018 年；冨谷至《木简竹简述说的古代中国》，人民出版社，2007 年；冨谷至《木简竹简述说的古代中国：书写材料的文化史（增补新版）》，中西书局，2021 年；甘肃省文物工作队、甘肃省博物馆《汉简研究文集》，甘肃人民出版社，1984 年；葛红丽《居延新简词语文字研究》，人民出版社，2018 年；郭伟涛《肩水金关汉简研究》，上海古籍出版社，2019 年；郝树声、张德芳《悬泉汉简研究》，甘肃文化出版社，2009 年；何茂活《河西汉简考论——以肩水金关汉简为中心》，中西书局，2021；胡平生、张德芳《敦煌悬泉汉简释粹》，上海古籍出版社，2001 年；胡永鹏《西北边塞汉简编年》，福建人民出版社，2017 年；纪向军《居延汉简中的张掖乡里及人物》，甘肃文化出版社，2014 年；中共金塔县委、金塔县人民政府、酒泉市文物管理局等《金塔居延遗址与丝绸之路历史文化研究》，甘肃教育出版社，2014 年；劳干《居延汉简 · 考释之部》，"中研院"历史语言研究所，1960 年；劳干《居延汉简考释 · 释文之部》，四川南溪石印本，1943 年；劳干《居延汉简考释 · 释文之部》，商务印书馆，1949 年；劳干等《汉简研究文献四种》，北京图书馆出版社，2007 年；李均明、刘军《汉代屯戍遗简法律志》，科学出版社，1994 年；李均明《居延汉简编年——居延编》，新文丰出版公司，2004 年；李天虹《居延汉简簿籍分类研究》，科学出版社，2003年；李振宏、孙英民《居延汉简人名编年》，中国社会科学出版社，1997年；李振宏《居延汉简与汉代社会》，中华书局，2003年；刘光华《汉代西北屯田研究》，兰州大学出版社，1988年；罗振玉、王国维《流沙坠简》，中华书局，1993年；饶宗颐、李均明《敦煌汉简编年考证》，新文丰出版公司，1995年；饶宗颐、李均明《新莽简辑证》，新文丰出版公司，1995年；沈刚《居延汉简语词汇释》，科学出版社，2008年；孙家洲《额济纳汉简释文校本》，文物出版社，2007年；孙占鳌、尹伟先《河西简牍综论》，甘肃人民出版社，2016年；孙占鳌、张瑛《河西汉简所见汉代西北民族关系研究》，社会科学文献出版社，2019年；王震亚《竹木春秋：甘肃秦汉简牍》，甘肃教育出版社，1999年；王子今《汉简河西社会史料研究》，商务印书馆，2017年；武航宇《西北汉简所见经济类文书辑解》，知识产权出版社，2018年；谢桂华、李均明、朱国炤《居延汉简释文合校》，文物出版社，1987年；薛英群、何双全、李永良《居延新简释粹》，兰州大学出版社，1988年；薛英群《居延汉简通论》，甘肃教育出版社，1991年；姚磊《肩水金关汉简释文合校》，中国社会科学出版社，2021年；永田英正《居延汉简研究》，广西师范大学出版社，2007年；张德芳、孙家洲《居延敦煌汉简出土遗址实地考察论文集》，上海古籍出版社，2012年；张德芳《敦煌马圈湾汉简集释》，甘肃文化出版社，2013年；张德芳《居延新简集释》，甘肃文化出版社，2016年；张俊民《敦煌悬泉置出土文书研究》，甘肃教育出版社，2015年；张俊民《简牍学论稿：聚沙篇》，甘肃教育出版社，2013年；张俊民《悬泉汉简：社会与制度》，甘肃文化出版社，2021年；赵宠亮《行役戍备：河西汉塞吏卒的屯戍生活》，科学出版社，2012年；赵兰香、朱奎泽《汉代河西屯戍吏卒衣食住行研究》，中国社会科学出版社，2015年；周艳涛《汉代居延及肩水两都尉辖境出土简牍疑难文字考与相关专题研究》，西南师范大学出版社，2021年；贺昌群《汉简释文初稿》，北京图书馆出版社，2005年；马怡、张荣强《居延新简释校》，天津古籍出版社，2013年；邢义田《地不爱宝：汉代的简牍》，中华书局，2011年；俞忠鑫《汉简考历》，文津出版社，1994年；鲁惟一《汉代行政记录》，广西师范大学出版社，2005年。

4. 张家山汉简及法律

蔡万进《张家山汉简〈奏谳书〉研究》，广西师范大学出版社，2006年；曹旅宁《张家山汉律研究》，中华书局，2005年；曾加《张家山汉简法律思想研究》，商务印书馆，2008年；高大伦《张家山汉简〈脉书〉校释》，成都出版社，1992年；高大伦《张家山汉简〈引书〉研究》，巴蜀书社，1995年；邵鸿《张家山汉简〈盖庐〉研究》，文物出版社，2007年；王彦辉《张家山汉简〈二年律令〉与汉代社会研究》，中华书局，2010年；吴朝阳《张家山汉简〈算数书〉校证及相关研究》，江苏人民出版社，2014年；中国社会科学院简帛研究中心《张家山汉简〈二年律令〉研究文集》，广西师范大学出版社，2007年；朱红林《张家山汉简〈二年律令〉集释》，社会科学文献出版社，2005年；朱红林《张家山汉简〈二年律令〉研究》，黑龙江人民出版社，2008年；大庭修《秦汉法制史研究》，中西书局，2017年；冨谷至《秦汉刑罚制度研究》，广西师范大学出版社，2006年；高恒《秦汉简牍中法制文书辑考》，社会科学文献出版社，2008年；贾丽英《秦汉家庭法研究：以出土简牍为中心》，中国社会科学出版社，2015年；蒋波《简牍与秦汉民法研究》，中国社会科学出版社，2015年；黎明钊、马增荣、唐俊峰《东汉的法律、行政与社会：长沙五一广场东汉简牍探索》，三联书店（香港）有限公司，2019年；李均明《简牍法制论稿》，广西师范大学出版社，2011年；罗鸿瑛《简牍文书法制研究》，华夏文化艺术出版社，2001年；吕利《律简身份法考论：秦汉初期国家秩序中的身份》，法律出版社，2011年；彭浩、陈伟、工藤元男《二年律令与奏谳书：张家山二四七号汉墓出土法律文献释读》，上海古籍出版社，2007年；赵久湘《秦汉简牍法律用语研究》，人民出版社，2017年；崔永东《简帛文献与古代法文化》，湖北教育出版社，2003年。

5. 汉简语言文字

何有祖《新出秦汉简帛丛考》，科学出版社，2021年；黄文杰《秦至汉初简帛文字研究》，商务印书馆，2008年；吉仕梅《秦汉简帛语言研究》，巴蜀书社，2004年；李玉《秦汉简牍帛书音韵研究》，当代中国出版社，1994年；刘玉环《秦汉简帛讹字研究》，中国书籍出版社，2013年；刘兆彬、任瑞金《秦汉简牍笔法与结字研究》，中国社会科学出版社，2021年；王贵元《简帛文献字词研究》，中国社会科学出版社，2021年；张国艳《居延汉简虚词通释》，中华书局，2012年；张显成、王玉蛟《秦汉简帛异体字研究》，人民出版社，2016年；张国艳《简牍日书文献语言研究》，中国社会科学出版社，2018年。

6. 马王堆帛书

庞朴《帛书五行篇研究》，齐鲁书社，1980年；许抗生《帛书老子注译与研究》，浙江人民出版社，1982年；邓球柏《帛书周易校释》，湖南人民出版社，1987年；庞朴《帛书五行篇研究（第二版）》，齐鲁书社，1988年；周一谋、萧佐桃《马王堆医书考注》，天津科学技术出版社，1988 年；魏启鹏《马王堆汉墓帛书〈德行〉校释》，巴蜀书社，1991 年；张立文《帛书周易注译》，中州古籍出版社，1992 年；韩仲民《帛易说略》，北京师范大学出版社，1992 年；马继兴《马王堆古医书考释》，湖南科学技术出版社，1992 年；魏启鹏、胡翔骅《马王堆汉墓医书校释（壹—贰）》，成都出版社，1992 年；余明光《黄帝四经今注今译》，岳麓书社，1993 年；周一谋等《马王堆医学文化》，文汇出版社，1994 年；尹振环《帛书老子释析：论帛书老子将会取代今本老子》，贵州人民出版社，1995 年；高明《帛书老子校注》，中华书局，1996 年；邢文《帛书周易研究》，人民出版社，1997 年；廖名春《帛书〈易传〉初探》，文史哲出版社，1998 年；王贵元《马王堆帛书汉字构形系统研究》，广西教育出版社，1999 年；韩健平《马王堆古脉书研究》，中国社会科学出版社，1999 年；尹振环《帛书老子与老子术》，贵州人民出版社，2000 年；赵建伟《出土简帛〈周易〉疏证》，万卷楼图书股份有限公司，2000 年；陈松长《马王堆帛书〈刑德〉研究论稿》，台湾古籍出版有限公司，2001 年；徐志钧《老子帛书校注》，学林出版社，2002 年；魏启鹏《马王堆汉墓帛书〈黄帝书〉笺证》，中华书局，2004 年；刘乐贤《马王堆天文书考释》，中山大学出版社，2004 年；周世荣《马王堆导引术》，岳麓书社，2005 年；池田知久《马王堆汉墓帛书五行研究》，线装书局、中国社会科学出版社，2005 年；尹振环《今本〈老子〉五十七个章中的模糊点——帛书〈老子〉今译》，贵州人民出版社，2006 年；周贻谋《马王堆简帛与古代房事养生》，岳麓书社，2006 年；王化平《帛书〈易传〉研究》，巴蜀书社，2007 年；尹振环《帛书老子再疏义》，商务印书馆，2007 年；陈鼓应《黄帝四经今注今译——马王堆汉墓出土帛书》，商务印书馆，2007 年；沈祖春《〈马王堆汉墓帛书[壹]〉假借字研究》，巴蜀书社，2008 年；张政烺《马王堆帛书〈周易〉经传校读》，中华书局，2008 年；刘彬《帛书〈要〉篇校释》，光明日报出版社，2009 年；黄武智《"黄老帛书"研究》，花木兰文化出版社，2011 年；连劭名《帛书〈周易〉疏证》，中华书局，2012 年；张骏龙《帛书老子通解》，广陵书社，2013 年；徐志钧《老子帛书校注（修订本）》，凤凰出版社，2013 年；于豪亮《马王堆帛书〈周易〉释文校注》，上海古籍出版社，2013 年；徐强《帛书〈易传〉解〈易〉思想研究》，人民出版社，2014 年；李水海《帛书老子校笺译评》，陕西人民出版社，2014 年；张艳《帛书〈老子〉词汇研究》，上海古籍出版社，2015 年；刘彬、孙航、宋立林《帛书〈易传〉新释暨孔子易学思想研究》，中国社会科学出版社，2016 年；陈鼓应《黄帝四经今注今译》，中华书局，2016 年；余明光《黄帝四经新注新译》，岳麓书社，2016 年；刘震《周易导读：帛书〈易传〉》，上海科学技术文献出版社，2016年；奚亚丽《帛书〈黄帝四经〉研究》，黑龙江人民出版社，2017年；张雷《马王堆汉墓帛书〈五十二病方〉集注》，中医古籍出版社，2017年；刘彬《帛书〈衷〉篇新校新释》，北京大学出版社，2019年；陈松长《马王堆帛书研究》，商务印书馆，2021年。

7. 论文集

甘肃省文物考古研究所《秦汉简牍论文集》，甘肃人民出版社，1989年；胡平生《胡平生简牍文物论集》，兰台出版社，2000年；胡平生《胡平生简牍文物论稿》，中西书局，2012年；李均明《初学录》，兰台出版社，1999年；李均明《耕耘录——简牍研究丛稿》，人民美术出版社，2015年；汪桂海《秦汉简牍探研》，文津出版社，2009年；王子今《长沙简牍研究》，中国社会科学出版社，2017年；吴荣曾、汪桂海《简牍与古代史研究》，北京大学出版社，2011年；谢桂华《汉晋简牍论丛》，广西师范大学出版社，2014年；杨剑虹《秦汉简牍研究存稿》，厦门大学出版社，2013年；杨振红《出土简牍与秦汉社会》，广西师范大学出版社，2009年；杨振红《出土简牍与秦汉社会(续编)》，广西师范大学出版社，2015年；于振波《简牍与秦汉社会》，湖南大学出版社，2012年；张德芳《甘肃省第二届简牍学国际学术研讨会论文集》，上海古籍出版社，2012年；张德芳《甘肃省第三届简牍学国际学术研讨会论文集》，上海辞书出版社，2017年；邢义田《今尘集：秦汉时代的简牍、画像与文化流播》，中西书局，2019年。

8. 其他

郭炳洁《秦汉书牍研究》，科学出版社，2019年；横田恭三《中国古代简牍综览》，北京联合出版公司，2016年；晋文《秦汉土地制度研究：以简牍材料为中心》，社会科学文献出版社，2021年；李均明、刘军《简牍文书学》，广西教育出版社，1999年；李均明《秦汉简牍文书分类辑解》，文物出版社，2009年；李学勤《简帛佚籍与学术史》，江西教育出版社，2001年；吕亚虎《秦汉社会民生信仰研究：以出土简帛文献为中心》，中国社会科学出版社，2016年；马今洪《简帛：发现与研究》，上海书店出版社，2002年；清华大学出土文献研究与保护中心、北京大学出土文献研究所、荆州文物保护中心《古代简牍保护与整理研究》，中西书局，2012年；权仁瀚、金庆浩、李承律《东亚资料学的可能性探索》，广西师范大学出版社，2010年；孙瑞《金文简牍帛书中文书研究》，吉林文史出版社，2009年；汪桂海《汉代官文书制度》，广西教育出版社，1999年；王国维《简牍检署考校注》，上海古籍出版社，

2004年；王晓光《秦汉简牍具名与书手研究》，荣宝斋出版社，2016年；王晓光《新出汉晋简牍及书刻研究》，荣宝斋出版社，2013年；王泽强《简帛文献与先秦两汉文学研究》，中国社会科学出版社，2010年；杨建《西汉初期津关制度研究：附〈津关令〉简释》，上海古籍出版社，2010年；袁延胜《秦汉简牍户籍资料研究》，人民出版社，2018年；赵沛《居延简牍研究：军事、行政与司法制度》，知识产权出版社，2020年；周婵娟《秦汉简帛所见妇女史资料考校》，四川大学出版社，2018年；朱德贵《新出简牍与秦汉赋役制度研究》，中国人民大学出版社，2021年。

四、汉简帛研究所关注的热点

汉代医学。汉简所见医药相关的简计有武威医简、阜阳双古堆汉简《万物》、江陵张家山汉简《脉书》《引书》、马王堆汉简《十问》《合阴阳》《杂禁方》《天下至道谈》，这些材料涉及100多种药物，涵盖了药物学、临床各科、养生、房中、导引等诸方面内容。材料的丰富引起了关于古代医药学相关方面研究的长久兴盛。

简牍集成与册书复原。出土的简牍往往散乱无序，对其进行编联和复原，是简牍整理最为重要的基础工作之一。这方面日本学者明确提出了“简牍集成”和“册书复原”的概念和方法，开创了简牍古文书学的研究方法。[1] 此后诸多学者按照这一方法展开了研究，取得了不少成果。

赋役制度。汉代简牍文书中有大量的地方官府簿籍资料等，极大地推动了秦汉时期赋役制度的研究。

官吏制度。简牍资料的不断出土和公布，进一步推动了秦汉地方行政史和官吏制度的研究，这方面具体涉及郡县吏制、乡官里吏、官吏考课、学吏制度、吏休制度、吏役等问题。

律令与司法。简牍法律文献的出土，使得秦汉律令与司法的研究迅速成为一个热点。学界讨论比较集中的有隶臣妾及其刑期问题、张家山汉简《二年律令》年代问题、秦汉律令体系、刑罚体系、司法诉讼制度等，涌现了大量著作。

汉代屯戍体系。西北地区出土的简牍，大多为屯戍遗简，为研究汉代屯戍体

---

① 〔日〕永田英正：《居延汉简研究》，张学锋译，广西师范大学出版社，2007年。

系提供了第一手资料。

汉代关津与传置。张家山汉简《奏谳书》及《二年律令》中有大量涉及关津出入的条款，而居延、敦煌汉简中亦有许多与关津有关的具体内容，为关津制度的研究提供了丰富的资料。李均明从设施与职能、通关手续、违禁惩罚等方面对汉代关津的大体情况作了论述。① 敦煌悬泉置遗址出土的简牍是关于传置自身研究非常重要的资料。

五、汉简帛研究未来展望

未来，汉简帛可以在以下几个方面予以进一步深入研究。

文字释读和词语考证。汉简文字虽然整体容易释读，但其中亦不乏许多难以辨认的字，尤其是简牍文书中的草书，历来都是释读的一个难点。目前来看，汉简中暂未释出的字不在少数。此外，汉简中有不少字词的含义尚不得而知，需要利用传世典籍和汉简自身用例详加考证。字词释读是最基础的工作，需要持续投入研究。

数术和医药研究。“数术”即以阴阳之数占卜吉凶悔吝的神仙方术，出土简牍中的数术书主要是日书。汉简目前所见的《日书》有孔家坡汉简《日书》、香港中文大学文物馆藏汉简《日书》、磨嘴子汉简《日书》，而尚未发表的亦不在少数。因此未来关于《日书》的数术研究以及相关社会史、文化习俗的研究都有进一步提升的空间。此外，成都老官山汉代医简内容十分重要，为汉代医药学的进一步研究提供了重要的资料。

简牍文书学研究。汉简中很大一部分是官府运行中产生的文书，数量较多的西北汉简和长沙简牍均是如此。这涉及形制和版面、文稿形态、文书的分类和类别特征等诸多问题，因此简牍文书学的研究尚有进一步深入的必要。

地方行政制度。就文书的内容而言，涵盖社会生活的方方面面，如政治、经济、军事、法律、风俗等。尤其是简牍文书所揭示的地方政府运作形态，对于了解基层社会的历史具有重要作用，这方面的研究无疑具有非常大的空间，可以是未来研究的一个重点。

---

① 李均明：《汉简所反映的关津制度》，《历史研究》2002 年第 3 期。

第四节

石 刻 文 字

一、石刻文字的定义

（一）石刻文字的内涵

广义上讲，凡是雕刻在石材上的图画、纹饰、文字，乃至立体形象，都可以叫石刻。[①] 石刻文字专指以石质为载体材料镌刻在其上的文字。

石头是一种重要的文字载体，尤其是在纸张发明之前。目前所见最早的石刻文字是河南安阳殷墟大墓中出土的石簋断耳上的铭文，共有十二个字。[②] 由此可知，在甲骨文、金文时期就同时产生了石刻文字。早期用来刻字的石头，其形制没有定式，既可以是作器物用的石头，如石簋等；亦可为自然的石块，如“公乘得守丘刻石”[③]。随着时代的发展、雕刻工具的进步，其形制逐渐固定下来，形成了不同的样式。有刻字的竖立石头叫碣，天然崖壁称摩崖，即“刻石之特立者谓之碣，天然者谓之摩崖”[④]。先秦时代的“碑”，本指竖立的石头，其上无字。主要用途有三：竖在宫门前，用来标识日影；竖在庙门前，拴系祭祀的牺牲；竖在墓地，用来牵引棺木入墓室。到了西汉，人们把要记载的事情刻于碑上，“碑”就开始指称刻有文字

---

① 赵超：《中国古代石刻概论》，中华书局，2019 年，第 4 页。

② 王丽燕：《略论北京图书馆所藏石刻资料的书法艺术价值》，《北京图书馆馆刊》1998 年第 1 期。

③ 李晓东：《中山国守丘刻石及其价值》，《河北学刊》1986 年第 1 期。

④ 马衡：《马衡讲金石学》，凤凰出版社，2010 年，第 47 页。

的石头。“碑”与“碣”二者常并称为碑碣。东汉时期,墓志初具雏形,有墓砖、墓记、碑形墓志等多种标记墓葬之物。魏晋南北朝时期,出现了基本定型的墓志。[①]因受佛教影响,此时开凿石窟和雕刻造像之风盛行,附刻在造像旁的文字称为“造像题记”。由于碑的广泛使用,其含义有了狭义和广义之分,前者专指相对于墓志而言的墓碑,后者则泛指刻有文字的石头。隋唐时期,石刻的形制已多种多样。宋元以降,人们对石刻进行了分类,主要从形制、文字、功用、时代等方面划分。分类方法不同,导致石刻的名目非常繁杂。如《语石》分为四十二种[②],《金石学》分为“刻石、碑碣、墓志、塔铭、浮图、经幢、造像、石阙、摩崖、买地莂,凡一十种”[③]。相比较而言,后者更为合理。总而言之,石刻文字指各种形制刻石上的文字,其数量以碑碣、墓志、造像题记、摩崖居多。

（二）石刻文字的材料范围

两汉魏晋南北朝时期是汉语史上语言剧烈发展变化的时期,同时也是汉字由隶书变为楷书的重要阶段。因而,这一阶段的石刻不仅是考古、历史、美术等学科的重要研究资料,也是进行汉语言文字学研究的基本语料,对文字学而言其价值尤为重要。

这一时期,石刻研究著作的题名常与所选石刻材料的时代相关。但是,相同题名所指的时限并不完全等同。如名为“汉魏南北朝墓志”,有《汉魏南北朝墓志集释》和《1990—1999年新出汉魏南北朝墓志目录》[④],其所收墓志时限从汉代至隋代;而《汉魏南北朝墓志汇编》所收墓志时限为东汉至北周[⑤],不包括隋代。名为“六朝”者,如《六朝石刻丛考》之“六朝”指“魏晋南北朝(包括隋代)”[⑥],《汉魏六朝碑刻校注》的“汉魏六朝”指西汉至北周,不涉隋代[⑦]。从目前刊布的文献资料看,两汉魏晋南北朝石刻的材料范围应当包括西汉、新朝(莽)、东汉、三国(魏蜀

① 赵超:《古代墓志通论》,紫禁城出版社,2003年,第52页。
② 叶昌炽:《语石》,浙江大学出版社,2018年。
③ 朱剑心:《金石学》,浙江人民美术出版社,2015年,第173页。
④ 赵万里:《汉魏南北朝墓志集释》,科学出版社,1956年;汪小烜:《1990—1999年新出汉魏南北朝墓志目录》,《魏晋南北朝隋唐史资料》第十八辑,上海古籍出版社,2001年,第199—217页。
⑤ 赵超:《汉魏南北朝墓志汇编》,天津古籍出版社,2008年。
⑥ 梁春胜:《六朝石刻丛考》,中华书局,2021年,第1页。
⑦ 毛远明:《汉魏六朝碑刻校注》,线装书局,2008年。

吴)、西晋、东晋、十六国、南朝宋、南朝齐、南朝梁、南朝陈、北魏、东魏、西魏、北齐、北周的各类形制石刻。

今存世的石刻总量尚未得到完全统计。《中华石刻数据库·汉魏六朝碑刻数据库》记录碑碣 2 466 通①。《中国金石总录》收集两汉魏晋南北朝石刻约 10 000 方②。

（三）石刻文字字形

两汉魏晋南北朝时期汉字形体处于从篆变隶、从隶到楷的激烈变革中。石刻文字不仅有篆、隶、楷、行、草等多种书体，而且字形异体纷呈、复杂多样，异体字、错字、音借字等经常混杂出现在一方石刻上。例如，图 3－7 为《司马龙墓志》，图 3－8 为《道僧略造像题记》局部拓片。

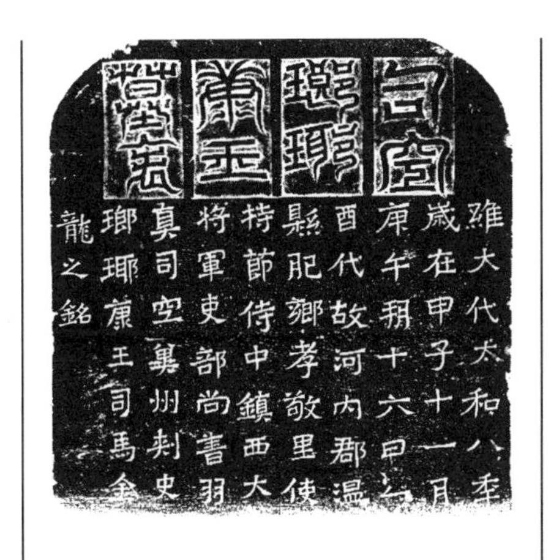

图 3－7 《司马龙墓志》

图 3－8 《道僧略造像题记》局部拓片

《司马龙墓志》中的别字有：秊（年），縣（县），節（节）等。

《道僧略造像题记》中的别字有：永（永），仙（仙）等。

二、石刻文字研究的历史

国内外对石刻文字的研究始于宋代。大致可分为四个时期：

宋代至清朝末年为研究开创阶段，此阶段可以称之为“金石学”时期。

① 中华书局：《中华石刻数据库》（http://inscription.ancientbooks.cn）。

② 甘肃省古籍文献整理编译中心：《中国金石总录》（http://www.ch5000.com.cn）。

"金石"本指镌刻文字的钟鼎碑碣,其渊源古远。《墨子·兼爱下》:"以其所书于竹帛,镂于金石,琢于盘盂,传遗后世子孙者知之。"金指各种镂刻文字的青铜器,其上的文字称为金文;石为刻记文字的石头,其上的文字叫作石刻文字。秦汉以后,石刻文字逐渐取代了金文,成为汉魏时期文字的主体部分。研究金石的学科称为"金石学",兴起于宋代。《集古录》是现存最早的金石学著作,今存《集古录跋尾》十卷。① 《金石录》编录金石文献有2 000种,跋尾502篇。② 《历代钟鼎彝器款识》收集了从夏、商到秦、汉的铜器、石器铭文近500件③,在宋代金石著述中,是辑录铜器铭文最为丰富的一本。《通志·金石略》有"金石"一卷④,"金石学"成为专门之学。《集古录》《金石录》的题名、内容、体例及研究模式对后世的影响极其深远,如金石研究论著大多以"集古"或"金石"来命名,即为其渊薮。"金石学"研究的目的是证经补史,研究的主要内容是汇编和考证石刻文献,文字只是识读文本内容的工具。专门辨识金石文字形体的字书有两种,《隶释》是现存第一部集录和考释汉魏晋石刻文字的专著⑤,《隶韵》是汇集汉隶字形而成的隶书字典⑥。此二书辑录了大量的汉魏石刻资料和隶书字形。元明时期,"金石学"研究沉寂衰微,著作较少,主要有《金石例》和《墓铭举例》⑦,后来与《金石要例》⑧合称为《金石三例》,它们是研究石刻义例的重要著作。及至清代,"金石学"研究非常兴盛,清末达到高潮,其研究范围由金石扩展到甲骨和简牍,研究成果集中在文献考证、材料汇编、字典编写、目录编录等方面,其中最重要的代表著作有:《潜研堂金石文字跋尾》《金石萃编》《流沙坠简》《增订碑别字》《金石文字辨异》《寰宇访碑录》《校碑随笔》等。⑨ 《语石》是第一部古代石刻文字通论专著。

---

① 欧阳修:《集古录》,《石刻史料新编》,新文丰出版公司,1977—2006年。

② 赵明诚:《金石录》,《石刻史料新编》,新文丰出版公司,1977—2006年。

③ 薛尚功:《历代钟鼎彝器款识》,《石刻史料新编》,新文丰出版公司,1977—2006年。

④ 郑樵:《通志》,《石刻史料新编》,新文丰出版公司,1977—2006年。

⑤ 洪适:《隶释》,中华书局,1986年。

⑥ 刘球:《隶韵》,中华书局,1989年。

⑦ 潘昂霄:《金石例》,《金石三例》,中州古籍出版社,2015年;王行:《墓铭举例》,《金石三例》,中州古籍出版社,2015年。

⑧ 黄宗羲:《金石要例》,《金石三例》,中州古籍出版社,2015年。

⑨ 钱大昕:《潜研堂金石文字跋尾》,上海古籍出版社,2020年;王昶:《金石萃编》,陕西人民美术出版社,1990年;王国维、罗振玉:《流沙坠简》,浙江古籍出版社,2013年;罗振鋆、罗振玉:《增订碑别字》,文字改革出版社,1957年;邢澍、时建国:《金石文字辨异校释》,(转下页)

以上成为研究金石学的必读书目和重要参考书，奠定了近现代石刻文字研究的基础。

民国时期"金石学"开始与近代考古学相结合，其研究方法和成果都有了很大改变。

在民国时期，虽有《金石学》《中国金石学概论》《中国金石学讲义》等通论性著作①，但"金石学"因缺少断代分期和器物形制研究等内容，学科体系的构建还未完成。1928年开始的殷墟发掘，是中国考古事业中规模最大、持续时间最长的考古发掘，其出土文物为解决殷商史研究中的一系列问题提供了实证资料。从此，金石学开始走向与考古学相结合的道路。由此，金石学作为独立的学科已不复存在。② 石鼓文讨论、石经考证、殷墟发掘、石窟考察等成为该时期的研究热点。外国人对国内石窟的多次考察和报道，使中国的石刻和石窟在全世界得到了广泛宣传。如《中国美术史·雕塑篇》《中国碑碣形式之变迁》等保存了大量资料③，同时也引来了各种不法掠夺。这种掠夺直接导致了中国珍贵文物的大量流失和破坏④。此时期石刻研究的编目著作有两种。《金石书录目》收录历代金石专著977种⑤，分类明确，体例精当。《石刻题跋索引》一书按时代、分门类对清代所记石刻进行编目⑥，并说明来源。它们至今还是非常实用的工具书。

1949—1980年时期研究进展缓慢，国内有少量著作出版，国际间有部分合作。

主要著作数量不多但质量较高。《汉魏南北朝墓志集释》收录汉魏至隋墓志等的新旧拓本609通。《中国墓志精华》收集西晋到北周的墓志68方⑦，又《龙门造像题记》《龙门造像题记附录》是日本方面与龙门石窟博物馆合作的成果⑧，采

（接上页）甘肃人民出版社，1990年；孙星衍、邢澍：《寰宇访碑录》，清嘉庆七年（1802）阳湖孙氏刻本；方若：《校碑随笔》，杭州古籍书店，1982年。

① 马衡：《中国金石学概论》，时代文艺出版社，2019年；陆和九：《中国金石学讲义》，北京图书馆出版社，2003年。

② 张之恒：《中国考古通论》，南京大学出版社，2009年，第27页。

③ 〔日〕大村西崖：《中国美术史·雕塑篇》，佛书刊行会图像部，1915年；〔日〕关野贞：《中国碑碣形式之变迁》，座右宝刊行会，1935年。

④ 张林堂、孙迪：《响堂山石窟——流失海外石刻造像研究》，外文出版社，2004年。

⑤ 容媛：《金石书录目》，中央研究院历史语言研究所，1930年。

⑥ 杨殿珣：《石刻题跋索引》，商务印书馆，1940年。

⑦ 〔日〕中田勇次郎：《中国墓志精华》，中央公论社，1975年。

⑧ 〔日〕中田勇次郎：《龙门造像题记》《龙门造像题记附录》，中央公论社，1980年。

用拓片和对照的方式，收录和释读了70方龙门造像题记，质量超过其他版本的龙门造像题记。

1980年之后研究进入兴盛阶段。考古学、历史学、美术学、文献学、文字学等不同学科的研究者从不同角度对石刻材料进行研究，取得了丰硕成果。

历史、考古、文献方面的研究者主要有宿白、杨泓、韦正、李翎、李凇、李静杰、罗宏才、李裕群、王景荃、冯贺军、雷玉华、颜娟英、永田英正、赵超、程章灿、施安昌等学者，他们主要对陕西、山西、河南等地的石刻资料进行调查和收集，其研究不仅对石刻文献进行文体解读和考证，而且为其他学科提供了大量的一手资料，十分有益于其他学科的研究。文字研究主要有毛远明、臧克和、王宁、梁春胜等学者以及他们指导的研究生，研究继承了"金石学"文字研究的优良传统和方法，主要贡献在汇编资料、释读文本、考证字词、编纂字典等方面，同时运用文字学理论和方法对石刻文字的形体、结构、演变进行研究，探寻汉字的演变过程、规律和动因，从而揭示石刻文字对汉字发展史的重要意义。

三、石刻文字研究的基本材料

（一）通论性著作

通论性著作以全面介绍石刻的起源、分类、体例、研究历史、内容、方法和辨伪等为主要内容。如《中国的石刻与石窟》《古代石刻通论》简明扼要地介绍了各类石刻①。《中国古代石刻概论》详细介绍了石刻研究的内容②，构建了石刻学研究的基本框架。《金石丛话》言简意赅地介绍了石刻的类别和形式③。《古代墓志通论》是以墓志材料为专题的论著④。《碑刻文献学通论》是第一部全面、系统研究碑刻文献学的通论性著作⑤，对碑刻文献的定义、类型、整理等多方面问题进行研究和讨论。《石刻古文字》以例释的形式讲解了石刻文献的基本释读方法⑥。

---

① 徐自强、吴梦麟：《中国的石刻与石窟》，商务印书馆，1991年；徐自强、吴梦麟：《古代石刻通论》，紫禁城出版社，2003年。

② 赵超：《中国古代石刻概论》，中华书局，2019年。

③ 施蛰存：《金石丛话》，北京出版社，2020年。

④ 赵超：《古代墓志通论》，紫禁城出版社，2003年。

⑤ 毛远明：《碑刻文献学通论》，中华书局，2009年。

⑥ 赵超：《石刻古文字》，文物出版社，2016年。

（二）专题材料

石刻材料内容丰富，类别多样。根据其内容和形制的不同，分专题简述如下。

1. *石刻材料汇编*

汇编总录各类形制的石刻材料及石刻研究文献为研究奠定了资料基础。目前最常用的大型石刻汇编材料有多种。《北京图书馆藏中国历代石刻拓本汇编》收石刻拓本 15 687 方[①]，按时代顺序编为 100 册。《石刻史料新编》汇集历代石刻史料 1 095 种[②]，是目前所见汇集历代石刻文献及研究论著的大型丛书。《先秦秦汉魏晋南北朝石刻文献全编》共计 1 700 种[③]，所收资料全部采自民国和民国以前辑录编印的金石志书（包括地方志中的金石志）。《地方金石志汇编》收录了 130 余种地方金石志。[④] 另外，近年来按不同时代或地域汇编的石刻材料大量出版。《汉代石刻集成》收录汉代石刻 163 种。[⑤]《汉碑集释》收录汉碑 53 种[⑥]。《汉碑全集》收录两汉时期存世的石刻拓本，石刻拓本 285 种、360 件。[⑦]《徐州汉碑刻石通论》介绍了徐州的 40 余处汉代刻石。[⑧]《西南大学新藏石刻拓本汇释》著录西南大学新藏汉至五代石刻（包括砖文）拓本 277 通[⑨]，包含砖文、造像文、碑文和墓志铭，采用释文卷和图版卷对照的方式，释文卷每通石刻分为碑款提要、释文和注释三个部分，图版卷为拓本高清图版，注释详细。也有汇编私家藏品的著述。《北山楼金石遗迹》介绍了施蛰存先生的金石收藏，包含"北山楼藏碑见知辑目""藏碑经眼百品"和"集古小品举要"三卷。[⑩]《戚叔玉捐赠历代石刻文字拓本目录》计 4 800 余种[⑪]，分墓志、造像、杂刻等九类。国外也有多种汇编材料出版。《日本京都大学藏

---

① 北京图书馆金石组：《北京图书馆藏中国历代石刻拓本汇编》，中州古籍出版社，1989—1991 年。

② 新文丰出版公司编辑部：《石刻史料新编》，新文丰出版公司，1977—2006 年。

③ 国家图书馆善本金石组：《先秦秦汉魏晋南北朝石刻文献全编》，北京图书馆出版社，2003 年。

④ 国家图书馆出版社：《地方金石志汇编》，国家图书馆出版社，2010 年。

⑤ 〔日〕永田英正：《汉代石刻集成》，同朋舍，1994 年。

⑥ 高文：《汉碑集释》，河南大学出版社，1997 年。

⑦ 徐玉立：《汉碑全集》，河南美术出版社，2006 年。

⑧ 武利华：《徐州汉碑刻石通论》，文化艺术出版社，2019 年。

⑨ 毛远明、李海峰：《西南大学新藏石刻拓本汇释》，中华书局，2019 年。

⑩ 沈建中：《北山楼金石遗迹》，华东师范大学出版社，2021 年。

⑪ 上海博物馆图书馆：《戚叔玉捐赠历代石刻文字拓本目录》，上海古籍出版社，2006 年。

中国历代碑刻文字拓本》共10册[①],按断代编排。《柏克莱加州大学东亚图书馆藏碑帖》收录美国柏克莱加州大学东亚图书馆收藏中国古代善本碑帖和金石拓本2 696种,分善本碑帖图录和总目提要两册。[②]《北朝隋代墓志所在总和目录》收录北朝和隋代墓志779方。[③]《新出北朝隋代墓志所在总合目录(2006—2010年)》收录2006年至2010年间新发表和新发现的北朝墓志235方,隋代墓志121方。[④]《芝加哥菲尔德博物馆藏秦汉碑拓撷英》择要介绍了该馆以端方旧藏为中心的秦汉金石拓本。[⑤]

2. 墓志

墓志指放在墓里刻有死者生平事迹的石刻。北魏时期墓志取代了之前的各种墓中铭刻类型[⑥],成为定式。一盒墓志,分上下两层:上层曰盖,下层曰底,底刻志铭,盖刻标题。墓志的专门整理,始于罗振玉。他分地域汇集了多地的墓志录文,如《京畿冢墓遗文》《芒洛冢墓遗文》等。20世纪50年代后,汇集墓志拓片材料的专著有《汉魏南北朝墓志集释》《北朝墓志英华》《北朝墓志百品》《北朝墓志精粹》等。[⑦] 汇集拓片和录文材料最多的为《汉魏六朝碑刻校注》。《洛阳出土北魏墓志选编》收北魏墓志273种。[⑧]《新见北朝墓志集释》集释了2003年以来新见50方北朝墓志。[⑨] 专门汇集录文并考证的有《汉魏南北朝墓志汇编》和《新出魏晋南北朝墓志疏证》,二书主要收集了1949年至2003年间全国各地出土的汉魏南北朝墓志。[⑩]《南北朝墓志集成》汇编了近1 500方墓志资料[⑪],重点对疑难字、碑

---

① 本书编委会:《日本京都大学藏中国历代碑刻文字拓本》,新疆美术摄影出版社,2016年。

② 周欣平:《柏克莱加州大学东亚图书馆藏碑帖》,上海古籍出版社,2008年。

③ 〔日〕梶山智史:《北朝隋代墓志所在总合目录》,《东亚石刻研究》1号,明治大学东亚石刻文物研究所,2005年。

④ 〔日〕梶山智史:《新出北朝隋代墓志所在总合目录(2006—2010年)》,《东亚石刻研究》3号,明治大学东亚石刻文物研究所,2011年。

⑤ 张忠炜:《芝加哥菲尔德博物馆藏秦汉碑拓撷英》,文物出版社,2015年。

⑥ 赵超:《古代墓志通论》,紫禁城出版社,2003年,第52页。

⑦ 张伯龄:《北朝墓志英华》,三秦出版社,1988年;齐运通、赵力光:《北朝墓志百品》,中华书局,2018年;上海书画出版社:《北朝墓志精粹》,上海书画出版社,2021年。

⑧ 朱亮:《洛阳出土北魏墓志选编》,科学出版社,2001年。

⑨ 王连龙:《新见北朝墓志集释》,中国书籍出版社,2013年。

⑩ 赵超:《汉魏南北朝墓志汇编》,天津古籍出版社,2008年;罗新、叶炜:《新出魏晋南北朝墓志疏证》,中华书局,2005年。

⑪ 王连龙:《南北朝墓志集成》,上海人民出版社,2021年。

别字、俗体字、讹误字等进行考订。该书前言部分对墓志研究概述最为全面。《西南大学新藏墓志集释》收录西南大学石刻研究中心 2010 年以来新藏墓志 259 通①,其中北魏—隋 47 通,每通墓志下撰写简况,有录文及校释。

3. 造像题记

中国的佛道造像始于汉桓帝延熹八年(165)。② 附刻在造像碑上或旁边的文字记录,即为“造像题记”。题记内容包括所造佛像的名称,造像者的姓名、职业、地位,造像的时间、目的,以及祈福求报之语等。据侯旭东调查统计,目前刊布的造像题记有 1 602 方③,《龙门石窟碑刻题记汇录》收录造像题记 2 852 种④,因此,保守估计全国现存造像题记数量超过 5 000 余方。宋元明清时期,金石学家对佛教造像多有记载,如《金石萃编》等,但并不重视题记文字。造像研究以历史、考古、美术专业为先驱。民国时期,资料发布以国外为主,如《中国美术史 · 雕塑篇》《五至十四世纪中国雕刻》等⑤。20 世纪以来,出版的著作集中在山西、陕西、河南、河北、山东、甘肃、四川等地,主要有《北朝晚期石窟寺研究》《陕西佛教艺术》《西安文物精华 · 佛教造像》《北朝关中地区造像记整理与研究》《耀县石刻文字略志》《耀县现存北朝碑石目录》《长安佛韵——西安碑林佛教造像艺术》《河南佛教石刻造像》《曲阳白石造像研究》《你应该知道的 200 件曲阳造像》《甘肃佛教石刻造像》《山东博物馆藏北朝造像题记》《响堂山石窟碑刻题记总录》《山东青州龙兴寺出土佛教石刻造像精品》《川北佛教石窟和摩崖造像研究》《陇东北朝佛教造像研究》,等等。⑥ 另有多种专题拓片著作。《巩县石窟北朝造像全拓》收录了巩

① 毛远明:《西南大学新藏墓志集释》,凤凰出版社,2018 年。

② 梁思成、林洙:《佛像的历史》,中国青年出版社,2013 年。

③ 侯旭东:《五六世纪北方民众佛教信仰——以造像记为中心的考察》,社会科学文献出版社,2015 年。

④ 刘景龙、李玉昆:《龙门石窟碑刻题记汇录》,中国大百科全书出版社,1998 年。

⑤ 〔日〕大村西崖:《中国美术史 · 雕塑篇》,佛书刊行会图像部,1915 年;〔瑞典〕喜龙仁:《五至十四世纪中国雕刻》,欧内斯特 · 本有限公司,1925 年。

⑥ 李裕群:《北朝晚期石窟寺研究》,文物出版社,2003 年;李凇:《陕西佛教艺术》,文物出版社,2008 年;孙福喜:《西安文物精华 · 佛教造像》,世界图书出版西安公司,2010 年;魏宏利:《北朝关中地区造像记整理与研究》,中国社会科学出版社,2017 年;耀生:《耀县石刻文字略志》,《考古》1965 年第 3 期;顾怡:《耀县现存北朝碑石目录》,《汉语佛学评论》第三辑,上海古籍出版社,2013 年,第 255—296 页;西安碑林博物馆:《长安佛韵——西安 (转下页)

县石窟造像拓片。①《中国金石集萃·第六函：石刻造像》收录了百余种造像拓片。③《中国北朝石刻拓片精品集》填补了北朝石刻造像全形拓片的空白。③《北朝佛教石刻拓片百品》收录北魏至北齐的百张拓片题记图版，并对百张拓片进行录文和解题。④《北京图书馆藏龙门石窟造像题记拓本全编》收录龙门石窟石刻拓本 2 000 余种、6 000 余件，是龙门石窟保存下来最详细的石刻文字档案。⑤

4. 编目

20 世纪 50 年代后，国内碑刻类编目著作有多种。《北京大学图书馆藏历代石刻拓本草目》编写体例最为完备。⑥《汉魏石刻文字系年》收录汉魏石刻 771 方。⑦《汉魏六朝碑刻校注·总目提要》著录汉魏六朝碑刻近 2 600 通。⑧《汉魏六朝隋碑志索引》提供每方碑志的详细著录和学术前沿情况。⑨《碑刻文献论著叙录》对中国历代碑刻论著进行了全面的收集、整理、提要介绍。⑩ 分形制编写的编目以墓志类为多。《北京图书馆藏墓志拓片目录》共收录馆藏墓志拓本 4 638 方。⑪《北京大学图书馆藏历代墓志拓片目录》共收拓片 10 194 种⑫，正文收录墓志，附录收

（接上页）碑林佛教造像艺术》，陕西师范大学出版社，2010 年；王景荃：《河南佛教石刻造像》，大象出版社，2009 年；冯贺军：《曲阳白石造像研究》，紫禁城出版社，2005 年；胡国强：《你应该知道的 200 件曲阳造像》，紫禁城出版社，2009 年；张宝玺：《甘肃佛教石刻造像》，甘肃人民美术出版社，2001 年；肖贵田：《山东博物馆藏北朝造像题记》，《艺术设计研究》2013 年第 3 期；张林堂：《响堂山石窟碑刻题记总录》，外文出版社，2007 年；中国历史博物馆、北京华观艺术品有限公司、山东青州市博物馆：《山东青州龙兴寺出土佛教石刻造像精品》，文物出版社，1999 年；雷玉华、罗春晓、王剑平：《川北佛教石窟和摩崖造像研究》，甘肃教育出版社，2015 年；董华锋：《陇东北朝佛教造像研究》，甘肃教育出版社，2020 年。

① 周国卿：《巩县石窟北朝造像全拓》，国家图书馆出版社，2008 年。

② 文物出版社：《中国金石集萃·第六函：石刻造像》，文物出版社，1992 年。

③ 李仁清：《中国北朝石刻拓片精品集》，大象出版社，2008 年。

④ 颜娟英：《北朝佛教石刻拓片百品》，“中研院”历史语言研究所，2008 年。

⑤ 吴元真：《北京图书馆藏龙门石窟造像题记拓本全编》，广西师范大学出版社，2000 年。

⑥ 孙贯文：《北京大学图书馆藏历代石刻拓本草目》，三晋出版社，2020 年。

⑦ 刘瑞昭：《汉魏石刻文字系年》，《香港敦煌吐鲁番研究中心研究丛刊》，新文丰出版公司，2001 年。

⑧ 毛远明：《汉魏六朝碑刻校注·总目提要》，线装书局，2008 年。

⑨ 刘琴丽：《汉魏六朝隋碑志索引》，中国社会科学出版社，2019 年。

⑩ 曾晓梅：《碑刻文献论著叙录》，线装书局，2010 年。

⑪ 徐自强：《北京图书馆藏墓志拓片目录》，中华书局，1990 年。

⑫ 胡海帆、汤燕、陶诚：《北京大学图书馆藏历代墓志拓片目录》，上海古籍出版社，2013 年。

录汉刑徒葬砖、伪刻墓志。《六朝墓志检要》收录六朝墓志近千种。[1]《南北朝墓志集成》下册附有索引[2]，方便使用。按地域编目的著作远不如按地域刊布资料的著作多。《三晋石刻总目》分县市对山西各地石刻编目，运城地区卷为其中之一。[3]《北京图书馆藏北京石刻拓片目录》收录北京地区石刻拓本目录。[4]

（三）语言文字类著作

以汉魏六朝石刻文字为研究材料，语言文字研究在继承和发展中取得了丰硕成果。

文献校注和字词考证的代表著作有两种。《汉魏六朝碑刻校注》是一部重要的碑刻文献整理研究著作，它收集了碑碣1 400通，并制作成拓片图录，然后根据图录准确释文，精心校勘，对碑铭中的疑难词语进行简要注释和考辨。《六朝石刻丛考》是语言文字和文献研究的集大成者[5]，该书主要总结了六朝石刻的研究历史、价值，从释录、校正、字词考释、石刻辨伪等方面，纠正了前人释录方面的问题2 000余条，考释疑难字词700余个，鉴别伪刻70余方。

字典工具书主要有《汉魏六朝隋唐五代字形表》[6]和《汉魏六朝碑刻异体字典》[7]两种。前者以汉魏六朝隋唐五代石刻简牍类材料用字为原形，按书体和时代的编排形式，呈现了汉字发展历程中篆、隶、楷等主要书体类型。后者是第一部系统整理汉魏六朝碑刻异体字的大型字典，搜集了1 416种汉魏六朝碑刻拓片，是我国目前碑刻异体字整理研究的最新代表性成果。

异体字研究著作和论文有多种。《汉魏六朝碑刻异体字研究》对汉魏六朝碑刻异体字进行了全面而详尽的研究，分析了碑刻异体字的成因、类别及基本特征，阐释了碑刻异体字庞杂的原因，归纳了碑刻异体字中的类化字、同形字、新生会意字、简体字、讹混字、记号字等。[8]《魏晋南北朝碑别字研究》探求六朝碑别字的形

---

① 王壮弘、马成名：《六朝墓志检要》，上海书画出版社，1985年。
② 王连龙：《南北朝墓志集成》，上海人民出版社，2021年。
③ 吴均：《三晋石刻总目·运城地区卷》，山西古籍出版社，1998年。
④ 徐自强：《北京图书馆藏北京石刻拓片目录》，书目文献出版社，1994年。
⑤ 梁春胜：《六朝石刻丛考》，中华书局，2021年。
⑥ 臧克和：《汉魏六朝隋唐五代字形表》，南方日报出版社，2010年。
⑦ 毛远明：《汉魏六朝碑刻异体字典》，中华书局，2014年。
⑧ 毛远明：《汉魏六朝碑刻异体字研究》，商务印书馆，2012年。

成原因及各类生成途径。[①]《东汉碑刻异体字研究》主要探讨了东汉碑刻中的异体字的构字理据、字际关系、异体字衍生途径等问题。[②]

研究者大多关注汉魏六朝石刻的字形，重点对其形体、结构和汉字发展演变进行研究，有诸多研究成果。《东汉石刻文字综述》讨论了东汉石刻文字字形对文字学的研究价值。[③]《1949 年以来巴蜀地区汉代石刻文字的发现与研究》对 1949 年以后巴蜀地区的汉代石刻文字进行了总结综述。[④]《魏晋南北朝石刻文字》从笔画、构件、整字的角度分析了石刻文字的形体。[⑤]《魏晋南北朝石刻文字整理与研究》对魏晋南北朝石刻文字字形、字体和字用等方面进行探讨。[⑥]《北魏石刻楷书构形系统研究》是在构形学理论和汉字字体学理论指导下的实践研究，描写了北魏石刻楷书的构形和书写特征。[⑦]《魏晋南北朝碑刻文字构件研究》界定了构件的定义，分析了构件在形成汉字结构、发挥汉字功能、维护汉字性质、稳定字词关系、沟通古今汉字和识读掌握汉字等方面的作用。[⑧]《中国文字发展史·隋唐五代文字卷》所进行的断代专题性统计分析，实质为汉字分期调查报告。其中对隋唐石刻的定型楷字、过渡字形、新增字形有详细讨论。[⑨]

各类石刻材料的形制、定名、时代、分期、数量、体例、文字等研究，对文字的解读有重要意义。《汉代买地券考》介绍了汉代买地券的形制和内容。[⑩]《佛教造像碑分期与分区》《试论北朝佛教造像碑》《北魏至隋代关中地区造像碑的样式与年代考证》《邑义五百余人造像碑研究》《北朝造像记的文体特征及其历史源流》《芮城北周隋唐佛道造像》《北齐洛阳平等寺造像碑》《临潼六通北朝造像碑考释》等

---

① 陆明君：《魏晋南北朝碑别字研究》，文化艺术出版社，2009 年。

② 董宪臣：《东汉碑刻异体字研究》，九州出版社，2018 年。

③ 汪庆正：《东汉石刻文字综述(上)》，《上海博物馆集刊》第一辑，上海人民出版社，1981 年，第 62—81 页。

④ 黄静、赵宠亮：《1949 年以来巴蜀地区汉代石刻文字的发现与研究》，《四川文物》2014 年第 6 期。

⑤ 郭瑞：《魏晋南北朝石刻文字》，南方日报出版社，2010 年。

⑥ 张颖慧：《魏晋南北朝石刻文字整理与研究》，知识产权出版社，2015 年。

⑦ 杨宏：《北魏石刻楷书构形系统研究》，对外经济贸易大学出版社，2015 年。

⑧ 何山：《魏晋南北朝碑刻文字构件研究》，博士学位论文，西南大学，2010 年。

⑨ 臧克和：《中国文字发展史·隋唐五代文字卷》，华东师范大学出版社，2015 年。

⑩ 吴天颖：《汉代买地券考》，《考古学报》1982 年第 1 期。

研究了造像碑的形制、分期和题记安排规则。①《以北朝造像记考汉语俗字》《山东博物馆藏北朝造像题记》《北齐响堂山佛教石刻文字研究》《魏晋南北朝造像记文字研究》等专题研究了造像题记文字。②

四、石刻文字研究的相关问题

（一）隶书与隶变

在文字学上，人们把篆文以前的文字叫作古文字，把隶书以后的文字叫作近代文字。③ 隶书，由篆书简化演变而成，把篆书圆转的笔画变成方折，改象形为笔画化，以便书写，是为适应书写需要而产生的字体。④ 隶书分为古隶和今隶。古隶也叫左书或秦隶，今隶又叫汉隶。由篆书到隶书，是汉字演变史上重要的转折点，是古文字和今文字的分水岭。⑤ 在汉字形体演变的过程中，由篆文变为隶书，是最重要的一次变革⑥，文字学家称之为“隶变”。也有专家认为隶书是由六国古文演变而来的。⑦ 历代对隶书的研究，开始于宋。宋元明清时期，主要是对隶书体石刻进行录文、考辨文字、编写汉隶字典，研究目的是识读文字，以利用金石碑版整理经籍。清代达到高峰，《隶辨》是一部隶书异体字字典。⑧《观妙斋藏金石文考略》

---

① 李静杰：《佛教造像碑分期与分区》，《佛学研究》1997 年年刊；王景荃：《试论北朝佛教造像碑》，《中原文物》2000 年第 6 期；宋莉：《北魏至隋代关中地区造像碑的样式与年代考证》，博士学位论文，西安美术学院，2011 年；姚美玲：《邑义五百余人造像碑研究》，《中国文字研究》第二十五辑，上海书店出版社，2017 年，第 72—82 页；魏宏利：《北朝造像记的文体特征及其历史源流》，《宝鸡文理学院学报（社会科学版）》2019 年第 5 期；张俊良：《芮城北周隋唐佛道造像》，《文物世界》2005 年第 6 期；李献奇：《北齐洛阳平等寺造像碑》，《中原文物》1985 年第 4 期；李凇：《临潼六通北朝造像碑考释》，《中国道教》1996 年第 2 期。

② 赵修、金小栋：《以北朝造像记考汉语俗字》，《语文学刊》2008 年第 16 期；肖贵田：《山东博物馆藏北朝造像题记》，《艺术设计研究》2013 年第 3 期；刘征、安兰朋、郑振峰：《北齐响堂山佛教石刻文字研究》，《宁夏大学学报（人文社会科学版）》2020 年第 2 期；金延河：《魏晋南北朝造像记文字研究》，硕士学位论文，华东师范大学，2019 年。

③ 何九盈、胡双宝、张猛：《中国汉字文化大观》，北京大学出版社，1995 年，第 23 页。

④ 罗竹风：《汉语大词典》，上海辞书出版社，2020 年。

⑤ 郭锡良：《汉字知识》，北京出版社，2000 年，第 62 页。

⑥ 裘锡圭：《文字学概要》，商务印书馆，1999 年，第 82 页。

⑦ 郭锡良：《汉字知识》，北京出版社，2000 年，第 60 页。

⑧ 顾蔼吉：《隶辨》，中华书局，1986 年。

重在考释文字。[1]《金石文字辨异》广泛收集唐宋以前金石铭文中的异体字，指出异体之间的种种关系。[2]《隶篇》主要是对碑刻进行录文，并摹写了部分隶书字形，是一部形义字典。[3]《六朝别字记》每字以楷体描画字形，下系注释，记录其所出碑名和原文，说明字义，并有考证。[4] 它们不仅为魏晋南北朝石刻文字研究提供了参考，还为"隶变"提供了重要研究资料。

目前学界对隶书和隶变的研究，一是沿用传统的研究方式，集中在对隶书的字形收集和结构分析方面，如《两汉碑刻隶书字体研究》考察了两汉碑刻隶书形体的演变。[5]《秦汉魏晋篆隶字形表》收录了从秦代至西晋的篆书和隶书字形，用表格的形式，简明地展现了 5 453 个汉字的简史，收录字形共计 21 780 多个。[6]《汉碑隶书结构举要》从书法角度解析了汉字的隶书结构。[7]《说隶》论述了隶书的形成与流变，分析了隶书的形体和构造。[8] 二是运用文字学理论，分析隶变对汉字史的研究意义。《汉字学概要》从隶书笔画的形成与规整，形位的变异、合并及黏合等多个层次分析隶变。[9]《古汉字发展论》认为隶变方式主要发生在两个方面，即形体方面的变化和线条笔势方面的变化。[10]《隶变研究》对隶变的性质和特点作了详密分析，对隶变的现象和规律进行了概括说明。[11]《从"篆隶之变"看汉字构形系统发展的方向性调整和泛时性特征》认为古文字阶段的汉字构形以系统化作为其主要追求目标，而今文字阶段的汉字构形则采用多种方式满足书写便捷化的需要。[12] "篆隶之变"的过程正是对这一方向性调整的集中体现。《汉碑文字通释》整理了 293 种汉代碑刻及 527 块汉石经拓片，对其所用 2 729 个单字进行通

---

① 李光暎：《观妙斋藏金石文考略》，清雍正七年（1729）观妙斋刻，清道光十七年（1837）刊本。
② 邢澍：《金石文字辨异》，上海古籍出版社，1996 年。
③ 翟云升：《隶篇》，中华书局，1985 年。
④ 赵之谦：《六朝别字记》，文字改革出版社，1958 年。
⑤ 何林英：《两汉碑刻隶书字体研究》，中国社会科学出版社，2015 年。
⑥ 徐无闻：《秦汉魏晋篆隶字形表》（全二册），中华书局，2019 年。
⑦ 张同印：《汉碑隶书结构举要》，文物出版社，2021 年。
⑧ 任平：《说隶》，北京时代华文书局，2016 年。
⑨ 王宁：《汉字学概要》，北京师范大学出版社，2001 年。
⑩ 黄德宽：《古汉字发展论》，中华书局，2014 年。
⑪ 赵平安：《隶变研究》，上海古籍出版社，2020 年。
⑫ 王立军：《从"篆隶之变"看汉字构形系统发展的方向性调整和泛时性特征》，《语文研究》2020 年第 3 期。

释，全面收录汉碑字形，包括异写字和异构字，分析汉碑字形的形体特征，揭示“篆隶之变”过程中汉字形体的演化规律。①

（二）碑别字与《碑别字》

碑别字之“碑”，当是广义之“碑”，指所有刻字之石，无论其形制是墓碑、墓志，还是造像、摩崖等。因碑的形制比较常见，人们就常用“碑”泛称其他形制的刻字之石。碑别字之“别”，也是广义之“别”，“别字”即相对于某字正字字形而言的其他所有字形，有时也称异体字。从目前的研究成果来看，汉魏六朝石刻碑别字所指是广义的。研究论述中，学者经常用到的概念有别字、异体字、错字、俗字、古字等，但究其实质还是异体字。《〈新中国出土墓志〉河南［壹］别字选编》界定其所选别字：把常见和不常见的俗字、别字、异体字、简化字，以及古字，不分类，按习惯统称为别字。②《魏晋南北朝碑别字研究》界定“碑别字”：包括汉唐碑刻上一般的异体字和不规范的讹形、俗写、改作等产生的异体字。历代学者编写有多部碑别字字典。按编写体例，可分三种类别。一是沿用宋人编写体例，依韵目编写。如《碑别字》《增订碑别字》③，两书将搜集的碑刻异体字，按《平水韵》分韵编排，每条先出异体，后出通体，并附少量碑刻来源，不列例句。二是按笔画编排，列正字为字头，别字附列之后。如《碑别字新编》④是在《增订碑别字》的基础上广泛收集碑刻异体字编写的，共收 12 844 字。后来又在《碑别字新编》的基础上编成《广碑别字》⑤，该书共录字头 3 450 余个，重文别字 21 300 余个，是目前收录碑别字最多的工具书。《碑别字字典》⑥主要收录了东汉至民国的楷体碑别字15 530 个，分别属于 3 399 个汉字。三是当代学者依现在通行字典体例编写。如《汉魏六朝碑刻异体字典》，所收条目以单字条目为主，近 4 000 条，附异体字形 40 000 余个，对碑刻异体字的整理和考辨有重大贡献。

---

① 王立军：《汉碑文字通释》，中华书局，2020 年。

② 任昉、王昕：《〈新中国出土墓志〉河南［壹］别字选编》，《出土文献研究》第五辑，上海古籍出版社，1999 年，第 175—191 页。

③ 罗振鋆：《碑别字》，上海古籍出版社，2002 年；罗振鋆、罗振玉：《增订碑别字》，文字改革出版社，1957 年。

④ 秦公：《碑别字新编》，文物出版社，1985 年。

⑤ 秦公、刘大新：《广碑别字》，国际文化出版公司，1995 年。

⑥ 杨作龙、牛红广、毛阳光：《碑别字字典》，国家图书馆出版社，2018 年。

（三）汉字学理论探讨

石刻文字研究主要以字形为中心，研究内容包括三个方面：一是收集汇编文字字形，编写字典和字形表。二是考辨字形，辨析字的形、音、义，释证俗字和疑难字。目前这两个方面的研究成果十分丰富，研究进入兴盛和相对成熟阶段。三是通过分析字形结构、依据字形探求汉字的演变过程，揭示汉字的演变规律和动因等，以构建汉字学理论。继传统“六书”理论之后，20世纪30年代，唐兰提出“三书说”[①]，即象形、象意、形声。20世纪80年代，裘锡圭提出“新三书说”[②]，把汉字分成表意字、假借字和形声字三类，其中表意字、形声字的结构分析最有影响，被推广应用到近代文字研究中。20世纪90年代，李圃提出“字素理论”[③]，认为字素是汉字形与音义相统一的最小的结构要素，它们在造字的动态系统和析字的静态系统中有不同的特性。该理论主要应用于古文字研究。21世纪以来，王宁认为“汉字的本体是形，汉字只有在以形为中心，在重视总体系统的前提下来建立自己的基础理论，才能不附庸语言学而成为一门独立的学科”[④]，进而建立了汉字构形理论[⑤]，在汉字表意特性和汉字构形系统这两个基本原则的基础上提出了适用于古今各种体制的汉字结构分析、系统描写的普遍原理和可操作的方法。齐元涛认为汉字发展的目标在古文字阶段主要是完善构形系统，在今文字阶段主要是实现书写系统。[⑥] 到唐代楷书，构形系统和书写系统均告成熟，此后一千多年中，汉字构形和汉字书写处于相对稳定的格局。

五、石刻文字研究热点

文字研究热点在辨析字形、分析字形结构和编写字典等方面。以西南大学、华东师范大学、北京师范大学、吉林大学、河北大学等高校为研究重镇，形成了专业的研究团队。

收集和发布新出土“砖志”为材料热点。砖志又称“砖铭”。目前出土的砖志

---

① 唐兰：《中国文字学》，上海古籍出版社，2001年，第66页。

② 裘锡圭：《文字学概要》，商务印书馆，1999年，第107页。

③ 李圃：《字素理论及其在汉字分析中的应用学术研究》，《学术研究》2000年第4期。

④ 王宁：《论汉字构形系统的共时描写与历时比较》，《燕赵学术》2008年第1期。

⑤ 王宁：《汉字构形学导论》，商务印书馆，2015年。

⑥ 齐元涛：《汉字构形与汉字书写的非同步发展》，《励耘语言学刊》第二十七辑，中华书局，2017年，第276—287页。

数量已很可观,字体以刻写的隶书为主,因而是研究汉字书体演变的重要资料。《汉代砖文著录与研究述要》综述了砖铭的研究历史和现状。[①] 砖志材料的收集始于清末。《陶斋藏砖记》收录了124块汉代刑徒砖志。[②]《千甓亭古砖图释》收集已达800余块。[③] 1990年以来,汇编拓片和录文的专著主要有《中国古代砖文》《中国砖铭》《秦始皇陵刑徒、工匠坟场瓦文》《中国古代砖刻铭文集》《东汉刑徒砖捃存》等[④],仅《中国砖铭全集》一书收录的历代砖铭就有7 000余件[⑤]。《洛阳新见汉晋刻文砖铭辑录》辑录了汉晋刻文砖,主要是东汉刑徒墓志、曹魏墓志和西晋墓志。[⑥]《洛阳新见北魏瓦削图志》辑录了北魏瓦削图片和刻文拓片,它们是反映北魏民间书法的珍贵实物资料,可惜所存字量有限。[⑦] 另外,全国多地也有砖志出土,如《吐鲁番出土砖志集注》汇聚了近百年来吐鲁番地区陆续出土的北朝至唐代墓葬文字资料。[⑧]《吐鲁番出土墓志汇考》是一部资料集[⑨],收录的墓砖多达371方,包括高昌墓砖的铭文辑录、论著索引以及笔者的相关考释。《四川汉代砖文研究》介绍了四川汉代砖文的价值。[⑩]

大数据时代石刻文献数字化建设步入常态,目前国内外已经建设了多个常用大型数据库。中国国家图书馆建立了石刻和甲骨数据库“碑帖菁华”。它是以国家图书馆藏有的历代甲骨、青铜器、石刻等类拓片23万余件为基础建设的数据库。专题石刻资源数据库主要是“中华石刻数据库”。该数据库已经上线了“宋代墓志铭数据库”“三晋石刻大全数据库”“汉魏六朝碑刻数据库”“唐代墓志铭数

① 潘玉坤、郭宏:《汉代砖文著录与研究述要》,《中国文字研究》第二十八辑,上海书店出版社,2018年,第87—94页。

② 端方:《陶斋藏砖记》,朝华出版社,2019年。

③ 陆心源:《千甓亭古砖图释》,浙江古籍出版社,2011年。

④ 王镛、李淼:《中国古代砖文》,知识出版社,1990年;殷荪:《中国砖铭》,江苏美术出版社,1998年;中国文物研究所、陕西省古籍整理办公室:《秦始皇陵刑徒、工匠坟场瓦文》,《新中国出土墓志·陕西(壹)》,文物出版社,2000年;胡海帆、汤燕:《中国古代砖刻铭文集》,文物出版社,2008年;王木铎、王沛:《东汉刑徒砖捃存》,国家图书馆出版社,2011年。

⑤ 黎旭:《中国砖铭全集》(全15册),上海书画出版社,2020年。

⑥ 李运富:《洛阳新见汉晋刻文砖铭辑录》,河南美术出版社,2020年。

⑦ 李运富:《洛阳新见北魏瓦削图志》,河南美术出版社,2020年。

⑧ 侯灿、吴美琳:《吐鲁番出土砖志集注》,巴蜀书社,2003年。

⑨ 张铭心:《吐鲁番出土墓志汇考》,广西师范大学出版社,2020年。

⑩ 冷柏青:《四川汉代砖文研究》,四川美术出版社,2017年。

据库”等。书同文开发了“中国历代石刻史料汇编数据库”。台北“中研院”历史语言研究所开发了“简帛金石资料库”。华东师范大学中国文字研究与应用中心建设有“系列古文字专题数据库”。国外各大学和图书馆建立的数据库有“京都大学人文科学研究所所藏石刻拓本资料数据库”“哈佛燕京藏中文拓片数据库”等。

六、石刻文字研究未来展望

清末民初以前,汉魏六朝石刻研究属于金石学,之后归属于考古学,但实际研究中,还涉及历史学、美术学、文献学和汉语言文字学等多个学科。未来与文字学研究密切相关的主题有:

收集的石刻材料将更加丰富。经过历代累积,目前石刻材料的数量已非常之多。如果能在全国范围内,统一规划地收集和保护各地石刻材料,其数量将会更加可观。如《三晋石刻大全》即是对山西省石刻的一次全面整理①,全书以抢救和存史为收录原则,按县(市、区)分卷,2017 年时已经陆续出版了 63 册。但是,实际调查时存在很多困难,仅就统计摸清各地石刻材料的数量而言,就是一项巨大工程。研究者一方面要检索收集地方志和历代典籍等文献中所记载的石刻信息,然后根据线索实地调查石刻的存佚和毁损状态;另一方面又要从基层单位开始排查,登记新发现的材料。两方面的调查工作都离不开文物管理部门的帮助,但由于文物保护等原因,文物管理部门的助力常常甚微。为了解决保护和研究之间的矛盾,同时完成抢救、保护和研究的工作,建议文物管理部门采取公布拓片的方法,用“拓片”来搭建起研究者和管理者之间的桥梁,突破管理部门少专家、研究专家缺资料的双向壁垒。

石刻材料的本体研究将更加细致。石刻材料的本体研究,包括石刻形制的发展变化、石刻材料的分类、各类行文体例和刻写格式解读、石刻研究的专业术语界定、拓片的制作、石刻真伪的鉴别等多个方面,有待深入研究的问题还有很多。如目前发布的拓片资料不仅数量不足,而且大多模糊不清,阻碍了后续的研究工作。石刻材料附加的历史、文化信息等,也应该加以研究。如石刻文字是书写者与刻工相结合的作品,目前对刻工进行专题研究的著作只有《石刻刻工研究》,该书梳

① 李玉明:《三晋石刻大全》,三晋出版社,2011—2018 年。

理了自唐代至民国一千多年间各代刻工的大致情况①，而汉魏六朝刻工研究几乎还是空白。

石刻材料的文字研究内容将更加全面和深入。目前以汉魏六朝墓志材料为专题的文字研究，取得的成就最高，但字砖、造像题记等材料的研究几乎还没有展开。《东汉刑徒墓砖集释与研究》已经搜集整理了现存 1 400 余块东汉刑徒墓砖资料②，该书是东汉刑徒墓砖集释与研究的集大成者。目前针对字砖的研究成果不多，如《东汉"宣晓"刑徒砖真伪考辨》根据字形特点判定"宣晓"刑徒砖是真品③，《东汉石刻砖陶等民俗性文字资料词汇研究》调查了东汉民俗性实物文字资料用字现象④。材料有待扩展之外，文字研究内容还不够深入，如汉魏六朝石刻文字与同时代抄写文字、与历代石刻文字的比较，对汉字发展史的价值、意义和推动作用等问题也有待进一步研究。

石刻材料数据库建设将更加完善。整合现有数据库，建立一个联合网络平台，以方便检索和下载所需资料，已经势在必行。目前国内外已建有多个石刻文献数据库，但各自独立建设，存在信息标注不统一、开放程度有限、利用率有待提高等问题。另外，大数据时代的石刻目录索引信息将会越来越精确，目录集册也会由纸质版转换成网络版，更方便研究者使用。

石刻文字研究的理论探索将更加严密和具有实践意义。随着资料的积累、学科的交叉和技术手段的提高，与其他材料的文字研究同步发展，石刻文字研究的理论也在探索中。有关石刻文字的释读方法、字形的结构分析、字体的演变过程描写和演变规律探寻等方面的研究工作还有待深入和扩展。正如《汉字学研究现状与展望》所言，汉字学研究将"为推动中华文明发展和人类社会进步作出新的更大的贡献"⑤。

---

① 程章灿：《石刻刻工研究》，上海古籍出版社，2008 年。

② 刘涛：《东汉刑徒墓砖集释与研究》，南京师范大学出版社，2020 年。

③ 邱亮、毛远明：《东汉"宣晓"刑徒砖真伪考辨》，《古籍整理研究学刊》2015 年第 6 期。

④ 吕志峰：《东汉石刻砖陶等民俗性文字资料词汇研究》，上海人民出版社，2009 年。

⑤ 李运富、王立军、齐元涛等：《汉字学研究现状与展望》，《语言科学》2021 年第 5 期。

第五节

小　篆

一、小篆的定义及形体特点

许慎《说文解字·叙》云："秦始皇帝初兼天下，丞相李斯乃奏同之，罢其不与秦文合者。斯作《仓颉篇》，中车府令赵高作《爰历篇》，太史令胡毋敬作《博学篇》，皆取《史籀》大篆，或颇省改，所谓小篆者也。"①基于许慎此说，长期以来人们都相信：小篆产生于秦统一以后，小篆是由李斯等人对大篆省改整理而出。然而随着地下出土文献的增多和相关研究的深入，这一"共识"逐渐被证伪。追本溯源，春秋早期的秦公镈（《集成》②00267—00269，图3－9）"字体已有一定的秦篆意味"③。战国中期的石鼓文（图3－10），篆体特征更加明显。战国晚期的杜虎符（《集成》12109，图3－11）则已经是非常标准的小篆了（有人怀疑杜虎符是赝品，此处不论）。正如裘锡圭《文字学概要》所言："小篆是由春秋战国时代的秦国文字逐渐演变而成的，不是直接由籀文'省改'而成的。"④也就是说，小篆实际形成于战国晚期。

秦统一后，李斯等人整理字形、规范异体，编撰《仓颉篇》《爰历篇》《博学篇》

① 许慎：《说文解字》，中华书局，2013年，第316页。

② 《殷周金文集成》，简称《集成》。参见中国科学院考古研究所：《殷周金文集成》，中华书局，1984—1994年。

③ 李学勤：《秦国文物的新认识》，《文物》1980年第9期。

④ 裘锡圭：《文字学概要》，商务印书馆，2021年，第96页。

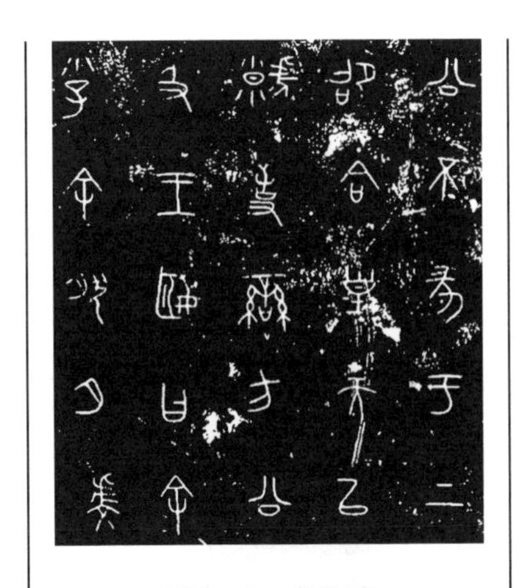

图 3－9　秦公镈

图 3－10　《石鼓文》先锋本

图 3－11　杜虎符

以更好地施行“书同文”政策，在全国范围内推广作为正体字的小篆。当然，经过李斯等人整理的小篆不完全等同于战国时期的秦国文字，因此，有的学者将统一前的篆体文字称为“秦篆”或“大篆”，统一后的文字则延续汉人说法，称为“小篆”。①

小篆在汉代仍是通行文字之一。许慎《说文解字·叙》、班固《汉书·艺文志》、江式《古今文字表》、卫恒《四体书势》都曾谈及汉代“六体”（或称“六书”），分别是：古文、奇字、篆书、隶书、缪篆、鸟虫书。出土文字如金文（长杨鼎，

① 喻遂生：《文字学教程》，北京大学出版社，2014 年，第 141 页；陈昭容：《秦系文字研究：从汉字史的角度考察》，“中研院”历史语言研究所，2003 年，第 10 页。

图 3－12）、石刻文（袁安碑，图 3－13）、汉印文、瓦当文等都有以小篆书写的。但是不得不承认，汉代小篆受到了隶书的冲击。一方面是小篆结体已经具有隶书意味，另一方面是隶书逐渐取代小篆成为主要字体，“从现有考古资料看，西汉初期（指汉武帝初年以前）的隶书，还在秦隶的涵盖之下，仍然遗留有很多篆书的字形构造，而武帝中后期的简牍上，篆书的痕迹则越来越少”①。

图 3－12　长杨鼎②

图 3－13　袁安碑③

“小篆”一词是汉代才出现的，据裘锡圭考证，“篆”读为“瑑”，本表示可以铭刻于金石④。（实际使用情况是，小篆的书写/铸刻载体不限于金石，玺印、陶器、砖瓦、货币、漆器、简帛等也是。）朱葆华又根据“篆”本身的含义及相同谐声偏旁的“瑑”“缘”“椽”“掾”等几个字，认为小篆还可以包含“装饰性的，典雅的；圆转的；正的（正曰掾）”⑤三个特征。综合诸家意见，小篆的特点可以归结为如下几条：

① 黄惇：《秦汉魏晋南北朝书法史》，江苏美术出版社，2008 年，第 42 页。

② 徐正考：《汉代铜器铭文选释》，作家出版社，2007 年，第 38 页。

③ 毛远明：《汉魏六朝碑刻校注 · 第一册》，线装书局，2008 年，第 59 页。

④ 裘锡圭：《文字学概要》，商务印书馆，2021 年，第 98 页。

⑤ 朱葆华：《中国文字发展史 · 秦汉文字卷》，华东师范大学出版社，2015 年，第 9 页。

其一，笔画完全线条化。笔画线条粗细一致，流畅匀称，折笔圆转。

其二，结体修长，讲究对称。与隶书相比，小篆结体更加修长，如（《说文》）和（《北海相景君铭》）；在结体造型上讲究对称，如（天）、（篝）、（愆）、（登）、（乐）。

其三，结构规整，构形规范。部件疏密得体，严谨端庄；构形部件数量和位置固定，异体减少。如甲骨文“众”有（《合集》[1]00002）、（《合集》00005）、（《合集》00031）等写法，小篆统一为（《说文》）。

其四，形体简化，象形程度降低。小篆字形简化，删除了繁复部分，书写简便了许多，同时象形性减弱。试比较甲骨文、金文、籀文、小篆的“车、中、则”（表3－1）：

表3－1

	甲骨文	金　文	籀　文	小　篆
车	（《合集》00584）	（大盂鼎）	（《说文》）	（《说文》）
中	（《合集》30198）	（师酉簋）	（《说文》）	（《说文》）
则	（《合集》00011）	（段簋）	（《说文》）	（《说文》）

以上是对小篆特点的总体概括。由于书写载体、方式、内容和场合不同，小篆的风格会有变化，如里耶秦简的少量习字简、汉代瓦当等的小篆可能比较潦草，而玺印上的小篆为了适应印形也会有一定调整。不过总体说来这种变化比较有限。

综上，我们可以形成如下认识：小篆产生于战国后期的秦系文字，秦统一中国后经李斯等人整理规范，成为全国通用的正体字，沿用至汉代，后逐渐被隶书取代。小篆是一种笔画线条化、结构规整化、形体简单化的汉字形体，书写载体有铜器、石碑、玺印等。小篆是汉字发展历程中的一个重要节点，是古文字阶段的最后一种形体。

---

① 《甲骨文合集》，简称《合集》。参见郭沫若、胡厚宣：《甲骨文合集》，中华书局，1978—1983年。

二、小篆研究的基本材料

小篆产生于战国后期，秦统一后被确立为正体字，一直到西汉后才被隶书取代。即便如此，小篆也并没有完全消亡，而是作为一种有特定用途的字体存在于各种场合，如碑刻、玺印和历代书法作品，主要是满足书写者的艺术及古雅追求。流传下来的小篆文字材料，可以区分为传世和出土两大类，传世的主要是《说文解字》，出土的有铜器铭文、石刻文字、玺印文字、封泥文字、瓦当文字、陶文等。《说文》小篆将在本节“三、小篆研究的历史（二）小篆研究开创期：汉代”部分具体说明；这里先介绍几种小篆书写的出土文字材料。詹鄞鑫在《谈谈小篆》中介绍小篆学习研究资料时曾说“出土文字资料的优点是真实可靠，缺点是零散不成系统”[①]，但如果利用好著录、文字编等已有研究成果，多少可以弥补这方面的不足。下面分载体介绍相关材料。

（一）铜器铭文

铜器铭文是最重要的小篆材料，当以秦代为中心，延及战国后期和西汉。这期间产生了不少上有小篆的礼器、兵符、诏版、度量衡等铜器文物，如战国晚期秦新郪虎符、秦始皇廿六年诏版、秦两诏铜权、汉安成家鼎等。对铸刻有小篆的铜器的著录，宋代就已经开始，如吕大临《考古图》、薛尚功《历代钟鼎彝器款识法帖》、赵明诚《金石录》、欧阳修《集古录》等都收录有秦汉篆文铜器。清代金石类著录大量出现（当然包含铜器上的秦汉小篆），如钱坫《十六长乐堂古器款识考》、曹载奎《怀米山房吉金图》、刘喜海《长安获古编》、吴大澂《恒轩所见所藏吉金录》、吴云《两罍轩彝器图释》、端方《陶斋吉金录》等。民国时收录包含小篆铭文铜器的有罗振玉《梦郼草堂吉金图》、吴大澂《窸斋集古录》、容庚《秦汉金文录》等。新中国成立后，随着文物考古工作的推进，大量青铜器文物出土，材料著录和资料汇编也迅速增多，如孙慰祖、徐谷甫《秦汉金文汇编》[②]，中国社会科学院考古研究所《殷周金文集成》[③]，刘雨、卢岩《近出殷周金文集录》[④]，钟柏生、陈昭容、黄铭崇等《新收

① 詹鄞鑫：《谈谈小篆》，语文出版社，2007年，第19页。

② 孙慰祖、徐谷甫：《秦汉金文汇编》，上海书店出版社，1997年。

③ 中国社会科学院考古研究所：《殷周金文集成》（全18册），中华书局，1984—1994年。

④ 刘雨、卢岩：《近出殷周金文集录》，中华书局，2002年。

殷周青铜器铭文暨器影汇编》①,刘雨、严志斌《近出殷周金文集录二编》②,吴镇烽《商周青铜器铭文暨图像集成》③及其《续编》④和《三编》⑤,王辉、王伟《秦出土文献编年订补》⑥等。这些著录都收录了战国晚期秦国小篆书写的铜器。徐正考《汉代铜器铭文选释》⑦则收录了大量汉代小篆铭文铜器。

汉代铜镜铭文、秦汉金属货币上的文字附于此处。参见清华大学汉镜文化研究课题组《汉镜文化研究》⑧、马飞海《中国历代货币大系 2: 秦汉三国两晋南北朝货币》⑨。

(二) 石刻文字

秦代小篆石刻的主要类型,是天下一统后,秦始皇多次巡游天下,群臣歌颂其功德,在峄山、泰山等地刻石。汉代石刻数量远超秦代,小篆石刻也不少,有名的如西汉《群臣上醻刻石》、东汉《祀三公山碑》等。此后,随着在日常生活中使用减少,小篆在石刻中逐渐成为装饰性文字,多用于碑额书写;全用小篆书写的石刻数量很少,经常提到的有三国时期吴国的《天发神谶碑》和《禅国山碑》、唐代的《碧落碑》、宋代释梦英的《篆书千字文》等。小篆石刻的著录有很多,宋代有欧阳棐《集古录目》、洪适《隶释》、郑樵《通志·金石略》等。明代有赵崡《石墨镌华》、都穆《金薤琳琅》、杨慎《金石古文》等。清代石刻文献著录激增,包含小篆材料的有翁方纲《两汉金石记》、孙星衍《寰宇访碑录》、缪荃孙《艺风堂金石文字目》、吴式芬《金石汇目分编》、武亿《授堂金石跋》、陆增祥《八琼室金石补正》等。民国时期有甘鹏云《崇雅堂碑录》、刘青藜《金石续录》、杨殿珣《石刻题跋索引》、罗振玉《雪堂金石文字跋尾》。新中国成立以后,石刻材料大量出土,新的著录一方面整理前代已有,一方面收录新出。涉及小篆的有:北京图书馆金石组《北京图书馆藏中国

---

① 钟柏生、陈昭容、黄铭崇等:《新收殷周青铜器铭文暨器影汇编》,艺文印书馆,2006年。
② 刘雨、严志斌:《近出殷周金文集录二编》,中华书局,2010年。
③ 吴镇烽:《商周青铜器铭文暨图像集成》,上海古籍出版社,2012年。
④ 吴镇烽:《商周青铜器铭文暨图像集成续编》,上海古籍出版社,2016年。
⑤ 吴镇烽:《商周青铜器铭文暨图像集成三编》,上海古籍出版社,2020年。
⑥ 王辉、王伟:《秦出土文献编年订补》,三秦出版社,2014年。
⑦ 徐正考:《汉代铜器铭文选释》,作家出版社,2007年。
⑧ 清华大学汉镜文化研究课题组:《汉镜文化研究》,北京大学出版社,2014年。
⑨ 马飞海:《中国历代货币大系 2: 秦汉三国两晋南北朝货币》,上海辞书出版社,2002年。

历代石刻拓本汇编》[1],中国文物研究所《新中国出土墓志》[2],徐玉立《汉碑全集》[3],赵超《汉魏南北朝墓志汇编》[4],毛远明《汉魏六朝碑刻校注》[5],罗新、叶炜《新出魏晋南北朝墓志疏证》[6]等。

（三）玺印文字

战国秦汉时期,玺印盛行,小篆入印是十分自然的。《说文解字·叙》"五曰缪篆,所以摹印也",《汉书·艺文志》也记载了"缪篆"。有学者认为"缪篆"就是以小篆摹印。"以文字为玺印的主要表义方式,印信文字系统相对独立,演变缓慢,以保持社会持续认同,这是中国玺印的又一显著特点。"[7]秦汉时期所形成的小篆入印制度,在其后两千多年的印章使用中基本没有变化,只不过书写风格随着时代审美和印章用途等而有所不同。对小篆玺印文字的著录亦开始于宋代,有黄伯思《博古图说》、王俅《啸堂集古录》等。明代有顾从德《集古印谱》、甘旸《集古印正》等。清代有陈介祺《十钟山房印举》、瞿中溶《集古官印考》、周铣诒《共墨斋汉印谱》、刘家谟《汉印临存》等。民国时期有罗振玉《罄室所藏玺印》《赫连泉馆古印存》、陈汉第《伏庐藏印》及其《续集》、刘体智《善斋玺印录》等。新中国成立以后有王人聪《新出历代玺印集录》[8]、罗福颐《汉印文字征》《汉印文字征补遗》《秦汉南北朝官印征存》[9]、戴山青《中国历代玺印集萃》《古玺汉印集萃》[10]、中国玺印篆刻全集编辑委员会《中国玺印篆刻全集》[11]、周晓陆《二十世纪出土玺印集成》[12]、

---

① 北京图书馆金石组:《北京图书馆藏中国历代石刻拓本汇编》,中州古籍出版社,1989—1991年。

② 中国文物研究所:《新中国出土墓志》,文物出版社,2004年。

③ 徐玉立:《汉碑全集》,河南美术出版社,2006年。

④ 赵超:《汉魏南北朝墓志汇编》,天津古籍出版社,2008年。

⑤ 毛远明:《汉魏六朝碑刻校注》,线装书局,2008年。

⑥ 罗新、叶炜:《新出魏晋南北朝墓志疏证》,中华书局,2016年。

⑦ 孙慰祖:《中国玺印篆刻通史》,东方出版中心,2016年,第22页。

⑧ 王人聪:《新出历代玺印集录》,香港中文大学文物馆,1982年。

⑨ 罗福颐:《汉印文字征》,文物出版社,1978年;罗福颐:《汉印文字征补遗》,文物出版社,1982年;罗福颐:《秦汉南北朝官印征存》,文物出版社,1987年。

⑩ 戴山青:《中国历代玺印集萃》,线装书局,1997年;戴山青:《古玺汉印集萃》,广西美术出版社,2001年。

⑪ 中国玺印篆刻全集编辑委员会:《中国玺印篆刻全集》,上海书画出版社,1999年。

⑫ 周晓陆:《二十世纪出土玺印集成》,中华书局,2010年。

许雄志《秦代印风》[①]等。

（四）封泥文字

封泥乃是“抑印于泥”，其所用字形当然与玺印相同，所以封泥流行时也留下了大量的小篆文字材料。最早著录封泥的是清代金石学家吴荣光《筠清馆金石录》，收录秦汉封泥六枚。清代还有刘鹗《铁云藏封泥》，吴式芬、陈介祺《封泥考略》等。民国时期有罗振玉《齐鲁封泥集存》、陈宝琛《澄秋馆藏古封泥》、周明泰《续封泥考略》《再续封泥考略》、吴幼潜《封泥汇编》等。新中国成立后有孙慰祖《古封泥集成》[②]，傅嘉仪《历代印匋封泥印风》《秦封泥汇考》[③]，周晓陆、路东之《秦封泥集》[④]，杨广泰《新出封泥汇编》[⑤]，许雄志《鉴印山房藏古封泥菁华》[⑥]，刘瑞《秦封泥集存》[⑦]等。

（五）瓦当文字

秦汉瓦当上的文字以小篆及其变体为主[⑧]，特别是秦瓦当均以小篆为基础，再进行一些装饰性变化[⑨]。清代朱枫《秦汉瓦当图记》是最早研究文字瓦当的专著，涉及不少小篆瓦当；此后，程敦、朱克敏《秦汉瓦当文字》，以及陈广宁《汉宫瓦当》、王福田《竹里秦汉瓦当文存》等，都具有材料价值。民国时期有罗振玉《秦汉瓦当文字》等。新中国成立后主要有陕西省考古研究所秦汉研究室《新编秦汉瓦当图录》[⑩]，徐锡台、楼宇栋、魏效祖《周秦汉瓦当》[⑪]，赵力光《中国古代瓦当图典》[⑫]，傅嘉仪《秦汉瓦当》[⑬]等。

---

① 许雄志：《秦代印风》，重庆出版社，1999 年。

② 孙慰祖：《古封泥集成》，上海书店出版社，1994 年。

③ 傅嘉仪：《历代印匋封泥印风》，重庆出版社，1999 年；傅嘉仪：《秦封泥汇考》，上海书店出版社，2007 年。

④ 周晓陆、路东之：《秦封泥集》，三秦出版社，2000 年。

⑤ 杨广泰：《新出封泥汇编》，西泠印社出版社，2010 年。

⑥ 许雄志：《鉴印山房藏古封泥菁华》，河南美术出版社，2011 年。

⑦ 刘瑞：《秦封泥集存》，中国社会科学出版社，2020 年。

⑧ 陈直：《秦汉瓦当概述》，《文物》1963 年第 11 期。

⑨ 焦南峰、王保平、周晓陆等：《秦文字瓦当的确认和研究》，《考古与文物》2000 年第 3 期。

⑩ 陕西省考古研究所秦汉研究室：《新编秦汉瓦当图录》，三秦出版社，1986 年。

⑪ 徐锡台、楼宇栋、魏效祖：《周秦汉瓦当》，文物出版社，1988 年。

⑫ 赵力光：《中国古代瓦当图典》，文物出版社，1998 年。

⑬ 傅嘉仪：《秦汉瓦当》，陕西旅游出版社，1999 年。

砖瓦相连。砖文中有一部分是小篆书体,或篆意较浓。殷荪《中国砖铭》[①]收录自东周至清代的砖刻铭文 3 000 多幅。

(六) 陶文

小篆陶器数量有限,相关著录亦不多。清代吴大澂著有《古陶文字释》和《三代秦汉古陶文字考》,但均未流传于世。民国时期涉及小篆陶文的著录有黄宾虹《陶玺文字合证》,孙浔、孙鼎《季木藏陶》等。新中国成立后,有袁仲一《秦代陶文》[②],陈直《关中秦汉陶录》[③],周进、周绍良、李零《新编全本季木藏陶》[④],贾贵荣、张爱芳《历代陶文研究资料选刊》[⑤],王恩田《陶文图录》[⑥],袁仲一、刘钰《秦陶文新编》[⑦],苗丰《散见汉代陶文集录》[⑧]等。

三、小篆研究的历史

小篆自产生至今,已历 2 000 多年,一直在使用,而且因其负载了历史、文化、艺术等多方面的独特价值,所以对它的研究,基本就没有中断过——这与甲骨文、金文、简牍帛书文字明显不同,显示了其影响之深广及地位之突出。纵观其研究历史,可以分为七个时期,扼要分述如下。

(一) 小篆研究发源期:秦代

公元前 221 年,秦统一中国,东方各国"文字异形"不利于政令下达和经济发展,于是秦始皇颁令天下"书同文字"(见《史记·秦始皇本纪》)。前文说过,《说文解字·叙》记载李斯等三人用小篆分别作《仓颉篇》《爰历篇》《博学篇》,作为规范化字体的样本,推广到全国。[⑨] 三人所作字样今天已不可见,但是秦统一中国

---

① 殷荪:《中国砖铭》,江苏美术出版社,1998 年。
② 袁仲一:《秦代陶文》,三秦出版社,1987 年。
③ 陈直:《关中秦汉陶录》,中华书局,2006 年。
④ 周进、周绍良、李零:《新编全本季木藏陶》,中华书局,1998 年。
⑤ 贾贵荣、张爱芳:《历代陶文研究资料选刊》,北京图书馆出版社,2005 年。
⑥ 王恩田:《陶文图录》,齐鲁书社,2006 年。
⑦ 袁仲一、刘钰:《秦陶文新编》,文物出版社,2009 年。
⑧ 苗丰:《散见汉代陶文集录》,硕士学位论文,复旦大学,2012 年。
⑨ 此次统一所采用的文字到底是不是小篆,目前仍有不同看法。一种认为是小篆,如唐兰、陈直、刘又辛;一种认为是秦隶为主、小篆为辅,如裘锡圭、吴白匋、田炜;一种认为既不是小篆也不是秦隶,而只是规范现行字体,如周祖谟、俞伟超、高明。我们赞同第一种说法。

后，秦始皇多次巡游天下，在峄山（今山东邹城）、泰山、琅琊台（今山东胶南）、之罘（今山东烟台北）、东观（今山东威海）、碣石（今河北秦皇岛）、会稽（今浙江绍兴）等地刻石纪功，所刻即为小篆，且相传都为李斯所书，是我们研究“书同文”小篆的绝佳材料。① 此次规范是中国历史上对文字的第一次统一，同时也是对小篆的第一次集中整理。秦始皇的这一文化政策，不仅将小篆规范化、确立了其正体字地位，客观上也奠定了小篆在汉字发展史中的显要地位。

（二）小篆研究开创期：汉代

小篆在西汉初期仍然是通行文字之一，但随着社会发展使用需求变化，小篆因书写不够便捷，其正体地位受到冲击，甚至已有人不识小篆。东汉许慎是这样描写当时文字使用及说解的混乱状况的：

> 诸生竞说字解经谊，称秦之隶书为仓颉时书，云：“父子相传，何得改易！”乃猥曰：“马头人为长”，“人持十为斗”，“虫者，屈中也”。廷尉说律，至以字断法：“苛人受钱，苛之字止句也。”若此者甚众，皆不合孔氏古文，谬于史籀。俗儒鄙夫，玩其所习，蔽所希闻，不见通学，未尝睹字例之条，怪旧艺而善野言，以其所知为秘妙，究洞圣人之微恉。又见《仓颉篇》中“幼子承诏”，因曰：“古帝之所作也，其辞有神仙之术焉。”其迷误不谕，岂不悖哉！②

于是他收集篆文（秦代小篆）、古文（战国时的鲁国文字）、籀文（战国秦系文字）资料，博采通人，广引书证，写成《说文解字》。《说文解字》以 9 353 个小篆为正体，另收重文 1 163 个，包括古文、籀文、奇字、或体和俗字等名目；通过分析小篆的字形构造，探寻其本义。《说文解字》是汉代最重要的学术著作之一，其学术价值是多方面的，尤其对文字学意义重大，影响极为深远。就小篆研究而言，其价值有三：一是它保留了大量小篆字形，是近现代学者辨识研究出土古文字字形的桥梁；二是它对小篆的再一次规范整理和研究分析，对后来字形发展演变发挥着指导和约束作用；三是它开创了小篆研究的先河，结合传世及出土材料说解文字的形音义及其关系，为后世小篆及古文字研究提供了研究范式。

① 原石均已损毁，仅琅琊台刻石残存秦二世诏书 80 余字，现藏国家博物馆；泰山刻石存秦二世诏书 10 字，现存泰安岱庙。各刻石传世拓本详情见容庚：《秦始皇刻石考》，《燕京学报》1935 年第 17 期。

② 许慎：《说文解字》，中华书局，2013 年，第 317 页。

（三）小篆研究沉潜期：魏晋至隋

小篆在汉代被隶书取代后，逐渐变为使用场所受限、带有明显装饰意味的字体。三国魏时的《受禅表碑》《上尊号碑》，西晋时的《郛休碑》等，碑额仍用小篆，玺印也以小篆为主，而当时日常则几乎不用小篆。魏晋南北朝的"说文系"字书虽然仍有使用小篆，但与《说文解字》的做法有很大不同。西晋吕忱《字林》以隶书为正体，亦录小篆，北魏江式说它"附托许慎《说文》"，"文得正隶，不差篆意"[①]，唐张怀瓘《书断》称其"小篆之工，亦叔重之亚也"。江式《古今文字》采用"上篆下隶"的编排方式，有利于反映汉字形体发展变化历程。而南朝梁顾野王的《玉篇》则已是楷书字典。总之，魏晋南北朝到隋甚至唐初，小篆研究虽有一些进展，但成绩有限。

（四）小篆研究中兴期：唐五代

中唐书法家李阳冰在一众楷书、草书大家中独树一帜，工于篆书，钻研小篆近三十年，曾自云"斯翁之后，直至小生"[②]。李阳冰小篆师法秦《峄山碑》，痛感传世《说文》小篆失真，于是著《刊定〈说文〉》三十卷[③]，所做工作主要是根据自己的理解修正小篆笔法和许慎的说解。虽李阳冰的著作已经失传，但其篆书作品《三坟记》《谦卦碑》等犹存，可据以研究其小篆字形。此后，南唐徐锴著《说文解字系传》四十卷（世称"小徐本"）、《说文解字篆韵谱》十卷。《说文解字系传》首次为《说文》作注，勘定李阳冰的错误，不直接改《说文》而是保留许书原貌，并在"通释"的基础上对有关问题进行综合性研究，"这在《说文》研究史上是具有开创意义的"[④]。李阳冰和徐锴的小篆研究都依托于《说文》，开创了《说文》注释之先河，振兴了小篆研究。

（五）小篆研究发展期：宋元明

宋元明时期小篆研究进入发展期，主要表现在以下三个方面。一是官方主持对《说文解字》进行修订。徐铉于宋太宗雍熙年间奉命与句中正等校订《说文解字》，力求恢复原貌，还对《说文解字》正文补充了 19 字、正文后新附入 402 字——此所谓"大徐本"。二是说文学正式诞生。在《说文》小篆、释义和六书研究方面产

---

① 魏收：《魏书·江式传》，吉林人民出版社，1995 年，第 1206 页。

② 徐铉：《进〈说文解字〉表》，《说文解字》，中华书局，2013 年，第 322 页。

③ 已亡佚，目前仅存徐铉校订本《说文解字》所引和徐锴《说文解字系传·袪妄》所列。

④ 何九盈：《中国古代语言学史》，商务印书馆，2013 年，第 87 页。

生了一大批成果，其代表人物主要有南宋郑樵、戴侗，元代杨桓、周伯琦，明代赵㧑谦、魏校、吴元满、杨慎、赵宧光等。三是金石学兴起，编撰了大量金石目录提要，其中包括一些以小篆为书体的资料。如宋代欧阳修《集古录跋尾》、明代都穆《金薤琳琅》都收录篆额碑。

（六）小篆研究兴盛期：清

清代文字学兴盛，集中体现在以下几个方面。其一，《说文解字》研究成就卓著，最负盛名的是“说文四大家”的著作，即段玉裁《说文解字注》、桂馥《说文解字义证》、王筠《说文句读》《说文释例》、朱骏声《说文通训定声》。其二，伴随着收藏热，包含小篆材料的著录作品激增，如含有大量篆文铜器的“西清四鉴”，收录有篆文碑刻的《金石萃编》等。其三，金石学的发展激发了清代篆书书法的复兴，涌现出一批著名的小篆书法家，如邓石如、洪亮吉、钱坫、赵之谦等。也有学者在考订篆字、梳理文字源流的同时摹写篆字，如吴大澂。总之，随着清代文字学的兴盛，小篆研究也进入了兴盛期。

（七）小篆研究全面发展期：近现代

近现代小篆研究全面发展，具体表现是：一，延续清代的说文学及小篆研究，作品有丁福保《说文解字诂林》、马叙伦《说文解字六书疏证》、王国维《〈说文〉今叙篆文合以古籀说》、黄侃《说文略说》等。二，著录材料日益丰富，如罗振玉《梦郼草堂吉金图》、容庚《秦汉金文录》、陕西省博物馆《秦汉瓦当》、高明《古陶文汇编》等。三，对小篆所涉所及领域的研究也兴盛起来。如借由小篆研究古文字，郭沫若《石鼓文研究》《诅楚文考释》①就是很好的例子；以小篆书写的实物为对象的研究，商承祚《秦权使用及辨伪》②便属此类。总体说来，近现代的小篆研究，继承了清代以来的优良学术传统，开创了许多新的研究方向，取得了丰硕的成果。

需要说明的是，为了集中和突出，最近三十年的小篆研究状况在接下来的“小篆研究的进展”中予以呈现。

四、小篆研究的进展

“20 世纪 90 年代以来，处于新旧世纪之交的文字学研究取得了全面的发展和

① 郭沫若：《郭沫若全集・第九卷》，科学出版社，1982 年。
② 商承祚：《秦权使用及辨伪》，《学术研究》1965 年第 3 期。

进步。文字学各个领域研究问题的深度和广度，已发表的成果的数量和质量，都非常引人注目。"①小篆研究也不例外。下面从《说文》小篆研究、出土文字小篆研究、出土文字小篆与《说文》小篆比较研究三个方面，简要介绍最近三十年来小篆研究的新进展。

（一）《说文》小篆研究

《说文解字》保留了大量小篆字形，一直是小篆研究的重点。近三十年来，学者们踵事增华，从多个侧面继续研究《说文》小篆，取得了不少新收获。

蒋冀骋《说文段注改篆评议》②综合参考甲骨文、金文等出土文字和《汗简》《古文四声韵》等传世文献，分析文字形音义，按"成就""阙失"和"存疑"逐个评议段玉裁所改篆文，总结其改篆方法及致误原因，并由此得出启示：学术研究要运用新方法和新材料；在综合运用多种方法的同时，要注意问题自身的系统性。

李国英《小篆形声字研究》③，在字符分析的基础上，对《说文》形声字进行了穷尽的微观分析，重点研究小篆形声字的构建功能，描写其义符系统和声符系统。李氏另有《〈说文解字〉研究四题》④，专题之三是"小篆形声字历史成因的探讨与共时系统的描写"，主要论述《说文》对小篆字系的系统描写的理论和实践；专题之四是"汉字形声字的义符系统"，对小篆形声字的义符系统进行描述和分析。

赵平安《〈说文〉小篆研究》⑤大量引用出土古文字资料，从横向和纵向两个维度全面研究《说文》小篆。全书七章：一，按是否符合汉字演进序列将《说文》小篆分为四种类型；二，分别介绍秦篆和汉篆；三，研究《说文》所收小篆异体；四，研究《说文》未收的小篆异体；五，分析《说文》小篆的结构；六，说明传抄刊刻对《说文》小篆的影响；七，探析《说文》小篆字源。

齐冲天和詹鄞鑫都写有普及性著作，介绍《说文》小篆。齐冲天《〈说文解字〉与篆文字体》⑥分五个部分：小篆与《说文解字》，小篆字形的形成与流传，小篆的文字特征，小篆的艺术特色，小篆艺术的历史与发展前景。詹鄞鑫《谈谈小篆》⑦

---

① 黄德宽、陈秉新：《汉语文字学史》，安徽教育出版社，2006年，第276页。

② 蒋冀骋：《说文段注改篆评议》，湖南教育出版社，1993年。

③ 李国英：《小篆形声字研究》，中华书局，2020年。

④ 李国英：《〈说文解字〉研究四题》，中国大百科全书出版社，2019年。

⑤ 赵平安：《〈说文〉小篆研究》，广西教育出版社，1999年。

⑥ 齐冲天：《〈说文解字〉与篆文字体》，河南人民出版社，1994年。

⑦ 詹鄞鑫：《谈谈小篆》，语文出版社，2007年。

是一本小册子，介绍关于小篆的学习研究资料，同时提出以秦汉出土实物文字资料校正《说文》小篆。比较有特点的，是其附录列有若干秦汉实物文字图片。

期刊论文和学位论文，有齐元涛《〈说文〉小篆构形系统相关数据的计算机测查》①，王平、臧克和《日藏唐写本〈说文·木部〉残卷原件与大徐本小篆形讹字考订》②，谭步云《〈说文解字〉所收异体篆文的文字学启示》③，俞绍宏《〈说文〉中易误读小篆字形简说》④，李家浩《〈说文〉篆文有汉代小学家篡改和虚造的字形》⑤，王作新《〈说文〉小篆汉字构形的位序及其认知心理分析》⑥等。学者们的研究从《说文》小篆性质、构形、异体和字形比较等方面切入，涉及问题广泛，材料上引入出土文献，方法上运用数据库等手段，在小篆研究方面取得不少突破。

（二）出土文字小篆研究

对出土文字小篆的研究主要是依托载体进行。先前除小篆文字考证和资料著录外，研究出土小篆的成果算不上丰富。最近三十年，随着新出玺印、封泥等增多，学者们对出土文献中小篆的关注与日俱增。

在字形整理、工具书编撰方面，近三十年有徐谷甫、王延林《古陶字汇》⑦，韩天衡《古瓦当文编》⑧，孙慰祖、徐谷甫《秦汉金文汇编》⑨，许雄志《秦印文字汇编》⑩，刘志基、张再兴《中国异体字大系·篆书编》⑪，赵平安、李婧、石小力《秦汉印章封泥文字编》⑫等，汇集整理相关材料的字形，涉及不少小篆字形，直观展示了

---

① 齐元涛：《〈说文〉小篆构形系统相关数据的计算机测查》，《古汉语研究》1996年第1期。

② 王平、臧克和：《日藏唐写本〈说文·木部〉残卷原件与大徐本小篆形讹字考订》，《文史》第六十三辑，中华书局，2003年，第199—211页。

③ 谭步云：《〈说文解字〉所收异体篆文的文字学启示》，《中山大学学报(社会科学版)》2008年第3期。

④ 俞绍宏：《〈说文〉中易误读小篆字形简说》，《大连大学学报》2010年第4期。

⑤ 李家浩：《〈说文〉篆文有汉代小学家篡改和虚造的字形》，《安徽大学汉语言文字研究丛书·李家浩卷》，安徽大学出版社，2013年，第364—376页。

⑥ 王作新：《〈说文〉小篆汉字构形的位序及其认知心理分析》，《中国文字研究》第十八辑，上海书店出版社，2013年，第187—192页。

⑦ 徐谷甫、王延林：《古陶字汇》，上海书店出版社，1994年。

⑧ 韩天衡：《古瓦当文编》，世界图书出版公司上海分公司，1996年。

⑨ 孙慰祖、徐谷甫：《秦汉金文汇编》，上海书店出版社，1997年。

⑩ 许雄志：《秦印文字汇编》，河南美术出版社，2001年。

⑪ 刘志基、张再兴：《中国异体字大系·篆书编》，上海书画出版社，2007年。

⑫ 赵平安、李婧、石小力：《秦汉印章封泥文字编》，中西书局，2019年。

小篆在金文、陶文、印章和封泥中的不同形态。

在文字考释方面,有高文《汉碑集释》[①],王辉、程学华《秦文字集证》[②],赵平安《两种汉代瓦当文字的释读问题》[③],袁仲一《秦汉文字瓦当释谈七则》[④]等。小篆文字考释主要集中在封泥、玺印、瓦当等容易产生异体的载体上,常常结合其他类型文字材料(尤其是新出的)。考释新成果每每刷新我们对小篆本身、对材料所涉及的历史文化的认识。

在综合性研究方面,有两种做法。一是对一种材料里面的小篆进行系统的分析研究,如孟宇《里耶秦简小篆初探》[⑤]、吕蒙《汉魏六朝碑刻古文字研究》[⑥]、陈世庆《汉代石刻篆书研究》[⑦]、王冠一《宋代石刻篆文研究》[⑧]、齐元涛《隋唐石刻篆文与汉字的当代化》[⑨]等。二是对多种材料中的小篆进行综合研究,如徐善飞《近四十年出土秦汉篆文整理与研究》[⑩]、代威《汉代篆文研究》[⑪]、汪静怡《魏晋南北朝篆文研究》[⑫]、连蔚勤《秦汉篆文形体比较研究》[⑬]等。可以看出,学位论文在这类研究中占了很大比例。

(三)出土文字小篆与《说文》小篆比较研究

将某种出土材料的小篆与《说文》小篆作对比研究,也是当前小篆研究的一个方面,取得了一些成果。如王卉《汉代金文篆文与〈说文解字〉篆文比较研究》[⑭]、

---

① 高文:《汉碑集释》,河南大学出版社,1997 年。

② 王辉、程学华:《秦文字集证》,艺文印书馆,1999 年。

③ 赵平安:《两种汉代瓦当文字的释读问题》,《考古》1999 年第 12 期。

④ 袁仲一:《秦汉文字瓦当释谈七则》,《秦汉研究》第三辑,陕西人民出版社,2009 年,第 1—10 页。

⑤ 孟宇:《里耶秦简小篆初探》,《中国书法》2017 年第 14 期。

⑥ 吕蒙:《汉魏六朝碑刻古文字研究》,博士学位论文,西南大学,2011 年。

⑦ 陈世庆:《汉代石刻篆书研究》,博士学位论文,安徽大学,2014 年。

⑧ 王冠一:《宋代石刻篆文研究》,硕士学位论文,吉林大学,2013 年。

⑨ 齐元涛:《隋唐石刻篆文与汉字的当代化》,《陕西师范大学学报(哲学社会科学版)》2016 年第 2 期。

⑩ 徐善飞:《近四十年出土秦汉篆文整理与研究》,硕士学位论文,华东师范大学,2010 年。

⑪ 代威:《汉代篆文研究》,硕士学位论文,吉林大学,2013 年。

⑫ 汪静怡:《魏晋南北朝篆文研究》,硕士学位论文,吉林大学,2013 年。

⑬ 连蔚勤:《秦汉篆文形体比较研究》,花木兰文化出版社,2012 年。

⑭ 王卉:《汉代金文篆文与〈说文解字〉篆文比较研究》,《宁夏社会科学》2008 年第 3 期。

赵平安《〈说文〉未收小篆异体》[①]、孟琢《〈说文〉小篆与秦刻石篆文字形之差异》[②]、朱晨《秦封泥文字与〈说文解字〉所辑字形的对比研究》[③]等。

五、小篆研究的相关问题

小篆从战国后期产生到秦统一后成为主要通行文字，一直延续到西汉，两百多年间留下了很多的文献材料。即便后来被隶书取代，日常不再通行，但某些特定场合如印章、碑额等，仍然用小篆书写。作为中国历史上第一次由官方推行的全国通行的正体字，小篆不仅地位高，影响也十分深远。小篆对文字学、书法艺术、历史与考古、思想与文化等方面都具有重要的研究价值。

（一）《说文》小篆与"改篆"

《说文》小篆研究，除了前面说过的对性质、构形、异体、字形讹误的研究，与其他来源篆文的对比研究，还有一个值得注意的方面——"改篆"问题。唐代李阳冰摹写秦代小篆后认为《说文》小篆失真，于是改篆；后大小徐校注《说文》，勘正他们认定的李阳冰之误，力图保持许慎《说文》原貌。此外，宋代张有《复古编》，清代段玉裁《说文解字注》，严可均、姚文田《说文校议》，徐灏《说文解字注笺》等，都曾对《说文》篆形有过刊改。詹鄞鑫主张结合出土文献校订《说文》篆文。[④] 应该说，李阳冰、段玉裁等人改动《说文》篆形，主要是依据传抄古文以及当时能够见到的有限的出土文字，材料远不及现在丰富，所以他们的工作失之偏颇无可厚非；他们的研究思路及方法，对当代研究仍然有启示作用。蒋冀骋等对前人改篆有专门研究。[⑤]

（二）小篆与汉字发展

这方面的研究主要集中于两点：小篆的产生年代，小篆在汉字发展史上的地位。关于小篆的产生年代，一种观点是产生于秦统一后，另一种观点是产生于秦统一前的战国时期。前一种看法是传统观点。蒋善国较早地提出了在秦统一之

---

① 赵平安：《〈说文〉未收小篆异体》，《出土文献》第四辑，中西书局，2013 年，第 304—310 页。

② 孟琢：《〈说文〉小篆与秦刻石篆文字形之差异》，《陕西师范大学学报（哲学社会科学版）》2017 年第 2 期。

③ 朱晨：《秦封泥文字与〈说文解字〉所辑字形的对比研究》，《合肥学院学报》2016 年第 3 期。

④ 詹鄞鑫：《〈说文〉篆文校正刍议》，《古汉语研究》1996 年第 3 期。

⑤ 蒋冀骋：《〈说文段注〉改篆简论》，《古汉语研究》1992 年第 2 期；蒋冀骋：《说文段注改篆评议》，湖南教育出版社，1993 年；朱文娟：《〈说文校议〉改篆初探》，硕士学位论文，苏州大学，2009 年。李晨奋：《〈说文解字注笺〉改篆初探》，硕士学位论文，苏州大学，2009 年。

前就已经有小篆，并以新郪虎符为例证[①]，后来徐无闻更明确提出“小篆为战国文字”[②]。时至今日，正如喻遂生所说，小篆形成于战国时代已成为学界的共识[③]。对于小篆在汉字发展史上的地位，一个重要问题是如何确定小篆在汉字发展分期中的位置，这涉及小篆的性质，分歧的核心在于小篆是否为古文字。认为小篆为古文字者，有唐兰、裘锡圭[④]等，唐兰还为小篆专门立类“近古文字”[⑤]；认为小篆不属于古文字者，有容庚[⑥]、胡小石[⑦]等。

（三）小篆与书法艺术

小篆以其美术化特征受历代书家青睐，又常常作为具有装饰美化作用的艺术品使用，因此，小篆书法艺术也是小篆研究的一个长期热点。研究主要着眼于以下几个方面。其一，不同书写载体的篆书研究，如高洁《汉代刻石篆书研究》[⑧]、毛雨檬《唐代官印用篆研究》[⑨]、刘畅《从古铜玺印书体看篆书的发展演变》[⑩]等。其二，断代篆书艺术研究，如臧克和《唐代篆文水平》[⑪]、吕雪菲《宋代篆书变异现象探微》[⑫]、王文超《明代篆书研究》[⑬]、王志《民国篆书研究》[⑭]等。其三，书家篆书艺术研究，如刘睿《李阳冰篆书研究》[⑮]、宋立《乾嘉学者篆书观念及邓石如篆书接受问题研究》[⑯]、张迪《邓石如篆书的“变法”》[⑰]等。其四，书法理论研究，如孙稚雏

---

① 蒋善国：《汉字形体学》，文字改革出版社，1959 年，第 154 页。

② 徐无闻：《小篆为战国文字说》，《西南师范大学学报（人文社会科学版）》1984 年第 2 期。

③ 喻遂生：《文字学教程》，北京大学出版社，2014 年，第 141 页。

④ 裘锡圭：《文字学概要》，商务印书馆，2021 年，第 61 页。

⑤ 唐兰：《古文字学导论》，上海古籍出版社，2016 年，第 316 页。

⑥ 容庚：《中国文字学》，中华书局，2012 年，第 35 页。

⑦ 胡小石：《书艺略论》，《胡小石论文集》，上海古籍出版社，1982 年，第 210 页。

⑧ 高洁：《汉代刻石篆书研究》，硕士学位论文，中央美术学院，2014 年。

⑨ 毛雨檬：《唐代官印用篆研究》，硕士学位论文，陕西师范大学，2017 年。

⑩ 刘畅：《从古铜玺印书体看篆书的发展演变》，《文物鉴定与鉴赏》2013 年第 11 期。

⑪ 臧克和：《唐代篆文水平》，《中国文字研究》第十八辑，上海书店出版社，2013 年，第 1—12 页。

⑫ 吕雪菲：《宋代篆书变异现象探微》，《中国国家博物馆馆刊》2015 年第 10 期。

⑬ 王文超：《明代篆书研究》，硕士学位论文，吉林大学，2016 年。

⑭ 王志：《民国篆书研究》，硕士学位论文，南京师范大学，2011 年。

⑮ 刘睿：《李阳冰篆书研究》，硕士学位论文，中国艺术研究院，2017 年。

⑯ 宋立：《乾嘉学者篆书观念及邓石如篆书接受问题研究》，《中国书法》2017 年第 4 期。

⑰ 张迪：《邓石如篆书的“变法”》，《中国书法》2014 年第 21 期。

《〈说文解字〉与篆书艺术》[①]、张红军《篆隶为源观念中“古”的历史叙述与构成——从“二王”到“篆隶”的范式转型》[②]、梅跃辉《论“篆籀气”》[③]等。

篆文书法中，篆刻艺术是重要的一块。叶一苇说：“一部篆刻艺术史，自战国以至于今，总括起来，是由‘实用艺术’到‘欣赏艺术’的历史，是由‘附属艺术’到‘独立艺术’的历史。”[④]叶氏认为战国至宋是“实用艺术”阶段，到明代中叶篆刻才真正进入“欣赏艺术”时期。[⑤] 黄惇区分实用印章与篆刻艺术，“实用印章”行于魏晋南北朝之前，“篆刻艺术”专指元明以后的文人印章。[⑥] 孙慰祖主张篆刻艺术不同于印章，因为篆刻作品的主体“已不再被视为凭信或者已基本不再承载凭信的社会功能”[⑦]。宋元以来涌现出了许多文人篆刻艺术家，如王冕、朱珪、赵孟頫、文彭、金农、邓石如、吴昌硕、王福庵、沙孟海、傅抱石等；也形成了一些篆刻理论，如元明“印宗秦汉”，清代“书从印入、印从书出”“印外求印”等。关于篆刻艺术理论，可参黄惇《中国古代印论史》[⑧]《中国印论类编》[⑨]。

（四）相关的历史与考古研究

小篆在铜器、石、玺印等载体上所记录的内容能反映当时的历史面貌，可以进行相关的历史与考古研究，其中秦汉玺印、封泥更成为历史研究的热点。

断代是历史考古研究的一个重点。王辉《秦出土文献编年》[⑩]及《秦出土文献编年订补》[⑪]考定了不少涉及小篆的铜器、石刻、玺印、陶器等出土材料的年代，几乎都精确到年，对秦出土文献的断代研究有很高的参考价值。孙慰祖《历代玺印断代标准品图鉴》[⑫]收录200件不同时代具有代表性和断代标准意义的玺印，并加

---

① 孙稚雏：《〈说文解字〉与篆书艺术》，《中山大学学报（社会科学版）》1996年第3期。

② 张红军：《篆隶为源观念中“古”的历史叙述与构成——从“二王”到“篆隶”的范式转型》，《中国书法》2018年第6期。

③ 梅跃辉：《论“篆籀气”》，《中国书法》2016年第8期。

④ 叶一苇：《篆刻丛谈》，西泠印社出版社，1985年，第1页。

⑤ 叶一苇：《篆刻丛谈》，西泠印社出版社，1985年，第4页。

⑥ 黄惇：《篆刻教程》，西南师范大学出版社，2009年，第4页。

⑦ 孙慰祖：《中国玺印篆刻通史》，东方出版中心，2016年，第28页。

⑧ 黄惇：《中国古代印论史》，上海书画出版社，1994年。

⑨ 黄惇：《中国印论类编》，荣宝斋出版社，2010年。

⑩ 王辉：《秦出土文献编年》，新文丰出版公司，2000年。

⑪ 王辉、王伟：《秦出土文献编年订补》，三秦出版社，2014年。

⑫ 孙慰祖：《历代玺印断代标准品图鉴》，吉林美术出版社，2010年。

以考释和品评，对各阶段玺印断代有参考作用。此外，周晓陆、路东之、徐正考、王伟等对小篆书体出土材料的断代都有研究和贡献。

也有学者根据玺印和封泥文字，进行职官和机构名称研究。如陈松长等人综合运用秦简、封泥、玺印和青铜器铭文材料，考证秦代职官名称，讨论秦代的守官和假官制度、都官制度、乡里职官制度和官吏法，著成《秦代官制考论》。[①] 李超《秦封泥与官制研究》[②]、李如森《汉墓玺印及其制度试探》[③]都是利用小篆书写的材料研究职官制度。

秦汉封泥和玺印（主要是官印）还记录了许多当时的地名，也有研究者将其用于历史地理研究。韩彦佶《汉印地名研究》[④]按行政等级分类概述汉印地名、分析其用字、总结汉印反映出来的汉代地名命名特点，并编成地名词典。张伟然和蔡允贤借助汉代封泥和官印考证"永平五年失印更刻"并无其事，认为"慎阳"更名为"真阳"发生在西晋。[⑤] 王伟和童志军考证了十则秦封泥地名，明确了部分秦县设置的时间，扩充了秦置县的数量。[⑥] 王伟《秦玺印封泥职官地理研究》[⑦]同时对小篆玺印、封泥记录的职官信息、地理信息展开研究。

（五）思想文化研究

小篆书写的文献材料还可以反映当时的社会思想文化，自然会引起研究者的关注。许曼《小篆字体与秦文化的关系》[⑧]认为小篆形体体现了秦人重实用、尚功利的思想意识，小篆形体缺乏创造性是秦人精神文化缺失在文字改革上的反映，小篆字体方圆融合是秦人"方圆"思想的表征，小篆字体还与秦人厚重内敛的性格特征和强硬专制的文化心理相关相通。陈鸿《出土秦系文献人名文化研究》[⑨]用铜器、玉石、陶器（包括玺印和封泥）等材料研究秦人的命名方式和结

---

① 陈松长等：《秦代官制考论》，中西书局，2018 年。

② 李超：《秦封泥与官制研究》，陕西师范大学出版社，2021 年。

③ 李如森：《汉墓玺印及其制度试探》，《社会科学战线》1996 年第 5 期。

④ 韩彦佶：《汉印地名研究》，硕士学位论文，华东师范大学，2007 年。

⑤ 张伟然、蔡允贤：《官印与地名——"慎阳"及相关地名变迁的传说与史实》，《复旦学报（社会科学版）》2019 年第 3 期。

⑥ 王伟、童志军：《新见秦地名封泥考释（十则）》，《江汉考古》2019 年第 4 期。

⑦ 王伟：《秦玺印封泥职官地理研究》，中国社会科学出版社，2014 年。

⑧ 许曼：《小篆字体与秦文化的关系》，《汉字文化》2006 年第 5 期。

⑨ 陈鸿：《出土秦系文献人名文化研究》，《福建师范大学学报（哲学社会科学版）》2014 年第 4 期。

构，总结其特点，认为人名反映出来的秦文化具有复杂性，有植根于西周质朴率真的传统文化特点，同时具有本民族崇尚自然的特色。李学嘉《秦系私印整理与研究》①以姓名印和成语印为研究对象，揭示其中蕴含的历史文化内涵和社会精神风貌。

六、小篆研究未来展望

（一）字词考释

玺印、封泥等出土文献资料由于受本身形制和书写材质影响，小篆形体会有所变化，因此考释字词仍然是未来研究的一个重点，也是相关研究的基础。一方面，以往的著录释文仍有需要继续讨论的地方，另一方面，新材料不断出现和刊布，如《西泠印社新入藏玺印封泥选刊》②《太田梦庵旧藏古代玺印选》③，因此，字词考释需要持续推进。

（二）工具书编纂

目前，以材料或时代分类的文字编不少，但专门的“小篆文字编”尚存空缺，未来可以在小篆文字编或字典上着力。如秦代小篆文字编、汉代小篆文字编、秦代封泥小篆文字编、汉代印章小篆文字编等。编纂某种材料的小篆的专门文字编，便于研究书写载体与小篆字形的关系、不同载体小篆之间的差异；编纂断代小篆文字编，总结某个时代小篆的书写特征，可作为实物断代的依据之一，同时便于研究小篆历时发展演变。

（三）字形共时、历时变化研究

目前小篆研究在共时、历时变化研究方面尚存不足。共时变化研究是指不同书写载体小篆字形的变化，历时变化研究是指小篆字形在不同历史时期的变化。未来可以加强这方面的研究，构建更系统、完整的小篆字形研究体系。

（四）语言研究

目前秦汉篆文石刻、铜器铭文等方面的语言研究成果不多，部分是因为语料性质，小篆文献未必能客观反映当时的真实语言面貌。不过如果仔细甄别，其中应该也有一些词汇、语法现象可以作为共时语料。未来可以加强这方面的研究。

---

① 李学嘉：《秦系私印整理与研究》，硕士学位论文，西南大学，2019 年。

② 曹锦炎、谷松章：《西泠印社新入藏玺印封泥选刊》，《西泠艺丛》2021 年第 2 期。

③ 《书法》编辑部：《太田梦庵旧藏古代玺印选》，《书法》2022 年第 2 期。

值得注意的是,汉代铜器铭文、封泥玺印,记录了相当数量的吉语,部分来源不明;今后可以探索其来源,分析其构词法或语法结构、语用意义,以及其所反映的语言文化现象。

(五)小篆资料数据库

目前尚未见这类专门的资料数据库,未来可以着手这方面的建设。小篆主要在秦汉时期通行,后世也作为装饰性文字在玺印、书画、碑额等载体中长期使用、持续不断。小篆文字资料内容丰富,体量相当可观。因此,有必要建立数据库,为社会各界提供便利。

第六节

陶　文

一、陶文的定义

（一）陶文的内涵

陶文的定义，历来存有争议。判断某种符号是否是文字，关键在于对文字的定义。有学者认为，只要能够反映人类思想意识或者语言的符号即可视为文字，那么人类历史上，类似的符号不胜枚举，文字自然也不可胜数。可见，这种广义的文字定义可能与事实并不完全契合。其实，要判定一种符号是否为文字，必须看它是否记录了语言。不能因为前一种符号跟古汉字里形体比较简单的例子或某些经过简化的文字形式偶然同形，就断定它们之间有传承关系。古汉字是古人记录当时语言的符号，它是通过线性排列，准确表达语言主体的思想意识的符号系统。

综上所述，所谓文字，是指为了语言和意识的准确表达和理解，用抽象字符的形式展现出来，并以线性排列的方式系统地有逻辑地表达出来的符号。而陶文则是指将成熟且成系统的汉字刻写在陶器上的文字。

（二）陶文的外延

过去学界认为，所谓陶文既包括陶符，也包括文字。陶符，顾名思义，即刻画于陶器上的符号，包括各种花纹、划痕和符号等。[①] 对于这些陶器上的符号，学术界可谓争论不断。目前为止，有学者认为这些陶符是人类意识的表现，可能是我

---

① 周宝宏：《古陶文形体研究》，社会科学文献出版社，2002 年，第 1—9 页。

国古代文字原始形态之一；也有学者认为这些陶符或陶文只是一种图画，是对自然现象的简单描述或再现；还有学者认为，这些陶符或者仅仅是某个事情或时间段的表示符号，或是某种天象和天文的反映；①等等。此外，学界还有陶符仅仅是所有权记号、不属于汉字但属于汉字的萌芽等说法。②

本文所涉及的陶文是指将成熟且成系统的汉字刻写在陶器上的文字（见图3－14、图3－15）。陶符或陶纹，对于探讨人类意识、语言的表达甚至文字的起源等，应该都是有益的，但对于探索人类文化、历史、制度等深层次问题，似乎并无太多帮助。不过，将陶符或陶纹视作陶文的外延，不失为一个妥善的解决办法。

图3－14　陈得，《陶文图录》2.15.4

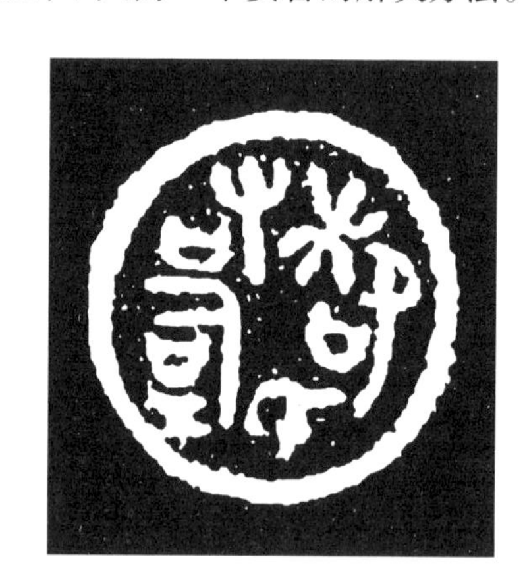

图3－15　格氏右司空，《陶文图录》5.41.2

二、陶文与汉字的关系

最早将陶符视为原始文字，并与汉字联系起来考虑的，当属李孝定。李先生认为，“史前和有史早期的陶器，除了例常有的花纹之外，往往还刻有许多记号，这些记号，谨慎的研究工作者称之为‘字符’，据笔者看，它们是文字的可能性是非常之高的，因之，本文直截了当地称之为陶文”，进而提出“半坡陶文是已知的最早的

---

① 王震中：《试论陶文“ ”“ ”与“大火”星及火正》，《考古与文物》1997年第6期。

② 郭沫若：《古代文字之辩证的发展》，《考古学报》1972年第1期；于省吾：《关于古文字研究的若干问题》，《文物》1973年第2期；汪宁生：《从原始记事到文字发明》，《考古学报》1981年第1期；高明：《论陶符兼谈汉字的起源》，《北京大学学报（哲学社会科学版）》1984年第6期；李学勤：《考古发现与中国文字起源》，《中国文化研究集刊》第二辑，复旦大学出版社，1985年，第146—157页。

中国文字,与甲骨文同一系统”。①

对于史前和有史时期的陶符,裘锡圭认为,这些陶符与古汉字不是一个系统的东西,但是它们对于汉字依然有影响。“上举原始社会晚期的记号显然不可能构成完整的文字体系,同时也不像是原始文字。”②“余杭南湖黑陶罐上八九个符号排列成行的一例,可能确实反映了用符号记录语句的认真尝试。也就是说,它们非常可能已经是原始文字了。”③

从理论上来说,在上述说法中,裘先生的意见是最值得重视的。不过在考古发现中,有一些例子可能对陶符是原始文字的说法提出挑战。春秋战国之际也出土了与史前和有史时期类似的陶符。1978 年,山西侯马墓地发掘出土了一系列盟书,与之同出的还有以下陶符:

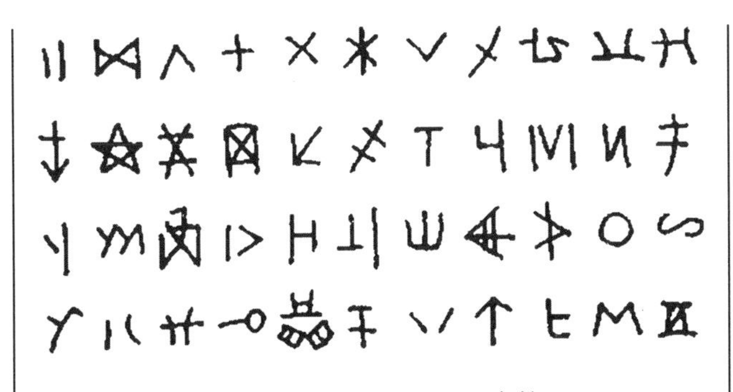

图 3-16　侯马墓地出土陶符

这些陶符跟史前陶符无论是形式还是构件和排列等方面,基本相同。然而,与这些陶符一同出土的侯马盟书则是用相当成熟的汉字书写的。可见,书写盟书的汉字和陶符在此分别承担着各自的功能,两者并行不悖。因此,陶符是不是一种文字,或者说是不是一种成熟的文字,可能尚需要重新检讨。

三、陶文的分布与数量

陶文分布于整个东亚大陆,而又以中国大陆为最。可以这样说,在长江、黄河

---

① 李孝定:《从几种史前和有史早期陶文的观察蠡测中国文字的起源》,《南洋大学学报》1969 年第 3 期。

② 裘锡圭:《汉字形成问题的初步探索》,《中国语文》1978 年第 3 期。

③ 裘锡圭:《究竟是不是文字——谈谈我国新石器时代使用的符号》,《文物天地》1993 年第 2 期。

中下游的广阔区域,都能找到陶文的踪迹,而尤以河南、河北、山东、陕西、山西、湖北等古中原腹地最为众多。目前陶文研究亦多集中于上述几个区域。

早在商代,陶文就已经出现。商代甲骨文是成熟的文字系统,那么其时在陶器上使用文字,也理所当然。目前所见,商代陶文多为单字,且多为笔画简单的汉字,如“天”“羊”以及一些数字等。更多的是一些刻画符号,具体意义待考。到了西周,陶文数量逐渐增多,但其字数和刻画清晰度等依然无法与后世陶文相比。殷商西周陶文在与甲骨文、金文对比研究中有着独特的作用,这是毋庸置疑的。但目前来看,学界对殷商西周陶文关注较少,原因大概有二:一是陶文过于孤立,很难从中发掘有用的历史信息;二是其构形草率,晦涩难懂。

春秋之后,陶文变得丰富多样,战国和秦汉之后,陶文数量更是不胜枚举。陶文出现由少到多的情况,有几个原因:第一,越是年代久远的陶文,保存下来的可能性就越小;第二,文字的使用和推广;第三,当与社会经济发展相关。

陶器是人们日常生活必备器具,陶文的数量可能无法作科学而准确的统计。据上文可知,陶文的实际数量应该是相当惊人的,而战国陶文比此前任何时代的陶文数量都要磅礴。下面简要选择几种显著的陶文著录书予以说明。比如,《齐鲁陶文》收录陶文拓片有6 600片之多。[①]《秦陶文新编》所记,截止到2005年,仅陕西地区出土秦陶文就达4 000多件[②]。《古陶文汇编》收录陶文2 622方拓片,《秦代陶文》收录陶文拓片1 610件,《秦陶文新编》收录陶文3 370件,《陶文图录》收录陶文12 000多方,《新出齐陶文图录》收录齐陶文1 450方,《新出古陶文图录》总数则达1 139方。

据笔者了解,中国境内各地考古队和博物馆,分别藏有尚未公开的数量繁多的陶文。同时,私人博物馆和私人收藏的陶文亦不在少数。如清代的陈介祺即以“簠斋”的名义收录了多达4 800件陶文。

这里需要说明的是,学界对先秦、秦汉陶文用力最多,而对后世陶文关注甚少。故本文亦着重介绍学界热点。

四、陶文研究的基本材料

古陶文研究是古文字研究的重要内容之一,但较之甲骨文、金文和简帛文字

---

① 徐在国:《古陶文著录与研究综述》,《贵州师范大学学报(社会科学版)》2016年第2期。

② 袁仲一、刘钰:《秦陶文新编》,文物出版社,2009年,第255页。

的研究，古陶文的研究要落后得多。究其原因，大概与资料零散、陶文书写较为随意和陶文较为孤立、考释不便，难以揭示有用的历史、文化等资讯有关。然而，不可否认的是，陶文与其他古文字载体一样，关涉古代社会、政治、经济、文化等问题，因此，陶文研究的基础文本，如资料汇编、著录书籍和研究书籍等是必不可少的。最先研究陶文的是清代学者。

(一) 著录类

1. 著作

清代道光年间，陈介祺、潘祖荫、王懿荣、端方、鲍康、吴云、吴大澂等均致力于陶文的收集和整理工作[①]，陶文研究蔚然成风，陶文著录书不断涌现，比较重要的著录书有端方《陶斋藏陶》，周霖《三代古陶文字》，张培澍《古陶琐萃》，徐同柏《齐鲁古陶文字》，方若《藏匋拓本》，刘鹗《铁云藏陶》，吴隐《遁庵古匋存》，杨昭儁《三代秦汉文字集拓》，孙壮《三代秦汉六朝古拓》，徐世襄《甲骨古陶瓦头拓本》，罗振玉《金泥石屑》，太田孝太郎《梦庵藏陶》，方德九《德九存陶》，谢方《云水山人陶文萃》，王献唐《海岳楼齐鲁陶文》《邹滕古陶文字》，孙浔、孙鼎《季木藏陶》等。

不过需要指出的是，过去所整理的陶文，多非科学考古所发掘，在时代判别、国别判定、区域分析、陶文分期、字形演变及其规律等方面，存在一定困难，甚至有伪品阑入。科学考古的出现，为解决上述疑难提供了保证和支持。因此，根据考古发现重新著录陶文，又成一时风尚。首先需要说到的是 1987 年出版的《秦代陶文》一书[②]。此书由上中下三编组成，上编是概说秦陶意义和陶文登记表等，中编是陶文拓片，下编是秦陶文字录。该书共收录传世及出土秦陶拓片 1 610 方。此书本为秦代陶文研究专书，但因秦国与秦代难以区分开来，故其中也摄入部分战国秦陶文。

此后，更多陶文著录书问世。此间最值得一提的当属高明《古陶文汇编》。是书所收录陶文时代从商周时期一直延续到秦，并按照区域的不同，将陶文分地域排列，出处、释文一应俱全，甚便利用。[③] 此书无论是收集的陶文种类还是编排形式，都给学界提供了典范，推动着陶文研究的长足进步。

到了 21 世纪，王恩田《陶文图录》再次将陶文研究推向高潮。是书收录陶文

---

① 王恩田：《陶文图录・自序》，齐鲁书社，2006 年。

② 袁仲一：《秦代陶文》，三秦出版社，1987 年。

③ 高明：《古陶文汇编》，中华书局，1990 年。

12 000 多方，所收陶文以战国和秦代为主，偶尔摄入战国以前和汉代及以后的陶文。其体例参照《古陶文汇编》，分十卷，亦按照时代和出土地域分列放置，并列出详细的出处及释文。其陶文以打印和刻印为主，兼收墨书、朱书。[①] 这是目前先秦陶文资料最为庞博的资料汇编。

此后著录书纷出，大致有以下一些：袁仲一、刘钰《秦陶文新编》[②]，尾崎苍石、水野悟游、角谷天楼《苍石藏陶》[③]，周晓陆《酒余亭陶泥合刊》[④]，唐存才《步黟堂藏战国陶文遗珍》[⑤]，吕金成《夕惕藏陶》[⑥]，山东大学历史文化学院考古学系、山东博物馆、新泰市博物馆《新泰出土田齐陶文》[⑦]，徐在国《新出齐陶文图录》[⑧]《新出古陶文图录》[⑨]，尾崎苍石《新出钵印陶文百选》[⑩]，张小东《戎壹轩藏秦系陶文专题展》[⑪]，陈建贡《中国砖瓦陶文大字典》[⑫]，等等。

因为有些陶文是用印章的形式打印到陶器上的，因此，有些陶文资料也散见于玺印类书籍，如《古玺汇编》[⑬]《二十世纪出土玺印集成》[⑭]《中国古印：程训义古玺印集存》[⑮]等。此外，一些私人印行的陶文资料如《二介山房藏秦陶文五十品》[⑯]等，也为陶文研究增添了色彩。

在上述著录书中，《秦陶文新编》值得注意。是书在《秦代陶文》基础上增加了不少新资料，重新编排，同时吸收了学术界研究的成果。全书分上下两编，上编为

---

① 王恩田：《陶文图录》，齐鲁书社，2006 年。
② 袁仲一、刘钰：《秦陶文新编》，文物出版社，2009 年。
③ 〔日〕尾崎苍石、〔日〕水野悟游、〔日〕角谷天楼：《苍石藏陶》，苍文篆会，2009 年。
④ 周晓陆：《酒余亭陶泥合刊》，艺文书院，2012 年。
⑤ 唐存才：《步黟堂藏战国陶文遗珍》，上海书画出版社，2013 年。
⑥ 吕金成：《夕惕藏陶》，山东画报出版社，2014 年。
⑦ 山东大学历史文化学院考古学系、山东博物馆、新泰市博物馆：《新泰出土田齐陶文》，文物出版社，2014 年。
⑧ 徐在国：《新出齐陶文图录》，学苑出版社，2015 年。
⑨ 徐在国：《新出古陶文图录》，安徽大学出版社，2018 年。
⑩ 〔日〕尾崎苍石：《新出钵印陶文百选》，苍文篆会，2015 年。
⑪ 张小东：《戎壹轩藏秦系陶文专题展》，西泠印社出版社，2019 年。
⑫ 陈建贡：《中国砖瓦陶文大字典》，世界图书出版西安公司，2001 年。
⑬ 罗福颐：《古玺汇编》，文物出版社，1981 年。
⑭ 周晓陆：《二十世纪出土玺印集成》，中华书局，2010 年。
⑮ 程训义：《中国古印：程训义古玺印集存》，河北美术出版社，2007 年。
⑯ 孔祥宇：《二介山房藏秦陶文五十品》，原拓本，2020 年。

考释，下编为拓片，总计收入陶文3 370件。《秦陶文新编》所收陶文时代从春秋晚期一直到秦代，其中绝大多数为战国中晚期到秦代的陶文。此书内容相当宏富，其分类研究更是独树一帜。该书根据地域对秦陶文进行研究，同时区分官陶文和私陶文，罗列出了相关职官、机构、地名等，同时，对度量衡等历史文化问题也作了分类研究。这对秦的文字、制度、文化、地理等相关问题研究都提供了极好的范本。总而言之，此书集图片和研究于一体，是迄今秦陶文资料的集大成者，是秦陶文研究的必备书籍。

徐在国的《新出齐陶文图录》和《新出古陶文图录》也是必须关注的陶文书籍。前者是新出齐陶文的集中反映；后者所收集的陶文时间截止到2016年，是自《陶文图录》出版以来新见的陶文。《新出古陶文图录》陶文按时间排列，分商以前、商、西周、春秋、战国和秦（包括秦国）几个部分。战国又分为齐、燕、三晋和楚。①此书不但为学界提供了最新的陶文资料，同时在考释意见的取舍判断方面，亦多可信据。需要指出的是，《新出古陶文图录》一书除了承袭过去陶文著录书的优点外，还标注了陶器图片、陶文位置、出土地点、著录书籍和收藏地点等，其著录方式别具一格且多有创新，便于读者查阅和翻检。尤为重要的是，学界还可以凭借此书，对相关的历史问题、制度问题作进一步探讨。

2. 单篇论文

单篇文章亦有陶文的著录。如，许淑珍《临淄齐国故城新出土陶文》②、蔡全法《近年来新郑"郑韩故城"出土陶文简释》③、李先登《荥阳、邢丘出土陶文考释》《天津师院图书馆藏陶文选释》④、魏继印《辉县孙村遗址发现的陶器文字》⑤、王攀《新乡出土战国秦汉陶文整理研究》⑥、傅春喜《邺城所出历代陶文简述》⑦、韩建武

① 徐在国：《新出古陶文图录·前言》，安徽大学出版社，2018年。
② 许淑珍：《临淄齐国故城新出土陶文》，《考古与文物》2003年第4期。
③ 蔡全法：《近年来新郑"郑韩故城"出土陶文简释》，《中原文物》1986年第1期。
④ 李先登：《荥阳、邢丘出土陶文考释》，《中国历史博物馆馆刊》1989年年刊；李先登：《天津师院图书馆藏陶文选释》，《天津师院学报》1978年第2期。
⑤ 魏继印：《辉县孙村遗址发现的陶器文字》，《中原文物》2008年第1期。
⑥ 王攀：《新乡出土战国秦汉陶文整理研究》，《河南科技学院学报》2018年第3期。
⑦ 傅春喜：《邺城所出历代陶文简述》，《东方艺术》2009年第12期。

《陕西历史博物馆藏陶文汇集》[1]、曹祐福《郧城陶文随想》[2]等。

上述陶文著录书和单篇文章，基本囊括了目前所见陶文，是目前学界研究陶文的主要参考资料。

（二）研究类

上文简述了陶文的著录论著，这里着重介绍研究论著。

1. 文字考释

陶文的考释和研究与陶文的收集整理几乎是同步的。早期有陈介祺的《陶文造象化布杂器考释》和《陶文释存》、吴大澂的《读古陶文记》和《古陶文字释》等，但均未刊行。陈介祺注重陶文的断代、辨伪、释读和内容的探究，已经将陶文中的陈氏与齐国的田氏联系起来，对"宰公之豆""城阳""平陵陈得"等的释读，均正确无误。[3]

当代，需要特别一提的是以下研究论文。俞伟超《汉代的"亭""市"陶文》[4]，唐兰《陈常匋釜考》[5]，张政烺《平陵陲导立事岁陶考证》[6]，李学勤《战国题铭概述（上、中、下）》[7]，朱德熙《战国匋文和玺印文字中的"者"字》《战国文字资料里所见的厩》[8]，袁仲一《秦民营制陶作坊的陶文》[9]，曾宪通《说繇》[10]，裘锡圭《战国文字中的"市"》[11]，吴振武《试说齐国陶文中的"钟"和"溢"》[12]，李零《齐、燕、邾、滕陶文的分类与题铭格式——新编全本〈季木藏陶〉介绍》[13]，汤余惠《略论战国文字

---

① 韩建武：《陕西历史博物馆藏陶文汇集》，《西部考古》2019年第2期。

② 曹祐福：《郧城陶文随想》，《西泠艺丛》2020年第9期。

③ 徐在国：《古陶文著录与研究综述》，《贵州师范大学学报（社会科学版）》2016年第2期。

④ 俞伟超：《汉代的"亭""市"陶文》，《文物》1963年第2期。

⑤ 唐兰：《陈常匋釜考》，《国学季刊》1935年第1期。

⑥ 张政烺：《平陵陲导立事岁陶考证》，《史学论丛》1935年第2期。

⑦ 李学勤：《战国题铭概述（上、中、下）》，《文物》1959年第7、8、9期。

⑧ 朱德熙：《战国匋文和玺印文字中的"者"字》，《古文字研究》第一辑，中华书局，1979年，第116—120页；朱德熙：《战国文字资料里所见的厩》，《出土文献研究》，文物出版社，1985年。两文又收入《朱德熙文集（五）》，商务印书馆，1999年，第109—112、157—165页。

⑨ 袁仲一：《秦民营制陶作坊的陶文》，《考古与文物》1981年第1期。

⑩ 曾宪通：《说繇》，《古文字研究》第十辑，中华书局，1983年，第23—36页。

⑪ 裘锡圭：《战国文字中的"市"》，《考古学报》1980年第3期。

⑫ 吴振武：《试说齐国陶文中的"钟"和"溢"》，《考古与文物》1991年第1期。

⑬ 李零：《齐、燕、邾、滕陶文的分类与题铭格式——新编全本〈季木藏陶〉介绍》，《管子学刊》1990年第1期。

形体研究中的几个问题》[①],何琳仪《古陶杂识》[②],王恩田《齐国陶文地名考》[③],葛英会《古陶文释丛》[④],刘钊《齐"於陵市和节"陶文考》[⑤],陈伟武《〈古陶文字征〉订补》[⑥],施谢捷《河北出土古陶文字零释》《陕西出土秦陶文字丛释》《古陶文考释三篇》[⑦],丘隆、丘光明《介绍几件韩国陶量》[⑧],牛济普《"亳丘"印陶考》[⑨]《荥阳印陶考》[⑩],苏建洲《战国陶文杂识》[⑪],张立东《郑州战国陶文"亳"、"十一年以来"再考》[⑫],何颖《汉晋时期镇墓陶文的历史价值解读》[⑬]《试析汉晋时期朱书陶文的镇墓功能》[⑭],等等,不一而足。

秦汉之后的陶文,甚少学者关注,就学位论文而言,则有佟艳泽《汉代陶文研究概况及文字编》[⑮]、苗丰《散见汉代陶文集录》[⑯]、张毅博《集安地区高句丽陶文研究》[⑰]、王攀《豫北地区战国秦汉陶文研究》[⑱]、赵敏《汉代陶文的整理与研究》[⑲]、邓诗漫《东汉至魏晋南北朝镇墓陶文集释及字表》[⑳],而刘杨《新出春秋战国秦汉魏

---

① 汤余惠:《略论战国文字形体研究中的几个问题》,《古文字研究》第十五辑,中华书局,1986年,第9—100页。

② 何琳仪:《古陶杂识》,《考古与文物》1992年第4期。

③ 王恩田:《齐国陶文地名考》,《考古与文物》1996年第4期。

④ 葛英会:《古陶文释丛》,《文物季刊》1992年第3期。

⑤ 刘钊:《齐"於陵市和节"陶文考》,《管子学刊》1994年第4期。

⑥ 陈伟武:《〈古陶文字征〉订补》,《中山大学学报(社会科学版)》1995年第1期。

⑦ 施谢捷:《河北出土古陶文字零释》,《文物春秋》1996年第2期;施谢捷:《陕西出土秦陶文字丛释》,《考古与文物》1998年第2期;施谢捷:《古陶文考释三篇》,《古汉语研究》1997年第3期。

⑧ 丘隆、丘光明:《介绍几件韩国陶量》,《中原文物》1983年第3期。

⑨ 牛济普:《"亳丘"印陶考》,《中原文物》1983年第3期。

⑩ 牛济普:《荥阳印陶考》,《中原文物》1984年第2期。

⑪ 苏建洲:《战国陶文杂识》,《中国文字》新廿六期,艺文印书馆,2000年。

⑫ 张立东:《郑州战国陶文"亳"、"十一年以来"再考》,《考古学研究(六):庆祝高明先生八十寿辰暨从事考古研究五十年论文集》,科学出版社,2006年,第431—441页。

⑬ 何颖:《汉晋时期镇墓陶文的历史价值解读》,《学理论》2013年第20期。

⑭ 何颖:《试析汉晋时期朱书陶文的镇墓功能》,《文博》2013年第3期。

⑮ 佟艳泽:《汉代陶文研究概况及文字编》,硕士学位论文,吉林大学,2012年。

⑯ 苗丰:《散见汉代陶文集录》,硕士学位论文,复旦大学,2012年。

⑰ 张毅博:《集安地区高句丽陶文研究》,硕士学位论文,东北师范大学,2018年。

⑱ 王攀:《豫北地区战国秦汉陶文研究》,硕士学位论文,河南师范大学,2019年。

⑲ 赵敏:《汉代陶文的整理与研究》,博士学位论文,安徽大学,2019年。

⑳ 邓诗漫:《东汉至魏晋南北朝镇墓陶文集释及字表》,硕士学位论文,吉林大学,2019年。

晋南北朝文字资料的整理研究》①,对陶文也有涉及。

2. 综合研究

综合研究书籍中,周宝宏《古陶文形体研究》②、何琳仪《战国文字通论》及其订补版本和《战国古文字典:战国文字声系》③需要关注。

《古陶文形体研究》一书分上下两编,上编是“古陶文概论”,所述范围从新石器时期的陶符一直延续到春秋战国的陶文,所涉及的问题包括陶符的性质、商代陶文性质以及春秋战国陶文的研究成果及其价值等;下编则主要是对《古陶文字征》的校议,为是书的主要部分。而《战国文字通论》及其订补版本和《战国古文字典:战国文字声系》,对陶文也有专论,其中几乎囊括了当时所见的有代表性的战国陶文,是战国文字研究者的必读书目。

上述陶文研究论著从不同角度对陶文分别作了充分论证,或刊布新材料,或考释文字,或关联历史地理,或涉及历史制度等问题。

3. 工具书的编纂

随着古文字研究不断升温,陶文研究成果亦逐渐增多,很多结论可为定论。那么,将这些成果整理出来,供学界利用,则是另一项重要的工作。陶文工具书就是这样一种存在。在这方面,过去学者的成就十分显著。据高明先生统计,吴大澂的《三代古陶文字释》一书释陶文 481 字;丁佛言的《古陶初释》释字 300 多个;顾廷龙的《古陶文舂录》正编释字 405 个,附编录未识字 451 个;金祥恒的《陶文编》释字 405 个,附录 582 字;高明、葛英会的《古陶文字征》,书中正编录 1 196 字、合文 64 字,附录收 563 字;王恩田的《陶文字典》正编中所释字含合文达 1 279 个。④

当代,陶文工具书不断涌现。其中主要有《古陶文字征》⑤,此书与《古陶文汇编》为姊妹篇,互相配合。此后,《陶文字典》⑥的出版,更是涵盖了以往陶文工具

① 刘杨:《新出春秋战国秦汉魏晋南北朝文字资料的整理研究》,硕士学位论文,天津师范大学,2015 年。

② 周宝宏:《古陶文形体研究》,社会科学文献出版社,2002 年。

③ 何琳仪:《战国文字通论》,中华书局,1989 年;何琳仪:《战国文字通论(订补)》,上海古籍出版社,2017 年;何琳仪:《战国古文字典:战国文字声系》,中华书局,1998 年。

④ 高明、涂白奎:《古陶字录·前言》,上海古籍出版社,2014 年。

⑤ 高明、葛英会:《古陶文字征》,中华书局,1991 年。

⑥ 王恩田:《陶文字典》,齐鲁书社,2006 年。

书的内容，此书较为后出，故在吸收最新成果、避免过去所犯错误、文字处理等方面，都是做得比较到位和精准的。同时，一些大型战国文字工具书，亦兼收陶文，如《战国文字编》《秦文字编》①等，即是其例。

此外，中国考古学会《中国考古学年鉴·陶器文字》②、李守奎《楚文字编》、孙刚《齐文字编》、汤志彪《三晋文字编》、张振谦《齐鲁文字编》③等也辑录有相当数量的陶文，均是学界对陶文意见的客观反映，可资利用。

五、陶文研究所关注的热点

与青铜器、简牍等相比，古代对陶器的使用最为普遍。这决定了陶文与日常生活息息相关。因此，陶文研究的价值绝不低于其他载体文字。陶文研究有以下热点。

汉字起源。一直以来，学界均据陶文探讨汉字的起源，直接将之与汉字尤其是甲骨文联系到了一起。如，有学者认为半坡陶文跟甲骨文有着源流关系，是甲骨文的重要源头④，史前的陶文与甲骨文存在重要关联⑤；也有学者认为，二里头所出陶文即夏代文字，有些字与甲骨文同形或者近似，可证其为文字无疑。不过，二里头陶文并非最早的中国文字，更不是汉字的源头。在二里头陶文之前，中国文字已经走过了一段路。汉字的源头应当在比二里头文化更早的考古学文化中去寻找。⑥ 此后，类似的观点还有很多，然而均未超出上述学者所述范围。

政治制度。在古代，各阶层民众普遍使用陶器，因而当时的政治制度出现在陶文之中是很自然的事。著名的记载秦始皇统一全国且施行书同文等措施的陶文就是很好的例子。其言："廿六年，皇帝尽并兼天下，诸侯黔首大安，立号为皇帝，乃诏丞相状、绾，法度量，则不壹，歉疑者皆明壹之。"这类陶文明确了秦始皇统

---

① 汤余惠：《战国文字编》，福建人民出版社，2001年；王辉：《秦文字编》，中华书局，2015年。
② 中国考古学会：《中国考古学年鉴1996》，文物出版社，1998年。
③ 李守奎：《楚文字编》，华东师范大学出版社，2003年；孙刚：《齐文字编》，福建人民出版社，2010年；汤志彪：《三晋文字编》，作家出版社，2013年；张振谦：《齐鲁文字编》，学苑出版社，2014年。
④ 刘正英：《从半坡陶文看甲骨文起源》，《淮阴师专学报》1997年第3期。
⑤ 张敏：《从史前陶文谈中国文字的起源与发展》，《东南文化》1998年第1期；包和平、黄士吉：《原始陶文——汉字的起源》，《大连民族学院学报》2006年第4期。
⑥ 曹定云：《夏代文字求证——二里头文化陶文考》，《考古》2004年第12期。

一中国的具体时间,其所谓“立号为皇帝”,则指帝制的确立;“法度量,则不壹,歉疑者皆明壹之”就是指统一度量衡的措施。又如,战国陶文有“觳”“斗”“升”“石”“半”“豆”“区”“釜”“钟”等,这是研究中国古代度量衡制度的必备材料。战国陶文有“格氏左司空”“郑司空”等铭文,可能是器物置用场所的反映,但更有可能是“物勒工名”制度的反映。再如,齐国陶文有“乡”“里”“轨”“县”“邑”等记载,从中可知齐国的行政制度及其规划。① 类似情况也见于晋系陶文。郑韩故城曾发掘一批陶文有“井”“芋邑”“吕”“里”“田”“徒”等,证实了战国时期的郑国施行了乡遂制度。②

历史地理。从上文可知,陶文记载了大量的地名,是相关研究领域的极好素材。如,有学者考证了齐国陶文中的“陶乡”“左南郭乡”“内郭”“华门”等③,也有学者利用陶文研究历史地理问题④。

社会经济。战国陶文有单字“公”,可能是为了区别于私营制陶业而印到陶器上的。这也是公私手工业的例证。这说明,第一,先秦各国手工业铸造系统已经相当完备;第二,手工业制造系统分工明细。可见,陶文可为探究古代铸造系统的机构和官僚构成及其运作等提供资料,从而进一步探索古代中国的经济问题。

职官研究。战国陶文记载了大量的职官称谓,如上文的“司空”等陶文就是明证。

思想文化研究。陶文与玺印一样,对时人思想意识、文化观念等均有所反映。如陶文常见“慎”字印文。这是华夏文化一直强调的“慎”观念如“慎言”“慎行”等的真实反映,古书有载,《孔子家语・观周》:“古之慎言人也,戒之哉! 无多言,多言多败;无多事,多事多患。”⑤《庄子・渔父》:“谨修而身,慎守其真,还以物与人,则无所累矣。”⑥

陶文还见有数字卦。⑦ 刻有这些卦画的陶器有何用途,其使用者是何身份,它

---

① 汪太舟:《从齐国陶文看齐国“乡”“里”等行政单位》,《安徽文学》2011 年第 10 期。

② 王琳:《从郑韩故城出土陶文看先秦乡遂制度》,《考古与文物》2003 年第 4 期。

③ 王恩田:《齐国地名陶文考》,《考古与文物》1996 年第 4 期。

④ 陈平:《释“[illegible]”——从陶文“[illegible]”论定燕上都蓟城的位置》,《中国历史文物》2007 年第 4 期。

⑤ 王国轩、王秀梅:《孔子家语》,中华书局,2009 年,第 91 页。

⑥ 郭庆藩:《庄子集释》,中华书局,2012 年,第 1031 页。

⑦ 徐在国:《新出古陶文图录》,安徽大学出版社,2018 年,第 479 页。

反映了什么文化现象和思想感情等，都是值得深思和探讨的；同时，这类陶文对于研究古代的占卜、阴阳家等问题，亦提供了新的资源。

社会生活。姓氏能够反映古代人类的生活和社会情况，甚至可以据此研究中国古代的宗族和聚居情况等。

分域研究。陶文分域研究一直为学者所关注。而科学划分系别者当数李学勤的《战国题铭概述》一文，此文把战国文字分为齐、燕、三晋、两周、楚和秦六系，标志着战国文字分域研究的开始。此外，是文尚有很多创见，如把古文字与历史学、考古学、类型学有机结合起来，还把韩、赵、魏三国题铭合并研究等就是很好的例子。另外，对于一些器物的国别，该文也作了很好的归类。① 此后，学者多以此为据，对各系文字结构、构形、书写风格、文字布局等作了论证，区分不同系别文字的特征，为文字的分域研究打下了坚实的基础。

陶文形体研究。文字形体的研究，就戳印陶文而言，齐国陶文的形体与金文玺印均相一致，大都是丰欣修美，在东周文字分域中，是典型东方齐系文字的风采。② 这是判断齐国陶文的一个标准，也是研究文字演变的一个方向。再如，晋系陶文戳印则与玺印一样，风格比较统一，尺寸较小，多为方形玺面，长方形玺面不多，基本不见圆形，宽边细文。玺文与印体一起铸成，印面布局精巧，文字笔画细劲，字体规整、隽秀，与其他国别的陶文区别明显。而楚系陶文字体则与楚简帛文字类似，从构形到笔法，基本一致，其手写的陶文体态较扁，粗壮雄浑、浑厚结实又线条盘曲，用笔流畅、飘逸，笔触的粗细变化对比强烈，有动感节奏，极富艺术感染力。燕系陶文大多自成一体，以戳印为多，其印面分长条形、正方形和连铃长方形三种。其文字则多潦草，亦多饰笔，与铜器铭文接近。

与其他载体古文字的关系。陶文对于其他载体的古文字研究也有一定的推动和辅助作用。它与其他古文字是相辅相成的关系。

艺术研究。此外，战国陶文还可为书法艺术等领域提供可资研究和利用的素材，已经有不少学者着力于这方面的工作。③

① 李学勤：《战国题铭概述（上、中、下）》，《文物》1959 年第 7、8、9 期。
② 庄浩田：《齐陶文初论》，《书法赏评》2017 年第 6 期。
③ 唐存才：《战国陶文艺术综述》，《书法》2015 年第 12 期。

六、陶文研究未来展望

未来,陶文可以在以下几个方面予以进一步深入研究。

第一,文字释读。文字释读,是所有研究的基础。相对而言,与金文和战国简牍相比,陶文考释工作较为困难。它较为孤立,基本没有上下文对照;且书写较为随性,笔画和构形等不甚规范;同时,陶文清晰度一般,很多陶文较为模糊,或多为刻画痕所掩,可能与其书写有关,也可能是日常使用所致。下一步,商周时期陶文,可能需要学界投入更多精力予以发掘和拓展。

第二,陶文形体研究。先秦时期,各区域文字写法既有联系,又有区别,这对于文字的地域特征和书写习惯的研究,也是大有裨益的。目前,学者多将注意力集中到简帛的地域特征和书写习惯上,却忽略了陶文的这些特殊之处。所以,书写习惯和地域特征方面,将是战国陶文研究的一个新方向。

第三,数字化。随着计算机技术的快速发展和古文字出土资料的日益丰富,古文字的信息化处理备受关注。2001 年,华东师范大学中国文字研究与应用中心主办了“古文字信息化处理国际学术研讨会”,开启了利用计算机研究和处理汉字古文字的新篇章。[1] 该中心在古文字的字形规整化、字符编码、数据库建设等方面取得了一系列重要成果,先后完成了甲骨文、金文、小篆、楚文字、陶文、玺文、盟书、货币文字等多种古文字字形的字库建设。不过,如何利用这些陶文资料进行更深层次的探讨,应提上议事日程。

第四,历史制度和历史地理研究。陶文蕴含大量的地名,尤其是新出地名,这需要学者集中精力予以梳理。

第五,综合著录书的编纂。目前虽然有各种著录书,但是尚未见集著录、研究和工具于一体的书籍。

---

① 张再兴:《古文字信息化处理国际学术研讨会》,《中文信息学报》2002 年第 3 期。

第七节

货 币 文 字

一、货币文字的定义

货币文字，指出现在货币上的文字。

中国古代货币的历史，如果从殷商出现青铜仿贝开始，到民国三年（1914）方孔圜钱为止，历时三千余年，大致经历了以下四个阶段：殷商西周原始货币期、春秋战国金属货币期、秦汉至隋“两”“铢”货币期、唐宋元明清称“宝”货币期。[1] 与西方古代钱币相比较，除了材质与制造工艺的不同外，西方钱币的币面以写生写实的图案为主要修饰和防伪手段，中国则以文字为纹作为修饰和防伪手段。中国古钱的这一特征成为中西货币文化的主要区别，因此，货币文字之于中国货币研究的重要性不言而喻。

在秦统一文字和度量衡之后，钱币无论是形制还是文字（内容和书体）都呈现出基本统一的态势，比如秦汉钱文记重，而唐宋以后钱文多记年号（或国号）并配以宝文，皆有一定的规律。尽管不同时期、不同地区的钱文会有变化，但这种变化主要是基于书法层面，即书体的变化，并不对识读造成困难。不同于战国时期，因地域性及书写材料不同而导致的文字异形——秦统一之前的先秦货币文字，因其生于“乱世”而呈现出“古奥诡谲”“繁简巨变”“草率急就”的面貌，更具备研究的价值。

---

① 戴志强、戴越：《古钱文字》，文物出版社，2014 年，第 6 页。

先秦货币主要是指秦统一六国之前的“金属货币”。在中国古代有金属铸币，如布币、刀币、圜钱等；也有金属称量货币，如金版、银布币等。先秦货币从出现到秦以“半两”圜钱统一为止，经过了四百年左右的发展，其时间之长、跨度之大、品类之多样、形制之复杂、文字之独特，可谓“前无古人，后无来者”。从目前所见的考古资料和研究结果来看，春秋晚期在中原地区，郑、卫、晋等诸侯国主要铸行布币，而今河北桑干河流域、太行山一带则有狄族铸造的刀币。① 战国早期，齐国已开始铸行刀币，即“之”字刀，燕国境内出现了“明”字刀，同时中山国也开始铸行直刀，并被赵国模仿。布币在铸造和使用的过程中，形制产生诸多变化，由空首到平首，由平肩到耸肩。战国中晚期，今河北和辽西一带出现了“针首刀”，齐国因政权更迭出现了“齐大刀”（田齐政权）；尖足布在铸行过程中耸肩变平、尖足变钝，演变成方足与圆肩圆足，盛行于韩、赵、魏，并影响至燕。圜钱和铜贝在战国中期出现，因秦国势力的东扩，魏、赵以及东方的燕、齐等国相继出现圆穿或方穿的圜钱，而铜贝则为南方楚国独有。此外楚地还有板状或饼状的黄金货币，上有钤印文字，被称为金版或金饼。随着秦灭六国的步伐，布币、刀币、铜贝、燕齐圜钱逐次退出历史舞台，秦“半两”成为法定货币，通行全国。

简言之，在这一时期中国古代货币四大体系形成，即中原的布币区域、东方和北方的刀币区域、西方的圜钱区域、南方的贝币区域。四大体系中的货币种类繁多、形制多样、大小不一、轻重各异，无论是货币形制还是文字，无不具有鲜明的地域性特征。

先秦货币文，指“铸或刻写在先秦货币实物上的文字（这些实物质地包括铜、锡、铅、金、银、玉、布帛等），属于中国古文字中的一个分支，时代跨越两周”②。根据目前所见的考古材料来看，最初的货币③上是没有文字的。春秋以降的空首布上出现了简单的文字符号，以战国货币上出现的文字居多。从书体来看，它属于大篆；从载体来看，它属于青铜器铭文。因此，古文字学界将货币文纳入战国文字

① 齐国在春秋晚期是否已铸造刀币，目前尚无定论。详见吴良宝：《中国东周时期金属货币研究》，社会科学文献出版社，2005 年，第 2—3 页。

② 黄锡全：《先秦货币研究》，中华书局，2001 年，第 338 页。

③ 关于中国古代金属货币出现的时间，传世文献中有多种说法。目前考古资料证明，中国古代金属铸币的出现应早于春秋晚期。详见吴良宝：《中国东周时期金属货币研究》，社会科学文献出版社，2005 年，第 2 页。

研究的范畴。战国文字以异形杂陈、奇谲难识著称，而货币文字则表现得尤为突出。笔画高度简省、结构歧异多变，是先秦货币文字主要的形体特点。这些特点的形成既有特定的时代因素，也有汉字自身发展的客观原因。

先秦文字通常被分为殷商、西周春秋和战国三个时段，先秦货币文所对应的时间段正是社会经济、政治、思想文化剧烈变革的时代。礼崩乐坏、王纲解纽使文字走下神坛——文字使用范围日益广泛——书写材料日渐丰富，书写阶层逐渐扩

图 3－17　布币

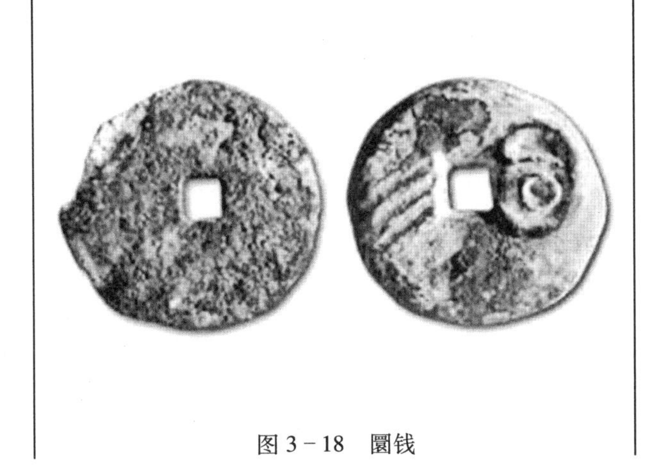

图 3－18　圜钱

图 3－19　贝币

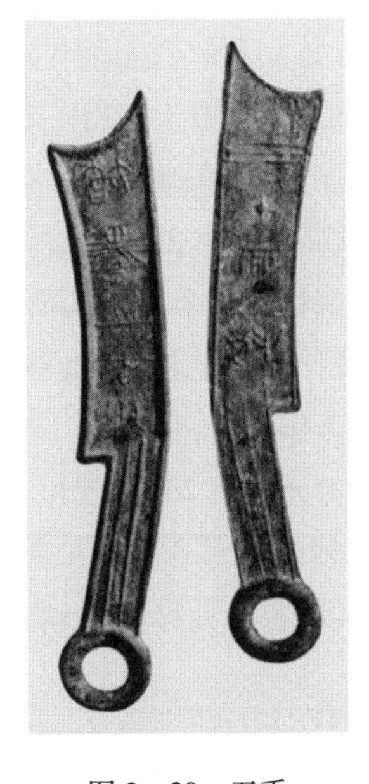

图 3－20　刀币

大。先秦货币文被定义为“铸造者的印记”①,它们大多由当时的民间工匠刻写,因此更多地表现了民间实用书体的特色。同属于青铜器铭文,钟鼎之上的文字工整严谨——铸勒功名,必以规范为典范,而刻在货币上的文字,则在时间和空间的挤压下,以随意草率来应付。文字效用的有限和书写者阶层的局限造就了先秦货币文字“难识”的面貌。

二、货币文字研究综述

货币作为一种实物材料,汇聚了各种史料信息。一枚小小的古代货币,是当时社会经济的缩影——货币的材质、文字、形制为研究当时的生产技术(冶炼工艺)、社会文化、政治制度等方面提供了传世文献无法比拟的可靠资料。我国古代有着钱币著录的优良传统,而对古代钱币的收集和整理,也是推动货币史和钱币学研究的基础。以货币为研究对象的钱币学已有一千五百年左右的历史,在南朝萧梁时代就有研究著录货币实物的专著。随着北宋金石学的兴起,钱币学从货币史学中逐渐脱离出来,并形成了一套收集、整理、考订钱币实物的研究方法,出现了总结性的著作——南宋洪遵的《泉志》。这是中国现存最早的钱币学专著之一,也是一部集大成的总结性著作。该书收录了历代(上自三代,下迄五代)钱币三百余品,规模空前,还收录了先秦货币的摹本,但对文字的释读多为臆测,直至清代才有学者纠正。

从《泉志》开始,直至清代末年,始有少数古钱学家对先秦货币进行整理和研究。清嘉道时期,由于相当一部分金石学家亦精于古钱鉴赏、研究,得益于对金石铜器的深厚功底,在掀起该时期钱币学研究高潮的同时,亦展开了历史学、历史地理学、古文字学与考古学相结合的研究方法,确保了研究古钱不沦为古玩的附庸,成为金石文物中一个独立的研究方向。当时即出现了一大批高质量的钱币著录书籍,据统计有四十余种,如马昂的《货币文字考》、刘心源的《奇觚室吉金文述》等。这些著作侧重文字释读,对战国货币文字的考释具有启发意义。

丁福保无疑是20世纪30年代钱币学的领军人物,著有《古泉丛书》《古钱学纲要》《古钱杂要》《古钱有裨实用谈》《古钱杂记》《历代古钱图说》《古钱大辞典》等。其中以《古钱大辞典》影响最大。该书收录大量古钱品种,且附有释文,内容

① “将金属铸成特定的形态,打上铸造者的印记,使用者凭此即能知道它代表的金属量,交易时不再需要称其重量。”参见汪庆正:《中国历代货币大系1·先秦货币》,上海人民出版社,1988年,第12页。

丰富,是一部汇集众书、广收博取的货币文研究重要参考书。另有奥平昌洪《东亚钱志》一书,是日本人收集先秦货币最多的著录,币文采用了近人的考释,具有一定的参考价值。

中华人民共和国成立后,随着考古发现的日新月异,新材料的大量出土,古代货币的研究也吸引了更多学者的关注。关于先秦货币及其文字的研究,就目前所见的研究资料,根据内容可分为以下四个类型:资料公布、整理与汇编;通论性研究;钱文考释和研究;其他相关研究。以下逐一介绍。

(一)资料公布、整理与汇编

货币作为一种实物资料,其考古意义上的发掘、整理是文字研究展开的基础。新中国成立以来,战国文字研究全面繁荣发展的原因之一,即得益于大量考古材料的出土。这一时期出土的战国文字资料,一是数量巨大,远超以往;二是种类繁多,铜器、竹简、玺印、陶器、石器、货币、盟书等均有不同数量的出土;三是科学考古,使文字研究具备了可靠的基础。因此,根据不完全统计,目前所收集的货币研究相关资料里,有关新材料刊布的论文约占三分之一。

随着新材料的出土与公布,具有系统性、科学性、权威性的资料汇编类的工具书陆续出版。20 世纪 80 年代,汪庆正主编了《中国历代货币大系 1 · 先秦货币》①,该书以"图版"为主体,以时代为序,按货币形制收列先秦货币 4 343 枚,集中收录了存世的先秦货币的精华;图版下分别著录编号、币名、出土时间和地点、尺寸、资料来源等考古属性,是目前资料较为完备的钱币学工具书。《中国钱币大辞典》编纂委员会编纂了《中国钱币大辞典 · 先秦编》②,该书按照先秦货币形态发展的线索,以词条的形式,币与史结合、文与图配合,体现出钱币资料的广泛性、综合词条的系统性、编写的规范性及研究成果的科学性。该书在每一辞目下详细介绍了该货币的国别、铸行区域、形制、面文释读、出土状况(含时间、地点、数量)、尺寸等内容,选择有代表性的拓片附在词条下。另附字形表,为研究先秦货币文提供了更为丰富的材料。除了以上两部工具书类的巨擘外,20 世纪 90 年代以来,亦有专门收录地方货币的资料汇编,如朱华《三晋货币》③,石永士、石磊《燕下都东周货币聚珍》④,山东

① 汪庆正:《中国历代货币大系 1 · 先秦货币》,上海人民出版社,1988 年。

② 《中国钱币大辞典》编纂委员会:《中国钱币大辞典 · 先秦编》,中华书局,1995 年。

③ 朱华:《三晋货币》,山西人民出版社,1994 年。

④ 石永士、石磊:《燕下都东周货币聚珍》,文物出版社,1996 年。

省钱币学会《齐币图释》①等。

此外,还陆续出现了一些对某一种、某一地或馆藏货币的汇编资料,比如王贵忱《三孔布汇编》②,该书是一部专收三孔布的资料汇编,十分完备;又如《中国山西历代货币》③《天津市历史博物馆藏中国历代货币》④《上海博物馆藏钱币·先秦钱币》⑤《洛阳钱币发现与研究》⑥等。

(二)通论性研究

中华人民共和国成立以来,一批先秦货币通论性著作陆续出版,如王毓铨《我国古代货币的起源和发展》⑦、郑家相《中国古代货币发展史》⑧、王献唐《中国古代货币通考》⑨、黄锡全《先秦货币研究》《先秦货币通论》⑩、何琳仪《古币丛考》⑪、吴良宝《中国东周时期金属货币研究》⑫等30余部。

20世纪50年代至70年代早期,王毓铨《我国古代货币的起源和发展》、郑家相《中国古代货币发展史》和王献唐《中国古代货币通考》三书,是关于古代货币的通论性著作。以上三书对战国货币的使用范围和历史演变进行了详尽的介绍,并间或对战国货币文字进行了释读,是当时关于古代货币研究的重要成果。此外,李学勤《东周与秦代文明》⑬一书专设"货币"一章,以考古出土的货币为主要对象,并分形制、分国别对战国时期各国的货币进行了较为详尽的论述,是当时货币研究最新成果的概括。

---

① 山东省钱币学会:《齐币图释》,齐鲁书社,1996年。

② 王贵忱:《三孔布汇编》,自印本,1984年。

③ 山西省钱币学会:《中国山西历代货币》,山西人民出版社,1989年。

④ 天津市历史博物馆:《天津市历史博物馆藏中国历代货币》,天津杨柳青画社,1990年。

⑤ 上海博物馆青铜器研究部:《上海博物馆藏钱币·先秦钱币》,上海书画出版社,1994年,

⑥ 蔡运章、李运兴、赵振华等:《洛阳钱币发现与研究》,中华书局,1998年。

⑦ 王毓铨:《我国古代货币的起源和发展》,科学出版社,1957年。修订版更名为《中国古代货币的起源和发展》,中国社会科学出版社,1990年。

⑧ 郑家相:《中国古代货币发展史》,生活·读书·新知三联书店,1958年。

⑨ 王献唐:《中国古代货币通考》,齐鲁书社,1979年。

⑩ 黄锡全:《先秦货币研究》,中华书局,2001年;黄锡全:《先秦货币通论》,紫禁城出版社,2001年。

⑪ 何琳仪:《古币丛考》,安徽大学出版社,2002年。

⑫ 吴良宝:《中国东周时期金属货币研究》,社会科学文献出版社,2005年。

⑬ 李学勤:《东周与秦代文明》,文物出版社,1984年。

进入21世纪,黄锡全的《先秦货币通论》出版,该书对先秦时期各种形态的货币就形制、钱文、国别、年代等方面作了探讨,并提出了新的见解。2005年,吴良宝《中国东周时期金属货币研究》一书较为全面地梳理了东周时期金属铸币的相关研究成果,并在此基础上,自觉地运用货币出土资料,在考释钱文、判定国别、考证地望等方面提出新的看法,是一部反映东周货币研究水平与动态的重要著作。

除此之外,与货币研究相关的论文集也有出版,如朱活《古钱新探》①,何琳仪《古币丛考》,黄锡全《先秦货币研究》和《古文字与古货币文集》②,戴志强、戴越《古钱文字》③等。

(三)钱文考释和研究

货币文字主要记载了地名(还包括国名、封号等)、货币名称和单位、数字、时间、方位以及一些吉语等,其中地名和单位为考察战国地理、研究古代币制和经济发展状况提供了十分重要的资料。在钱币学的研究中,首要的是对货币的著录,著录对象主要是形制和文字。因此,对货币文字的释读成为展开钱币相关研究的基础——货币文字作为货币所能提供的最为显见的信息,是考证货币国别、地域、年代的先决条件。

裘锡圭《战国货币考(十二篇)》④一文,对先秦货币中的未释字或错释字进行了精辟的考释,解决了一批难释字,以及由此触及的货币所在的地理位置及国别等相关问题,是战国货币文字考释的典范之作。该文成为战国货币文字考释历史上的一个里程碑,是战国货币文字考释阶段性的总结,代表了当代战国货币文字考释的最高水平。裘锡圭的其他文章,如《战国文字中的"市"》⑤《战国平阳刀币考》⑥《谈谈"成白"刀》⑦等,对战国货币文字均有精准的释读。

20世纪50年代末,李学勤所写的《战国题铭概述》⑧一文,对燕、两周的货币

---

① 朱活:《古钱新探》,齐鲁书社,1984年。

② 黄锡全:《古文字与古货币文集》,文物出版社,2009年。

③ 戴志强、戴越:《古钱文字》,文物出版社,2014年。

④ 裘锡圭:《战国货币考(十二篇)》,《北京大学学报(哲学社会科学版)》1978年第2期。

⑤ 裘锡圭:《战国文字中的"市"》,《考古学报》1980年第3期。

⑥ 裘锡圭、李家浩:《战国平阳刀币考》,《中国钱币》1988年第2期。

⑦ 裘锡圭:《谈谈"成白"刀》,《中国钱币论文集》第三辑,中国金融出版社,1998年,第87—93页。

⑧ 李学勤:《战国题铭概述(上、中、下)》,《文物》1959年第7、8、9期。

进行了研究。此外,李学勤的《论博山刀》[1]《重论博山刀》[2],李家浩的《战国货币文字中的“尚”和“比”》[3]《战国切布考》[4]《关于鄉陵君铜器铭文的几点意见》[5]《战国於疋布考》[6]《战国货币考(七篇)》[7]《战国鄘刀新考》[8],吴振武的《战国货币铭文中的“刀”》[9]、《说梁重釿布》[10]、《鄂君启节“舿”字解》[11],汤余惠的《战国货币新探(五篇)》[12]《战国时代魏繁阳的铸币》[13],吴荣曾的《战国布币地名考释三则》[14],张颔的《魏币[illegible]布考释》[15]《古币文三释》[16],汪庆正的《日本银行及上海博物馆所藏博山刀考略》[17],骈宇骞的《试释楚国货币文字“巽”》[18]等论文是先秦货币以及货币文字研究方面值得留意的重要成果。

何琳仪致力于战国货币研究多年,建树颇多,著有《返邦刀币考》[19]《百邑布币

① 李学勤:《论博山刀》,《中国钱币》1986 年第 3 期。

② 李学勤:《重论博山刀》,《中国钱币论文集》第三辑,中国金融出版社,1998 年,第 83—86 页。

③ 李家浩:《战国货币文字中的“尚”和“比”》,《中国语文》1980 年第 5 期。

④ 李家浩:《战国切布考》,《古文字研究》第三辑,中华书局,1980 年,第 160—165 页。

⑤ 李家浩:《关于鄉陵君铜器铭文的几点意见》,《江汉考古》1986 年第 4 期。

⑥ 李家浩:《战国於疋布考》,《中国钱币》1986 年第 4 期。

⑦ 李家浩:《战国货币考(七篇)》,《中国钱币学会成立十周年纪念文集》,中国金融出版社,1992 年,第 85—98 页。

⑧ 李家浩:《战国鄘刀新考》,《中国钱币论文集》第三辑,中国金融出版社,1998 年,第 94—98 页。

⑨ 吴振武:《战国货币铭文中的“刀”》,《古文字研究》第十辑,中华书局,1983 年,第 305—326 页。

⑩ 吴振武:《说梁重釿布》,《中国钱币》1991 年第 2 期。

⑪ 吴振武:《鄂君启节“舿”字解》,《第二届国际中国古文字学研讨会论文集》,香港中文大学中国语言及文学系,1993 年,第 273—292 页。

⑫ 汤余惠:《战国货币新探(五篇)》,吉林省货币学会首届学术讨论会,长春,1984 年。

⑬ 汤余惠:《战国时代魏繁阳的铸币》,《史学集刊》1986 年第 4 期。

⑭ 吴荣曾:《战国布币地名考释三则》,《中国钱币》1992 年第 2 期。

⑮ 张颔:《魏币[illegible]布考释》,《中国钱币》1985 年第 4 期。

⑯ 张颔:《古币文三释》,《中国钱币论文集》第二辑,中国金融出版社,1992 年,第 85—88 页。

⑰ 汪庆正:《日本银行及上海博物馆所藏博山刀考略》,《中国钱币》1985 年第 3 期。

⑱ 骈宇骞:《试释楚国货币文字“巽”》,《中华文史论丛·语言文字研究专辑》,上海古籍出版社,1986 年,第 292—299 页。

⑲ 何琳仪:《返邦刀币考》,《中国钱币》1986 年第 3 期。

考》[1]《尖足布币考》[2]《桥形布币考》[3]《余亡布币考——兼述三孔布地名》[4]《燕国布币考》[5]《锐角布币考》[6]等。

黄锡全亦是先秦货币研究的大家，撰有《干关方足布考》[7]《赵国方足布七考》[8]《古币三考》[9]《古币三辨》[10]《从尖首刀面文“邶”“鼓”等谈到尖首刀的国别年代及有关问题》[11]《楚铜钱牌“见金”应读“视金”》[12]《三孔布奥秘试探》[13]等文章。

另外，吴良宝的《战国布币释读三则》[14]《平肩空首布四考》[15]，何琳仪、徐在国的《释“塞”》[16]也是近年来货币文研究的力作。

通过以上罗列，不难看出1949年以来学术界对先秦货币文的研究主要集中在对文字的释读上，先辈时贤已取得了相当大的成绩。但还有一些疑难文字尚未识出，尤其是燕明刀的背文，多为潦草字符，因缺少语境而不易识读。除了何仪琳《释四》[17]一文对燕明刀的背文略有探讨外，几乎未有其他研究涉及该领域。从论文数量上来看，与货币文字直接相关的论文，主要以货币文字的释读居多，而基于文字学层面，对货币文字形体特征和规律的研究探讨则显寥寥。目前见到的有汤

---

① 何琳仪：《百邑布币考》，《史学集刊》1992年第1期。
② 何琳仪：《尖足布币考》，《陕西金融·钱币专辑》1991年第16期。
③ 何琳仪：《桥形布币考》，《吉林大学社会科学学报》1992年第2期。
④ 何琳仪：《余亡布币考——兼述三孔布地名》，《中国钱币》1990年第3期。
⑤ 何琳仪：《燕国布币考》，《中国钱币》1992年第2期。
⑥ 何琳仪：《锐角布币考》，《中国钱币》1996年第2期。
⑦ 黄锡全：《干关方足布考》，《内蒙古金融研究·钱币专刊》1996年第2期。
⑧ 黄锡全：《赵国方足布七考》，《华夏考古》1995年第2期。
⑨ 黄锡全：《古币三考》，《内蒙古金融研究·钱币专刊》1997年第4期。
⑩ 黄锡全：《古币三辨》，《胡厚宣先生纪念文集》，科学出版社，1998年，第200—203页。
⑪ 黄锡全：《从尖首刀面文“邶”“鼓”等谈到尖首刀的国别年代及有关问题》，《中国钱币》1998年第2期。
⑫ 黄锡全：《楚铜钱牌“见金”应读“视金”》，《中国钱币》1999年第2期。
⑬ 黄锡全：《三孔布奥秘试探》，《安徽钱币》2000年第2期。
⑭ 吴良宝：《战国布币释读三则》，《古文字研究》第二十二辑，中华书局，2000年，第133—137页。
⑮ 吴良宝：《平肩空首布四考》，《中国文字研究》第五辑，广西教育出版社，2004年，第165—167页。
⑯ 何琳仪、徐在国：《释“塞”》，《中国钱币》2002年第2期。
⑰ 何仪琳：《释四》，《文物春秋》1993年第4期。

余惠《略论战国文字形体研究中的几个问题》[1]、朱活《中国古币文字特征初析》[2]、黄锡全《先秦货币文字形体特征举例》[3]及杨勇《三晋货币文字简化异化现象研究》[4]、陶霞波《先秦货币文构形无理性趋向研究》[5]等论作，在不同层面上，从汉字构形的角度对货币文字的形体特征和规律作了一些探讨。

过去专门著录货币文字并作释文的书比较少，一般都是与金文、玺印、陶文等收录在一起，所收货币文字有限。这一局面在20世纪80年代得以改变，学界先后出版了两部先秦货币文字字典：一部是商承祚、王贵忱、谭棣华合编的《先秦货币文编》[6]，一部是张颔编的《古币文编》[7]。前者是我国正式出版的第一部货币文字字形表，共收录8 215个字形（其中，正编313个字头、附录534个字头、合文63个字头、异体字形7 073个），每个字形下注明出处。后者所收字形5 722个，正编收录字头322个，合文字头66个，附录字目509个；在各条目下，实物拓本在前，摹刻字形在后，每个字形下还注出货币类别、词例、出土地；该书选材谨慎，对货币文的研究具有参考价值。

这两部字形编的出现，填补了以往研究先秦货币缺乏文字表可供参考的空白，但也存在着一些不足之处，如失收旧谱及新出土货币中的许多字形，对学术界最新研究成果吸收得不够全面等。关于这些问题，可参阅曹锦炎《读〈先秦货币文编〉札记》[8]与何琳仪《〈古币文编〉校释》[9]等。

随着先秦货币研究的不断发展，文字考释、国别判定等问题也有了更多的新成果，《先秦货币文编》和《古币文编》两书中的货币文字表已经不能满足当时的研

---

① 汤余惠：《略论战国文字形体研究中的几个问题》，《古文字研究》第十五辑，中华书局，1986年，第9—100页。

② 朱活：《中国古币文字特征初析》，《成都文物》1989年第1期。

③ 黄锡全：《先秦货币文字形体特征举例》，《于省吾教授百年诞辰纪念文集》，吉林大学出版社，1996年，第198—204页。

④ 杨勇：《三晋货币文字简化异化现象研究》，《第四届全国书法研究生书学学术周论文集》，首都师范大学出版社，2008年，第318—325页。

⑤ 陶霞波：《先秦货币文构形无理性趋向研究》，复旦大学出版社，2006年。

⑥ 商承祚、王贵忱、谭棣华：《先秦货币文编》，书目文献出版社，1983年。

⑦ 张颔：《古币文编》，中华书局，1986年。

⑧ 曹锦炎：《读〈先秦货币文编〉札记》，《中国钱币》1984年第2期。

⑨ 何琳仪：《〈古币文编〉校释》，《文物研究》第六辑，黄山书社，1990年，第213—218页。

究需要。21世纪初，吴良宝《先秦货币文字编》[①]的出版弥补了以上两部字表的不足。该书收集了2005年以前的货币文字的字形资料，并对近二三十年来的货币文识读成果进行了全面的考察，在修正以往字典对货币文字误释的基础上，增加了大量可识的字。此书正编收录字头428个（《古币文编》322个），同时对同一个字头下收录的不同字形进行了大量的增补；合文字头100个（《古币文编》66个）；附录556个字形（《古币文编》509个），充分反映了近二十年来先秦货币文字研究的足迹和进步。

（四）其他相关研究

除了以上三类比较明确的研究方向之外，作为信息综合载体的货币，其可研究维度是多向的。因此，关于货币铸造工艺，尤其是钱范制作、成分研究及与货币文化相关问题的讨论也都被学界关注。另外，由于货币铭文多记地名，据学者统计，货币上记录的各类地名约400种。因此，近年来利用币文展开历史地理学研究的也不乏其人，如陈隆文《先秦货币地名与历史地理研究》[②]《历史货币地理研究刍议》[③]《春秋战国货币地理研究》[④]《先秦货币地理研究》[⑤]等系列论著在这一方面具有开创意义。张文芳、吴良宝《战国货币地名用字考察及相关问题讨论》[⑥]一文在详细整理货币铭文地名用字的情况下，对地名用字的省体、讹变、通假等现象也作了探讨。

综上所述，目前货币文字的研究从学术成果的形式来看，可以分为两类：一类是收集和整理，主要是在拓片的收集整理和著录的过程中包含了钱文的释定整理；一类是对货币文字的考释和研究。从研究思路上来看，或是在货币史、钱币学观照下，作为研究的一个分支；或是释读货币文字，为政治经济制度、历史地理等学科的研究提供支持。但在文字学、汉字发展史层面对货币文字展开的研究还比较杂散和零碎，即文字学意义上的文字本体研究侧重于单字考释和字汇编撰，对

---

① 吴良宝：《先秦货币文字编》，福建人民出版社，2006年。

② 陈隆文：《先秦货币地名与历史地理研究》，《中原文物》2005年第2期。

③ 陈隆文：《历史货币地理研究刍议》，《史学月刊》2005年第6期。

④ 陈隆文：《春秋战国货币地理研究》，人民出版社，2006年。

⑤ 陈隆文：《先秦货币地理研究》，科学出版社，2008年。

⑥ 张文芳、吴良宝：《战国货币地名用字考察及相关问题讨论》，《内蒙古金融研究·钱币文集》第八辑，内蒙古自治区钱币学会，2006年，第66—71页。

于文字形体的考察或是散见于其他类型文字材料的对比研究中,例如《战国文字通论》①中的部分章节;或是仅作现象描述,举例印证,如《先秦货币文字形体特征举例》②。从汉字发展史的角度对文字构形系统、形体特点、演变规律的研究,目前还不占据主导地位。研究只做个案分析,固然有单字释读上的突破,但是较为孤立零散,缺乏系统意义上的考察,则不能把握字形演变的规律。不把研究的视野拓宽到文字生存的物质环境,就无法抓住先秦货币文字形的个性特点,也就无法为其在汉字发展史上找到合理的定位。

三、货币文字研究未来展望

所谓"字尚不识,遑论其他",先秦货币铭文的释读,是各项研究的首要之务。历代学者也始终立足于先秦货币铭文的释读来展开研究,但因各种原因,仍有不尽如人意之处。鉴于材料自身的特点,近年来对先秦货币文的研究始终处于一种边缘状态。因此,后续的研究,我们应首先立足于研究货币本体的特点,完善深入文字本体的研究。在结合新材料的前提下,运用汉字发展史的理论,从生存环境、效用功能、使用者、书写材料、书写方式等角度综合考量、释读文字,在充分利用现有的考释研究成果和结构研究理论的基础上,通过字形本体的研究把握货币文字的总体特征,尝试从文字外在的生存环境来探寻文字形体的成因,为文字考释这一基础性工作提供多种研究渠道。

其次,将新技术植入古老的文字学研究中。用现代化信息技术手段研究古文字已不鲜见。一直以来,研究者在提及货币文字时常常作"古奥诡谲""繁简巨变""草率急就"等诸如此类的形容。然而如何"古奥"、如何"诡谲","繁简巨变"的程度又是如何,又何以会"草率急就"? 在标榜"文字异形"的战国时代,货币文的"异形"有何与众不同,"异形"的根源何在? 如此种种问题,目前的学术界既无严密翔实的定性研究,也无科学可靠的定量分析。试探其客观原因,可能在于材料的零碎难检,加之手工操作的落后,传统的研究一般只能停留在数据的收集整理层面,而简单的堆砌阻碍了对材料之间以及材料内部联系的发现,无法深刻、全面

---

① 何琳仪:《战国文字通论》,中华书局,1989 年。

② 黄锡全:《先秦货币文字形体特征举例》,《于省吾教授百年诞辰纪念文集》,吉林大学出版社,1996 年,第 198—204 页。

地掌握材料的价值。认识的不足导致了对材料运用的局限,而究其根本原因,则在于研究角度的选择偏离了材料本身的特点。

鉴于以往传统手工操作方式的局限,也鉴于运用计算机手段进行数据收集、字形整理、数据统计等已成为目前古文字研究的主要模式,且在其他类型的古文字研究中已有成熟的运用,因此,将先秦货币文字放置于战国文字的大背景下,运用较为先进和成熟的数据处理技术,赋予古老的研究材料以新鲜的研究手段,必将生发出新的研究火花。

再次,随着先秦货币研究的不断发展,文字考释、国别判定等问题也会有更多的新成果。这些新成果与历史地理、制度文化的结合,将会为先秦货币与货币文字的研究取得双赢的局面。以地名为主要内容的先秦货币文,无疑是研究战国城市的发展、各诸侯国疆域及其变迁的第一手材料。通过货币上的地名,也可展开货币史、城市商业发展史等历史地理范畴内的科学探讨。“只言片语而有裨于对勘旧史料”,先秦货币文虽然字数不多,但却是可以信证的原始资料。因此先秦货币文与相关学科综合、融通,必能营建一片新的研究天地。

第八节

玺　文

一、玺文的定义

玺印是古人昭明信用的凭证,也是各国各级行政机构及其职官施行职权的工具之一。先秦时期,古玺统一被称作“玺”。《周礼 · 地官司徒 · 司市》:“凡通货贿,以玺节出入之。”《史记 · 楚世家》:“怀王大悦,乃置相玺于张仪,日与置酒,宣言:‘吾复得吾商於之地。’”都明确记载玺印之称谓和用途。

秦始皇统一中国后,规定“玺”只能用来称说天子、太后及皇后之印,而大夫、平民的玺印则称之为“印”。《史记 · 高祖本纪》:“秦王子婴素车白马,系颈以组,封皇帝玺符节,降轵道旁。”司马贞《索引》:“韦昭云:‘天子印称玺,又独以玉。’”同书《吕不韦列传》:“上之雍郊,毐恐祸起,乃与党谋,矫太后玺发卒以反蕲年宫。”汉代,“印”又称“章”或“印章”。《汉书 · 匈奴传》:“故印文曰‘匈奴单于玺’,莽更曰‘新匈奴单于章’。”张家山汉简《二年律令 · 津关令》简 501:“毋禁物,以令若丞印封椟槥,以印章告关,关完封出,勿索。”

古书中的“玺”“印”与“章”均刻写有文字。所以,玺文是指刻写在金、银、铜、铁、玉、石等材质上的文字。

二、玺文的载体和分类

(一) 载体

玺文的载体,除实物外,还有钤印陶文和封泥。所谓钤印陶文,是指在陶器上

图 3－21
《玺汇》[1]0056

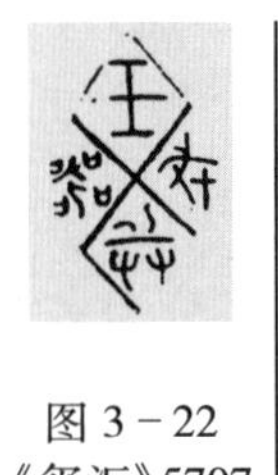
图 3－22
《玺汇》5707

施以印文的文字。这是最为常见的玺文之一。

在古代，在捆扎物件的绳结处施加具有黏性的胶质泥土，然后以玺印钤印于泥上，以达到封缄、保密及便于目验等作用。这种钤印的黏性胶质泥就是"封泥"。《左传·襄公二十九年》："季武子取卞，使公冶问，玺书追而与之。"此处的"玺书"即指以封泥封缄的简牍文书。封泥亦是古玺文研究的重要介质，但不易保存。目前所见封泥主要是秦封泥，包括传世品和出土品。[2]

此外，林木、砖块和瓦片也可以是玺印的载体。

（二）分类

1. 内容分类

按玺文内容所揭示的使用对象及方式，古玺大体可分为私玺（印）、官玺（印）、成语玺（印）、图形玺（印）四类。

私玺通常指个人所使用的姓名玺印，如"孙贵"（《玺汇》1523）。[3]

官玺则是指政府官员和行政机构在履行其职权时所使用的凭证和工具，如"左吴（虞）"（《玺汇》1650）、"外司圣（声）鍴"（《玺汇》0365）、"右桁（衡）正木"（《玺汇》0299）、"右骑将"（《玺汇》0048）、"襄平右尸（尉）"（《玺汇》0125）、"勿正（征）关玺"（《玺汇》0295）等。[4]

---

① 《古玺汇编》，简称《玺汇》。参见罗福颐：《古玺汇编》，文物出版社，1981 年。

② 王辉、陈昭容、王伟：《秦文字通论》，中华书局，2016 年，第 288 页。

③ 吴振武：《燕国玺印中的"身"字》，《胡厚宣先生纪念文集》，科学出版社，1998 年，第 196—199 页；朱德熙：《古文字考释四篇》，《古文字研究》第八辑，中华书局，1983 年，第 15—22 页；徐宝贵：《战国玺印文字考释》，《古文字研究》第二十辑，中华书局，2000 年，第 234—241 页；刘钊：《楚玺考释（六篇）》，《古文字考释丛稿》，岳麓书社，2005 年，第 195—200 页；吴振武：《〈古玺汇编〉释文订补及分类修订》，《〈古玺文编〉校订》，人民美术出版社，2011 年，第 341—391 页。

④ 吴振武：《战国玺印中的"虞"和"衡鹿"》，《江汉考古》1991 年第 3 期；吴振武：《释双剑誃旧藏燕"外司圣鍴"玺》，《于省吾教授百年诞辰纪念文集》，吉林大学出版社，1996 年，（转下页）

成语玺的内容古代所流行的成语或吉利语。如“忠信”(《玺汇》3463、5427)、“慎之”(《玺汇》4711)、“敬老思少”(《港续二》①77)、“上下和”(《玺汇》4730)、“宜有千万”(《玺汇》4799)、“出入大吉”(《玺汇》4912)等。

按照玺文字数,则可分为多字玺和单字玺。

古代还有图形玺,其内容为各种图案,但此并非文字学范畴,可不论。

2. 国别分类

春秋战国时期,文字异形,区域性明显。有学者将战国文字分为两周、燕国、齐国、三晋、秦国和楚国六个区域。② 也有学者将战国文字按“系”分为齐、燕、晋、楚和秦五系。③ 秦汉大一统之后,各朝代的玺文就不存在国别分类了。这类不同朝代不同国别的玺印,与战国的国别分类存在本质的区别。

三、玺文的分布和数量

古代玺印主要分布于中国境内,其分布的区域比任何材质的古文字都要多。此外,世界各地也有大量的中国玺印存在。

中国古代玺印的确切数量较难统计。如,《十钟山房印举》收录 10 284 方玺印,《古玺汇编》收录 5 708 方玺印,施谢捷《古玺汇考》收玺印达 10 000 多方④,《晋系玺印汇编》收玺印 6 549 方,秦封泥则超 6 000 枚。⑤ 虽然这些玺印有重复的,但由此亦可知,中国古代玺印数量是巨大的。秦汉之后的玺印数量更是不可胜数。

(接上页)第 162—165 页;朱德熙:《释“桁”》,《古文字研究》第十二辑,中华书局,1985 年,第 327—328 页;石志廉:《馆藏战国七玺考》,《中国历史博物馆馆刊》1979 年第 1 期;石志廉:《战国古玺考释十种》,《中国历史博物馆馆刊》1980 年第 2 期;裘锡圭:《古玺印考释四篇》,《文博研究论集》,上海古籍出版社,1992 年,第 79—88 页;刘钊:《释战国“右骑将”玺》,《史学集刊》1994 年第 3 期。

① 《香港中文大学文物馆藏印续集二》,简称《港续二》。参见王人聪:《香港中文大学文物馆藏印续集二》,香港中文大学文物馆,1999 年。

② 李学勤:《战国题铭概述(上、中、下)》,《文物》1959 年第 7、8、9 期。

③ 何琳仪:《战国文字通论》,中华书局,1989 年;何琳仪:《战国文字通论(订补)》,上海古籍出版社,2017 年。

④ 施谢捷:《古玺汇考》,博士学位论文,安徽大学,2006 年。

⑤ 汤志彪:《晋系玺印汇编》,学苑出版社,2020 年。

最早的玺印可追溯至商代，如“亚禽示”玺（《双剑誃》[1]130页）、“[illegible]”玺（《双剑誃》128页）等，但数量极少。西周玺印也不多见。春秋战国时期玺印开始增多，尤以后者为甚。学界一般将战国东方六国及此前的玺印称为“先秦古玺”，或简称“古玺”，而将秦国、秦朝的玺印统称为“秦印”，将汉朝的玺印称为“汉印”，或将后两者合称为“秦汉印”。后世则多循汉，习称为“印”。

四、玺文研究的基本材料

（一）著录

1. 专著

对玺印进行整理、辑录成册且可信据者，首推明代顾从德的《集古印谱》。可惜此书并未大量刊行，一直到清代的陈介祺才将印谱发扬光大。

清咸丰三年（1853），陈介祺将其旧藏古玺辑成《簠斋印集》十二册。[2] 清同治十一年（1872），陈介祺辑成《十钟山房印举》，开集各家藏印于一谱之先例。[3] 此后，印谱、印集陆续刊行，而关于先秦、秦汉的印谱最受关注，较为著名者如《古玺汇编》《香港中文大学文物馆藏印集》《故宫博物院藏古玺印选》《湖南省博物馆藏古玺印集》《香港中文大学文物馆藏印续集一》《山东新出土古玺印》《天津市艺术博物馆藏古玺印选》《香港中文大学文物馆藏印续集二》《古印集萃・战国卷》《珍秦斋藏印・战国篇》《战国玺印分域编》《中国古印・程训义古玺印集存》《二十世纪出土玺印集成》《盛世玺印录》系列以及《倚石山房藏战国古玺》等。[4] 其中《古

---

① 《双剑誃古器物图录》简称《双剑誃》。参见于省吾：《双剑誃古器物图录》，中华书局，2009年。

② 陈介祺：《簠斋古印集》，人民美术出版社，2012年；陈介祺：《簠斋印集》，西泠印社出版社，2019年。

③ 陈介祺：《十钟山房印举》，人民美术出版社，2011年。

④ 罗福颐：《古玺汇编》，文物出版社，1981年；罗福颐：《古玺文编》，文物出版社，1981年；王人聪：《香港中文大学文物馆藏印集》，香港中文大学，1980年；罗福颐：《故宫博物院藏古玺印选》，文物出版社，1982年；湖南省博物馆：《湖南省博物馆藏古玺印集》，上海书店出版社，1991年；王人聪：《香港中文大学文物馆藏印续集一》，香港中文大学，1996年；赖非：《山东新出土古玺印》，齐鲁书社，1998年；李东琬：《天津市艺术博物馆藏古玺印选》，文物出版社，1997年；王人聪：《香港中文大学文物馆藏印续集二》，香港中文大学文物馆，1999年；来一石：《古印集萃・战国卷》，荣宝斋出版社，2000年；萧春源：《珍秦斋藏印・战国篇》，澳门基金会，2001年；庄新兴：《战国玺印分域编》，上海书店出版社，2001年；程训义：《中国古印・程训义古玺印集存》，河北美术出版社，2007年；周晓陆：《二十世纪 （转下页）

玺汇编》是先秦古玺的集大成者,此书以印谱的形式收录古玺 5 708 方,每方古玺标示序号、释文、出处,是目前玺印研究的必备书目。

《古陶文汇编》《陶文图录》《新出古陶文图录》等陶文著录书和《古陶字汇》《古陶字录》等陶文工具书亦收录甚多古玺。[①]

秦汉及其后的玺印著录书更为大宗,限于体例和篇幅,此处仅举其梗概。如,《汉铜印丛》[②]《秦汉南北朝官印征存》[③]《汉晋南北朝印风》[④]《魏晋南北朝印》[⑤]《隋唐宋印风(附辽夏金)》[⑥]《元代印风》[⑦]《明代印风》[⑧]等。而著录目录可参考《古铜印谱举隅》[⑨]《中国历代印章目录》[⑩]等。

此外,秦汉之后的玺印著录书,多专注于艺术性,与文字学相异,不赘。

2. 论文

单篇论文也有著录玺印,一般是考古发掘报告、博物馆藏品和私人收藏等几个方面。

考古发掘经常发现古代玺印,如《河北柏乡县东小京战国墓》[⑪]《中山国灵寿城第四、五号遗址发掘简报》[⑫]《登封战国阳城贮水输水设施的发掘》[⑬]等。介绍博

(接上页)出土玺印集成》,中华书局,2010 年;吴砚君:《盛世玺印录》,艺文书院,2013 年;吴砚君:《盛世玺印录・续壹》,文化艺术出版社,2017 年;吴砚君:《盛世玺印录・续贰》,文化艺术出版社,2017 年;吴砚君:《倚石山房藏战国古玺》,西泠印社出版社,2019 年。

① 高明:《古陶文汇编》,中华书局,1990 年;王恩田:《陶文图录》,齐鲁书社,2006 年;徐在国:《新出古陶文图录》,安徽大学出版社,2018 年;徐谷甫、王延林:《古陶字汇》,上海书店出版社,1994 年;高明、涂白奎:《古陶字录》,上海古籍出版社,2014 年。

② 汪启淑、徐敦德:《汉铜印丛》,西泠印社出版社,1998 年。

③ 罗福颐:《秦汉南北朝官印征存》,文物出版社,1987 年。

④ 庄新兴:《汉晋南北朝印风》,重庆出版社,2011 年。

⑤ 杨少峰:《魏晋南北朝印》,浙江人民美术出版社,2016 年。

⑥ 萧高洪:《隋唐宋印风(附辽夏金)》,重庆出版社,2011 年。

⑦ 黄惇:《元代印风》,重庆出版社,1999 年。

⑧ 黄惇:《明代印风》,重庆出版社,1999 年。

⑨ 〔日〕太田孝太郎:《古铜印谱举隅》,天津人民美术出版社,2017 年。

⑩ 华光普:《中国历代印章目录》,中国民族摄影艺术出版社,1998 年。

⑪ 柏乡县文物保管所:《河北柏乡县东小京战国墓》,《文物》1990 年第 6 期。

⑫ 陈应祺:《中山国灵寿城第四、五号遗址发掘简报》,《文物春秋》1989 年第 C1 期(创刊号)。

⑬ 河南省文物研究所登封工作站、中国历史博物馆考古部:《登封战国阳城贮水输水设施的发掘》,《中原文物》1982 年第 2 期。

物馆藏品的文章,如,《湖南省博物馆新征集玺印考述》[①]《关于安徽阜阳博物馆藏印的若干问题》[②]《济南市博物馆藏古代铜印选释》[③]《吉林省出土收藏古玺印艺术概述》[④]《安徽阜阳博物馆藏印选介》[⑤]等。刊布私人藏品的文章,如,《释三方收藏在日本的中国古代官印》[⑥]《新见战国古玺印一一七方》[⑦]《寓石斋玺印考》[⑧]等。其他研究类文章也多有著录,如《郑州、荥阳两地新出战国陶文介绍》[⑨]《"亳丘"印陶考》[⑩]《荥阳印陶考》[⑪]《近年来新郑"郑韩故城"出土陶文简释》[⑫]《山东新出土古玺印考释(九则)》[⑬]《新见先秦古玺文字杂识》[⑭]等。

(二)研究论著

1. 专著

古玺研究的先驱当属吴大澂。清光绪九年(1883),吴大澂所编《说文古籀补》收录古玺文 570 余字,开古玺研究之先河。[⑮] 此后,丁佛言《说文古籀补补》、强运开《说文古籀三补》均为吴书之续作。[⑯]

---

① 陈松长:《湖南省博物馆新征集玺印考述》,《湖南博物馆文集》,岳麓书社,1991 年,第 109—113 页。

② 黄盛璋:《关于安徽阜阳博物馆藏印的若干问题》,《文物》1993 年第 6 期。

③ 李晓峰、杨冬梅:《济南市博物馆藏古代铜印选释》,《文物春秋》2001 年第 2 期。

④ 马洪:《吉林省出土收藏古玺印艺术概述》,《博物馆研究》1996 年第 1 期。

⑤ 韩自强:《安徽阜阳博物馆藏印选介》,《文物》1988 年第 6 期。

⑥ 吴振武:《释三方收藏在日本的中国古代官印》,《中国文字》新廿四期,艺文印书馆,1998 年,第 83—94 页。

⑦ 董珊:《新见战国古玺印一一七方》,《中国古文字研究》第一辑,吉林大学出版社,1999 年,第 137—146 页。

⑧ 徐畅:《寓石斋玺印考》,《书法导报》2005 年 6 月 10 日第 12 版。

⑨ 牛济普:《郑州、荥阳两地新出战国陶文介绍》,《中原文物》1981 年第 1 期。

⑩ 牛济普:《"亳丘"印陶考》,《中原文物》1983 年第 3 期。

⑪ 牛济普:《荥阳印陶考》,《中原文物》1984 年第 2 期。

⑫ 蔡全法:《近年来新郑"郑韩故城"出土陶文简释》,《中原文物》1986 年第 1 期。

⑬ 徐在国:《山东新出土古玺印考释(九则)》,《中国文字研究》第二辑,广西教育出版社,2001 年,第 272—277 页。

⑭ 韩祖伦:《新见先秦古玺文字杂识》,复旦大学出土文献与古文字研究中心网站(http://www.gwz.fudan.edu.cn/SrcShow.asp?Src_ID=559),2008 年 12 月 2 日。

⑮ 吴大澂:《说文古籀补》,中华书局,1988 年。

⑯ 丁佛言:《说文古籀补补》,中华书局,1988 年;强运开:《说文古籀三补》,武汉古籍书店,1985 年。

至于研究古玺文字的专书，首推罗福颐的《古玺文字征》[①]。此间，王献唐、黄宾虹、吴朴堂等对古玺印也有深入的研究。[②] 黄宾虹更是将陶文、玺印联系起来，以证陈介祺“陶文由玺印抑成”的观点。[③]

罗福颐主编的《古玺文编》是研究古玺印的重要著作。[④] 此书与《古玺汇编》配套使用，按《说文》部首顺序排列、以单字为单位，将《古玺汇编》中的古玺文归纳到相应的小篆和楷书字头之下，某些字头之下还附有作者的注解意见。此二书互为表里，为玺印研究提供了巨大的便利。1984 年，吴振武的《〈古玺文编〉校订》对《古玺文编》存在释读问题的玺文进行了全面的校订，提出了新的释读意见，所论多为定论。[⑤] 另外，施谢捷的《古玺汇考》、陈光田的《战国玺印分域研究》、田炜的《古玺探研》、萧毅的《古玺文分域研究》等均为系统研究战国玺印的佼佼之作。[⑥] 值得注意的是，施谢捷的《古玺汇考》集分域研究和著录于一身。

这期间，具有区域性的融辑录、研究于一体的先秦、秦汉玺印著作亦陆续出版，主要集中在秦、楚和晋系。秦系主要有许雄志的《中国历代印风系列・秦代印风》，周晓陆、路东之的《秦封泥集》，萧春源的《珍秦斋藏印・秦印篇》，傅嘉仪的《新出土秦代封泥印集》和《秦封泥汇考》，陈振濂的《西泠印社：战国秦汉封泥文字研究专辑》，赵平安的《秦西汉印章研究》等。[⑦] 楚系有邱传亮的《楚官玺集释》，晋系则有汤志彪的《晋系玺印汇编》。[⑧]

---

① 罗福颐：《古玺文字征》，1930 年石印本。

② 王献唐：《五镫精舍印话》，齐鲁书社，1985 年；王献唐：《那罗延室稽古文字》，齐鲁书社，1985 年；黄宾虹：《宾虹草堂玺印释文》，西泠印社出版社，1958 年。

③ 黄宾虹：《黄宾虹金石篆印丛编》，人民美术出版社，1999 年，第 147—196 页。

④ 罗福颐：《古玺文编》，文物出版社，1981 年。

⑤ 吴振武：《〈古玺文编〉校订》，博士学位论文，吉林大学，1984 年。

⑥ 施谢捷：《古玺汇考》，博士学位论文，安徽大学，2006 年；陈光田：《战国玺印分域研究》，岳麓书社，2009 年；田炜：《古玺探研》，华东师范大学出版社，2010 年；萧毅：《古玺文分域研究》，崇文书局，2018 年。

⑦ 许雄志：《中国历代印风系列・秦代印风》，重庆出版社，1999 年；周晓陆、路东之：《秦封泥集》，三秦出版社，2000 年；萧春源：《珍秦斋藏印・秦印篇》，临时澳门市政厅文化康乐部，2000 年；傅嘉仪：《新出土秦代封泥印集》，西泠印社出版社，2002 年；傅嘉仪：《秦封泥汇考》，上海书店出版社，2007 年；陈振濂：《西泠印社：战国秦汉封泥文字研究专辑》，西泠印社出版社，2011 年；赵平安：《秦西汉印章研究》，上海古籍出版社，2012 年。

⑧ 邱传亮：《楚官玺集释》，学苑出版社，2017 年；汤志彪：《晋系玺印汇编》，学苑出版社，2020 年。

2. 论文

主要包括单篇论文和学位论文两类。

(1) 单篇论文

此类论文甚多,兹举一二以作说明。1926 年,王国维在《桐乡徐氏〈印谱〉序》一文中通过将玺印文字与其载体文字合证,首次辨认出多个齐玺文字,并指出这类古玺文属于战国东方六国文字。① 此后,更多研究玺印文字的论文问世。罗福颐、朱德熙、裘锡圭、李家浩、吴振武、曹锦炎、黄盛璋、何琳仪、王人聪、刘钊、施谢捷、田炜、萧毅、陈光田等学者对玺印文字研究用力较深。如,裘锡圭《战国玺印文字考释三篇》考释出了"胳""焰""窞""瘤""旨""脂"等字。② 吴振武《〈古玺汇编〉释文订补及分类修订》一文,对《古玺汇编》的释文作了更正和补释,并对此书的玺印分类也作了一些修订。③

玺印文字研究不限于释字,有学者作了更深入的探讨。如,吴振武《战国玺印中的"虞"和"衡鹿"》解读了古代掌管山泽的"虞"官④,《释双剑誃旧藏燕"外司圣鍴"玺》指出了燕国掌听"理乱之音"的"司声"官员⑤。李家浩《战国官印考释三篇》、刘钊《楚玺考释(六篇)》均对相关机构或职官有详论。⑥ 这是根据文字研究官制者。此外,还有据字形分域者。目前可据玺文陶文"者"⑦字、"市"⑧字、"县"⑨字、"身"⑩字、"鍴"⑪

① 王国维:《观堂集林·第一册》,中华书局,1961 年,第 298—304 页。

② 裘锡圭:《战国玺印文字考释三篇》,《古文字研究》第十辑,中华书局,1983 年,第 78—100 页。

③ 吴振武:《〈古玺汇编〉释文订补及分类修订》,《古文字学论集(初编)》,香港中文大学,1983 年,第 485—535 页。

④ 吴振武:《战国玺印中的"虞"和"衡鹿"》,《江汉考古》1991 年第 3 期。

⑤ 吴振武:《释双剑誃旧藏燕"外司圣鍴"玺》,《于省吾教授百年诞辰纪念文集》,吉林大学出版社,1996 年,第 162—165 页。

⑥ 李家浩:《战国官印考释三篇》,《出土文献研究》第六辑,上海古籍出版社,第 12—23 页;刘钊:《楚玺考释(六篇)》,《古文字考释丛稿》,岳麓书社,2005 年,第 195—200 页。

⑦ 朱德熙:《战国陶文和玺印文字中的"者"字》,《古文字研究》第一辑,中华书局,1979 年,第 116—120 页。

⑧ 裘锡圭:《战国文字中的"市"》,《考古学报》1980 年第 3 期。

⑨ 李家浩:《先秦文字中的"县"》,《文史》第二十八辑,中华书局,1987 年,第 49—58 页。

⑩ 吴振武:《燕国玺印中的"身"字》,《胡厚宣先生纪念文集》,科学出版社,1998 年,第 196—199 页。

⑪ 罗福颐:《故宫博物院藏古玺印选》,文物出版社,1982 年,第 3 页。

字、“[illegible]”①字等的构形和写法，作为国别判断的标准。

（2）学位论文

这方面的文章主要有：文炳淳《先秦楚玺文字研究》②、周翔《楚文字专字研究》③、朱晨《秦封泥集释》④《秦封泥文字研究》⑤、韩丽《新出秦印研究》⑥、徐冬梅《秦封泥文字字形研究》⑦、李学嘉《秦系私印整理与研究》⑧、胡司琪《秦汉玺印文字形变研究》⑨、朱棒《东晋南北朝六面印研究》⑩、王培《元明清仿汉印风研究》⑪等。

至于先秦玺印，学界注重分域研究。如，将秦系玺印文字纳入秦系文字材料中进行整体研究的，有单晓伟《秦文字疏证》以及刘孝霞《秦文字整理与研究》等。⑫

战国时期，燕、齐两系玺文材料较少，早期常被归入两系文字中作为研究对象的一部分，如冯胜君《战国燕系古文字资料综述》、苏建洲《战国燕系文字研究》、彭吉思《战国燕系文字地域特征研究》、张振谦《齐系文字研究》、王爱民《燕文字编》、李瑶《战国燕、齐、中山通假字考察》、孙刚《东周齐系题铭研究》、周素焕《东周燕系文字疏证》等。⑬ 近年来，分别以燕、齐玺文字作为专门研究对象的学位论

---

① 高明：《说“鋻”及其相关问题》，《考古》1996年第3期。

② 文炳淳：《先秦楚玺文字研究》，博士学位论文，台湾大学，2002年。

③ 周翔：《楚文字专字研究》，博士学位论文，安徽大学，2017年。

④ 朱晨：《秦封泥集释》，硕士学位论文，安徽大学，2005年。

⑤ 朱晨：《秦封泥文字研究》，博士学位论文，安徽大学，2011年。

⑥ 韩丽：《新出秦印研究》，硕士学位论文，安徽大学，2009年。

⑦ 徐冬梅：《秦封泥文字字形研究》，硕士学位论文，河北大学，2010年。

⑧ 李学嘉：《秦系私印整理与研究》，硕士学位论文，西南大学，2019年。

⑨ 胡司琪：《秦汉玺印文字形变研究》，硕士学位论文，南京大学，2019年。

⑩ 朱棒：《东晋南北朝六面印研究》，硕士学位论文，南京大学，2016年。

⑪ 王培：《元明清仿汉印风研究》，硕士学位论文，南京艺术学院，2019年。

⑫ 单晓伟：《秦文字疏证》，博士学位论文，安徽大学，2010年；刘孝霞：《秦文字整理与研究》，博士学位论文，华东师范大学，2013年。

⑬ 冯胜君：《战国燕系古文字资料综述》，硕士学位论文，吉林大学，1997年；苏建洲：《战国燕系文字研究》，硕士学位论文，台湾师范大学，2001年；彭吉思：《战国燕系文字地域特征研究》，硕士学位论文，华南师范大学，2007年；张振谦：《齐系文字研究》，博士学位论文，安徽大学，2008年；王爱民：《燕文字编》，硕士学位论文，吉林大学，2010年；李瑶：《战国燕、齐、中山通假字考察》，硕士学位论文，吉林大学，2011年；孙刚：《东周齐系题铭研究》，博士学位论文，吉林大学，2012年；周素焕：《东周燕系文字疏证》，硕士学位论文，福建师范大学，2015年。

文开始出现,如刘笛《燕官玺集释》、朱晓寒《齐官玺集释》、马玉霞《战国燕系玺印整理与研究》、朱可《战国齐玺整理与研究》等。①

晋系玺文材料在数量上少于秦系而多于其他各系,但早期也仅被视作晋系文字的一个分支。李蕊《战国晋系文字资料地域特征研究》、秦晓华《东周晋系文字资料研究》、沈之杰《战国三晋文字编》、汤志彪《三晋文字编》、刘刚《晋系文字的范围及内部差异研究》、张程昊《晋系文字地名研究》均属此类。② 后来,有学者将晋系玺印作为独立的研究对象,如孟丽娟《三晋官玺集释》、陈聪《晋系玺印文字构形研究》、陈丹蕾《新出三晋古玺整理与研究》、邱军辉《三晋古玺研究》等。③

秦汉玺文研究是先秦相关研究的余绪,此后,玺文研究逐渐式微。此间研究,可参考上文的相关学位论文。

(三)通论性著作

民国时期,陈邦福的《古玺发微》是第一部关于古玺的通论性著作,全书分为类别、玺式、钮式、辨质、余说等几个部分,对古玺作了较全面的讨论。④ 1963 年,罗福颐、王人聪合著的《印章概述》一书对玺印的起源、作用、名称沿革、使用方式、文字书体、钮制、传世来由等几个方面进行分章叙述。⑤ 1981 年,罗福颐的《古玺印概论》分别介绍了历代印玺的书体名称、名称变迁、钮制、质料、类别、由来、时代考证等。⑥ 1996 年,曹锦炎的《古玺通论》出版,此书共分上、下两编:上编涉及古玺的时代、形制、分类、使用以及玺文的构形特色、地域特色等,而下编则对官玺按

---

① 刘笛:《燕官玺集释》,硕士学位论文,安徽大学,2015 年;朱晓寒:《齐官玺集释》,硕士学位论文,安徽大学,2015 年;马玉霞:《战国燕系玺印整理与研究》,硕士学位论文,西南大学,2019 年;朱可:《战国齐玺整理与研究》,硕士学位论文,西南大学,2019 年。

② 李蕊:《战国晋系文字资料地域特征研究》,硕士学位论文,中山大学,2002 年;秦晓华:《东周晋系文字资料研究》,博士学位论文,中山大学,2008 年;沈之杰:《战国三晋文字编》,博士学位论文,北京师范大学,2009 年;汤志彪:《三晋文字编》,博士学位论文,吉林大学,2009 年;刘刚:《晋系文字的范围及内部差异研究》,博士学位论文,复旦大学,2013 年;张程昊:《晋系文字地名研究》,硕士学位论文,郑州大学,2016 年。

③ 孟丽娟:《三晋官玺集释》,硕士学位论文,安徽大学,2014 年;陈聪:《晋系玺印文字构形研究》,硕士学位论文,河北大学,2015 年;陈丹蕾:《新出三晋古玺整理与研究》,硕士学位论文,安徽大学,2019 年;邱军辉:《三晋古玺研究》,硕士学位论文,江西师范大学,2019 年。

④ 陈邦福:《古玺发微》,安徽人民出版社,2015 年。

⑤ 罗福颐、王人聪:《印章概述》,生活 · 读书 · 新知三联书店,1963 年。

⑥ 罗福颐:《古玺印概论》,文物出版社,1981 年。

楚、齐、燕、三晋、秦五系分别进行考述。① 此后，玺印通论性著作更是纷出。② 通论性著作的问世，方便了有志于玺印者的阅读和学习，有利于玺印的普及和传播。

（四）工具性著作

玺文工具书，首创者当属罗福颐《古玺文编》。此后很长一段时间，玺文均被收入大型工具书中，并未独立出来。目前来说，先秦、秦汉具有分域性的玺文工具书，仅有许雄志《秦印文字汇编》和汤志彪《晋系玺印汇编》两部。③

五、玺文研究所关注的热点

著录。自明清以降，玺印著录一直是学界关注的热点。上述曹锦炎、施谢捷、萧毅、田炜、陈光田等专注于玺印的学者在其专著或学位论文中均有综述，可参看。

文字考释。此类论文数量众多，且硕果累累。上举王国维在《桐乡徐氏〈印谱〉序》一文中首次辨认出多个齐玺文字。④ 此后，玺印文字考释文章蜂出。应该说，在古文字研究领域，很多文章都或多或少涉及玺印文字的释读。

官制研究。如吴振武《战国玺印中的"虞"和"衡鹿"》释出了掌管山泽之官⑤，《释双剑誃旧藏燕"外司圣鍴"玺》释出了掌听"理乱之音"之官⑥。此外，李家浩、刘钊的相关论文，均对相关机构或职官有详论。⑦ 在学者努力下，我们可清晰知道"尸（尉）"⑧

---

① 曹锦炎：《古玺通论》，上海书画出版社，1996 年。

② 小鹿：《古代玺印》，中国书店，1998 年；叶其峰：《古玺印通论》，紫禁城出版社，2003 年；周晓陆：《考古印史》，中华书局，2020 年。

③ 许雄志：《秦印文字汇编》，河南美术出版社，2001 年；汤志彪：《晋系玺印汇编》，学苑出版社，2020 年。

④ 王国维：《观堂集林 · 第一册》，中华书局，1961 年，第 298—304 页。

⑤ 吴振武：《战国玺印中的"虞"和"衡鹿"》，《江汉考古》1991 年第 3 期。

⑥ 吴振武：《释双剑誃旧藏燕"外司圣鍴"玺》，《于省吾教授百年诞辰纪念文集》，吉林大学出版社，1996 年，第 162—165 页。

⑦ 李家浩：《战国官印考释三篇》，《出土文献研究》第六辑，上海古籍出版社，第 12—23 页；刘钊：《楚玺考释（六篇）》，《古文字考释丛稿》，岳麓书社，2005 年，第 195—200 页。

⑧ 罗福颐：《古玺文编》，文物出版社，1981 年，第 59 页；丁佛言：《说文古籀补补》，中华书局，1988 年，"附录"第 13 页；陈汉平：《屠龙绝绪》，黑龙江教育出版社，1989 年，第 324—327 页；李家浩：《战国官印考释（六篇）》，中国古文字研究会第九届年会论文，南京，1992 年；何琳仪：《战国古文字典：战国文字声系》，中华书局，1998 年，第 1048 页；吴振武：《战国玺印中所见的监官》，《中国古文字研究》第一辑，吉林大学出版社，1999 年，第 117—121 页。

“少师”[1]等职官。而刘刚《晋系文字的范围及内部差异研究》[2]、许慜慧《古文字资料中的战国职官研究》[3]、张程昊《晋系文字地名研究》[4]等学位论文,对玺印职官均有探讨。

专著方面,吴晓懿《战国官名新探》[5]、萧毅《古玺文分域研究》[6]、程燕《战国典制研究·职官篇》[7]、陆德富《战国时代官私手工业的经营形态》[8]等对玺印所载职官作了梳理。

此外,曹锦炎《古玺通论》[9]《古代玺印》[10]也讨论了职官问题。庄新兴《战国玺印分域编》[11]、叶其峰《古玺印通论》[12]、下田诚《中国古代国家的形成与青铜兵器》[13]、陈光田《战国古玺分域研究》[14]、田炜《古玺探研》[15]等著作,在探讨字形过程中亦有涉及职官尤其是晋系职官问题,下田诚甚至据以深入探讨了早期国家的形成及其行政机构的运作。

分域研究。根据玺印文字形体、玺印构形及其风格、用字用词习惯判断玺印国别和地域,目前已成一时风气。例如,朱德熙[16]、裘锡圭[17]、李家浩[18]、吴振武[19]、

---

① 刘钊:《古文字构形研究》,博士学位论文,吉林大学,1991年;施谢捷:《古玺汇考》,博士学位论文,安徽大学,2006年。

② 刘刚:《晋系文字的范围及内部差异研究》,博士学位论文,复旦大学,2013年。

③ 许慜慧:《古文字资料中的战国职官研究》,博士学位论文,复旦大学,2014年。

④ 张程昊:《晋系文字地名研究》,硕士学位论文,郑州大学,2016年。

⑤ 吴晓懿:《战国官名新探》,安徽师范大学出版社,2013年。

⑥ 萧毅:《古玺文分域研究》,崇文书局,2018年。

⑦ 程燕:《战国典制研究·职官篇》,安徽大学出版社,2018年。

⑧ 陆德富:《战国时代官私手工业的经营形态》,上海古籍出版社,2018年。

⑨ 曹锦炎:《古玺通论》,上海书画出版社,1996年。

⑩ 曹锦炎:《古代玺印》,文物出版社,2002年。

⑪ 庄新兴:《战国玺印分域编》,上海书店出版社,2001年。

⑫ 叶其峰:《古玺印通论》,紫禁城出版社,2003年。

⑬ 〔日〕下田诚:《中国古代国家的形成与青铜兵器》,汲古书院,2008年。

⑭ 陈光田:《战国古玺分域研究》,岳麓书社,2009年。

⑮ 田炜:《古玺探研》,华东师范大学出版社,2010年。

⑯ 朱德熙:《战国陶文和玺印文字中的“者”字》,《古文字研究》第一辑,中华书局,1979年,第116—120页。

⑰ 裘锡圭:《战国文字中的“市”》,《考古学报》1980年第3期。

⑱ 李家浩:《先秦文字中的“县”》,《文史》第二十八辑,中华书局,1987年,第49—58页。

⑲ 吴振武:《燕国玺印中的“身”字》,《胡厚宣先生纪念文集》,科学出版社,1998年,第196—199页。

高明①等先生均作了很好的研究。

战国分域研究在学位论文及以之为基础出版的专著中反映得特别明显，除上举萧毅、田炜、陈光田等学者的著作外，文炳淳《先秦楚玺文字研究》、周翔《楚文字专字研究》、朱晨《秦封泥集释》《秦封泥文字研究》、韩丽《新出秦印研究》、徐冬梅《秦封泥文字字形研究》、李学嘉《秦系私印整理与研究》、胡司琪《秦汉玺印文字形变研究》、单晓伟《秦文字疏证》以及刘孝霞《秦文字整理与研究》等②，均是此中很好的例子。此外，汉印研究亦不在少数。③

六、玺文研究未来展望

第一，释字。释字是玺印研究的基础环节，也是学界一直努力的方向。

第二，区域研究。各系玺印文字各具特色、自成一派，因此，区域文字构形方面的研究，仍然是未来研究的一个重要分支。

第三，制度研究。“传世和出土古玺是研究中国古代文字发展、职官制度、地理沿革、姓氏状况等问题的一份重要资料。”④利用玺印材料，探索古代社会政治、经济、历史、职官等制度，依然是学者的用力之道。

第四，对读研究。加强玺印与其他载体文字的对读研究，亦是玺印研究的重要一环。

第五，艺术性研究。玺印文字是华夏文明的瑰宝，其艺术性一直为学者所称道。

第六，数字化及文字识别。运用云计算和人工智能等技术，对玺印文字进行

---

① 高明：《说“鋬”及其相关问题》，《考古》1996年第3期。

② 文炳淳：《先秦楚玺文字研究》，博士学位论文，台湾大学，2002年；周翔：《楚文字专字研究》，博士学位论文，安徽大学，2017年；朱晨：《秦封泥集释》，硕士学位论文，安徽大学，2005年；朱晨：《秦封泥文字研究》，博士学位论文，安徽大学，2011年；韩丽：《新出秦印研究》，硕士学位论文，安徽大学，2009年；徐冬梅：《秦封泥文字字形研究》，硕士学位论文，河北大学，2010年；李学嘉：《秦系私印整理与研究》，硕士学位论文，西南大学，2019年；胡司琪：《秦汉玺印文字形变研究》，硕士学位论文，南京大学，2019年；单晓伟：《秦文字疏证》，博士学位论文，安徽大学，2010年；刘孝霞：《秦文字整理与研究》，博士学位论文，华东师范大学，2013年。

③ 代威：《汉代篆文研究》，硕士学位论文，吉林大学，2013年；李鹏辉：《汉印文字资料整理与研究》，博士学位论文，安徽大学，2017年。

④ 吴振武：《〈古玺文编〉校订》，人民美术出版社，2011年，“前言”第3页。

大数据处理，并尝试进行文字识别和认读，进一步将玺印文字推向世界，这将是未来重要的研究方向。

第七，玺印工具书的编纂。玺印文字研究中存在着材料和研究观点多、检索不便的问题。因此，玺印文字材料及其研究观点在检索方面的数据化与信息化，亦当强化。

第九节

纸写文字

一、纸写文字的定义

（一）纸写文字的内涵

纸写文字指抄写在纸上的文字。与印本相对而言，抄写而成的图书资料叫抄本或写本，它们大多是未经后人改动的原始资料。习惯上，唐以前称写本，唐以后称抄本。一般泛称为写本文献，也可称为“纸写文字文献”。

（二）纸写文字的外延

纸写文字必然离不开纸。西汉时期已经产生了纸①，如“放马滩纸”“悬泉置纸”“中颜纸”“灞桥纸”等②。东汉元兴年间，蔡伦改革了造纸方法，使造纸术得以大规模普及，既便宜又轻薄的纸张解决了当时“缣贵而简重”的写字用材难题③。目前所见的最早纸写文字是悬泉置遗址出土的三块西汉麻纸上的墨书汉字。④ 魏晋时期，纸基本取代了缣帛简牍，成为文字的主要载体。西晋元康六年（296）的佛

---

① 潘吉星：《中国科学技术史·造纸与印刷卷》，科学出版社，1998 年。

② 李晓岑：《甘肃天水放马滩西汉墓出土纸的再研究》，《考古》2016 年第 10 期；龚德才、杨海艳、李晓岑：《甘肃敦煌悬泉置纸制作工艺及填料成分研究》，《文物》2014 年第 9 期；孙周勇、刘军、魏兴兴等：《陕西扶风纸白西汉墓发掘简报》，《文物》2010 年第 10 期；王菊华、李玉华：《从几种汉纸的分析鉴定试论我国造纸术的发明》，《文物》1980 年第 1 期。

③ 范晔：《后汉书·蔡伦传》，中华书局，1973 年，第 2513 页。

④ 马啸：《汉悬泉置遗址发掘书学意义重大》，《中国书法》1992 年第 2 期。

经残卷是最古的卷子本。[①] 敦煌、吐鲁番、黑水城出土的汉文写本文献代表了 3—14 世纪的汉文纸写文字文献样本（为行文方便，以下省称为敦煌文献、吐鲁番文献、黑水城文献）。已知的吐鲁番文献大约有 3 万片，其中汉文写本数量目前尚待确定，其抄写时间集中在南北朝和唐前期。[②] 敦煌文献有 6 万多件[③]，其中绝大多数为汉文写本，其抄写时间集中在唐五代和宋初。黑水城文献约有 2 万余件，其中汉文写本约有 5 400 余件。[④] 其抄写时代包括唐、五代、宋、西夏、伪齐、金、元（含北元），以元代抄写的数量最多，其次是西夏、宋。[⑤] 12 世纪以后，宋元以来写本文献数量之多，只能用“海量”一词来形容，主要分为官方手书文献和民间各阶层百姓手书文献两大类（为行文方便，以下省称宋元以来写本文献）。官方手书文献中以明清档案为主，它与殷墟甲骨、西域木简、敦煌文书一起，被称为 20 世纪初中国古代文化的四项重大发现，仅中国第一历史档案馆的存量就达 1 067 万件[⑥]。宋元以来写本多为人们日常所用之物，应用范围广，有契约、分书、账册、杂字、信札、医药书、日用类书、杂抄、经卷、科举书、戏曲、宝卷、小说等多种类别，大量散存在百姓家中，仅“明清契约文书的总和，保守地估计，也当在 1 000 万件以上”[⑦]。历代纸写文字文献，海外许多国家都有收藏，其中日本、韩国、越南的收藏历史比较久远，收藏数量和质量以日本的为佳。美国、法国、英国、俄国等欧美国家大规模的收藏则始于明清以后。

总之，纸写文字的研究材料主要包括魏晋南北朝到民国时期的各类写本，目前纸写文字文献的总量尚无法确计。就汉字而言，由于纸和毛笔的本质、书者的抄写原理从始至终没有发生过大的改变，因此历代写本文献也就贯通一体，总体上反映了每个时期纸写文字的特点，勾画了近代汉字的演变轨迹。

---

① 毛春翔：《古书版本常谈》，上海古籍出版社，2002 年，第 98 页。

② 孟宪实、荣新江：《吐鲁番学研究：回顾与展望》，《西域研究》2007 年第 4 期。

③ 张涌泉：《写在〈敦煌文献语言大词典〉出版的边上》，《中文学术前沿》第十四辑，浙江大学出版社，2017 年，第 127—135 页。

④ 宋坤：《四十年来黑水城汉文佛教文献研究的回顾与展望》，《西夏研究》2019 年第 1 期。

⑤ 杜建录：《黑水城汉文文献综述》，《西夏学》第四辑，宁夏人民出版社，2009 年，第 3—14 页。

⑥ 李国荣：《明清档案整理刊布的百年回望与学术贡献——中国第一历史档案馆藏明清档案编纂出版略论》，《清史研究》2021 年第 2 期。

⑦ 杨国桢：《明清土地契约文书研究》，中国人民大学出版社，2009 年，“序言”第 3 页。

（三）纸写文字的字形

魏晋以降的写本文献内容丰富，类别复杂多样。文字方面，以汉字为主，还包括西夏文、藏文、回鹘文、突厥文、叙利亚文、古阿拉伯文、女真文、蒙古文、八思巴文、满文等多种民族文字。汉字字体以楷、草、行为主，兼及篆、隶等多种书体。因时代、内容、用途、纸张、书手、保存等不同因素，历史上的每张纸写文字实物都是“唯一”的原生态文献。与整齐划一的印本文献相比，纸写文献的鲜活个性跃然纸上。例如：图 3－23 为敦煌写卷《故吴和尚赞文》，图 3－24 为清代契约《雍正八年董登岦卖地基契》。

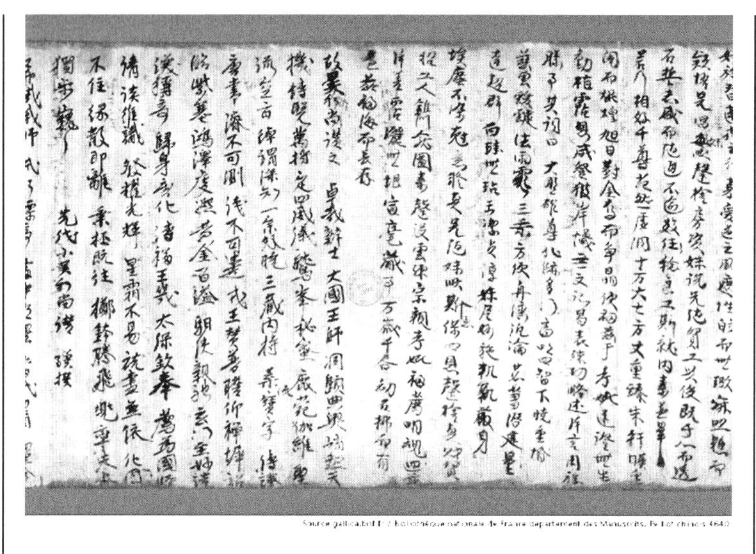

图 3－23 《故吴和尚赞文》

尤其是明清时期的写本文献，由于书者众多且文化水平不同，他们在书写时经常随意发挥，使用层层累积的历代字形和自造借用字形，从而导致纸写文字体系非常庞杂。例如在山西万泉范村的契约中，“将”“两”二字的字形就有多种。

将：

两：

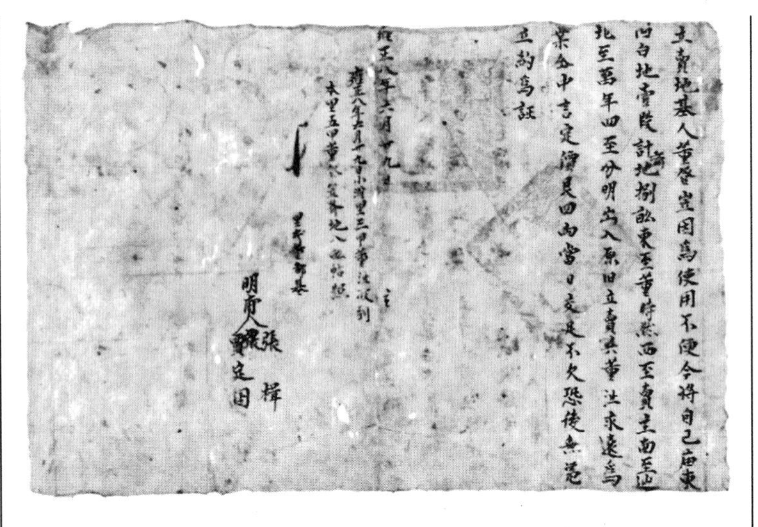

图 3－24　《雍正八年董登岦卖地基契》

二、纸写文字研究历史

20 世纪以来，学界以出土和发现的纸写文字文献为研究材料，取得了斐然的成就。综合各类纸写文字文献，分阶段简述如下。

（一）开创阶段

20 世纪初到 40 年代为研究的开创阶段。发现、刊布及整理敦煌文献是研究的核心和重点。黑水城和明清档案文献也开始引起学界关注。

1900 年敦煌文献在敦煌莫高窟藏经洞被发现。清人叶昌炽在《语石》中记录了莫高窟的碑石，并指出敦煌遗书的价值。《敦煌石室真迹录》是第一部敦煌文献资料集。① 《敦煌劫余录》是第一部大型分类目录。② 1930 年，陈寅恪在《敦煌劫余录》序言中提出了“敦煌学”概念。③ 1934 年，向达、王重民在英法拍摄了大量写本照片。此阶段敦煌文献研究的开创者主要有罗振玉、蒋斧、王仁俊、刘复、胡适、王国维、陈寅恪、陈垣、向达、王重民等学者，他们的主要贡献有三：一是为敦煌卷子加写跋、按语和提要，并进行历史考证；二是抄录和发布敦煌资料；三是创立了

① 王仁俊：《敦煌石室真迹录》，国粹堂石印本，1909 年。

② 陈垣：《敦煌劫余录》，中央研究院历史语言研究所，1931 年。

③ 陈寅恪：《敦煌劫余录 · 序》，《敦煌劫余录》，中央研究院历史语言研究所，1931 年。

敦煌文献研究模式。日本的研究者主要有内藤湖南、狩野直喜、羽田亨、藤田丰八、神田喜一郎等人。①

1908年俄国人科兹洛夫在黑水城遗址发掘了大量黑水城文献。这些文献具有重大研究价值,直接生成了"西夏学"或称"黑城学"②。其中的汉文写本文献弥补了我国缺乏宋元时期纸写文字文献实物的遗憾。1911年至1936年间,苏联的伊凤阁、弗鲁格,法国的伯希和等以此展开讨论,发表了相关研究论文。③

从1921年罗振玉抢救"八千麻袋"大内档案之事开始,明清档案文献引起了学者关注。④ 该时期,罗振玉对敦煌文献和明清档案文献保护的功绩最为卓著。

(二)发展阶段

20世纪40年代至70年代为研究的发展阶段,文献得到集中刊布。

该阶段研究仍然以敦煌文献为中心,代表人物主要有姜亮夫、周绍良、王重民、任二北、潘重规等学者,研究成就主要集中在五个方面:一是编写目录,如《敦煌遗书总目索引》《敦煌古籍叙录》⑤等。二是分类整理,如《敦煌变文汇录》《敦煌曲子词集》⑥等。三是撰写研究专著,如《敦煌曲初探》《敦煌曲校录》《敦煌变文字义通释》⑦等。四是创办专业刊物,如香港新亚研究所敦煌学会于1974年创办的《敦煌学》。五是编写研究资料,如《敦煌资料》⑧等。日本研究者主要有菊池英夫、池田温、土肥义和、金冈照光、藤枝晃等,代表作有《敦煌文书概观》⑨等。

1959年至1975年,我国考古工作者在新疆吐鲁番阿斯塔那、哈拉和卓古墓葬区中发掘到了大量吐鲁番文献,这为"吐鲁番学"的建立奠定了基础。

---

① 周一良、〔日〕神田喜一郎:《敦煌秘籍留真》,《清华学报》1948年第1期。

② 孙继民:《黑城学:一个更为贴切的学科命名》,《河北学刊》2007年第4期。

③ 杜建录:《黑水城汉文文献综述》,《西夏学》第四辑,宁夏人民出版社,2009年,第3—14页。

④ 王若:《罗振玉与"八千麻袋"事件》,《中华读书报》2011年7月20日,第15版。

⑤ 商务印书馆:《敦煌遗书总目索引》,商务印书馆,1962年;王重民:《敦煌古籍叙录》,中华书局,1979年。

⑥ 周绍良:《敦煌变文汇录》,上海出版公司,1954年;王重民:《敦煌曲子词集》,商务印书馆,1950年。

⑦ 任二北:《敦煌曲初探》,上海文艺联合出版社,1954年;任二北:《敦煌曲校录》,上海文艺联合出版社,1955年;蒋礼鸿:《敦煌变文字义通释》,中华书局,1959年。

⑧ 中国科学院历史研究所资料室:《敦煌资料》第一辑,中华书局,1961年。

⑨ 〔日〕藤枝晃:《敦煌文书概观》(The Tunhuang Manuscripts: A General Description),《人文》第10号,1969年。

这一时期，宋元以来写本文献也开始引起学者们的关注。如《脉望馆抄校本古今杂剧》共存杂剧 242 种①，所收剧目多为孤本，是研究元明杂剧及其作者的重要资料。《元代地契》和《明代徽州庄仆文约辑存——明代徽州庄仆制度之侧面的研究》的发表②，标志着民间文献开始走进研究者的视野。《掌故丛编》（后更名为《文献丛编》）以丛书的形式刊布明清档案约 3 300 余件。③

（三）繁荣兴盛阶段

20 世纪 80 年代，研究进入繁荣兴盛阶段，主要表现在研究机构设立，专业刊物创立，学术队伍壮大，成果日渐丰硕。研究成果重在对各类文献的录释和校注，而语言文字研究则集中在俗字和词汇方面。

1. 敦煌文献研究方面

1984 年敦煌研究院成立，下设敦煌文献研究所。1983 年《敦煌研究》创刊，至今发表敦煌学相关的各类文章近 4 000 余篇。兰州大学敦煌学研究所是由兰州大学和敦煌研究院联合共建的教育部人文社会科学重点研究基地，1980 年《敦煌学辑刊》创办，1985 年中国敦煌吐鲁番学会兰州大学资料中心建立。北京大学、浙江大学、南京师范大学等都设有敦煌学研究中心。《敦煌学国际联络委员会通讯》是敦煌吐鲁番学研究的重要工具书，由敦煌学国际联络委员会、中国敦煌吐鲁番学会、首都师范大学古文献研究中心共同主办。2002 年开始发刊，每年一期，主要总结上一年度的研究成果，如《2021 敦煌学国际联络委员会通讯》发表了《2020 年敦煌学研究综述》《2020 年吐鲁番学研究综述》《2014—2020 年台湾地区敦煌学研究综述》《百年来法藏敦煌写本文献编目成果述评》《杏雨书屋藏敦煌遗书编目整理综论》等④。文献、历史、社会研究领域的领军人物有周绍良、黄永武、唐耕耦、陆宏基、任二北、郑炳林、荣新江、郝春文等学者。语言文字研究领域的代表人物有蒋礼鸿、郭在贻、项楚、潘重规、张涌泉、黄征等学者。日本研究者有高田时雄、武内绍人、入矢义高等人。

---

① 古本戏曲丛刊编辑委员会：《古本戏曲丛刊·四集》，国家图书馆出版社，2016 年。

② 施一揆：《元代地契》，《历史研究》1957 年第 9 期；傅衣凌：《明代徽州庄仆文约辑存——明代徽州庄仆制度之侧面的研究》，《文物》1960 年第 2 期。

③ 故宫博物院掌故部：《〈文献丛编〉全编》，北京图书馆出版社，2008 年。（《掌故丛编》1928 年创刊，后更名为《文献丛编》。）

④ 郝春文：《2021 敦煌学国际联络委员会通讯》，上海古籍出版社，2021 年。

2. 黑水城文献研究方面

1997 年中国社会科学院西夏文化研究中心建立。2009 年宁夏大学西夏学研究院、河北师范大学黑城学研究中心成立。2010 年中俄西夏学联合研究所成立。文献、历史、社会研究领域的研究者有陈炳应、李逸友、塔拉等学者,语言文字研究领域的研究者有杜建录、孙继民、蔡永贵等学者。

3. 吐鲁番文献方面

1988 年中国敦煌吐鲁番学会与北京图书馆合办的敦煌吐鲁番资料中心正式对外开放。2005 年吐鲁番学研究院成立。新疆吐鲁番学会、新疆吐鲁番地区文物局于 2000 年创办《吐鲁番学研究》。据不完全统计,到 2017 年已出版学术专著与文集 80 余部,公开发表研究论文近 500 篇。① 文献、历史、社会研究领域的领军人物有饶宗颐、唐长孺、陈国灿、荣新江等学者,语言文字研究领域相对滞后,主要有廖名春、王启涛等学者。

4. 宋元以来写本文献方面

20 世纪 80 年代,杨国桢首次提出"中国契约学"的概念。② 张传玺进一步阐发了"中国契约学"的内涵和任务。③ 宋元以来写本文献遍布全国各地,以契约文书为例,其数量巨大,今已刊布的文献以徽州、贵州、浙江、福建等地区为最。明清档案文献的藏量也很丰富,成果也多,如 1981 年创办的《历史档案》现已登载有关明清档案方面的学术论文 2 000 多篇。

三、纸写文字研究进展

21 世纪以来在全面繁荣昌盛的形势下,研究进入了总结和思考阶段。

此阶段主要是回顾各类纸写文献的研究历史,出版和发表了许多具有总结性、理论性、方法性的论著。这些研究成果总结了各类文献的性质、特点及研究现状,指明了研究中存在的不足和问题,展望了未来发展方向等,因而具有重要的理论和实践指导意义。

---

① 范英杰、陈焱:《2017 年吐鲁番学研究综述》,《2018 敦煌学国际联络委员会通讯》,上海古籍出版社,2018 年,第 23—83 页。

② 杨国桢:《明清土地契约文书研究》,中国人民大学出版社,2009 年。

③ 张传玺:《论中国历代契约资料的蕴藏及其史料价值》,《北京大学学报(哲学社会科学版)》1991 年第 3 期。

敦煌文献研究的时间最长,成果也最多。《当代中国敦煌学研究(1949—2019)》是一部具有重要总结意义的中国敦煌学学术史著作。[①]《敦煌学概论》是学习敦煌学入门之作。[②] 1985年之前敦煌学的研究书目可阅《敦煌研究的回顾与展望——代发刊词》《敦煌·吐鲁番学工具书目》。[③] 1985年之后的研究成果见于《敦煌文献与历史研究的回顾和展望》《敦煌学大辞典》《敦煌文献概述》《百年敦煌学学术史研究:历史,现状与未来(笔谈)——注重敦煌学的学术背景与学术关联》《敦煌学的世纪回顾与展望》《百年敦煌学:历史·现状·趋势》《敦煌学研究的回顾与展望》《敦煌遗书整理的回顾与展望》等。[④] 近年来,敦煌文献分类研究的综述论文有:《敦煌法制文书研究回顾与展望》《敦煌出土医学文献研究回顾与展望》《敦煌宗教研究的回顾和展望》《敦煌吐鲁番法律契约文书研究回顾与展望》《敦煌社邑研究80年的回顾与展望》《七十年来变文整理研究的回顾与展望》《20世纪90年代以来敦煌俗字研究综述》《敦煌佛教邈真赞研究的回顾与展望》《韩国敦煌文学研究的回顾与展望》《敦煌文书的世界》(附《有关近年来日本的敦煌吐鲁番研究》)[⑤],等等。《中国

① 郝春文、宋雪春、武绍卫:《当代中国敦煌学研究(1949—2019)》,中国社会科学出版社,2020年。

② 姜亮夫:《敦煌学概论》,北京出版社,2016年。

③ 段文杰:《敦煌研究的回顾与展望——代发刊词》,《敦煌研究》1981年第1期;李并成:《敦煌·吐鲁番学工具书目》,《敦煌学辑刊》1985年第1期。

④ 郝春文:《敦煌文献与历史研究的回顾和展望》,《历史研究》1998年第1期;季羡林:《敦煌学大辞典》,上海辞书出版社,1998年;杜泽逊:《敦煌文献概述》,《文献学概要》"第十四章",中华书局,2008年;柴剑虹:《百年敦煌学学术史研究:历史,现状与未来(笔谈)——注重敦煌学的学术背景与学术关联》,《学习与探索》2008年第3期;赵和平:《敦煌学的世纪回顾与展望》,《北京理工大学学报(社会科学版)》2000年第2期;刘进宝:《百年敦煌学:历史·现状·趋势》,甘肃人民出版社,2009年;杨际平:《对敦煌学研究的回顾与展望》,《社会科学战线》2009年第9期;方广锠:《敦煌遗书整理的回顾与展望》,《历史教学(下半月刊)》2012年第5期。

⑤ 陈永胜:《敦煌法制文书研究回顾与展望》,《敦煌研究》2000年第2期;田永衍、秦文平、梁永林:《敦煌出土医学文献研究回顾与展望》,《甘肃中医学院学报》2014年第1期;方广锠:《敦煌宗教研究的回顾和展望》,《中国文化》1990年第1期;韩树伟:《敦煌吐鲁番法律契约文书研究回顾与展望》,《吐鲁番学研究》2017年第2期;赵大旺:《敦煌社邑研究80年的回顾与展望》,《中国史研究动态》2019年第2期;张涌泉:《七十年来变文整理研究的回顾与展望》,《文学遗产》2020年第3期;郭洪丹:《20世纪90年代以来敦煌俗字研究综述》,《西南交通大学学报(社会科学版)》2010年第2期;李小荣:《敦煌佛教邈真赞研究的回顾与展望》,《石河子大学学报(哲学社会科学版)》,2020年第5期;〔韩〕金贤珠:《韩国敦煌文学研究的回顾与展望》,《敦煌学》第三十辑,2013年,第45—55页;〔日〕池田温:《敦煌文书的世界》,张铭心、郝轶君译,中华书局,2008年。

敦煌学百年文库》是中国学者有关敦煌学研究论文的集成[1],全书分为综述、文学、语言文字、民族、宗教、石窟保护、科技、艺术、考古、文献、历史、地理、敦煌学研究论著目录索引等十三卷,比较全面地总结了敦煌学研究的成就。

黑水城文献的研究历史虽然只有五十余年,但总结性成果也很丰富。主要有:《黑水城汉文文献综述》《近十年以来黑水城汉文文书研究综述》《四十年来黑水城汉文佛教文献研究的回顾与展望》《国内黑水城汉文文献的整理、翻译与研究》《黑水城出土的汉文文学文献及其价值》《近三十年黑水城出土符占秘术文书研究回顾与展望》《四十年来黑水城汉文经济文献研究的回顾与展望》《俄藏黑水城汉文非佛教文献整理与研究》《中国藏黑水城汉文文献整理研究》等[2]。它们对学者从整体上认识和了解黑水城汉文文献的历史文献价值、版本价值、文字价值有重要意义。

吐鲁番文献研究成果,最重要的著作是《旅顺博物馆藏新疆出土汉文文献》,它首次刊布了26 000件新疆汉文文献[3],编者通过书体的时代特点对吐鲁番文书残片进行缀合、断代,这为吐鲁番文献的整理研究树立了新标杆。《吐鲁番学研究和发展刍议》《吐鲁番学研究:回顾与展望》介绍了吐鲁番学的基本研究概况。[4]《近六十年吐鲁番汉文契约文书研究综述》分类评述了1949年以来吐鲁番汉文契约文书研究成果,并指出了研究中存在的问题。[5]

---

① 敦煌研究院:《中国敦煌学百年文库》,甘肃文化出版社,1999年。

② 杜建录:《黑水城汉文文献综述》,《西夏学》第四辑,宁夏人民出版社,2009年,第3—14页;翟丽萍:《近十年以来黑水城汉文文书研究综述》,《中国史研究动态》2010年第4期;宋坤:《四十年来黑水城汉文佛教文献研究的回顾与展望》,《西夏研究》2019年第1期;张琰玲、张玉海:《国内黑水城汉文文献的整理、翻译与研究》,《宁夏社会科学》2011年第6期;张蓓蓓、伏俊琏:《黑水城出土的汉文文学文献及其价值》,《甘肃社会科学》2013年第4期;王巍:《近三十年黑水城出土符占秘术文书研究回顾与展望》,《西夏研究》2018年第3期;陈瑞青:《四十年来黑水城汉文经济文献研究的回顾与展望》,《西夏研究》2018年第4期;孙继民、宋坤、陈瑞青:《俄藏黑水城汉文非佛教文献整理与研究》,北京师范大学出版社,2012年;杜建录:《中国藏黑水城汉文文献整理研究》,人民出版社,2016年。

③ 吴华峰:《敦煌吐鲁番文献"最后的宝藏"——〈旅顺博物馆藏新疆出土汉文文献〉评介》,《西域研究》2021年第4期。

④ 陈国灿:《吐鲁番学研究和发展刍议》,《西域研究》2003年第3期;孟宪实、荣新江:《吐鲁番学研究:回顾与展望》,《西域研究》2007年第4期。

⑤ 侯文昌:《近六十年吐鲁番汉文契约文书研究综述》,《西域研究》2012年第1期。

宋元以来写本文献研究成果集中在明清时期文献的整理刊布方面。分时代、分地域的综述论文有《元代契约文书的刊布与研究综述》《浙江明清契约文书研究综述》。[1]《中国古代契约发展简史》总结了数十年来相关研究。[2]《近三十年清代契约文书的刊布与研究综述》述评了1980年至2010年的清代契约文书研究现状。[3]《明清土地契约文书研究》总结了2010年至2019年中国契约文书的整理研究成就。[4]《中国历史上的“契约”》一方面分析了中国古代契约形制与语言的变化,另一方面讨论了契约的发现与契约的研究史,提出利用“古文书学”的方法,对契约展开长时段、跨地域的比较研究,将会是今后中国古代契约研究的方向。[5]《明清档案整理刊布的百年回望与学术贡献——中国历史第一档案馆藏明清档案编纂出版略论》总结了明清档案的出版情况。[6]《明清档案学》介绍了现存明清档案计2 000多万件。[7]

在总结研究敦煌文献经验和方法的基础上,探讨如何突破敦煌文献的局限性,以期进入求新阶段。敦煌文献的数量毕竟有限,且目前绝大部分资料已经公布,学术空白点越来越少。学界开始思考“敦煌学向何处去”的重大问题。“应当利用各个不同学科的方法来研究敦煌吐鲁番材料,用开放的眼光来看待敦煌的问题。”[8]郝春文曾指出,要对敦煌学研究现状进行反思,目前的研究有平庸化、琐碎化的趋势,缺乏较有分量、理论性的成果,倡导敦煌学研究的宏观化与理论化。[9]后来又在《用新范式和新视角开辟敦煌学的新领域》一文中提出研究除了过去常用的文献学范式和历史学范式,还要运用写本学范式、社会学范式和语言学范式等。[10]学界越来越意识到过去“挖宝式”的研究已基本结束,进

---

① 杨淑红:《元代契约文书的刊布与研究综述》,《中国史研究动态》2011年第1期;倪毅:《浙江明清契约文书研究综述》,《历史档案》2014年第1期。

② 乜小红:《中国古代契约发展简史》,中华书局,2017年。

③ 刘洋:《近三十年清代契约文书的刊布与研究综述》,《中国史研究动态》2012年第4期。

④ 杨国桢:《〈明清土地契约文书研究〉第三版序》,《中国史研究动态》2020年第1期。

⑤ 阿风:《中国历史上的“契约”》,《安徽史学》2015年第4期。

⑥ 李国荣:《明清档案整理刊布的百年回望与学术贡献——中国历史第一档案馆藏明清档案编纂出版略论》,《清史研究》2021年第2期。

⑦ 秦国经:《明清档案学》,学苑出版社,2016年。

⑧ 荣新江:《敦煌学:21世纪还是“学术新潮流”吗?》,《中国民族》2005年第1期。

⑨ 郝春文:《中国敦煌吐鲁番学会会长郝春文致辞》,《敦煌研究》2016年第6期。

⑩ 郝春文:《用新范式和新视角开辟敦煌学的新领域》,《敦煌研究》2020年第6期。

一步的研究必须依靠方法的更新、视野的拓展来发现和解决新问题①,期望"更全·更精·更清晰——迈入新时代的敦煌语言文学研究"②。此阶段学术队伍更加壮大,郝春文、张涌泉等学者的论著具有理论性、方法性、纲领性的指导意义,语言文字研究成就突出的有黑维强、王启涛、方广锠、孙继民、伏俊琏、张小艳等学者。

四、纸写文字研究的基本材料

百年来,纸写文字文献研究已经取得了十分可观的成就,主要包括文献的整理出版和学者的学术成果两个方面。

(一)纸写文字文献的整理出版

1. 刊布纸写文字文献

文献出版的形式有图版本、录文本、图文对照本、校注本等,它们是开展研究的基础语料。

敦煌文献方面主要有《敦煌宝藏》《英藏敦煌文献(汉文佛经以外部分)》《俄藏敦煌文献》《法藏敦煌西域文献》《上海图书馆藏敦煌吐鲁番文献》《上海博物馆藏敦煌吐鲁番文献》《天津市艺术博物馆藏敦煌文献》《甘肃藏敦煌文献》《国家图书馆藏敦煌遗书》《英国国家图书馆藏敦煌遗书》等③。早期出版的多为黑白图版,清晰度不够,近年来多以高清彩印方式出版,清晰度更高,如《英藏敦煌医学文

---

① 伏俊琏:《5~11世纪中国文学写本整理研究概论》,《云南师范大学学报(哲学社会科学版)》2017年第5期。

② 张涌泉:《更全·更精·更清晰——迈入新时代的敦煌语言文学研究》,《敦煌研究》2020年第6期。

③ 黄永武:《敦煌宝藏》,新文丰出版公司,1981—1986年;中国社会科学院历史研究所:《英藏敦煌文献(汉文佛经以外部分)》,四川人民出版社,1990—2010年;俄罗斯科学院东方研究所:《俄藏敦煌文献》,上海古籍出版社,1992—2001年;上海古籍出版社、法国国家图书馆:《法藏敦煌西域文献》,上海古籍出版社,1995—2005年;上海图书馆:《上海图书馆藏敦煌吐鲁番文献》,上海古籍出版社,1999年;上海博物馆:《上海博物馆藏敦煌吐鲁番文献》,上海古籍出版社,1993年;上海古籍出版社、天津市艺术博物馆:《天津市艺术博物馆藏敦煌文献》,上海古籍出版社,1996—1998年;段文杰:《甘肃藏敦煌文献》,甘肃人民出版社,1999年;任继愈:《国家图书馆藏敦煌遗书》,北京图书馆出版社,2005—2012年;方广锠、〔英〕吴芳思:《英国国家图书馆藏敦煌遗书》,广西师范大学出版社,2011—2017年。

献图影与注疏》《敦煌吐鲁番医药文献新辑校》的附图[①]，尤其是《法藏敦煌文献精选》采取高清晰数字化技术，对法藏敦煌文献作了原大原样呈现[②]。另外，《敦煌秘笈》《中国民间书法全集・日藏敦煌书法卷》等影印刊布了部分日藏敦煌卷子[③]。

黑水城文献方面主要有《黑城出土文书（汉文文书卷）》《斯坦因第三次中亚探险所获甘肃新疆出土汉文文书——未经马斯伯乐刊布的部分》《俄藏黑水城文献》（其中1—6册为汉文文献）《斯坦因第三次中亚考古所获汉文文献（非佛经部分）》《英藏黑水城文献》《中国藏黑水城汉文文献》等[④]。其中《中国藏黑水城汉文文献》公布的文献数量最多，有4 200件。《俄藏黑水城汉文佛教文献释录》《中国藏黑水城汉文文献释录》《英藏及俄藏黑水城汉文文献整理》《考古发现西夏汉文非佛教文献整理与研究》《中国藏黑水城汉文文献的整理与研究》《俄藏黑水城所出〈宋西北边境军政文书〉整理与研究》《黑水城出土元代律令与词讼文书整理研究》《黑水城出土汉文医学文献研究》等书的整理出版[⑤]，进一步发掘了黑水城出土汉文文献的研究价值。

---

① 王淑民：《英藏敦煌医学文献图影与注疏》，人民卫生出版社，2012年；沈澍农：《敦煌吐鲁番医药文献新辑校》，高等教育出版社，2016年。

② 杨东胜：《法藏敦煌文献精选》，敦煌文艺出版社，2020年。

③ 〔日〕武田科学振兴财团杏雨书屋：《敦煌秘笈》，武田科学振兴财团杏雨书屋，2009—2013年；孙晓：《中国民间书法全集・日藏敦煌书法卷》，天津人民美术出版社，2018年。

④ 李逸友：《黑城出土文书（汉文文书卷）》，科学出版社，1991年；郭锋：《斯坦因第三次中亚探险所获甘肃新疆出土汉文文书——未经马斯伯乐刊布的部分》，甘肃人民出版社，1993年；俄罗斯科学院东方文献研究所、中国社会科学院民族学与人类学研究所、上海古籍出版社：《俄藏黑水城文献》，上海古籍出版社，1996—2015年；沙知、〔英〕吴芳思：《斯坦因第三次中亚考古所获汉文文献（非佛经部分）》，上海辞书出版社，2005年；英国国家图书馆、西北第二民族学院、上海古籍出版社：《英藏黑水城文献》，上海古籍出版社，2005—2010年；塔拉、杜建录、高国祥：《中国藏黑水城汉文文献》，国家图书馆出版社，2008年。

⑤ 吴超、霍红霞：《俄藏黑水城汉文佛教文献释录》，学苑出版社，2018年；杜建录：《中国藏黑水城汉文文献释录》，天津古籍出版社，2016年；孙继民、宋坤、陈瑞青等：《英藏及俄藏黑水城汉文文献整理》，天津古籍出版社，2015年；孙继民、宋坤、陈瑞青等：《考古发现西夏汉文非佛教文献整理与研究》，社会科学文献出版社，2014年；孙继民、宋坤、陈瑞青等：《中国藏黑水城汉文文献的整理与研究》，中国社会科学出版社，2016年；孙继民：《俄藏黑水城所出〈宋西北边境军政文书〉整理与研究》，中华书局，2009年；张笑峰：《黑水城出土元代律令与词讼文书整理研究》，中国社会科学出版社，2021年；于业礼、张如青：《黑水城出土汉文医学文献研究》，上海交通大学出版社，2021年。

吐鲁番文献方面主要有《大谷文书集成》《上海博物馆藏敦煌吐鲁番文献》《新出吐鲁番文书及其研究》《日本宁乐美术馆藏吐鲁番文书》《吐鲁番柏孜克里克石窟出土汉文佛教典籍》《斯坦因所获吐鲁番文书研究》《新获吐鲁番出土文献》《旅顺博物馆藏新疆出土汉文文献》《吐鲁番出土文献散录》《吐鲁番文献合集·契约卷》等①。它们对各地所藏的吐鲁番文书进行了分类整理和研究。吐鲁番文献的集大成者为《吐鲁番出土文书》，有释文本10册、图文对照本4卷。②

宋元以来写本文献数量庞大，尤其是明清时期的民间写本文献，大宗契约集册就有很多：《徽州千年契约文书》《徽州文书》《安徽师范大学馆藏千年徽州契约文书集萃》《清水江文书》《闽东家族文书》《上海道契》《福建民间文书》《湖北民间文书》《石仓契约》《清至民国婺源县村落契约文书辑录》《客家珍稀文书丛刊》《清代山西民间契约文书选编》《土默特文书》等③。杂字类有：《杂字类函》《杂字类函续》《山西杂字辑要》《清至民国岭南杂字文献集刊》《清至民国山西杂字文献

---

① 〔日〕小田义久：《大谷文书集成》，法藏馆，1984—2010年；上海博物馆：《上海博物馆藏敦煌吐鲁番文献》，上海古籍出版社，1993年；柳洪亮：《新出吐鲁番文书及其研究》，新疆人民出版社，1997年；陈国灿、刘永增：《日本宁乐美术馆藏吐鲁番文书》，文物出版社，1997年；新疆维吾尔自治区吐鲁番学研究院、武汉大学中国三至九世纪研究所：《吐鲁番柏孜克里克石窟出土汉文佛教典籍》，文物出版社，2007年；陈国灿：《斯坦因所获吐鲁番文书研究》，武汉大学出版社，1995年；荣新江、李肖、孟宪实：《新获吐鲁番出土文献》，中华书局，2008年；王振芬、孟宪实、荣新江：《旅顺博物馆藏新疆出土汉文文献》，中华书局，2020年；荣新江、史睿：《吐鲁番出土文献散录》，中华书局，2021年；王启涛：《吐鲁番文献合集·契约卷》，巴蜀书社，2019年。

② 国家文物局古文献研究室、新疆维吾尔自治区博物馆、武汉大学历史系：《吐鲁番出土文书》，释文本全10册，文物出版社，1981—1991年；图文对照本全4卷，文物出版社，1992—1996年。

③ 王钰欣、周绍泉：《徽州千年契约文书》，花山文艺出版社，1993年；刘伯山：《徽州文书》（全6辑），广西师范大学出版社，2005—2017年；李琳琦：《安徽师范大学馆藏千年徽州契约文书集萃》（全10册），安徽师范大学版社，2014年；张应强、王宗勋：《清水江文书》（全3辑），广西师范大学出版社，2007—2011年；周正庆、郑勇：《闽东家族文书》，广西师范大学出版社，2018年；蔡育天：《上海道契》，上海古籍出版社，2005年；陈支平：《福建民间文书》，广西师范大学出版社，2007年；张建民：《湖北民间文书》（全10册），武汉大学出版社，2018年；曹树基、潘星辉、阙龙兴：《石仓契约》（全5辑），浙江大学出版社，2011—2018年；黄志繁、邵鸿、彭志军：《清至民国婺源县村落契约文书辑录》（全18册），商务印书馆，2014年；曹树基、陈支平：《客家珍稀文书丛刊》，广东人民出版社，2019年；郝平：《清代山西民间契约文书选编》（全13册），商务印书馆，2019年；储建中、储昱：《土默特文书》，广西师范大学出版社，2019年。

集刊》《清至民国徽州杂字文献集刊》等①。戏本类有:《影戏剧目清代钞本辑校》《明清秦腔传统曲目抄本汇编》《俗文学丛刊·戏剧类》《西北稀见戏曲抄本丛刊》等②。其他还有《红楼梦古抄本丛刊·俄罗斯圣彼得堡藏石头记》《中医古籍珍稀抄本精选》《袁氏藏明清名人尺牍》等③。档案文献可分为档案汇编类、朱批奏折类、起居注册类、履历档案类等。如《中国明朝档案总汇》《明抄本奏议十种》《康熙朝汉文朱批奏折汇编》《雍正朝汉文朱批奏折汇编》《光绪朝朱批奏折》《清代起居注册·康熙朝》《清代起居注册·雍正朝》《乾隆帝起居注》《清代起居注册·道光朝》《清代起居注册·咸丰同治朝》《清代官员履历档案全编》等④,它们的影印出版呈现了档案文献的真实面貌。国外明清戏曲类写本文献主要有《日本所藏稀见中国戏曲文献丛刊》《日本东京大学东洋文化研究所双红堂文库藏稀见中国钞本曲本汇刊》等⑤。

① 李国庆:《杂字类函》(全11册),学苑出版社,2009年;李国庆、韩宝林:《杂字类函续》(全15册),学苑出版社,2018年;潘杰、刘涛:《山西杂字辑要》,三晋出版社,2015年;王建军:《清至民国岭南杂字文献集刊》(全15册),广西师范大学出版社,2018年;王建军、潘杰、安志伟等:《清至民国山西杂字文献集刊》(全20册),广西师范大学出版社,2021年;戴元枝:《清至民国徽州杂字文献集刊》(全8册),广西师范大学出版社,2020年。

② 赵建新、管弦、于爱臣:《影戏剧目清代钞本辑校》,甘肃人民出版社,2019年;顾善忠:《明清秦腔传统曲目抄本汇编》,敦煌文艺出版社,2015年;黄重宽、李孝悌、吴政上:《俗文学丛刊·戏剧类》,新文丰出版公司,2001年;郭向东、李芬林:《西北稀见戏曲抄本丛刊》,浙江古籍出版社,2017年。

③ 曹雪芹:《红楼梦古抄本丛刊·俄罗斯圣彼得堡藏石头记》(全6册),人民文学出版社,2014年;段逸山、吉文辉:《中医古籍珍稀抄本精选》(全20册),上海科学技术出版社,2019年;李志纲、刘凯:《袁氏藏明清名人尺牍》,文物出版社,2016年。

④ 中国第一历史档案馆、辽宁省档案馆:《中国明朝档案总汇》,广西师范大学出版社,2001年;中华书局:《明抄本奏议十种》,中华书局,2013年;中国第一历史档案馆:《康熙朝汉文朱批奏折汇编》,档案出版社,1984—1985年;中国第一历史档案馆:《雍正朝汉文朱批奏折汇编》,江苏古籍出版社,1989年;中国第一历史档案馆:《光绪朝朱批奏折》,中华书局,1996年;中国第一历史档案馆:《清代起居注册·康熙朝》(全54册),中华书局,2009年;中国第一历史档案馆:《清代起居注册·雍正朝》(全55册),中华书局,2016年;中国第一历史档案馆:《乾隆帝起居注》,广西师范大学出版社,2002年;联合报文化基金会国学文献馆:《清代起居注册·道光朝》(全100册),联经出版事业公司,1985年;联合报文化基金会国学文献馆:《清代起居注册·咸丰同治朝》(全43册),联经出版事业公司,1984年;秦国经、唐益年、叶秀云:《清代官员履历档案全编》(全30册),华东师范大学出版社,1997年。

⑤ 黄仕忠、〔日〕金文京、〔日〕乔秀岩:《日本所藏稀见中国戏曲文献丛刊》,广西师范大学出版社,2006年;黄仕忠、〔日〕大木康:《日本东京大学东洋文化研究所双红堂文库藏稀见中国钞本曲本汇刊》,广西师范大学出版社,2013年。

《东京大学东洋文化研究所契约文书研究会的30年》《东洋文化研究所所藏中国土地文书目录·解说》《许舒博士所藏商业及土地契约文书：乾泰隆文书——潮汕地区土地契约文书》《中国土地契约文书集（金—清）》《贵州苗族林业契约文书汇编（1736—1950）》等①，收录和介绍了日本所藏的清代契约文书。另外，法兰西学院汉学研究所影印出版了大量的清代策卷。②

2. 编写目录索引

古人治学，书籍、版本、目录三者缺一不可。有了书目索引，治学便有迹可循。今人承古训，也很重视对文献的编目工作。敦煌文献的目录索引主要有：《敦煌劫余录》《敦煌劫余录续编》《敦煌遗书总目索引》《敦煌遗书最新目录》《魏晋南北朝敦煌文献编年》《敦煌遗书总目索引新编》《中国国家图书馆藏敦煌遗书总目录·新旧编号对照卷》《中国国家图书馆藏敦煌遗书总目录·馆藏目录卷》等③。《我国敦煌汉文文书目录工作的回顾与前瞻（三）》一文对我国敦煌汉文文书目录工作有详细述评。④《敦煌百年——一个民族的心灵历程》附列了国内外收藏敦煌文献、文物主要机构一览表。⑤ 吐鲁番文献的目录索引主要有《吐鲁番出土唐代文献编年》。⑥

海外纸写汉文文献收藏地点分散于世界各地，收藏机构又各自独立，目录索

① 〔日〕岸本美绪：《东京大学东洋文化研究所契约文书研究会的30年》，栾成显译，《史学月刊》2005年第12期；〔日〕滨下武志、〔日〕久保亨、〔日〕上田信等：《东洋文化研究所所藏中国土地文书目录·解说》，东京大学东洋文化研究所附属东洋学文献中心，1983年、1986年；蔡志祥：《许舒博士所藏商业及土地契约文书：乾泰隆文书——潮汕地区土地契约文书》，东京大学东洋文化研究所，1995年；东洋文库明代史研究室：《中国土地契约文书集（金—清）》，东洋文库，1975年；唐立、杨有赓、〔日〕武内房司：《贵州苗族林业契约文书汇编（1736—1950）》，东京外国语大学国立亚非语言文化研究所，2001—2003年。

② 法兰西学院汉学研究所：《法兰西学院汉学研究所藏清代殿试策卷》，中华书局，2014年。

③ 陈垣：《敦煌劫余录》，中央研究院历史语言研究所，1931年；北京图书馆善本组：《敦煌劫余录续编》，北京图书馆出版社，1981年；王重民、刘铭恕：《敦煌遗书总目索引》，商务印书馆，1962年；黄永武：《敦煌遗书最新目录》，新文丰出版公司，1986年；王素、李方：《魏晋南北朝敦煌文献编年》，新文丰出版公司，1997年；敦煌研究院：《敦煌遗书总目索引新编》，中华书局，2000年；方广锠：《中国国家图书馆藏敦煌遗书总目录·新旧编号对照卷》，中国人民大学出版社，2013年；方广锠：《中国国家图书馆藏敦煌遗书总目录·馆藏目录卷》，中国人民大学出版社，2016年。

④ 白化文：《我国敦煌汉文文书目录工作的回顾与前瞻（三）》，《大学图书馆学报》1989年第2期。

⑤ 刘诗平、孟宪实：《敦煌百年——一个民族的心灵历程》，广东教育出版社，2000年。

⑥ 陈国灿：《吐鲁番出土唐代文献编年》，新文丰出版公司，2002年。

引在研究中更加重要。敦煌文献主要有《英国博物馆藏敦煌汉文写本注记目录》《海外敦煌吐鲁番文献知见录》《俄藏敦煌汉文写卷叙录》等①。《近代中国的学术与藏书》收录了《羽田亨与敦煌写本》《近代日本之汉籍收藏与编目》《意大利汉籍的搜集》《清野谦次搜集敦煌写经的下落》等论文。② 敦煌文献之外，世界各大学、图书馆编写的目录也可搜寻到汉文纸写文字材料。《梵蒂冈图书馆所藏汉籍目录》包括《梵蒂冈图书馆所藏汉文写本和印本书籍简明目录》和《梵蒂冈图书馆所藏汉籍目录补编》。③《韩国所藏中国汉籍总目》收录了韩国的汉籍书目。④《美国所藏中国古籍善本述略》对美国所藏抄本有详细介绍。⑤ 其他还有《关于哈佛燕京图书馆所藏的清代契约文书》《美国国会图书馆藏中国善本书录》《美国国会图书馆藏中文善本书续录》《美国哈佛大学哈佛燕京图书馆藏中文善本书志》《美国斯坦福大学图书馆藏中文古籍善本书志》等⑥。日本编写的汉籍目录最为全面和详细，主要有《京都大学人文科学研究所汉籍分类目录》《东京大学东洋文化研究所汉籍分类目录》《早稻田大学图书馆所藏汉籍分类目录》《东洋文化研究所所藏中国土地文书目录・解说》《日本现存汉籍古写本类所在略目录》等⑦。《日本藏汉籍善

---

① 〔英〕翟林奈：《英国博物馆藏敦煌汉文写本注记目录》，英国博物馆董事会，1957 年；荣新江：《海外敦煌吐鲁番文献知见录》，江西人民出版社，1996 年；〔俄〕孟列夫：《俄藏敦煌汉文写卷叙录》，袁席箴、陈华平译，上海古籍出版社，1999 年。

② 〔日〕高田时雄：《近代中国的学术与藏书》，陈捷、钟翀、瞿艳丹等译，中华书局，2018 年。

③ 〔法〕伯希和、〔日〕高田时雄：《梵蒂冈图书馆所藏汉籍目录》，郭可译，中华书局，2006 年。

④ 〔韩〕全寅初：《韩国所藏中国汉籍总目》，韩国学古房，2005 年。

⑤ 沈津：《美国所藏中国古籍善本述略》，《中国文化》1993 年第 8 期。

⑥ 〔日〕山本英史：《关于哈佛燕京图书馆所藏的清代契约文书》，《东洋学报》第 79 卷第 1 号，1997 年；王重民、袁同礼：《美国国会图书馆藏中国善本书录》，广西师范大学出版社，2014 年；范邦瑾：《美国国会图书馆藏中文善本书续录》，上海古籍出版社，2011 年；沈津：《美国哈佛大学哈佛燕京图书馆藏中文善本书志》，广西师范大学出版社，2011 年；马月华：《美国斯坦福大学图书馆藏中文古籍善本书志》，广西师范大学出版社，2013 年。

⑦ 京都大学人文科学研究所：《京都大学人文科学研究所汉籍分类目录》，同朋舍，1981 年；东京大学东洋文化研究所：《东京大学东洋文化研究所汉籍分类目录》，东京大学东洋文化研究所，1973 年；早稻田大学图书馆：《早稻田大学图书馆所藏汉籍分类目录》，早稻田大学图书馆，1991 年；〔日〕滨下武志、〔日〕久保亨、〔日〕上田信等：《东洋文化研究所所藏中国土地文书目录・解说》，东京大学东洋文化研究所附属东洋学文献中心，1983 年、1986 年；〔日〕阿部隆一：《日本现存汉籍古写本类所在略目录》，王晓平译，《国际中国文学研究丛刊》第四集，上海古籍出版社，2006 年，第 65—93 页。

本书志书目集成》基本反映了一千多年来我国善本古籍流传日本的总体情况①。

(二)语言文字研究成果

由于材料极大的丰富性,每一类纸写文字文献都可发展为研究的热点。就语言文字研究而论,学者们根据自己的研究旨趣,或深耕于某一领域,或进行交叉学科研究,取得了丰硕成果。

敦煌文献研究成果可以概括为三个方面:一是对文献的分类辑录和校注。最重要的论著有《敦煌变文选注》《王梵志诗校注》《敦煌契约文书辑校》《敦煌社会经济文献真迹释录》《英藏敦煌社会历史文献释录》《浙藏敦煌文献校录整理》《敦煌经部文献合集》《敦煌写本蒙书十种校释》《敦煌写本高僧因缘记及相关文献校注与研究》《敦煌写本功德记辑释》《敦煌写本类书〈应机抄〉研究》《中国道教写本经藏》《敦煌写本医籍语言研究》《中国古代籍帐研究》等②。二是对文献的语言研究。主要成果有《敦煌变文字义通释》《敦煌契约文书语言研究》《敦煌歌辞文献语言研究》《敦煌写本〈俗务要名林〉语言文字研究》《敦煌西域法制文书语言研究》《敦煌语言文献研究》《敦煌非经文献疑难字词考释》《敦煌佛经字词与校勘研究》《敦煌文献名物研究》《敦煌文献词语考察》《敦煌书仪语言研究》等③,《敦煌

① 贾贵荣:《日本藏汉籍善本书志书目集成》(全10册),北京图书馆出版社,2003年。

② 项楚:《敦煌变文选注》,中华书局,2019年。项楚:《王梵志诗校注》,上海古籍出版社,1991年。沙知:《敦煌契约文书辑校》,江苏古籍出版社,1998年。唐耕耦、陆宏基:《敦煌社会经济文献真迹释录》,书目文献出版社,1986年。郝春文:《英藏敦煌社会历史文献释录》,第1卷,科学出版社,2001年;第2至15卷,社会科学文献出版社,2003—2018年。黄征、张崇依:《浙藏敦煌文献校录整理》,上海古籍出版社,2012年。张涌泉:《敦煌经部文献合集》,中华书局,2008年。王金娥:《敦煌写本蒙书十种校释》,中国社会科学出版社,2020年。郑阿财:《敦煌写本高僧因缘记及相关文献校注与研究》,四川大学出版社,2020年。刘瑶瑶:《敦煌写本功德记辑释》,西南交通大学出版社,2021年。耿彬:《敦煌写本类书〈应机抄〉研究》,中国社会科学出版社,2021年。刘志:《中国道教写本经藏》,社会科学文献出版社,2021年。王亚丽:《敦煌写本医籍语言研究》,中央民族大学出版社,2017年。〔日〕池田温:《中国古代籍帐研究》,龚泽铣译,中华书局,2007年。

③ 蒋礼鸿:《敦煌变文字义通释》,上海古籍出版社,1981年;陈晓强:《敦煌契约文书语言研究》,人民出版社,2012年;刘传启:《敦煌歌辞文献语言研究》,中国社会科学出版社,2016年;高天霞:《敦煌写本〈俗务要名林〉语言文字研究》,中西书局,2018年;王启涛:《敦煌西域法制文书语言研究》,人民出版社,2016年;黄征:《敦煌语言文献研究》,浙江大学出版社,2016年;赵静莲:《敦煌非经文献疑难字词考释》,中国社会科学出版社,2020年;曾良:《敦煌佛经字词与校勘研究》,厦门大学出版社,2010年;杜朝晖:《敦煌文献名物 (转下页)

文献语言大词典》是敦煌文献语言研究的集大成之作①。三是对文献的文字研究，以俗字研究成果最为突出，成为研究热点。

黑水城文献的研究成果主要有《黑水城出土汉文医学文献研究》《俄藏黑水城汉文文献词汇研究》《黑水城出土宋代汉文社会文献词汇研究》等②。《俄藏黑水城汉文文献俗字研究》一书通过偏旁分析、归纳类比、字书佐证、审查文义、异文比勘等方法，对俄藏黑水城汉文文献中的俗字进行全面系统的研究。③

吐鲁番文献的研究成果主要有《吐鲁番出土文书语言研究》《吐鲁番出土文献语言导论》《吐鲁番出土文书新探》《吐鲁番出土文书词语考释》《敦煌、吐鲁番社会经济文献词汇研究》《吐鲁番出土官府帐簿文书研究》《敦煌吐蕃文契约文书研究》《吐鲁番俗字典》《吐鲁番出土文书字形全谱》等④。

明清民间文献研究成果主要聚焦在契约文书方面，主要研究者有黑维强、储小�、唐智燕、方孝坤等学者。研究成果有《近代民间契约文书词汇研究》《徽州文书俗字研究》《徽州文书稀俗字词例释》《宋元以来契约文书俗字研究》《贵州契约文书词汇研究》《宋至民国契约文书词汇研究》等⑤。档案文献的研究还在起步阶

（接上页）研究》，中华书局，2011 年；杨小平：《敦煌文献词语考察》，中国社会科学出版社，2013 年；张小艳：《敦煌书仪语言研究》，商务印书馆，2007 年。

① 张涌泉：《写在〈敦煌文献语言大词典〉出版的边上》，《中文学术前沿》第十四辑，浙江大学出版社，2017 年，第 127—135 页。

② 于业礼、张如青：《黑水城出土汉文医学文献研究》，上海交通大学出版社，2021 年；蔡永贵、刘晔、于薇等：《俄藏黑水城汉文文献词汇研究》，宁夏人民出版社，2014 年；邵天松：《黑水城出土宋代汉文社会文献词汇研究》，中华书局，2020 年。

③ 蔡永贵：《俄藏黑水城汉文文献俗字研究》，宁夏人民出版社，2016 年。

④ 陆娟娟：《吐鲁番出土文书语言研究》，浙江工商大学出版社，2015 年；王启涛：《吐鲁番出土文献语言导论》，科学出版社，2013 年；刘安志：《吐鲁番出土文书新探》，武汉大学出版社，2019 年；王启涛：《吐鲁番出土文书词语考释》，巴蜀书社，2005 年；黑维强：《敦煌、吐鲁番社会经济文献词汇研究》，民族出版社，2010 年；黄楼：《吐鲁番出土官府帐簿文书研究》，社会科学文献出版社，2020 年；侯文昌：《敦煌吐蕃文契约文书研究》，法律出版社，2015 年；赵红：《吐鲁番俗字典》，上海古籍出版社，2019 年；张显成：《吐鲁番出土文书字形全谱》，四川辞书出版社，2020 年。

⑤ 唐智燕：《近代民间契约文书词汇研究》，中国社会科学出版社，2019 年；方孝坤：《徽州文书俗字研究》，人民出版社，2012 年；刘道胜：《徽州文书稀俗字词例释》，中国社会科学出版社，2019 年；储小旵、张丽：《宋元以来契约文书俗字研究》，人民出版社，2021 年；卢庆全：《贵州契约文书词汇研究》，中国社会科学出版社，2019 年；张丽、储小旵：《宋至民国契约文书词汇研究》，安徽教育出版社，2021 年。

段，主要论文有《康熙朝汉文朱批奏折文献字词考略》《明清档案俗字研究的价值》《清代手写文献之俗字研究》等①。戏本的研究成果有《影戏俗字研究》②等。

海外文献研究指国内外学者对国外所藏汉文文献的研究。主要有《日藏弘仁本文馆词林校证》《绍兴本草校注》《日本古写本单经音义与汉字研究》《日本回归医籍〈济世碎金方〉俗字考释》《日藏汉籍〈香字抄〉说解》《俗字在域外的传播研究》《〈日本宁乐美术馆藏吐鲁番出土文书〉释词》《明代徽州方氏亲友手札七百通考释》等③。《日藏唐代汉字抄本字形表》呈现了唐代汉字在传播过程中字形演变的轨迹④，为汉字发展史和传播史的考察研究提供了弥足珍贵的资料，对于构建科学完整的汉字发展史尤为宝贵。《日本古写本单经音义与汉字研究》以十部日本僧人所撰佛经音义写本为资料，对汉字展开较为全面的研究，认为此类资料不仅能"体现唐人写本、唐代用字史貌，还传达出唐写经到东瀛、汉字到日本后的变化与发展"⑤。

五、纸写文字研究的相关问题

经过历代学者百余年来的努力，纸写文字文献各方面的研究正在不断深入发展，并取得了举世瞩目的成就，但还有一些问题值得我们思考。

基本梳理了各类文献的数量、类别及内容，发掘了其研究价值。围绕敦煌文献取得的成绩最大，其研究经验和方法可以推广应用于其他文献。

敦煌文献的研究成果最为丰厚，其他文献的整理研究有待全面开展。与已经

① 许巧云：《康熙朝汉文朱批奏折文献字词考略》，《绵阳师范学院学报》2013 年第 12 期；李义敏：《明清档案俗字研究的价值》，《励耘语言学刊》第二十八辑，中华书局，2018 年，第 235—246 页；杨小平：《清代手写文献之俗字研究》，北京师范大学出版社，2019 年。

② 温振兴：《影戏俗字研究》，三晋出版社，2012 年。

③ 罗国威：《日藏弘仁本文馆词林校证》，中华书局，2001 年；王继先、尚志钧：《绍兴本草校注》，中医古籍出版社，2007 年；梁晓虹：《日本古写本单经音义与汉字研究》，中华书局，2015 年；刘敬林：《日本回归医籍〈济世碎金方〉俗字考释》，《励耘语言学刊》第二十七辑，中华书局，2017 年，第 316—326 页；张颖慧：《日藏汉籍〈香字抄〉说解》，《铜仁学院学报》2018 年第 1 期；何华珍：《俗字在域外的传播研究》，中国社会科学出版社，2019 年；陆娟娟：《〈日本宁乐美术馆藏吐鲁番出土文书〉释词》，《西南交通大学学报（社会科学版）》2010 年第 3 期；陈智超：《明代徽州方氏亲友手札七百通考释》，安徽大学出版社，2001 年。

④ 臧克和：《日藏唐代汉字抄本字形表》，华东师范大学出版社，2016—2017 年。

⑤ 梁晓虹：《日本古写本单经音义与汉字研究》，中华书局，2015 年，第 39 页。

大量出版的契约文书相较而言,对契约文书进行校释和俗字研究的成果不多,比较重要的专著仅有《中国历代契约粹编》《土地契约文书校释》《宋元以来契约文书俗字研究》等①。档案文献的俗字研究仅有零散的论文发表。

应大力加强近代汉字、汉字发展史的研究,倡导建立和建设"近代汉字学"。

唐兰在《中国文字学》中最早提出"近代文字"这一概念。②《近代汉字学刍议》提出把汉字划分为古代、近代和现代三个阶段,有利于对汉字的研究。③《近代汉字研究的几个问题》指出:"有必要总结经验和成果,建立近代文字学的理论和方法体系。"④《大力加强近代汉字的研究》总括了近代汉字研究的重要意义和研究内容,号召应大力加强近代汉字的研究。⑤《"近代汉字"刍议》《"近代汉字学"刍议》相继对近代汉字的概念、分期、上下限等问题进行了具体的讨论和辨析。⑥《二十年来近代汉字研究综述》分"简帛碑刻中的近代汉字研究"和"写卷刻本中的近代汉字研究"两大类⑦,宏观总结了近代汉字研究的现状。但如何从学科体系和理论方面建设近代汉字学还需要学界进一步拓展思路,加大步伐。具体分析论证字词关系的论文有:《近代汉字的字词关系探讨———以"嬔""鹄""蚖"三字为例》举例说明近代汉字的字与词对应关系,值得关注和研究。⑧《谈谈近代汉字的特殊变易》举例说明了近代汉字存在会合四字构成的俗体会意字、异体部件替换、形随音变、两形字、异体叠加等五种特殊变易。⑨

近年来学者们在总结纸写文献研究经验的基础上,开始关注文献本体特征,

---

① 张传玺:《中国历代契约粹编》,北京大学出版社,2014年;安尊华、潘志成:《土地契约文书校释》,贵州民族出版社,2016年;储小旵、张丽:《宋元以来契约文书俗字研究》,人民出版社,2021年。

② 唐兰:《中国文字学》,上海古籍出版社,2001年,第9页。

③ 许长安:《近代汉字学刍议》,《语文建设》1990年第5期。

④ 张鸿魁:《近代汉字研究的几个问题》,《东岳论丛》1994年第4期。

⑤ 张涌泉:《大力加强近代汉字的研究》,《浙江教育学院学报》2003年第6期。

⑥ 刘金荣:《"近代汉字"刍议》,《浙江社会科学》2005年第4期;梁春胜:《"近代汉字学"刍议》,《近代汉字研究》第一辑,河北大学出版社,2018年,第192—203页。

⑦ 景盛轩:《二十年来近代汉字研究综述》,《汉语史学报》第十三辑,上海教育出版社,2013年,第308—318页。

⑧ 曾良:《近代汉字的字词关系探讨———以"嬔""鹄""蚖"三字为例》,《安徽大学学报(哲学社会科学版)》2015年第4期。

⑨ 杨宝忠:《谈谈近代汉字的特殊变易》,《中国语文》2019年第5期。

借鉴国际学术界有关“古文书学”的研究方法，提出“写本学”的概念。

《敦煌写本学与中国古代写本学》一文对敦煌写本学和中国古代写本学的定义、研究对象、分期及研究内容进行了深入论述。[①]《写本学研究》是国内第一家以“写本学”为名的学术集刊。[②]《写本和写本学》介绍了写本的概念、发展历史及研究内容。[③]《中国古文书学的历史与现状》一文肯定了在“中国古文书学”提出之前，各断代的文书（广义“文书”）研究已经取得了非常辉煌的成就，形成了诸如简帛学、敦煌学、徽学等专门学科，积累了大量关于文书拼接、缀合、认字、定名、释读、辨伪的经验，以及对各类文书样式、形态、内容的研究。这些成果都是“中国古文书学”的重要组成部分，是中国古文书学建立和发展的基础。[④]《吐鲁番出土文书标识符号研究》《重文符号与近代汉字的简省演变》《〈俄藏黑水城文献〉汉文佛教文献拟题考辨》《契约文书的伪造、防伪与辨伪》《明清契约文书辨伪八法》等文章[⑤]，从纸写文献的抄写特征和辨伪方面对写本进行细致考察。目录版本学家对书史的研究也有益于写本学研究，如《中国造纸技术史稿》研究了敦煌写经纸的特点。[⑥]《抄本的鉴定》从纸张、字体、墨色、钤印等方面介绍了辨伪的方法。[⑦] 日本和西方学者对写本学研究有比较大的影响。《亚洲历史事典》将“古文书学”定义为研究古文书外形（书式、书体、纸质等）、内容、相关人物、完成过程、作用和效力等所有方面的学问，是史学的重要辅助学科。[⑧]《回鹘文借贷契约的格式》研究了契约的格式。[⑨]《汉字的文化史》专门探究汉字的各种载体。[⑩]《敦煌学

---

① 郝春文：《敦煌写本学与中国古代写本学》，《中国高校社会科学》2015 年第 2 期。

② 伏俊琏：《写本学研究（第一辑）》，商务印书馆，2021 年。

③ 伏俊琏：《写本和写本学》，《古典文学知识》2020 年第 5 期。

④ 黄正建：《中国古文书学的历史与现状》，《史学理论研究》2015 年第 3 期。

⑤ 王启涛：《吐鲁番出土文书标识符号研究》，《汉语史研究集刊》第二十七辑，四川大学出版社，2019 年，第 86—103 页；龚元华：《重文符号与近代汉字的简省演变》，《古汉语研究》2021 年第 1 期；宗舜：《〈俄藏黑水城文献〉汉文佛教文献拟题考辨》，《敦煌研究》2001 年第 1 期；冯学伟：《契约文书的伪造、防伪与辨伪》，《法制与社会发展》2013 年第 2 期；李义敏：《明清契约文书辨伪八法》，《文献》2018 年第 2 期。

⑥ 潘吉星：《中国造纸技术史稿》，文物出版社，1979 年。

⑦ 沈津：《抄本的鉴定》，《天一阁文丛》第十五辑，浙江古籍出版社，2017 年，第 54—59 页。

⑧ 〔日〕贝塚茂树、平凡社：《亚洲历史事典》，平凡社，1959 年。

⑨ 〔日〕山田信夫：《回鹘文借贷契约的格式》，《大阪大学文学部纪要》，1965 年。

⑩ 〔日〕藤枝晃：《汉字的文化史》，李运博译，新星出版社，2005 年。

导论》提出了“写本书志学”的名称。[①]《吐鲁番出土汉文佛经写本的最早类型》从写本学的角度对汉文佛经写本残片分段分型。[②]《中国古代写本识语集录》收集了日本传存的古写本题记。[③]《敦煌写本的物质性分析》等论文分析了写本的纸张、墨色、样式、辨伪等物质性。[④] 总之,纸写文字文献研究由敦煌写本扩展到其他写本,由文字字形延伸到文字载体,步入了新领域。

六、纸写文字研究热点

就文献特点而言,纸写文字与甲骨文、青铜铭文、简帛文字、陶文、货币文字、玺印文字、石刻文字等相比,其最突出的是历时久远,类多量富,尤其是宋元以来的纸写文字,更是浩如烟海。目前纸写文字的研究热点主要表现在以下三个方面。

其一,继续整理和刊布各类纸写文献,呈现出空前繁荣的景象。出版的形式具有多样性,不仅有图版本、录文本、图文对照本、注释本,而且随着照相、彩色印刷、图像识别等技术的提高,图版的清晰度越来越高,更加真实地呈现出文献的原始面貌。未来的文献研究热点将集中在明清时期的官府档案文献和民间文献两方面。

其二,对各类文献的研究集中在字形方面,尤其是围绕敦煌文献开展的研究百年来持续不衰,其中的热点和重点是俗字研究。《中国俗文字学研究导言》指明了俗文字学的研究方向。[⑤]《敦煌俗字谱》是第一部从字形差异角度展示写本特点的工具书。[⑥]《俗字里的学问》是导论入门之书。[⑦]《敦煌俗字典》后出转精,图例、字形、论证更加精确。[⑧]《敦煌汉文写卷俗字及其现象》对敦煌汉文写卷中所

---

① 〔日〕藤枝晃:《敦煌学导论》,南开大学历史系(油印本),1981 年。
② 〔日〕藤枝晃:《吐鲁番出土汉文佛经写本的最早类型》,刘祎译,《吐鲁番学研究》2018 年第 1 期。
③ 〔日〕池田温:《中国古代写本识语集录》,日本大藏出版社,1990 年。
④ 〔法〕戴仁:《敦煌写本的物质性分析》,《汉学研究》1986 年第 2 期。
⑤ 蒋礼鸿:《中国俗文字学研究导言》,《杭州大学学报》1959 年第 3 期。
⑥ 潘重规:《敦煌俗字谱》,石门图书公司,1978 年。
⑦ 张涌泉:《俗字里的学问》,语文出版社,2000 年。
⑧ 黄征:《敦煌俗字典》(修订版),上海教育出版社,2019 年。

呈现俗字的发展演化与构形类型等相关问题进行探讨。[①]《试论审辨敦煌写本俗字的方法》《汉语俗字研究》《敦煌俗字研究》《汉语俗字丛考》《从新视角看汉字：俗文字学》《俗字及古籍文字通例研究》《异文校勘与文字演变——敦煌经部文献写本校勘札记》等专著和论文[②]，从定义、理论、方法、考证、价值等多方面全面系统地研究了敦煌文献的俗字现象。总之，敦煌文献俗字的整理和研究成果极其丰富，研究方法和理论趋于成熟。

其三，敦煌写本学的定义、研究内容、研究方法的讨论。每件纸写文字材料都同时具有“物质”性和“文献”性，学者们从文献学角度重点关注其文字内容，而常忽略其“物质”性。其实，在研究敦煌文献的早期，研究者就已注意到了它的“物质”性，如陈寅恪在《敦煌劫余录》的提要中对卷子作为文物做过标记[③]。《中国书籍制度变迁之研究》探讨了文书的材质与形式变迁。[④]《简牍检署考》则对简牍实物的形制作研究。[⑤] 20 世纪末以来，文书学、写本学等概念相继提出，研究开始侧重纸写文字文献的“物质”形态。《敦煌文书学》论述了敦煌文书的写卷形态、外观、种类、抄写身份、纸张等文本特征。[⑥]《敦煌吐鲁番文书解诂指例》对敦煌文书的形态、抄校、错乱、装潢、抄写符号、题记、文书的割裂等外部特征进行功能分析和例证讨论。[⑦]《敦煌学十八讲》专章讨论了敦煌纸张与形制、字体和年代、写本的正背面关系等，提出了“敦煌写本学”的概念。[⑧]《论敦煌俗字与写本学之关系》一文指明“写本学”的建立意义深远，明确“写本学”的研究对象为“三至十世纪以

---

① 蔡忠霖：《敦煌汉文写卷俗字及其现象》，文津出版社，2002 年。

② 张涌泉：《试论审辨敦煌写本俗字的方法》，《敦煌研究》1994 年第 4 期；张涌泉：《汉语俗字研究》（增订本），商务印书馆，2010 年；张涌泉：《敦煌俗字研究》，上海教育出版社，1996 年；张涌泉：《汉语俗字丛考》（修订本），中华书局，2020 年；陈五云：《从新视角看汉字：俗文字学》，河南人民出版社，2000 年；曾良：《俗字及古籍文字通例研究》，百花洲文艺出版社，2006 年；许建平：《异文校勘与文字演变——敦煌经部文献写本校勘札记》，《文史》2019 年第 4 期。

③ 陈垣：《敦煌劫余录》，中央研究院历史语言研究所，1931 年。

④ 马衡：《中国书籍制度变迁之研究》，《中国金石学概论》，时代文艺出版社，2019 年，第 249—262 页。

⑤ 王国维著、胡平生、马月华校注：《简牍检署考校注》，上海古籍出版社，2004 年。

⑥ 林聪明：《敦煌文书学》，新文丰出版公司，1991 年。

⑦ 林聪明：《敦煌吐鲁番文书解诂指例》，新文丰出版公司，2001 年。

⑧ 荣新江：《敦煌学十八讲》，北京大学出版社，2001 年。

纸张卷轴为主的写本”，论证了敦煌写本中出现的俗字与写本时代之间的关系。[①]《敦煌写本文献学》一书归纳总结了敦煌写本的语言特点和书写体例[②]，指出对中古时代写本文献认识和研究的基本路径，这是构建写本文献学理论体系的重要基石[③]。还有不少专门讨论纸写文献文本特征的论著。如《敦煌文献整理导论》汇集了敦煌文献整理方面的论文二十篇，从定名论、缀合论、断代论、抄例论、校读论五个方面，为敦煌手写文献的整理与研究提供了系统的理论指导和可供具体操作的校读范例。[④]《敦煌文学写本研究》强调要重视对写本的整体观察，包括写本正面和背面抄写的全部内容乃至杂写、涂画，以及写本的尺寸、装帧形式、保存状况、行款格式等。[⑤] 又如《敦煌诗集残卷辑考》《古代写本钩乙号研究》《敦煌汉文文献（佛经以外部分）残断与缀合研究》《〈秦妇吟〉敦煌写本新探——文本概观与分析》《敦煌遗书中写本的特异性——写本学札记》《敦煌遗书中的界栏——写本学札记》《朱凤玉敦煌俗文学与俗文化研究》《敦煌遗书中的装帧形式与书史研究中的装帧形制》《敦煌变文写本的研究》等[⑥]，对写本学的内容研究更加深入和细化，促进了敦煌写本学研究扩展到其他写本学。

七、纸写文字研究未来展望

进入 21 世纪以来，学界对纸写文字文献这一宝库的利用才刚刚起步，未来的研究将会进入繁荣时代，成为新的学术增长点，具有十分广阔的前景。

---

① 郑阿财：《论敦煌俗字与写本学之关系》，《敦煌研究》2006 年第 6 期。

② 张涌泉：《敦煌写本文献学》，甘肃教育出版社，2013 年。

③ 伏俊琏、郑骥：《构建写本文献学理论体系的重要基石——读张涌泉教授〈敦煌写本文献学〉》，《浙江社会科学》2014 年第 11 期。

④ 张涌泉：《敦煌文献整理导论》，浙江大学出版社，2016 年。

⑤ 伏俊琏：《敦煌文学写本研究》，上海古籍出版社，2021 年。

⑥ 徐俊：《敦煌诗集残卷辑考》，中华书局，2000 年；张涌泉、陈瑞峰：《古代写本钩乙号研究》，《浙江社会科学》2011 年第 5 期；刘郝霞：《敦煌汉文文献（佛经以外部分）残断与缀合研究》，四川大学出版社，2020 年；田卫卫：《〈秦妇吟〉敦煌写本新探——文本概观与分析》，《敦煌研究》2015 年第 5 期；方广锠：《敦煌遗书中写本的特异性——写本学札记》，《敦煌吐鲁番研究》2015 年第 1 期；方广锠：《敦煌遗书中的界栏——写本学札记》，《图书馆杂志》2021 年第 8 期；朱凤玉：《朱凤玉敦煌俗文学与俗文化研究》，上海古籍出版社，2011 年；李致忠：《敦煌遗书中的装帧形式与书史研究中的装帧形制》，《文献》2004 年第 2 期；〔日〕荒见泰史：《敦煌变文写本的研究》，中华书局，2010 年。

整理和出版纸写文字文献，依然是重要的基础工作。对已经刊布的文献研究将会更加全面、深入、细化。新发现的文献将会源源不断地刊布于众，并成为新的研究材料。

以纸写文字文献为中心的文字研究方兴未艾，将继续蓬勃发展。海量的纸写文字文献进一步夯实了汉字研究的基础。专题文献的汉字研究、近代汉字的断代研究、汉字通史的研究、汉字学的研究等课题，将在纸写文字文献和其他文献的比较研究中得到发展。

纸写文字文献的文献价值与实物价值同样珍贵。研究的全面深入，将会开拓出新的研究领域，促使新学科“纸写文字文本学”诞生和发展。写本学研究对象除了文献的内容和文字外，还包括写本自身的纸色、纸质、纸长、墨色、字体、栏框、题记、序跋、批校、印章、藏印、装帧、真伪鉴别等内容。期待写本学研究能“走向纵深”，从版本学中分离出来，成为一个独立的学科。①

建立“纸写文献数字化”交叉学科。在图像识别、大数据等科技手段支持下，解决快速识别、输入、输出纸写文字的难题，按年代、分地域、分类别编写文献目录，尽可能详细标注纸写文字文献信息，建立和完善数据库，创立纸写文字文献与数字化交叉的新学科。

总之，围绕各类纸写文字文献已经分别形成了敦煌学、吐鲁番学、黑城学、徽学等研究热点，推而广之，新的纸写文献也将开拓出新的研究阵地，如“浙学”“晋学”等，从而推动新时代全国各地文化事业的兴旺发达。

---

① 张春海、强慧婷：《推动写本学研究走向纵深》，《中国社会科学报》2018 年 7 月 23 日，第 1 版；张涌泉：《敦煌写本文献学》，甘肃教育出版社，2013 年。

第四章

汉字的应用

第一节

汉字与计算机技术

一、汉字与计算机技术的定义

所谓“汉字与计算机技术”，是指关于以计算机技术处理汉字进而推动汉字研究的研究，其具体内容包含：字符集的研制、字符检索查找系统（即输入法）的开发、文献数据库的研发、人工智能处理汉字以及基于数字技术的汉字研究等方面。

关于上述界定的内涵和外延的表述，有必要进行以下两个方面的说明。

其一，计算机技术本质上就是一种文字处理的科技革命，因此其技术研发的一切环节都是可以与文字处理发生关联的。众所周知，计算机技术本身是一个高度复杂的系统，如果不加区别、没有选择地细述其方方面面，不仅为篇幅所难容，而且由于其技术过于专门性，如硬件研制、软件开发等离汉字研究距离太远，立足本书的视角，缺乏关注的必要性，加以忽略是合理的选择。

其二，从甲骨文算起，汉字至今已有三千多年的历史，而各个历史层次的汉字各具特定的文化传承价值，因而都是计算机处理的对象。然而，对于计算机文字处理而言，不同断代的不同类型的汉字提出的要求有着很大差异，具体来说：时代越早的汉字，数字处理的难度越大；相较于传世文献用字，出土文献用字的计算机处理要求更高。因此，基于上述界定的后文具体论述的内容，就更多偏向于研究难度更大的时代较早的出土文字的计算机处理，这是“汉字与计算机技术”这个领域的客观情况决定的，并不意味着我们持有厚古薄今的态度。

二、汉字与计算机技术的研究历史

（一）字符集研制

汉字字符集的研究，可以区分为具体研制工作和理论探讨两个方面；前者又可以分为国际标准汉字字符集研制和非国际标准层面的汉字字符集研制两个方面。兹分述如下。

1. 国际标准汉字字符集研制

字符集在本质上就应该按照国际统一标准来研制，汉字当然也不例外。自20世纪70年代美国国家标准协会（ANSI）制定了美国信息交换标准代码（ASCII），推出ISO2022《字符编码结构和扩充技术》开始，事实上已实现了全球各种文字的编码字符集的统一标准。1980年中国发布的GB2312，即是在这个标准框架内进行汉字的编码。以后几年制定的通用字符集（UCS）编码标准是计算机字符集国际编码标准，更明确地解决了各种技术问题，其面向多语言应用环境，使用一个编码字符集覆盖世界上的主要文字。UCS由多语言软件制造商组建的统一码联盟（Unicode）和国际标准化组织（ISO）/国际电工委员会（IEC）/联合技术委员会第二分委员会（SC2）/工作小组（WG2）两个国际机构协调进行标准化推进，使得这一计算机字符集国际编码标准取得绝对的权威性。在这一体系中，中国作为表意文字工作组（IRG）主要成员主导制定了《中日韩统一表意文字》（CJK），并基于这一国际标准制定了强制性国家标准《信息技术　中文编码字符集（GB18030）》，对汉字和多种我国少数民族文字进行编码。到2006年，ISO/IEC10646—2003中已编码的汉字共有70 195个，包括CJK核心部分20 902字、CJK扩展A集6 582字和CJK扩展B集42 711字。此后又有扩展C集、扩展D集的汉字被添加进字符集，中文字符集国标GB18030在2022年被第二次修订后，收录汉字已达87 887个。这不但保证了现代通用语言交际层面汉字的数字化处理的实现，而且一定程度上满足了传世的历史文献的数字化处理的需要。

2. 非国际标准层面的汉字字符集研制

以上国际标准层面的汉字字符集的研制，并不完全能支持历史层面，特别是古文字的汉字数字化处理，因此，非国际标准层面的服务于特定应用目标的字符集（即一般所谓“字库”）研发一直是汉字字符集研发的一个重要方面。

20世纪80年代末，配合《中华大典》的编纂，便有“全汉字库”的研发，其中包含古文字字库的研发。具体情况，详见后文所介绍的黄贤《全汉字库及其编码》一文，兹不赘言。当时限于字符集国际标准的发展水平，整个建设方案的各个方面，今天看来都是需要与时俱进地进行修订的。

1991年，上海市古籍整理重大项目《古文字诂林》立项。《古文字诂林》作为首部用计算机排印的大型古文字集释类工具书，由专业计算机排版公司来负责解决古文字字库的问题，具体研发情况，可参见后文介绍的沈康年先生的论文，兹不赘述。总体来说，《古文字诂林》字库的研发，虽然在该书编委会的大力人工干预下完成了《古文字诂林》的排印任务，但是，由于面向字符集标准的文字整理不到位，这套庞大的字库系统再也没有办法用于大型古文字工具书的排印。

20世纪初开始，由教育部、信标委等国家相关部门组织推进古汉字在国际标准字符集中编码的工作。在2003年11月召开的国际标准化组织表意文字工作组(IRG)的第21次会议上，中国代表团提出“关于中国古汉字进入国际标准字符集的提案”，建议把中国古汉字放入国际标准字符集进行编码。会议接受了中国代表团的提案，并成立了古汉字编码兴趣小组。在2004年国际标准化组织表意文字工作组的第22次会议上，古汉字编码兴趣小组提出建立古汉字编码专家组的提议(N1055)，在2004年11月召开的国际标准化组织表意文字工作组的第23次会议上，国际标准化组织表意文字工作组接受了古汉字编码兴趣小组的报告(N1022)，同意成立古汉字编码专家组，并通过了古汉字编码专家组的工作计划。这些努力，一度造成汉字古文字统一编码在国际标准化组织表意文字工作组的框架内展开的态势。但是该项工作后来并没有推进下去，主要原因有两个方面：一是国际标准化组织表意文字工作组上层组织(WG2)的阻力。实际情况是，古汉字编码专家组的古文字编码字样提交到工作小组后，被工作小组管理层否决，编码方案也被束之高阁。二是当时承担编码研制工作的专家组在没有充分准备的情况下难以提出具有符合国际标准说服力的古文字编码方案。

2004年，教育部哲学社会科学研究项目重大攻关项目“中华大字符集创建工程”(04JZD00032)立项，该项目的研发任务是“中华大字符集”，其中包含古文字字符集，其具体研发内容，可参见后文介绍的该项目首席专家王宁先生的论文，兹不赘述。

2011年，新闻出版署推动的“中华字库”项目启动，根据启动规划，该项目拟用五年时间收集和汇总历代文献资源中出现过的汉字和少数民族文字，辨析源流衍变,确定每个字形的历史地位,建立汉字及少数民族文字的编码和主要字体字符库。该项目的任务覆盖面广,分为28个任务包(其中也包含古文字材料),由不同单位分别负责完成文字整理工作,再由技术部门进行字库集成。到目前为止,该项目的成果尚未见全面系统地介绍,就后文介绍孟忻《"中华字库"工程第七包"两汉吴魏晋简牍文字"数据库建设研究》一文来看,该项目的成果对历史层面的汉字字符集具有一定补缺性。但是该项目文字类型覆盖面太大,主要面向新闻出版业的需求,所研制的古文字字符集是否能全面支持古文字数字化处理的各种要求,还有待验证。

2021年,国家社科基金重大项目"基于公共数据库的古文字字符集标准研制"(21&ZD309)立项。选题的目标设定,是在古文字公共数据库的支持下,根据当下计算机字符集国际标准技术的规定,研制一种古文字的字符集标准,该标准能使古文字中每一个在构形上具有数字化处理存在意义(即精准概括了实际文献中所有同类字形)的字符,与当今国际标准字符集编码系统中的某个唯一码位相对应。

除了上述由相关机构开展的古文字字符集研发工作外,古文字数据库的研发,一般也需要解决古文字字符集问题,相关情况可见后文。民间也不乏类似工作,一些涉及古文字的网站,也要设法解决古文字字符集问题,比如创建于2017年的"引得市"古文字学习网站,所制作的古文字相关字典索引数据库,可以关联使用电子版的纸本书籍,所涉及的古文字楷体字目,不乏集外字,网站通过偏旁、笔画等手段来实现这些集外字检索。

3. 关涉汉字字符集问题的研究论著

这一方面的研究,主要涉及历史层面的汉字字符集研发问题,其中又以古文字字符集(字库)建设的研究论文为主。

1989年,黄贤发表《全汉字库及其编码》①一文,该文实际是《中华大典》数字印刷编纂的设计之作,着重讨论全汉字操作系统的全汉字库及其编码的设计,提出建设能贯通古今字体、字类的智能化汉字库,及"类层区位"的内码设计方案等。对于古文字字符集,该文计划为"甲骨文集、金文集、篆字集等,共十多万字。全收"。此外并无更具体的讨论。

① 黄贤:《全汉字库及其编码》,《深圳大学学报(人文社会科学版)》1989年第2期。

2001年，王宁、周晓文发表《以计算机为手段的汉字构形史研究》①，文章亦论及古文字字符集问题：甲骨文字库建设必须进行字形整理，整理的内容是分别已识字与未识字。对已识字进行职能认同类聚字组，并优选领字字种，置于前列，作为本组字的信息代称。其他字种按异构字处理，排序时与领字邻近。对字种的形体认同类聚字样，优选主形，作为本字种的信息代称，同一字样应视为一个字。而落实上述目标，"用现有计算机系统处理文字的方法很难实现，有必要设计建立一个适合古文字研究的、专业的、能够体现出三维开放的字形体系的软件系统。该系统中的字，在编码上，对历时空间上的同一个字用同一个主码，用分码表示异体字的序号。主码和分码共同表示一个字形的内码。同时系统中建有一个存放内码与字形数据地址的索引表，通过该表实现对字库字形数据的读取"。论文就甲骨文字库建设的字形整理，从文字学的"正体"与"异体"关系角度，提出了一些宏观性意见。

2002年，刘志基发表《古文字信息化处理基础平台建设的几点思考》②一文，围绕在现行国家标准的框架内建设古文字信息化处理基础平台的目标，着重就古文字字库建设、古文字字形整理、古文字编码等问题提出相关对策及可行性方案。

2003年，李宇明发表《搭建中华字符集大平台》③一文，文章提出"承载中华文化的文字与符号的总和，称为'中华字符集'。中华字符集大致包含如下九个方面的内容"，其中第三方面就是"古汉字，包括甲骨文、金文、战国文字、简帛玺印字、小篆及汉字隶变之前的其他文字"。论文较早提出了古文字计算机字符集的材料范围，并着重论述了这一字符集的重大意义。

张再兴《古文字字库建设的几个问题》④一文，探讨了古文字标准字库建设中需要注意的四个方面的问题：通过建立古文字资料库，穷尽性地收集整理古文字字形保证字形收集的全面性；通过拓片扫描造字保证所造字形的准确性；在字形与字之间建立对应关系时须考虑两者之间的异用、歧释、异体等复杂关系；字形归纳过程中应遵循形体的归并原则和区别原则；字符进入标准字符集时的分级应根

① 王宁、周晓文：《以计算机为手段的汉字构形史研究》，《中国文字研究》第二辑，广西教育出版社，2001年，第5—12页。

② 刘志基：《古文字信息化处理基础平台建设的几点思考》，《语言研究》2002年第3期。

③ 李宇明：《搭建中华字符集大平台》，《中文信息学报》2003年第2期。

④ 张再兴：《古文字字库建设的几个问题》，《中文信息学报》2003年第6期。

据字频原则和形频原则。

李胜明、谭支鹏《建立甲骨文字库中的字处理技术》[①]一文,主要研讨甲骨文字体制作视觉美观角度的技术问题。其中提出用三次样条 B-spline 曲线拟合还原字符轮廓技术对甲骨文字进行处理,得到还原度高并能保持古代甲骨文固有特征的甲骨文字。另外,作者还根据图形的计算机处理规则给出了甲骨文字的生成算法。

2004 年,王燕、赵文静、李新发表《金文字库及金文输入法》[②]一文,论及所开发的“金文字库”的具体方法:“金文字库是在 GBK 字库基础上扩展而来的,保留原 GBK 字库,金文隶定字占用的是韩国的编码空间,这样就覆盖原有的韩国文字,所以不能输入和显示覆盖掉的韩文。由于扩充了 GBK 字库,因此字库的编码采用 Unicode 标准的编码式,用户可以根据需要扩充本国字库,在 0000——FFFF 区间内增加自己的字符或符号。在字库中添加金文隶定字还有一种方法不需扩充 GBK 字库,就是在 CJK 统一汉字编码区添加隶定字,覆盖 GBK 字库,这样隶定字的编码格式就是 ANSI 格式,而不是 Unicode 格式。之所以占用其他国家的编码空间而保留 GBK 字库,是为了在混合输入古今汉字时避免反复选择字体,只要选择‘金文宋体’,就可以选择不同的输入法混合输入古今汉字,而不必再切换字体。”论文涉及金文字库建设中的国际标准码位使用问题,瞄准具体问题的解决,初衷很好,但是“占用的是韩国的编码空间”的思路具体落实有障碍,因为韩国编码字与 GBK 字符同时使用并不能实现有效的数字处理。

马小虎、杨亦鸣、黄文帆、鄞格斐《甲骨文轮廓字形生成技术研究与通用甲骨文字库的建设》[③]一文,提出通用甲骨文字库建设的设想,根据字库建设的需要设计出甲骨文字形处理的技术系统,所“开发的甲骨文造字系统的关键技术”为:“轮廓提取与轮廓线追踪”“特征点的确定”“基于特征点的曲线轮廓库自动生成”和“TrueType 字形数据的存取”等。该文在甲骨文造字技术层面讨论颇为细致,注重的是字体显示效果,但作者又提出:“通用的甲骨文字库就是选用出现频率高、具

---

① 李胜明、谭支鹏:《建立甲骨文字库中的字处理技术》,《微机发展》2003 年第 6 期。

② 王燕、赵文静、李新:《金文字库及金文输入法》,《西安建筑科技大学学报(自然科学版)》2004 年第 1 期。

③ 马小虎、杨亦鸣、黄文帆、鄞格斐:《甲骨文轮廓字形生成技术研究与通用甲骨文字库的建设》,《语言文字应用》2004 年第 3 期。

有代表性的甲骨文字形构成的字库。”这种选字型的古文字字库，是无法完成全面支持古文字数字化处理任务的。

2004年，江铭虎等发表《甲骨文字库与智能知识库的建立》①，文章论及甲骨文字库的建设情况：“对可识读约一千四百字的甲骨文进行了详细的计算机标注，其中包括专有名词一百二十余个，这些甲骨文字全部可通过拼音输入，并可给出对应的现代汉语解释。虽然这个数字和现代的通用汉字总数相比还有一定差距，但随着专家们对甲骨文研究的不断深入应该会不断增加。”该文的讨论涉及甲骨文字符集中已识字部分配套的信息标注问题，所提出的设想，距离甲骨文信息化处理的系统要求而言，还是有待于深入化、系统化。

沈康年《〈古文字诂林〉数据库的研制与开发》②一文，论及《古文字诂林》排印数据库的支持字库制作：“字形库由五部分组成：篆书字形库由篆书字形以及《说文解字》释义中的籀文字构成。古隶定字形库由《古文字诂林》主编李玲甫（笔者按：当为“璞”）教授重新隶定，杰申电脑排版有限公司制作。篆书字、古隶定字与楷定字有一一对应关系。古文字字形库由甲骨文、金文、陶文等八大类古文字字形组成，字形来自于《甲骨文编》、《金文编》、《古陶文字征》等十五部研究著作，经扫描、修补、分类整理而成。”该文所论及的古文字字形库，没有具体地展开如何按数字化的“唯一码”要求整理论述，与之相应，这个字形库甚至无法独立支持《古文字诂林》的排印。

2005年，王宁发表《汉字研究与信息科学技术的结合》③一文，文章第三部分标题为“利用信息技术研究古文字和上古汉字史”，其中指出：“古文字字库可以有两种类型。（1）指称型古文字字库。这种字库的功用，是在创建某些文本时，出于讲述或引用的需要，在行文中提到某个或某几个古文字时，能够把这些个古文字插到文本里去。这种字库也有两种创建方法：A. 原形优选；B. 书写字稿。（2）全原形古文字字库。这种字库的最高要求是要在计算机里再现一切现有的古文字实用文本中的字样。后一种要以前一种为基础。创建一种指称型历史字

---

① 江铭虎、邓北星、廖盼盼、张博、严峻、丁晔：《甲骨文字库与智能知识库的建立》，《计算机工程与应用》2004年第4期。

② 沈康年：《〈古文字诂林〉数据库的研制与开发》，《印刷杂志》2004年第10期。

③ 王宁：《汉字研究与信息科学技术的结合》，《励耘学刊（语言卷）》第一辑，学苑出版社，2005年，第1—22页。

体的字库，要求字形准和全，一般采用从古文字实用文本中选择字形，即使重新写字模，也要以选择好的字形为依据。字形选择必须整理文本用字。”论文所说“全原形古文字字库”与“指称型古文字字库”的配合，提出了古文字字库建设的一种思路。

2006年，周晓文、李国英《建立“信息交换用古汉字编码字符集”的必要性及可行性》①一文，主要讨论了古文字编码方式：“对于古代汉字的处理应采用何种方式？是按字体的形式处理，不单独编码？还是部分编码？或者是按字种的方式完全单独编码？……利用ISO10646对古汉字进行单独编码是完全可行的。”论文还论及面向编码的古文字分类问题：“对古汉字进行单独编码首先要解决古汉字的分类问题”，“（一）按时代划分”，“（二）按文字所在的器物种类、书写材质分类”，“（三）综合分类法”。“综合分类法就是将时代、器物种类，甚至地域信息等综合到一起进行分类。古汉字编码对古汉字进行分类，主要目的是编码工作的方便，一方面分类要有科学的根据，一方面又要简洁、易于操作，不能过细，过于琐碎，所以，我们认为综合分类法应该是优先选择的分类方法。”该文讨论了古汉字编码字符集的一些宏观策略问题，但还未具体展开操作层面细节做法。

2016年，刘根辉、张晓霞《古文字字形整理与通用古文字字库开发研究》②一文，以甲骨文和金文已识字为例，论述了古文字字形整理的必要性，从字库的收字范围，字符的编码方式、存储方式及字样选取标准等四方面阐述了面向计算机的古文字字形整理理念；借助“字位”概念根据甲骨文和金文的时代分期开发完成了分类别、分层次的通用古文字字库，实现了一个古文字的不同字形共享同一个Unicode码位，并且可以同平台显示。该论文还是古文字字库研发的宏观性理论方法讨论，多为学界共识，但是根据文字学的“字位”概念，让“一个古文字的不同字形共享同一个Unicode码位”，似乎回到了当下通用汉字字体（如宋体、黑体等）处理方法，很难适应于以一字多形巨量为特征的古文字字符集的实际应用需要。

2018年，孟忻《“中华字库”工程第七包“两汉吴魏晋简牍文字”数据库建设研

① 周晓文、李国英：《建立“信息交换用古汉字编码字符集”的必要性及可行性》，《北京师范大学学报（社会科学版）》2006年第1期。

② 刘根辉、张晓霞：《古文字字形整理与通用古文字字库开发研究》，《古汉语研究》2016年第3期。

究》①一文，介绍了项目组负责的“中华字库”第七包“两汉吴魏晋简牍文字”的搜集和整理的完成情况：“按照网络数字化、出版业的要求，全面、系统地汇编两汉吴魏晋统治时期使用的简牍及墨书材料上的文字，建立古汉字及古代少数民族文字的编码和主要字体字符库。”该文论及支持该数据库的字体研发情况：“需编码的字形制成各种字型表，根据工程的标准来定型，再由‘中华字库’厂商制作成精品字库，再按国际标准化组织的要求，研制出不同种类的文字编码方案，提交给国家相应机构，申请纳入 ISO/IEC10646 国际标准。”该论文论说了项目在古文字字体研发方面的操作方式，即先由古文字团队“制成各种字形表”，再由“厂商”做成字库，然后在此基础上“研制……编码方案”，“申请纳入 ISO/IEC10646 国际标准”。这无疑是一种发挥不同领域专家团队专业特长的研发程序，但是没有论及跨学科配合的效益如何能够及时实现，而这对古文字字符集研制这一高度复杂的跨学科课题的完成来说，是非常重要的。

（二）输入法研发

字符集是一个字符贮存平台，这个平台要真正投入使用，必须由字符检索查找系统来实现字符的按需求调用，这种调用系统即输入法。

1. 当代规范字的输入法的研发

随着汉字字符集问题的初步解决，汉字输入问题就被提上议事日程。短短几年时间内，各种汉字输入的方法也应运而生，各展其长。按输入设备的不同总的可分为四大类：语音输入法、手写输入法、扫描输入法和键盘输入法。以作为主体的键盘输入法来说，从 1978 年至 1995 年，针对计算机信息输入的数以千计的汉字编码方案相继问世，先后 400 多种编码申请了专利，形成了万“码”奔腾的格局。这一阶段产生的汉字编码方案可分音码、形码、音形码和形音码四大类，增加了词组、联想等功能。尽管有汉字输入方案成百上千种，但能够被广大用户所接受，得到普遍推广的只有为数不多的几种：五笔字型、双拼双音、全拼、新全拼、简拼等。从 1995 年开始，智能化输入技术取得很大进展，只需将欲录入的汉字转换成汉语拼音，然后逐字连贯地输入由拼音组成的序列，系统则会一一排除同音字的干扰，显示出要表达的语句，实现整句输入。输入法系统还具有记忆功能，能将用户对

---

① 孟忻：《“中华字库”工程第七包“两汉吴魏晋简牍文字”数据库建设研究》，《图书馆学研究》2018 年第 12 期。

它的每一次纠正都存储记忆，使输入法具有学习和判断的功能。同时，随着手机使用的普及，手写输入和语音输入法亦获得长足的发展。

2. 古文字的输入法

由于尚未在字符集国际标准中编码，古文字输入的对象多非集内字，因此在通用输入法外，研发适合古文字特点的输入法也是必需的。

较多的古文字输入法，是依据古文字的字形特点设计的，可以称之为“形码”输入法。

1995 年，徐松开发了甲骨文象形码输入法，其用 26 个英文字母和 9 个阿拉伯数字与甲骨文中 500 多个字根和码元相对应，进而用键盘输入甲骨文①。

2010 年，聂艳召和刘永革研发了甲骨文自由笔画输入法②，把甲骨文的字形拆分为 9 种键元（点、横、竖、撇、捺、弯、框、曲、圆），试图根据笔画对应的编码键元完成甲骨文字的输入。

2012 年，栗青生等研发了基于甲骨文字形动态描述库的甲骨文输入方法③。该输入方法给出了一种甲骨文字形动态描述的方法。该方法在现代汉字的编码和书写规范基础上，使用有向笔段和笔元对甲骨文进行描述，用扩展的编码区域和外部描述字形库相结合的方式，试图解决甲骨文字特别是异形体和未识甲骨文字的输入问题。

此类古文字输入法的局限比较明显：首先是所设计的形码实际上无法系统地对应古文字的构形元素；其次，因为是新造了一套符号对应体系，本身也需要记忆。所以这类输入法都不能较好地完成古文字输入的任务。

也有所谓“替换法”的古文字输入方式，就是通过改变字体来实现古文字的输入，属于较为初级的一种古文字输入方法。1990 年，周德民等研究开发了计算机甲骨文信息处理系统（CJPS）④，该系统采用编码映射表的方式对甲骨文字进行索引，从而完成甲骨文的输入、显示与打印。但古今字符可以对应者只有一部分，所

① 徐松、胡金柱：《甲骨文象形码输入法的实现》，《华中师范大学学报（自然科学版）》1995 年第 3 期。

② 聂艳召、刘永革：《甲骨文自由笔画输入法》，《中文信息学报》2010 年第 6 期。

③ 栗青生、吴琴霞、王蕾：《基于甲骨文字形动态描述库的甲骨文输入方法》，《中文信息学报》2012 年第 4 期。

④ 周德民、汪国安、郑逢斌、苏越、李峰：《计算机甲骨文信息处理系统（CJPS）的设计与实现》，《河南科技》1990 年第 S1 期。

以此种输入法会存在大片盲区。

另有一种所谓古文字的“可视化输入法”，其实是由形码输入法所派生。2004年，由刘永革等开发①。该输入法提供给用户一张甲骨文部首表，用户根据待输入甲骨文字形，选择相应的部首，程序将包含这些部首的结果呈现给用户，用户点击需要的字形完成输入。但是，这种输入方法的局限性也很明显：同一个部首下的甲骨文文字数量往往很多，因此缺乏输入法必要的精确性；另外，大多数使用者可能并不了解甲骨文的部首，因此这种方法难以普及。

当然，也有以拼音方式来输入古文字的“音码”输入法。由于古文字尚有不少未释字，它们没有读音，所以处于一般“音码”的古文字输入方法的盲区。为解决这一问题，刘志基研发了“古文字三级字符全拼编码检字系统”②，该输入法确立基本字符、物象字符和几何图形字符三级编码单位，以字符编码的有序组合或方位限定形成字的全拼检索码，兼容多角度多层次的检索路径。其设计初衷是解决古文字输入的各种问题：将未释或歧释的古文字（亦即古文字原形字）纳入可以编码检索的范围；提高古文字检索的精确性；扩大古文字检字系统的使用对象。该输入法，最初运用于《古文字诂林》编纂，即用这一编码方式为《古文字诂林》编纂专用字库的16万个古文字字符逐一编码，保证了《古文字诂林》计算机排印中古文字字库的顺利使用。以后又运用于《商周金文数字化处理系统》和《战国楚文字数字化处理系统》的古文字输入法，以及《金文引得》的索引。对于后者，《二十世纪金文研究述要》在给予介绍后给出了这样的评价：“从以上简介，可以清楚地看出，编者为了能够更好地检索金文，的确经过深思熟虑，所言种种，当有一定的参考意义，这本身就是一种贡献。”③

除了以上种种，还有“转换”式的古文字输入方式，即建立古文字与现代规范字的对应表，然后基于对应表用程序来实现输入现代规范字来转换成对应的古文字的方法，《商周金文数字化处理系统》和《战国楚文字数字化处理系统》中都包含这类古文字转换输入程序。

近年来，随着智能化手段的应用，古文字的图像识别技术客观上也完成了古

① 刘永革、栗青生：《可视化甲骨文输入法的设计与实现》，《计算机工程与应用》2004年第17期。

② 刘志基：《简说“古文字三级字符全拼编码检字系统”》，《辞书研究》2002年第1期。

③ 赵诚：《二十世纪金文研究述要》，书海出版社，2003年，第412页。

文字输入的任务。关于这一点,将在后文论述。

(三)汉字文献数据库的开发

一般来说,只是用现代通用汉字记录的文献的数据库,并没有太多汉字研究的意义,因此不在我们论说的范围内。而以传世古文献为语料的数据库,如电子版《四库全书》《国学宝典》之类,所用字也是今日通用的编码汉字,并不反映文字的历史真实面貌,同样缺乏汉字研究的意义,亦可忽略不计。而需要论说的是真正服务于汉字研究的文献数据库,主要是出土实物文字,特别是古文字文献数据库,以及传世字书类数据库。

迄今的古文字数据库,地域分布上限于中国内地、中国港台地区,以及日本。兹分述如下。

1. 中国内地

(1)《古文字诂林》数据库

1991年,上海市古籍整理重大项目《古文字诂林》立项。项目组决定将《古文字诂林》做成首部用计算机排印的大型古文字集释类工具书,由杰申电脑排版有限公司来负责解决电脑技术方面的问题,由此研制古文字数据库的研发便被提上议事日程。该公司负责人撰文①称:"当初承接《古文字诂林》电脑排版任务时,上海杰申电脑排版有限公司的管理者与工程技术人员就暗暗定下了一个宏伟目标,一定要把《古文字诂林》最终做成一个数据库,用最现代化的数字技术把中华民族最古老的文字传承下去。"这个数据库由"字头对象基本属性数据库""字形库"和"文本资料库"三个库组成,"字头对象基本属性数据库总共记录了9 832个《古文字诂林》字头数据。字头对象基本属性数据库向用户提供了检索要素,同时起到了连接《古文字诂林》字形库与《古文字诂林》资料库的纽带作用。"然而,由于没有按照数字化标准处理好古文字字符集问题,这一古文字数据库的数字化功能存在很大缺陷,甚至完全不能担负起《古文字诂林》的计算机排印任务,后来依靠华东师范大学中国文字研究与应用中心古文字数据库的支持,才完成了《古文字诂林》的计算机排印。而该数据的失能,也成为当时负责《古文字诂林》编纂的华东师范大学中国文字研究与应用中心研发古文字数据库的一个重要原因。

---

① 沈康年:《〈古文字诂林〉数据库的研制与开发》,《印刷杂志》2004年第10期。

（2）《商周金文数字化处理系统》和《战国楚文字数字化处理系统》

2003 年，华东师范大学中国文字研究与应用中心推出了两个重要的古文字数据库软件（光盘版）。其一是《商周金文数字化处理系统》，2003 年由广西教育出版社和广西金海湾电子音像出版社联合出版。该系统包含“金文字库”“金文输入法”“金楷对应转换程序”“金文资料库”四大部分。“金文字库”收字完整，对应当时已发表的青铜器铭文，并按数字化处理要求进行了严格整理。包括楷体字（集外隶定字）字 6 194 个、金文原形字 14 249 个和金文偏旁 539 个。“金文输入法”采用了新开发的“三级字符全拼输入检索系统”的编码原则进行编码，既适用于金文输入，又方便使用者掌握，可以分类调用金文楷体字、金文原形字、金文未识字和金文偏旁。“金楷对应转换程序”可以在文字处理软件（Word）上实现现代通用繁体字和金文原形字的双向对应转换，为金文原形字的使用创造了很大方便。“金文资料库”收录了当时已发表的青铜器铭文 13 000 件，总字数 120 000 多。可以按器名、时代、国别、字数、出土、流传、现藏等多种路径进行检索，也可以实现铭文的全文检索。

其二，《战国楚文字数字化处理系统》（上海教育出版社 2003 年）。该系统包括“战国楚文献检索系统”“战国楚文字字库”“楚文字输入法”“楚楷对应转换程序”四大部分。“战国楚文献检索系统”收录了当时已发表的战国楚系简帛文、铜器铭文、玺印文、货币文文献，相关实物材料 2 267 件。其中以简帛文为主体，总字数达 56 689 字。该系统除了具备与《商周金文数字化处理系统》相同的所有功能外，还具备逐字显示对应原始实物文字影像的功能。

（3）《商周金文资料通鉴》

陕西省考古研究所和西安广才科技有限公司合作研制的《商周金文资料通鉴》2008 年起见于市场销售。该系统收录截止于 2007 年 12 月公布的商周青铜器 18 000 多幅，器物图像 9 000 多幅，随器附有相关的简介文字（包括器物名称、出土时间、出土地点、收藏单位、尺寸重量、花纹描述等）。其可以进行器名、字头等检索，但是不能实现单独的铭文全文检索。收录较多青铜器铭文材料，汇集器物图像，是其特点。

（4）中国古代简帛字形、辞例数据库

该数据库为简帛网（武汉大学简帛研究中心设立）所设。收录楚帛简（郭店 1 号墓简、上海博物馆藏简、包山 2 号墓简、望山简、九店简、长台关 1 号墓简、曾侯乙墓简、新蔡葛陵墓简、清华大学藏简）、秦简牍、汉简帛等。可按照单字、偏旁进行字形检索,或按照单字进行辞例检索,但只局限在集内字的范围内。

(5) 瀚堂典藏数据库

该数据库由北京时代瀚堂科技有限公司开发建设。其中的“出土文献”库含有甲骨文、金文、简帛、钱币和石刻文献等分库。可使用集内字,利用标题、出处、书目或全文进行检索,支持打印、复制功能,并附有联机字典。

(6) 甲骨世界数据库

由中国国家图书馆研制。该数据库包括:甲骨实物图片的元数据2 964条,影像5 932幅;甲骨拓片的元数据2 975条,影像3 177幅。数据库的著录包括贞人名字、出土地点、时代、来源方式、尺寸、数量、材质、书体、缀合信息、内容主题、释文、参考信息、对应拓片等,读者可依据这些途径用集内字进行检索。此外,该数据库还有工具库链接功能,便于读者参考相关文献。

(7) 殷契文渊

该数据库由安阳师范学院甲骨文信息处理教育部重点实验室和中国社会科学院甲骨文殷商史研究中心合作建设。其中包括“三库一平台”,即甲骨字形库、甲骨著录库、甲骨文献库、甲骨文知识服务平台。截至2023年8月,数据库共收录甲骨著录153种,甲骨图像239 733幅,甲骨论著33 839种。提供单字的查询,有部首表、总单字表、总字形表辅助查询单字,并用“手写输入法”辅助检索。

(8) 汉字全息资源应用系统

2019年,北京师范大学文学院发布“汉字全息资源应用系统”。该系统主要面向通用汉字的社会应用和科学研究需求而建设,分为深层结构和表层结构两级模式,并建立有机系联。在深层结构层面充分考虑《说文解字》、古文字、繁体字、简化字、传承字之间的复杂关联关系;在表层结构以常用字集、通用规范字集、古籍印刷通用字集等不同级别的字集作为呈现模块,解决了不同发展阶段汉字之间的对接问题。

(9) 中国古文字智能检索网络数据库

2021年5月,华东师范大学中国文字研究与应用中心发布了最新成果“中国文字智能检索网络数据库”。其中包含的“中国古文字智能检索网络数据库”,是该数据库最早开发的部分,也是该研究单位二十年磨一剑的成果。相较于此前同类成果,其新的特点可以概括为如下四个方面。

一是实现各个断代各古文字类型全覆盖。

迄今为止，数据库所包含的文字材料覆盖了自殷商甲骨到明清文字整个汉字发展历史的各种时段的各种类型；先秦部分，基本囊括目前已公布的资料；先秦以后汇集了各时段主要代表性材料。具体为：殷商甲骨文数据库（7 万余篇，110 万字），商周金文数据库（1.7 万种，18 万字），战国楚简数据库（9 种，10 万字），先秦古玺、古陶、古币、石玉文字数据库（3.7 万方，16 万字），秦汉简牍数据库（50 种，90 万字），汉代金石文字十种数据库（3 万方，20 万字）。

二是以严格的数字化标准来实现海量实物文字资料数字载体转换。

因为历代出土实物的用字大面积未被国际标准字符集覆盖，同时，属于GBK20 902 个字符以外的已进入字符集国际标准的约 9 万字符有着网络和数据库的使用障碍，而 GBK20 902 个字符内又有大量一字多码的混乱情况，因而缺乏标准字符集的支持，成为制约出土文字数据库建设中文字资料输入的普遍性难题。“中国古文字智能检索网络数据库”建设为应对上述障碍，研发完整的出土实物文字字符集标准体系，具体包含：A. 各类文字材料的楷定字、原形字、偏旁构件的有区别意义、能够精确概括实际用字的字符的确定；B. 这些字符以唯一值的形式与标准字符集码位的对应；C. 按字符集标准，通过造字生成集外字字体；D. 覆盖数据库使用字符集所有字符的有效输入法和各种属性的检索手段。这样，就保证了数据库所用所有字符与标准码位的一字一码精确对应，保证了数据库各种资料都处于有效的数字化处理的范围内。

三是材料的整理、分析、标注等深度加工。

对应各个时段汉字的研究与应用需要，进行充分的数字化整理与深度加工。实现原始资料与考释研究信息全面关联，特别是注重古文字考释，跟踪古文字考释最新进展，并以字为对象关联考释信息。另外，完成或部分完成出土文献语料在语言、文字与文化属性等方面的系统标注，包括：字义注释、语音标记、义类分析、偏旁标注、古今释义等，实现数据库内部资源全面数字系联贯通。在此基础上形成了系列专题性古文字数据库：集释数据库、偏旁数据库、通假数据库、字体数据库、义类数据库，以满足多方面的古文字数字检索需求。

四是实现智能识别检索技术的突破。

“中国古文字智能检索网络数据库”首次引入图像智能识别技术，破除中国历史汉字资源数字化的关键性盲点——无法输入文字即不能实现检索，实现对无法输入或者认读的古文字字形、疑难字形、生僻字形的智能识别。目前系统开发的智能识别工具以识别对象的类型不同分为两大系列。一是单字识别：甲骨文单字智能识别器、商周金文单字智能识别器、石刻疑难字形智能识别器、楚简文单字识别器。二是整篇识别：商周金文铭文智能释读、甲骨文拓片整体识读、石刻拓片整体识读。

2. 中国港台地区

（1）“汉达文库”

香港中文大学中国文化研究所刘殿爵中国古籍研究中心建立。该数据库包括甲骨文资料库和竹简帛书资料库。甲骨文资料库收录了九种大型甲骨文书籍，共计卜辞6.768 3万片，设有甲骨文字之字形总表，可同时显示甲骨文字原字形及隶定释文，并可以通过多种方式进行检索。竹简帛书资料库收录《马王堆汉墓帛书》等十二种竹简帛书出土文献，共约140万字，附有释文、图像逐简对照显示，提供便捷的检索方式，并且检索结果可以直接打印或存档，方便查阅。

（2）“甲骨文全文资料库”

香港中文大学中国文化研究所与中国社会科学院历史研究所合作建立。该资料库以胡厚宣主编的《甲骨文合集》十三册释文集为底本，共计收入4万余片甲骨，约86万字卜辞。

（3）“郭店楚简资料库”

香港中文大学图书馆与香港中文大学中国语言及文学系张光裕教授共同研制。该资料库为《唐虞之道》《忠信之道》《成之闻之》《性自命出》《六德》以及《语丛》《老子》《穷达以时》《缁衣》等十六篇道家及儒家著作的释文修订本，可按竹简编号、书目或篇目、作者及出处或内容项下输入欲查检资料的关键词即可检获所需。

（4）“简帛金石资料库”

台北“中研院”历史语言研究所文物图像资料室所建。该资料库收录60余种简帛金石资料及研究书目、索引等共计340.168 4万字纯文字数据，包括《睡虎地秦墓竹简》等资料著述较为集中的大型报告，支持布尔运算、复合检索、词组查询、排除字符及自然语言查询。

（5）先秦甲骨金文简牍词汇库

台北“中研院”历史语言研究所研制。该词汇库收录简牍、金文和甲骨文三种文字材料，共收录词汇约13万条。甲骨文主要采用《殷墟甲骨刻辞摹释总集》；金文收录《殷周金文集成》《新收殷周青铜器铭文暨器影汇编》，以2005年以前出土的青铜铭文为主；简牍包括《楚帛书甲乙丙本》《曾侯乙墓竹简》《包山楚墓竹简》《望山楚墓竹简》《江陵九店东周墓竹简》《郭店楚墓竹简》《新蔡葛陵楚墓竹简》七种文本的词汇资料。以上材料分为词汇检索与全文检索。另收录《睡虎地秦墓竹简》《云梦龙岗秦简》《上海博物馆藏战国楚竹书》（1—7册），提供全文检索。

（6）甲骨文全文影像数据库

台湾成功大学中文系甲骨学研究室、图书馆、信息工程研究所联合开发建设。该数据库将《甲骨文合集》《殷墟甲骨刻辞摹释总集》及《殷墟甲骨刻辞类纂》等相关征引资料全文整合录入，共计4.195 6万片甲骨文影像及释文、摘要，具有释文、分类、出处、关键词、摘要检索、跨字段查询、词组索引浏览、快速显示数据、拓片局部缩放以及打印或存储等功能，可实现全文检索和全文影像阅读。

3. 日本

（1）甲骨文数据库

京都大学人文科学研究所研制。该数据库的介绍称可提供文字检索和全文阅读服务，是以《京都大学人文科学研究所藏甲骨文字》（日本汉学家贝冢茂树编著）为底本进行数据录入的。

（2）楚简数据库

早稻田大学文学部工藤研究室研制。该数据库由楚系文字资料库和简牍资料库两部分组成，设计了检索功能，其介绍称：使用者可选择字词、篇章等进行检索。内容包括长沙子弹库楚帛书、河南信阳长台关楚简、鄂君启节、湖北江陵望山楚简、湖北随州曾侯乙墓竹简、湖北江陵天星观楚简、湖北荆门包山楚简、湖北荆门郭店楚墓竹简等地点出土的竹简、帛书及青铜铭文。

（四）汉字的智能化研究

就汉字的社会应用而言，智能化主要集中于各种电子设备的汉字输入，如手写字的识别、语音识别、繁简字转换等方面。由于与汉字研究关系较远，这里就不详细展开论述。

毋庸置疑的是，在汉字研究的视野里，古文字图像识别是汉字智能化的一个热点。

古文字图像识别，其实已有较长的研究时间，如甲骨文识别，早在1996年就已经有研究论文发布了研发方案,其后也有同类研究成果不断发表,但长时间内,并无真正成功的研发成果问世。归纳相关的问题,主要是两点:第一,迄今的相关研发,对于识别对象都控制为小范围的材料(通常是几百字到几千字,而甲骨文实际公布的刻辞字数有百万以上),其意图是以抽样的小范围材料来证明“算法”开发的“成功”。如李锋等《甲骨文自动识别的图论方法》①,“抽取 1 035 个甲骨文字符进行自动识别实验”。但其试图完成的任务则是“要自动识别不同写法的 3 000 多个甲骨文单词”。周新伦等《甲骨文计算机识别方法研究》②则“根据目前已考证识出的 2 860 个甲骨文”,“在 386 微机上建立 1 430 KB 的甲骨文样本字形库(64×64 点阵)及对应的 270 KB 汉字字库(32×32 点阵)”。陈丹等《古文字的联机手写识别研究》③的识别系统“样本库”所包含的是“左民安的《细说汉字——1000 个汉字的起源与演变》一书中的 735 个甲骨文字”。吕肖庆等《一种基于图形识别的甲骨文分类方法》④则“选择了部分甲骨文文字的图片进行分类实验。一个典型实例中包含了八个古文字‘保,禾,牛,女,人,天,羊,祝’的相关图片,每个古文字选择了 30 张图片作为一类,每类选择 20 张图片用作训练,其余 10 张用作测试”。顾绍通《基于拓扑配准的甲骨文字形识别方法》⑤,“基于拓扑配准的甲骨文字形识别方法”研究中所用的是“含有甲骨文字形 3 673 个”的“TTF 格式字库”。刘永革等《基于 SVM 的甲骨文字识别》⑥,建立了甲骨文图文资料库,“从数据库中,挑选 15 个字符进行识别实验”,“‘大’,‘耳’,‘口’,‘目’,‘鸟’,‘女’,‘人’,‘上’,‘首’,‘为’,‘西’,‘又’,‘中’,‘子’,‘自’。共计选择了 1 290 个甲骨字进行识别”。有的则将智能化手段运用于古文字输入法。刘永革、李强等研发甲骨文手写输入法⑦。该输入法“采用当前最新的人工智能深度学习研究成果,

① 李锋、周新伦:《甲骨文自动识别的图论方法》,《电子科学学刊》1996 年第 S1 期。
② 周新伦、李锋、华星城、韦剑:《甲骨文计算机识别方法研究》,《复旦学报(自然科学版)》1996 年第 5 期。
③ 陈丹、李宁、李亮:《古文字的联机手写识别研究》,《北京机械工业学院学报》2008 年第 4 期。
④ 吕肖庆、李沫楠、蔡凯伟、王晓、唐英敏:《一种基于图形识别的甲骨文分类方法》,《北京信息科技大学学报(自然科学版)》2010 年第 S2 期。
⑤ 顾绍通:《基于拓扑配准的甲骨文字形识别方法》,《计算机与数字工程》2016 年第 10 期。
⑥ 刘永革、刘国英:《基于 SVM 的甲骨文字识别》,《安阳师范学院学报》2017 年第 2 期。
⑦ 刘永革、李强:《甲骨文输入法综述》,《殷都学刊》2020 年第 3 期。

以卷积神经网络为基础,研发了甲骨文识别网络为识别模块"。该输入法提供给用户一张甲骨文部首表,用户根据待输入甲骨字字形,选择相应的部首,程序将包含这些部首的甲骨文字形呈现给用户,用户点击需要的字完成输入。

上述从事甲骨文识别的各家研究,用作识别对象的甲骨文字数尽管多寡不一,但是相对真实识别环境中可能出现的甲骨文字的数量来说都少了很多。学界公认,目前已被发现存世的甲骨有15至16万片,每片有字甲骨上一般总有数量不等的少至个位数,多至数百的字形,仅就我们研发的甲骨文数据库统计,甲骨文字形数已超过110万。总体而言,这种小范围抽样的问题,一方面是小范围材料的识别,意义十分有限,或者说基本无用;另一方面,能够支持小范围材料识别的"算法",并不能够移植到更大范围材料的识别中去,一般情况是材料范围一改变,"算法"也就崩盘了。

第二,迄今研发的古文字识别程序,识别的效果都只能局限于识别出字形属于哪个抽象的"字",而不是哪个具体的古文字文献用字。如"识别的结果在显示器上用甲骨文及对应的汉字显示在输入字符的右上角"①;"根据移动通信终端预存的古文字与简体字的绑定关系,查找出与匹配程度最高的古文字对应的各简体字"②。而识别效果局限于此,实际是切断了"算法"与第一手卜辞文字的直接联系,也断送了图像智能识别推动古文字研究进入智能化轨道的大好前景。而导致这种现状的原因很多,最主要的一点是迄今的甲骨文图像智能识别研究,并无智能型的数字平台的支撑。

值得注意的是,以上所述的古文字图像识别研究,都是由计算机领域专家主导的,而近年来,出现了由高校古文字专业机构开始主导古文字图像识别,开展跨学科研发的新局面。如吉林大学古文字团队与"字鉴—书法识别"团队合作,承担教育部、国家语委"人工智能识别古文字形体软件系统研发与建设"重大项目。该课题计划在整理、释读先秦古文字资料的基础上,提取大量清晰的文字样本,充分利用计算机技术将其数字化、信息化,并结合人工智能技术,研发出一款古文字形体的自动识别软件,以促进古文字专业的发展,加快古文字专业的普及化、大众

---

① 周新伦、李锋、华星城、韦剑:《甲骨文计算机识别方法研究》,《复旦学报(自然科学版)》1996年第5期。

② 陈珺、罗林波、官文俊:《一种古文字识别系统及方法》,2017年。申请(专利)号:CN201710614296.X。

化,并为其他传统文化学科的同类研究提供一定的借鉴。

2019 年 5 月和 2021 年 5 月,华东师范大学中国文字研究与应用中心两次发布古文字图像识别的新成果,连续发布了"商周金文智能镜""甲骨文智能镜 ""楚简文字智能识别器""石刻疑难字形智能识别器"等四个智能识别程序,前两个成果还研发了手机小程序。在识别效果上,不但获得了对相关材料的无盲区识别以及较高的识别准确率,还实现了单字与成篇文字的两种对象的识别。然而,对于模糊文字的识别、识别对象的种类(单个字、成篇铭文、文字载体等),以及识别的精度方面还有提高的空间。

古文字智能化研究具有专题化的最新发展动向。最近,吴振武发表《古文字考释与人工智能》①一文,"举几个自己以往考释古文字的例子,来说明人工释读古文字的很多关键点今后是完全有可能利用人工智能技术去帮助解决的"。张重生发表《AI 驱动的甲骨缀合——附新缀十则》②,莫伯峰等发表《AI 缀合中的人机耦合》③一文,介绍甲骨文缀合的人工智能介入所取得的初步进展。

(五)数字化的汉字基础研究

随着信息技术的发展,中国文字学这一具有千年传统的古老学科也正在逐渐融入数字化的时代潮流。至少在一部分文字学研究者的书桌上,数据库已经替代了"卡片箱"。与之相应,利用数据库资源来进行的文字学研究越来越多。然而,怎样的研究成果才可归入"数字化的汉字基础研究"的范围,需要划定一个明确的界限。首先,关于字符集、输入法、数据库、智能化的研究论文和论著,虽然不能说与汉字基础研究无关,但并不具有直接性,同时,有相当部分前文已述,故以下不再论说。其余可分两类。

1. 关于如何运用数字化的模式手段进行汉字基础研究的理论探讨

此类成果属于顶层设计范畴,目前数量较少。

2001 年,王宁、周晓文发表《以计算机为手段的汉字构形史研究》④,阐释了用

① 吴振武:《古文字考释与人工智能》,《光明日报》2020 年 11 月 7 日,第 12 版。

② 张重生:《AI 驱动的甲骨缀合——附新缀十则》,先秦史研究室网站,https://www.xianqin.org/blog/archives/14062.html,检索日期 2020 年 9 月 20 日。

③ 莫伯峰、张重生、门艺:《AI 缀合中的人机耦合》,《出土文献》2021 年第 1 期。

④ 王宁、周晓文:《以计算机为手段的汉字构形史研究》,《中国文字研究》第二辑,广西教育出版社,2001 年,第 5—12 页。

计算机研究汉字史的意义，进行历代汉字构形系统的描写和比较，提出小篆字体的设计与实现等问题。

2005年，王宁发表《汉字研究与信息科学技术的结合》①。文章提出：汉字研究与信息科学技术的结合是促使现代的汉字教学、汉字信息处理及汉字规范走上科学轨道的必要和唯一的方法。信息科学技术广泛应用于《说文解字》学、古文字和上古汉字史、今文字和中古近代汉字史、汉字字体、现代汉字等领域的研究，并取得了很大的成就。利用信息技术研究汉字有三个必要的条件：汉字的理论研究；信息技术适应人文符号研究的要求；理论思想与技术的结合。

2013年，尚伟《基于认知心理视角的古文字信息处理研究》一文②，所论实际涉及古文字字体分类问题。认为"大多数学者在研究古文字信息化方面还存在诸多误区：一是重知识轻信息，即重视对古文字音、意的考证，形体的隶定，把古文字的信息处理看作是对知识的处理，而没有将古文字本身看作是一种信息；二是重差别轻统一，即重视每一个古文字之间形体结构和构字部件的差别，轻视古文字形体结构和构字部件之间的统一性；三是重个体轻整体，即将每一个古文字都看作是独立的个体，将每一种类型的古文字看作是独立的类聚，而忽略了古文字所具有的整体性，不能将古文字看作是由具有相同构字部件结构而成的类聚；四是重经验轻系统，即重视将古文字研究的经验运用到信息处理当中，而忽略了信息处理的系统性"。因而"需要我们转换思路，从认知心理的角度，将古文字的信息处理看成是一个自足的、分阶段的信息转换、流动的过程，而在这一过程的每一个阶段，都需要我们立足于信息本身给予相应的约束原则，以保证整个信息流动与转换过程的准确和高效。为此，我们将古文字信息的处理看成是编码、提取和使用三个阶段的信息流动过程，并在每个过程中给出了限制性原则，从而更好地解决了古文字的信息处理问题"。论文提出了古文字字符整理分类的一种新思路，但是这种新思路落实到古文字字形分类整理的具体操作，需要解决一系列古文字释读、处理等方面的特殊困难，否则便难免限于蹈空式的泛泛而论。

近年来，刘志基在这一方面有较多论文，比较重要的如发表于2017年的两篇

---

① 王宁：《汉字研究与信息科学技术的结合》，《励耘学刊(语言卷)》第一辑，学苑出版社，2005年，第1—22页。

② 尚伟：《基于认知心理视角的古文字信息处理研究》，《情报科学》2013年第7期。

论文。《数据库文字学刍议》[1]一文探讨如下问题:“数据库文字学”的界定、“数据库文字学”与“语料库语言学”的关系、“数据库文字学”的可行性、“数据库文字学”与传统文字学、“数据库文字学”的数据库建设、数据库文字学研究的学术品质追求。

《数字化与古文字研究新材料》[2]一文提出:由于时代发展带来了文字处理方式的进步,以数字化整理提升材料研究价值的工作必然被提上古文字研究的议事日程,进而造就陈寅恪所谓“一时代之学术”必有之新材料。基于对传统古文字资料整理和既有古文字材料数字化得失的评估,可以确定未来以数字化营造古文字研究新材料的重点方向:补缺传统古文字研究工具系列;瞄准潜在的学术史发展点;破解瓶颈性学术难题。

2. 运用数字化模式的文字学基础研究成果

由于数字化介入的程度不同,此类成果的认定具有一定模糊性,我们的界定是:首先,研究材料总体上必须是数字载体的,非此无以生成研究所需的大数据;其次,论证依据总体上必须是大数据的,因而研究结论必须是在大数据支持下获得的,而非举例论证所能得到的结果。客观而言,如此限定之下,此类成果并不多见。

2004 年,张再兴《西周金文文字系统论》[3]出版,“绪论”对其研究方式作了这样的表述:“要保证上述方法(笔者按:即“穷尽的定量统计、全方位的系统论证、全过程的历史比较”的方法)在西周金文系统研究中的成功运用,达到预期的研究目标,传统的手工工作方式无疑显得有些力不从心。因此,在技术手段上,计算机信息技术的全面介入成为其中的关键。对西周金文文字系统的各个方面进行穷尽的定量统计,并将统计结果放到历史的发展中进行系统的比较,没有计算机信息技术的充分运用可以说是难以办到的。为了这一研究的顺利进行,笔者陆续参与或独立开发了多种古文字字库、古文字资料库和语言文字应用计算机程序。”作为该书研究第一手材料的商周金文资料均由上述引文所谓“古文字资料库”所贮

---

① Journal of Chinese Writing Systems,2017(1),英文版创刊号,ISSN:2513-8502,英国世哲出版公司(SAGE)出版发行。

② Journal of Chinese Writing Systems(《中国文字》),2017(2),中文版创刊号,ISSN:2513-8502,英国世哲出版公司(SAGE)出版发行。

③ 张再兴:《西周金文文字系统论》,华东师范大学出版社,2004 年。

存,可由“器铭、单字、构字元素三个层次”提供“金文本体”的检索,“各个层次中的每一项属性都可以作为检索统计的单元,并组合使用。而且各个层次之间互相关联,形成一个有机的整体”。而引文所谓“古文字字库”,即为补缺通用字符集的盲区而开发的支持“金文资料库”顺利运行的金文字体。引文所谓“语言文字应用计算机程序”,是基于“金文资料库”收字的结构分析标注而开发的两种程序,一是“汉字结构统计分析系统”,“该系统是以数据库为基础数据库的应用软件系统,可以分别就成字和构字元素两个方面分别对文字结构的各种属性进行统计”;二是“字频断代统计分析系统”,“该系统用于自动统计金文单字的各种异体在各个时代的频率分布情况”。《西周金文文字系统论》的材料对象主要出自“金文资料库”;而“金文资料库”又是根据《西周金文文字系统论》撰写要求进行了资料标注和应用程序的开发,因此,该项研究成果符合前文的界定,可以认定为“数据库文字学”的一种实践。

2017 年,张再兴出版论文集《商周金文数字化研究》[①],汇集了作者关于商周金文的构形系统、词义、考释等方面的数字化研究成果。

近十余年,刘志基发表系列性此类成果,相对重要的如:2009 年,发表《字频视角的古文字“四书”分布发展研究》[②]一文,文章在定量数据分析的基础上提出:就整个文字系统的历时演变来说,四书中呈直线变化且变化程度较为显著的是象形和形声,前者历时减量,后者历时增量,最终互换了在总字形数和总字频中的主体位置,其字频统计远低于字形统计的增减幅度,更加真实地显示了文字结构的发展速度。会意自西周金文较甲骨文有较大增长后即在字形系统中占据相对稳定的比重,同样体现了正常发展轨迹。只有指事的比重发展缺乏规律,表现了结构发展的某种复杂性。

2012 年,刘志基发表《偏旁视角的先秦形声字发展定量研究》[③],该文立足数字化平台,在完成殷商甲骨文、西周金文、战国楚简帛文和秦简文形声字及其偏旁(声符与义符)的定量调查统计的基础上,通过字头与偏旁数量之比,证明先秦形声字偏旁具有历时发展的精简化趋向;通过声符与义符数量之比揭示了在“标类”与“标声”两大形声字发展途径中,前者始终占据愈益强势的主导地位;通过各类

① 张再兴:《商周金文数字化研究》,上海书店出版社,2017 年。
② 刘志基:《字频视角的古文字“四书”分布发展研究》,《古汉语研究》2009 年第 4 期。
③ 刘志基:《偏旁视角的先秦形声字发展定量研究》,《语言科学》2012 年第 1 期。

型文字偏旁构频之比，证明了不同类型文字对偏旁各有不同的选择性，这种选择的差异既由文字系统历时发展所促发，也有文献类型差异的成因。

2015年，刘志基发表《先秦出土文献语料类型分析刍议——以〈包山楚简〉与〈郭店楚简〉为例》[1]一文，以《郭店楚简》与《包山楚简》为例，尝试提出一种认定出土文献语料类型的研究思路：在对相关文献逐字进行语境字义认定描述后，将其纳入一个能够全面反映语言交际内容各个方面的意义分类框架，进而根据各义类语境字义的频率和单位数量状况分析相关文献语言的话题热点、话题边缘乃至话题盲区所在，只有话题热点的义类，才认定其能够反映相应断代真实的语言状况，具有充分的汉语史研究价值。

2015年，刘志基发表《基于语料特点判断的上古出土文献某字存否研究——以“信”字为例》[2]一文，针对某些文字上古存否无解的问题，立足语料特点判断理论，以甲骨文、西周金文“信”字探究为例，提出新的研究思路：在能够全面反映断代用字存在实际，并要求相关字必须露脸的语境内，通过地毯式搜索给出答案。该文提出，既然我们能够确定甲骨文和西周金文中“信”字应该出现的语境，而这种语境又属于“信”字若有便一定会出现的文献话题热点，那么，现有甲骨文、西周金文不见“信”字，则意味着该字在殷商西周文字系统中也不可能存在。

此类成果还有一种类型是工具书。由于系统运用了数字化模式，此类工具书的基本特征就是在使用功能上具有新的突破，仅举两例。

2015年，刘志基出版《中国出土简帛文献引得综录》[3]，该书是第一部实现以古文字原形字为索引对象的引得类工具书。古文字文献中，文献用字的原始形态（以下简称“原形字”）与隶变以后的文字具有古今之异。毫无疑问，原形字的认识价值不是释文用字（即将其转写成对应后世通行楷体的文字）所能替代的。特别是对古文字研习者而言，古文字文献引得缺失了原形字，可谓丢失了最重要的基本信息。而既往古文字引得类工具书，或者完全缺失原形字，或者只能给出并不

---

① 刘志基：《先秦出土文献语料类型分析刍议——以〈包山楚简〉与〈郭店楚简〉为例》，《语文研究》2015年第4期。

② 刘志基：《基于语料特点判断的上古出土文献某字存否研究——以“信”字为例》，《华东师范大学学报（哲学社会科学版）》2015年第5期。

③ 刘志基：《中国出土简帛文献引得综录·郭店楚简卷》，上海人民出版社，2012年；《中国出土简帛文献引得综录·包山楚简卷》，上海人民出版社，2015年。

能真实反映古文字原貌抄书者写的“原形”。这种局限，是传统的文字处理方式决定的。因此，是数据库编纂平台的全面支持，以及字体技术的合理运用，促成了《中国出土简帛文献引得综录》的这一突破。

2022年，张再兴出版《秦汉简帛文献断代用字谱》①，该书基于秦汉简帛语料库而编纂，收录秦汉简帛文献近60种，提供文献用字的完备数据。主要包括：字的多种记词形式、词的多种用字形式、用字的不同文献分布、用字的断代变化、词形用字的出现频率、各种用字形式的使用频率及出处等。附录部分以电子文档的形式单独呈现在配套的数字化网络平台上，实现纸质正文与电子附录二者相辅相成，供研究者协同使用。既能够满足秦汉简帛文献用字研究定量统计的需要，又可以为考察汉字记录汉语的特点及其规律提供充足的材料；既为历时考察汉语字词关系变化提供指引和参考，又为深入了解汉语发展进程、助益古籍文献异文研究提供崭新的视角，对文字学、文献学和汉语史等研究具有重要的参考价值。

三、汉字与计算机现状的评估

综上所述，大量成果表明，相对于前数字化时代，汉字研究的手段方法已经有了很大的改变和发展，呈现了与时俱进的良好趋势。然而，汉字数字化的研究，毕竟是一个新生领域，相对于它的理想境界，现状所呈现的主要是进一步发展的空间，这也决定了评估的主旨还是揭示问题。归纳为如下几个方面。

一是基础有待夯实。

这主要表现为汉字数字化研发系统中基础层面的薄弱。字符集无疑是汉字数字化的最基础的平台，但是，虽然如前文所述，我们在这一方面已经作了林林总总的努力，但依然有很多问题尚待解决。首先是古文字尚未在国际标准字符集中编码，这就造成古文字数字处理的标准字符集平台存在巨大缺口，以《新甲骨文编（增订本）》为例，该书的字头，正编2 268字，集外796字；附录1 224字目全属集外，即3 492字目中集外2 020字。据此，甲骨文的标准字符集缺口约占60%。

其次是已在国际标准中编码的汉字使用受限。目前已经编码的汉字超过9万，然而，网络平台和各种数据库真正能够支持全面数字化处理的汉字仅仅是GBK范围的20 902个汉字，而这个范围外的绝大部分已编码字在数据库以及网络

① 张再兴：《秦汉简帛文献断代用字谱》，上海辞书出版社，2022年。

中并不能实现检索、查询、统计等各种处理，形成事实上的“受限编码汉字”的奇特现象，须知，网络和数据库平台恰恰是数字平台的主战场，已编码字在此受限，事实上就成为只是在名义上进入国际标准。

再次，不受限编码汉字也并不好用。前文言及，目前真正能在网络和数据库中得到有效数字处理的编码汉字只是GBK集内字，但是这个范围内也存在相当数量的一字多码情况。一字三码以上如（字后括注的是内码）：彝（5F5D）彛（5F5B）彜（5F5C）彞（5F5E）；揺（63FA）搖（6416）摇（6447）；吳（5433）吴（5434）呉（5449）；奨（5968）奬（596C）獎（734E）；戶（6236）户（6237）戸（6238）等，一字二码者更可以“百”计数。而一字多码势必造成数字化处理的错误，这就如同一个人有了两个身份证号，而且这种错误并不限于历史汉字的数字处理，现代汉字的数字化也会受到不良波及。

很显然，最基础平台的这些盲区和缺陷，不可避免地影响汉字数字化的整个进程，最直接的影响，就表现在也属于基础层面的数据库建设。是否能做到全字符地满足各种需求的数字化处理，是衡量数据库是否具备数字化内功的最重要标准。而如上所述，古文字数据库种种问题的存在，从根本上说，就是因为字符集的问题没有解决好；与此相关的是，在缺乏古文字数字化效果即时检验的古文字字符集标准研发环境下，推动古文字在国际标准字符集中正式编码的工作也难以得到有力的支持，这是已被实际情况所证明了的；对于数字化的汉字基础研究而言，字符集、数据库是基础平台的两大支柱，而这个基础平台的弱势，又是造成数字化的汉字基础研究薄弱的直接原因。事实上，只有在字符集、数据库研制建设具有相当成绩的基础上，人们才有可能开展真正意义上的数字化的汉字基础研究，而具备这种条件的研究者太少，这也就是此种研究少有问津的真实原因。

二是内在联系有待加强。

汉字数字化研究涉及诸多不同的研究方面，而各个环节又都有复杂的研发内容，因此，容易引发各个研发方向只注重自身具体研发任务的完成，因而各自为政，忽略整个系统的内在联系的倾向。但是这些不同研发方面实际上具有环环相扣的严密联系，互为因果，相辅相成，因此，忽略整体的系统联系，势必对汉字数字化的进展造成负面影响。

如古文字字符集的研发这一跨学科新课题，相关研究无论在学术上还是技术上，都处于摸着石头过河的摸索阶段，诸多方面和层次，大概率都会不断遇到难以预料的挑战和难题,没有系统全面的即时验证纠错的机制,会增加很多挫折。而可以实现这种即时验证纠错的最好形式,正是古文字数据库的配套建设。一个真正符合数字化处理标准的字符集一旦形成,就是可以支持相关文字材料的各种数字化处理。因此,古文字字符集标准的研制如果合格,就可以支持古文字数据库的全面运行。由于数据库是目前文字材料数字化处理功能最多样的程序,用古文字数据库来验证古文字字符集究竟是否符合数字化标准,是最恰当的验证评估方式。除了评估验证以外,古文字数据库又是古文字字符集标准研制中最有操作性的质量控制平台。用研制的字符集标准来制作古文字字体支持古文字数据库的各种数字处理,这一标准是否适合实际数字处理的需要,答案将立马揭晓;出现什么样的问题,需要怎样的针对性修改完善,也将一目了然。因此,有古文字数据库对古文字字符集的即时验证,古文字字符集标准的研制将得到极大的保障。但是在既往的古文字数字化研究中,字符集的研发往往就被设定为某某"字库"、某某"字符集"的工程,研发过程也缺乏数据库使用验证的环节,而只是注重字体显示的质量等一般字体的技术细节,这无疑是导致古文字字符集研发现状不能尽如人意的一个重要原因。

再如古文字图像识别的研发,真正有意义的成果是使用者能凭借这种工具完成所有古文字的智能图像识别,因此,完善被识别的图像样本的数量和质量,也就是完成第一手古文字图像材料的数字载体转换,是与之密切相关联的工作。然而,既有古文字识别的研发,不少只是把研发的重点放在证明"算法"的成功与否,为保证这种"成功"而限定小范围少量的样本,而并不顾及与之相关联的古文字材料数字载体转换的任务完成。因而这种识别算法的成功也就变得毫无意义。

三是跨学科配合有待加强。

汉字数字化研究,是一种跨学科的工作,而不同学科专业的有效配合是这种研究走向成功的关键因素之一。很显然,既往的研究在这一方面也有很大的提升空间。比如,古文字数字化研发,无论哪个方面哪个环节,都只能在古文字专家和计算机专家密切交流、全程协作的基础上才有可能完成。在这一研究工程的进行中,要让计算机专家了解古文字通过数字化要解决的学术问题是什么,而古文字专家又能系统而精准地知晓数字化能为古文字研究带来什么革命性的手段方法,这样才能使得跨学科不同专业研究者心往一处想,力往一处使。但是,由于真正实现这种沟通非常不易,现实中的这种跨学科合作,往往变成缺乏精准顶层设计下的上下工序的配合,因此“两张皮”情况非常普遍。举个典型的例子:在《古文字诂林》的编纂过程中,由《古文字诂林》编委会与杰申电脑公司合作研发古文字系列字库,但是由于当时的合作流于形式,只是由编委会提供十五种古文字字形书,再由电脑公司拿去造字,实际上还是各做各的。所以字库投入排印,便出现18万古文字造字却并无查找输入手段等一系列状况,这当然也不是电脑公司所希望的。为了管理这个庞大的字形库,电脑公司还设计了一个超大容量多平面汉字平台:“大量出现的图形字、疑难字、怪癖字除了极大地增加扫描、造字的压力外,字库管理的矛盾也日益加剧,造好的字如何能较方便地调用,造过的字怎样避免重复造,造错的字如何纠正过来。因此,设计一个非正规的超大容量多平面汉字平台 SMPCSet 的要求提出来了。”①但是事实上这个平台并没有起到预期的作用。如果“造好的字如何能较方便地调用”的问题真的被解决,电脑公司是不会把海量字库的查字难题抛给编委会来解决的。而这个问题无法解决,也就决定了“造过的字怎样避免重复造”的问题不可能得到解决。时过近20年,现在可以很清楚地看到问题所在就是跨学科协作流于表面,把跨学科合作变成甲专业负责前一段研究工作,前一段研究成果再交给乙专业做下一阶段研究这样的流水线模式。而这样的问题,在后来的汉字数字化研发中,特别是字库建设工程中也是很常见的,比如先由古文字研究单位分别负责完成文字整理工作,再由技术部门进行字库集成,这样的研发程序,是很容易造成跨学科协作脱节的。

在汉字智能化研发这样数字技术含量更高的研发方面,更突出的问题是只有信息技术的专业人员参与,而汉字研究专业人员却是缺位的。关于这种情况,前文的综述已有很清晰的反映,不再赘述。

四、汉字与计算机技术的未来展望

基于前文所述,汉字信息化研究的未来应该有如下几个方面的重点发展。

一是切实可行的“强基”计划。

“皮之不存,毛将焉附”,既往的经验证明,汉字信息化研究作为一种由新的数字处理技术推动而兴起的研究领域,基础研发是研究发展的基本保障,如果没有字符集的有效支撑,数据库建设就将受到极大制约;而没有数据库的支撑,一切信

① 沈康年:《〈古文字诂林〉数据库的研制与开发》,《印刷杂志》2004年第10期。

息化属性的研究都会失去依凭。而对于基础研发薄弱的现状,有必要探讨其发生的深层原因。一方面,如是字符集之类基础研发对一般所谓“研究”的支撑作用是隐性的,只能由它支撑的某种应用性数字化程序来间接地体现它的作用。另一方面,目前的科研评价体系,基础层面的研发成绩也缺乏评价认定的对应窗口。这两种因素,都会导致人们对这一重要研究任务的重视程度不够,也失去攻坚的动力。比如既有的古文字字符集研发,一般是前面的那个直接发挥使用价值的应用性程序更容易得到重视而成为主体研发任务,往往出现这样的情况:被研发的应用程序在表面上能够应付完成一部分任务的情况下,研发者不再追求字符集研发的高质量。如古文字诂林项目的古文字字库,基本任务是完成《古文字诂林》的排印,在编委会花费巨大投入帮助电脑公司解决了排印中的查字难题后,电脑公司也很难再有动力进行完善字库的投入。

二是标准化与规范化的提升。

信息化的任何研究,都是需要在技术上由一个统一标准的规范平台支持下运行的,这个技术标准首先体现于字符集。但是,如前所述,在字符集的层面,历史汉字部分处于国际标准的盲区,但是历史汉字的数字化研究却不能不依然开展,这样就呈现为不同的研究者或研究机构各自为政研发特定的古文字字体来支持这种研究的情况。然而,由于字符集标准不同,不同的研究成果无法在一个规范体系内相互验证,组合成具有内在逻辑的系统。

同样的问题在数据库建设层面表现得更加明显。比如古文字研究,现在已经有一些古文字数据库可以成为研究的支持平台。但是,按照数字化研究的标准和规范,我们需要的是一个统一的公共古文字数据库,而不是数据不能相互关联的各自另搞一套而自身又有缺陷的一群数据库。因此,古文字数据库建设要转向公共数据库建设的轨道。这样一个面向全球公众开放的古文字数字处理平台,更可通过激励机制和技术手段,让使用公共数据库的公众也参与到数据库建设中来,集中社会公众的智慧,查漏补缺,争取最理想的效果。

三是人工智能介入汉字研究的长足发展。

人工智能在汉字研究领域的应用,是近年来汉字数字化研究领域的最新气象。在古文字智能图像识别方面,已经显示了其对于传统研究瓶颈问题的强大突破性。因此,可以期待这一研究方面的长足发展趋势。从理论上说,目前的古文字智能图像识别的新发展,有可能消除图像载体材料的计算机自动识别盲点,即初步实现数字平台中图片载体材料与字符集载体材料的自动数字关联，进而营造古文字资料大数据生成和机器学习的环境，为各种研究专题的智能化手段介入创造条件，同时孵化古文字研究的新思维。其他研究方向的情况也将如此。

第二节

汉字与书法

世界上除了汉字,似乎还没有哪个民族的文字书写可以上升为艺术。汉字书写就是书法,它能成为艺术,在全世界可以说是独一无二的存在。

要了解书法为什么能成为艺术,首先要了解什么是艺术。艺术是一个至今难以定义的概念,但我们可以对它作一些描述。艺术是人类特有的富于创造性的审美活动,其成果便是艺术品。艺术有极为丰富的艺术形象或形式,故能表达人类丰富的情感和深邃的思想,并能深刻表现人类创造的文化。而书法基本符合艺术的条件,故能成为艺术。

汉字书写之所以能成为艺术,主要由于汉字的形成、书写方式以及工具的特殊性。下面我们来进行一些说明和分析。

一、汉字构形的特点与书法艺术的关系

全世界各国家和民族使用的文字,按其表达音义的特点,可分为表意文字和表音文字。表意文字是用一定体系的符号表示词或词素的文字,不直接或不单纯表示语音,这种文字有不完备的表音符号,故也可以称作意音文字。目前全世界只有为数不多的表意文字还在使用,其中最重要的一种表意文字就是汉字,并且汉字还是世界上使用人数最多的文字。除了汉字和极少数宗教使用的文字,全世界绝大多数国家和民族都使用表音文字,表音文字通常用数量有限的字母表示语音,如英文、法文等使用的拉丁字母只有26个,阿拉伯文的字母有28个,梵文字母有46个。

可以说,每一种文字都有其书法,如英语书法一词是 calligraphy,俄文是

каллиграфия，但这个词只是表示如何把字母写得更美观，而不是把字母上升为艺术。Calligrapher、кал-лиграф（书法家）都指抄写员，从来不是指让书写成为艺术的艺术家。

这是由于英、俄文一类的表音文字，其字母的数量非常有限，表现形式不多，因而难以表现人类丰富的情感与文化内涵，与艺术有很大的距离，故难以成为艺术。

而汉字作为表意文字，具有一个复杂的符号体系，暂且不说汉字的演变过程，就以现代汉字而言，其符号体系也十分复杂。复杂的符号体系对学习、使用汉字是不利的，但恰恰是这种复杂性，对汉字的艺术性的形成，起到促成的作用。

现代汉字的基础符号是部首，《现代汉语词典》列出的部首是201部①，仅仅是这个部首数已远超表音文字的字母数，但这还远不足以使汉字成为艺术，促成汉字成为艺术的一个重要因素是汉字的复杂结构。梁东汉把汉字结构分为三大类：1. 上下组合式22种；2. 左右并列式21种；3. 内外拼合式6种。②

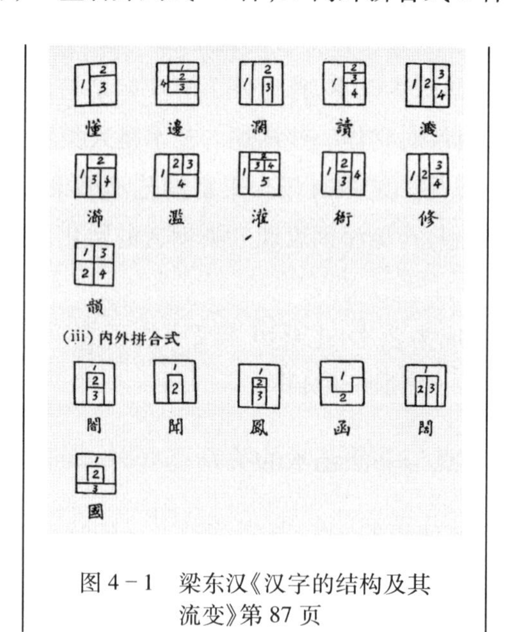

图4－1　梁东汉《汉字的结构及其流变》第87页

就现代汉字而言，201个部首，通过这50种左右的结构方式，可以组合出很多字形，这众多的字形，毫无疑问，可以大大促进汉字的艺术表现力。并且，在汉字

① 中国社会科学院语言研究所词典编辑室：《现代汉语词典》（第7版），商务印书馆，2016年，第13页。

② 梁东汉：《汉字的结构及其流变》，上海教育出版社，1959年，第86—87页。

书法中，上下组合的字可以写成左右并列式，如：群=羣，鹅=鵞，峰=峯，概=槩，胸=胷；左右组合的字可以左右部分互换，如：毡=氊，够=夠，飚=飊，鴂=鴃；等等。这些构形方式实际上是书法创作中的一些惯例，欧阳询《三十六法》中有“借换”一法，就主要是以上交换偏旁位置的方法；该书中还有“增减”一法：“字有难结体者，或因笔画少而增添”，“或因笔画多而减省”，“但欲体势茂美，不论古字当如何书也”。如在“新”字左边偏旁中间增加一横画（图4－2－1）；“建”字“聿”旁下加一点（图4－2－2）；“曹”字减去中间一竖（图4－2－3）；等等。①

图4－2－1　　图4－2－2　　图4－2－3

图4－2　欧阳询《三十六法》

日文是表音文字，但在日本，仍然盛行汉字书法艺术，这是由于日文中使用了大量汉字的缘故。先前日文使用汉字并无限制，这固然有利于书法艺术的创作。后来日本政府实行文字改革，把汉字的使用限制在2 000字左右。尽管汉字数量大大缩减了，但这2千字左右的汉字仍然可以表现汉字的艺术性，由此可见汉字艺术性表现力之强大。相比之下，原来使用汉字的朝鲜、韩国以及越南，改用纯粹的拼音文字后，书法艺术就在这些国家消失了，得到了拼音文字的便利，却失去了一门艺术，这得失如何评价，只有这些国家的民众自己知道。

二、汉字悠久的发展史与书法的关系

从中国最早的成体系的文字甲骨文算起，汉字使用到现在已有三千多年的历史。在这三千多年时间里，汉字一脉相承，不断发展，在不同的历史阶段，形成了为数众多的形体，为书法创作提供了极为丰富的形式和形体。

汉字的发展，可以划分为两个阶段：古文字和今文字。大体说来，隶书以前的各

① 欧阳询：《三十六法》，《历代书法论文选》，上海书画出版社，1979年，第102页。

种文字都称作古文字,隶书及其以后的文字称为今文字。今文字主要指隶书和楷书。

古文字主要有甲骨文(包括商周甲骨文)、金文(包括殷商、西周、春秋金文)、战国文字(包括简帛书、石刻文、战国金文、古玺文、陶文)、小篆等。

中国最早的文字甲骨文有 5 000 多个不同的形体,已有将近 2 000 字得到释读。甲骨文主要是用刀在龟甲和兽骨上锲刻的文字,也有少量用软毫笔书写的墨书或朱书文字。有些人认为甲骨文是象形文字,其实这种看法并不完全准确。甲骨文中有一部分是象形的独体字,主要是:人体及其器官如人、口、止(趾)、又(手)、目、耳、自(鼻)等;动物如马、牛、羊、犬、鹿、虎、鸟、鱼等;植物如禾、黍、木、中等;自然界的现象和事物如日、月、星、云、雨、山、水、土等;工具和武器如刀、斤、矢、弓、网、鼎、鬲、戈;等等。这些象形字虽然仍有图画的意味,但已经高度符号化,即略去事物的细节,而用最具特征的轮廓或线条来表示这个事物。甲骨文中大部分还是由这些独体象形字构成的合体字,这些合体字由于结合了两个或两个以上的独体象形字,这些字形就具备了更多的变化,从而具备了更大的艺术表现潜力。

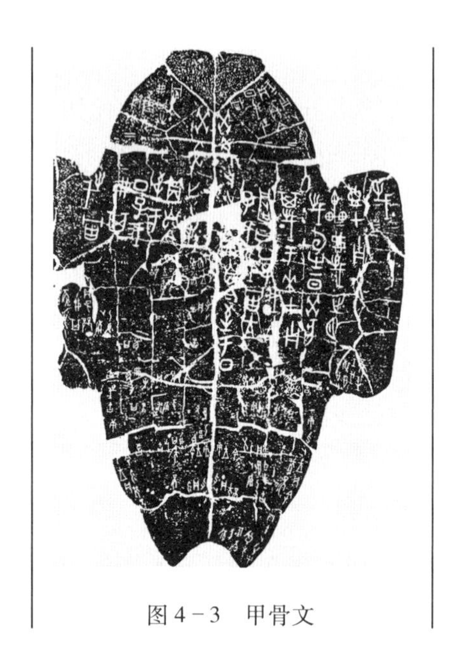
图 4-3 甲骨文

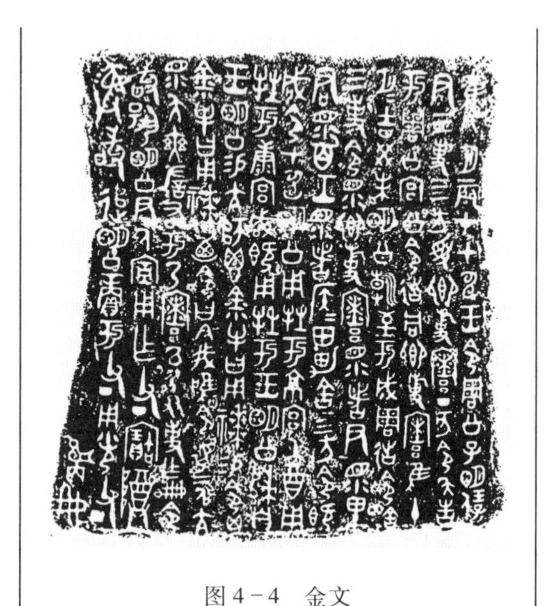
图 4-4 金文

较甲骨文稍后出现的是金文,金文并不是另一种文字,而是与甲骨文一脉相承的文字,因铸刻在青铜器上,故称金文。金文主要是使用铸造的方法铸于青铜器上,其笔画比较粗壮,西周早期的金文还有肥笔,保存较多图绘风格。金文的字形特点，非常适合使用毛笔来表现，这就大大提高了汉字的艺术表现力。

到了战国时期，文字的运用范围更加广泛，简帛文字、刻书在石上的石文、陶文、铸造或刻在铜铁器上的金文、玺印文字等，都大量出现，这些文字虽然同一体系、一脉相承，但文字形体却由于应用的场合不同，以及用于书刻的材质的差异，从而表现出多彩多姿的风格。例如简帛文字，由于是直接用毛笔书写在竹木简或帛上，其字形显得流动灵活，笔画粗细形态也有变化。又如石文，有刻在石上的文字，如秦国的石鼓文，有朱书或墨书在石片上的侯马盟书。石鼓文虽刻在石上，但其典重、整饬，却不下于西周、春秋金文，并且由于刊刻的自由度高于铸造的自由度，其字形显得更为灵动、活泼。侯马盟书是用软毫笔蘸朱、墨颜料书写的，故风格近于简帛文字，笔画婉转流畅，富于变化。战国时期，玺印也大量出现，其印文多为官名、人名或吉语，字形或厚重古朴，或挺拔俊秀，布局巧妙多变。战国时期的陶文多为官名、地名或吉语，多为抑印而成，故与玺印文字风格相近。春秋战国时期，铭文字数渐少，但出现了鸟虫书、蚊脚书这样的富于装饰性的秀丽的书体，使汉字的艺术表现力又得到进一步提升。

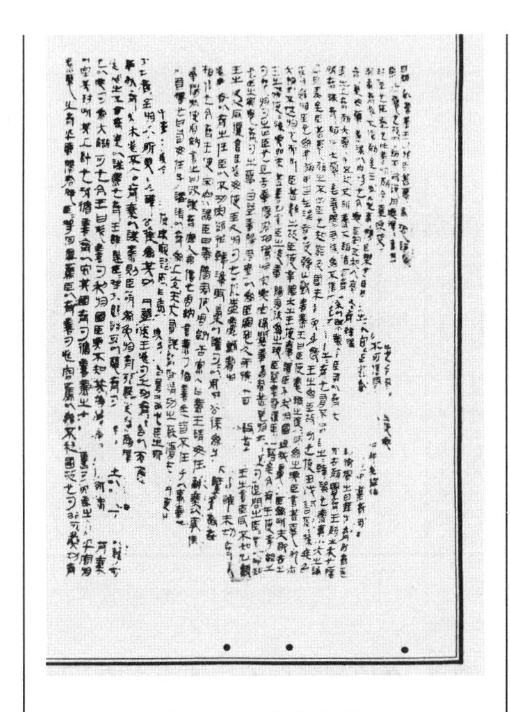
图4－5　简帛文字

图4－6　石鼓文

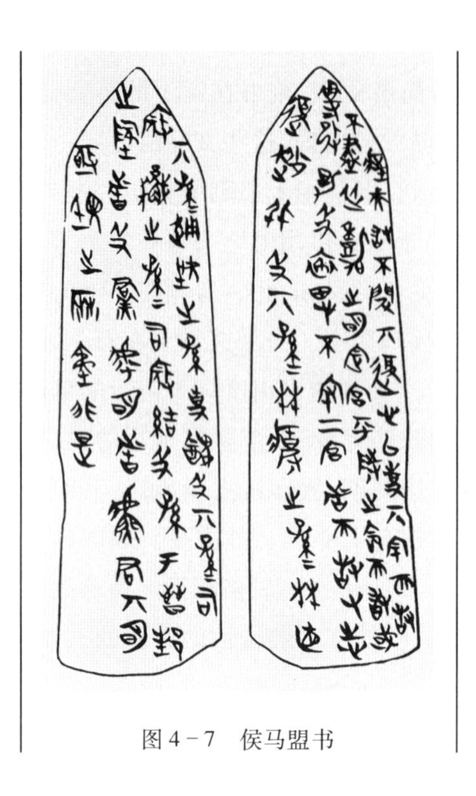

图 4－7　侯马盟书

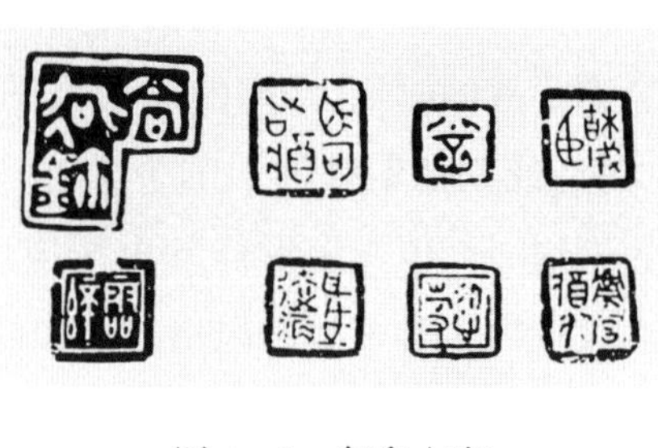

图 4－8　玺印文字

图 4－9　陶文

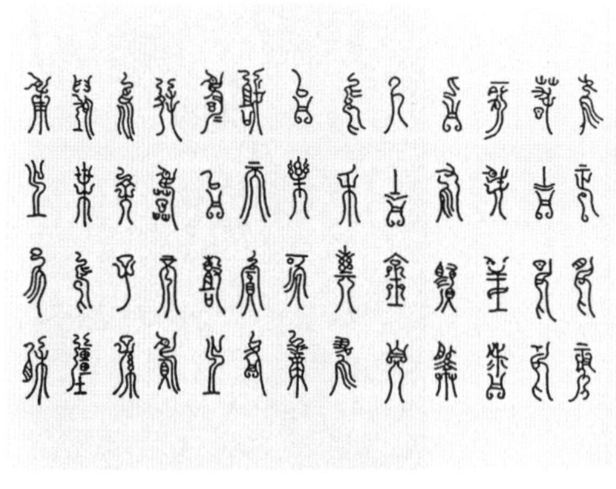

图 4－10　鸟虫书

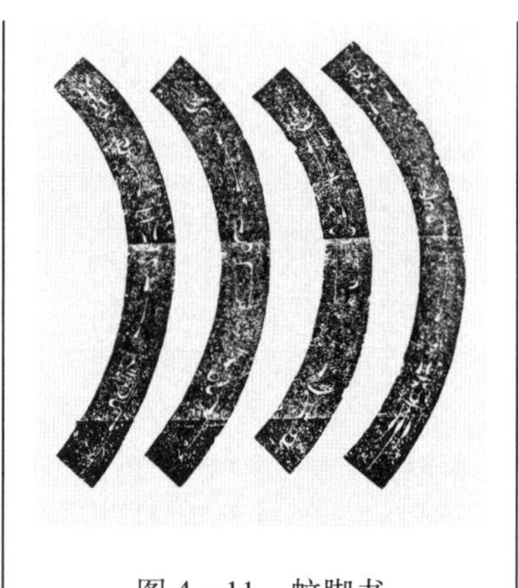

图 4－11　蚊脚书

秦始皇统一中国后，实行了“书同文”政策，在原来秦国使用的籀文的基础上，加以整理、简化，颁布了一套标准字形即小篆。小篆字体规范了战国以来字形杂乱的现象，但主要是用于庄重的场合，如碑刻、礼器上面。小篆的使用场合，决定了它的风格主要是端庄、典重。

但是由于小篆弧线较多，结构也较复杂，影响书写效率，因此难以适应日常运用。在战国晚期的日常文字运用中，人们为了提高书写速度，把圆转的弧线改为方折的直线，同时对文字结构进行简化，这一过程，文字学者称之为隶变。隶变后的文字经过整理规范，就形成了隶书。隶书是我们现在使用的汉字形体的直接来源，因此，与古文字相对而言，隶书就成为今文字的开端，隶书及以后演变的楷书、行书、草书都属于今文字范畴。

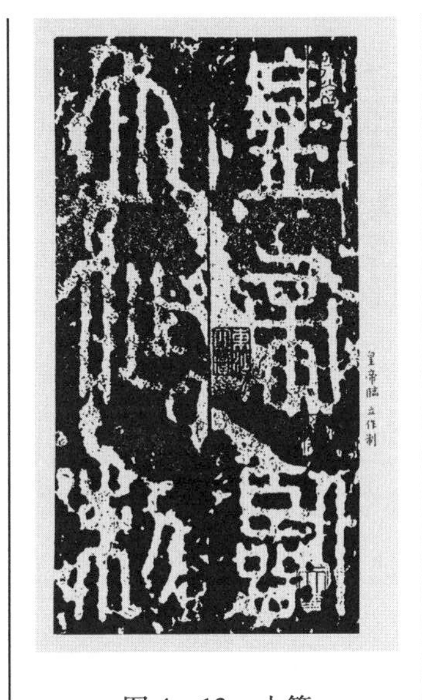

图 4－12　小篆

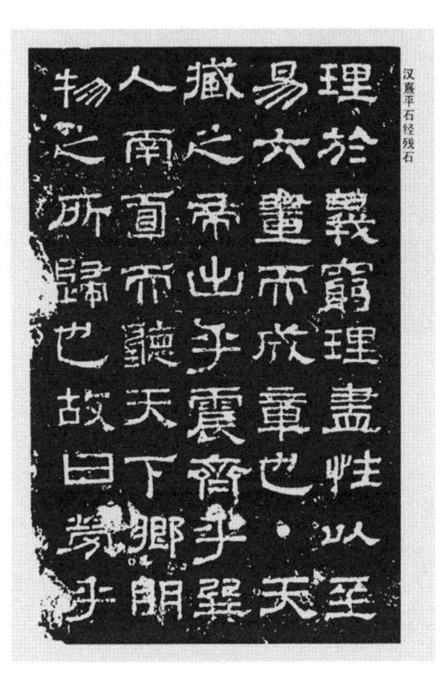

图 4－13　隶书

早期隶书的笔画主要是直线（通常称为平画），虽然单一的笔画略显单调，但由于结构的古朴多变，仍具有很高的审美价值。到了东汉末期，隶书又出现了波画（亦称波磔）和掠笔，这两种笔画的出现，大大增加了隶书的艺术表现力。

由于社会的不断发展，对书写效率的要求越来越高，在书写隶书的直线时，笔锋迅速移动，往往超出笔画之外，便形成了钩、挑、撇、捺等前所未有的笔画，这些笔画逐渐取代隶书的平画、掠笔、波画，形成了楷书（也称作正书）。在古人看来，隶书与楷书并没有根本的区别，这是由于其结构大体相似，故楷书形成后在很长一段时间内，还被称为隶书。如唐代张怀瓘《书断》中说，王羲之“尤善书，草、隶、八分、飞白、章、行，备精诸体”，这里的“隶”便包括楷书一体。楷书以其端秀、清丽的形态，加之书写便利、易于辨识等特点，终于成为一种独立的书体，其艺术表现力也是十分突出的。

图 4－14　楷书

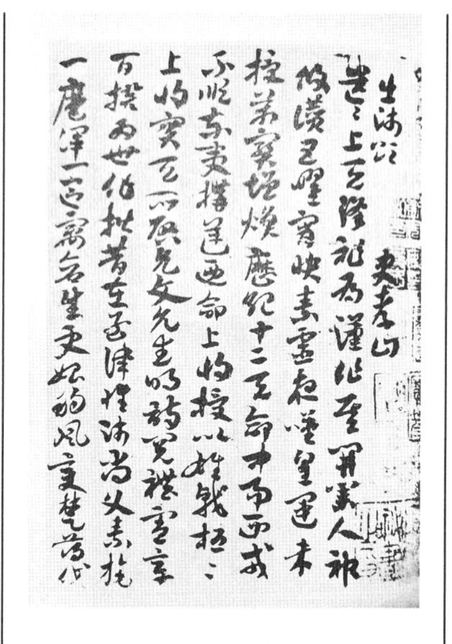
图 4－15　章草

隶书还有另外一个演变的方向，那就是基本保留隶书的波磔，而将结构进一步简化，笔画之间有连带，而字与字之间保持独立，这就形成了章草。由于章草的构形特点，其书写速度较隶书更为便捷，故张怀瓘称章草为“隶书之捷”。章草既有隶书的波磔，书写又较便捷，故既有古朴厚重的风格，又有生动、活泼的韵味。

楷书则有两个演变的方向。一个方向是基本保持其结构，让笔画连带以提高其书写速度，这就形成了行书，行书字形灵活，颇富生气，极具艺术表现力，同时又容易辨认，容易书写，故应用极广。另一个方向是让结构进一步简化，笔画大体保持楷书笔画特点，并且连带书写，同时字与字之间也可以连带书写，这就形成了草书，与章草相对而言，又称为今草。草书若细分，还可分为小草与狂草，小草基本上按照草书的规范书写，较少发挥；狂草则多有书写者个人的发挥，笔画结构有时十分夸张，以致难以辨认。从艺术表现的角度看，草书，尤其是狂草，最能表现书写者个人的情感与审美特色，但草书很难辨认，故日常应用很少，基本上成为纯粹的艺术形式了。

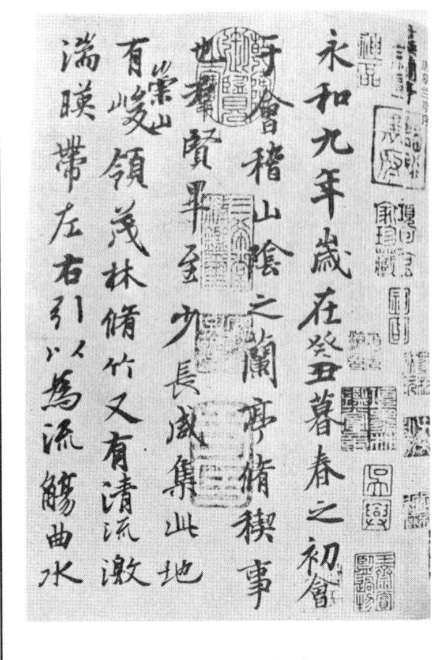

图 4－16　行书

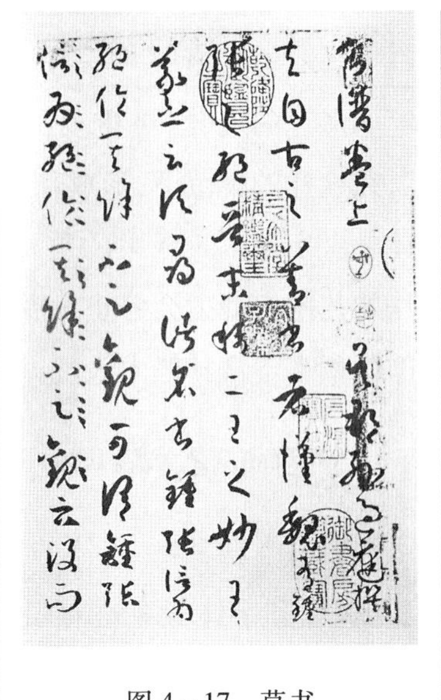
图 4－17　草书

综上所述，可以见到，从古文字到今文字，其演变过程就是汉字的艺术表现力不断丰富的过程。在古文字阶段，我们可以根据不同书写材料的运用来观赏汉字的不同艺术风格，如刻在甲骨上的甲骨文与铸刻在铜器上的金文，二者的风格有很大差异，简帛书、石文等也是如此，我们在进行书法创作时，可以取法这些不同风格。而到了今文字阶段，我们主要通过字体来观赏汉字的艺术风格，因为在这个阶段使用不同的书写材料对汉字的风格表现不再具有决定作用，起到决定作用的因素是字体。在今文字阶段，我们有隶书、章草、楷书、行书、草书等字体，我们只要提到某种字体，就可以知道这种字体的基本风格。

在古文字阶段，书写材料可以决定汉字的艺术风格，在今文字阶段字体决定汉字的基本艺术风格，汉字使用到现在的今文字时期，书写材料的变化对汉字艺术风格没有太大的影响，不同的字体才对汉字的风格起到决定作用，但这也出现一些问题：汉字还会不会出现新的字体？若不会出现新字体，汉字书法的发展是否会停滞下来？一种艺术，如果失去了创造性，这种艺术就会式微乃至消亡，汉字书法会不会面临这样的命运呢？

首先，我们应该看到，汉字不会再出现新的字体，这是由于在汉字发展史上，在今文字阶段，字体的形成，源于对提高书写效率的追求，在快速书写时，笔画在无意中出现了新的姿态，人们逐步把这些新姿态固定下来，于是就形成了新字体。我们现在书写时不必追求书写的速度，甚至不必书写，只需敲打键盘即可，因此不会发生笔画形态的变化，更重要的是汉字的形体和笔画的写法都已有统一的规范，显然，在这样的规范下，形成新书体的可能性几乎为零。

书体是汉字艺术表现力的重要因素，汉字不再形成新的书体，是不是意味着汉字书法的艺术表现力会停止发展呢？其实这个担忧是多余的，汉字书法还有许许多多的因素来丰富其艺术表现力，这就是下一节所要谈到的问题。

三、汉字笔画的艺术表现力

汉字构形的丰富多姿，字体的多种多样，使得汉字书法具有了丰富的艺术表现力，但是构形和字体毕竟是有限的，这似乎会让汉字书法的艺术表现力受到限制，但事实并非如此。在汉字书法实践中，汉字笔画具有无穷无尽的变化，这种变化与汉字的构形和字体结合起来，具有无穷无尽的艺术表现力。

可以看到，笔画的书写方式和技法可以改变汉字的形态和风格，甚至形成新的字体，如飞白书。唐李绰《尚书故实》云："飞白书始于蔡邕，在鸿门见匠人施垩箒，遂创意焉。"这是说，东汉末的蔡邕一次见到匠人用扫帚蘸白灰粉刷墙壁，刷出

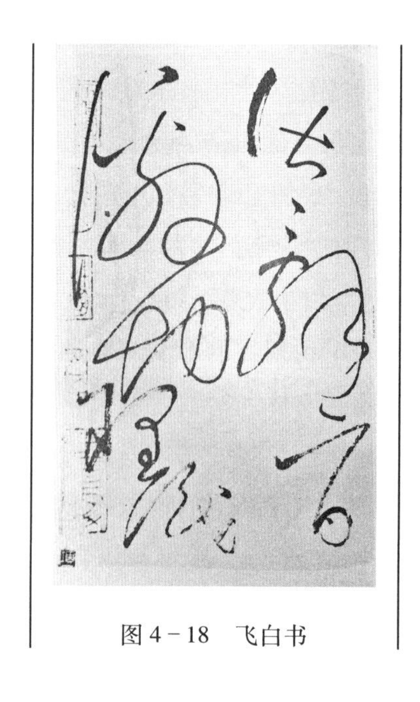

图 4－18 飞白书

的线条枯劲有力，形态飞动，遂受到启发，运用这种线条创造了一种新书体，称之为飞白书。

这种书体出现后，人们又把这种枯劲的线条也称为飞白，用在书法的创作中，这就创造了一种新的笔画。先前写字，每一笔墨色都必须饱满，后来出现了枯笔，即飞白笔法。飞白笔法出现后，汉字书法显得更加苍劲有力，如同“枯槎架险，巨石当道”，更加耐人品味。

飞白笔法仅仅是笔画变化之一种，实际上，笔画的变化是无穷尽的，不同的书家，都有自己独特的用笔方法，写出具有个人风格的笔画，同时也就形成了具有个人风格的书法艺术。如顿挫是书家常用的笔法，而清代郑板桥的某些笔画，特别强调顿挫，这样的笔画，犹如万岁枯藤、千丈飞瀑，能给人以强烈的艺术感受。又如清代刘墉喜用浓墨，写出的笔画浑厚华腴；清代王文治喜用淡墨，写出的笔画轻灵自然。

汉字书法艺术，不仅在于汉字本身在使用过程中发生变化而不断增加其艺术表现力，还由于创造出了一整套书写工具和书写材料，配合和促成汉字的形态和笔画发生变化，以增加汉字书法的艺术表现力。这工具就是笔和砚，材料就是纸和墨，统称“文房四宝”。

汉字书法使用的毛笔是软毫笔，这种软毫通常是一些动物的毫毛，具有一定的弹性。就是这样的软毫，能让我们在书写汉字时创造审美奇迹。在书写时，我们能用提按、顿挫、迟涩等方法操控毛笔，使笔画表现出粗细、枯润、轻快、厚重等效果。这都是具有一定弹性的软毫产生的效果。东汉蔡邕在其《九势》中说：“惟笔软则奇怪生焉。”就是指这种软毫笔所能造成的艺术效果。

墨是用来书写的颜料，砚是磨墨的工具，墨色的浓淡，可以在磨墨时得到控制。在书写时，墨色的浓淡变化，可以形成笔画不同的艺术效果，如上面谈到的刘墉和王文治的书法。而纸是汉字书法的载体，对汉字书法艺术性的形成起到不可替代的作用。专用于书法创作的纸是用特殊材料和特殊工艺制成的，最有代表性的纸是宣纸，当然还有其他纸。这类纸很受墨，墨色书写上去，显得十分饱满、典重，可以达到书家预想的效果，表现出书家个人的风格。如果不用这类纸来书写，可以说书法创作就难以进行，这是由于这类纸非常适应书家书写具有个性的笔画的缘故。

综上所述，汉字笔画在各种因素的配合下，其产生的艺术表现力，在实质上是可以达到无限的，这就说明，汉字书法是有充分理由成为一门艺术的。

第三节

汉字与教学

一、导言

汉字教学，根据现有文献研究，在汉字系统形成不久之后就开始了。据《周礼》记载，六艺中的六书应该和识字教育有关。《说文解字·叙》言“周礼，八岁入小学，保氏教国子先以六书”，表明至迟在西周就已经开始比较系统地教授汉字了。在秦汉之际，有了《仓颉篇》《爰历篇》《博学篇》《凡将篇》《急就篇》等专门的识字教材。这些字书大多数已亡佚。魏晋以后，出现了影响深远的“三百千”——《三字经》《百家姓》和《千字文》，这些书籍一直到近代都还是蒙学启蒙的重要教材。古代字书识字和教育相结合，多用韵语，便于朗诵①。

当代基础教育领域中，在1949年以后，特别是20世纪80年代以后，先后出现了多种汉字教学实验：从形义关系和形音义关系入手的有字族文识字、字理识字、部件识字、字根识字、集中识字等；从文字和语言的关系角度入手的有分散识字、注音识字等；从认知的角度入手的有趣味识字、联想识字等。这些汉字教学法大多数未能得到普及推广。目前主流的小学语文课本中，贯彻的还是随文识字的方法，除了汉语拼音、笔画和笔顺之外，几乎不涉及其他的汉字知识。汉字的学习和记忆以汉字整体为主，没有汉字的结构类型和结构分析等内容。根据目前语文课的课程标准，小学阶段需要认识3 000个左右的常用汉字，初中毕业要求认识3 500

① 戴汝潜：《汉字教与学》，山东教育出版社，1999年，第111页。

个左右的常用汉字。在现有的教学策略之下，学习者基本都可以在9年的时间里掌握这些汉字，因此汉字教学的理论和方法的改变和改善就没有了迫切的要求和动力。“汉字的基础研究与应用研究进展都很缓慢，致使汉字教学在不少地方处于无章可依、随意而为的状态。”①

目前的语文课程标准更加注重学生的汉字运用和语文能力，强调阅读量，各个阶段的会写的字的数量要求都低于识字量。学习者一般不具备分析汉字的能力，不能全面了解汉字的偏旁部首等知识，对汉字缺乏系统性的认知。形成这种局面的一个可能的原因是现代汉字3 500个左右常用字中有三分之一以上的汉字丧失了构字的理据，使得字理分析变得非常复杂和困难。

对外汉语教学，亦即教授外国人学习汉语，早在汉代随着佛教进入中国和对佛经的翻译，就已经开始。到了唐代随着大量留学生的到来，达到了一个高峰②，外国留学生被安排在国子监中学习汉语。宋代、元代和明代留学生的数量有所衰退，清代的国子监开始设立俄罗斯学馆。中华民国时期有少量的政府互派留学生来华学习汉语。

中华人民共和国成立以后，从1950年开始，对外汉语的教学工作就已经开始。施正宇把对外汉语教学的历史分为三个阶段：20世纪50至80年代为初创时期，90年代为关键时期，2000年以后为多元化时期。③ 对外汉语教学作为一门学科是在1978年提议建立的，正式建立的标志是1983年成立的中国教育学会对外汉语教学研究会，1984年政府正式承认了这一学科。1987年成立了主管机构——国家对外汉语教学领导小组，领导小组的办公机构就是著名的国家汉办。2004开始在全球设立孔子学院，促进语言和文化的交流。对外汉语教学以及教学研究从20世纪90年代开始进入了快速发展的阶段。

---

① 王宁：《汉字教与学·序言》，山东教育出版社，1999年，第1页。

② 张亚军：《历史上的对外汉语教学》，《语言教学与研究》1989年第3期；鲁健骥：《谈对外汉语教学历史的研究——对外汉语教学学科建设的一个重要课题》，《语言文字应用》1998年第4期。

③ 施正宇、吕文杰、范佳燕、房磊：《60年对外汉字教学研究之研究（上）》，《云南师范大学学报（对外汉语教学与研究版）》2015年第1期。

二、词本位和字本位

当代对外汉语教学从教学理念、教学方法到课程设置和教材编写等方面都深受外语教学的影响，强调词汇语法的学习，注重听说读写能力的培养，开设的课程和外语专业的设置几乎是一模一样的，同样有精读（综合汉语）、泛读、口语、听力、写作等课程。“迄今为止的对外汉语教学，基本上是以西方语言学和语言教学理论为指导的……文字和文字教学从来算不上问题。”①作为一门外语，对外汉语当然和其他的外语教学一样拥有许多共通的特征，但全面沿袭西方语言教学理论却忽视了汉字不同于拼音文字的截然不同的性质，以及汉字问题对于汉语教学和学习的巨大影响。

所谓的词本位教学法指的是在教学中把词作为教学的基本单位，先学习生词，再用词组句，再由句子到课文。体现在教材的体例上，就是课文、生词表以及语法规则。我国的对外汉语教学，从教材编写的角度说，从中华人民共和国成立以来一直使用的是词本位教学法。“对外汉语教学中使用的词本位教学法基本上是套用教英、法语等拼音文字语言的方法，其核心是教语言就是教用词构句。”②“词语选择以语法教学内容和课文内容为主要依据；词语注释采取的也多是一对一或一对多的英汉（英日）互译和借助词典解释两种方式。”③

字本位教学法一般认为是以法国白乐桑的汉语教材《汉语语言文字启蒙》为标志的，“本教材在总体设计上力图体现汉语字与词关系这一特点，循汉语之本来面目进行教学，故本教材可称为‘字本位教学法’”。从教材内容看，增加了汉字的笔画偏旁等内容，在词汇表之外，增加了生字表及构词扩展。用作者的话说，“全面处理汉字作为汉语教学的基本单位（字频、以生字和已学过的字构成的合成词、生字的字源和结构、字的手写体等）是该教材的特点”④。另外，把字本位教学法等同于语素教学法是不恰当的，字本位涉及的不仅仅是教学单位的问题，还涉及语言和文字之间的关系。

---

① 李大遂：《简明实用汉字学》，北京大学出版社，2003 年。

② 张朋朋：《词本位教学法和字本位教学法的比较》，《世界汉语教学》1992 年第 3 期。

③ 李彤：《近十年对外汉语词汇教学研究中的三大流派》，《语言文字应用》2005 年第 S1 期。

④ 〔法〕白乐桑：《汉语教材中的文、语领土之争：是合并，还是自主，抑或分离?》，《第五届国际汉语教学讨论会论文选》，北京大学出版社，1997 年，第 573—576 页。

徐通锵 1991 年在会议上首次提出了字本位主张，随后在 1994 年的研究文章中讨论了汉语言本位的理论，和字本位教学法恰好同名。随着语言研究领域的字本位理论的广泛讨论和争议，教学领域的字本位教学法也随之变成了研究热点。因为对于字本位教学法的理解不同，讨论的关注点也不尽相同。20 多年讨论下来，“由国外针对汉语提出的‘字本位’教学法，却不大为汉语教学界接受，并引发了长久的批评与争议”①。任瑚琏认为，“汉语的最小造句单位是‘词’而不是‘字’，对外汉语教学也应该以‘词’为基本单位进行教学”②。“他们所说的‘字’指的应该是词的书写符号，是文字学意义上的汉字，换言之，作为书写符号的汉字是为《启蒙》编者所认可的基本教学单位……它只看到了汉字作为个体的零散的分布而忽略了其作为符号系统的内在的结构规律，而忽视汉字的系统性恰恰是‘词本位’教学法遭人病诟的症结所在。”③贾颖认为字本位教学法应该和词本位教学法结合起来④，管春林认为可以吸收词本位教学法的某些合理因素⑤。

关于字本位的讨论虽然没有直接改变对外汉语教学的现状，但它让我们关注到了以往忽视的汉字教学的问题，并且使“对外汉字教学”逐渐固定为一个学科术语。

三、语和文的关系

语文关系指的是语言教学和文字教学之间的关系。对于拼音文字而言，语和文之间几乎没有什么障碍，但对于表意文字体系的汉字来说，由于写词方式的不同，更由于符号结构形式的巨大差异，汉语和汉字之间有着巨大的鸿沟。汉字的形体、读音和意义都和汉语缺乏明显可察的联系。白乐桑在《汉语教材中的文、语领土之争：是合并，还是自主，抑或分离?》中言称“在教材编写原则和课程设置方面，不承认中国文字的特殊性以及不正确地处理中国文字和语言所特有的关系，正是汉语教学危机的根源”⑥。

---

① 王若江：《对法国“字本位”教学法的再思考》，《国际汉语教学研究》2017 年第 3 期。

② 任瑚琏：《字、词与对外汉语教学的基本单位及教学策略》，《世界汉语教学》2002 年第 4 期。

③ 施正宇：《词・语素・汉字教学初探》，《世界汉语教学》2008 年第 2 期。

④ 贾颖：《字本位与对外汉语词汇教学》，《汉语学习》2001 年第 4 期。

⑤ 管春林：《“字本位”与“词本位”教学方法结合质疑——兼与刘颂浩先生商榷》，《暨南大学华文学院学报》2008 年第 4 期。

⑥ 〔法〕白乐桑：《汉语教材中的文、语领土之争：是合并，还是自主，抑或分离?》，《第五届国际汉语教学讨论会论文选》，北京大学出版社，1997 年，第 573—576 页。

与之相关的讨论有“语文并进”“语文一体”或“语文分开”“先语后文”等说法。“语文并进”指的是语言学习和文字学习同时进行;“语文分开”指的是语言学习和文字学习分别编写教材分开进行;“先语后文”指的是先学习语言(口语),后学习文字,听说先行,读写延后。

从1950年以后的教学实践来看,初期经历了“先语后文”的实验,随后便是长达半个多世纪的占统治地位的“语文并进”,以及近年来提出的“语文分进”以及“先语后文”等不同的主张。

张朋朋认为“语”和“文”是相对独立的,语言能力和文字能力是相对独立的,语言单位和文字单位也是相对独立的。因此,汉语和中文教学不适用于语文一体的教学原则。他建议语言教学和文字教学分别设课,文字教学课程可分为“写字课”和“识字课”。① 万业馨认为“很多学者认为‘语文并进’的设计,使汉字教学完全处于被动和从属地位,学生学习时用力甚勤,却因为汉字教学无法根据自身特点进行系统教学而事倍功半”②。

目前,越来越多的研究者赞同“语文分进”或“语文分流”,专门的汉字教材也有数种出版。但在具体的教学实践中,专门的汉字课程并没有大范围开设。

四、汉字的理据

汉语难学的一个重要影响因素是汉字难学。因此,如何正确认识汉字的构形特点和规律、汉字表词的方式以及汉字构形表义的系统性便成了汉字教学的重要支撑。众多研究文章持续不断地讨论和汉字理据相关的具体的汉字教学方法。

汉字的理据可分为构形理据、表音理据和表义理据。在教学中应用汉字理据可称之为理据教学,或字理教学。传统的六书理论也可以包括其中。“‘六书’所选择的知识要点和拟定的名目非常适合基础教育的需要,所以否定‘六书’本身的理论意义不等于否定‘六书’的教学价值。现代的汉字教学存在诸多偏误,回归或借鉴传统‘六书’可能是一条很好的出路。”③李运富同时指出,象形构件和指事构件如果作为汉字的构件的形源,可以涵盖全部的汉字构件,因此对于汉字教学具有重大的意义。

---

① 张朋朋:《语文分开、语文分进的教学模式》,《汉字文化》2007年第1期。

② 万业馨:《略论汉字教学的总体设计》,《语言教学与研究》2009年第5期。

③ 李运富:《“六书”性质及价值的重新认识》,《世界汉语教学》2012年第1期。

由此衍生的汉字教学方法讨论包括部件教学法、偏旁教学法、字源教学法等。字源教学法分析汉字或构件的形体来源，探讨形义联系。彭万勇在多篇文章中讨论了对外汉语汉字字源教学法理论的建构①，李大遂认为“偏旁是汉字体系中最重要的结构单位，是汉字形音义系统形成的主要因素，是整个汉字体系的纲。以偏旁为纲推展汉字教学，可收纲举目张之效”。② 伴随着现代汉字部件的讨论，部件分析以及以部件为单位组织教学也成了一时的热点。邢红兵对《汉语水平词汇与汉字等级大纲》中的2 905个汉字全部进行了拆分，共得到基础部件515个，其中成字部件285个。③ 柳燕梅进行了汉字部件策略的教学实验。④

关于汉字书写的研究可分为笔画、笔顺等。安然、单韵鸣发现笔顺问题并不反映学生的汉语水平，建议只要学生书写的字正确，可以忽略笔顺问题。⑤ 何洪峰讨论了对外汉语教学中笔画组合方式的辨字问题。⑥

从汉字结构类型出发，对形声字的声符表音度和形符也进行了比较深入的探讨。万业馨讨论了教学中重意符轻声符的偏向，并且从2 905个汉字中的2 001个形声字中分析出了819个声旁字，并对形声字的教学安排提出了建议。⑦ 施正宇对3 500个左右现代汉语常用字中的2 522个形声字的形符进行了测查，发现现代形声字形符的有效表义率为83%。⑧ 沙宗元从汉字教学的整体设计方面讨论了和对外汉字教学相关的基础性问题，涉及汉字的基础知识、技能训练、不同课型的汉字教学以及汉字教材的编写等问题。⑨

五、汉字实验研究

汉字的实验研究包括汉字教学实验和心理认知的实验。各个方面的汉字教

---

① 彭万勇：《对外汉语汉字字源教学法理论建构论略》，《绵阳师范学院学报》2009年第6期。

② 李大遂：《简论偏旁和偏旁教学》，《暨南大学华文学院学报》2002年第1期。

③ 邢红兵：《〈（汉语水平）汉字等级大纲〉汉字部件统计分析》，《世界汉语教学》2005年第2期。

④ 柳燕梅：《汉字教学中部件策略训练效果的研究》，《语言教学与研究》2009年第2期。

⑤ 安然、单韵鸣：《非汉字圈学生的笔顺问题——从书写汉字的个案分析谈起》，《语言文字应用》2007年第3期。

⑥ 何洪峰：《对外汉语教学中的“笔画组合方式辨字”问题》，《汉语学习》2005年第3期。

⑦ 万业馨：《略论形声字声旁与对外汉字教学》，《世界汉语教学》2000年第1期。

⑧ 施正宇：《现代形声字形符意义的分析》，《语言教学与研究》1994年第4期。

⑨ 沙宗元：《对外汉字教学的若干基础性问题》，《海外华文教育》2012年第3期。

学实验时有进行，但心理认知的实验因为有仪器设备等要求，教学领域的研究者参与得很少。例如在留学生的形声字声旁规则性效应实验中，得出了以下结论：1. 留学生在认读形声字中，规则性起作用；2. 低频字更多地利用规则性效应；3. 汉语水平低的学生更多地利用规则性效应；4. 规则性效应的使用和留学生的母语有关。①

而在一项对于初学汉语的美国学生的汉字正字法意识的实验中，研究者发现学生对于上下结构的汉字有了初步的正字法意识，而左右结构的汉字则不具备明显的意识。这项实验提示应该培养学生的正字法意识，研究和概括汉字的正字法规则。② 江新在关于汉字频率和构词数对非汉字圈的学生汉字学习影响的实验中发现汉字频率对汉字学习效果有影响，而且频率效应的大小受笔画数的制约。③江新在"认写分流、多认少写"汉字教学方法的实验研究中，发现"认写分流、多认少写"组的识字、写字效果均好于"认写同步要求"组。④ 李蕊、叶彬彬通过"语文分进"的教学实验证明了"认写分流"的语文分进教学策略的成效。⑤

六、汉字教材

在早期对外汉语教学中，汉字处于从属地位的标志之一就是没有独立的汉字教材，即使在综合汉语教材中，也只会有笔画、笔顺等零散的和汉字有关的内容。

肖奚强认为要使汉字教学在对外汉语教学中占据应有的地位，必须保证要有相对独立的教材，可以按照汉字自身的规律组织教学，并配合其他课程的教材。⑥王瑞烽选取了 13 种含有汉字内容的汉语教材，分析发现：汉字教学无纲可依，没有计划性，汉字教学研究成果未能及时吸收，部分教材依然采取"随文识字"的方法。⑦ 张静贤认为汉字教材编写的原则应该是要注意应用汉字规律来教授汉字，

① 孙德金：《对外汉字教学研究》，商务印书馆，2006 年，第 469 页。

② 孙德金：《对外汉字教学研究》，商务印书馆，2006 年，第 470—481 页。

③ 江新：《汉字频率和构词数对非汉字圈学生汉字学习的影响》，《心理学报》2006 年第 4 期。

④ 江新：《"认写分流、多认少写"汉字教学方法的实验研究》，《世界汉语教学》2007 年第 2 期。

⑤ 李蕊、叶彬彬：《语文分进的对外汉字教学模式初探》，《学术探索》2012 年第 4 期。

⑥ 肖奚强：《汉字教学及其教材编写问题》，《世界汉语教学》1994 年第 4 期。

⑦ 王瑞烽：《对外汉字教学研究——基础汉语教材的汉字教学内容分析》，硕士学位论文，北京语言文化大学，2002 年。

同时要研究外国人学习汉语的规律。① 另外,还有数十篇学位论文,涉及到了教材的编选原则、教材对比分析、练习和习题研究,等等。

王鸿滨在分析讨论了近年来的十种独立的汉字教材,认为对外汉字教材的增加为对外汉字教学提供了更多的可能,为独立汉字课的开设提供了必要的条件。同时,也提出了几条汉字教材内容编写上的建议:1. 突出学习特点和难点,增强实用性和针对性;2. 根据学习策略编写设计汉字教材;3. 将汉字课、综合课和阅读课有机融合;4. 利用多媒体资源。②

七、汉字习得与认知

汉字的认知研究对于对外汉字教学具有普遍的指导意义。近年来,研究者们在汉字习得、汉字认知以及偏误分析方面都有比较大的进展。王建勤基于汉字部件识别自组织模型的汉字构形规则认知效应的模拟研究,通过模型对真、假、非字认知效应的模拟,发现汉字特征的获得是受频次左右的,对外汉字教学要注重汉字局部特征信息频次效应的影响。③

鹿士义④和冯丽萍⑤分别讨论认为,学习者正字法意识的形成需要经过大约2年的学习实践,到中高级阶段才可以形成。郝美玲发现留学生的部件位置意识的发展早于部件意识,到中期阶段,部件位置意识已经成熟,而部件意识才开始发展。⑥ 郝美玲同样研究了声旁语音信息⑦和语素意识⑧在留学生汉字学习中的作用。

在影响汉字认知的因素研究中,彭聃龄、王春茂通过心理实验证实,汉字的加

---

① 张静贤:《关于编写对外汉字教材的思考》,《语言教学与研究》1998 年第 2 期。

② 王鸿滨:《对外汉字教学研究》,北京师范大学出版社,2018 年,第 516—517 页。

③ 王建勤:《外国学生汉字构形意识发展模拟研究》,《世界汉语教学》2005 年第 4 期。

④ 鹿士义:《母语为拼音文字的学习者汉字正字法意识发展的研究》,《语言教学与研究》2002 年第 3 期。

⑤ 冯丽萍:《外国留学生汉字正字法意识及其发展研究》,《云南师范大学学报(对外汉语教学与研究版)》2006 年第 1 期。

⑥ 郝美玲:《留学生汉字正字法意识的萌芽与发展》,《世界汉语教学》2007 年第 1 期。

⑦ 郝美玲、舒华:《声旁语音信息在留学生汉字学习中的作用》,《语言教学与研究》2005 年第 4 期。

⑧ 郝美玲、张伟:《语素意识在留学生汉字学习中的作用》,《汉语学习》2006 年第 1 期。

工要经过笔画、部件和整字三个层次，其中单位部件的笔画数和部件数影响着汉字的加工时间。① 张积家等发现汉字认知过程中笔画重复性明显影响汉字的识别，而笔画复杂性则无显著影响。② 刘丽萍在实验中发现，笔画数效应和结构效应存在于留学生汉字书写过程中，而不存在于汉字认读过程中。③ 张积家等发现汉字形声字的命名存在着“规则效应”和“声调效应”，声旁与整字音段相同时反应快，声旁与整字音段相异时反应慢。④

在汉字习得策略的研究中，江新、赵果指出，留学生初期最常用的是复习策略和整体字形策略。同时指出初级学习者不常“对声符或形符进行归纳”。⑤ 江新认为，声符表音的规则性对初级留学生字音并未有显著影响，形声字的读音规则效应随着汉语水平的提高而变强。⑥

在汉字的偏误分析研究中，杜同惠总结出了 8 种偏误类型，分别是：字素混淆，字素移位，字素遗失，笔画增损，笔画变形，结构错位，音同字错和混音错字。⑦ 江新、柳燕梅在研究书写错误时发现，在书写错误中错字比别字多，但随着识字量增加，错字错误减少，而别字错误增多。由字形相似导致的错误多于由字音相似导致的错误，但随着识字量增加，字形错误减少，而字音错误增多。⑧ 这从一个侧面反映了学生正字法意识的发展。

八、对外汉字教学研究的展望

进入 21 世纪以来，对外汉字研究在各个方面都有了长足的进步，在有些问题

---

① 彭聃龄、王春茂：《汉字加工的基本单元：来自笔画数效应和部件数效应的证据》，《心理学报》1997 年第 1 期。

② 张积家、王惠萍、张萌、张厚粲：《笔画复杂性和重复性对笔画和汉字认知的影响》，《心理学报》2002 年第 5 期。

③ 刘丽萍：《笔画数与结构方式对留学生汉字学习的影响》，《语言教学与研究》2008 年第 1 期。

④ 张积家、王惠萍：《声旁与整字的音段、声调关系对形声字命名的影响》，《心理学报》2001 年第 3 期。

⑤ 江新、赵果：《初级阶段外国留学生汉字学习策略的调查研究》，《语言教学与研究》2001 年第 4 期。

⑥ 江新：《外国学生形声字表音线索意识的实验研究》，《世界汉语教学》2001 年第 2 期。

⑦ 杜同惠：《留学生汉字书写差错规律试析》，《世界汉语教学》1993 年第 1 期。

⑧ 江新、柳燕梅：《拼音文字背景的外国学生汉字书写错误研究》，《世界汉语教学》2004 年第 1 期。

上学界也有了比较一致的意见，如语和文的关系问题，汉字的频次对于学生汉字学习的影响，字与词的关系问题，汉字系统的规则性在学生汉字学习中的作用，等等。但对外汉字教学研究还存在着系统性研究不足、理论研究与教学实践有所脱节等如下六个方面的问题等待解决。

1. 文字学研究与汉字教学研究有所脱节。汉字本体研究的成果没有及时有效地转化为汉字教学的指导和参考。

2. 缺乏用于汉字教学的分级字表。目前所使用的无论是水平考试的分级字表，还是通用规范汉字表或常用字表，字表的编制很大程度参考了汉字的字频，缺乏体现汉字构形规律的可以作为汉字教学顺序的字表。

3. 缺乏具体的汉字教学课堂整体教学设计。在教学的各个阶段，需要教哪些汉字，怎么教，汉字教学的重点和难点是什么，如何解决，这是一线教师们迫切需要的教学指导意见。

4. 深入系统地研究汉字、语素和词汇教学的关系尚不足。参考汉语词汇研究和汉字研究的诸多发现，更加系统深入地研究汉字和汉语的关系，研究字、语素和词的复杂交织的关系。

5. 缺乏一本合适的汉字教材。需要编写一本大家认可的汉字教材，为独立的汉字课程做好准备。

6. 缺乏全面系统的汉字认知研究。认知研究可以为汉字教学、汉字习得的研究提供基本的理论基础。汉字教学的深入研究需要更全面地开展与汉字认知相关的心理学研究以及脑神经科学研究。

第四节

汉字与文化

一、汉字文化的定义

“汉字文化”作为汉字研究的一个方向，迄今尚未达成一个具有普遍共识的界定。因此，有必要在概述若干代表性意见的基础上，结合具体研究的现状进行客观评估，从而得到一种符合实际的认识。

大致来说，关于“汉字文化”的界定，有如下几种代表性认识。

何九盈、胡双宝、张猛的《简论汉字文化学》[①]认为：“我们现在还无法为汉字文化学下一个完整的、能得到大家认可的定义，因为什么是‘文化’，意见就相当分歧。……那么，我们是怎样理解‘文化’的呢？我们认为，文化有四个方面的内容，即物质文化、精神文化、社会文化、语言文化。当我们谈汉字文化学的时候，就是从这四个方面对文化进行整体上、系统上的把握。这也可以说明，汉字文化学是一门以汉字为核心的多边缘交叉学科。尽管研究工作还有待于深入，但这门学科的任务非常明确。一是阐明汉字作为一个符号系统、信息系统，它自身所具有的文化意义；二是探讨汉字与中国文化的关系，也就是从汉字入手研究中国文化，从文化学的角度研究汉字。”

王宁在1991年发表论文《汉字与文化》[②]，他认为：“‘汉字与文化’应专指汉

① 何九盈、胡双宝、张猛：《简论汉字文化学》，《北京大学学报（哲学社会科学版）》1990年第6期。

② 王宁：《汉字与文化》，《北京师范大学学报（社会科学版）》1991年第6期。

字字形及其系统与文化的关系而言。当然,要探讨这个问题不可能不涉及语言的音与义,上述说法只是认为,汉字与文化的关系问题应以汉字字形及其系统作为研究的中心。"王氏又进一步说:"'汉字与文化'这个命题实际上属于文化项之间的相互关系范畴,具体说,它是指汉字这种文化项与其他文化项之间的关系。文化项之间是彼此有关系的,在研究它们的相互关系时,一般应确定一个核心项,而把与之发生关系的其他文化项看作是核心项的环境;也就是说,应把核心项置于其他文化所组成的巨系统之中心,来探讨它在这个巨系统中的生存关系。如此说来,'汉字与文化'这个命题,就是以汉字作为核心项,来探讨它与其他文化项的关系。"

以上二说的差异主要是:前者的把握更加宽泛,即认为汉字文化的任务既要研究汉字的文化意义,又要研究汉字与中国文化(当然是汉字以外的"文化")的关系;后者则将任务限定在汉字构形系统与其他各文化门类的关系研究上。

上述论文问世稍后,首部汉字文化专著《汉字文化学简论》①出版,作者刘志基在书中对此问题进行了更加详细的论说。刘志基不同意将"汉字文化学"概括为"从汉字入手研究中国文化,从文化学的角度研究汉字"两种研究任务,前者"如果这种研究的最终目的只是要解决文化史方面的问题,而仅仅把文字作为一种论证的材料,甚至只是部分的论证材料,那么,这种研究就不能视为是汉字文化学的研究,而只是传统文化史领域的研究"。至于后者,"因为这种研究最终只是为了解决文字的交际职能的问题,所以还只是属于传统文字学范围以内的工作"。而"汉字文化学就是以汉字的除交际职能以外的文化机制,也就是以汉字与语言交际职能以外的中国文化方方面面的联系作为研究对象的一门学科。具体来说,这门学科有两方面的任务,一是探究汉字自身构成与种种文化现象联系的规律;二是探究这种联系的内容"。

很显然,刘志基观点的主要特点是更强调"汉字文化学"作为一门学问的独立性,因此他既不同意有可能泛化"汉字文化学"的何氏等意见,也不同意将"汉字文化学"像传统"文字学"那样,把主要研究对象限制在"汉字字形及其系统"的范畴内。

客观来说,直接参与"汉字文化"这个概念的理论界定的学者并不太多,而且

---

① 刘志基:《汉字文化学简论》,贵州教育出版社,1994年。

所界定的概念也并不完全同一,有的学者界定的是"汉字与文化",有的学者界定的是"汉字文化学",应该说,前者的概念更加宽泛,后者应该包含于前者。根据与迄今为止的研究现状的对应来看,本书界定的概念应该是前者,因而它的外延更为宽泛,涉及汉字与汉字以外的其他文化现象的关系的所有方面研究,大体可以作如下概括:一是探讨汉字的文化内涵,也就是所谓"从汉字入手研究中国文化";二是探究汉字的文化塑造,就是汉字对其他文化现象的影响;三是汉字文化研究的理论方法。三个方面所涵盖的具体内容,详见后文,这里不赘。

二、汉字文化的沿革与发展

汉字文化的研究历史,可分为三个阶段来叙述:一是从汉字产生到20世纪20年代"五四"以前;二是"五四"至"文化大革命";三是从改革开放至今。

1. 第一阶段

这一阶段时间是最长的。汉字具有三千多年的确凿历史,属于"汉字文化"范畴的社会现象以及相关研究,可以说是与汉字一起发生的。截至"五四"以前,虽然人们对汉字文化的探究因时代不同而有关注点的差异,但总的来说属于自发阶段。之所以称之为"自发阶段",主要是因为这一时期的汉字文化,主要是人们在汉字的应用过程中,因为汉字的特点而自然营造了种种文化现象,然而缺乏学术理论探究的主观性。其具体内容,大致可以概括如下。

一是有关汉字的崇拜。有诸多不同侧面的表现。汉字的发生,在古人的心目中,便是一场感应天地鬼神的壮举。汉字的创造者,被描写为长着四只眼睛的仓颉。《淮南子·本经》说:"昔者仓颉作书,而天雨粟,鬼夜哭。"汉字产生,感天地泣鬼神,自然是一件非常大事,而造字者仓颉的身份又非同寻常,一说为黄帝史官,一说为远古帝王,然而,四只眼睛的他,至少也是半人半神。

在先秦传世文献的记载中,汉字的结构常常被认为是一种是非判断的标准,理论创建的立论依据,人们为了说明某种思想观念,便以文字构形理据来加以证明,从而形成词语。如《左传·宣公十二年》"止戈为武",就是古人试图通过"武"字析形来证明他们对"武"这个概念认识的合理性。在这里,当然也有文字崇拜的意识在发生作用:文字既为圣人所造,则一种思想观念如果符合文字构形理据,便也具有了无可置疑的权威性。

文字被人们视为与神沟通的中介,出土文字本身多可提供证据。学者新近对甲骨文之所以成为迄今所见最早的成系统汉字的书写材料给予了揭示:“商代已有发达的笔墨书,比契刻更方便记录。商人契刻卜辞于甲骨,主要原因是占卜同时具有卜求和决策两个功能,卜求又包含决疑和祈请两部分,决疑只是卜问吉凶,祈请则是要通过与神灵进行反复的沟通和博弈以达成预期的结果,这需要把占卜所取得的兆象和占断向神灵汇报和展示;占卜过程本身也是决策过程,需要通过展示占卜的原状以证明决策取得神灵的支持具有正确性和神圣性。所以,商人把卜辞契刻在甲骨上面。”①

随着时代推移,道家字符、敬惜字纸之类的习俗,也是文字崇拜的特定表现。

二是汉字造字意图的文化阐述。汉字字符的创制,都是基于特定文化背景的人类思维活动,因此,为了完成说文解字的任务,对于其背后文化的解说是非常自然的。在《说文解字》中,保存了大量这样的材料。

三是汉字的美学演绎。汉字的产生,直接的原因是记录“大事”的需要,文字的非同寻常的性质,导致了汉字构形的营造从一开始就在追求视觉之美,因而使得汉字成为整个文化系统中具有普遍意义的美学因子。商周族名文字的对称性繁形、东周文字中的鸟虫书、古文字贯穿始终的重见字避复异写,乃至书法艺术的与时俱进,都是明证。

四是文字的游戏,即发掘文字中的幽默因子。此例甚多:如明代唐伯虎为妓女湘英题门匾“风月无边”,其实讥其为“虫二”,此为利用汉字构形特点营造交际戏谑。北戴河孟姜女祠名联:“海水朝朝朝朝朝朝朝落,浮云长长长长长长长消。”其读法为:“海水朝(潮),朝(zhāo)朝(zhāo)朝(潮),朝(zhāo)朝(潮)朝(zhāo)落;浮云长(cháng),长(常)长(常)长(zhǎng),长(常)长(chǎng)长(常)消。”这是利用汉字一字多音义的特点来进行特殊形式的对联创作。类似如诗歌之所谓“神智体”,《回文类聚》载:一次,辽国使者在苏轼面前吹嘘自己精通诗词,苏轼便拿出图4-19的奇诗“请教”,使者顿时哑口无言。

此“诗”当依据文字书写特点来读:“长亭短景无人画,老大横拖瘦竹筇。回首断云斜日暮,曲江倒蘸侧山峰。”

2. 第二阶段

这是汉字文化的低潮时期。低潮的形成,有着深刻历史原因。鸦片战争以

---

① 徐义华:《商代契刻卜辞于甲骨的动因》,《河南社会科学》2022年第1期。

图 4－19 “神智体”诗

来，西方列强的大炮轰开了清王朝闭锁的国门，这在当时，是一举世瞩目的重大事件。一方面，西方的科技文明逐步进入了国人的视野，突现眼际的中西巨大差距，令国人恼羞之余急于寻找导致中国落后的原因所在；另一方面，眼见老大帝国变得如此不堪一击，一些外国学者也有兴趣寻找其内在的衰败因子。于是，汉字同女人的小脚、男人的辫子一起，成为人们探寻目光的一个共同落点。黑格尔在他的《历史哲学》中说：“（中国的）文字很不完善”，“他们的文字对于科学的发展，便是一个大障碍”。[①] 中国的知识界众多学者，也集体性地发出同样的声音。

钱玄同在《汉字革命》中说：“我敢大胆宣言：汉字不革命，则教育决不能普及，国语决不能统一，国语的文学决不能充分的发展，全世界的人们公有的新道理、新学问、新知识决不能很便利、很自由地用国语写出。何以故？因汉字难识、难记、难写故；因僵死的汉字不足表示活泼泼的国语故；因汉字不是表示语音的利器故；因有汉字做梗，则新学、新理的原字难以输入于国语故。”[②]

鲁迅在《关于新文字》中说：“方块汉字真是愚民政策的利器，不但劳苦大众没有学习和学会的可能，就是有钱有势的特权阶级，费时一二十年，终于学不会的也

① 黑格尔：《历史哲学》，王造时译，上海书店出版社，2001 年，第 134 页。

② 钱玄同：《钱玄同音学论著选辑》，山西人民出版社 1998 年，第 106 页。

多得很。""所以,汉字也是中国劳苦大众身上的一个结核,病菌都潜伏在里面,倘不首先除去它,结果只有自己死。"①

在这种思潮的推动下,"五四"以来形成了汉字改革潮流。相关的标志性事件有:1922 年钱玄同、陆基、黎锦熙、杨树达等在国语统一筹备委员会上提出《减省现行汉字的笔画案》。1935 年南京国民政府教育部公布《第一批简体字表》(1936 年 2 月通令暂缓执行)。1956 年 1 月中华人民共和国国务院公布《汉字简化方案》。1977 年 12 月,《第二次汉字简化方案(草案)》公布(1986 年国务院批准废止)。不难发现,在汉字改革的问题上,国共两党政府的态度曾经是相同的。中华人民共和国建立后,两岸对此问题的态度产生了差异,与台湾地区不同的是,大陆进一步大力推动文字改革,毛泽东主席明确提出:"文字必须改革,要走世界文字共同的拼音方向。"

在如此特殊的时代背景下,大多数人对于汉字,思考的是如何将它改革、废止,汉字文化的研究不能不陷入低潮。

3. 第三阶段

这个阶段是汉字文化研究的繁荣期。它的产生,是与"文化大革命"结束后的历史反思,以及中文信息化的实现相联系的。

经历了十年动乱,人们纠正了极左思潮在思想文化层面的种种错误认识,重新认识了传统文化的价值。恰恰在这个档口,计算机也开始进入了中国人的生活。由于计算机是西方发明,它的研发本没有考虑汉字处理的需求,因此一度引起人们对计算机时代汉字生存危机的担忧。然而,到了 20 世纪 80 年代中期,随着中文信息化处理的基本实现,计算机在各个领域得到普及。这两种因素的合力,改变了人们对汉字的认识,激发了人们对于汉字的重新关注和发掘热情。与此同时,国家政府也改变了既往的"文字改革"态度,1985 年 12 月"中国文字改革委员会"更名为"国家语言文字工作委员会";该机构的机关刊物《文字改革》更名为《语文建设》。在如此社会环境下,汉字文化研究逐步形成热潮,呈现出一派前所未有的繁荣景象。有关论著的数量大大增多。而有关论著内容的深度和讨论范围的广度更是以往不能与之相提并论的。

---

① 鲁迅:《国学杂谈》,北京理工大学出版社,2020 年,第 90 页。

三、汉字文化的研究现状

近三十年来,是汉字文化的繁荣阶段,有必要就其研究状况进行专门的综述。这一时期,人们不再满足于仅仅通过几个字去拟测或印证古代历史和古代社会的面貌,而是全方位、多角度地对汉字与文化的关系进行探讨,讨论的内容涉及汉字系统和汉字属性的各个方面,也涉及传统文化的方方面面;同时,人们开始注重理论方法的探讨,力图从理论上阐释汉字的文化学价值、汉字与文化的关系,说明汉字文化研究的不同方面、层次和实现路径等等。

1. 研究内容

大体可以概括为三大范畴。

其一是理论方法的研究。也就是汉字文化的理论体系构建。这方面的代表性论著,主要是前面言及的几种。其中最前卫的努力,就是试图创建独立的"汉字文化学";而试图解决的核心问题,即"汉字文化"作为一门学问的界定,这些前文已有介绍,这里不再重复。除此以外,就是关于"汉字文化"研究内容的系统归纳,刘志基《汉字文化综论》①对此进行过较为全面的论说。该书将汉字与文化的关联概括为"汉字的文化蕴含"与"汉字的文化塑造"两大方面,又将"汉字的文化蕴含"分为汉字字形、字音、字义的文化蕴涵以及汉字体系的文化底蕴,逐一以详尽例证加以阐述;将"汉字的文化塑造"分为"汉字与心理思维""汉字与汉语""汉字与文学艺术""汉字与民俗游艺"等不同方面进行详细讨论。

此外,对于汉字文化方法论的讨论也是理论研讨中的重要部分。齐元涛《汉字与文化的互证能量》②讨论了汉字与文化如何进行互证的问题,认为二者的互证能量是不同的,具体分析了互证能量的大小并指出了二者在互证时应注意的问题。

李守奎以"福"字为例,讨论了如何普及汉字文化的问题,批评了一些人"不具备古文字与汉字学的学术功底,在没有吸收最新研究成果,连一些基本问题还没有理清的基础上就开始了文化的解读"的现象,指出"其广泛传播,会以讹传讹,不仅不会对汉字文化普及起正面作用,而且会造成混乱,降低汉字阐释的学术性"。

---

① 刘志基:《汉字文化综论》,广西教育出版社,1996 年。

② 齐元涛:《汉字与文化的互证能量》,《甘肃社会科学》2001 年第 3 期。

同时他也提出“对已有的研究成果要甄别，能够合理取舍”，“要传播一些确切的知识”，并认为“汉字阐释涉及上古文化，时代久远，不能处处如考古发掘一样见到实物，一些证据链条中断，可以由一定程度的推测弥合”。[1]

还有些文章讨论的是汉字的文化功能和文化阐释的问题，这也应该属于汉字文化理论研究的范畴。汉字文化功能的研究，主要是讨论汉字的文化属性，探讨为什么可以从汉字入手研究文化、汉字中蕴含着哪些文化现象等问题。这方面的文章有张公瑾《文字的文化属性》[2]，詹绪左、朱良志《汉字的文化功能》[3]，申小龙《汉民族古文字的文化历史解读》[4]等。专门谈汉字的文化阐释的文章相对较少，主要有张玉金《汉字研究的文化学方法》[5]，黄德宽、常森《汉字阐释与文化传统》[6]等。这类文章主要是讨论为什么要从文化学的角度来研究汉字以及如何从文化学的角度来研究汉字。

其二是汉字文化蕴含的研讨。汉字文化蕴含的研究是汉字文化的传统，具有悠久历史，但繁荣阶段的汉字文化蕴含探讨呈现新的特色，研究的范围、层次都有扩展，呈现专题化、系统性特色。出于文字考释的需求，进行字中文化蕴含的探讨，在古文字考释研究中依然是寻常现象，此类成果数量众多，不烦一一列举，最近发表的如张昂《释甲骨文中的“铃”字》[7]一文，依据考古发现，以及传世与出土文献关于“铃”的记载，将甲骨文中原释为“棆”或“榆”的[illegible]、[illegible]类字形新释为“铃”字。

更有很多并非出于考释需求，而是立足于既有文字释读来进一步进行字中文化蕴含的探讨，如曹先擢《汉字文化漫笔》[8]由60篇短文组成，这些短文之间并无联系，但都是从汉字着眼来讨论问题，通过汉字形音义的分析，通过汉字的应用，来探索华夏文化。

---

① 李守奎：《汉字阐释与汉字文化普及——以福字为例》，《汉语汉字研究》2021年第2期。

② 张公瑾：《文字的文化属性》，《民族语文》1991年第1期。

③ 詹绪左、朱良志：《汉字的文化功能》，《天津师范大学学报（社会科学版）》1994年第1期。

④ 申小龙：《汉民族古文字的文化历史解读》，《云南民族学院学报（哲学社会科学版）》1993年第2期。

⑤ 张玉金：《汉字研究的文化学方法》，《辽宁师范大学学报》1992年第5期。

⑥ 黄德宽、常森：《汉字阐释与文化传统》，《学术界》1995年第1期。

⑦ 张昂：《释甲骨文中的“铃”字》，《出土文献》2021年第4期。

⑧ 曹先擢：《汉字文化漫笔》，语文出版社，1992年。

专题性的汉字文化探讨，是这个阶段的特色，成果较多。从文化的分类出发，有探究汉字中的思想文化，如臧克和的《中国文字与儒学思想》①，借字证史、以字考经，试图通过对汉语古文字系统的考释，探索儒学思想某些根本观念所产生的历史背景，由此向世人展现儒学精神的整合基础和重塑过程。吴长庚《从甲骨文看人类早期创造思维》②认为，唐兰的象形、象意、形声“三书说”所总结的三种类型，显示了人类思维发展的三个阶段，即观物取象的具象思维、综合取象的抽象思维和声音与形象并重的概念思维；这三个阶段的思维都具有形象性、描写性、以己度人的原则性、思维构象的象征性等特点。汉字的部首一般是汉字的义符（即形符），通常与部首字有关的文化现象在有该部的字群中有较为集中的反映，这就为以某一部字为材料来考察相关文化现象提供了可能。万业馨《思维的发展与汉字符号体系的形成》③，分析了原始记事方法中形成联想的方式以及它们对文字产生的影响；提出最初的象形符号并非图画的简省，而是记忆表象的再现。

有探究汉字中的礼俗文化，如刘志基《从部分女旁字看汉民族古代婚俗》④一文，即以女部的一部分字为材料，对汉民族的古代婚俗进行了一番透视，内容涉及了原始群婚、抢婚、买卖婚姻及婚姻关系中的尊卑差异等四个方面。

有的则注重汉字文化蕴含的特定形式，如黄金贵集中探究汉字的“文化义”，虽然是从词的角度切入，但实际讨论的还是汉字的文献语境意义，他的《古代文化词义集类辨考》⑤，是一部对古代文化类字词作同义系统训释的专著。全书由262篇同义辨考释文有机构成政治、经济、服饰、饮食等八大类，将文化史、考古文物与语言三者结合，对古代1 300余个文化字词第一次系统地作了辨考。

《说文解字》作为汉字的第一部字书，其收字作为一个整体，也成为了汉字文化研究的对象。臧克和的《说文解字的文化说解》⑥，充分运用人类学方法阐述《说文解字》字符系统文化意义，堪称这方面的代表性著作。宋永培的系列论文

① 臧克和：《中国文字与儒学思想》，广西教育出版社，1996年。

② 吴长庚：《从甲骨文看人类早期创造思维》，《上饶师专学报（哲学社会科学版）》1987年第2期。

③ 万业馨：《思维的发展与汉字符号体系的形成》，《南京大学学报（哲学·人文科学·社会科学）》1989年第6期。

④ 刘志基：《从部分女旁字看汉民族古代婚俗》，《民间文艺季刊》1989年第1期。

⑤ 黄金贵：《古代文化词义集类辨考》，上海教育出版社，1995年。

⑥ 臧克和：《说文解字的文化说解》，湖北人民出版社，1995年。

《〈说文〉意义体系记载了“尧遭洪水”事件》[①]《〈说文〉意义体系与成体系的中国上古史》[②]等亦是具有影响力的成果。

从断代汉字的特殊形态去探究其特定载体的生成因由，也是汉字文化蕴含研究的一个新的方面。李恩江《书写材料对汉字字形、结构的影响》[③]认为：毛笔、契刀、简策、甲骨、帛、纸虽然不能决定或改变汉字形体、结构演变的总规律和总趋势，但却能在演变的过程中施加种种具体的影响，直接导致汉字变成了现在这样的形状。如汉字构件的减少、合体字增加并进而使汉字象物性进一步减弱、符号性进一步增强，这些转变主要都是由毛笔来实现的，而隶、楷笔画的形成则“直接来自于毛笔的挥洒”。刘志基在这个方面有较多具体研究。《甲骨契刻与汉字体态的规整化》[④]中，他提出：甲骨文的规整形态特征，实发轫于其文字附着材料局促空间的逼迫。……发轫于客观物象千差万别的文字形态的各具姿形及大小随意，无法在有限空间内受到最经济的容纳，于是被改造成可以最充分利用空间的面积大致均等的方块形态。如此书写条件，对于汉字的后来发展发生了极为深刻的影响：对于脱胎于原始图画，因而还带有极多绘画成分的早期文字来说，甲骨文的书写条件是一种严峻的历练：其绘画的天性将遭到极大的压抑，而这种束缚作用的结果，则使甲骨文无意之中积累了成熟文字的诸多性格，因而保证了汉字在后来的长期发展中，既能保持表意衍形的特殊性格，又能顺应记录汉语的需要。11 年后，刘志基又发表《甲骨文字形规整化再研究》[⑤]一文，从甲骨文构形系统内部分析的各种数据，进一步论证了这一观点，得出汉字童年阶段（甲骨文时期）的艰难生存环境，塑造了汉字适应环境的坚韧性格，保证了它后来发展的生命长存、青春永在的结论。

在《汉字体态论》[⑥]中，刘志基提出：隶书的扁形，与竹简的载体关联，而楷书

---

① 宋永培：《〈说文〉意义体系记载了“尧遭洪水”事件》，《古汉语研究》1991 年第 2 期。

② 宋永培：《〈说文〉意义体系与成体系的中国上古史》，《四川大学学报（哲学社会科学版）》1994 年第 1 期。

③ 李恩江：《书写材料对汉字形体、结构的影响》，《古汉语研究》1991 年第 1 期。

④ 刘志基：《甲骨契刻与汉字体态的规整化》，《徐中舒先生百年诞辰纪念文集》，巴蜀书社，1998 年，第 77—80 页。

⑤ 刘志基：《甲骨文字形规整化再研究》，《华东师范大学学报（哲学社会科学版）》2009 年第 5 期。

⑥ 刘志基：《汉字体态论》，广西教育出版社，1999 年。

的姿态与纸张载体相关联的观点：为了实现以较小的竹木质量承载较多的文字数量的目的，战国秦汉竹木简大体上宽度为不足1厘米。中国人自古用毛笔写字，而不足1厘米的宽度相对毛笔书写无疑是相当局促的。简既然制成而投入使用，书写者自然要充分利用简的有限宽度，而将字形尽力横展，隶书笔画中左向的掠、右向的捺及横画的波之所以得到越来越多的强调，与此有着显而易见的联系。与此同时，为了尽可能在一简之内容纳较多的文字，字的长度又会遭到尽力压缩。横展与纵压共同作用，终于导致了隶书横展之势的确立。仔细查看出土古简上毛笔挥运的痕迹，我们可以毫不费力地看到当年书写者横展纵压的努力。纸张一出现，立即取代了笨重的简牍，纸的出现，消除了以往各种书写材料对文字书写活动所造成的种种障碍，从而保证汉字构形能朝着最大限度顺应书写方便与高效的方向发展。原本为了适应在竹木简上书写要求而被压扁的隶书也就没有必要再扁下去了。经过又一轮的日常草化书写的冲击，汉字又形成了不再强调左右波势的楷书。

在《楚简文字缺边现象刍议》①一文中，刘志基指出：由于简的载体，造成楚简中部分文字构形“缺边”的现象，因而形成异写字，造成一部分左右结构字演变为上下结构字等现象。

徐建委《牍与章：早期短章文本形成的物质背景》②一文认为：西汉以前的古书中，短章是比例很高的文献类型，古书的“篇”大多由短章组合而成。短章的字数与牍的容字量基本重合，故可以判断短章的形成应是受到牍版载体的潜在影响。

近年来，汉字文化蕴含的挖掘阐述，更多服务于中国传统文化的普及传播，也产生了大量研讨如何通过汉字文化蕴含讲解来提升汉语和中国文化教学效果的论文，如沈文雅《汉字文化在国学教育中的意义研究》③一文提出：“在国学文化不断发展的今天，加强对学生的汉字文化教育以及汉字文化对外传播必不可少。”另外，相关期刊、报纸乃至电视媒体也以专栏、专题节目的形式来向大众进行汉字文化蕴含的普及，如《咬文嚼字》的“字里乾坤”“汉字神聊”“说文解字”栏目，《光明日报》的“语言文字”专刊，《语言文字周报》的“汉字文化”栏目等。

其三是汉字文化塑造的研讨。也就是汉字所引发的其他文化事项的研究。

---

① 刘志基：《楚简文字缺边现象刍议》，《古文字研究》第三十一辑，中华书局，2016年，第404—410页。

② 徐建委：《牍与章：早期短章文本形成的物质背景》，《文献》2022年第1期。

③ 沈文雅：《汉字文化在国学教育中的意义研究》，《汉字文化》2021年第11期。

吴琦幸《汉字的符号功能》①一文,通过汉字与西方表音文字的比较,归纳了汉字"以一个形体来表示一个音义结合体"的"最大特点",并由此形成了中国书法这门独特艺术,以及造就了中国文学形式的诸多特点。

得到较大关注的有如下两个方面。一是汉字的美学效应的历史发掘。刘赞爱《论汉字构成的视觉美》②一文,提出了汉字构成的"场""心理力""视觉中心""错视知觉"等理论,认为每个汉字都是一个视觉样式,均衡、对比、节奏、调和是其美学法则。文章认为,运用现代心理学、美学理论研究汉字,可以更深入地认识汉字的结构模式与心理感应,揭示汉字书写的艺术底蕴。

二是关于古文字书法属性的问题,取得了一些新的发展。文字是语言的书面记录,其基本职责,就是语言的超时空传播。从人类一般理性来看,写字本来只是为了达到语言交际的目的,至于字写得漂亮不漂亮,似乎无关紧要。有的学者因此认为,汉字发生的早期,情况就是这样:"两周金文,秦汉石刻,被今人视为艺术杰作,但在当时,写、刻者的意思,也不过如同今人写个公文、写个报告这样,只存在着为交流而写字这个通常的用意,并无艺术创造的审美动机。"③由此可见,在汉字发生的早期并未形成真正意义上的"书法"艺术。对于汉代以前"无意为书"尚无书法之"自觉"这个传统观念,古文字书写重见字避复的研究给予了有力的回应。徐宝贵对商周青铜器铭文的避复现象进行了研究,梳理出204组青铜器铭文避复的方式,归类为"形体上的避复""偏旁上的避复""笔画上的避复""各种方法综合运用避复",以及"以同音字替代避复"五种,指出这一现象是"为了避免重复",并定性为"为了追求一种审美要求所做的艺术加工",指出对这一现象的研究在分期断代、辨伪和书法等方面的意义。④

刘志基先后对楚简文字(《楚简"用字避复"刍议》)、甲骨文(《甲骨文同辞同字镜像式异构研究》)、西周金文(《西周金文用字避复再研究》)中的避复现象进行了系统的研究。这些研究,很大程度上运用了近几十年出土的新材料,区分不同断代的不同载体材料的古文字,细致分析其避复书写的特点,以及相互之间的

---

① 吴琦幸:《汉字的符号功能》,《文艺研究》1989年第1期。

② 刘赞爱:《论汉字构成的视觉美》,《江西师范大学学报(哲学社会科学版)》1993年第3期。

③ 姜澄清:《论书法艺术美感的起源与发展》,《20世纪书法研究丛书·审美语境篇》,上海书画出版社,2000年,第75页。

④ 徐宝贵:《商周青铜器铭文避复研究》,《考古学报》2002年第3期。

内在联系,提前了汉字“有意为书”的时代。①

对于历史上长期存在的民间利用汉字构形特点创制美饰型合体字的现象,有学者进行了专门的调查分析,如李元强《民俗中的合体字调查小记》②。

图 4-20 民俗中的合体字

2. 最新发展

在繁荣阶段的30年里,汉字文化的研究也是可以分阶段的,学术研究的规律是后出转精,因此这一阶段汉字文化研究的最新发展,更是值得关注的。这主要表现为注重新材料乃至新的大数据研究模式的运用。前者如徐在国《“窈窕淑女”新解》③依据最新公布的《安大简》的诗经材料把“窈窕淑女”写成“要(腰)翟(嬥)淑女”,认定汉代学者训释“窈窕”为“幽闲”“深宫”均不得要领。而诗经时代的“窈窕”一词的用字,描述的就是细而长的腰身之美。

后者如刘志基《基于语料特点判断的上古出土文献某字存否研究——以“信”字为例》,通过殷商西周出土文献相关字词的穷尽式数字挖掘,以大数据证据阐释了“信”不存于殷商、西周而产生于战国,从而揭示了诚信观念的演进史④;《殷商文字方向不定与同辞重见字镜像式异写》⑤,通过殷商金文的穷尽调查和花园庄东地甲骨文的抽样定量调查,以及大数据挖掘证明殷商文字镜像式避复异写的发生

① 刘志基:《楚简“用字避复”刍议》,《古文字研究》第二十九辑,中华书局,2012年,第672—681页;《甲骨文同辞同字镜像式异构研究》,《中国文字研究》第十七辑,上海人民出版社,2013年,第1—10页;刘志基、邹烨:《西周金文用字避复再研究》,《汉字研究》第七辑,韩国庆星大学韩国汉字研究所,2012年,第21—45页。

② 李元强:《民俗中的合体字调查小记》,《国风》第一卷第五期,上海民俗文化学社,1989年,第79—80页。

③ 徐在国:《“窈窕淑女”新解》,《汉字汉语研究》2019年第1期。

④ 刘志基:《基于语料特点判断的上古出土文献某字存否研究——以“信”字为例》,《华东师范大学学报(哲学社会科学版)》2015年第5期。

⑤ 刘志基:《殷商文字方向不定与同辞重见字镜像式异写》,《中国文字研究》第二十三辑,上海书店出版社,2016年,第1—15页。

概率与反向字出现概率大致对应，据此可以认为，镜像式避复异写是殷商文字方向不定的重要成因。

四、汉字文化的未来发展

纵观迄今的汉字文化研究，不难发现这门学问的几个特点：一是内涵丰富而发展并不平衡；二是包容性大而边界相对模糊；三是雅俗共赏却具有跨学科难度。因此，对于既有现象的评估以及未来发展的期待，都应该基于这种特点作出。

第一，提高文化蕴含探讨的学术性。

汉字文化蕴含的研讨阐述，属于汉字文化研究中的热点，其高比例的数量，既有汉字历代字符集的海量资料的依据，也有其文化层面的多学科关注以及雅俗共赏富于趣味性的理由，今后继续保持热点也是理所当然的。但是，这种研究本质上是一种跨学科的历史汉字研究，要求研究者既具备历史汉字的素养，又有相关文化的学识积累，实际上具有很高的学术门槛。以此评估既有现状，相当数量的作品是属于存在学术硬伤的“戏说”类，其中甚至还有些是颇有社会影响的“畅销书”，减少这种次品，是未来努力的一个重要方面，学术界不能无视这种现象的存在，必要的学术批评不能缺位。

第二，加强理论体系的建构。

汉字文化的理论体系构建，相较于汉字文化蕴含的研讨，现状的弱势是显而易见的。针对普遍存在的问题“成果”，方法论体系的完善是一个亟待展开的任务，因为方法论具有共性，这一方面有必要充分借鉴成熟学科的已有积累。“汉字文化”能不能，或者说需不需要成为一个独立的研究学科？似乎迄今并没有人对此提出异议，但是这一目标的达成，应该还需要各个方面具体研究进展的支持。

第三，提升跨学科研究的质量。

汉字文化研究本质上属于跨学科研究的范畴，而跨学科研究的成功，是以对所关涉学科的精通，能站在其研究前沿为前提的。以这个标准来衡量，基于我们对迄今研究状况的客观评估，可以认为未来的路还很长。

第五章

中国的民族文字

第一节

西 夏 文

西夏文本民族自称为番文([illegible] *mji^{2}-·jwɨr^{2}),宋辽人则称为蕃书,元灭其国后亦称其为河西字,是宋代立国于现代中国西北地区的戎羌一支党项人所创制并使用至元明时代的民族文字,由夏仁宗嵬名仁孝([illegible] *ŋwe^{2}-mji^{1}-dzjwu^{1}-·wə̱^{1},1124—1193)朝追赠广惠王的野利仁荣([illegible] *·jɨ^{2}-rjir^{2}-dzjwu^{1}-mjijr^{1},?—1042)在夏景宗嵬名元昊([illegible] *ŋwe^{2}-mji^{1}-no^{2}-tshjwu^{1},1003—1048)朝奉敕命在三年内主持创制,于大庆元年(1036)颁行为国书的。

西夏文仿照汉字而制成,利用既有汉字笔画遵循汉字六书原则制字,但基本不采用任何现成汉字笔画的复杂组合,成为独立于汉字之外的一种汉字式文字体系。现代已知西夏字含可以确认的正字 5 863 个,加上异体其数量则超过 6 000 个,而常用字数量在 3 000 个左右。① 西夏字符整体笔画分布较汉字更为均匀,撇、捺等斜笔出现较多,却没有汉字中常见的竖钩,笔画最少的字为 4 画,笔画最多的字也在 20 画左右。西夏文中单纯字较少,合成字占绝大多数。② 从汉字六书角度审视,西夏字以省形建构的会意字最为多见,亦不乏其例的形声字大多则是省声构成——两者约占总数的 80%,象形字和指事字十分罕见,另有数量相对不菲的部件互换字和反切字初具系统。西夏文字体有楷、行、草、篆等种类,楷书多用于刻印,行草常用于手书,篆书散见于金石。

---

① 肖敏:《西夏文字共有 5863 个正字》,《兰州日报》2004 年 12 月 9 日。

② 韩小忙:《西夏文的造字模式》,中国社会科学出版社,2016 年。

西夏文记录的语言主要是西夏国的主体民族党项人所操的党项语，现在的学术研究将其归属于汉藏语系藏缅语族羌语支（Qiangic）[1]，西夏语现已成功解读的方位词体系、名词格标记体系、谓词方向前缀体系和时体标记等，都能在现代羌语支多数语言中找到相应语言单位系统成分，从而与之建立起很好的对应关系，一般认为现代遗存的木雅语正是西夏文记录党项语的直系后裔语言。此外，西夏文还记录了彼时西夏国境内的另一种藏缅语，最初猜测为横山羌语或者勒尼语[2]，后来逐渐比定为龙（洛）责语，跟现代羌语支尔苏族系的吕苏语可能最为接近[3]。

西夏文一经颁行就作为国字在西夏王朝所统辖的今宁夏、甘肃、青海东北部、陕西北部、内蒙古西南部等广袤区域盛行了大约两个世纪。西夏亡国之后的元、明两朝，西夏文仍在河西走廊一带继续使用了大约三个世纪，直到明朝中期才逐渐失传不用。现存西夏文献以译自汉文和藏文的佛经为绝大部分，另有法律条令、历史典籍、文学著作、韵书辞典、官署文书、审案记录、买卖文契、碑铭、印章、符牌、钱币等，多数亦可比定唐宋汉地的相应文献加以解读。

自西夏文失传以后，中国西北土地上虽有几通碑刻矗立于世，但长期以来并无人识得是为何种文字。直到清仁宗嘉庆九年（1804），时为凉州武威县人的著名文献学家张澍（1781—1847）勘定立于西夏崇宗嵬名乾顺（1083—1139）天祐民安五年（1094）的《重修护国寺感通塔碑》是汉字同西夏字双文对照镌成，其结论载于《书西夏天祐民安碑后》一文并于1837年收入《养素堂文集》中刊出，自此西夏文才以正确的面目为近现代所认知。法国学者戴维利亚（Gabriel Devéria，1844—1899）在1898年考证了《重修护国寺感通塔碑》后又独立确认这种文字就是西夏文，因其《西夏国字研究》一文而将这一结论传播于国际学界。

1908年和1909年，俄国探险家科兹洛夫（Пётр Кузьмич Козлов，1863—1935）在内蒙古额济纳旗黑水城组织了两次考古，发现了大量西夏时期的相关文物、文献。其中的黑水城西夏文献有500多种，其俄藏部分数量与完整本比例很大，有8 000多个编号，数千卷册，现今收藏于俄罗斯科学院东方研究所圣彼得堡分

[1] 孙宏开：《西夏语言研究》，甘肃文化出版社，2018年。

[2] 聂鸿音：《勒尼——一种未知的古代藏缅语》，《宁夏大学学报（社会科学版）》1996年第4期。

[3] 黄振华：《西夏龙（洛）族试考——兼谈西夏遗民南迁及其他》，《中国藏学》1998年第4期。

所。随后来到黑水城考古的英籍匈牙利探险家斯坦因(Marc Aurel Stein,1862—1943),法国探险家和东方学家伯希和(Paul Pelliot,1878—1945),以及瑞典探险家斯文·赫定(Sven Hedin,1865—1952),也搜集到不少西夏文物和文献,分别藏于大英博物馆、法国巴黎图书馆和瑞典斯德哥尔摩民族学博物馆。1917 年在宁夏灵武发现了不少西夏文佛经,大部分入藏当时的国立北平图书馆(今中国国家图书馆),一部分藏于宁夏、甘肃,一部分流失日本。1949 年后,甘肃的天梯山、敦煌、武威,宁夏的银川、贺兰山,内蒙古的黑水城、绿城等地也间或有不少西夏文献被发现。这样就形成了以俄罗斯所藏黑水城文献为主体、国内外多处收藏的西夏文珍本、善本荟萃之全球宝库,在 20、21 世纪之交又陆续刊行了上述大部分馆藏西夏文献的影印版。

1912 年俄国圣彼得堡大学汉学家伊凤阁(Алексей Иванович Иванов,1877—1937)在科兹洛夫发掘的黑水城文献中发现一部 37 页蝴蝶装基本完整的木刻本文献,其序言明确署名党项人骨勒茂才([illegible] * kwə̣^{1}-le^{2}-rjijr^{2}-phu̠^{2})于西夏仁宗嵬名仁孝乾祐二十一年(1190)纂成,这部互注读音和词义的西夏文汉文双语对照辞典《番汉合时掌中珠》([illegible] * mji^{2}-zar^{1}-ŋwu̠^{1}-dzjɨj^{1}-bju^{1}-pjạ^{1}-gu^{2}-nji^{0})于是成为众多学者解读西夏文字的锁钥。① 苏联西夏学先驱聂历山(Николай Александрович Невский,1892—1937)在大肃反中蒙冤被杀,在其身后平反后出版并荣获列宁奖(1960 年)的集大成之两卷本著作《西夏语文学》(Тангутская филология)收录了他业已编成而未及出版的西夏文字典手稿全帙。② 日本西夏学家西田龙雄(Nishida Tatsuo,1928—2012)在其日本学界西夏语文奠基性两卷本巨著《西夏语研究——西夏语的拟构与西夏文字的解读》③中收

---

① 骨勒茂才:《番汉合时掌中珠》,黄振华、聂鸿音、史金波整理,宁夏人民出版社,1989 年;景永时、〔俄〕I. F. 波波娃:《〈番汉合时掌中珠〉整理与研究》,宁夏人民出版社,2018 年。

② Невский, Н. А.: *Тангутская филология*: Исследования и словарь. В 2 кн. М., ИВЛ. 1960. Кн. 1. Исследования. Тангутский словарь. Тетради I – III. 602 стр. Кн. 2. Тангутский словарь, Тетради IV – VIII. 684 стр. 汉译本题为:Н. А. 聂历山《西夏语文学》,收入李范文主编《西夏研究》第五辑,中国社会科学出版社,2007 年,但字典部分未译出,仍是原件手稿影印版。

③ 〔日〕西田竜雄:《西夏語の研究—西夏語の再構成と西夏文字の解読—》,座右宝刊行会,1964—1966 年。汉译本题为:西田龙雄《西夏语研究——西夏语的构拟与西夏文字的解读》,鲁忠慧、聂鸿音译,收入李范文主编《西夏研究》第七辑,中国社会科学出版社,2008 年。

录了作者自编约有 3 000 字的《西夏文小字典》[①]。英国学者柯劳逊爵士(Sir Gerard Leslie Makins Clauson,1891—1974)早在 1937—1938 年间就矢志编纂一部西夏文词典,但在留下七册框架词典(skeleton Tangut (Hsi Hsia) dictionary)手稿之后,直至辞世词典也未臻完备,新西兰西夏学者格林斯蒂德(Eric Greenstead,1921—2008)曾经在大英博物馆鉴定部分西夏文献(《将苑》[②]《海龙王经》[③])、编纂西夏文大藏经[④]和分析西夏文字结构[⑤]时使用过这份词典手稿,现由匈牙利裔英国西夏学者高奕睿(Imre Galambos)组织将其影印付梓[⑥]。

1997 年,由宁夏社会科学院李范文研究员编纂的《夏汉字典》,作为世界上第一部现代制版的西夏文字典正式刊行其初版[⑦],因此李还荣获吴玉章奖(2002 年)和法国儒莲奖(2013 年),后来该字典续有修订并推出其简版《简明夏汉字典》[⑧]。2006 年,俄国西夏学者克恰诺夫(Евгений Иванович Кычанов,1932—2013)和日本西夏学者荒川慎太郎(Arakawa Shintaro)合编《夏俄英汉字典》(*Словарь тангутского* (*Си Ся*) *языка*: Тангутско-русско-англо-китайский словарь)。[⑨] 2021 年陕西师范大学韩小忙研究员推出的九卷约 800 万字《西夏文词典(世俗文献部分)》是基于他自己建立的西夏文世俗文献语料库,同时参照《汉语大字典》《汉语大辞典》等辞书体例编纂而成的,并附有多种索引便于查阅。[⑩]

西夏文字的研究是西夏学得以建立和发展的基础,早期的西夏学成果也以文献释读和文字研究为主,并且多由来到中国境内探险和考察的西方学人撰述完

---

① Grinstead Eric:"Hsi-Hsia: News of the Field". *Sung Studies Newsletter*, 10 (1974): pp.38 – 42.

② Grinstead Eric:"The General's Garden", *British Museum Quarterly*, 26 (1963): pp.35 – 37.

③ Grinstead Eric:"The Dragon King of the Sea", *British Museum Quarterly*, 31 (1966): pp.96 – 100.

④ Grinstead Eric: *the Tangut Tripitaka*. New Delhi: Sharada Rani, 1971.

⑤ Grinstead Eric: *Analysis of Tangut script*. Lund: Studentlitteratur, 1972.

⑥ Michael Everson: *Gerard Clauson's Skeleton Tangut (Hsi Hsia) Dictionary: A facsimile edition*. Portlaoise: Evertype, 2016.

⑦ 李范文:《夏汉字典》,中国社会科学出版社,1997 年。

⑧ 李范文:《简明夏汉字典》,中国社会科学出版社,2012 年。

⑨ Кычанов, Е. И. (Сост.): *Словарь тангутского* (*Си Ся*) *языка*: Тангутско-русско-англо-китайский словарь = Tangut Dictionary. Tangut-Russian-English-Chinese Dictionary. Со-составитель С. Аракава. Киото, Филологические науки, Университет Киото, 2006.

⑩ 韩小忙:《西夏文词典(世俗文献部分)》,中国社会科学出版社,2021 年。

成,这些成果现已基本搜罗殆尽并汉译结集出版。①

当20世纪初西夏学作为一门国际显学兴起于世界学坛之时,中国近现代学术史上成就巨大、贡献卓著的罗振玉(1866—1940)、罗福成(1884—1960)、罗福苌(1896—1921)、罗福颐(1905—1981)父子四人,共同为中国西夏学的创立奠定了基础。父亲罗振玉字叔蕴,号雪堂,首次把黑水城出土的夏汉对照辞书《番汉合时掌中珠》介绍到中国学术界而成为西夏文字研究在中国的最早传播者之一,后又出版《西夏官印集存》而成为中国西夏官印研究的拓荒者;长子罗福成字君美,1919年在山东学社刊行了考释西夏文佛经的《西夏译莲花经考释》和分类编排部分西夏文字单词便于检索的《西夏国书类编》,1924年全文摹写《番汉合时掌中珠》交付天津贻安堂书店石印刊布,1932年尚有研究《韵统举例》《文海杂类》《杂字》《居庸关石刻》《重修护国寺感应塔碑》等西夏文献并发表17篇论文,并由旅顺库籍整理处石印出版其整理誊抄的《西夏国书字典音同》;三子罗福苌字君楚,因自幼体弱26岁即病卒,但仍完成了汉、德文二种《西夏国书略说》一卷,以形声义三端考证西夏字乃取汉字之笔画积累而成,开辟了西夏字部首分类的先河,还撰有《俄人黑水访古所得记》《西夏赎经记》《大方广佛华严经卷一释文》《妙法莲华经弘传序释文》等西夏研究论文;五子罗福颐字子期,与兄福苌共同完成《宋史夏国传集注》十四卷并附系表,另有《西夏文存》《偻翁一得续录——明刊西夏文高王观世音经试译》等西夏研究论著。② 由李范文主编的《西夏研究》(第四辑),作为罗氏父子专辑基本上完整收录了四人研究西夏学的代表作。③

1932年出版《国立北平图书馆馆刊第四卷第三号·西夏文专号》以资纪念该馆于1929年收购、珍藏的宁夏出土的百余卷西夏文佛经,荟萃中外西夏学界一时翘楚的35篇论著,既有罗氏父子以及周叔迦(1899—1970)、向达(1900—1966)、王静如(1903—1990)等早期中国西夏学家的研究成果,也有俄苏聂历山(聂斯克)和伊凤阁、日本石滨纯太郎(1888—1968)等外国早期西夏学家的相关论文汉译,成为西夏学史上的一块丰碑。70年后的2002年,《国家图书馆馆刊》编辑部与中

① 孙伯君:《国外早期西夏学论集》,民族出版社,2005年。

② 白滨:《罗振玉父子对西夏学的贡献》,《辽金西夏研究年鉴2009》,学苑出版社,2010年,第144—150页。

③ 李范文:《西夏研究》第四辑,中国社会科学出版社,2007年。

国社会科学院西夏文化研究中心联合出版《国家图书馆馆刊·西夏研究专号》,收录包括中国台湾地区在内的中、俄、日30多位专家研究论著30余篇,基本反映出迄至当时世界西夏学界的人才结构分布和成就发展态势。

中国西夏学元老级人物王静如早年间的西夏研究代表作——三卷《西夏研究》①受到中国语言学之父赵元任(1892—1982)褒扬,中国文史巨擘陈寅恪(1890—1969)为此书作序,称赞其为"使西夏研究直上科学道路的首创者",此书还荣获法国儒莲奖(1936年),晚年长期供职于中国(社会)科学院民族(学与人类学)研究所担任研究员和学术委员,带出了中国首批西夏学研究生("文化大革命"前硕士生史金波、"文化大革命"后博士生马忠建②),其论著收入《王静如民族研究文集》③以及纪念其诞辰120周年时推出的论文集④,充分展示了这位前辈学者在以西夏学为核心的多个学科取得的丰硕成果。

苏俄西夏学者克恰诺夫长期担任苏俄科学院东方研究所所长,与人合作完成了西夏文献《文海》⑤《新集锦合辞》⑥《天盛律令》⑦《圣立义海》⑧《孔子和

---

① 王静如:《西夏研究》第一、二、三辑,中央研究院历史语言研究所,1932—1933年;又收入李范文主编《西夏研究》第五辑,中国社会科学出版社,2007年。

② 马忠建:《西夏语语法若干问题之研究》,博士学位论文,中国社会科学院,1987年。后来大部分内容收入李范文主编《西夏语比较研究》,宁夏人民出版社,1999年。

③ 王静如:《王静如民族研究文集》,民族出版社,1998年。

④ 王静如:《王静如文集》,社会科学文献出版社,2015年。

⑤ Кепинг, К. Б., В. С. Колоколов, Е. И. Кычанов и А. П. Терентьев-Катанский (Пер. с тангутского, вступительные статьи и приложения): *Море письмен*: Факсимиле тангутских ксилографов. (Памятники письменности Востока, XXV, [1]—[2]). Ч. 1—2. Москва: «Наука» (ГРВЛ), 1969.

⑥ Кычанов, Е. И. (пер. с тангутского, вступительная статья и комментарий): *Вновь собранные драгоценные парные изречения*: Факсимиле ксилографа. (Памятники письменности Востока, XL). Москва: «Наука» (ГРВЛ). 1974.

⑦ Кычанов, Е. И. (пер. с тангутского, исследование и примечания): *Изменённый и заново утверждённый кодекс девиза царствования Небесное процветание* (*1149—1169*): Кн. 1—4. (Памятники письменности Востока, LXXXI, 1—4). Москва: «Наука» (ГРВЛ), 1987—1989. (Кн 1: Исследование. 1988; Кн 2: Факсимиле, перевод и примечания (главы 1—7). 1987; Кн 3: Факсимиле, перевод и примечания (главы 8—12). 1989; Кн 4: Факсимиле, перевод и примечания (главы 13—20). 1989)

⑧ Кычанов, Е. И. (пер. с тангутского, комментарий и приложения): *Море значений, установленных святыми*: Факсимиле ксилографа. (Памятники культуры Востока: Санкт-Петербургская научная серия, IV). Санкт-Петербург: Петербургское Востоковедение, 1997.

坛记》[1]《贞观玉镜统》[2]的翻译,独立撰述《西夏国》[3]《西夏史纲》[4]《西夏国史》[5]。2012 年在圣彼得堡为他举行的八十寿辰祝寿会是他得以亲自参加的最后一次西夏学盛会,会后出版的祝寿论文集[6]充分反映出 21 世纪头十年来西夏学研究新生力量的成长以及他们取得的不俗成绩。

苏俄西夏学者克平(早期作柯萍,Ксения Борисовна Кепинг,1937—2002)生于中国天津,与人合作迻译西夏文献《文海》,独立迻译西夏文献《孙子兵法》[7]《类林》[8],在西夏语法方面多发前人之所未发,揭示了西夏语的作格性、动词人称后缀、动词方向前缀等诸多特殊语法特征,其代表性论著即《西夏语: 形态学》[9]。她溘然长逝之后有学界同道为其编纂纪念文集[10],收录了她已刊代表性论文和同事整理出来的部分未刊论著,尤其是书后附录的克平论著目录,反映了这位苏俄学者为西夏文的解读和西夏语语法体系的构建所作出的卓越历史功绩。

苏俄西夏学者索孚罗诺夫(早期作苏敏,Михаил Викторович Софронов)一直供职于苏俄科学院圣彼得堡东方写本研究所,他在西方学界最早系统性探索建

---

① Кычанов, Е. И. (пер. с тангутского, вступительная статья, комментарий и словарь): *Запись у алтаря о примирении Конфуция*: Факсимиле рукописи. (Памятники письменности Востока, CXVII). Москва: Восточная литература РАН, 2000.

② Franke, Herbert & E. I. Kyčanov: *Tangutische und chinesische Quellen zur Militärgesetzgebung des 11. bis 13. Jahrhunderts*. München: Verlag der bayerischen Akademie der Wissenschaften, 1990.

③ Кычанов, Е. И.: *Государство Си Ся (982—1227)*: Автореф. дисс. ... к.и.н. Ленинград: ЛГУ, 1960.

④ Кычанов, Е. И.: *Очерк истории тангутского государства*. Москва: «Наука» (ГРВЛ), 1968.

⑤ Кычанов, Е. И.: *История тангутского государства*. (Исторические исследования). Санкт-Петербург: Факультет филологии и искусств СпбГУ, 2008.

⑥ Popova, Irina (ed.): *Tanguts in Central Asia: a collection of articles marking the 80th anniversary of Prof. E. I. Kychanov* [Тангуты в Центральной Азии: сборник статей в честь 80-летия проф. Е. И. Кычанова], Moscow: Oriental Literature, 2012.

⑦ Кепинг, К. Б.: *Сунь Цзы в тангутском переводе*: Факсимиле ксилографа. Москва: «Наука» (ГРВЛ), 1979.

⑧ Кепинг, К. Б.: *Лес категорий*. Москва: «Наука» (ГРВЛ), 1983.

⑨ Кепинг, К. Б.: *Тангутский язык*: Морфология. Москва: «Наука», 1985.

⑩ Кепинг, К. Б.: *Последние статьи и документы = Ксения Борисовна*. Санкт-Петербург: Омега, 2003.

立西夏语语法体系①,当然其主要贡献还在于西夏文字的分析以及相应拟音方面②。

日本西夏学者西田龙雄长期供职于京都大学,本是藏缅语研究专家,以其关于西夏文字解读的专论③而转攻西夏研究,其力作《月月乐诗》④《西夏文华严经》(三卷本)⑤《法华经》⑥等,则充分体现出其身处历史时代的东瀛西夏语文之最高水平。

中国台湾西夏学者龚煌城(1934—2010)主要以西夏文解读及拟音为视点,切入视阈更为广泛的汉藏语研究⑦,其西夏文拟音经李范文《夏汉字典》的采纳成为目前最为通行的西夏文字注音系统,而其祝寿论文集⑧反映出龚氏在西夏学界、汉藏语、乃至南岛语研究领域的深远影响。

中国国家图书馆黄振华(1930—2003)研究馆员曾经辗转供职于中国人民大学、中国社会科学院民族(学与人类学)研究所等单位,对迄至20世纪70年代的苏联30年间西夏学研究进行了全面评述⑨而借此出道,他的西夏学研究主要体现在,以数量不菲的相关专题研究论文⑩着力探讨西夏学不少晦涩难解的课题,其间

---

① Софронов, М. В.: *Грамматика тангутского языка*: В 2-х книгах / Ответственный редактор Н. И. Конрад. Москва: «Наука», ГРВЛ, 1968.

② Кычанов, Е. И. & М. В. Софронов: *Исследования по фонетике тангутского языка*: предварительные результаты. / Ответственный редактор Н. И. Конрад. Москва: ИВЛ, 1963.

③ 〔日〕西田竜雄:《西夏文字:その解讀のプロセス》,紀伊国屋書店,1967年;玉川大学出版部,1980年。汉译本题为:西田龙雄:《西夏文字解读》,那楚格、陈健玲译,宁夏人民出版社,1998年;〔日〕西田竜雄:《西夏文字の話:シルクロードの謎》,大修館書店,1989年;西田先生古稀記念会編,〔日〕西田竜雄:《西夏語研究新論》,西田先生古稀記念会,1998年。

④ 〔日〕西田竜雄:《西夏語「月々楽詩」の研究》,《京都大學文學部研究紀要》1986年第25期。

⑤ 〔日〕西田竜雄:《西夏文華厳経》,京都大學文學部,1975—1977年。

⑥ 〔日〕西田竜雄:《ロシア科學アカデミー東洋學研究所サンクトペテルブルク支部所蔵西夏文〈妙法蓮華經〉寫眞版(鳩摩羅什譯對照)》,創価学会,2005年。

⑦ 龚煌城:《西夏语文研究论文集》,"中研院"语言学研究所,2002年;《汉藏语研究论文集》,北京大学出版社,2004年;《西夏语言文字研究论集》,民族出版社,2005年。

⑧ 杨秀芳、徐芳敏、李存智、何大安、孙天心、林英津:《汉藏语研究:龚煌城先生七秩寿庆论文集》,"中研院"语言学研究所,2004年。

⑨ 黄振华:《评苏联近三十年的西夏学研究》,《社会科学战线》1978年第2期。

⑩ 林世田、李际宁:《黄振华先生略传及著述目录》,《文津流觞》2003年第3期。

时常提出颇具启迪意义的种种见地①，充分展现了他的过人才华和敏锐洞察力。

特别值得一提的是，由史金波、白滨、黄振华合作完成的《文海研究》，作为中国“文化大革命”之后第一部西夏学专著，是继俄苏学者之后对佚失上声、仅存平声和杂类的这部西夏文韵书的全面解读。② 其中，史氏的西夏文字构形归纳、白氏的西夏社会文化探究以及黄氏的西夏语音体系构拟，代表了当时中国大陆西夏研究的最高水平。

中国社会科学院学部委员、民族（学与人类学）研究所史金波研究员曾是王静如研究员“文化大革命”之前所带的研究生，“文化大革命”以后至今一直是中国大陆西夏学界的领军人物，其领衔著述多种，包括研究西夏文类书《类林》③、译注西夏文法典《天盛改旧新定律令》④、研究西夏文韵书《文海宝韵》⑤，独立撰述《西夏文化》《西夏佛教史略》《西夏社会》《西夏文教程》《西夏经济文书研究》⑥并有个人论文结集⑦，与人合作撰述研究西夏文活字印刷术⑧以及西夏社会文书⑨。为史金波先生刊布的两部祝寿论文集⑩充分体现出他在西夏学以及中国民族古文字研

① 唐均：《黄振华先生西夏学研究述评》，《西夏学》第七辑，上海古籍出版社，2011 年，第 281—286 页。

② 史金波、白滨、黄振华：《文海研究》，中国社会科学出版社，1983 年。

③ 史金波、黄振华、聂鸿音：《类林研究》，宁夏人民出版社，1993 年。

④ 刘海年、杨一凡：《中国珍稀法律典籍集成甲编第五册：西夏天盛律令》，史金波、聂鸿音、白滨译注，科学出版社，1994 年。本书的汉译文又单独刊行，题为《天盛改旧新定律令》，法律出版社，2000 年。

⑤ 史金波、〔日〕中嶋干起、〔日〕大塚秀明、〔日〕今井健二、〔日〕高橋まり代：《電脳処理〈文海宝韻〉研究》，東京外国語大学アジア・アフリカ言語文化研究所，2000 年。

⑥ 史金波：《西夏文化》，吉林教育出版社，1986 年；《西夏佛教史略》，宁夏人民出版社，1988 年；又台湾商务印书馆，1993 年重印；《西夏社会》，上海人民出版社，2007 年；《西夏文教程》，社会科学文献出版社，2013 年；《西夏经济文书研究》，社会科学文献出版社，2017 年；Shi Jinbo, Li Hansong (tr.): *Tangut Language and Manuscripts: An Introduction*, Leiden: BRILL, 2020.

⑦ 史金波：《史金波文集》，上海辞书出版社，2005 年；《西夏文化研究》，中国社会科学出版社，2015 年。

⑧ 史金波、雅森・吾守尔：《中国活字印刷术的发明和早期传播：西夏和回鹘活字印刷术研究》，社会科学文献出版社，2000 年。

⑨ 杜建录、史金波：《西夏社会文书研究》（增订本），上海古籍出版社，2012 年。

⑩ 中国社会科学院民族学与人类学研究所：《薪火相传——史金波先生 70 寿辰西夏学国际学术研讨会论文集》，中国社会科学出版社，2012 年；《史金波先生八十寿辰纪念论文集》编委会：《桑榆启晨——史金波先生八十寿辰纪念论文集》，甘肃文化出版社，2022 年。

究、中国民族学界等多个学科领域的广泛影响力，而他所带出的学生也有以其著述嘉惠西夏学界的后起之秀了①。

中国社会科学院民族学与人类学研究所白滨研究员曾是王静如研究员的学术助手，其独立著述《元昊传》《党项史研究》《寻找被遗忘的王朝》②和编纂《西夏史论文集》《西夏文物》③等，充分反映出其人在党项及西夏历史方面的研究专长，他还写得一手漂亮的西夏文书法，其作品多次参加各类展览并赠送国际友人。

宁夏社会科学院历史研究所李范文研究员长于研究西夏文辞书《同音》《同义》④，并基于夏汉双语对译的《番汉合时掌中珠》展开研究历史音韵⑤，与人合作编注《西夏陵墓出土残碑粹编》⑥、主编《西夏语比较研究》⑦并研究西夏文辞书《杂字》⑧和类书《圣立义海》⑨，另有两部个人论文结集行世⑩。而他在学界的最大影响在于以一己之力编成目前最为详赡、实用的《夏汉字典》，前述不赘。

中国社会科学院民族学与人类学研究所聂鸿音研究员以汉籍对勘解读多种类型的西夏文献而享誉学界，他有专论西夏文字的撰述行世⑪，另有与人合作研究西夏文献《类林》《天盛律令》《孔子和坛记》⑫，独立撰述研究西夏文献《德行集》

---

① 周峰：《西夏文〈亥年新法·第三〉译释与研究》，台湾花木兰文化出版社，2016年；任怀晟：《西夏服饰研究》，甘肃文化出版社，2018年。

② 白滨：《元昊传》，吉林教育出版社，1988年；《党项史研究》，吉林教育出版社，1989年；《寻找被遗忘的王朝》，山东画报出版社，2010年。

③ 白滨：《西夏史论文集》，宁夏人民出版社，1984年；史金波、白滨、吴峰云：《西夏文物》，文物出版社，1988年。

④ 李范文：《同音研究》，宁夏人民出版社，1986年；李范文、韩小忙：《同义研究》，《西夏研究》第一辑，中国社会科学出版社，2005年；李范文：《〈五音切韵〉和〈文海宝韵〉比较研究》，《西夏研究》第二辑，中国社会科学出版社，2006年。

⑤ 李范文：《宋代西北方音——〈番汉合时掌中珠〉对音研究》，中国社会科学出版社，1994年。

⑥ 宁夏博物馆、李范文：《西夏陵墓出土残碑粹编》，文物出版社，1984年。

⑦ 李范文：《西夏语比较研究》，宁夏人民出版社，1999年。

⑧ 李範文、〔日〕中嶋干起：《電脳処理西夏文雑字研究》，東京外国語大学アジア・アフリカ言語文化研究所，1997年。

⑨ 〔俄〕克恰诺夫、李范文、罗矛昆：《圣立义海研究》，宁夏人民出版社，1995年。

⑩ 李范文：《西夏研究论集》，宁夏人民出版社，1983年；《李范文西夏学论文集》，中国社会科学出版社，2012年。

⑪ 聂鸿音：《打开西夏文字之门》，国家图书馆出版社，2014年；《西夏文字和语言研究导论》，上海古籍出版社，2021年。

⑫ 〔俄〕E. H. 克恰诺夫、聂鸿音：《西夏文〈孔子和坛记〉研究》，民族出版社，2009年。

《新集慈孝传》[①]；在卷帙最为浩繁的西夏文佛经部分，荟萃过部分佛经序跋进行译注[②]，也与人合作集中研究过西夏文禅宗语录类文献[③]；而其个人论文结集已有三部付梓[④]。此外，他所带出的学生们在西夏文献解读方面已然成果卓著[⑤]；还有学生专题研究过现存藏文注音的西夏文残片[⑥]，为非表音的西夏文拟音提供了来自同时代表音文字的第一手资料参考。

中国社会科学院民族学与人类学研究所孙伯君研究员是聂鸿音研究员最为出色的学生，她早先以汉字记音女真语研究进入学界，后来广泛涉猎多种中国北方少数民族文字文献研究，近年来也集中精力研究西夏文献[⑦]，其个人相关论文亦有结集行世[⑧]，充分体现作者的音韵学素养和文献学功力。她主持的中华字库工程项目已经收录了中国学者景永时、贾常业等人制作的西夏文字库并将其力推为国际标准。

在孙伯君研究员之外，河北大学梁松涛教授以解读书写潦草的西夏文献著称[⑨]，河北师范大学崔红芬教授以探究西夏佛教等文化因素见长[⑩]，中国台湾西夏

---

① 聂鸿音：《西夏文德行集研究》，甘肃文化出版社，2002 年；《西夏文〈新集慈孝传〉研究》，宁夏人民出版社，2009 年。

② 聂鸿音：《西夏佛经序跋译注》，上海古籍出版社，2016 年。

③ 聂鸿音、孙伯君：《西夏译华严宗著作研究》，宁夏人民出版社、中华书局，2018 年。

④ 聂鸿音：《西夏文献论稿》，上海古籍出版社，2012 年；《古代语文论稿》，中国社会科学出版社，2014 年；《西夏文献论稿二编》，甘肃文化出版社，2018 年。

⑤ 钟焓：《〈黄石公三略〉西夏译本之研究》，博士学位论文，中国社会科学院，2005 年；黄延军：《西夏文〈经史杂抄〉研究》，博士学位论文，中国社会科学院，2008 年；黄延军：《中国国家图书馆藏西夏文〈大般若波罗密多经〉研究》，民族出版社，2012 年；王培培：《西夏文〈维摩诘经〉整理研究》，社会科学文献出版社，2015 年；孙颖新：《西夏文〈无量寿经〉研究》，中国社会科学出版社，2018 年；孙颖新：《西夏文〈大宝积经 · 无量寿如来会〉对勘研究》，社会科学文献出版社，2019 年。

⑥ 戴忠沛：《西夏文佛经残片的藏文对音研究》，博士学位论文，中国社会科学院，2008 年。

⑦ 孙伯君：《西夏新译佛经陀罗尼的对音研究》，中国社会科学出版社，2010 年；孙伯君、聂鸿音：《西夏文藏传佛教史料——“大手印”法经典研究》，中国藏学出版社，2018 年。

⑧ 孙伯君：《西夏文献丛考》，上海古籍出版社，2015 年。

⑨ 梁松涛：《黑水城出土西夏文医药文献整理与研究》，社会科学文献出版社，2015 年；《西夏文〈宫廷诗集〉整理与研究》，上海古籍出版社，2018 年。

⑩ 崔红芬：《西夏河西佛教研究》，民族出版社，2010 年；〔俄〕A. Л. 捷连吉耶夫-卡坦斯基：《西夏物质文化》，崔红芬、文志勇译，民族出版社，2006 年。

学者林英津研究员研究过西夏文《孙子兵法》《真实名经》[1]，美国学者邓如萍(Ruth W. Dunnell)曾经一度也从事西夏学研究[2]——她们共同构筑起西夏学界成就不凡的一股女性学术中坚力量。

俄罗斯西夏学者索罗宁(Кирилл Юрьевич Солонин)以研究西夏文献《十二国》为其学术滥觞[3]，现在受聘于中国人民大学国学院，主要从事西夏文禅宗佛教文献研究[4]。

日本西夏学者荒川慎太郎长期供职于东京外国语大学亚非语言文化研究所，他从攻读博士学位开始就对西夏文佛教展开了系统的语文学解读，现已有关于西夏文《金刚经》《法华经》的研究论著问世[5]。

法国藏缅语学者向柏霖(Guillaume Jacques)长期供职于法国国家科学院东亚语言研究中心，他解读过西夏文献《新集慈孝传》[6]，更为集中的研究是在西夏语历史语音和形态方面，特别是原始党项语、乃至与之关系密切的原始嘉绒语的构拟[7]。

宁夏社会科学院考古学家牛达生研究员在西夏木活字研究中取得重大成果[8]，历史学家陈炳应(1939—2008)研究员则解读过西夏文献《新集锦合辞》《贞

---

① 林英津：《夏译〈孙子兵法〉研究》，"中研院"历史语言研究所，1994 年；《西夏语译〈真实名经〉释文研究》，"中研院"语言学研究所，2013 年。

② Dunnell Ruth W：*The Great State of White and High: Buddhism and State Formation in Eleventh-Century Xia*，Honolulu：University of Hawaii Press，1996.

③ Солонин，К. Ю.（пер. с тангут.，исслед.，коммент.，табл. и указ.）：*Основные работы*：Двенадцать царств. Санкт-Петербург：ПВ，1995.〔俄〕索罗宁：《十二国》，粟瑞雪译，宁夏人民出版社，2012 年。

④ Солонин，К. Ю.：*Обретение учения*：Традиция Хуаянь-Чан в Буддхисме Тангутского Государства. Санкт-Петербург：Издательство Университета Санкт-Петербурга，2007.

⑤ Arakawa，Shintarō：*Seika-bun Kongō-kyō no kenkyū* [Studies in the Tangut Version of the Vajracchedikā Prajñāpāramitā]. D. Litt dissertation，Kyoto University. 荒川慎太郎：《普林斯顿大学图书馆藏西夏文〈妙法莲华经〉》，创价学会，2018 年；《西夏文金刚经研究》，松香堂书店，2014 年。

⑥ Jacques，Guillaume：*Textes tangoutes I*：Nouveau recueil sur l'amour parental et la piété filiale. München：Lincom Europa，2007.

⑦ Jacques，Guillaume：*Esquisse de Phonologie et de Morphologie Historique du Tangoute*. Leiden：Global Oriental，2014.

⑧ 牛达生：《西夏活字印刷研究》，宁夏人民出版社，2004 年。

观玉镜统》[1],文字学家贾常业则致力于西夏文字的研究,除了参与目前通行西夏文输入法及字体软件的制作以外,还有字典和相关研究论著问世[2]。

宁夏大学西夏学研究院院长杜建录教授主编的《西夏学》集刊、宁夏社会科学院主办的《西夏研究》期刊、北方民族大学西夏学研究所主编的《西夏学辑刊》,这是目前中文学界三大西夏学专题发表阵地,从而成为西夏语文学研究成果刊布的重要阵地。

宁夏大学西夏学研究院副院长彭向前教授长于西夏名物考证[3],也解读过西夏文献《孟子》和历日材料[4]。同一单位的段玉泉研究员侧重于西夏佛经的汉藏对勘[5],也与人合作编纂过西夏学相关工具书[6]。

北方民族大学西夏学研究所所长景永时研究员主持"基于北大方正典码之上的西夏文字录入与输出"重大科研项目[7],2016 年,西夏文国际编码提案正式通过,景永时主持开发制作的西夏文字符集被 ISO/IEC JTC1/SC2/WG2 列为 UCS 标准编码字符,表明该项成果已经处于国际最高水平;此前他就有西夏研究论著编译行世[8]。同一单位的孙昌盛研究员则集中研究目前最早的活字印本——西夏文《吉祥遍至口合本续》[9]。

中国社会科学院哲学研究所高山杉助理研究员是游离于西夏学界之外值得关注的西夏学研究者,他醉心于西夏文佛经的解读和西夏学界史事的考订研究,尤其关注中国西夏学元老王静如的若干行迹掌故[10],也集中研究过西夏

---

① 陈炳应:《西夏谚语——新集锦成对谚语》,山西人民出版社,1993 年;《贞观玉镜将研究》,宁夏人民出版社,1995 年。

② 贾常业:《新编西夏文字典》,甘肃文化出版社,2013 年;《西夏文字揭要》,甘肃文化出版社,2017 年;《西夏文字典》,甘肃文化出版社,2019 年。

③ 彭向前:《党项西夏名物汇考》,甘肃文化出版社,2017 年。

④ 彭向前:《西夏文〈孟子〉整理研究》,上海古籍出版社,2012 年;《俄藏西夏历日文献整理研究》,社会科学文献出版社,2018 年。

⑤ 段玉泉:《西夏〈功德宝集偈〉跨语言对勘研究》,上海古籍出版社,2014 年。

⑥ 惠宏、段玉泉:《西夏文献解题目录》,阳光出版社,2015 年。

⑦ 景永时、贾常业:《西夏文字处理系统》(软件),宁夏人民出版社,2007 年。

⑧ 景永时:《西夏语言与绘画研究论集》,宁夏人民出版社,2008 年;〔俄〕捷连提耶夫—卡坦斯基:《西夏书籍业》,王克孝、景永时译,宁夏人民出版社,2000 年。

⑨ 孙昌盛:《西夏文〈吉祥遍至口合本续〉整理研究》,社会科学文献出版社,2015 年。

⑩ 高山杉:《王静如的西夏文贺年片》,《东方早报·上海书评》2014 年 3 月 2 日; (转下页)

文《通玄记》①。

关于西夏文字记录的西夏语，最早对其进行谱系归类研究的，是德裔美国东方学家劳费尔（Berthold Laufer，1874—1934）根据伊凤阁提供的汉字对音材料，利用现代汉语读音简单处理，从而在1916年首先提出西夏语归属汉藏语系藏缅语族彝缅语支（Lolo-Burman）的观点②；20世纪80年代以来，中国学者孙宏开基于横断山区多种藏缅语调查研究而提出羌语支的概念③，美国学者马提索夫（James Alan Matisoff）基于此而认为国际藏缅语学界已开始倾向于西夏语属于羌语支的学说④；近年来法国学者向柏霖及其学生又提出了西夏语属于西部嘉绒语支

（接上页）《季羡林与王静如在柏林的几次谈话——读季羡林留德日记之一》，《南方都市报》2014年11月16日；《〈王静如文集〉未收的一篇文章》，《南方都市报》2015年6月28日；《王静如的征稿表》，《南方都市报》2016年5月8日；《西夏学师徒互撕事件的最后一块拼图》，《南方都市报》2016年11月20日；《王静如佚文〈伯希和教授略传〉》，《南方都市报》2017年3月5日；《石滨纯太郎论文旧译二种——兼说〈华北日报·边疆周刊〉上的王静如佚文》，《澎湃新闻·上海书评》2019年3月30日；《王静如·傅芸子·储皖峰》，《南方都市报》2020年5月10日。

① 高山杉：《〈通玄记〉西夏文注疏之发现》，《南方都市报》2016年5月22日；《谈新获明版〈华严法界观通玄记〉残页》，《东方早报·上海书评》2016年6月12日；《新发现的〈华严法界观通玄记〉明版残页》，《南方都市报》2016年8月7日；《首次刊布的〈通玄记〉卷下明版残页》，《东方早报·上海书评》2016年12月4日；《发现〈华严法界观通玄记〉：我的奇迹之年还在继续》，《澎湃新闻·上海书评》2017年4月6日；《再续'奇迹之年'：三折明版〈通玄记〉卷下残页》，《澎湃新闻·上海书评》2017年7月15日；《有关〈华严法界观通玄记〉的几个新发现》，《中山大学学报(社会科学版)》2018年第2期，又转载于中国人民大学编纂《复印报刊资料·宗教类》2018年第3期；《与〈通玄记〉残页的偶遇与重逢》，《澎湃新闻·上海书评》2018年8月1日。

② Laufer Berthold: "the Si-hia language, a study in Indo-Chinese philology". *T'oung Pao*, 1 (1916): pp.1－126.〔美〕劳费尔：《西夏语言印度支那语文学研究》，聂鸿音、彭玉兰译，《西夏语比较研究》，宁夏人民出版社，1999年，第352—416页；〔美〕劳费尔：《西夏语言：印度支那语文学研究》，聂鸿音、彭玉兰译，《国外早期西夏学论集(一)》，民族出版社，2005年，第180—288页。

③ 孙宏开：《西夏语言研究》，甘肃文化出版社，2018年。

④ Matisoff, James A.: "'Brightening' and the place of Xixia (Tangut) in the Qiangic subgroup of Tibeto-Burman". Studies on *Sino-Tibetan languages: Papers in honor of Professor Hwang-cherng Gong on his seventieth birthday* / Y.c. Lin, F.m. Hsu, C.c Lee, J. T. S. Sun, H.f. Yang, D.a. Ho (eds.), Taipei: Institute of Linguistics, "Academia Sinica", 2004: pp.327－352.

(Gyalrongic)语言的意见①。至于原始西夏语的拟测,则有日裔美国历史语言学者三宅英雄的尝试之作②,因为跟西夏文字关系相对疏远,这里不再赘述。

① Lai Yunfan, Gong Xun, Gates Jesse P., Jacques Guillaume: "Tangut as a West Gyalrongic language". *Folia Linguistica*, Berlin: Walter de Gruyter GmbH 54 (s41 - s1): pp.171 - 203.

② Miyake, Marc Hideo: "Complexity from Compression: A Sketch of Pre-Tangut". In: Irina Fedorovna Popova (ed.), *Tanguts in Central Asia: A collection of articles marking the 80th anniversary of Prof. E. I. Kychanov* [Тангуты в Центральной Азии: сборник статей в честь 80-летия проф. Е. И. Кычанова], Moscow: Oriental Literature, 2012: pp.244 - 261.

第二节

契丹、女真文

契丹文和女真文是10—13世纪广泛应用于北部中国及毗邻内亚区域的几种汉字式官方民族文字系统，记录蒙古语族契丹语的契丹文是金章宗明昌二年(1191)官方诏令废止的，但退据中亚的西辽王朝(1124—1211年)还一直使用直至最后一个历史记载的操习者、入仕蒙古汗廷的契丹族人耶律楚材(1190—1244)①；而记录通古斯语族女真语的女真文在金国灭亡后还退守东北地区并一直使用到15世纪才逐渐失传的。

契丹文包括两种使用机制迥异的文字：契丹大字(大字：天亢沓伕* mo doro ən usgi、小字：又及与村共几* m-o doro-ən us-gi)和契丹小字，两种文字系统就连使用的字符也几乎没有重复的情形，且大小字并不能相互混用——在这方面，中文古籍的记载跟现实世界的留存文字材料严丝合缝地吻合。类似的，史籍记载女真文(更岂伕* J̌ušur^{šen} bithe)也分女真大小字两种，但现实遗存文字材料表明只有女真大字一个字符系统，所谓女真小字就是利用女真大字字符进行类似契丹小字的竖行立体构建拼缀成词而已。

契丹大字是辽太祖耶律阿保机授意下，由大臣耶律突吕不(？—942)和阿保机从侄耶律鲁不古(生卒不详)在建国伊始的神册五年(920)参照汉字创制的，契

① 耶律楚材《湛然居士文集·卷八：醉义歌》序：辽朝寺公大师者，一时豪俊也。贤而能文，尤长于歌诗，其旨趣高远，不类世间语，可与苏、黄并驱争先耳。有《醉义歌》，乃寺公之绝唱也。昔先人文献公尝译之。先人早逝，予恨不得一见。及大朝之西征也，遇西辽前郡王李世昌于西域，予学辽字于李公，期岁颇习，不揆狂斐，乃译是歌，庶几形容其万一云。

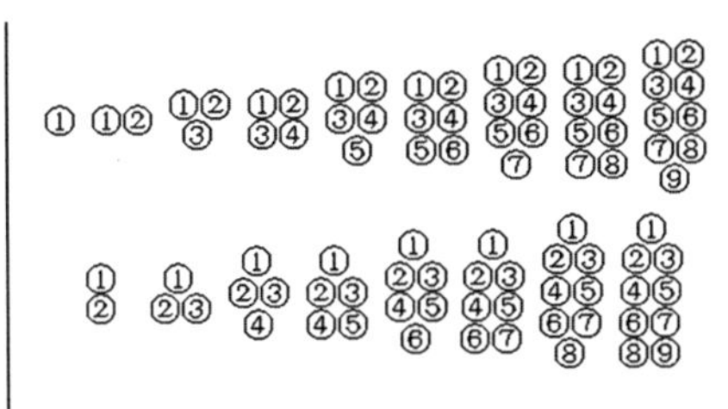

图 5－1　契丹小字原字排列模式以及契丹、女真小字示例

丹大字是一种夹杂直接借用汉字的表意方块字，标音功能笨拙，从而难以准确表记契丹语词。史载大字系统原有 3 000 多个字符，目前发现的 1 500 字文献中大约反映其 1 000 余个字符数量[①]，但已经明确获得释读的却不到其零头。

契丹小字是阿保机皇弟耶律迭剌（？—926）在 924 或 925 年受所谓回鹘文的启发而创制的，主要使用类似汉字偏旁部首的表音符号（现代称为原字）来拼写契丹语词汇，总体上看更像是一种音节文字，能够准确表记契丹语。小字系统记录的每个契丹语词由一至七个原字拼成，单词之间有间隔，行文的款式自上而下书写，自右而左换行，敬词抬头或空格[②]。目前，已发现的 450 多个契丹小字原字字符大约已能识别 50%—60%。

辽国时期两种契丹文字体系并行，但在诏书之类的正式实用行文中所使用的是小字以及汉字，大字仅作为具有历史承载价值的典籍或墓志类书面文字而与汉字并行使用。

历史上的契丹文图书几乎全部湮灭，只有宋人王易（1101—1167）《燕北录》和元末明初人陶宗仪（1329—约 1412）《书史会要》里收录了几个描画的契丹字；而镌刻在西安乾陵无字碑上的契丹小字《大金皇弟都统经略郎君行记》（通常简称为

① 愛新覺羅・烏拉熙春、吉本道雅：《关于从朝鲜半岛的视角研究契丹、女真文字的专著》，京都大学学術出版会，2011 年。

② Róna-Tas András："Khitan studies I. the graphs of the Khitan Small Script：2. the vowels". *Acta Orientalia Academiae Scientiarum Hungaricae*, 2017(2)：135－188；Wu Yingzhe, András Róna-Tas："Khitan Studies I. the Glyphs of the Khitan Small Script：3. the Consonants, 3.1 Labial Stops". *Acta Orientalia Academiae Scientiarum Hungaricae*, 2019 (1)：47－79；Wu Yingzhe, András Róna-Tas："Khitan Studies I. the Glyphs of the Khitan Small Script：3. the Consonants, 3.2. Dental Stops". *Acta Orientalia Academiae Scientiarum Hungaricae*, 2020 (1)：67－83；Wu Yingzhe, András Róna-Tas："Khitan Studies. 1.the graphs of the khitan small script 3. the consonants. 3.3 the oral velar and uvular consonants". *Acta Orientalia Academiae Scientiarum Hungaricae*, 2020 (4)：669－683.

《郎君行记》)又长期被误认作女真文字,至今仍有意见认为此碑很有可能是契丹小字记录的女真语①。直至20世纪以降,随着华北至东北地区的考古成果不断涌现,两种契丹文字的墓志陆续发掘出来并得以正确勘定和深入解读,史籍所载的契丹大小字才以其本来面目为世人所知。

现存契丹文资料以数十件石刻为主要内容,另有玉卮②、符牌、钱币、题记等篇幅比较短小的材料,总字数已达十万有余,其中契丹小字《郎君行记》是唯一一件基本对译的契丹语—汉语双语铭文,是解读契丹文的锁钥。今存唯一一件契丹文纸质写本约有一万五千大字字符,据称发现于苏联治下的中亚西辽故地,现藏于俄罗斯科学院东方文献研究所,其字迹比较潦草,能够释读出的内容还寥寥无几,从业已释读的片段中推断该写本大约为皇室起居注性质的史籍。③

女真文最早是金太祖完颜阿骨打下令曾经修习契丹字和汉字的臣僚完颜希尹(?—1140)和叶鲁(生卒年不详)依照契丹大字和汉字为基础试制女真文字并于天辅三年(1119)诏令颁行——此即后世所谓女真大字。20年后的金熙宗完颜亶天眷元年(1138)又参照契丹字创颁另一种女真文字——此即后世所称女真小字,至金熙宗皇统五年(1145)才行初用。金世宗完颜雍大定十三年(1173)建立女真进士策、诗会试制度,兼设女真国子学及诸路府学;金哀宗时期女真小字入传高丽。南宋人周密(1232—1298/1308)所撰《癸辛杂识》对女真文便有记载。中原金亡后,仅有留居东北故地的女真诸部尚有上层人士精通女真文,他们后来同明朝政府交通往来时即以女真字作表文酬答,明廷则设四夷馆及后来的会同馆延请译人专习女真字以付通译需要,今存明成祖永乐年间四夷馆所编诸种《华夷译语》,其中有女真馆之《女真译语》含杂字和来文,是为彼时译事所需证物,也是后世研究女真文最主要的参考资料④;后来还有明代中后期会同馆所编不含女真字之《女

① 孙伯君:《契丹小字解读新探》,《民族语文》2010年第5期。

② Róna-Tas András: A Birthday Present for the Khitan Empress. In: István Zimonyi (ed.): *Ottomans — Crimea — Jochids: Studies in Honour of Mária Ivanics*. Szeged, 2020.

③ Зайцев, В. П.: «Рукописная книга большого киданьского письма из коллекции Института восточных рукописей РАН». *Письменые памятники Востока*, 2011(2).

④ Grube Wilhelm: *Die Sprache und Schrift der Jučen*. Leipzig: Otto Harrassowitz, 1896; Kiyose Gisaburō Norikura: *A Study of the Jurchen Language and Script: Reconstruction and Decipherment*. Kyoto: Hōritsubunka-sha, 1977; 道尔吉、和希格:《女真译语研究》,内蒙古大学学报编辑委员会,1983年。

直译语》,在今天亦可用于辅助研治女真语文①。

现存女真文石刻共计12件,其中11件属金代——1185年金世宗在今扶余市太祖当年起兵誓师反辽之处所立的《大金得胜陀颂碑》即为宣示女真民族国家形象的证据,1件属明代——亦即1413年树立于黑龙江下游今俄罗斯特林(Тыр)附近现存唯一金朝灭亡后的汉、蒙古、女真文三体《永宁寺碑》②。

女真文字创制研究主要基于汉字文化圈的中日学者之间展开学术争鸣。③ 女真文拼写的剖析则由匈牙利学者开其先河。④ 而关于现存女真文的总字数,19世纪末德国汉学家葛鲁贝(Wilhelm Grube,亦译顾威廉,自取汉名顾路柏,1855—1908)研究《女真译语》时统计为698字⑤;金启孮(1918—2004)在编纂《女真文辞典》时计为859字⑥,而加上异体则可以达到1 376字⑦;日籍满族学者爱新觉罗·乌拉熙春(汉名金焘方)通过对《女真文字书》残叶的研究又认为:《女真文字书》残叶所反映的可识别字形,不计重复和错字共计1 196字,其中未见于其他已知文献的女真字为584个,故现存女真字总数已达1 443个。⑧

---

① Kane Daniel: *the Sino-Jurchen Vocabulary of the Bureau of Interpreters*. Bloomington: Indiana University Press,1989; Jacques Guillaume:"Review of Kane 2009, the Khitan Language and Script". *Diachronica*, 2010(1);贾敬颜、朱风:《女真译语、蒙古译语汇编》,天津古籍出版社,1990年。

② Ligeti Louis:"Les Inscriptions Djurtchen de Tyr: La Formule oṃ Maṇi Dapme Hūṃ". *Acta Orientalia Academiae Scientiarum Hungaricae*, 1961(1); 钟民岩:《历史的见证——明代奴儿干永宁寺碑文考释》,《历史研究》1974年第1期;钟民岩、那森柏、金启孮:《明代奴儿干永宁寺碑记校释——以历史的铁证揭穿苏修的谎言》,《考古学报》1975年第2期;钟民岩、那森柏、金启孮:《明代奴尔干永宁寺碑记校释——以历史的铁证揭穿苏修的谎言》,《中央民族学院学报(哲学社会科学版)》1976年第1期。

③ 〔日〕山路广明:《女真字制字研究》,东京外国语大学亚非语言文化研究所,1958年;金光平、金启孮:《女真字制字方法论——兼与日本山路广明氏商榷》,《内蒙古大学学报(哲学社会科学版)》1980年第4期;蔡美彪:《女真字构制初探》,《内蒙古大学学报(哲学社会科学版)》1984年第4期。

④ Ligeti Louis:"Note Préliminaire Sur Le Déchiffrementdes »Petits Caractères« Jourtchen". *Acta Orientalia Academiae Scientiarum Hungaricae*, 1953(3).

⑤ Grube Wilhelm: *Die Sprache und Schrift der Jučen*. Leipzig: Otto Harrassowitz, 1896.

⑥ 金光平、金启孮:《女真语言文字研究》,文物出版社,1980年。

⑦ 金启孮:《女真文辞典》,文物出版社,1984年。

⑧ 乌拉熙春:《西安碑林女真文字书新考》,《碑林集刊》第五辑,陕西人民美术出版社,1997年,第230—241页。

今存可以确证的女真小字材料仅为两道符牌①,即1972年河北承德发现的金银走马牌和1976年见于苏联滨海边区“国信”银牌。如果从大字字符按照契丹小字拼写原字组合规律视角来看,留存的女真文字材料尚有明人王世贞(1526—1590)《弇州山人四部稿》及方于鲁(生卒年不详)《方氏墨谱》著录的八个女真字叠合体②。

契丹文的解读其实首先要归功于契丹、女真文字之间的区分:清宣宗爱新觉罗·旻宁道光九年(1829),清人刘师陆撰述《女直字碑考》《女直字碑续考》开始加以研讨,但却误将陕西西安碑林无字碑上的《郎君行记》契丹字和河南开封《宴台女真国书碑》(亦即《女真进士题名碑》)上的女真字分别视为女真大小字,从而导致谬种流传,影响至今尚未完全断绝。随着20世纪50—60年代多方契丹大小字碑刻的出土和发表,金光平(爱新觉罗·恒煦,1899—1966)等相对确凿地勘定了今存的女真字多为大字。③

内蒙古大学和中国社会科学院民族学与人类学研究所组成研究小组曾经联合攻关,以唯一的契丹文—汉文对照的《郎君行记》中音译成分为突破口,再系联其他业已发现的小字碑铭中相关内容,成功解读了100来个契丹小字的音值。④ 自此合作之后,小组成员分头独立研究,在契丹文释读和提携后进方面各自作出了自己的成绩。

长期任教于内蒙古大学、曾任副校长的契丹小字研究者是清格尔泰(汉名赵国华,1924—2013),其致力于契丹文研究的最主要学生是吴英喆⑤。在清格尔泰

① 爱新觉罗·乌拉熙春:《女真小字金牌、银牌、木牌考》,《爱新觉罗·乌拉熙春女真契丹学研究》,松香堂书店,2009年。

② 〔日〕石田干之助:《女真语杂俎》,《女真译语、蒙古译语汇编》,天津古籍出版社,1990年,第422—433页。

③ 金光平:《从契丹大小字到女真大小字》,《内蒙古大学学报(社会科学版)》1962年第2期;道尔吉:《关于女真大小字问题》,《内蒙古大学学报(哲学社会科学版)》1980年第4期;和希格:《契丹大字与传世的女真文字》,《内蒙古大学学报(哲学社会科学版)》1984年第3期。

④ 中国社会科学院民族研究所、内蒙古大学蒙古语文研究室契丹文字研究小组:《关于契丹小字研究》,《内蒙古大学学报(哲学社会科学版)》1977年第4期。清格尔泰、刘凤翥、陈乃雄:《契丹小字研究》,中国社会科学出版社,1985年。

⑤ 清格尔泰:《契丹小字释读问题》,吴英喆协助,东京外国语大学亚非语言文化研究所,2002年。清格尔泰、吴英喆、吉如何:《契丹小字再研究》,内蒙古大学出版社,2017年。

身后，吴英喆承担起内蒙古大学蒙古学学院契丹文研究的传承任务，[①]而他的学生中又有吉如何开始从小字研究向大字研究扩展[②]。

长期供职于中国社会科学院民族学与人类学研究所的契丹语文研究者刘凤翥和于宝林（亦作于宝麟，1942—2013）[③]又以前者贡献尤为卓荦，他不但始终不渝致力于契丹大小字碑铭的释读研究[④]，而且还同北京大学中国古代史研究中心辽金史教授刘浦江[⑤]（1961—2015）一道，带出了现今供职于中国社科学院历史研究所的康鹏[⑥]、陈晓伟[⑦]、张少珊[⑧]等一批年轻学者以及主要据其研究结论用英文撰述的澳大利亚驻中国北京大使馆前文化参赞、澳大利亚悉尼麦考瑞大学汉学教授康丹[⑨]（Daniel Kane，早期汉名康德良，1948—2021）。2017 年辽宁省博物馆所编历史考古文集，作为刘凤翥先生八十寿辰纪念文集，收录了当代中文学界主要契丹文字研究者的精心之作。[⑩]

---

① 吴英喆：《契丹语静词语法范畴研究》，内蒙古大学出版社，2007 年。Wu Yingzhe，Juha Janhunen：*New Materials on the Khitan Small Script: A Critical Edition of Xiao Dilu & Yelü Xiangwen*. Folkestone：Global Oriental，2010. 吳英喆：《契丹小字新発見資料釈読問題》，日本東京外国語大学アジア・アフリカ言語文化研究所，2012 年。

② 吉如何：《契丹大小字同形字比较研究》，《北方文化研究》2013 年第 2 期；《契丹大字字形整理与规范》，《契丹学论集》第一辑，内蒙古人民出版社，2015 年，第 170—182 页。

③ 于宝林：《契丹古代史论稿》，黄山书社，1998 年。

④ 刘凤翥：《契丹文字研究类编》，中华书局，2014 年。

⑤ 刘浦江、康鹏：《契丹名、字初释——文化人类学视野下的父子连名制》，《文史》2005 年第 3 辑；《契丹小字词汇索引》，中华书局，2014 年。

⑥ 康鹏：《〈辽史・国语解〉"嗢娘改"条辨正》，《中国史研究》2013 年第 3 期；《〈马卫集书〉中的契丹语词"Sh.rghūr（汉人）"》，《西域研究》2016 年第 3 期；《契丹小字"地皇后"考》，《西北师大学报（社会科学版）》2016 年第 5 期；《马卫集书中的契丹"都城"——兼谈辽代东西交通路线》，《民族研究》2017 年第 2 期。

⑦ 陈晓伟：《释〈辽史〉中的"大汉"一名——兼论契丹小字原字丙的音值问题》，《民族研究》2012 年第 2 期；《释"答兰不剌"》，《历史研究》2015 年第 1 期；《辽朝横帐新论》，《史学月刊》2022 年第 2 期。

⑧ 张少珊：《近 80 年来契丹大字研究综述》，《赤峰学院学报（哲学社会科学版）》2014 年第 12 期；《辽代耶律李胡与和鲁斡的封号》，《民族研究》2016 年第 2 期；《潜龙师对解读契丹文字辽代国号的学术贡献》，《辽金历史与考古》第七辑，辽宁教育出版社，2017 年，第 39—44 页；《关于几个契丹大字的拟音》，《北方文物》2018 年第 3 期。

⑨ Kane D.：*The Kitan Language and Script*. Brill，2008.

⑩ 辽宁省博物馆、辽宁省辽金契丹女真史研究会：《辽金历史与考古》第七辑（《刘凤翥先生八秩华诞颂寿论文集》），辽宁教育出版社，2017 年。

在契丹文字研究小组之外特别值得一提的是，长期供职于辽宁社会科学院历史研究所的即实（原名巴图）也在积极投身于契丹小字释读和研究①。而解读难度更大的契丹大字，专注研究的学者则寥寥无几，刊布研究成果相对集中的学者包括阎万章（1922—1996）②和从日本银行退休后勠力于斯的业余学者丰田五郎（1918—2011）③。

赤峰学院契丹辽文化研究院主编《契丹学研究》集刊④，反映出内蒙古赤峰地区作为辽代皇陵集中地之一和契丹文字现代发现地对契丹辽文化研究的重视。

在一衣带水的日本学界，近年来初露峥嵘的年轻一代学人中，供职于神户外国语大学的武内康则⑤和供职于京都大学的大竹昌巳⑥都专治契丹语文，且已取得不俗的成绩。另外，博士毕业自日本、现供职于上海交通大学的李思齐⑦和本科

① 即实：《谜林问径》，辽宁民族出版社，1996 年；《谜田耕耘》，辽宁民族出版社，2012 年。

② 辽宁省博物馆：《阎万章文集》，辽海出版社，2009 年。

③ 〔日〕荒川慎太郎：《日本的契丹文字、契丹语研究——从丰田五郎先生和西田龙雄先生的业绩谈起》，白明霞译，《华西语文学刊》第八辑，四川文艺出版社，2013 年，第 44—48 页。

④ 任爱君：《契丹学论集》第一辑，内蒙古人民出版社，2015 年；《契丹学研究》第一辑，商务印书馆，2019 年。

⑤ Takeuchi Yasunori："Kitan transcriptions of Chinese Velar Initials". *Acta Orientalia*, 2011(1). 〔日〕武内康则：《契丹语和中古蒙古语文献中的汉语喉牙音声母》，聂鸿音译，《满语研究》2013 年第 2 期；《拓跋语与契丹语词汇拾零》，申英姬译，《华西语文学刊》第八辑，四川文艺出版社，2013 年，第 73—76 页；Takeuchi Yasunori："Direction Terms in Khitan". *Acta Linguistica Petropolitana*, 2015 (3). 武内康则：《〈辽史〉中的音写汉字所反映的契丹语的语音与音韵》，《内陆亚洲语言研究》2015(30)；武内康则：《契丹语的复数后缀》，《言语研究》2016(149)；武内康则：《契丹语数词》，《亚非语言文化研究》2017(93)。

⑥ 〔日〕大竹昌巳：《契丹语的元音长度——兼论契丹小字的拼写规则》，《华西语文学刊》第八辑，四川文艺出版社，2013 年，第 86—96 页；《文字体系与文字解读原理》，*KOTONOHA*，2013(131)；《契丹小字文献中的汉语音看汉语喉音韵尾》，*KOTONOHA*，2014(137)；《关于契丹语的兄弟姐妹称谓系统》，*KOTONOHA*，2014(142)；《契丹语的奉献表达》，*KOTONOHA*，2015(149)；《契丹小字文献所引的汉文古典籍》，*KOTONOHA*，2015(152)；《契丹小字文献元音长度区分》，《语言研究》2015(148)；《契丹语形容词的性・数标记体系》，《京都大学语言学研究》2016(35)；《契丹小字文献中的〈世选之家〉》，*KOTONOHA*，2016(159)；《契丹小字文献中的〈元音中的 g〉》，《日本蒙古学会纪要》2016(46)；《契丹小字文献所引的汉人典故》，*KOTONOHA*，2016(160)；《契丹小字〈耶律斡特剌墓志铭〉所見皇帝号非天祚皇帝》，*KOTONOHA*，2016(161)。Ōtake Masami："Reconstructing the Khitan Vowel System and Vowel Spelling Rule Through the Khitan Small Script". *Acta Orientalia Academiae Scientiarum Hungaricae*, 2017(2).

⑦ 李思齐：《辽庆陵东陵人物壁画契丹小字墨书的复原与考释——兼论东陵圣宗陵说》，《北方文物》2021 年第 3 期。

毕业于中国科学技术大学后供职于电脑公司的业余学者陶金①,则可谓业余研究契丹文字的佼佼者。此外,在汉字文化圈内尚无契丹文字研究专业学人涌现的韩国,最近却刊行了一部契丹小字辞典②,希望这是韩国学界进军契丹文字研究的奠基之作。

利用契丹、女真语料进行辽金时代相关语言和方言音韵研究,并在此基础上进行深度的考证,先是供职于中国社会科学院民族学与人类学研究所的聂鸿音、孙伯君纯粹根据汉籍所载契丹语汇进行的穷尽性研究③;再行加入契丹文字材料进行分析的,则有供职于美国马萨诸塞大学的沈钟伟④和毕业于北京大学、现供职于河北大学的傅林⑤。

因为在金代官方地位凸显,加之较长篇幅的女真文—汉文合璧存世,所以,《大金得胜陀颂碑》在学术界历来备受重视:仅从公开发表的研究成果而言,先是日本学者田村实造的三次考释⑥,继有校勘本⑦;再有中国学者金启孮的两位女

---

① 陶金:《辽圣宗时代契丹大字官印考证》,《华西语文学刊》第十辑,四川文艺出版社,2014年,第142—159页;又见于《辽金历史与考古》第五辑,辽宁教育出版社,2014年,第348—361页;《契丹大字与汉字、女真文比较研究——契丹大小字关系略谈》,《比较文字学研究》第一辑,人民出版社,2015年,第150—176页;《契丹文字创制的新思考》,《华西语文学刊》第十三辑,四川文艺出版社,2016年,第231—249页。

② 감수、김태경 편저;김위현:《거란소자 사전》,조선뉴스프레스,2019년。

③ 聂鸿音:《〈金史〉女真译名的音韵学研究》,《满语研究》1998年第2期;孙伯君:《金代女真语》,辽宁民族出版社,2004年;又中国社会科学出版社,2016年;聂鸿音、孙伯君:《契丹语研究》,中国社会科学出版社,2008年。

④ 沈钟伟:《辽代北方汉语方言的语音特征》,《中国语文》2006年第6期;《契丹小字韵文初探》,《民族语文》2009年第3期;《契丹小字汉语音译中的一个声调现象》,《民族语文》2012年第1期。

⑤ 傅林:《论契丹小字与回鹘文的关系及其文字改革》,《华西语文学刊》第八辑,四川文艺出版社,2013年,第58—67页;《从契丹文墓志看辽代汉语"儿"字的音值》,《保定学院学报》2016年第1期;《契丹语和辽代汉语及其接触研究》,商务印书馆,2019年;《辽太宗契丹名"尧骨"的语义解读》,《文史》第2辑,中华书局,2021年,第281—288页。

⑥ 〔日〕田村实造:《大金得胜陀颂碑之研究》(上、下),《东洋史研究》1937年第5、6期;《大金得胜陀颂碑中女真文的解释》,《东洋史研究》1976年第3期;《大金得胜陀颂碑之研究》,《民族史译文集》(八),内部版,1978年;王仁富:《大金得胜陀颂碑文整理三得——兼对田村实造等有关文著的订正》,《黑龙江文物丛刊》1984年第1期。

⑦ 刘凤翥、于宝林:《女真文字〈大金得胜陀颂〉校勘记》,《民族语文论集》,中国社会科学出版社,1981年,第292—344页。

真文研究生齐木德·道尔吉及和希格合作进行全碑通释①,还有金启孮之女乌拉熙春基于更新研究成果的全面释读②,这些研究都在原文厘定方面作出了进一步研究的铺垫。

相较而言,最近几十年女真文碑铭的新近发现就屈指可数:20 世纪 60 年代前后发现于山东蓬莱城内佑德观,后移入蓬莱阁天后宫,今藏中国国家博物馆的《奥屯良弼诗碑》,碑高 60 厘米,宽 70 厘米。正面刻女真文,上下款为楷书,各 1 行共 27 字,指明诗作者与立石人;正文为行书,11 行 100 余字,是奥屯良弼(名舜卿)所作一首赠诗③。蒙古国境内的《九峰石壁纪功碑》④。陕西省神木县花石崖女真文题刻左侧的女真文部分面宽 137 厘米,高 55 厘米,原有约 30 行,现存 25 行,每行大约 19 字,现其左下部已全部残损,仅剩上部和前 4 行较为完整,存约 210 字。⑤

晚近在陕西碑林孝经台内发现的《女真字文书》金人手写残片,经鉴定为距离女真文创制日期较近初学字符的练习残稿⑥,大略可以对应史籍所载、但已佚失的《女真文字书》的内容⑦。而俄罗斯圣彼得堡藏女真文残叶是 20 世纪 60—90 年代俄国西夏学者克恰诺夫在整理俄藏黑水城文献时发现的抄件⑧,内容因无其他材

① 道尔吉、和希格:《女真文〈大金得胜陀颂〉碑校勘释读》,《内蒙古大学学报(哲学社会科学版)》1984 年第 4 期。

② 爱新觉罗·乌拉熙春:《〈大金得胜陀颂碑〉新释——纪念金光平先生诞辰 100 周年》,《女真语言文字新研究》,明善堂,2002 年。

③ 罗福颐、金启孮、贾敬颜、黄振华:《女真字奥屯良弼诗刻石初释》,《民族语文》1982 年第 2 期;景爱:《奥屯舜卿女真字诗刻新解》,《中国民族古文字与文献研究论文集》,中央民族大学出版社,2010 年,第 122—129 页。

④ 穆鸿利、孙伯君:《蒙古国女真文、汉文〈九峰石壁纪功碑〉初释》,《世界民族》2004 年第 4 期。

⑤ 爱新觉罗·乌拉熙春、〔日〕吉本道雅:《俄罗斯阿尔哈拉河畔的女真大字墨书》,朋友书店,2017 年;孙伯君:《神木县花石崖女真文题刻考释》,《中央民族大学学报(哲学社会科学版)》2018 年第 6 期。

⑥ 金启孮:《陕西碑林发现的女真字文书》,《内蒙古大学学报(哲学社会科学版)》1979 年第 Z1 期。

⑦ 乌拉熙春:《西安碑林女真文字书新考》,《碑林集刊》第五辑,陕西人民美术出版社,1998 年,第 230—241 页;《〈女真文字书〉的复原》,《碑林集刊》第七辑,陕西人民美术出版社,2001 年,第 186—206 页;《女眞文字書研究》,风雅社,2001 年;《〈女真文字书〉的体例及其与〈女真译语〉之关系》,《碑林集刊》第八辑,陕西人民美术出版社,2002 年,第 145—167 页。

⑧ 孙伯君:《圣彼得堡藏女真文草书残叶汇考》,《北方文物》2008 年第 3 期。

料可资对勘而莫衷一是。

在这些材料基础上，对女真语的形态和句法也有全面系统的探讨，集大成者为日本学者安马弥一郎①和中国学者金光平与其子金启孮的合作②。

金光平之孙女、金启孮之女爱新觉罗·乌拉熙春供职于日本立命馆亚洲太平洋大学，兼任京都大学欧亚文化研究中心研究员，在契丹文研究③、女真文研究④以及契丹女真综合研究⑤方面成果斐然，她从小谙熟家传的满蒙语，并具有与契丹、女真文字所记录语言切近的天赋语感，使得她的契丹和女真文字材料释读成就，早已超越了前辈学者并遥遥领先于同时代的其他学者，她对迄今所见的契丹、女真文字材料基本都做过研究，得出了很多创见；尤其是在其母族的女真文方面，她都做过重新研究，代表着女真语文研究的最高水平。

先后供职于西南交通大学和上海外国语大学的唐均，长期以来也在兼做契丹及女真文字研究，他的研究特色在于从丝绸之路和广义阿尔泰学（the Greater Altaic Studies）的视阈来观照契丹、女真文字所记录的语料，他在契丹文十二生肖（地支）方面的研究最为集中详尽。⑥

最近才发掘的武周时代吐谷浑喜王慕容智墓中发现了唯一一处汉字式吐谷浑文字⑦，这是除了前几年发现于蒙古国布尔干省慧思陶鲁盖（Hüis Tolgoi）的7世纪柔然婆罗米石碑之外另一种迥然不同的鲜卑文，很有可能才是契丹—女真一系汉字型北方民族文字之滥觞契丹大字的直接源头。

---

① 安马弥一郎：《女真文金石志稿》，碧文堂，1943年。

② 金光平、金启孮：《女真语言文字研究》，文物出版社，1980年。

③ 爱新觉罗·乌拉熙春：《契丹语言文字研究》，日本东亚历史文化研究会，2004年；《契丹大字研究》，日本东亚历史文化研究会，2005年；《契丹文墓志见辽史》，松香堂，2006年；《契丹语诸形态研究》，日本东亚历史文化研究会，2011年。

④ 爱新觉罗·乌拉熙春：《女真文字书研究》；《女真语言文字新研究》；《明代女真人：从〈女真译语〉到〈永宁寺碑〉》，京都大学学术出版会，2009年；爱新觉罗·乌拉熙春、〔日〕吉本道雅：《俄罗斯阿尔哈拉河畔的女真大字墨书》，朋友书店，2017年。

⑤ 爱新觉罗·乌拉熙春：《辽金史与契丹、女真文》，日本东亚历史文化研究会，2004年；《爱新觉罗·乌拉熙春女真契丹学研究》，松香堂书店，2009年；爱新觉罗·乌拉熙春、〔日〕吉本道雅：《关于从朝鲜半岛的视角研究契丹、女真文字的专著》，京都大学学术出版会，2011年。

⑥ 唐均：《胡天汉月方诸——阿尔泰学论稿初编》，甘肃文化出版社，2022年。

⑦ 刘兵兵、陈国科、沙琛乔：《唐〈慕容智墓志〉考释》，《考古与文物》2021年第2期。

第三节

粟特文、回鹘文、蒙古文、满文*

一、定义及发展史

粟特文、回鹘文、蒙古文和满文均属我国的粟特-回鹘系民族文字。①

粟特文是中亚古代行商民族粟特人用以书写其母语粟特语的文字。粟特人在汉籍又称“昭武九姓”“九姓胡”，其原居地索格底亚那(Sogdiana)在中亚阿姆河(汉籍称妫水、乌浒水)和锡尔河(汉籍称药杀水)之间的河中地区(Transoxiana，今属乌兹别克斯坦、塔吉克斯坦、哈萨克斯坦和吉尔吉斯斯坦)；粟特语则是一种中古伊朗语，属印欧语系印度伊朗语族伊朗语支东伊朗次语支。公元3—9世纪，粟特人作为陆上丝路贸易的掌控者，在商业利益及其他因素影响下，沿丝路东迁，不少移居中国，其语言文字也随之播迁影响中国北方诸族，如突厥、回鹘汗国官方都曾行用粟特语及粟特文。

因粟特语曾用多种文字书写，故粟特文有狭义、广义之分。狭义粟特文(Sogdian script)仅指通用于书写粟特语世俗文书及宗教典籍(主要是佛典，也有摩尼教和景教经籍)之一种文字，有别于粟特语摩尼教经典专用的摩尼文(Manichean script)、景教文本所用的叙利亚文(Syriac script)以及少量医学或佛教文本所用的

---

* 本文的撰写得到了广州中医药大学外国语学院廖特睿、程嘉琪、林丹蕾、李敏、萨琪日娜等同学的协助，在此谨表谢意。

① 李琴：《粟特回鹘系文字发展史略》，硕士学位论文，中央民族大学，2016年。

婆罗米文(Brāhmī script)[1]等;而广义粟特文(Sogdian writing systems)则泛指用于书写粟特语的各种文字(通常被降称为广义粟特文的“体”,如佛经体、摩尼体、叙利亚体等)[2]。本文循国际学界惯例,所称“粟特文”仅指其狭义,而不将书写粟特语的摩尼文、叙利亚文或婆罗米文纳入讨论范围。此外,狭义粟特文除主要记录粟特语外,也可用于书写中古波斯语(又称钵罗婆语、巴列维语)和安息语(又称帕提亚语)[3],此类亦不纳入本文讨论。

粟特文源出亚兰文(Aramaic script,又译阿拉姆文、阿拉米文、阿拉美文)的某种地区性变体,属辅音音素型文字(abjad),即其仅有辅音字母而无专门之元音字母,单词的元音通常不标出,必要时可通过部分辅音字母如 aleph、yodh 和 waw 充当“准元音字母”(matres lectionis)进行选择性标记(通常只标记长元音)。粟特文继承了亚兰文的全部 22 个字母,但一般只使用其中的 19 个。[4] 其字体有三种,古体(Old/Early Sogdian script)、正体(formal script,又称 sutra script 佛经体)和草体(cursive script)。古体字母间不连写,而正体和草体则连写(故其字母有词首、词中、词末等不同形态)。如 *swγδyk*“粟特人”古体为 ,而正体为 。

粟特文早期行款如亚兰文,为从右向左横书,但至迟 5 世纪末已出现自左至右纵书的变革(即文本整体逆时针旋转 90 度),此后纵书渐成主流,推测是受汉文影响。[5] 7 世纪玄奘行经窣利(即粟特)地区时所见粟特文也是“竖读”。[6] 不过,在纵书为主的时期,横书行款仍同时存在于粟特文的摩尼教、景教或袄教典籍中。[7]

目前可考的最早粟特文系哈萨克斯坦库勒塔佩(Kultobe)康居遗址发现的陶

① 黄振华:《粟特文》,《中国民族古文字》,中国民族古文字研究会,1982 年,第 175—188 页;Yoshida Yutaka:“Sogdian”. *The Iranian Languages*. London: Routledge: 2009, pp.279 - 335.

② 张公瑾:《绚丽多姿的中国民族古文字》,《文史知识》2008 年第 9 期。

③ 张文玲:《粟特佛典写本学与粟特佛教概述》,《国学》2019 年第 1 期。

④ Yoshida Yutaka:“Sogdian”. *The Iranian Languages*. London: Routledge: 2009, pp.281 - 284; Skjærvø, P. “Aramaic scripts for Iranian languages”. In: P. Daniels & W. Bright (eds.), *The World's Writing Systems*, OUP, 1996, pp.515 - 535.

⑤ Yoshida Yutaka.:“When did Sogdians begin to write vertically?” *Tokyo University Linguistic Papers*, 2013 (33), pp.375 - 394.

⑥ 玄奘、辩机著,季羡林等校注:《大唐西域记校注》,中华书局,1985 年,第 72 页。

⑦ Yoshida Yutaka.:“When did Sogdians begin to write vertically?” *Tokyo University Linguistic Papers*, 2013 (33), p.383.

砖刻文,年代约在公元1世纪①,而其最终退出行用或在13世纪②。

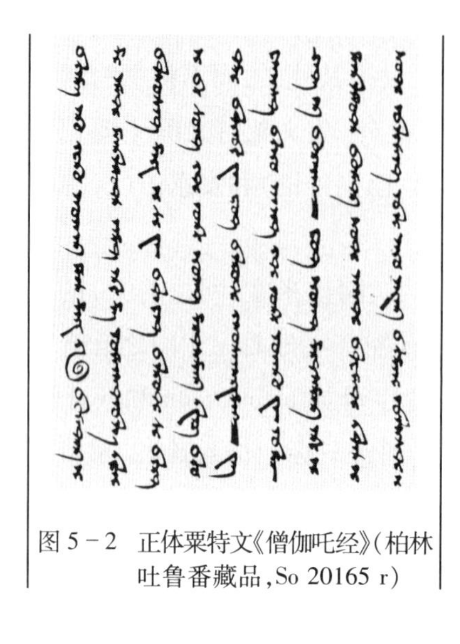
图5－2 正体粟特文《僧伽吒经》(柏林吐鲁番藏品,So 20165 r)

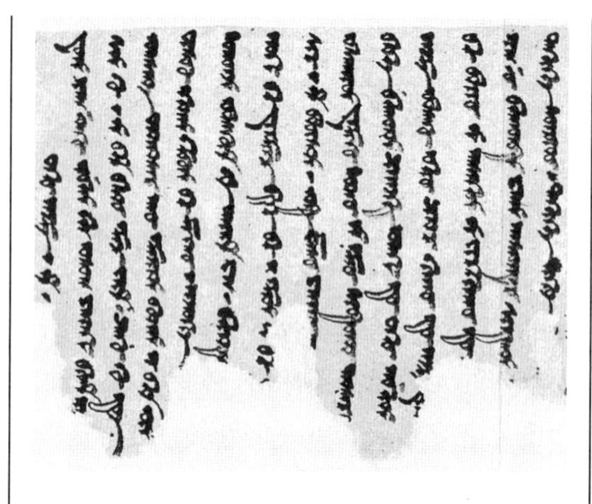
图5－3 柏孜克里克草体粟特文摩尼教徒书信A(吐鲁番博物馆,81 TB 65:01)

回鹘文(Old Uyghur script, Uighur/Uiguric script)是源于草体粟特文的字母文字,主要用于记录回鹘语(Old Uyghur language),即9—14世纪回鹘人(主要是高昌回鹘)所使用的一种古突厥语方言(属阿尔泰语系突厥语族西伯利亚语支)。③历史上,除回鹘语外,回鹘文也广泛应用于记录其他突厥语,甚至曾被用于书写阿拉伯语和波斯语④,但本文仅限于讨论包括回鹘语在内的突厥诸语所用之回鹘文。回鹘文所记录的突厥诸语历史跨度近千年,覆盖了属古突厥语阶段的回鹘语和喀喇汗突厥语(11—13世纪),也包括属中古突厥语阶段的金帐汗国花剌子模突厥语(13—14世纪)和帖木儿帝国的早期察合台语(15—16世纪)。⑤

---

① Sims-Williams N., F. Grenet:"The Sogdian inscriptions of Kultobe". *Shygys*, 2006 (1), pp.95－111.

② Gharib B.: *Sogdian Dictionary* (*Sogdian-Persian-English*). Tehran: Farhangan Publications, 2004, p.xiii.

③ 张铁山:《回鹘文古籍概览》,民族出版社,2018年,第10页;Róna-Tas A.:"Turkic writing systems". *The Turkic Languages* (2nd edition). London: Routledge, 2022, pp.121－131.

④ Sertkaya O.:"Some new documents written in the Uigur script in Anatolia". *Central Asiatic Journal*, 1974 (3).

⑤ Róna-Tas:"Turkic writing systems"; Johanson L. "The history of Turkic". *The Turkic Languages* (2nd edition). London: Routledge, 2022, pp.83－120; Ölmez M., Vovin A.:"Istanbul (转下页)

1975年吐鲁番哈喇和卓出土的482年“代人”木牌背面已出现用粟特字母拼写的古突厥语，表明回鹘文的雏形可能在5世纪末已出现①，但回鹘文的系统创制一般认为是在8世纪左右②。6世纪以来突厥、回鹘等突厥语族群相继在漠北崛起，留居其地的粟特人成为突厥属部，与其通婚，受其倚重，逐步融入游牧社会③，形成了大批突厥-粟特双母语的突厥化粟特人（Turco-Sogdian），他们利用其熟悉的粟特文字母拼写同为母语的突厥语，促成了回鹘文的诞生④。回鹘文主要通行于9—15世纪的中国西北以及中亚、西亚一带，其退出行用约在18世纪初，已知现存时间最晚的回鹘文材料是康熙五十二年（1713）四月六日留存的甘肃文殊山万佛洞题记⑤。

回鹘文字母数量在15—24个之间，不同时代有所变动。⑥ 和其源头草体粟特文一样，多数字母也有词首、词中、词末等不同形态。回鹘文对单词中的长、短元音均倾向于拼出，绝少像粟特文般略去短元音⑦，从而使得准元音字母过渡为元音字母，文字类型也从辅音音素文字初步向拥有固定元音字母的全音素（alphabet）文字类型过渡。回鹘文的字体依不同标准有不同分类，通常分为印刷体和手写体两大类，印刷体又分木刻体和木活字体，手写体则分楷书、行书、草书三体。⑧

回鹘文创制时，粟特文主流行款已由横改纵，故回鹘文文献绝大部分均为自左至右纵书（见图5－4），但14世纪后的中亚回鹘文文献，如《福乐智慧》赫拉特

（接上页）fragment in ’Phags-pa and Old Uyghur script revisited”. *Journal Asiatique*, 2018 (1)；史金波、雅森·吾守尔：《中国活字印刷术的发明和早期传播——西夏和回鹘活字印刷术研究》，社会科学文献出版社，2000年。

① 李树辉：《回鹘文始用时间考》，《青海民族研究》2011年第3期。

② 杨富学：《回鹘文源流考辨》，《西域研究》2003年第3期。

③ 彭建英：《东突厥汗国属部的突厥化——以粟特人为中心的考察》，《历史研究》2011年第2期。

④ Yoshida Yutaka.: “When did Sogdians begin to write vertically?” *Tokyo University Linguistic Papers*, 2013 (33), p.376.

⑤ 伊斯拉非尔·玉素甫、张宝玺：《文殊山万佛洞回鹘文题记》，《语言背后的历史——西域古典语言学高峰论坛论文集》，上海古籍出版社，2012年，第94页。

⑥ 张铁山：《回鹘文古籍概览》，民族出版社，2018年，第11—16页；迪拉娜·伊斯拉非尔：《吐鲁番发现回鹘文佛教新文献研究》，民族出版社，2014年，第3—4页。

⑦ Clauson, G.: *Studies in Turkic and Mongolic Linguistics*. RoutledgeCurzon, 2002, p.67.

⑧ 张铁山：《回鹘文古籍概览》，民族出版社，2018年，第13页。

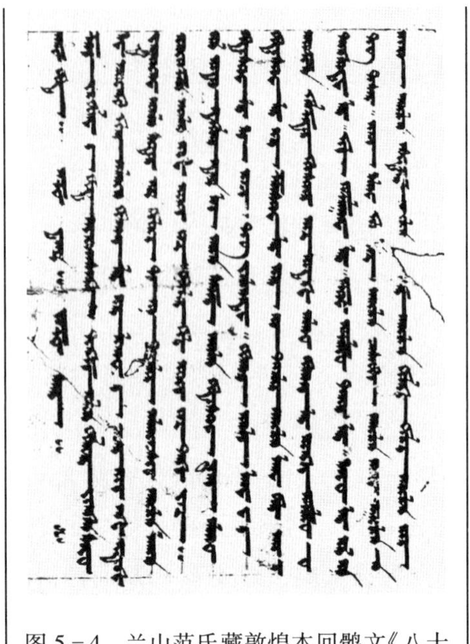

图 5－4 兰山范氏藏敦煌本回鹘文《八十华严·十无尽藏品》IA①

抄本（又称“维也纳抄本”，15 世纪）或奥斯曼帝国的回鹘文文书（15—16 世纪），其行款则为自右向左横书②（见图 5－5），可能是受当时中亚突厥语地区流行的阿拉伯字母书写习惯影响所致。

蒙古文广义上指蒙古族用于记录蒙古语（属阿尔泰语系蒙古语族）的各种文字（Mongolian writing systems），既包括源出回鹘文的传统蒙古文，也包括用于书写蒙古语的八思巴字、西里尔蒙文、拉丁蒙文等；但狭义的蒙古文（Mongolian script）专指脱胎于回鹘文用于记录蒙古语的文字，为与广义蒙古文区分，又称“回鹘式蒙古文”或“传统蒙古文”③。本文仅涉狭义蒙古文。蒙古文经数次改革，已是典型的全音素文字，而不像刚过渡到全音素文字的回鹘文那样还受较多辅音音素文字的束缚④。

① 杨富学：《回鹘文佛教文献研究》，上海古籍出版社，2018 年，第 9 页。

② 吐送江·依明：《〈福乐智慧〉回鹘文抄本研究》，博士学位论文，中央民族大学，2011 年；Sertkaya, O.："Some new documents written in the Uigur script in Anatolia". *Central Asiatic Journal*, 1974 (3).

③ 包力高、道尔基：《蒙古文字发展概述》，《内蒙古社会科学（汉文版）》1984 年第 3 期。

④ 包力高：《蒙古文》，《民族语文》1980 年第 2 期；李琴：《粟特回鹘系文字发展史略》，硕士学位论文，中央民族大学，2016 年。

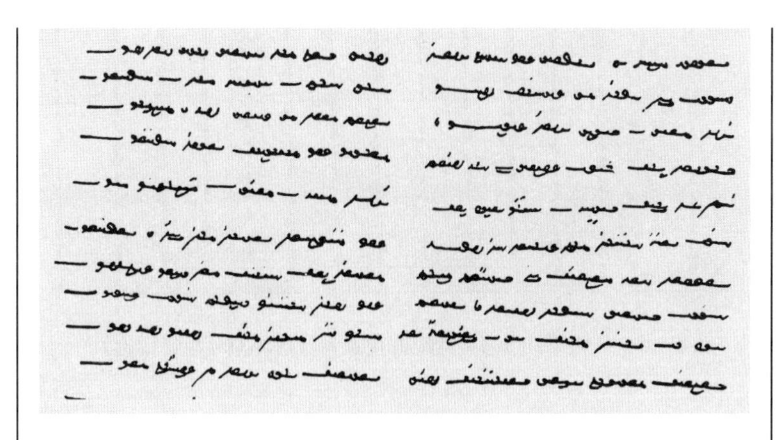

图 5-5 赫拉特回鹘文抄本《福乐智慧》〔奥地利国家图书馆,Cod.A.F.13 Samml. Han〕

《元史》载 1204 年成吉思汗命回鹘人塔塔统阿“以畏兀字(回鹘文字母)书国言(蒙古语)”,学界多以此为蒙古文创制之始。① 现存最早的实物文献是 1224—1225 年间的《也松格碑铭》。自诞生至今,蒙古文也经历了诸多变革改进,大体可分为古代蒙古文(13—16 世纪)、近代蒙古文(17—20 世纪)和现代蒙古文(20 世纪初至今)。②

古代蒙古文也常被学界称为“回鹘式蒙古文”(该术语也有歧义:广义指属于“粟特-回鹘系”的狭义蒙古文,狭义仅指狭义蒙古文中的古代蒙古文)。古代蒙古文字母有 19—24 个的不同构拟,但由于沿袭回鹘字母体系,存在音-形并非一一对应的缺点。③ 由于古代蒙古文多数字母词末形是向下直写,故又称“竖尾蒙古文”(图 5-6)。

古代蒙古文记录的是中古蒙古语(Middle Mongol,也称中世纪蒙古语,通行于 13—16 世纪)的书面语,具超方言性质。至 17 世纪,以林丹汗组织译成《大藏经·甘珠尔》为标志,中古书面蒙古语为同样具有超方言性质的古典书面蒙古语(Classical Written Mongol)所取代,文字也相应进行了改革优化。该时期除古典蒙古语经规范化后的近代文字外,还出现了专用于方言的文字(托忒蒙古文),两种

① 包力高:《蒙古文》,《民族语文》1980 年第 2 期;道布:《回鹘式蒙古文研究概况》,《中国民族古文字研究》,中国社会科学出版社,1984 年,第 362—373 页。

② 包力高:《蒙古文》,《民族语文》1980 年第 2 期。

③ 李琴:《粟特回鹘系文字发展史略》,硕士学位论文,中央民族大学,2016 年,第 50 页。

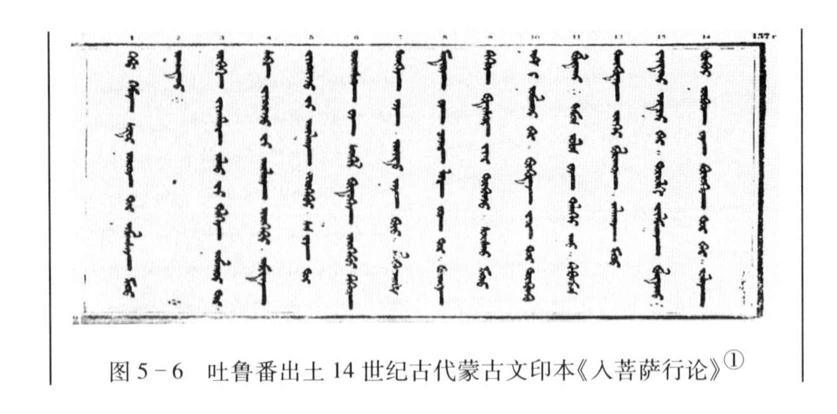

图 5－6 吐鲁番出土 14 世纪古代蒙古文印本《入菩萨行论》①

文字均属源出回鹘文的传统蒙古文体系，均系从古代蒙古文改革而成，因此“近代蒙古文”或“近代传统蒙古文”也出现了歧义：狭义上指用于古典书面语的蒙古文，广义上却可泛指 17—20 世纪所有采用回鹘式字母的“传统”蒙古文（包括托忒蒙古文）。为表区分，可将用于书面蒙古语的狭义传统蒙古文称为“古典蒙古文”（classical Mongolian script），或依卫拉特方言称之为“胡都木蒙古文”（Hudum script，“胡都木”意为“原先的”）。

近代胡都木蒙古文的形成一般以 17 世纪初译成《甘珠尔》为标志，托忒蒙古文（Todo script）则肇因于 1648 年卫拉特部僧人咱雅班第达为蒙古语卫拉特方言改制文字②，两者均吸收了 1587 年阿优希为转写借词而新制的部分阿礼嘎礼字母。“托忒”意指清晰，因托忒文实现了一符一音的清晰对应，而胡都木文虽经规范化，仍有一符多音问题，这与其超方言性也有关。近代蒙古文词末形由古代蒙古文的直写变为左撇或右弯，故有“横尾蒙古文”之称。

现代胡都木蒙古文是在近代胡都木文基础上进一步规范定型而来，共有 31 个字母，其中元音字母 7 个，辅音字母 24 个，字母有词首、词中、词末等形，并有楷、行、草、篆等体。现代托忒蒙古文经数次改革，与现代胡都木蒙古文有接近趋势，但差异仍甚明显。

蒙古文传统上是自左至右纵书（图 5－6、5－7、5－8），但现代以来出现了两类新行款。其一为“竖写横排”，即将蒙古文按词切分，单词保留自上而下纵书，但词

① 巴音德力开：《13—14 世纪回鹘式蒙古文文字符号的比较研究》，硕士学位论文，西北民族大学，2021 年，第 80 页。

② 李琴：《粟特回鹘系文字发展史略》，硕士学位论文，中央民族大学，2016 年，第 51—52 页。

与词间为自左至右横排(如图5－9):

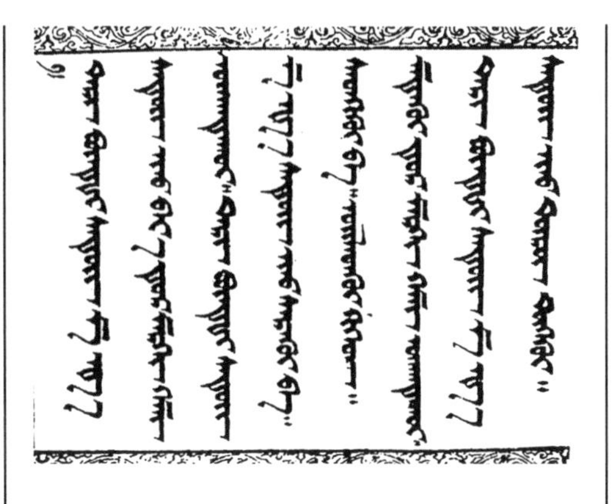

图5－7　《大藏经·甘珠尔》18世纪初胡都木蒙古文刻本第49卷2A①

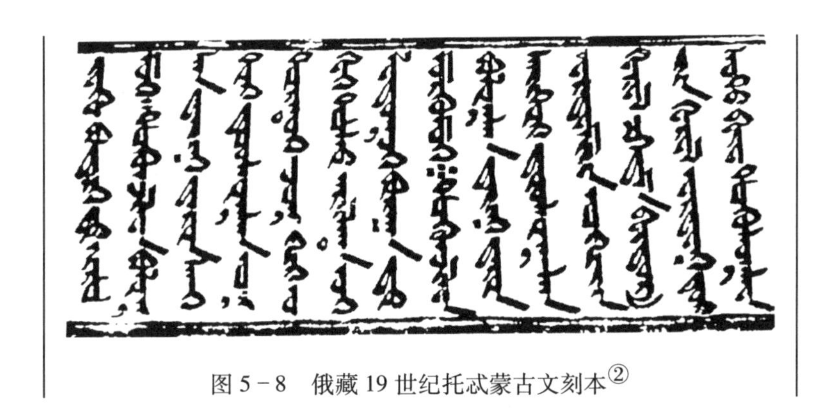

图5－8　俄藏19世纪托忒蒙古文刻本②

其二为“横写横排”,即从左侧首行始,逐行将传统的纵书逆时针旋转90度(如图5－10),这种自左至右的横书,与曾经的粟特文、回鹘文自右向左横书方向正相反:

“竖写横排”和“横写横排”均可见于与横排文字或数学公式等混排时,但前者

① Kara, G.:“Aramaic scripts for Altaic languages”. In: P. Daniels & W. Bright (eds.), *The World's Writing Systems*. OUP, 1996, p.547.

② Kara, G.:“Aramaic scripts for Altaic languages”. In: P. Daniels & W. Bright (eds.), *The World's Writing Systems*, OUP, 1996, p.549.

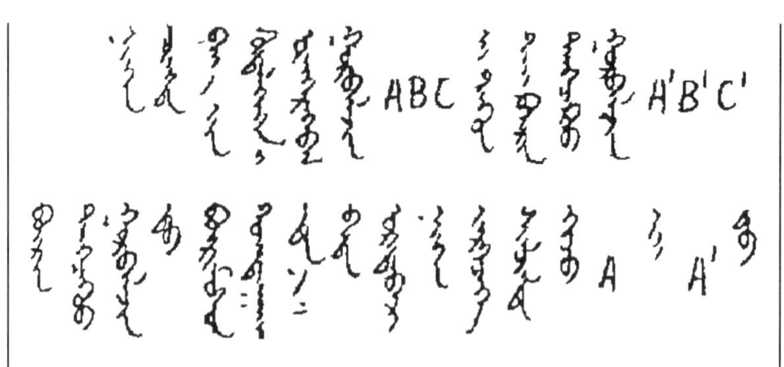

图 5－9 竖写横排的蒙古文《空间解析几何》教材局部①

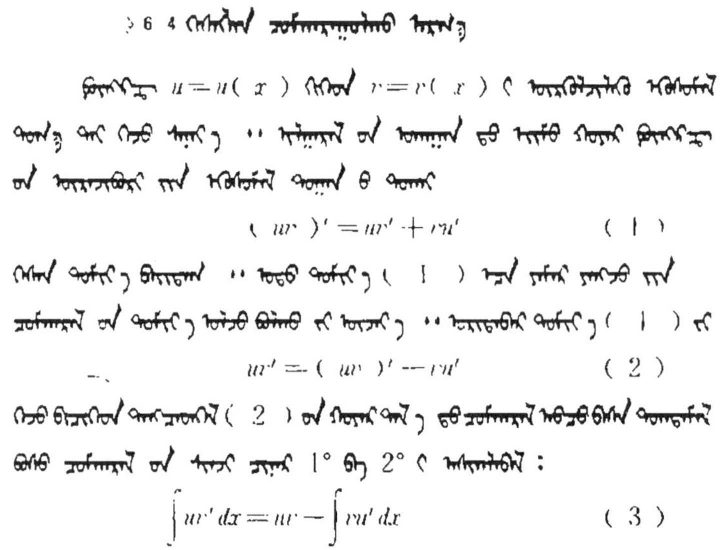

$$(uv)' = uv' + vu' \quad (1)$$

$$uv' = (uv)' - vu' \quad (2)$$

$$\int uv'\,dx = uv - \int vu'\,dx \quad (3)$$

图 5－10 自左至右横写横排的蒙古文高等数学教材局部②

更多见于匾额、标题、横幅、机构名称之类，后者在书籍、论文中较为常见。

胡都木蒙古文当前在我国各地蒙古族中仍广泛行用，托忒蒙古文则主要在新疆卫拉特蒙古族中使用。境外蒙古族多已转用其他文字，如俄罗斯的布里亚特共和国、卡尔梅克共和国均已在 20 世纪上半叶废弃了传统蒙古文，转用西里尔文字书写布里亚特蒙古语和卡尔梅克卫拉特蒙古语；蒙古国政府也自 1946 年起废止

① 莫德：《蒙古文排版形式的再研究》，《内蒙古师范大学学报（哲学社会科学版）》2000 年第 1 期。

② 莫德：《蒙古文排版形式的再研究》，《内蒙古师范大学学报（哲学社会科学版）》2000 年第 1 期。

传统蒙古文（“老蒙文”），代之以西里尔蒙古文（“新蒙文”）。不过，蒙古国政府2020年3月已正式宣布从2025年起全面恢复使用传统蒙古文。

满文（Manchu script）是满族用于书写满语（属阿尔泰语系满-通古斯语族满语支）的全音素文字。1599年，努尔哈赤命额尔德尼、噶盖、喀喇等人以蒙古文为基础创制满文①，共25个字母，包括6个元音字母和19个辅音字母，是为“无圈点满文”，也称“老满文”（图5-11）。因老满文存在字形不规范、一母多音等不足，故1632年皇太极复命翻译家达海以加圈点方式对老满文进行优化改制，以使所有满语音位得以准确标记，并增加用于转写借词的新字母，遂成“有圈点满文”，通称“新满文”（图5-12）。

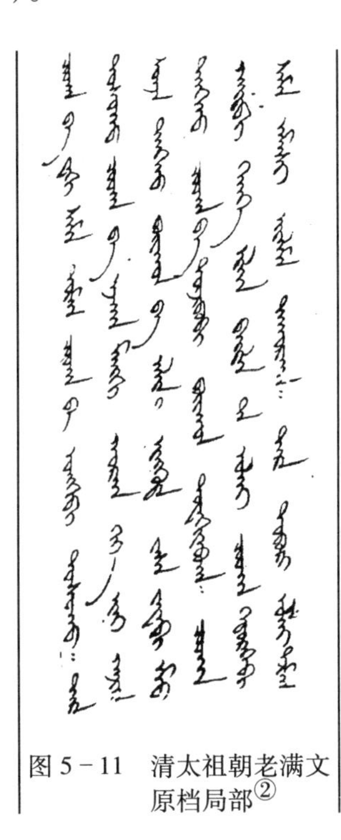

图5-11　清太祖朝老满文原档局部②

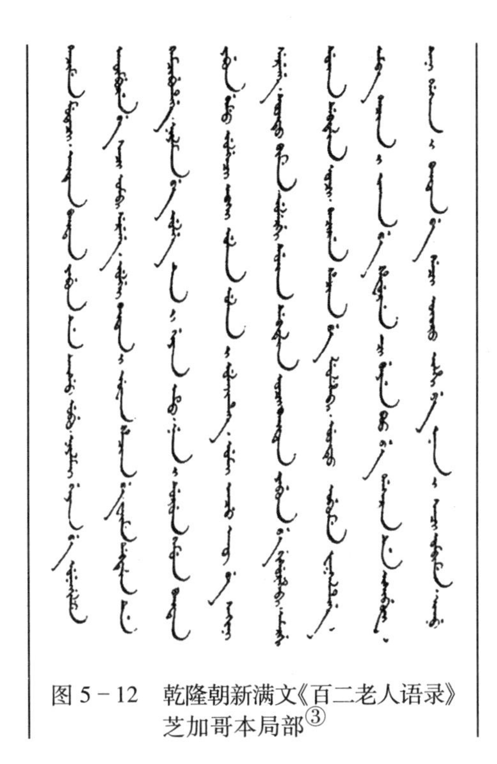

图5-12　乾隆朝新满文《百二老人语录》芝加哥本局部③

① 〔意〕乔·斯达理著：《关于满族历史和语言的若干问题》，赵军秀译，《满学研究》第二辑，民族出版社，1992年，第218—226页；马金柱：《满文创制问题再探》，《满语研究》2021年第2期。

② 广禄、李学智：《清太祖朝老满文原档（第一册荒字老满文档册）》，台湾中华书局，1970年，第9页。

③ Rudolph, R.: “*Emu Tanggô Orin Sakda-i Gisun Sarkiyan*, an unedited Manchu manuscript”. *Journal of the American Oriental Society*, 1940 (4).

新满文字母数量学界有34—40个等不同观点，常见说法是38个字母，包括6个元音字母、22个辅音字母以及达海创制的10个新字母①，多数字母有词首、词中、词末等形（元音字母尚有独立形），有楷、行、草、篆等体，以行书、楷书使用最广。传统行款为自左至右纵书，现代如同蒙古文一样也出现了竖写横排、自左至右横写横排等新版式。

满文大约在乾隆、嘉庆朝之后急剧衰落，满族多转用汉语文，至辛亥革命推翻清政府之后，满文几乎彻底退出行用。② 不过，新疆的锡伯族至今仍使用一种于1947年由新满文改革而成的锡伯文，来书写与满语亲缘极近的锡伯语。关于锡伯文、满文的关系，学界有一定争议，故本文也不将锡伯文纳入讨论范围。

二、研究历史

粟特文的研究历史可追溯到20世纪初，最早是德国格伦威德尔（A. Grünwedel）和勒柯克（A. von Le Coq）带领的考察队于1902—1905年在吐鲁番掘得包含粟特文文献在内的多种文物，粟特语作为一种失传语言得以被辨识出来也归功于此。1903年格伦威德尔首次带回柏林的写卷中有用摩尼文书写的残片，德国东方学家缪勒（F.W.K. Müller）迅即辨认出摩尼文与学界已知的叙利亚文福音体非常接近，并在1904年发表的两篇论文中首次刊布了部分摩尼文残卷并提出其书写的语言有突厥语、钵罗婆语（中古波斯语）以及钵罗婆语的一种未知方言，而缪勒的合作者、伊朗学家安德烈亚斯（F. C. Andreas）则通过对比波斯学者比鲁尼记载的粟特语词汇首度认定缪勒所说的这种摩尼文书写的钵罗婆语方言就是历史上的粟特语，但粟特文此时则尚未为学界所知。③

---

① 刘景宪、赵阿平、赵金纯：《满语研究通论》，黑龙江朝鲜民族出版社，1997年，第1—67页；胡增益：《新满汉大词典》，商务印书馆，2020年，第2页；Gorelova L.: *Manchu Grammar*. Leiden: Brill, 2002, pp.49－74.

② 吴敏：《从满文发展的历史与现状谈保护与发展满文的意义》，《满族研究》2010年第2期。

③ Sims-Williams U.: "Behind the Scenes: Some Notes on the Decipherment of the Sogdian Manuscripts in the Stein collection". In: W. Sundermann et al. (eds.), *Exegisti Monumenta: Festschrift in Honour of Nicholas Sims-Williams*. Harrassowitz Verlag, 2009, pp.469－478;〔美〕尼古拉斯·辛姆斯-威廉姆斯：《20世纪早期粟特语的发现和解读》，《粟特人在中国：考古发现与出土文献的新印证》，科学出版社，2016年，第425—431页；Yoshida Y, Gharib B.: "Sogdian Language". *Encyclopaedia Iranica Online*, Columbia University in the New York. doi: http://dx.doi.org/10.1163/2330－4804_EIRO_COM_12032.

随后英国斯坦因(A. Stein)、法国伯希和(P. Pelliot)、俄国鄂登堡(S. Oldenburg)于1907—1910年分别从敦煌获得不少粟特文文献①,其中最有名的是1907年斯坦因在敦煌西的汉长城烽燧遗址发现的8封年代可能在4世纪初的粟特文古信札。斯坦因本人将信札的粟特文认为是亚兰文,并推测其书写的是某种伊朗语。他在1910年将古信札送交英国学者考利(A. Cowley)研究,考利在1911年发表了初步成果,包括字母表和部分词汇,并认为其所书写的是一种未知伊朗语。同年安德烈亚斯辨认出这种亚兰文字体与布哈拉地区领主发行的钱币字体相同,并认出了表示"领主"的粟特语词汇 *xwt'w*,正式确认了古信札的语言也是粟特语,其文字即是粟特文,源出亚兰文。当时随鄂登堡拜访安德烈亚斯的法国东方学家、语言学家高狄奥(R. Gauthiot,又译高梯奥)也认同安德烈亚斯的观点。安德烈亚斯当即致信斯坦因告知这一发现,这是粟特文首次为学界所知,此后高狄奥等学者陆续投入粟特语文的释读,粟特学于焉形成②。安德烈亚斯可说是粟特语文得以重光的关键人物,而前述在中国新疆、甘肃等地所发现而为欧洲诸国所掠的几批粟特文文献,也构成了后来粟特文研究的主体。

接下来的1932年,在粟特本土也发现了大批粟特文献,是由苏联学者弗列依曼(A. A. Freiman)在中亚喷赤干(Panjakent, Panjikant, Panjikent 或 Penjikent,又译片治肯特、彭吉肯特,今属塔吉克斯坦)附近的穆格山堡遗址发现的,其中最重要的是97份8世纪初的文书(通称"穆格山文书"),在粟特学中与斯坦因所获古信札齐名。③ 穆格山文书主要由弗列依曼及其学生利夫希茨(V. A. Livshits,又译李夫什茨、里夫什茨)以及波哥留波夫(M. N. Bogolyubov)、斯米尔诺娃(O. I. Smirnova)等人考释研究,其内容主要是与阿拉伯帝国吞并昭武九姓故国的历史相关。

除以上出自粟特人的文字材料外,突厥语民族自6世纪末开始用粟特语文为

---

① 荣新江:《敦煌吐鲁番出土中古伊朗语文献研究概述》,《伊朗学在中国论文集》,北京大学出版社,1993年,第57—71页。

② Sims-Williams.:"Behind the scenes: Some Notes on the Decipherment of the Sogdian Manuscripts in the Stein collection". In: W. Sundermann et al. (eds.), *Exegisti Monumenta: Festschrift in Honour of Nicholas Sims-Williams*. Harrassowitz Verlag, 2009, pp.469 - 478;〔美〕尼古拉斯·辛姆斯-威廉姆斯:《20世纪早期粟特语的发现和解读》,《粟特人在中国:考古发现与出土文献的新印证》,科学出版社,2016年,第425—431页。

③ 韩树伟:《丝路沿线出土粟特文文书研究述要》,《中国农史》2019年第6期。

其君主纪功的碑铭也有所发现,著名的如1889年在外蒙哈拉和林附近发现的《九姓回鹘可汗碑》、1953年在中国新疆昭苏发现的《小洪那海石人题铭》和1956年在蒙古国发现的《布古特碑》。《九姓回鹘可汗碑》为汉、突厥、粟特三文镌刻,虽然于19世纪末已获发现,且其汉文和突厥文在1893—1896已为俄国的拉德洛夫(V. V. Radlov)和荷兰的施古德(G. Schlegel)所释读,但拉德洛夫将碑上粟特文误为回鹘文,直到1909年才被缪勒发现实际是粟特文。1930年,德国学者韩森(O. Hansen)释读了粟特文部分,日本学者吉田丰在1988年又对释读作了进一步订正。①《布古特碑》在1971年即由俄国学者克利亚什托尔内和利夫希茨②释读,吉田丰在1999年发表了基于拓片校订的录文,纠正了利夫希茨释读的多处讹误③。《小洪那海石人题铭》因我国当时缺乏释读粟特文的专家,直到20世纪90年代才由日本吉田丰、大泽孝以及英国辛维廉等学者进行释读。④

除前文提及的安德烈亚斯、高狄奥、缪勒、弗列依曼、利夫希茨、韩森、辛维廉、大泽孝、吉田丰等人外,粟特文研究的代表学者还有恒宁(W. B. Henning,又译亨宁)、本维尼斯特(É. Benveniste)、葛乐耐(F. Grenet)、宗德曼(W. Sundermann,又译宋德曼)、莱赫尔特(H. Reichelt)、哈尔玛达(J. Harmatta,又译哈尔玛塔)、魏义天(Étienne de la Vaissière)、薛佛(P. O. Skjaervo,又译施杰我)等。

较之国外,我国粟特文研究起步较晚,最早应是冯承钧译介法国高梯奥的《窣利语字母之研究》(1930)⑤,新中国成立后首推黄振华《粟特文及其文献》(1981)及《粟特文》(1982)⑥对粟特文及其文献的介绍,龚方震《粟特文》(1990)⑦则除文

---

① 林梅村、陈凌、王海城:《九姓回鹘可汗碑研究》,《欧亚学刊》第一辑,中华书局,1999年,第151—171页。

② Klijaštornyj, S. & Livšic, V. A.: "The Sogdian Inscription of Bugut Revised". *Acta Orientalia Academiae Scientiarum Hungaricae*, 1972 (1), pp.69 - 102.

③ 〔日〕吉田丰:《布古特碑粟特语部分再考》,王丁译,《中山大学学报(社会科学版)》2020年第2期。

④ 林梅村:《小洪那海突厥可汗陵园调查记》,《松漠之间——考古新发现所见中外文化交流》,生活·读书·新知三联书店,2007年,第208—223页。

⑤ 〔法〕Robert Gauthiot:《窣利语字母之研究》,冯承钧译,《女师大学术季刊》1930年第4期。后收入冯承钧:《西域南海史地考证译丛八编》,中华书局,1958年,第105—119页。

⑥ 黄振华:《粟特文及其文献》,《中国史研究动态》1981年第9期;《粟特文》,《中国民族古文字》,中国民族古文字研究会,1982年,第178—191页。

⑦ 龚方震:《粟特文》,《中国民族古文字图录》,中国社会科学出版社,1990年,第54—62页。

字介绍外还附有字母表和图版。不过，目前我国学者对粟特文及其文献的研究，主要还是在外国学者如利夫希茨、辛维廉、吉田丰等氏释读基础上进行，总体而言国内以粟特文应用研究居多，如借助其文献研究相关历史，代表性学者如林梅村、马小鹤、荣新江、毕波等，代表性作品如王叔凯《试论粟特字母的传播与回鹘文的创制》①、马小鹤《公元 8 世纪初年的粟特——若干穆格山文书的研究》②《摩尼教“五种大”新考》③《粟特文“t'inp'i”（肉身）考》④、林梅村《布古特所出粟特文突厥可汗纪功碑考》⑤、毕波《粟特文古信札汉译与注释》⑥等。相对而言，研究粟特文本体者较少，李琴《粟特回鹘系文字发展史略》（2016）⑦根据刊布的图版对粟特文古体、正体和草体的细节差异进行了详尽的对比分析，是本体研究较为典型的代表。

回鹘文的研究历史一般认为始于 11 世纪喀喇汗王朝马赫穆德·喀什噶里（Mahmud Kashgari）的《突厥语大词典》⑧，该书首度以阿拉伯语介绍了回鹘文十八字母（图 5－13），但称之为“突厥文”（Turkic script）。

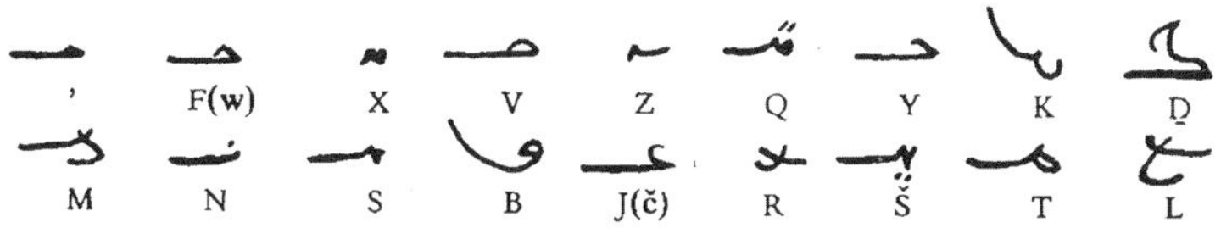

图 5－13　《突厥语大词典》中的突厥文（回鹘文）十八字母图⑨

汉文史籍不采突厥文之名，南宋彭大雅《黑鞑事略》中称“回回字”，南宋赵珙《蒙鞑备录》称“回鹘字”，《元史》则有“畏兀字”“畏吾字”诸名，这一名称在蒙古文古籍中常见，在 15 世纪前中亚、西亚一带突厥化蒙古人所撰突厥语文献中也有使用

① 王叔凯：《试论粟特字母的传播与回鹘文的创制》，《敦煌学辑刊》1982 年第 3 期。
② 马小鹤：《公元 8 世纪初年的粟特——若干穆格山文书的研究》，《中亚学刊》第三辑，中华书局，1990 年，第 115—118 页。
③ 马小鹤：《摩尼教“五种大”新考》，《史林》2009 年第 3 期。
④ 马小鹤：《粟特文“t'inp'i”（肉身）考》，《粟特人在中国——历史、考古、语言的新探索》，中华书局，2005 年，第 478—496 页。
⑤ 林梅村：《布古特所出粟特文突厥可汗纪功碑考》，《民族研究》1994 年第 2 期。
⑥ 毕波：《粟特文古信札汉译与注释》，《文史》2004 年第 2 期。
⑦ 李琴：《粟特回鹘系文字发展史略》，硕士学位论文，中央民族大学，2016 年，第 11—20 页。
⑧ 邓浩、杨富学：《回鹘文文献语言研究百年回顾》，《语言与翻译（汉文版）》2001 年第 2 期。
⑨ Maḥmūd al-Kāšrarī：*Compendium of the Turkic Dialects*（*Dīwān Luγāt at-Turk*）. Dankoff, R. & Kelly, J.（ed. & trans.）. Part I. Cambridge：Harvard University Printing Office, 1982, p.73.

证据。① 从现有材料看,以"回鹘"命名此种文字,当出于蒙古人。② 明代则称回鹘文为"高昌书"(如顾炎武《日知录之余》卷四),设有高昌馆,现存《高昌馆课》(又称《高昌馆来文》)及《高昌馆杂字》(汉-回鹘对照词汇集)可视为明代研究回鹘文之成果。

现代意义上的回鹘文研究发轫于19世纪初的欧洲学界,较粟特文研究为早,但也是随着19世纪末20世纪初内陆亚洲考古的开展(尤其是我国新疆吐鲁番、甘肃敦煌等地回鹘文文献的不断发现和刊布)而渐次繁荣。先驱者是精通多语的德国东方学家柯恒儒(H. J. Klaproth,又译克拉普洛特),其所著《回鹘语言文字考》(1811, 1812)③是公认的回鹘文研究奠基之作,首次介绍了回鹘文字母(Uigurische Alphabet),并认定其所书写的回鹘语是一种突厥语,可与当时新疆回部之语言勘同。此论一出,迅即成为主流,法国著名东方学家雷慕沙(Jean-Pierre Abel-Rémusat)代表作《鞑靼诸语研究》(1820)④即采其说,论定清代新疆喀什噶尔与哈密一带突厥语民族为回鹘人后裔。但异议同样存在,蒙古学奠基人、俄国学者施密特(I. J. Schmidt)撰文《驳柯恒儒关于回鹘语言文字之假说》(1818)⑤,力主回鹘语应为唐古特语(即藏语,当时东方学家依满蒙习惯称藏区为唐古特)而非突厥语。1820年,柯恒儒再版《回鹘语言文字考》⑥并加入了来自明代《高昌译语》的证据以回应施密特,而后施密特又撰文反驳⑦,如是笔战经年,此一19世纪学界著

---

① Ölmez, M. & Vovin, A.: "Istanbul fragment in 'Phags-pa and Old Uyghur script revisited". *Journal Asiatique*, 2018 (1).

② 许多会、热合木吐拉·艾山:《有关回鹘文的几个问题》,《西域研究》2012年第2期。

③ Klaproth, J.: "Über die Sprache und Schrift der Uiguren," *Fundgruben des Orients*, 1811 (2). 该文经扩充后于次年以单行本出版,即:Klaproth, J.: *Abhandlung über die Sprache und Schrift der Uiguren*. Berlin, 1812.

④ Abel-Rémusat, J.-P.: *Recherches sur les langues tartares, ou Mémoires sur différents points de la grammaire et de la littérature des Mandchous, des Mongols, des Ouigours et des Tibétains*. Paris: Imprimerie Royale, 1820.

⑤ Schmidt, I. J.: "Einwürfe gegen die Hypothesen des Herrn Hofr. Klaproth: Über Sprache und Schrift der Uiguren." *Fundgruben des Orients*, 1818 (6).

⑥ Klaproth, J.: *Abhandlung über die Sprache und Schrift der Uiguren. Nebst einem Wörterverzeichnisse und anderen uigurischen Sprachproben, aus dem Kaiserlichen Übersetzungshofe zu Peking*. Paris: In der Königlichen Druckerey, 1820.

⑦ Schmidt, I. J.: *Forschungen im Gebiete der älteren religiösen, politischen und literärischen Bildungsgeschichte der Völker Mittel-Asiens, vorzüglich der Mongolen und Tibeter*. Saint Petersburg: Karl Kray, 1824.

名的“回鹘论争”(Uiguren-Streit),客观上也阻滞了回鹘文释读研究的推进,直到1870年匈牙利东方学家范伯利(Á. Vámbéry)出版赫拉特本回鹘文《福乐智慧》德译①,回鹘语归属突厥语始尘埃落定,回鹘文研究渐次繁荣。国外代表性学者有俄罗斯的拉德洛夫(V. V. Radlov,也作F. W. Radloff)、马洛夫(S. E. Malov)、捷尼舍夫(E. R. Tenishev)、谢尔巴克(A. M. Sherbak)、纳西洛夫(V. M. Nasilov)、吐古舍娃(L. Yu. Tugusheva),德国的柯恒儒、勒柯克(A. von Le Coq)、缪勒(F.W.K. Müller)、葛玛丽(Annemarie von Gabain,又译冯·加班)、罗本(K. Röhrborn)、茨默(P. Zieme)、劳特(J. P. Laut)、毛埃(D. Maue)、拉施曼(S.-Ch. Raschmann),日本的小田寿典、山田信夫、庄垣内正弘、百济康义、森安孝夫、梅村坦、松井太,美国的克拉克(Larry V. Clark),法国的哈密顿(J. Hamilton,又译汉密尔顿、哈密敦),匈牙利的李盖提(L. Ligeti)、卡拉·捷尔吉(G. Kara),土耳其的厄达尔(M. Erdal)、萨尔特卡亚(O. F. Sertkaya)、玉勒麦兹(M. Ölmez)等。其中拉德洛夫是俄国回鹘文研究的开拓者和奠基人,也是国际上第一个明确提出要对回鹘文文献语言与突厥碑铭文献语言进行科学区分的学者。我国回鹘文研究始于20世纪50年代,晚于国外,代表人物有冯家昇、耿世民、黄盛璋、李经纬、伊布拉音·穆提义、陈宗振、胡振华、黄润华、魏萃一、李森、牛汝极、张铁山、杨富学、刘戈、阿依达尔·米尔卡马力、伊斯拉菲尔·玉素甫、库尔班·外力、阿不都热西提·亚库甫等,其中冯家昇教授实有筚路蓝缕开拓之功,而自70年代始,耿世民即成长为我国回鹘文研究领域的领袖人物。

蒙古文的研究历史广义上可追溯到明代设立的蒙古语文教习与翻译机构“鞑靼馆”,编有汉蒙对照语汇《鞑靼译语》及习译教材《鞑靼馆来文》(俱收入《华夷译语》)②,《鞑靼译语》除了汉语释义和汉语音译外,比元代类似的辞书《至元译语》增加了蒙古文原文。清代对古代蒙古文的研究成果多数是对照辞书,如《御制满蒙文鉴》(1717)、《四体清文鉴》(18—19世纪,满、藏、蒙、汉文对照)、《三合便览》(1780,满、蒙、汉文对照)、《蒙古托忒汇集》(1797,古典蒙古文、托忒文、满文、汉文

---

① Vámbéry, Á.: *Uigurische Sprachmonumente und das Kudatku Bilik*. Innsbruck: Druck der Wagner'schen Universitäts-Buchdruckerei, 1870.

② 乌云高娃、刘迎胜:《明四夷馆“鞑靼馆”研究》,《中央民族大学学报(哲学社会科学版)》2002年第4期。

对照)、《蒙文汇书》(1851,蒙、汉、满文对照)等。[1] 但现代意义上的蒙古文研究一般认为肇端于俄国。俄人自 18 世纪初彼得一世向中国派驻东正教传教士团开始,蒙古文即与汉文一道成为其学习研究对象。早期欧洲人常将蒙古文和满文混为一谈,明确区分二者并推断其源出叙利亚文一脉的是 18 世纪俄国圣彼得堡科学院教授、普鲁士人拜耳(T. S. Bayer,也作 G. S. Bayer)[2],而后世尊为蒙古学第一人的,则是俄国科学院院士、荷兰裔的施密特(I. J. Schmidt)。施密特于 1804—1806 年在俄国的卡尔梅克人(卫拉特蒙古土尔扈特部)地区学习了古典蒙古文和托忒蒙古文并搜罗相关文献,并自 1815 年开始将基督教《新约》内容陆续译成古代蒙古文(书面蒙古语)和托忒蒙古文(卡尔梅克语)。蒙古文研究的标志性时刻是 1824 年,是年施密特发表了长篇学术巨著《蒙藏等中亚各族古代宗教、政治、文学史研究》[3],而法国东方学家雷慕沙则首度在法国《科学院通报》刊布伊儿汗国阿鲁浑汗、完者都汗分别致法国国王腓力四世的两封古典蒙文信件,同年施密特撰文以德语译释了雷慕沙所刊布的蒙文信件[4],是为欧洲学术界对蒙古文文献进行语文学研究之开端。1831 年,施密特编成欧洲首部书面蒙古语语法[5];1834 年,施密特发表《也松格碑铭》考释[6];1835 年,施密特出版欧洲最早的蒙古文词典《蒙-德-俄词典》[7]。尽管施密特的考释也被人诟病过于粗疏武断,但其在蒙古文

---

① 栗林均、长山:《近代蒙古文辞书的形成历程——“清文鉴”至〈蒙汉字典〉》,《满语研究》2019 年第 1 期。

② Saarela M. S.: *The Early Modern Travels of Manchu: A Script and Its Study in East Asia and Europe*. Philadelphia: University of Pennsylvania Press, 2020, p.180.

③ Schmidt I. J.: *Forschungen im Gebiete der älteren religiösen, politischen und literärischen Bildungsgeschichte der Völker Mittel-Asiens, vorzüglich der Mongolen und Tibeter*. St. Petersburg, 1824.

④ Schmidt, I. J.: *Philologisch-kritische Zugabe zu den von Herrn Abel-Rémusat bekannt gemachten, in den Königlich-Französischen Archiven befindlichen zwei mongolischen Original-Briefen der Könige von Persien Argun und Öldshaitu an Philipp den Schönen*. St. Petersburg, 1824.

⑤ Schmidt, I. J.: *Grammatik der Mongolischen Sprache*. St. Petersburg, 1831.

⑥ Schmidt, I. J.: “Bericht über eine Inschrift der ältesten Zeit der Mongolen-Herrschaft”. *Mémoires de l'Académie Impériale des Sciences de St. Pétersbourg*, 1834 (2).

⑦ Schmidt, I. J.: *Mongolisch-Deutsch-Russisches Wörterbuch: nebst einem deutschen und einem russischen Wortregister = Монгольско-немецко-российский словарь: с присовокуплением немецкаго и русскаго алфавитных списков*. СПб, 1835.

研究上的开辟之功是毫无疑义的。

国外蒙古文研究的代表性学者,俄罗斯有科瓦列夫斯基(J. Kowalewski,为喀山大学蒙古学系创系人,蒙古学俄罗斯学派奠基人)、波波夫(A. V. Popov)、鲍勃罗夫尼科夫(A. A. Bobrovnikov)、符拉基米尔佐夫(B. Y. Vladimirtsov)、克留金(I. A. Klyukin)、鲍培(N. N. Poppe,后移居美国)、桑杰耶夫(G. D. Sanzheev)、萨兹金(A. G. Sazykin)等,波兰有科特维奇(W. Kotwicz)、列维茨基(M. Lewicki),德国有海涅什(E. Haenisch,又译海尼施、海尼诗)、傅海波(Herbert Franke,又译福赫伯)、海西希(W. Heissig)、韦勒(F. Weller)等,芬兰有卡斯特仑(M. Castrén)、兰司铁(G. J. Ramstedt)、阿尔托(P. Aalto)、杨虎嫩(J. A. Janhunen),法国有伯希和、波纳帕特(R. Bonaparte)、韩百诗(L. Hambis)、巴赞(L. Bazin)、阿麦荣(R. Hamayon)、莱格朗(J. Legrand)等,美国有莱辛(F. D. Lessing)、塞诺(D. Sinor,原籍匈牙利)、田清波(A. Mostaert,原籍比利时)、柯立甫(F. Cleaves)、拉铁摩尔(O. Lattimore)、杭锦(J. G. Hangin)、傅礼初(J. Fletcher)、克鲁格(J. Krueger)等,日本有白鸟库吉、小泽重男、大佐三四五、内藤湖南、服部四郎、村山七郎、长田夏树、森川哲雄等,匈牙利有李盖提、卡拉·捷尔吉、贝塞(L. Bese)、罗纳-塔斯(A. Róna-Tas),蒙古国有博·仁钦(B. Rinchen)、策·达木丁苏荣(Ts. Damdinsüren)、纳德米德(Zh. Nadmid)等。国内现代学术意义上的蒙古文研究整体是新中国成立后起步,初期受俄罗斯蒙古学影响较深,后期逐步吸纳各国成果并形成自身研究特色。主要代表学者有清格尔泰、道布、仁钦道尔吉、那森柏、亦邻真、包祥、包力高、斯钦朝克图、确精扎布、双福、乌·满都夫、嘎日迪、哈斯巴根、包乌云、道荣尕、贺希格陶克陶、敖特根、布仁巴图、正月、乌兰、双合尔、王桂荣、乌云毕力格、蔡伟杰等。

满文研究历史可回溯至我国清代,主要成果包括:(1)满文教材,如沈启亮《十二字头集注》(1686)、《清书指南》(1682)、《笺注十二字头》(1701),凌绍雯、陈可臣《清书全集》(1699),熊士伯《等切元声》(1703),舞格《清文启蒙》(1730)等;(2)词典,如《大清全书》(1683)、《清文鉴》(1708)、《两体清文鉴》(满-汉,1771)、《三体清文鉴》(满-蒙-汉,1779)、《四体清文鉴》(满-藏-蒙-汉,1771—1795)、《五体清文鉴》(满-藏-蒙-维-汉,1795)等;(3)传统语法类著作,如尚玉章《清文虚字讲约》(1724)以及万福、凤山《清文虚字指南编》(1885)等。其中与文字研究关系最为紧密的是第一类,尤其是与十二字头相关的各类对满语文字的分析。

现代学科意义上的满文研究则始于国外，其滥觞一般以1686年在巴黎出版的来华耶稣会士南怀仁（F. Verbiest）之拉丁文专著《鞑靼语基础》①为标志。该书所称"鞑靼语"即满语，但其提及满文的版面极少，且未附满文图样。西方破译满文的第一人则是18世纪时任沙俄圣彼得堡皇家科学院教授的普鲁士人拜耳（G. S. Bayer）。② 经多年刻苦探究，拜耳指出满文与蒙古文是两种不同文字，并凭借自身熟悉叙利亚文、阿拉伯文的优势，借助《清书指南》《清书全集》等材料成功分析出了满文的词首、词中、词末等字母形态，于1732—1733年公布了西方首个满文字母表（图5－14），可谓欧洲满文研究之真正发端。

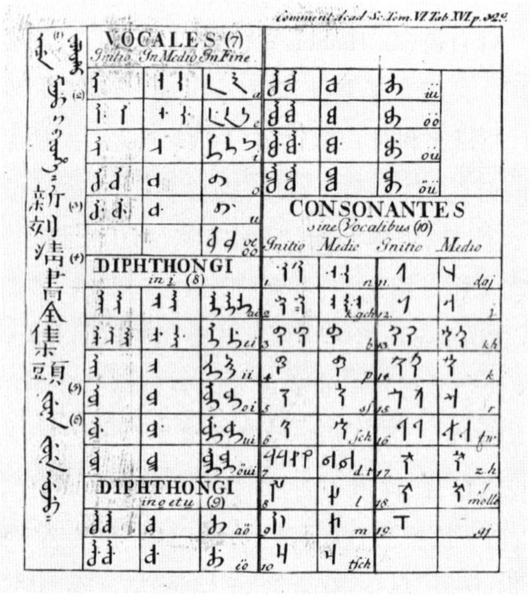

图5－14　拜耳在1732—1733年析出的满文字母表③

此后，满文研究日渐兴盛。1739年，莫斯科开办俄国第一所满语学校；1787年，法国东方学家蓝歌籁（L. M. Langlès）受法国传教士钱德明（J. J. M. Amiot）手

① Verbiest, F.: *Elementa Linguæ Tartaricæ*. Paris: 1686; 2nd ed., Thomas Moette, 1696.

② Saarela M. S.: *The Early Modern Travels of Manchu: A Script and Its Study in East Asia and Europe*. Philadelphia: University of Pennsylvania Press, 2020.

③ Saarela, M. S.: *The Early Modern Travels of Manchu: A Script and Its Study in East Asia and Europe*, Philadelphia: University of Pennsylvania Press, 2020, p.188.

稿启发而撰著的《满文字母》①在巴黎出版;1789—1790 年,钱德明《满-法词典》②出版;1814 年,法兰西公学院设立满学主席,雷慕沙和儒莲(S. Julien)均曾任此职;1828 年,德国学者柯恒儒出版《满洲文集》③;1844 年,俄国喀山大学首开满文院系。20 世纪初,随着清王朝灭亡,国际满文研究热度回落,直到 20 世纪 80 年代清代史料档案开放后,满文作为清史研究重要的工具又重获重视,但主要中心转移到东亚、北美等地。相较之下,欧洲的满文研究在 20 世纪末、21 世纪初则因青黄不接而颇见冷清。

满文研究的代表学者,俄国有罗索欣(I. K. Rossohin)、列昂季耶夫(A. L. Leont' ev)、阿加福诺夫(A. S. Agafonov)、弗拉德金(A. G. Vladykin)、利波夫措夫(S. V. Lipovtsov)、卡缅斯基(P. I. Kamenskiy)、列昂季耶夫斯基(Z. F. Leont' evskiy)、沃伊采霍夫斯基(O. P. Voytsekhovskiy)、切斯特诺伊(D. S. Chestnoy)、罗佐夫(G. M. Rozov)、戈尔斯基(V. V. Gorskiy)、赫拉波维茨基(M. D. Khrapovitskiy)、瓦西里耶夫(V. P. Vasil' ev)、扎哈罗夫(I. I. Zakharov)、奥尔罗夫(A. M. Orlov)、伊万诺夫斯基(A. O. Ivanovskiy)、波兹德涅耶夫(A. M. Pozdneev)、鲁达科夫(A. V. Rudakov)、彼·施密特(P. P. Shmidt)、格列宾希科夫(A. V. Grebenshchikov)、庞晓梅(T. A. Pang)、雅洪托夫(K. S. Yakhontov)等,法国有白晋(J. Bouvet)、张诚(J.-F. Gerbillon)、巴多明(D. Parrenin)、冯秉正(J.-A.-M. de Moyriac de Mailla)、钱德明(Joseph-Marie Amiot)、詹嘉玲(C. Jami)等,德国有柯恒儒、老贾柏莲(又译加贝伦茨,H. C. von der Gabelentz)、威利邦考(Willi Bang-Kaup)、穆麟德(P. G. von Möllendorff)、劳弗(B. Laufer)、郝爱礼(E. Hauer)、海涅什、福华德(W. Fuchs)、嵇穆(M. Gimm)、冯曼德(E. von Mende)、魏汉茂(H. Walravens)、魏弥贤(M. Weiers)等,英国有密迪乐(T. T. Meadows)、劳曼(L. Laamann)、西门华德(Walter Simon)等,日本有内藤湖南、羽田亨、藤冈胜二、神田信夫、冈本敬二、本田实信、松村润、冈田英弘、石桥秀雄、服部四郎、今西春秋、三田村泰、河内良弘等,美国有罗杰瑞(J. Norman)、杜润德(S. Durrant)、费钧瑟(J. Heteher)、孔飞力(P. Kuhn)、塞诺、克拉克等,意大利有斯达理(G. Stary),新西兰

① Langlès, L. M.: *Alphabet Tartare-Mantchou*. Paris, 1787.

② Amiot, J. J. M.: *Dictionnaire Tartare-Mantchou Français*. Paris, 1789.

③ Klaproth, J.: *Chrestomathie Mandchou*. Impr. Roy., 1828.

有葛蕾洛娃(L. Gorelova)等。

国内满文研究如前所述起于清代,但清末至新中国成立前,满文研究经历了一个低迷阶段,造成新中国成立后满文专业人才奇缺。1955—1957 年,中国科学院语言学所和近代史所联合开办满文研习班,培养了新中国首批满文专业人才。20 世纪 60—70 年代,我国陆续又培养了两批满文人才,为开展满文古籍的整理研究与后续人才培养创造了必要条件。1980 年代以来,国内多所高校如中央民族大学、黑龙江大学、吉林师范大学、中国人民大学、内蒙古大学等陆续将培养满文人才列入计划,开设了与满文相关的本、硕、博专业。目前国内从事满文研究的机构主要有北京市社会科学院满学研究所、黑龙江大学满学研究院、吉林师范大学满族文化研究所、中国人民大学清史研究所、中国社会科学院、中国第一历史档案馆等。我国满文研究在借鉴国际同行研究基础上,逐渐形成自身特色,其中最主要的是满文古籍文献的整理与研究及基于满文材料的相关学科研究。代表性学者有王戎笙、关孝廉、阎崇年、佟永功、刘厚生、季永海、刘子扬、张莉、胡增益、安双成、吴元丰、赵阿平、乌云毕力格等。

三、研究进展

由于粟特-回鹘系四种民族文字中,粟特文和回鹘文属于已退出行用的文字,其所承载的也是需要基于文献语料解读、重建的死语言,而新语料多为发掘所得或从现藏文献中整理刊布,所以其研究进展更多体现在新出土或新刊布材料的介绍与考释上;同时,在新材料基础上更正前期研究对相关语言体系或历史文化的局限性观点,或借助其他学科新发现新方法对原有旧文献的释读或判断进行纠偏,也构成了新进展的重要内容。相较之下,满文属于行用状态不活跃,但仍有使用者,新语料主要并不依赖于考古发掘而多为从现藏中整理发现刊布,因此其研究进展主要是应用对满语文现有的成熟知识将原本未完成解读的档案典籍等历史文献逐一刊布释读并在此基础上更正过去对相关历史文化事实的局限性观点;蒙古文则属于现行文字,其所承载的语言仍有较强活力,也有丰富历史文献(包括存世和出土文书),故其研究进展既有对历史文献的刊布释读并据此更新相关学科内容,也有对文字如何适应现当代新的使用需求等方面的探究。

粟特文方面近年最重要的新发现是 2010 年入藏中国人民大学博物馆的 13 件粟特文文书,系本世纪初在新疆和田地区发现,写成年代约为 8 世纪末,包括 4 件经济文书、6 件书信和 3 件性质待定的残片，毕波、辛维廉于 2018 年对其进行了图版刊布和释读。① 毕波《粟特人在于阗——以中国人民大学藏粟特语文书为中心》②还通过分析其中的经济文书和内容最长的一封商业书信，考察了粟特人在于阗王国及周边地区的商业活动和商业网络，粟特人与于阗社会的汉人、于阗人和犹太人等群体的互动，以及于阗粟特人的宗教信仰等问题，由此揭示出中古时期陆上丝路最为活跃的粟特人在沟通不同地区间商业贸易和文化交流中所扮演的重要角色以及中古于阗社会多元文化汇融的现实。

其他新出土材料研究进展还包括毕波和辛维廉对丝路南道尼雅遗址首次发现的粟特语文书残片、深圳望野博物馆藏北齐商客游泥泥槃陀墓志和陕西省榆林市古代碑刻艺术博物馆藏安优婆姨双语塔铭粟特文部分的释读③，以及吉田丰对新疆阿斯塔那出土的麴氏高昌时代粟特文女奴买卖文书、柏孜克里克出土的摩尼教粟特文书札、佛教粟特文断片、西安发现的北周史君墓粟特铭文、吐鲁番巴达木出土的盖有汉字官印的粟特文书札断片、巴楚发现的粟特文残片、柏孜克里克发掘的汉文碑文行间所书的粟特文铭文等的释读④。其中 2003 年发现的史君墓粟特-汉双语铭文尤为值得关注，吉田丰对其粟特文部分进行了考释，并在粟特铭文中找到对应汉文铭文“萨保”的 *s'rtp'w* 和 *srtp'w*，确认了两者的对应关系，解决了自

① 毕波、〔英〕辛维廉：《中国人民大学博物馆藏和田出土粟特语文书》，中国社会科学出版社，2018 年。

② 毕波：《粟特人在于阗——以中国人民大学藏粟特语文书为中心》，《中国人民大学学报》2022 年第 1 期。

③ 毕波、〔英〕辛维廉：《尼雅新出粟特文残片研究》，《新疆文物》2009 年第 3、4 期；毕波：《尼雅粟特语文书所见龟兹及塔里木盆地早期南北交通》，《龟兹学研究》第 5 辑，新疆大学出版社，2012 年；Bi B, Sims-Williams N., Yan Y.: “Another Sogdian-Chinese bilingual epitaph”. *Bulletin of the School of Oriental and African Studies*, 2017 (2), pp.305 - 318；毕波、〔英〕辛维廉：《新发现安优婆姨双语塔铭之粟特文铭文初释》，《文献》2020 年第 3 期。

④ 〔日〕森安孝夫、吉田丰、新疆维吾尔自治区博物馆：《麹氏高昌时代粟特女奴买卖文书》，《大陆语言研究》1989 年第 4 期；柳洪亮：《吐鲁番新出摩尼教文献研究》，文物出版社，2000 年；〔日〕Yutaka Yoshida：《Sogdian Fragments Discovered from the Graveyard of Badamu》，《西域历史语言研究集刊》第一辑，社会科学文献出版社，2007 年，第 45—54 页；《研究笔记：关于粟特人和土耳其人的接触日语资料 2 件》，《西南研究》2007 年第 67 卷；〔日〕吉田丰、山本孝子：《有关新出的粟特文资料——新手书记写给父亲的一封信：兼介绍日本西严寺橘资料》，《敦煌学辑刊》2010 年第 3 期。

19 世纪以来研究者对“萨保”语源的聚讼纷纭。[①]

有关粟特文景教文献方面的新研究成果，则可参辛姆斯-威廉姆斯（辛维廉）、毕波《粟特语基督教文献研究近况》[②]，文章梳理了近年在中国新疆特别是吐鲁番绿洲发现的以粟特文和叙利亚文书写的粟特语景教文献的研究成果，并指出一些写本提供了难懂单词词义的例证，有助于更好理解粟特语及粟特文书写的非景教文献，具有重要的语言学价值。

前期发现的粟特文文献也得到了更深入全面的研究。穆格山文书方面，除粟特抵抗阿拉伯入侵的史料部分外，还有其他社会经济文书也在新世纪得到了更多关注，如其中有迄今发现篇幅最长的粟特法律文书——一份 711 年订立的粟特文婚约及保证书。该文书虽然在国际上自 1960 年以来已有不少释读研究，但未见综合研究。我国关注穆格山文书的研究者，如马小鹤的喷赤干历史研究，并未涉及此婚约。张小贵、庞晓林《穆格山粟特文婚约译注》[③]以利夫希茨 2015 年最新转写本为底本，参以雅库波维奇 2006 年整理本，综合取舍并在其考释基础上进行斟酌汉译兼注释，为我国学者提供了一个当前最全面的可资进一步研究的版本。

碑铭方面，吉田丰在 2018 年得到了土耳其玉勒麦兹（Mehmet Ölmez）教授团队制作的布古特碑 3D 照片，并基于此最终确认了吉田丰在 1999 年所指出的利夫希茨 1971 年释读错误之处，最终公布了目前为止最为可靠的《布古特碑》粟特文录文及释读。[④]

印度河上游河谷岩壁铭文方面，吉田丰从其中一组定年在 5 世纪后半叶的铭文同时存在纵书、横书两种行款的现象出发，于 2013 年撰文令人信服地论证了粟特文由 5 世纪开始主流行款由横变纵，纠正了此前普遍认为粟特文以横书为主流

---

① 荣新江：《萨保与萨薄：北朝隋唐胡人聚落首领问题的争论与辨析》，《伊朗学在中国论文集（第三集）》，北京大学出版社，2003 年，第 128—143 页；〔日〕吉田丰：《西安新出史君墓志的粟特文部分考释》，《粟特人在中国——历史、考古、语言的新探索》，中华书局，2005 年，第 26—45 页；杨军凯：《北周史君墓双语铭文及相关问题》，《文物》2013 年第 8 期。

② 〔英〕尼古拉斯·辛姆斯-威廉姆斯、毕波：《粟特语基督教文献研究近况》，《新疆师范大学学报（哲学社会科学版）》2014 年第 4 期。

③ 张小贵、庞晓林：《穆格山粟特文婚约译注》，《唐宋历史评论》第三辑，社会科学文献出版社，2017 年，第 107—125 页。

④ 〔日〕吉田丰：《布古特碑粟特语部分再考》，王丁译，《中山大学学报（社会科学版）》2020 年第 2 期。

的观点。[1]

关于国内外粟特文及其文献研究进展的其他细节，可参考程越《国内粟特研究综述》[2]、车娟娟《2000 年以来国内粟特研究综述》[3]、甘大明《粟特文古籍的整理研究》[4]、韩树伟《丝路沿线出土粟特文文书研究述要》[5]、李琴《粟特回鹘系文字发展史略》粟特文文献部分等相关综述。

回鹘文研究的进展也主要体现在对新发现或新刊布文献材料的释读和对前人研究的重新评估上。这方面的代表性成果如阿不都热西提·亚库甫主编的"古代维吾尔语诗歌集成"系列著作，致力于全面收集和整理古代维吾尔语韵文，对已刊布文献和相关成果从崭新的角度重新进行评估、对未刊布韵文运用语文学研究的新方法进行研究和刊布。目前已出版《古代维吾尔语赞美诗和描写性韵文的语文学研究》[6]《古代维吾尔语诗体故事、忏悔文及碑铭研究》[7]《巴黎藏回鹘文诗体般若文献研究》[8]《回鹘文诗体注疏和新发现敦煌本韵文研究》[9]等四卷，涉及《摩尼大赞》《法明赞》《玉女赞》《西宁王速来蛮赞》《三宝的描写》《常啼菩萨的故事》《史书残卷》《诗人家谱》等诗歌类回鹘文文献。此外，迪拉娜·伊斯拉非尔《吐鲁番发现回鹘文佛教新文献研究》[10]对国家图书馆藏《畏吾儿写经残卷》、新疆博物馆藏胜金口本《弥勒会见记》残叶、吐鲁番博物馆藏《慈悲道场忏法》残叶等新材料进行了考释；白玉冬、吐送江·依明《有关高昌回鹘历史的一方回鹘文墓碑——蒙

---

① Yoshida Yutaka.: "When did Sogdians begin to write vertically?" *Tokyo University Linguistic Papers*, 2013 (33), pp.357－394.

② 程越：《国内粟特研究综述》，《中国史研究动态》1995 年第 9 期。

③ 车娟娟：《2000 年以来国内粟特研究综述》，《中国史研究动态》2012 年第 1 期。

④ 甘大明：《粟特文古籍的整理研究》，《四川图书馆学报》2014 年第 2 期。

⑤ 韩树伟：《丝路沿线出土粟特文文书研究述要》，《中国农史》2019 年第 6 期。

⑥ 阿不都热西提·亚库甫：《古代维吾尔语赞美诗和描写性韵文的语文学研究》，上海古籍出版社，2015 年。

⑦ 张铁山：《古代维吾尔语诗体故事、忏悔文及碑铭研究》，上海古籍出版社，2015 年。

⑧ 热孜娅·努日：《巴黎藏回鹘文诗体般若文献研究》，上海古籍出版社，2015 年。

⑨ 米尔卡马力·阿依达尔：《回鹘文诗体注疏和新发现敦煌本韵文研究》，上海古籍出版社，2015 年。

⑩ 迪拉娜·伊斯拉非尔：《吐鲁番发现回鹘文佛教新文献研究》，民族出版社，2014 年。

古国出土乌兰浩木碑释读与研究》[①]则通过实体调查所得材料对《乌兰浩木碑》铭文进行了重新释读并据此对其定年提出了新观点。类似成果还有吐送江·依明《吐峪沟石窟佛教遗址新发现回鹘文题记释读》[②]《吐峪沟出土回鹘文〈土都木萨里修寺碑〉研究》[③]等。

另一个重要进展是敦煌回鹘文木活字研究方面的突破。迄今为止,存世回鹘文木活字计有 1 152 枚,均出土于敦煌莫高窟北区,年代在 1300 年前后,是目前存世最早的活字实物,也是最早的含有以字母为单位的活字实物,为研究活字印刷术演变与传播提供了珍贵史料。[④] 回鹘文活字单位有词、音节、音素等,是介于音素为单位的活字和汉字活字的中介类型,具有重要的学术价值。史金波、雅森·吾守尔整合多学科新视角,证明回鹘文木活字在活字印刷术由中原向西方传播过程中起中介过渡作用,改写了活字印刷术历史发展进程,确立了中国首创活字印刷的文明史地位。[⑤]

另外,关于中亚地区回鹘文的研究近年来也有新进展,如吐送江·依明《〈福乐智慧〉回鹘文抄本研究》[⑥]和《波兰中央档案馆馆藏金帐汗国君主的一篇回鹘文圣旨》[⑦]、米热古丽·黑力力《〈国王热孜万和茹贺-阿福扎传〉语言研究》[⑧]、玉勒麦兹和武阿勒《伊斯坦布尔藏八思巴文及回鹘文合璧残叶重释》[⑨]等。

国内回鹘文研究的代表性论著还有冯家昇《回鹘文写本“菩萨大唐三藏法师

---

① 白玉冬、吐送江·依明:《有关高昌回鹘历史的一方回鹘文墓碑——蒙古国出土乌兰浩木碑释读与研究》,《敦煌吐鲁番研究》第二十卷,上海古籍出版社,2021 年,第 207—226 页。

② 吐送江·依明:《吐峪沟石窟佛教遗址新发现回鹘文题记释读》,《敦煌研究》2020 年第 5 期。

③ 吐送江·依明:《吐峪沟出土回鹘文〈土都木萨里修寺碑〉研究》,《河西学院学报》2020 年第 1 期。

④ 王红梅:《蒙元时期回鹘文的使用概况》,《黑龙江民族丛刊》2012 年第 6 期。

⑤ 史金波、雅森·吾守尔:《中国活字印刷术的发明和早期传播: 西夏和回鹘活字印刷术研究》,社会科学文献出版社,2000 年。

⑥ 吐送江·依明:《〈福乐智慧〉回鹘文抄本研究》,博士学位论文,中央民族大学,2011 年。

⑦ 吐送江·依明:《波兰中央档案馆馆藏金帐汗国君主的一篇回鹘文圣旨》,《中国民族博览》2016 年第 2 期。

⑧ 米热古丽·黑力力:《〈国王热孜万和茹贺-阿福扎传〉语言研究》,硕士学位论文,中央民族大学,2012 年。

⑨ Ölmez, M. & Vovin, A.: “Istanbul fragment in ’Phags-pa and Old Uyghur script revisited”. *Journal Asiatique*, 2018 (1).

传”研究报告》[1],耿世民《古代维吾尔诗歌选》[2]《乌古斯可汗的传说(维吾尔族古代史诗)》[3]《维吾尔族古代文化和文献概论》[4]《维吾尔古代文献研究》[5],胡振华、黄润华《高昌馆杂字——明代汉文回鹘文分类词汇》[6],李经纬《吐鲁番回鹘文社会经济文书研究》[7],牛汝极《维吾尔古文字与古文献导论》[8],张铁山《回鹘文古籍概览》《敦煌莫高窟北区出土回鹘文文献译释研究》[9]等。

关于国内外回鹘文研究进展的其他细节,可参阅松井太《回鹘文文献研究的现状及发展趋势》[10],邓浩、杨富学《回鹘文文献语言研究百年回顾》[11],李琴《粟特回鹘系文字发展史略》回鹘文文献部分,刘戈《回鹘文社会经济文书研究综述》[12],臧存艳《中国大陆回鹘文社会经济文书及回鹘经济史研究综述》[13]等综述。

蒙古文的研究进展,多集中在对存世蒙古文文献的整理、研究与利用上。整理方面的代表性成果是《中国蒙古文古籍总目》[14]三卷本、《蒙古文甘珠尔·丹珠尔目录》[15]两卷本以及《中国少数民族古籍总目提要·蒙古族卷》[16]。其中,乌林西

① 冯家昇:《回鹘文写本“菩萨大唐三藏法师传”研究报告》,《考古学专刊》1953 年第 2 期。

② 耿世民:《古代维吾尔诗歌选》,新疆人民出版社,1982 年。

③ 耿世民:《乌古斯可汗的传说(维吾尔族古代史诗)》,新疆人民出版社,1980 年。

④ 耿世民:《维吾尔族古代文化和文献概论》,新疆人民出版社,1983 年。

⑤ 耿世民:《维吾尔古代文献研究》,中央民族大学出版社,2003 年。

⑥ 胡振华、黄润华:《高昌馆杂字——明代汉文回鹘文分类词汇》,民族出版社,1984 年。

⑦ 李经纬:《吐鲁番回鹘文社会经济文书研究》,新疆大学出版社,1996 年。

⑧ 牛汝极:《维吾尔古文字与古文献导论》,新疆人民出版社,1997 年。

⑨ 张铁山:《敦煌莫高窟北区出口回鹘文文献译释研究(一)》,载彭金章等《敦煌莫高窟北区石窟》第 2 卷,文物出版社,2004 年,第 361—369 页;张铁山:《敦煌莫高窟北区出土回鹘文文献译释研究(二)》,载彭金章等《敦煌莫高窟北区石窟》第 3 卷,文物出版社,2004 年,第 383—396 页。

⑩ 〔日〕松井太:《回鹘文文献研究的现状及发展趋势》,杨富学、臧存艳译,《民族史研究》第十五辑,中央民族大学出版社,2018 年,第 407—426 页。

⑪ 邓浩、杨富学:《回鹘文文献语言研究百年回顾》,《语言与翻译(汉文)》2001 年第 2 期。

⑫ 刘戈:《回鹘文社会经济文书研究综述》,《西域研究》1992 年第 3 期。

⑬ 臧存艳:《中国大陆回鹘文社会经济文书及回鹘经济史研究综述》,《敦煌学国际联络委员会通讯 2016》,上海古籍出版社,2016 年,第 106—124 页。

⑭ 中国蒙古文古籍总目编委会:《中国蒙古文古籍总目》,北京图书馆出版社,1999 年。

⑮ 蒙古文甘珠尔·丹珠尔目录编委会:《蒙古文甘珠尔·丹珠尔目录》,远方出版社,2002 年。

⑯ 内蒙古自治区少数民族古籍与“格斯尔”征集研究室:《中国少数民族古籍总目提要·蒙古族卷》,内蒙古教育出版社,2013 年。

拉主编的《中国蒙古文古籍总目》由正文、索引和附录组成，收录了内蒙古自治区1947年5月以前、全国其他地区1949年10月以前国内出版或收藏的蒙古文古籍和部分碑刻实物，总计13 115种，全面反映了中国蒙古文古籍文献的收藏情况，是目前国内最全的蒙古文文献目录成果，其附录《蒙古文古籍新版简目(1949.10—1998)》还收录了中华人民共和国成立以来整理、出版的蒙古文古籍和口碑文献365种。《中国蒙古文古籍总目》收录的佛教典籍有5 600多条，但蒙古文《甘珠尔》(1720年北京木刻朱印本)、《丹珠尔》(1749年北京木刻朱印本)仅是其中两个条目，未列子目。《蒙古文甘珠尔·丹珠尔目录》依据北京木刻朱印本蒙古文《甘珠尔》108函和《丹珠尔》225函编制，共著录5 000余条目，由正文、索引和附录三部分组成。《中国少数民族古籍总目提要·蒙古族卷》共收录10 155条古籍，较完整地收录了1949年之前的蒙古文古籍。该目录标有蒙古族古籍的蒙、汉、拉丁文题目，作者、译者、版本等信息也完整详细，还添加了蒙古文古籍的内容提要，此为本目录最突出的特点。

对存世蒙古文古籍文献的研究进展，以国内为例，古代蒙古文方面代表性的论文如道布《回鹘式蒙古文〈云南王藏经碑〉考释》①，陈乃雄《蒙古四大汗国钱币上的蒙古文铭文解》②《丝绸之路蒙古诸国钱币上的畏吾体蒙古文》③，哈斯额尔敦《〈普度明太祖长卷图〉第四段回鹘蒙古文考释》④，哈斯巴根《回鹘式蒙古文文献中的汉语借词研究》⑤，哈斯巴特尔《蒙古文与回鹘文〈金光明经〉关系初探——以“舍身饲虎”故事为中心》⑥，巴音德力开《13—14世纪回鹘式蒙古文文字符号的比较研究》⑦等；近代传统蒙古文方面代表性的成果如格日乐、纳顺达来《17~19世

---

① 道布：《回鹘式蒙古文〈云南王藏经碑〉考释》，《中国社会科学》1981年第3期。

② 陈乃雄：《蒙古四大汗国钱币上的蒙古文铭文解》，《内蒙古金融研究》2003年第S3期。

③ 陈乃雄：《丝绸之路蒙古诸国钱币上的畏吾体蒙古文》，《内蒙古金融研究》2003年第S3期。

④ 哈斯额尔敦：《〈普度明太祖长卷图〉第四段回鹘蒙古文考释》，《民族语文》2007年第1期。

⑤ 哈斯巴根：《回鹘式蒙古文文献中的汉语借词研究》，《中央民族大学学报(哲学社会科学版)》2012年第3期。

⑥ 哈斯巴特尔：《蒙古文与回鹘文〈金光明经〉关系初探——以“舍身饲虎”故事为中心》，《中央民族大学学报(哲学社会科学版)》2018年第3期。

⑦ 巴音德力开：《13—14世纪回鹘式蒙古文文字符号的比较研究》，硕士学位论文，西北民族大学，2021年。

纪回鹘式蒙古文医学概述》[①]，黑龙《清内阁满蒙文合璧文书的形成流程、书写格式及语文特征》[②]，栗林均、长山《近代蒙古文辞书的形成历程——“清文鉴”至〈蒙汉字典〉》[③]，栗林均《“清文鉴”中的蒙古语文特征》[④]，阿布日胡《论清代蒙古文官印》[⑤]，红梅、黑龙《〈蒙古风俗鉴〉原稿本、批注本及译本考异》[⑥]，李萨出拉娜、聚宝《国内外所见蒙古文〈访五虎〉三种述略》[⑦]，乌云毕力格《蒙古语文在清代西藏——以西藏自治区档案馆所藏清代蒙古文公牍为例》[⑧]《西藏所藏蒙古文书信档案研究》[⑨]等；近代托忒蒙古文研究则有乌尼苏布道《噶尔丹有关的托忒文文书文献学研究（1679—1695）——以〈清内阁蒙古堂档〉为例》[⑩]，阿拉腾奥其尔《芬兰所藏巴雅尔王致兰司铁的一封托忒文信件研究》[⑪]，温都日娜《托忒文医学文献〈诀窍论补·斩除非命死绳利剑〉研究》[⑫]等；现代蒙古文方面，与古代及近代蒙文不同的是，语言规划以及信息化、数字化相关的研究逐渐受到关注，如贾晞儒《关于规范蒙古文异体字之管见》[⑬]，巴理嘉《统一文字利大于弊——纵论在新疆推行

---

① 格日乐、纳顺达来：《17～19世纪回鹘式蒙古文医学概述》，《中国民族医药杂志》2006年第1期。

② 黑龙：《清内阁满蒙文合璧文书的形成流程、书写格式及语文特征》，《民族研究》2016年第4期。

③ 栗林均、长山：《近代蒙古文辞书的形成历程——“清文鉴”至〈蒙汉字典〉》，《满语研究》2019年第1期。

④ 栗林均：《“清文鉴”中的蒙古语文特征》，阿茹汗译，《满语研究》2021年第1期。

⑤ 阿布日胡：《论清代蒙古文官印》，《西部蒙古论坛》2019年第4期。

⑥ 红梅、黑龙：《〈蒙古风俗鉴〉原稿本、批注本及译本考异》，《民族翻译》2021年第2期。

⑦ 李萨出拉娜、聚宝：《国内外所见蒙古文〈访五虎〉三种述略》，《赤峰学院学报（汉文哲学社会科学版）》2021年第9期。

⑧ 乌云毕力格：《蒙古语文在清代西藏——以西藏自治区档案馆所藏清代蒙古文公牍为例》，《中央民族大学学报（哲学社会科学版）》2021年第6期。

⑨ 乌云毕力格：《西藏所藏蒙古文书信档案研究》，《中国藏学》2021年第1期。

⑩ 乌尼苏布道：《噶尔丹有关的托忒文文书文献学研究（1679—1695）——以〈清内阁蒙古堂档〉为例》，硕士学位论文，中央民族大学，2017年。

⑪ 阿拉腾奥其尔：《芬兰所藏巴雅尔王致兰司铁的一封托忒文信件研究》，《西部蒙古论坛》2017年第3期。

⑫ 温都日娜：《托忒文医学文献〈诀窍论补·斩除非命死绳利剑〉研究》，硕士学位论文，西北民族大学，2017年。

⑬ 贾晞儒：《关于规范蒙古文异体字之管见》，《青海民族研究（社会科学版）》1994年第1期。

胡都木蒙文举措》[1]《新疆推广胡都木蒙文工作回顾》[2]，确精扎布、那顺乌日图《关于蒙古文编码》[3]，伊·达瓦等《蒙古语语言-文字的自动化处理》[4]，巩政《蒙古文编码转换研究》[5]，确精扎布《蒙古文编码国际和国家标准形成始末》[6]，特·贾木查与汪仲英《关于托忒文创制的历史背景及其规范探讨》[7]、杨影等《蒙文儿童读物中蒙文字体的使用情况及发展研究》[8]，莫德《蒙古文排版形式的再研究》[9]等。

代表性著作方面，古代蒙古文研究有哈斯巴根《中世纪蒙古语研究》[10]，哈斯额尔敦等《阿尔寨石窟回鹘蒙古文榜题研究》[11]、嘎日迪《中古蒙古语研究》[12]等，其中嘎日迪的《中古蒙古语研究》系在古代蒙古文文献研究基础上形成的有关中古蒙古语的概论性著作。近代古典蒙古文研究则有宝力高《蒙古文佛教文献研究》[13]，乌兰《〈蒙古源流〉研究》[14]等。

蒙古文也有部分新出土文献，主要为古代蒙古文材料，相关研究成果如道布、

---

① 巴理嘉：《统一文字利大于弊——纵论在新疆推行胡都木蒙文举措》，《语言与翻译》1995 年第 1 期。

② 巴理嘉：《新疆推广胡都木蒙文工作回顾》，《语言与翻译》2008 年第 4 期。

③ 确精扎布、那顺乌日图：《关于蒙古文编码》（上、下），《内蒙古大学学报（哲学社会科学版）》1994 年第 4 期、1995 年第 1 期。

④ 伊·达瓦、张玉洁、上园一知、大川茂树、章森、井佐原均、白井克彦：《蒙古语语言—文字的自动化处理》，《中文信息学报》2006 年第 4 期。

⑤ 巩政：《蒙古文编码转换研究》，硕士学位论文，内蒙古大学，2008 年。

⑥ 确精扎布：《蒙古文编码国际和国家标准形成始末——第一阶段：国内酝酿（大致 1991 年底至 1995 年 12 月）》《蒙古文编码国际和国家标准形成始末——第二阶段：国际合作（1995 年 12 月至 1999 年 12 月）》《蒙古文编码国际和国家标准形成始末——第三阶段：研制国标（2000 年 1 月至 2011 年 1 月）》，《信息技术与标准化》2015 年第 1 期。

⑦ 特·贾木查、汪仲英：《关于托忒文创制的历史背景及其规范探讨》，《新疆大学学报（社会科学版）》2002 年第 3 期。

⑧ 杨影、吴日哲、毕力格巴图、塔拉：《蒙文儿童读物中蒙文字体的使用情况及发展研究》，《内蒙古艺术学院学报》2020 年第 4 期。

⑨ 莫德：《蒙古文排版形式的再研究》，《内蒙古师范大学学报（哲学社会科学版）》2000 年第 1 期。

⑩ 哈斯巴根：《中世纪蒙古语研究》，内蒙古教育出版社，1996 年。

⑪ 哈斯额尔敦等：《阿尔寨石窟回鹘蒙古文榜题研究》，纳·巴图吉日嘎拉、那楚格、嘎日迪译，辽宁民族出版社，2010 年。

⑫ 嘎日迪：《中古蒙古语研究》，辽宁民族出版社，2006 年。

⑬ 宝力高：《蒙古文佛教文献研究》，人民出版社，2012 年。

⑭ 乌兰：《〈蒙古源流〉研究》，辽宁民族出版社，2000 年。

照那斯图《河南登封少林寺出土的回鹘式蒙古文和八思巴字圣旨碑考释》[①]，何启龙《哈勒不浑-巴勒哈孙古城出土蒙文佛经之中的蒙元因素》[②]，敖特根《敦煌莫高窟北区出土蒙古文文献研究》[③]，正月、高娃《延祐四年一份回鹘式蒙古文文书释读》[④]，明·额尔敦巴特尔《关于蒙古文"圣成吉思汗祭祀经"的若干问题》[⑤]，青格力《新发现阿尔山摩崖回鹘蒙古文题记释读》[⑥]《新发现灶火河元代摩崖题记年代考及回鹘蒙古文鸡年题记释读》[⑦]，党宝海《黑城元代蒙古文、汉文文书拾零》[⑧]等，其中敖特根的博士学位论文对莫高窟北区出土的51件古代蒙古文文书残卷进行了较为深入的研究，包括41件世俗文书和10件佛教文献。

关于国内外蒙古文研究进展的其他细节，可参道布《回鹘式蒙古文研究概况》[⑨]，双福《我国回鹘式蒙古文研究评述》[⑩]，宝音《蒙古文古籍整理与研究综述》[⑪]，李琴《粟特回鹘系文字发展史略》蒙古文文献部分，曹道巴特尔《蒙古语族语言研究史论》[⑫]，斯钦朝克图《蒙古语言文字及蒙古语族语言研究的历史和现状》[⑬]，斯钦图《回鹘式蒙古文文献数字化整理研究》[⑭]，蔡伟杰《当代美国蒙古学研

---

① 道布、照那斯图：《河南登封少林寺出土的回鹘式蒙古文和八思巴字圣旨碑考释》，《民族语文》1993年第5期、1993年第6期、1994年第1期。

② 何启龙：《哈勒不浑-巴勒哈孙古城出土蒙文佛经之中的蒙元因素》，《西北民族研究》2005年第2期。

③ 敖特根：《敦煌莫高窟北区出土蒙古文文献研究》，博士学位论文，兰州大学，2006年。

④ 正月、高娃：《延祐四年一份回鹘式蒙古文文书释读》，《民族语文》2009年第5期。

⑤ 明·额尔敦巴特尔：《关于蒙古文"圣成吉思汗祭祀经"的若干问题》，《内蒙古大学学报（哲学社会科学版）》2014年第3期。

⑥ 青格力：《新发现阿尔山摩崖回鹘蒙古文题记释读》，《中央民族大学学报（哲学社会科学版）》2017年第5期。

⑦ 青格力：《新发现灶火河元代摩崖题记年代考及回鹘蒙古文鸡年题记释读》，《西北民族研究》2020年第3期。

⑧ 党宝海：《黑城元代蒙古文、汉文文书拾零》，《西部蒙古论坛》2018年第4期。

⑨ 道布：《回鹘式蒙古文研究概况》，《中国民族古文字研究》，中国社会科学出版社，1984年，第362—373页。

⑩ 双福：《我国回鹘式蒙古文研究评述》，《蒙古学资料与情报》1991年第2期。

⑪ 宝音：《蒙古文古籍整理与研究综述》，《内蒙古民族大学学报（社会科学版）》2012年第5期。

⑫ 曹道巴特尔：《蒙古语族语言研究史论》，内蒙古教育出版社，2010年。

⑬ 斯钦朝克图：《蒙古语言文字及蒙古语族语言研究的历史和现状》，《蒙藏季刊》2013年第1期。

⑭ 斯钦图：《回鹘式蒙古文文献数字化整理研究》，博士学位论文，内蒙古大学，2019年。

究发展趋势》[1],杨利润等《关于解决蒙古文形对码错错误的研究综述》[2],包乌格德勒、李娟《蒙古文文本自动校对研究综述》[3]等。

满文的研究进展主要体现在对存世满文古籍的整理与研究上。关于整理方面,代表性的成果如中国第一历史档案馆、中国人民大学清史研究所、中国社会科学院中国边疆史地研究中心编纂的《清代边疆满文档案目录》[4],共收档案条目12万余条,从档案主题、责任者、形成时间、涉及地区、文种等方面,多视角揭示了军机处满文月折包内有关边疆地区问题档案的内容及主要形式特征;富丽《世界满文文献目录》[5],共收录文献1 122种、拓片646种;王敌非《欧洲满文文献总目提要》[6],系统论述了欧洲国家收藏的满文文献及其历史现状与当代研究,涉及15个国家23个城市50家收藏机构;郭孟秀《满文文献概论》[7],整理收录了国内北京、辽宁、吉林、黑龙江、内蒙古、新疆和其他省市地区以及国外(日本、俄罗斯、美国)的现存满文文献等。关于满文文献整理方面的其他信息,可参吴元丰《满文与满文古籍文献综述》[8]《近百年来满文档案编译出版综述——以中国大陆为中心》[9],关嘉禄《20世纪中国满文文献的整理研究》[10],李敏等《满族文献目录编制工作述评》[11]等。

满文古籍文献研究方面的进展,以国内为例,代表性的成果有佟永功《对清末至民国年间呼伦贝尔地方公文中使用满文情况的考察》[12],赵玉梅《从清代满文档

---

① 蔡伟杰:《当代美国蒙古学研究发展趋势》,《蒙藏季刊》2012年第3期。

② 杨利润、斯琴巴图、锡林宝加尔:《关于解决蒙古文形对码错错误的研究综述》,《现代计算机》2020年第4期。

③ 包乌格德勒、李娟:《蒙古文文本自动校对研究综述》,《电脑知识与技术》2016年第35期。

④ 中国第一历史档案馆、中国人民大学清史研究所、中国社会科学院中国边疆史地研究中心:《清代边疆满文档案目录》,广西师范大学出版社,1999年。

⑤ 富丽:《世界满文文献目录》(初编),中国民族古文字研究会,1983年。

⑥ 王敌非:《欧洲满文文献总目提要》,中华书局,2021年。

⑦ 郭孟秀:《满文文献概论》,民族出版社,2004年。

⑧ 吴元丰:《满文与满文古籍文献综述》,《满族研究》2008年第1期。

⑨ 吴元丰:《近百年来满文档案编译出版综述——以中国大陆为中心》,《满语研究》2011年第2期。

⑩ 关嘉禄:《20世纪中国满文文献的整理研究》,《中国史研究动态》2002年第12期。

⑪ 李敏、丁一、王绍霞:《满族文献目录编制工作述评》,《图书馆学研究》2020年第12期。

⑫ 佟永功:《对清末至民国年间呼伦贝尔地方公文中使用满文情况的考察》,《满语研究》2000年第2期。

案看“乌什事件”始末》[1]，刘小萌《关于江宁将军额楚满文诰封碑》[2]《清前期北京旗人满文房契研究》[3]，刘淑珍《清代黑龙江满文档案与蒙古族研究》[4]，金毅《清代满文篆字的新资料——长春、呼和浩特、北京三地走访调查记》[5]，罗文华《满文〈大藏经〉编纂考略》[6]，章宏伟《〈清文全藏经〉译刻起止时间研究》[7]，薛莲《大连图书馆馆藏满文〈新约全书〉考略》[8]，徐莉《满文〈四书〉修订稿本及其价值》[9]《清代满文〈诗经〉译本及其流传》[10]，秀云《〈三国演义〉满文翻译考述》[11]，常建华《从“新清史”研究看〈乾隆朝满文寄信档译编〉的史料价值》[12]，韩晓梅《马佳氏满文家谱研究》[13]《乾隆朝满文档案中的雅克萨与尼布楚》[14]，李典蓉《满文与清代司法制度研究——以“刑科史书”为例》[15]，李雄飞《满文古籍的版本鉴定》[16]，李雄飞、顾千岳《满文古籍编目概述》[17]，王敌非《俄罗斯满文文献典藏研究》[18]《俄藏满文珍稀文献与中俄学术交流》[19]，李勤璞《仓央嘉措康熙三十九年三月满文题本》[20]，乌

---

① 赵玉梅：《从清代满文档案看“乌什事件”始末》，《历史档案》2001 年第 4 期。
② 刘小萌：《关于江宁将军额楚满文诰封碑》，《满语研究》2001 年第 1 期。
③ 刘小萌：《清前期北京旗人满文房契研究》，《民族研究》2001 年第 4 期。
④ 刘淑珍：《清代黑龙江满文档案与蒙古族研究》，《满语研究》2003 年第 1 期。
⑤ 金毅：《清代满文篆字的新资料——长春、呼和浩特、北京三地走访调查记》，《满语研究》2003 年第 2 期。
⑥ 罗文华：《满文〈大藏经〉编纂考略》，《中国历史文物》2005 年第 3 期。
⑦ 章宏伟：《〈清文全藏经〉译刻起止时间研究》，《社会科学战线》2006 年第 5 期。
⑧ 薛莲：《大连图书馆馆藏满文〈新约全书〉考略》，《满语研究》2008 年第 1 期。
⑨ 徐莉：《满文〈四书〉修订稿本及其价值》，《满语研究》2008 年第 1 期。
⑩ 徐莉：《清代满文〈诗经〉译本及其流传》，《民族翻译》2009 年第 3 期。
⑪ 秀云：《〈三国演义〉满文翻译考述》，《中央民族大学学报（哲学社会科学版）》2014 年第 6 期。
⑫ 常建华：《从“新清史”研究看〈乾隆朝满文寄信档译编〉的史料价值》，《历史档案》2011 年第 1 期。
⑬ 韩晓梅：《马佳氏满文家谱研究》，《满语研究》2011 年第 2 期。
⑭ 韩晓梅：《乾隆朝满文档案中的雅克萨与尼布楚》，《满语研究》2014 年第 1 期。
⑮ 李典蓉：《满文与清代司法制度研究——以“刑科史书”为例》，《政法论坛》2011 年第 3 期。
⑯ 李雄飞：《满文古籍的版本鉴定》，《满语研究》2015 年第 1 期。
⑰ 李雄飞、顾千岳：《满文古籍编目概述》（上、中、下），《满语研究》2018 年第 1、2 期；2019 年第 1 期。
⑱ 王敌非：《俄罗斯满文文献典藏研究》，博士学位论文，黑龙江大学，2016 年。
⑲ 王敌非：《俄藏满文珍稀文献与中俄学术交流》，《满语研究》2019 年第 2 期。
⑳ 李勤璞：《仓央嘉措康熙三十九年三月满文题本》，《中国藏学》2017 年第 4 期。

日鲁木加甫《〈平定准噶尔后勒铭伊犁之碑〉汉满托忒文比较研究》①,魏巧燕《〈满文老档〉中的努尔哈赤言语风格研究》②,张杰《清代满文碑刻功能》③,敖拉《从〈旧满洲档〉到〈满文老档〉——1626年之前满蒙关系史料比较研究》④等。

满文信息化研究方面的成果则有嘎日迪等《关于我国满文信息处理现代化技术方面的进展》⑤,张俐等《满汉计算机辅助翻译系统的满文字符编码》⑥,李晶皎、赵骥《基于贝斯准则和待定词集模糊矩阵的满文识别后处理》⑦,赵骥等《脱机手写体满文文本识别系统的设计与实现》⑧,佟加·庆夫《锡伯文与满文信息技术应用研究》⑨,魏巍等《移动终端满文输入的实现》⑩,王红娟《满文档案数字化及其开发利用研究》⑪等。

国内外满文研究进展的其他细节,可参刘小萌《中国满学研究70年》⑫,刘斯雅《基于文献统计的我国满文档案研究进展分析》⑬,李琴《粟特回鹘系文字发展史略》满文文献部分,黄定天《论俄国的满学研究》⑭,阎国栋《帝俄满学的历史与成就》⑮,佟

---

① 乌日鲁木加甫:《〈平定准噶尔后勒铭伊犁之碑〉汉满托忒文比较研究》,《满语研究》2020年第2期。

② 魏巧燕:《〈满文老档〉中的努尔哈赤言语风格研究》,《满语研究》2020年第1期。

③ 张杰:《清代满文碑刻功能》,《历史档案》2021年第3期。

④ 敖拉:《从〈旧满洲档〉到〈满文老档〉——1626年之前满蒙关系史料比较研究》,博士学位论文,内蒙古大学,2005年。

⑤ 嘎日迪、赛音、张主:《关于我国满文信息处理现代化技术方面的进展》,《满语研究》2002年第2期。

⑥ 张俐、胡明函、李晶皎、何荣伟:《满汉计算机辅助翻译系统的满文字符编码》,《东北大学学报(自然科学版)》2002年第2期。

⑦ 李晶皎、赵骥:《基于贝斯准则和待定词集模糊矩阵的满文识别后处理》,《东北大学学报(自然科学版)》2004年第11期。

⑧ 赵骥、李晶皎、张广渊、王杰:《脱机手写体满文文本识别系统的设计与实现》,《模式识别与人工智能》2006年第6期。

⑨ 佟加·庆夫:《锡伯文与满文信息技术应用研究》,《满语研究》2009年第1期。

⑩ 魏巍、郭晨、赵晶莹:《移动终端满文输入的实现》,《大连海事大学学报》2011年第1期。

⑪ 王红娟:《满文档案数字化及其开发利用研究》,硕士学位论文,山东大学,2012年。

⑫ 刘小萌:《中国满学研究70年》,《满语研究》2019年第2期。

⑬ 刘斯雅:《基于文献统计的我国满文档案研究进展分析》,硕士学位论文,辽宁大学,2017年。

⑭ 黄定天:《论俄国的满学研究》,《满语研究》1996年第2期。

⑮ 阎国栋:《帝俄满学的历史与成就》,《多元视野中的中外关系史研究——中国中外关系史学会第六届会员代表大会论文集》,延边大学出版社,2005年,第437—449页。

克力《俄罗斯满学学者与满学研究》①,王禹浪等《海外满学研究综述》②,汪颖子《简述欧洲满学研究——兼论清史研究在欧洲现状》③,曾小吾《世界显学30年——改革开放以来满学研究析略》④,穆崟臣、王秀峰《他山之石：日本学界满学研究述要》⑤,刘厚生与陈思玲《本世纪中日学者〈旧满洲档〉和〈满文老档〉研究述评》⑥,洪晔《满文〈大藏经〉研究综述》⑦等。

四、基本材料

粟特-回鹘系文字文献材料众多,对研究者而言,基本资料的著录整理与汇编不可或缺。

粟特文　现存粟特文材料的写成年代集中在6—11世纪,主要发现地是塔吉克斯坦的穆格山、中国的吐鲁番与敦煌,多为纸质抄本,也有木牍、羊皮卷、碑铭和崖刻等。内容多为宗教文本,以佛教典籍为主,摩尼教和景教文献次之,也有世俗文本如社会经济文书、书信、文牒等。存世粟特文佛典共50多部,有《金刚经》《心经》《华严经》《维摩诘经》等大乘显教经典,也有《佛说大轮金刚总持陀罗尼经》《不空罥索神咒经》等密教典籍⑧;摩尼教文献有《赞愿经》《譬喻故事》《大力士经》等,而景教文献有《诗篇》《三威蒙度赞》《信经》《新约》残卷等。

存世粟特文文献现分藏于法国巴黎国家图书馆、俄国圣彼得堡俄罗斯科学院东方文献研究所、德国柏林吐鲁番收藏部、英国大英图书馆东方及印度收藏部、日本京都龙谷大学、中国北京国家图书馆及其他中国境内博物馆与图书馆,其中中

① 佟克力:《俄罗斯满学学者与满学研究》,《满语研究》2006年第1期。
② 王禹浪、郭丛丛、程功:《海外满学研究综述》,《满族研究》2012年第3期。
③ 汪颖子:《简述欧洲满学研究——兼论清史研究在欧洲现状》,《吉林师范大学学报(人文社会科学版)》2017年第6期。
④ 曾小吾:《世界显学30年——改革开放以来满族研究析略》,《满语研究》2009年第1期。
⑤ 穆崟臣、王秀峰:《他山之石：日本学界满学研究述要》,《满学研究(东北大学)》第四辑,民族出版社,2021年,第261—270页。
⑥ 刘厚生、陈思玲:《本世纪中日学者〈旧满洲档〉和〈满文老档〉研究述评》,《民族研究》1999年第1期。
⑦ 洪晔:《满文〈大藏经〉研究综述》,《满族研究》2020年第3期。
⑧ 张文玲:《粟特佛典写本学与粟特佛教概述》,《国学》第七辑,巴蜀书社,2019年,第142—160页。

国入藏的主要是中华人民共和国成立后在吐鲁番、巴楚、昭苏、尼雅等地的新发现文献[1],而发现最早、数量最多的是1902—1914年间德国普鲁士吐鲁番考察团带回柏林的粟特文写本残片,含以粟特文书写的佛教、摩尼教、景教写本残片约1 500件[2],现已全部电子化,可从吐鲁番研究数字化典藏网调阅[3]。英、法、俄所藏文书数量不及德国,但质量和内容较胜。伦敦藏品主要是斯坦因所获写本,有著名的长城烽燧粟特文古信札也有佛教文书,佛典写本中最长的残片是404行的《佛说观佛三昧海经》;巴黎藏品则是伯希和从敦煌所获约30件粟特文写本,大部分是从汉文翻译的佛典,最长文书是1 805行的《须大拏太子本生经》[4];圣彼得堡藏品包括在粟特本土发现的8世纪穆格山文书和从吐鲁番及敦煌收集的残件。

粟特文材料刊布与汇编类成果,代表性的如:波哥留波夫、利夫希茨、斯米尔诺娃《穆格山文书》[5],辛维廉和哈密顿《敦煌所出九至十世纪突厥化粟特文书》[6],辛维廉《印度河上游河谷的粟特文及其他伊朗语岩壁铭文》[7],利夫希茨《中亚和谢米列契耶的粟特文碑铭题刻》[8],吉田丰、森安孝夫与新疆维吾尔自治区博物馆联名的《麹氏高昌时代粟特文女奴买卖文书》[9],柳洪亮《吐鲁番新出摩尼教文献研究》[10](首度公布了1981年吐鲁番柏孜克里克千佛洞65号窟出土的摩尼教书信

① 刘文锁:《新疆古代语言文字资料的发现与整理》,《西部蒙古论坛》2018年第1期。

② 张文玲:《粟特佛典写本学与粟特佛教概述》,《国学》第七辑,巴蜀书社,2019年,第142—160页。

③ Turfanforschung Digitales Turfan-Archiv: Mitteliranische Texte in sogdischer Schrift/ Chinesisch-sogdische Text,吐鲁番研究数字化典藏网。

④ Henning W. B.: "The Sogdian texts of Paris". *Bulletin of the School of Oriental and African Studies*, 1946 (4), pp.713 - 740;〔英〕西蒙斯·威廉斯、田卫疆:《粟特文书收藏情况简介》,《民族译丛》1984年第4期。

⑤ Bogolyubov M. Livshits V., Smirnova O.: *Dokumentï s Gorï Mug*. London: SOAS, 1963.

⑥ Sims-Williams N., Hamilton J.: *Documents Turco-Sogdiens du IXe – Xe Siècle de Touen-houang*. London: SOAS, 1990. 该书于2015年出版了辛维廉的英译修订本: Sims-Williams N., Hamilton J.: *Turco-Sogdian Documents from 9th – 10th Century Dunhuang*. London: SOAS, 2015.

⑦ Sims-Williams N.: *Sogdian and Other Iranian Inscriptions of the Upper Indus*. London: SOAS, 1989 (I), 1992 (II).

⑧ Livshits V.: *Sogdian Epigraphy of Central Asia and Semirech'e*. London: SOAS, 2015.

⑨ 森安孝夫、吉田丰、新疆维吾尔自治区博物馆:《麹氏高昌时代粟特女奴买卖文书》,《大陆语言研究》1989年第4期。

⑩ 柳洪亮:《吐鲁番新出摩尼教文献研究》,文物出版社,2000年。

文献,其中粟特文部分包括吉田丰对书信 A、B、C 及十件佛经残片的考释,也有对柏孜克里克摩尼教粟特文书信格式的研究),毕波、辛维廉《中国人民大学博物馆藏和田出土粟特语文书》①等。

有关粟特文材料梳理、编目、介绍与研究及代表性学者等更多细节,可参辛维廉《粟特文书收藏情况简介》及《粟特语基督教文献研究近况》,恒宁《巴黎藏粟特文书》②,张文玲《粟特佛典写本学与粟特佛教概述》,李琴《粟特回鹘系文字发展史略》第 1.1.2 节“粟特文文献”,以及本文“研究历史”和“研究进展”之粟特文部分。

回鹘文　存世回鹘文材料从载体分主要有纸质和碑铭两类,内容上可分政治、经济、文学、宗教、科技等类,其中,经济文献主要是 200 多件契约文书;文学作品有民歌、诗集、传说、故事、剧本等,著名的如《弥勒会见记》《乌古斯可汗的传说》《福乐智慧》《真理的入门》;佛教经籍在回鹘文宗教类文献中数量最众,《大藏经》中的经、论主要著作大都有回鹘文译本。较重要的回鹘文佛教文献有《金光明最胜王经》《大唐大慈恩寺三藏法师传》《佛说天地八阳神咒经》《阿毗达摩俱舍论》《法华经》《华严经》《阿含经》等,与之相关的研究论著颇为丰富③;摩尼教经籍有《二宗经》《摩尼教忏悔词》及各种赞美诗等;景教文献有《福音书》《圣乔治殉难记》等;伊斯兰教文献有《升天记》《圣徒传》《幸福书》等。

存世回鹘文材料的主体系出土于我国新疆、甘肃等地,可按发现时间分为新、旧藏,旧藏为 19 世纪末 20 世纪初德国、俄国、法国、英国、日本、瑞典、芬兰、丹麦等国的探险队、考察团、传教士、旅行者等于敦煌、吐鲁番、哈密等地掘获,现散藏于俄、英、德、法、日、中等国图书馆、博物馆或相关研究机构,数量较多,以佛教文献为主(包括译自焉耆吐火罗文的佛教剧本《弥勒会见记》),另有部分世俗文书。新藏则主要是中华人民共和国成立后我国在吐鲁番、哈密、巴楚、敦煌等地新发现的多批回鹘文文献,现藏于吐鲁番市文物局、新疆维吾尔自治区博物馆、国家图书馆、北京大学图书馆、敦煌研究院、甘肃省博物馆等部门或机构。④

---

① 毕波、〔英〕辛维廉:《中国人民大学博物馆藏和田出土粟特语文书》,中国社会科学出版社,2018 年。

② Henning W. B.: “The Sogdian texts of Paris”. *Bulletin of the School of Oriental and African Studies*, 1946 (4), pp.713 – 740.

③ 张铁山:《古代维吾尔语诗体故事、忏悔文及碑铭研究》,上海古籍出版社,2015 年。

④ 刘文锁:《新疆古代语言文字资料的发现与整理》,《西部蒙古论坛》2018 年第 1 期;李琴:《粟特回鹘系文字发展史略》,硕士学位论文,中央民族大学,2016 年。

回鹘文材料汇编整理代表性的成果有：卡拉、茨默《回鹘文密教译经残卷》(1976)①，特肯《元代回鹘文佛教文献》(1980)②，哈密顿《九至十世纪敦煌回鹘文写本》(1986)③，山田信夫《回鹘文契约文书集成》④，杨富学、牛汝极《沙洲回鹘及其文献》⑤，柳洪亮《吐鲁番新出摩尼教文献研究》(书信 D、E、F、G、H 为回鹘文)⑥，牛汝极《回鹘佛教文献——佛典总论及巴黎所藏敦煌回鹘文佛教文献》⑦，买提热依木·沙依提、依斯拉菲尔·玉素甫《回鹘文契约文书》⑧，庄垣内正弘《俄藏回鹘文文献研究》⑨，李经纬《回鹘文社会经济文书研究》⑩，耿世民《回鹘文社会经济文书研究》⑪，刘戈《回鹘文买卖契约译注》⑫等。值得一提的是张铁山《回鹘文古籍概览》⑬对回鹘文的佛、摩尼、景、伊斯兰等各宗教文献、文学作品、经济文书、科学技术等方面文献及其收藏信息作了整体梳理与介绍，该书对部分文献珍品，如元回鹘文《重修文殊寺碑》、哈密本《弥勒会见记》第二品"弥勒菩萨出家成道"、《摩尼教寺院文书》残卷、《结婚嫁妆疏》也作了转写与释读。此外，柏林吐鲁番收藏部所收藏的回鹘文写本残片均已电子化，可在吐鲁番研究数字化典藏网查阅⑭。

有关回鹘文材料整理、编目、介绍与研究及代表学者等更多细节，可参张铁山

① Kara G., Zieme P.: *Fragmente tantrischer Werke in Uigurischer Übersetzung*. Berlin: Akademie-Verlag, 1976.

② Tekin Ş.: *Buddhistische Uigurica aus der Yüan-Zeit*. Budapest: Adadémiai Kiadó, 1980.

③ Hamilton J.: *Manuscrits Ouïgours du IXe – Xe Siècle de Touen-Houang*. Westport, CT: Peeters, 1986.

④〔日〕山田信夫：《回鹘文契约文书集成》，大阪大学出版会，1993 年。

⑤ 杨富学、牛汝极：《沙州回鹘及其文献》，甘肃文化出版社，1995 年。

⑥ 柳洪亮：《吐鲁番新出摩尼教文献研究》，文物出版社，2000 年。

⑦ 牛汝极：《回鹘佛教文献——佛典总论及巴黎所藏敦煌回鹘文佛教文献》，新疆大学出版社，2000 年。

⑧ 买提热依木·沙依提、依斯拉菲尔·玉素甫：《回鹘文契约文书》，新疆人民出版社，2002 年。

⑨〔日〕庄垣内正弘：《俄藏回鹘文文献研究》，京都大学大学院文学研究科，2003 年。

⑩ 李经纬：《回鹘文社会经济文书研究》，新疆大学出版社，1996 年。

⑪ 耿世民：《回鹘文社会经济文书研究》，中央民族大学出版社，2006 年。

⑫ 刘戈：《回鹘文买卖契约译注》，中华书局，2006 年。

⑬ 张铁山：《回鹘文古籍概览》，民族出版社，2018 年。

⑭ Turfanforschung Digitales Turfan-Archiv: Uigurische Texte，吐鲁番研究数字化典藏网。

《回鹘文古籍概览》，李琴《粟特回鹘系文字发展史略》第2.2节“回鹘文文献”，松井太《回鹘文文献研究的现状及发展趋势》，哈密顿《敦煌回鹘文写本综述》及《〈九至十世纪敦煌回鹘文写本〉导言》[①]，阿依达尔·米尔卡马力《敦煌莫高窟北区新出回鹘文文献综述》[②]，吐送江·依明《德国西域探险团与德藏回鹘语文献》[③]，臧存艳《中国大陆回鹘文社会经济文书及回鹘经济史研究综述》等，以及本文“研究历史”和“研究进展”之回鹘文部分所涉文献。

蒙古文　如前所述，蒙古文材料可分古代、近代、现代三个时期，就研究所需文献而言，以古代、近代为主。单就数量而言，我国所藏蒙古文文献材料居世界之最，蒙古国和俄罗斯次之，此外欧美、日本、印度等亦均有收藏。我国的蒙古文文献主要收藏在内蒙古社会科学院图书馆、内蒙古图书馆、内蒙古大学图书馆、内蒙古师范大学图书馆、国家图书馆、故宫博物院图书馆、民族图书馆、中央民族大学图书馆、中国第一历史档案馆等。

古代蒙古文文献包括写本、刻本、碑铭、印文、符牌等，散失严重，现存不多，年代最早的是《也松格碑铭》（也称《成吉思汗石》），此外还有《释迦院碑记》《竹温台神道碑》《云南王藏经碑》《阿鲁浑汗致教皇书》以及汉蒙合璧刻本《孝经》等。汇编代表性成果如道布《回鹘式蒙古文文献汇编》[④]，汇集了国内外先后刊布的古代蒙古文文献22份（含图版照片）及相关的整理研究情况。

近代传统蒙古文（胡都木蒙古文）文献最重要的是清代雕版印刷的北京木刻朱印本蒙古文《甘珠尔》108函（1720年）和《丹珠尔》225函（1749年），包括佛语部（甘珠尔）显、密经律1 162部和论部（丹珠尔）各类经律阐释与注疏、密教仪轨及五明杂著3 861部。我国有2002年出版的《蒙古文甘珠尔·丹珠尔目录》上、下两册，见“研究进展”。

近代托忒文文献包括人物传、法典、外交文书、祭地书、纪实文学、地图、世袭

① 〔法〕J. 汉密尔顿：《敦煌回鹘文写本综述》，耿昇译，《民族译丛》1986年第3期；〔法〕哈密敦：《〈九至十世纪敦煌回鹘文写本〉导言》，林惠译，《喀什师范学院学报》1998年第4期。

② 阿依达尔·米尔卡马力：《敦煌莫高窟北区新出回鹘文文献综述》，《敦煌学辑刊》2009年第2期。

③ 吐送江·依明：《德国西域探险团与德藏回鹘语文献》，《敦煌学辑刊》2021年第2期。

④ 道布：《回鹘式蒙古文文献汇编》（蒙古文版），民族出版社，1983年。

谱等，材料汇编有叶尔达《伊犁河流域厄鲁特人民间所藏托忒文文献汇集》[1]，共收600多部近400类珍贵古籍，为国际上最大的托忒文古籍搜集整理成果。代表性研究论著有M. 乌兰《卫拉特蒙古文献及史学：以托忒文历史文献研究为中心》[2]，主要系统介绍托忒文的历史文献。该书指出以往研究多关注国外藏托忒文刻本，忽视中国藏托忒文刻本及其类别，而研究表明中国藏托忒文文献类别是最丰富的，只是研究上落后于国外。

有关蒙古文材料整理、编目、介绍与研究及代表学者等更多细节，可参道布《回鹘式蒙古文研究概况》、李琴《粟特回鹘系文字发展史略》第3.2节"蒙古文文献"、宝音《蒙古文古籍整理与研究综述》等，以及本文"研究历史"和"研究进展"之蒙古文部分所涉文献。

满文　满文文献主要形式有刻本、抄本、晒印本、石印本、木活字本、影印本、铅印本等7种，其中以刻本和抄本为主。存世满文文献大致可分著译文献、文书档案文献、碑刻与官印文献、谱牒文献四大类，而且与其他文字的合璧文献占了很大比重。

我国是满文文献的主要收藏国，但由于历史原因，仍有部分满文文献流失海外，现藏于俄、日、德、美、英等国图书馆、博物馆。国内主要的满文收藏机构有中国第一历史档案馆、辽宁省档案馆、吉林省档案馆、黑龙江省档案馆、内蒙古自治区档案馆、西藏自治区档案馆、台北"故宫博物院"、"中研院"历史语言研究所等，其中中国第一历史档案馆仅满文档案就有200余万件。

满文文献（含原创、译著和合璧本）中，哲学有《四书》《易经》等，伦理有《百二老人语录》《菜根谭》《觉世要语》等，文学有《西游记》《金瓶梅》《三国演义》等，音乐有《理性元雅》《律吕节要》等，历史有各朝《实录》《圣训》、各种《方略》以及档册等，语文类有《五体清文鉴》等，全部各类统共820余种[3]；此外还有大量的碑刻，

① 叶尔达：《伊犁河流域厄鲁特人民间所藏托忒文文献汇集》，内蒙古文化出版社，2016—2019年。

② M. 乌兰：《卫拉特蒙古文献及史学：以托忒文历史文献研究为中心》，社会科学文献出版社，2012年。

③ 富丽：《世界满文文献目录》（初编），中国民族古文字研究会，1983年。

计760余件①。

存世满文材料以新满文为主，老满文文献数量较少，主要是官方档案，如《满文老档》原档、《后金檄明万历皇帝文》《盛京满文逃人档》等。《满文老档》是现存最早的满文文献，专指1607—1636年间的编年体历史档案，但“满文老档”一词有广义、狭义之分，广义指称范围通常包括其原稿本及后来乾隆朝的7个抄本，狭义仅指乾隆朝抄本，无论广义、狭义，所指并非均为老满文。《满文老档》原稿本37册，加上1935年发现的三册共40册，这部分原藏内阁大库，通常称为《旧满洲档》或《老满文原档》，全部为老满文材料；乾隆四十年（1775）按照内阁大库藏的原37册缮抄分装成180册“无圈点档册”（又称“无圈点字档”），仍为老满文材料；而同时又按音抄出180册“有圈点档册”（又称“加圈点字档”），则算新满文材料。两种档册均抄有正副本各一套，藏于内阁大库②。除此之外，还有盛京（沈阳）崇谟阁抄本（两种档册）以及上书房抄本（仅有加圈点档）③。《满文老档》实际是日本学者内藤湖南（本名虎次郎）1906年率先披露，但其所发现的其实是盛京的加圈点档册，也就是属于新满文材料。而内阁大库的老满文原档几经周折之后，是在20世纪60年代于台北重新发现并影印刊布，定名《旧满洲档》。1978年中国第一历史档案馆满文部与中国社会科学院历史研究所等单位合作，成立《满文老档》译注工作组，历时12年译注了老档内阁藏本，于1990年以《满文老档》之名分上下册出版。2009年中国第一历史档案馆的内阁藏本由辽宁民族出版社影印出版，定名《内阁藏本满文老档》④，全套20册，前16本为满文原文影印，彩色套印；17—18本为满文的罗马字转写；最后是汉译文2本，将满文原文按照满语的语法结构进行翻译，并订正原来译本的错误之处。

关于满文文献的编目，有代表性的如1979年北京图书馆善本特藏部和故宫博物院明清档案部编辑并油印的满文图书联合书目，共收满文图书资料814种，

---

① 北京市民族古籍整理出版规划小组办公室满文编辑部：《北京地区满文碑刻拓片总目》，辽宁民族出版社，2015年。

② 富丽：《满文文献及其研究概况》，《中国民族古文字研究》，中国社会科学出版社，1984年，第446—454页。

③ 李琴：《粟特回鹘系文字发展史略》，硕士学位论文，中央民族大学，2016年，第65页。

④ 中国第一历史档案馆：《内阁藏本满文老档》，辽宁民族出版社，2009年。

石刻拓片 642 件，为广大历史研究者和满文文献研究者提供了便利①；北京市民族古籍整理出版规划小组办公室满文编辑部编写的《北京地区满文碑刻拓片总目》②则将辑录的北京地区石刻拓片材料增加到 764 种。前述郭孟秀《满文文献概论》③对截至 2004 年的国内外满文存世文献分布作了介绍，并对满文著述/翻译的图书文献、满文档案、官印与碑刻、玉宝与玉册、谱牒等均进行了概述。

文献刊布方面，代表性的如前述已刊布的《旧满洲档》《内阁藏本满文老档》，以及中国边疆史地研究中心、中国第一历史档案馆编《清代新疆满文档案汇编》④（283 册）。自 20 世纪 80 年代以来，满文古籍《满洲源流考》《八旗满洲氏族通谱》《八旗通志》《八旗文经》《清代内阁大库散佚档案选编》《熙朝雅颂集》等也逐渐得到整理和刊布。

有关满文材料整理、编目、刊布、介绍与研究及代表学者等更多细节，可参郭孟秀《满文文献概论》、李琴《粟特回鹘系文字发展史略》第 4.2 节"满文文献"、刘厚生与陈思玲《本世纪中日学者〈旧满洲档〉和〈满文老档〉研究述评》、吴元丰《近百年来满文档案编译出版综述——以中国大陆为中心》等，以及本文"研究历史"和"研究进展"之满文部分所涉文献。

上述粟特-回鹘系文字基础资料的整理刊布，推动了相关各文种研究的长足进步。

五、研究的相关问题

就目前学界所聚焦的情况来看，粟特-回鹘系各文种的研究，对于探究相关文字行用时期的历史、政治、社会、文化等均有重要意义，同时在世界文字学研究中也是不可或缺的重要一环。

要言之，文字学如同其他学科，亦有本体研究与应用研究之分。目前国内外对粟特-回鹘系文字的研究，主体仍是偏应用研究，即针对用相关文种写就的文献

---

① 富丽：《世界满文文献目录》（初编），中国民族古文字研究会，1983 年。

② 北京市民族古籍整理出版规划小组办公室满文编辑部：《北京地区满文碑刻拓片总目》，辽宁民族出版社，2015 年。

③ 郭孟秀：《满文文献概论》，民族出版社，2004 年。

④ 中国边疆史地研究中心、中国第一历史档案馆：《清代新疆满文档案汇编》，广西师范大学出版社，2012 年。

进行的研究,关注点一般不在文字学本身,而是在文字承载的语言、历史、政治、社会、文化等方面。若细化来说,本领域内研究的相关问题颇多,下面简要胪列本体、应用两类研究范畴下常见的研究问题。

(一) 本体研究

历时流变:具体关注问题如关于文字创制时间的探究、文字之间的起源及演变关系、基本字母数量的增减、文字形体与行款的变迁等。典型论著如吉田丰《粟特人何时开始纵书?》[①],许多会、热合木吐拉·艾山《有关回鹘文的几个问题》[②],包力高、道尔基《蒙古文字发展概述》[③],李德启《满洲文字之来源及其演变》[④],杨帆《满语中符号“点”的由来——从粟特文到满文》[⑤]等。

共时描写:具体关注问题如特定共时平面中某一文种文字符号的分析描写,涉及字形、字体、书体、结构等,典型如李琴《粟特回鹘系文字发展史略》[⑥]中对粟特文、回鹘文、蒙古文、满文特定时期字体的具体描写,张铁山《回鹘文古籍概览》中对回鹘文字母书写规则及两种印刷体、五种手写体的描述,以及葛蕾洛娃《满语语法》[⑦]对满文字母的详尽描写。这方面专著还有王桂荣《蒙古文字结构研究》[⑧]、巴音德力开《13—14世纪回鹘式蒙古文文字符号的比较研究》[⑨]等。

文字规划:具体关注问题如特定时期对某一文种的政策、规划等,包括异体字规范、文字改革、文字的信息化编码等。这类研究一般只涉及蒙古文和满文等尚有行用的文字,典型如贾晞儒《关于规范蒙古文异体字之管见》[⑩],巴理嘉《统一文

---

① Yoshida Yutaka.: “When did Sogdians begin to write vertically?” *Tokyo University Linguistic Papers*, 2013 (33), pp.357－394.

② 许多会、热合木吐拉·艾山:《有关回鹘文的几个问题》,《西域研究》2012年第2期。

③ 包力高、道尔基:《蒙古文字发展概述》,《内蒙古社会科学(汉文版)》1984年第3期。

④ 李德启:《满洲文字之来源及其演变》,《国立北平图书馆馆刊》1931年第5卷第6号。

⑤ 杨帆:《满语中符号“点”的由来——从粟特文到满文》,《北方语言论丛》第四辑,阳光出版社,2016年,第102—111页。

⑥ 李琴:《粟特回鹘系文字发展史略》,硕士学位论文,中央民族大学,2016年。

⑦ Gorelova L.: *Manchu Grammar*. Leiden: Brill, 2002.

⑧ 王桂荣:《蒙古文字结构研究》(蒙古文版),辽宁民族出版社,2020年。

⑨ 巴音德力开:《13—14世纪回鹘式蒙古文文字符号的比较研究》,硕士学位论文,西北民族大学,2021年。

⑩ 贾晞儒:《关于规范蒙古文异体字之管见》,《青海民族研究》1994年第1期。

字利大于弊——纵论在新疆推行胡都木蒙文举措》[1],确精扎布《蒙古文编码国际和国家标准形成始末》[2],佟加·庆夫《锡伯文与满文信息技术应用研究》[3]等。

(二)应用研究

语言研究:文字与语言关系紧密,尤其是对于已经消失于历史长河的语言,或现代语言的古代阶段,只有依靠文献材料才能进行还原考察。因此,借助文字材料进行语言学研究,是文字应用研究中非常重要的一个方面。典型研究如吉田丰《粟特语》[4],邓浩、杨富学《西域敦煌回鹘文献语言研究》[5],张铁山《回鹘文献语言的结构与特点》[6],嘎日迪《中古蒙古语研究》,季永海、刘景宪、屈六生《满语语法》[7],葛蕾洛娃《满语语法》[8]等。

文本译释:对特定文字写就的文本进行考释或翻译,是应用研究中最为常见也是最基础的一种。所有刊布的原文文本只有通过译释,才能为其他领域所用。粟特-回鹘系文字研究中这一类成果汗牛充栋,比如蒙古学发轫的标志之一就是施密特对雷慕沙刊布的阿鲁浑汗和完者都汗分别致腓力四世的蒙古文信件进行的德语译释。有关文本译释的具体成果可参前文关于"研究历史""研究进展"的部分。

语词考辨:与文本译释不同,语词考辨针对的是文献中的个别词语,如荣新江《萨保与萨薄:北朝隋唐胡人聚落首领问题的争论与辨析》中对"萨保""萨薄"的不同语源进行了考辨,认定前者出于粟特语而后者出于梵语,其中对"萨保"(萨宝)语源的确认就有赖于吉田丰从粟特文材料中找到的对应词汇。又如照那斯图《关于"不兰奚"的蒙古文对应形式 buralqi 及其相关问题》[9],对此前史料中仅存汉

---

① 巴理嘉:《统一文字利大于弊——纵论在新疆推行胡都木蒙文举措》,《语言与翻译》1995 年第 1 期。

② 确精扎布:《蒙古文编码国际和国家标准形成始末》,《信息技术与标准化》2015 年 Z1 期。

③ 佟加·庆夫:《锡伯文与满文信息技术应用研究》,《满语研究》2009 年第 1 期。

④ Yoshida Yutaka:"Sogdian". *The Iranian Languages*. London: Routledge: 2009, pp.279 - 335.

⑤ 邓浩、杨富学:《西域敦煌回鹘文献语言研究》,甘肃文化出版社,1999 年。

⑥ 张铁山:《回鹘文献语言的结构与特点》,中央民族大学出版社,2005 年。

⑦ 季永海、刘景宪、屈六生:《满语语法》,民族出版社,1986 年。

⑧ Gorelova L.: *Manchu Grammar*. Leiden: Brill, 2002.

⑨ 照那斯图:《关于"不兰奚"的蒙古文对应形式 buralqi 及其相关问题》,《中国史研究》2010 年第 4 期。

字音译的元代蒙古语词“不阑奚”“孛阑奚”根据黑水城出土古代蒙古文文献中的证据确认其对应中古蒙古语 buralqi，从而解决了困扰学界多年的问题。关键性语词的考辨在交叉研究中有重要意义，比如马小鹤通过对粟特文 t'inp'i（肉身）的考辨来探究摩尼教的身体观[①]、松浦茂[②]对满文 olji（“鄂尔吉”）具体的含义及本质的辨析来考察满洲早期的社会组织形式的一个侧面等。

史料考补：自王国维提出“二重证据法”以来，以“地下之新材料”补正“纸上之材料”，从而获得古史新解，已是史学界通识。粟特文、回鹘文作为已消亡文字，其材料本即前所未见，而蒙古文之古代、近代材料及清代满文档案，皆可补正存世史籍之不足。此类研究甚多，典型如马小鹤《公元八世纪初年的粟特——若干穆格山文书的研究》[③]以穆格山粟特文材料补正史籍中关于昭武九姓尤其是米国的记载。

地望考订：粟特-回鹘系文字材料含有大量地名，是历史地理领域的极好研究素材。典型如马小鹤《米国钵息德城考》[④]将穆格山文书中出现的今属乌兹别克斯坦之喷赤干（片治肯特）考定为《新唐书》所载昭武九姓之米国首邑钵息德城，从而使得穆格山文书能与中文史料结合起来研究。

政治文化：利用相关文献材料中可勾勒或厘清正史失载的政治文化细节，包括部分制度和职官相关信息。此类研究典型如荣新江《萨保与萨薄：北朝隋唐胡人聚落首领问题的争论与辨析》，衣长春、郑硕《论雍正朝满文朱批奏折的政治功能》[⑤]，哈斯巴根《清初蒙古多罗特部的政治变迁》[⑥]，阿布日胡《论清代蒙古文官印》等。

社会经济：利用粟特-回鹘系文字书写的世俗文书进行社会经济史研究也是本领域的主要关切之一。粟特人以善贾著称，故从事粟特学研究的学者，如吉田

① 马小鹤：《粟特文“t'inp'i”（肉身）考》，《粟特人在中国——历史、考古、语言的新探索》，中华书局，2005 年，第 478—496 页。

② 〔日〕松浦茂：《何谓“鄂尔吉”（olji）?》，古清尧节译，《民族译丛》1993 年第 5 期。

③ 马小鹤：《公元八世纪初年的粟特——若干穆格山文书的研究》，《中亚学刊》第三辑，中华书局，1990 年。

④ 马小鹤：《米国钵息德城考》，《中亚学刊》第二辑，中华书局，1987 年，第 65—75 页。

⑤ 衣长春、郑硕：《论雍正朝满文朱批奏折的政治功能》，《满学论丛》第三辑，辽宁民族出版社，2013 年，第 368—378 页。

⑥ N. 哈斯巴根：《清初蒙古多罗特部的政治变迁》，《社会科学战线》2016 年第 6 期。

丰、林梅村、荣新江、毕波等，常通过粟特文世俗文书来研究其贸易活动，包括商队交易品（女奴、香药、丝绸等）、商队运营与管理[①]等。世俗文书也是回鹘文研究的重要领域，我国如耿世民、李经纬、刘戈等学者都有相关专著，具体可参刘戈《回鹘文社会经济文书研究综述》、臧存艳《中国大陆回鹘文社会经济文书及回鹘经济史研究综述》等。

思想文化：文字撰就的文献，都在不同程度上对时人思想意识、文化观念、宗教信仰等有所反映，因此可以从中解读相关信息，为思想文化史研究提供证据。典型研究如多位学者对粟特人的宗教信仰（袄教、佛教、摩尼教、景教、道教）都颇为关注[②]；而回鹘文研究上，如森安孝夫有关回鹘信仰由摩尼教转为佛教的研究即在国际学界有很大影响[③]，牛汝极、杨富学等学者则对回鹘的佛教信仰有更多关注[④]。蒙古文和满文相关研究上，则对佛教和萨满教有较多的关注[⑤]。

社会生活：任何时代的文献，都会反映当时人们的生活和社会情况，甚至可以据此研究特定时代的宗族和聚居情况等。粟特文方面如吉田丰、辛维廉、荣新江、陈海涛、吾迈尔、毕波、姜伯勤等研究者多关注粟特文文书反映的粟特族属聚落、社会角色、社会关系等[⑥]；回鹘文方面，典型如梅村坦对回鹘文公文材料反映的13世纪畏兀儿地区的公权力的研究、松井太对回鹘文行政命令文书的研究、韩树伟

---

① 杜海、郭杨：《吐鲁番地区粟特人研究综述》，《吐鲁番学研究》2021年第1期。

② 杜海、郭杨：《吐鲁番地区粟特人研究综述》，《吐鲁番学研究》2021年第1期。

③ 〔日〕松井太：《回鹘文文献研究的现状及发展趋势》，杨富学、臧存艳译，《民族史研究》第十五辑，中央民族大学出版社，1999年，第407—426页。

④ 牛汝极：《回鹘佛教文献——佛典总论及巴黎所藏敦煌回鹘文佛教文献》，新疆大学出版社，2000年；杨富学：《回鹘文佛教文献研究》，上海古籍出版社，2018年。

⑤ 包乌云：《敦煌石窟蒙古文题记的佛教文化特色》，《北方语言论丛》第一辑，阳光出版社，2011年，第82—94页；红梅：《蒙古文〈甘珠尔〉目录中的佛教名词术语的研究》，硕士学位论文，内蒙古大学，2015年；庞·达吉雅娜·阿列克山德洛夫娜、黄定天：《阿·瓦·格列别西科夫关于萨满教的满文档案资料》，《满语研究》1992年第2期；赵志忠、姜丽萍：《〈尼山萨满〉与萨满教》，《满族研究》1993年第3期；章宏伟：《〈清文翻译全藏经〉丛考》，《满语研究》2008年第2期。

⑥ 杜海、郭杨：《吐鲁番地区粟特人研究综述》，《吐鲁番学研究》2021年第1期；程越：《国内粟特研究综述》，《中国史研究动态》1995年第9期。

对西北出土的各文种（含回鹘文）契约文书所见习惯法比较研究[①]等俱属此类[②]。

其他民族古文字：粟特-回鹘系文字的研究，对于其他民族古文字研究也有一定的推动和辅助作用，是相辅相成的关系。历史上，粟特人除狭义粟特文外，还使用摩尼文、叙利亚文、婆罗米文；回鹘人除回鹘文字母外，也行用过突厥如尼字母、阿拉伯-波斯字母等；蒙古族除传统蒙古文和托忒蒙古文外，也使用过八思巴文、阿拉伯-波斯文、满文、索永布文、瓦金达拉文、西里尔蒙文、拉丁蒙文等；满族除了满文，还使用过女真文、蒙古文等[③]。由于不同文字背后的语言同一性，因此对粟特-回鹘系文字的研究，也能对其所书写的相关语言所曾使用的其他文字研究有所裨益。

文学艺术：粟特-回鹘系文字写就的诸多文献中，本即有大量文学作品，因此可基于此类文献进行文学艺术相关考索。典型如陈明《三条鱼的故事——印度佛教故事在丝绸之路的传播例证》[④]、热依汗·卡德尔《从回鹘文学看回鹘与丝绸之路》[⑤]、玛·乌尼乌兰《中世纪卫拉特蒙古书面文学的地位与贡献》[⑥]、包彩霞《17世纪蒙古文历史文学叙述特征研究》[⑦]、周健强《中国古典小说满、蒙、朝译本研究述略》[⑧]等。此外，还可为书法艺术等领域提供可资研究和利用的素材，已经有学者致力于这方面工作，如贾述涵《传统蒙文图形化的字体设计研究》[⑨]等。

科学技术：这方面主要涉及医学，典型者如杨富学《高昌回鹘医学稽考》[⑩]，格日乐、纳顺达来《17—19世纪回鹘式蒙古文医学概述》，杨富学、张田芳《回鹘文

---

① 韩树伟：《西北出土契约文书所见习惯法比较研究》，博士学位论文，兰州大学，2020年。

② 〔日〕松井太：《回鹘文文献研究的现状及发展趋势》，杨富学、臧存艳译，《民族史研究》第十五辑，中央民族大学出版社，1999年，第407—426页。

③ 王平鲁：《满文创制前明代东北女真人的文字使用情况初探》，《沈阳故宫博物院院刊》第四辑，中华书局，2007年，第120—128页。

④ 陈明：《三条鱼的故事——印度佛教故事在丝绸之路的传播例证》，《西域研究》2015年第2期。

⑤ 热依汗·卡德尔：《从回鹘文学看回鹘与丝绸之路》，《丝路百科》2021年第2期。

⑥ 玛·乌尼乌兰：《中世纪卫拉特蒙古书面文学的地位与贡献》，《内蒙古社会科学（汉文版）》1998年第2期。

⑦ 包彩霞：《17世纪蒙古文历史文学叙述特征研究》，硕士学位论文，内蒙古师范大学，2015年。

⑧ 周健强：《中国古典小说满、蒙、朝译本研究述略》，《民族文学研究》2018年第5期。

⑨ 贾述涵：《传统蒙文图形化的字体设计研究》，硕士学位论文，四川美术学院，2017年。

⑩ 杨富学：《高昌回鹘医学稽考》，《敦煌学辑刊》2004年第2期。

〈针灸图〉及其与敦煌针灸文献之关联》①,温都日娜《托忒文医学文献〈诀窍论补·斩除非命死绳利剑〉研究》,于永敏《中国满文医学译著考述》②等。

六、研究热点

粟特-回鹘系文字研究热点大体可分著录和研究两大类,整理著录类成果对本领域有重要意义,已在“基本材料”中述及,这里着重介绍后者即研究类。因部分研究热点已在“研究问题”中提及,视情况不复赘述。

文字本体虽如前所述相比应用研究总量较少,但因其性质至为重要,如国际上粟特学、回鹘学、蒙古学、满学之开端,均与文字本体研究有密不可分之关系,故文字本体仍应视为研究热点。粟特文方面本体研究相较其他三种文字最为不足,致力于此的代表性学者仅有吉田丰,如其对粟特文行款变迁之研究即属此类,但亦未见系统专著。回鹘文研究中牛汝极是为数不多偏重文字本体研究者,撰有《维吾尔古文字与古文献导论》③,该书提出建立维吾尔文字学的倡议,并指出维吾尔文字学应包括研究维吾尔文字(包括回鹘文在内)的起源、产生、发展、性质、特点、范围,以及维吾尔文字与语言的相互联系,维吾尔文字在形、音、量、序诸方面的特点,等等。蒙古文方面的本体研究典型者为纳德米德《蒙古语及其文字的历史发展简述》④,该书全面研究了12—19世纪的蒙古文字史,对古代、近代蒙古文及其文献都作了系统详尽的介绍。其他蒙古文字学类著作还有包力高《蒙古文字简史》⑤、包祥《蒙古文字学》⑥、图力古尔《蒙古文字史概要》⑦、策·沙格德尔苏荣(Ts. Shagdarsuren)《蒙古族文字史》⑧等。满文方面本体研究比较典型的应数马腾(Mårten Söderblom Saarela)的《满文近代周游列国史:东亚和欧洲的

① 杨富学、张田芳:《回鹘文〈针灸图〉及其与敦煌针灸文献之关联》,《中医药文化》2018年第2期。

② 于永敏:《中国满文医学译著考述》,《满族研究》1993年第2期。

③ 牛汝极:《维吾尔古文字与古文献导论》,新疆人民出版社,1997年。

④ Надмид Ж.: *Монгол хэл, түүний бичгийн түүхэн хөгжлийн товч тойм*. УБ ШУАХ, 1967.

⑤ 鲍·包力高:《蒙古文字简史》,内蒙古人民出版社,1983年。

⑥ 包祥:《蒙古文字学》,内蒙古教育出版社,1984年。

⑦ 图力古尔:《蒙古文字史概要》,内蒙古文化出版社,1998年。

⑧ 策·沙格德尔苏荣:《蒙古文字史》,民族出版社,1989年。

满文及其研究》①,梳理并厘清了关于满文这一文字诸多前人语焉不详或以讹传讹的问题。

文字本体研究中,关于文字的创制问题也常是研究热点,如回鹘文创制方面有王叔凯《试论粟特字母的传播与回鹘文的创制》、杨富学《回鹘文源流考辨》、李树辉《回鹘文始用时间考》等研究。蒙古文创制上也有两派不同意见:一派即“八百年说”,依史籍所载主张成吉思汗征服乃蛮部后才命塔塔统阿创制蒙文,如亦邻真、道布、包力高即主此说;一派则认为成吉思汗建立蒙古帝国前数世纪(约 8—9 世纪时)已有回鹘式蒙古文出现,持此论者如那森柏、包祥、昂如布、双福等②。满文创制方面则有李德启③,于鹏翔④,阎崇年⑤,赵志强⑥,张虹⑦,哈斯巴特尔、田鹂⑧,马金柱⑨等学者参与讨论。

文本译释与研究一直是粟特—回鹘系文字研究的热点。尤其是新出文本,包括新出土或者新刊布的材料,考释研究与收集整理几乎是同步的。具体情况见诸“研究的相关问题”,兹不赘述。在众多已译释的材料中,有部分知名文本属于热点中的热点,吸引几代学者前赴后继投入研究,典型者如粟特文古信札,其研究盛况具体可参韩树伟《丝路沿线出土粟特文文书研究述要》;又如回鹘文方面,如《玄奘传》等佛教文献的考释与研究,一直是重中之重⑩。

语言研究也是热点之一,在国际学界尤为如此,因语言研究之精度关系到文

① Saarela, M. S.: *The Early Modern Travels of Manchu: A Script and Its Study in East Asia and Europe*. Philadelphia: University of Pennsylvania Press, 2020.

② 双福:《我国回鹘式蒙古文研究评述》,《蒙古学资料与情报》1992 年第 2 期。

③ 李德启:《满洲文字之来源及其演变》,《国立北平图书馆馆刊》1931 年第 5 卷第 6 号。

④ 于鹏翔:《论从老满文到新满文的演变》,《松辽学刊(社会学版)》1988 年第 3 期。

⑤ 阎崇年:《满文的创制与价值》,《故宫博物院院刊》2002 年第 2 期。

⑥ 赵志强:《老满文研究》,《满语研究》2003 年第 2 期;《达海改革满文事迹考》,《“满洲民族共同体及其文化”学术研讨会论文集》,辽宁民族出版社,2015 年,第 8—30 页。

⑦ 张虹:《老满文改革的初始时间》,《满语研究》2006 年第 2 期。

⑧ 哈斯巴特尔、田鹂:《满文字母改进述要》,《中央民族大学学报(哲学社会科学版)》2018 年第 4 期。

⑨ 马金柱:《满文创制问题再探》,《满语研究》2021 年第 2 期。

⑩ 张铁山:《回鹘文古籍概览》,民族出版社,2018 年;〔日〕松井太:《回鹘文文献研究的现状及发展趋势》,杨富学、臧存艳译,《民族史研究》第十五辑,中央民族大学出版社,1999 年,第 407—426 页。

本释读的准确度，进而又会影响到基于文本考释而进行的其他应用性、交叉性研究。关于粟特语、回鹘语、蒙古语、满语等语言研究的具体情况，可参“研究的相关问题”相关段落。

断代定年与文本译释息息相关，向来也备受重视。典型如王冀青《斯坦因所获粟特文〈二号信札〉译注》、陈国灿《敦煌所出粟特文古书信的断代问题》、林梅村《敦煌出土粟特文古书信的断代问题》都讨论了粟特文古信札的年代问题，而葛玛丽、冯家昇、耿世民、黄盛璋等均对回鹘文《玄奘传》翻译年代提出各自看法[①]。有部分似已定论的文献，如《乌兰浩木碑》大多学者从谢尔巴克、谷米列夫、克里亚什托尔内等之释读，认为该碑立于公元840年之前，通常默认为存世最早的回鹘文碑铭，但白玉冬、吐送江·依明则在重新释读基础上综合文字学、历史学、宗教学等证据认为该碑年代属于高昌回鹘王国早期（约9世纪后期至11世纪初期）[②]，质疑其回鹘文第一碑的地位。此外，自20世纪80年代欧洲学者提出对写本的物质性进行自然科学的材料分析后，断代研究往往也有赖于对纸张、墨水等的分析[③]。回鹘文研究这方面典型代表如森安孝夫，他对敦煌回鹘文文书断代、回鹘文文书断代标准都有重要贡献[④]。

佚史钩沉与补正涉及前文“研究的相关问题”中的史料考补、地望考订、政治文化、社会经济、思想文化、社会生活等专题，历来是研究热点。这方面典型个案如穆格山粟特文文书，学界公认有极高史料价值，能从粟特人内部而非汉人、阿拉伯人或突厥人的外部视角来考察粟特本土被阿拉伯帝国攻陷的历史。学者们虽然确认了这批文书主要是喷赤干领主迪瓦什梯奇的档案，但围绕文书的定年、文书所记人名地名的考释、迪瓦什梯奇的身份及统治年代、迪瓦什梯奇与康国国王突昏和乌勒伽的关系、迪瓦什梯奇何时称粟特王、8世纪初粟特本土的政治状况等问题，苏联学者弗列依曼、利夫希茨、斯米尔诺娃，美国学者费赖，日本学者岩佐精

---

① 张铁山：《回鹘文古籍概览》，民族出版社，2018年，第25—26页。

② 白玉冬、吐送江·依明：《有关高昌回鹘历史的一方回鹘文墓碑——蒙古国出土乌兰浩木碑释读与研究》，《敦煌吐鲁番研究》第二十卷，上海古籍出版社，2021年，第207—226页。

③ 张文玲：《粟特佛典写本学与粟特佛教概述》，《国学》第七集，巴蜀书社，2019年，第142—160页。

④ 〔日〕松井太：《回鹘文文献研究的现状及发展趋势》，杨富学、臧存艳译，《民族史研究》第十五辑，中央民族大学出版社，1999年，第407—426页。

一郎等展开了长期的讨论①。中国学者马小鹤《公元八世纪初年的粟特——若干穆格山文书的研究》②在前人研究基础上，根据穆格山文书，并结合汉籍等传世文献，论证了粟特王迪瓦什梯奇的身份经历和8世纪初年阿拉伯人在中亚的扩张史实。根据他的研究，喷赤干被考定为昭武九姓的米国都城钵息德城，而迪瓦什梯奇就是开元六年遣使来朝的米国王。法国学者葛乐耐和魏义天也利用穆格山文书对阿拉伯帝国征服喷赤干之前的历史作了研究③。又如，学者们根据《布古特碑》《小洪那海石人题铭》《九姓回鹘可汗碑》等内容，补阙了存世突厥史的佚失部分。④ 对清代数量庞大、巨细靡遗的满文档案之研究，甚至直接催生了国际上所谓"新清史"研究，更足以视为佚史钩沉这一研究热点的典型案例。

中外关系研究也是粟特-回鹘系文字应用研究中的一个热点。粟特人作为跨国民族，中外关系研究一直是粟特学的热门主题，回鹘文研究中也涉及蒙古帝国及其分封汗国与亚、欧其他国家间的往来，蒙古文、满文更与近代以来中外多国间接触的重要史实有直接关系。高明哲《粟特与回鹘关系研究》⑤、陈乃雄《蒙古四大汗国钱币上的蒙古文铭文解》、吐送江·依明《波兰中央档案馆馆藏金帐汗国君主的一篇回鹘文圣旨》、松浦章《满文档案和清代日中贸易》⑥等均属此类。

工具书的编纂无论对于粟特-回鹘系文字的本体抑或应用研究均不可或缺，因此一直是各国相关研究的热点之一。限于篇幅，本文仅约略介绍各文种工具书之尤有价值者。（1）粟特文方面目前唯一工具书是加里布（B. Gharib）博士编纂的《粟特语词典》，1995年初版，2004年再版。⑦ 该书共收粟特语词11 617条，均有英语、波斯语释义，但词条均以高狄奥体系转写，未附文字图版，仅加注"文字标

① 许序雅：《唐代丝绸之路与中亚史地丛考》，商务印书馆，2015年；韩树伟：《丝路沿线出土粟特文文书研究述要》，博士学位论文，兰州大学，2020年。

② 马小鹤：《公元八世纪初年的粟特——若干穆格山文书的研究》，《中亚学刊》第三辑，中华书局，1990年，第115—118页。

③ Grenet F., de la Vaissière É.: "The last days of Panjikent". *Silk Road Art and Archaeology*, 2002 (8).

④ 林梅村：《布古特所出粟特文突厥可汗纪功碑考》，《民族研究》1994年第2期；〔日〕吉田丰：《布古特碑粟特语部分再考》，王丁译，《中山大学学报（社会科学版）》2020年第2期。

⑤ 高明哲：《粟特与回鹘关系研究》，硕士学位论文，西北民族大学，2013年。

⑥ 〔日〕松浦章：《满文档案和清代日中贸易》，孙世春译，《日本研究》1985年第1期。

⑦ Gharib B.: *Sogdian Dictionary* (*Sogdian-Persian-English*). Tehran: Farhangan Publications, 2004.

记”,如 B 表示粟特文佛经体材料,S 表示佛经体之外的其他粟特文材料,M 表示使用摩尼文的摩尼教文书,C 表示使用叙利亚文的景教文书,若是使用粟特文书写的摩尼教或景教写本,会注为 S(M)和 S(C)。本文所讨论的“狭义粟特文”相当于该字典中的 B, S 以及 S(M), S(C)部分。(2) 回鹘文方面目前最值得推荐的工具书是威肯思(J. Wilkens)博士编著的《回鹘语简明词典》①,该词典是德国哥廷根科学院长期项目“回鹘语词典”(Wörterbuch des Altuigurischen)的阶段性成果。该词典覆盖了几乎全部已知文献中的回鹘语词汇(包括借词和人名、地名等),每一词条均附有德语及土耳其语的词义解释,借词均注明源语言的形式及借入路径。该词典一大特色是收录了目前已被更正的错误释读(标以“†”号),为研究者提供了极大方便。此外较为重要的词典尚有苏联出版的《古代突厥语词典》(1969)、英国克劳森(G. Clauson)的《十三世纪前突厥语词源词典》(1972)、德国芮博恩(K. Röhrborn)的巨著《回鹘语词典》(1977 年至今共出版三卷五册,尚未完稿)等②。(3) 蒙古文方面,工具书数量较多。其中,中古蒙古语有海涅什《〈蒙古秘史〉词典》③、小泽重男《〈元朝秘史〉蒙古语辞典》④、黄宗鉴《〈华夷译语〉研究》⑤、张双福《蒙古译语》⑥等,黄氏除以拉丁文转写外尚逐词附有回鹘式蒙古文、现代传统蒙古文和西里尔蒙古文的写法;近代蒙古语有清代的《御制满蒙文鉴》《三合便览》《四体清文鉴》《蒙古托忒汇集》《蒙文汇书》等“清文鉴”系列辞书,还有 20 世纪初北京筹蒙学社的《蒙古大辞典》、蒙文书社的《蒙文分类辞典》《蒙汉字典》等,以及施密特《蒙-德-俄词典》、科瓦列夫斯基《蒙-俄-法词典》等早期海外蒙古学家编纂的词典,而现代蒙古语词典代表性的有国外的《蒙英大词典》⑦和国内的《新蒙汉辞典》⑧,两者词目均列出现代传统蒙古文和西里尔蒙古文。(4) 满

---

① Wilkens, J.: *Handwörterbuch des Altuigurischen* (*Altuigurisch-Deutsch-Türkisch*). Universitätsverlag Göttingen, 2021.

② 哈斯巴特尔:《彦斯・威肯思博士编著〈古代回鹘语简明词典〉推介》,《蒙古学集刊》2021 年第 2 期。

③ Haenisch, E.: *Wörterbuch zu Manghol un Niuca Tobca'an*. Otto Harrassowitz, 1939.

④ 〔日〕小泽重男:《元朝秘史蒙古语文法讲义》,风间书房,1993 年,第 281—570 页。

⑤ 黄宗鉴:《〈华夷译语〉研究》,昆仑出版社,2014 年,第 197—342 页。

⑥ 张双福:《蒙古译语》,内蒙古教育出版社,2017 年。

⑦ Lessing F. (ed).: *Mongolian-English Dictionary*. Berkeley, Los Angeles: University of California Press, 1960.

⑧ 新蒙汉词典编委会:《新蒙汉词典》,商务印书馆,1999 年。

文方面，国内代表性的有《满汉大辞典》①（收词5万）和《新满汉大词典》②（收词3.6万），词目均有满文及拉丁文转写。国外享有盛誉的是郝爱礼（E. Hauer）1955年出版的《满德字典》③，经科夫（O. Corff）修订再版④后，至今被誉为西方最好的满语词典之一。以上挂一漏万，如前文提及清代所编纂的众多"清文鉴"类词典以及早期欧洲满学家所编著的满语辞书此处均从略。

七、未来展望

展望未来，本文所论及之粟特-回鹘系文字可在以下几方面作进一步深入研究。

第一，文字本体研究的加强。总体而言，目前非常缺乏在理论文字学框架下对粟特-回鹘系文字的深入研究，包括对其字母（letter）、字位（grapheme）及相关特征（库藏规模、复杂性、频次、装饰性、区别性、变异度、音位载量、字位规模、字母的字位载量、字母的字位可用性等）⑤的系统分析。而要加强这类本体理论研究，首先需要相关基础概念的澄清以及共识的更新，如"文""语"分开。部分学者误将《突厥语大词典》视为回鹘文文献，但该词典所记录的语言虽广义上属于回鹘语（喀喇汗属葱岭西回鹘），其文字却使用阿拉伯字母，无论如何不能归于"回鹘文"范畴。只有区分清楚"语""文"之异同，才能更好地推动相关文字本体研究走向深入。其次，文字中的广义和狭义概念也需要厘清，如前文已阐明的广义、狭义粟特文、蒙古文等。此外，断代定年研究中很重要的书体年代研究，目前似也仅作为相关专家在鉴别中的个人经验，而并未形成系统的研究成果——如杨军凯《北周史君墓双语铭文及相关问题》提及吉田丰判断铭文的粟特文书体年代具有6世纪末粟特文的标志性风格，与同时期之布古特碑相似，但未见有系统介绍不同时期粟

① 安双成：《满汉大辞典》（修订版），辽宁民族出版社，2018年。

② 胡增益：《新满汉大词典》，商务印书馆，2020年。

③ Hauer E.: *Handwörterbuch der Mandschusprache*. Deutsche Gesellschaft für Natur-und Völkerkunde Ostasiens, 1952 – 1955.

④ Hauer, E. & Corff, O.: *Handwörterbuch der Mandschusprache*. 2nd ed. Otto Harrassowitz Verlag, 2007.

⑤ Altmann G.: "Towards a theory of script". *Analyses of Script*. Berlina, New York: Mouton de Gruyter, 2008, pp.149 – 164.

特文书体特征及差异者。实际上粟特-回鹘系文字因所处不同时空而有诸多变体,不同形体之间既有联系,又有区别,对文字在不同时期、地域的形体特征以及书写习惯的研究,目前研究较为不足,值得作为未来的一个新方向。

第二,文本译释的优化与纵深化。文本考释是所有其他应用研究的基础,尽管目前这方面成果最为丰硕,但一来随着语言学、文字学等相关学科的进展,过去的释读和译注有可能需要被订正或推翻(威肯思《回鹘语简明词典》收录已被更正的前人错误释读意义即在于此);二来新出土或新刊布的未释读文献也日益增多,新材料的释读与译注工作仍任重而道远。

第三,文献数字化建设及研究的推进。随着计算机技术的快速发展和粟特-回鹘系文字出土、刊布资料的日益丰富,相关文字的信息化处理已备受关注,在各大文种的字形规整化、字符编码、文献典藏数据库及语料库建设等方面已取得了一系列重要成果,前文亦已有涉及。不过,未来如何进一步推动文献数字化的覆盖面,以及如何利用这些已经数字化的文字资料进行更深层次的探讨,均应提上议事日程。

第四,综合性工具书的编纂。包括集著录、研究和工具查询为一体的综合著录成果(尤其是能将新发现更新到成果中,并将新旧认识的异同呈现出来),也包括兼顾语言和文字的词典类,即不仅有拉丁文换写和转写,还附有相关文字及其异体之图版,以及释读的新旧成果、共识更替的爬梳。此类可在电子化数据库基础上以多模态方式来实现。

第五,“语言—文字”交叉研究的开拓。尤其是与文字息息相关的语言现象的探究。如蒙古文和回鹘文研究中,对于“文献语言”(文字所书写的书面语)与文本写就年代的真实口语变体之间差异所造成的双言问题,似乎还缺乏系统、充分的研究。这种双言制高低变体之间的张力,既会造成两种语言或变体之间的接触互动,也是推动文字演进的一大动力,其无论对文字研究还是语言研究,都有非常重要的价值。如回鹘文在中古突厥语时期仍在中西亚得到行用,但其记录的语言与高昌回鹘时期写本所用的文献语,以及与写成时帖木儿帝国、金帐汗国、奥斯曼帝国的突厥语口语之间的异同比较,尚缺乏全面研究,更缺乏在此基础上提炼形成社会历史语言—文字学互动的理论框架。

第六,基于双文种或多文种材料文字接触研究的开展。如中西亚突厥语诸国曾有过回鹘文和阿拉伯文并用的情况,这种双文现象对两种文字分别造成了什么样的影响？粟特文由横写变纵书，现代蒙古文和满文新出现的竖写横排与横写横排现象，能否从文字接触角度得到解释？为何现代蒙古文和满文变纵为横选择了自左而右方向，而不是恢复其祖源文字亚兰-粟特一系自右向左横书？诸如此类问题，均值得未来学界进一步深入探讨。

第四节

“吐火罗文”、于阗文、藏文、八思巴字

一、四种文字的来源

“吐火罗文”、于阗文、藏文和八思巴文从文字的发生学关系上说，都属于印度婆罗米（Brāhmī）系的文字。

婆罗米文是古代印度两种主要文字之一。另一种是佉卢文（Kharoṣṭhī）。这两种文字可能都直接脱胎于阿拉米系统的字母，且都属于（元音附标型）辅音-音节文字，辅音字母不添加任何符号时默认含有元音 a，此时的辅音字母表达的是一个辅音+（零形式）a 构成的音节；用添加不同的符号代表辅音后面跟其他不同的元音，此时的辅音字母表达的是一个纯粹的辅音，加上附加符号才成为一个辅音+元音的音节。为了适应印度-雅利安语的特点，两种文字虽然脱胎于辅音文字，但兼有了音节文字的性质，可以说兼具两种类型文字的长处。① 婆罗米文从左往右书写，佉卢文从右往左书写。

在两种文字并行的时代，佉卢字母只通行于古印度西北部，即今天的阿富汗、巴基斯坦地区，后来还随着佛教的传播进入中亚和中国新疆。到公元 400 年前后，古印度已经不再使用佉卢字母。中亚等地一直使用到 7 世纪左右。而婆罗米文则通行于全印度，后来产生了多种变体并广泛传播，到今天还在使用。

---

① 〔法〕乔治-让·皮诺：《印度大陆的文字》，安娜-玛丽·克里斯坦：《文字的历史：从表意文字到多媒体》，商务印书馆，2019 年，第 128—169 页。

婆罗米文从最初出现到公元元年前后的演变比较缓慢，公元后的前三百年分化加剧，到公元4—6世纪分成南北两支。这一时期影响最大的字体是“悉昙体”（Siddham），意为“成就、完美”，因为当时的铭文或手稿，在书写的时候都喜欢在开头画一个圈状的符号，这个符号就读为“悉昙”，故而得名。到公元1000年前后，婆罗米文的各种现代形式已经陆续形成，并取代了悉昙体的位置。其中影响最大的，是公元8世纪中叶至12世纪逐步定形、属于北支婆罗米文的“城体”（源于nāgarī，城市），最终在17世纪定名为天城体（Devanāgarī，意为“天帝之城体”），成为现在记录梵语、印地语和马拉他语的标准字体。

从天城体分化出来的现代后裔文字，主要有通行于孟加拉国的孟加拉文、通行于尼泊尔的兰扎文（Rañjanā），还有书写古吉拉特语的古吉拉特文，奥里萨邦使用的奥利雅文（Odia），等等。同属北支婆罗米文的后裔文字还有夏拉达文，目前主要书写旁遮普语。

南方婆罗米文在历史上的重要文种是古兰达文（grantha，“书籍”的意思），其现代后裔文字主要有书写泰米尔语的泰米尔文和书写僧伽罗语的僧伽罗文；同属于南支婆罗米文的后裔文字，还有泰卢固文和卡纳达文。①

这些不同的婆罗米系文字因其不同的传入时间和传入路线而在中国境内留下了四种重要的衍生文字，就是本节所述的“吐火罗文”、于阗文、藏文和八思巴字。

其中“吐火罗文”在悉昙体出现之前就已经形成，因此形体和拼写方式更接近于早期婆罗米文。于阗文产生的时代与悉昙体接近，甚至有些字形和元音符号也与古藏文相同，因此有的学者认为古藏文也许是从于阗文发展来的。② 但“吐火罗文”和于阗文主要用于记录印欧语系语言，其文字属性也与婆罗米文一致，仍然是元音附标型辅音-音节文字。藏文和八思巴字则产生于悉昙体出现之后，藏族本族学者认为藏文（楷体）是根据兰扎体创造出来，并被改造成了辅音-音位文字，用于记录汉藏语系的藏语；再从藏文派生出八思巴字，成为一种完全意义上的音位文字，主要用于记录阿尔泰语系的蒙古语和汉藏语系的汉语。

---

① 〔法〕乔治-让·皮诺：《印度大陆的文字》，安娜-玛丽·克里斯坦：《文字的历史——从表意文字到多媒体》，商务印书馆，2019年，第128—169页。

② 黄振华：《于阗文》，《中国民族古文字》，中国民族古文字研究会，1982年，第166—172页。

二、“吐火罗文”

“吐火罗文”这个名字的内涵十分复杂,它所指的文字,自发现以来也有多种名称。

19 世纪末至 20 世纪初,西方探险家在中亚的探险活动十分活跃。在长达 30 年的探险和考古发掘过程中,他们在这一区域发现了大量艺术品和各种文字的文献。这些艺术品和文献都被这些探险家运回各自的祖国,目前分藏在欧洲多国。其中有一种用婆罗米文书写的文献,当时已知这种文字是 3—9 世纪一支居住在中国新疆地区操印欧语的民族所用的文字,①但仍不能确认其记录的是什么语言。最初德国学者洛伊曼将其称为“北雅利安语”,后来又改称“喀什语”。② 直到 1907 年,德国学者缪勒(F. W. K. Müller)发表了《论中亚一种未知语言的定名》,将这种语言称为“吐火罗语”,这种婆罗米文也就被相应称为“吐火罗文”。缪勒的定名依据,是同一地点发现的回鹘文抄本《弥勒会见记》题记部分的一段话,说这个文本是“乌古从若先语译成 Toγri 语,从 Toγri 语再译成突厥语”。他经过考证,认为这个“Toγri”就是这种未定名的语言,也就是欧洲历史文献里记载的吐火罗语。③

不过,自缪勒定名之后,该语言的名称一直有争议。以至于德国学者们先后给出的语言名字多达十种。除“吐火罗语”之外,还有人提出诸如“安西语”“印度斯基泰语”“月氏语”等名称。最初“吐火罗语”的名字得到了齐厄(E. Sieg)和齐厄林(W. Siegling)师生二人的支持。④ 齐厄和齐厄林合著的《吐火罗-印度斯基泰[月氏]语考》(1908)还首次确认了这种语言分为两个“方言”。其中在焉耆-吐鲁番发现的写本,是“吐火罗语 A 方言”,或可译称“甲种吐火罗语/文”;在库车发现的写本,是“吐火罗语 B 方言”,或可译称“乙种吐火罗语/文”。⑤

---

① 李铁:《焉耆-龟兹文》,《中国民族古文字》,中国民族古文字研究会,1982 年,第 170—174 页。

② 李铁:《焉耆-龟兹文的研究》,《中国民族古文字研究》,中国社会科学出版社,1984 年,第 56—63 页。

③ 史金波、黄润华:《焉耆-龟兹文文献》,《中国历代民族古文字文献探幽》,中华书局,2008 年,第 18—23 页。

④ 聂鸿音:《中国文字概略》,语文出版社,1998 年,第 144 页。

⑤ 李铁:《焉耆-龟兹文》,《中国民族古文字》,中国民族古文字研究会,1982 年,第 170—174 页。

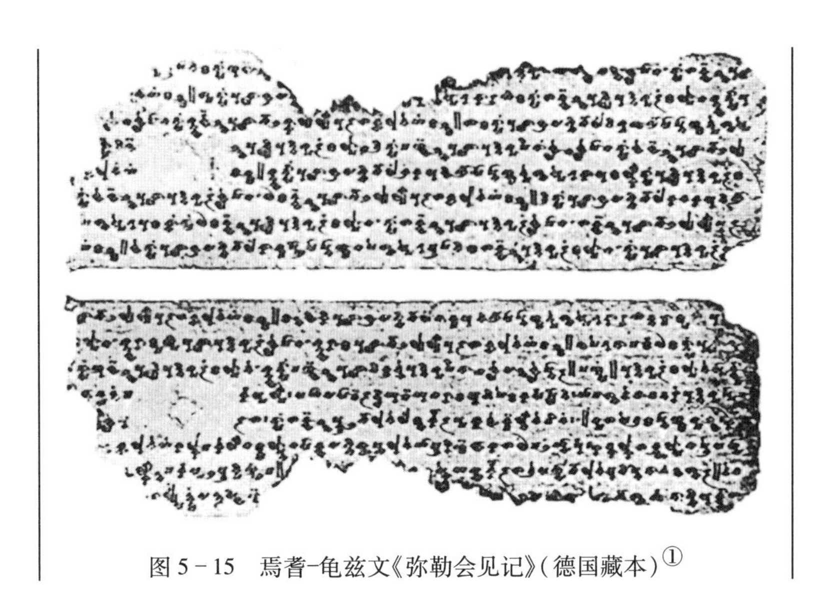

图 5－15　焉耆-龟兹文《弥勒会见记》（德国藏本）[①]

之后不久，其他国家的学者就提出了不同意见。先是俄国的钢和泰（Srahl Holstein）和挪威的柯诺（Sten Konow）认为是于阗塞人的语言。[②] 之后法国学者烈维（S. Lévi）在 1913 年发表了《所谓乙种吐火罗语即龟兹语考》，指出：所谓“吐火罗语 B 方言”实际是龟兹国语。但缪勒和齐厄在随后几年发文反驳，仍然坚持是吐火罗语。[③] 烈维在 20 年后发表《说吐火罗》一文，进一步提出甲、乙两种“吐火罗语”可以总称为“安西语”，其中龟兹的语言可以称为“西安西语”，焉耆-吐鲁番的语言可以称为“东安西语”。伯希和（P. Pelliot）1934 年发表《论吐火罗与库车语》，认为《大唐西域记》里提到的吐火罗国的语言才是吐火罗语；里面提到的“苦先”语就是龟兹语。英国学者贝利（Bailey）也于同年发文认为两种语言都和吐火罗语毫无关系，其中的“A 方言”应该是喀喇沙尔兹语，即焉耆语。伯希和 1936 年又发表《说吐火罗语》一文反驳贝利的说法。[④] 齐厄在 1937 年仍然发表文章《反

① 中国民族古文字研究会：《中国民族古文字图录》，中国社会科学出版社，1990 年。本章图均出于此书。

② 李铁：《焉耆-龟兹文的研究》，《中国民族古文字研究》，中国社会科学出版社，1984 年，第 56—63 页。

③ 李铁：《焉耆-龟兹文的研究》，《中国民族古文字研究》，中国社会科学出版社，1984 年，第 56—63 页。

④ 李铁：《焉耆-龟兹文的研究》，《中国民族古文字研究》，中国社会科学出版社，1984 年，第 56—63 页。

正是吐火罗》,虽然承认了“B 方言”是“库车语”(即龟兹语),但继续坚持“A 方言”为“吐火罗语”。[①] 1938 年起,英国学者亨宁(W. B. Henning)先后发表了《粟特语杂考》《焉耆语和吐火罗语》等文,再次论证两种语言与吐火罗语无关,并提出“A 方言”应当是龟兹国语。[②]

此后有多国学者纷纷加入这一问题的论战,一直持续到 20 世纪 70 年代才逐渐告一段落。在此期间,一个法国考古队于 50 年代在中亚发现了被认为是真正的记载吐火罗语的文献,因此烈维和亨宁的意见基本上成为学界的普遍看法。中国民族古文字研究会也在 80 年代初根据季羡林先生的意见将这种文字定名为“焉耆-龟兹文”。

焉耆-龟兹文的研究资料大多保存在欧洲,主要收藏在柏林、巴黎、伦敦和圣彼得堡,还有一部分保存在日本和印度,只有中华人民共和国成立以后考古发掘得到的一些文献保存在我国。从内容来看,现存文献种类丰富,以佛经居多;其次为大量世俗文献,包括公文、寺院账册、壁画上的题识和医学文献;文学作品主要是剧本,最著名的就是 27 幕剧《弥勒会见记》,也是中国历史上最早的剧本,另外还有一些佛教故事、民间传说和诗歌;最后还包括少量双语词汇对照式的辞书。从载体来看,以纸质和木牍为主,还有壁窟题记。

目前已经刊布的焉耆-龟兹文文献主要有:德藏:齐厄和齐厄林 1921 年发表的《吐火罗语残卷 A》两卷;经学生托马斯(F. Werner Thomas)整理于 1949、1953 年出版的二人遗稿《吐火罗语残卷 B》两卷。法藏:烈维刊布的《龟兹文献残卷》一册;费约扎(J. Filliozat)在烈维逝世后接替完成的《龟兹语医学和咒语文献残卷》。日藏:西域文化研究会编《西域文化研究》第四卷别册中刊布的部分文献。[③]

从文字学的角度来看,“吐火罗文”的研究价值并不大。主要原因是这种文字本身完全就是用现成的婆罗米文来记录的另一种语言。而且除非研究到达语言层面,否则单纯从形体上很难将其与于阗文区分开。所以长期以来相关研究主要集中于语言学和文献学两个领域;另外还有研究者利用这种文字的文献,进行历

---

① 耿世民:《古代焉耆语(甲种吐火罗语)概要》,《语言与翻译》2012 年第 2 期。

② 聂鸿音:《中国文字概略》,语文出版社,1998 年,第 144 页;李铁:《焉耆-龟兹文》,《中国民族古文字》,中国民族古文字研究会,1982 年,第 170—174 页。

③ 史金波、黄润华:《焉耆-龟兹文文献》,《中国历代民族古文字文献探幽》,中华书局,2008 年,第 18—23 页。

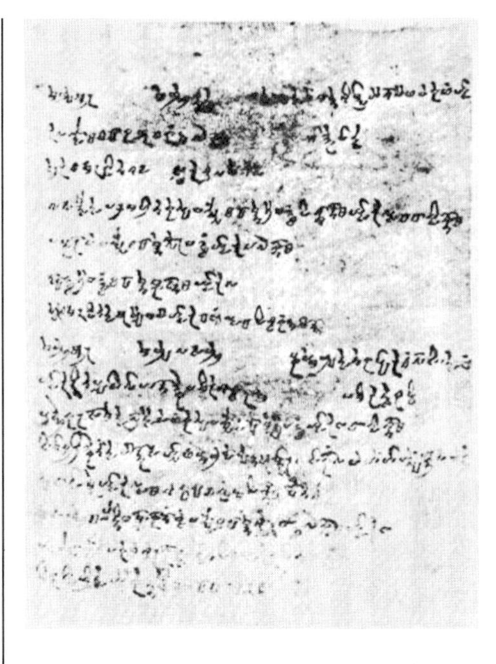

图 5－16　焉耆-龟兹文《十诵律》

史学和人种学的相关研究。20 世纪 70 年代以前的相关研究，可以通过施文特纳（W. Schwentner）的《吐火罗语著作目录（1890—1958）》和齐默（S. Zimmer）的《吐火罗语著作目录（1959—1974）》查得。①

对“吐火罗文”语言学层面的研究和这种文字属性的讨论差不多在同期开展起来。先是齐厄和齐厄林跟同时代的德国印欧语言学家舒尔茨（Wilhelm Schulze）三人合作完成的《吐火罗语语法》。之后是他们的学生一代。包括齐厄和齐厄林的学生克劳泽（Wolfgang Krause）编写的《西吐火罗语语法 I 动词》和《吐火罗语基础读本 I 语法》，其中后者由托马斯协助完成。克劳泽和德国印度学家和佛学家瓦尔特施米特（Ernst Waldschidt）共同的学生施密特（Klaus Schmidt）的博士论文《吐火罗语名词复合》是这一时期构词法领域的重要著作。比利时印欧语言学家范·温德肯斯（Albert van Windekens）在音系、构词和词源学方面研究进展很大，著有《吐火罗语方言词源学词汇》和《吐火罗语和其他印欧语对比》（三卷）。捷克东方学家和吐火罗学家鲍哈（Pavel Poucha）1955 年出版的《吐火罗语方言 A 词典》是目前唯一一本覆盖了全部字母的焉耆语词典。同时期的重要论著还有温特

① 聂鸿音：《中国文字概略》，语文出版社，1998 年，第 145—146 页。

(Werner Winter)的大量论文和贝利的相关研究。我国著名语言学家季羡林先生也属于这一代。他也是瓦尔特施米特的学生,在德国求学期间帮助德国学者找出了许多吐火罗语文本的中文对应本,让一众德国学者得已更好地理解吐火罗语文本——因为很多吐火罗语文献,尤其是佛经,并没有对应的梵文本存世,因此汉译佛经就成了最重要的依据。①

20 世纪 80 年代涌现出来的一批学者为第三代"吐火罗文"研究者。代表人物和成果有:冰岛学者希尔玛松(Jörundur Hilmarsson)及其对吐火罗语词源学的研究;美国学者林志(Don Ringe)及其对吐火罗语历史音韵学的研究;法国学者皮诺(Georges-jean Pinault)及其编写的《吐火罗语文选》(2008);德国学者哈克施坦(Olav Hackstein,施密特和温特的学生)及其对吐火罗语动词的研究;美国学者亚当斯(Douglas Adams)及其编写的《吐火罗语 B 字典》;比利时学者伊瑟巴艾(Lambert Isebaert)及其对吐火罗语外来词的研究。②

2000 年以后获取博士学位的学者算作第四代"吐火罗文"研究者。代表人物有:奥地利的玛尔灿(Melanie Malzahn)、费尔纳(Hannes Fellner),荷兰的贝明(Michaël Peyrot),瑞典的卡玲(Gerd Carling),美国的怀斯(Michael Weiss),日本的斋藤治之、玉井达士、荻原裕敏,中国的庆昭蓉、潘涛,等等。③

三、于阗文

和"吐火罗文"一样,于阗文的发现,也要归因于 19 世纪末到 20 世纪初西方探险家在中亚和中国新疆地区的考古探险活动。其中最早得到于阗文资料的,是沙俄驻喀什领事彼得洛夫斯基;随后英国驻喀什领事马继业和法、德、瑞典、日本等国探险家也纷至沓来,在这一地区搜罗了大量各民族文字文献。

和"吐火罗文"研究的另一个相似之处是,于阗文也经历了一个从发现、确认语种到定名的过程。只是这个过程远不如"吐火罗文"那样复杂,争议也没有那么

① 潘涛:《吐火罗学的创立和学术史》,《丝路文化研究》第五辑,商务印书馆,2020 年,第 137—162 页。

② 潘涛:《吐火罗学的创立和学术史》,《丝路文化研究》第五辑,商务印书馆,2020 年,第 137—162 页。

③ 潘涛:《吐火罗学的创立和学术史》,《丝路文化研究》第五辑,商务印书馆,2020 年,第 137—162 页。

大。1901 年德国学者霍恩勒(Hoernle)整理发表了马继业等人收藏的于阗文文献,将其称为“未知的语言”;后来辨认出其中一些名词和数词,并发现它们和印欧语词相近。1912 年,洛伊曼(Leumann)将其看作北雅利安语。同时,挪威学者柯诺主张其为东伊朗语。后来的研究证明,柯诺的看法正确。因此这种语言就被称为“于阗塞语”,这种文字也就相应地被称作于阗文。①

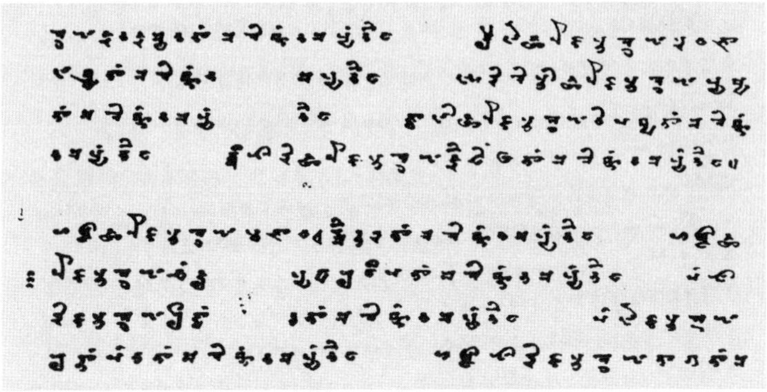

图 5 - 17　于阗文《金光明经》

于阗文文献目前主要收藏在法国巴黎,英国伦敦,瑞典斯德哥尔摩,俄罗斯圣彼得堡,德国慕尼黑、柏林、不来梅,美国华盛顿、波士顿、费城,以及日本京都,印度新德里、加尔各答(疑似遗失)等地。中华人民共和国成立以后,在新疆又有一些于阗文文献出土,目前分藏在北京、乌鲁木齐、和田。②

于阗文文献在内容方面以佛教典籍为主,已知包括 30 多种佛经,多直接译自梵文原典;还有信众的发愿文等。世俗文献以文书档案、行政牒文等为大宗;文学作品已知有佛教题材的诗歌《佛本生赞》,还有一些抒情诗;另外是账目文件、医书。语言文字方面,有于阗塞语和梵语、突厥语或汉语对照的辞书以及一些习字练习。此外还有一些铭文。按照文献载体,于阗文文献有纸质、木牍和铭刻题记。其中纸质文献的装帧有梵夹装和卷轴装两种形式。③ 字体有楷书、草书、行书三种。

① 黄振华:《于阗文》,《中国民族古文字》,中国民族古文字研究会,1982 年,第 163—169 页。

② 黄振华:《于阗文》,《中国民族古文字》,中国民族古文字研究会,1982 年,第 163—169 页;段晴:《中国人民大学藏于阗语文书的学术价值》,《中国人民大学学报》2022 年第 1 期。

③ 史金波、黄润华:《于阗文文献》,《中国历代民族古文字文献探幽》,中华书局,2008 年,第 25—31 页。

图 5－18 《于阗王致曹元忠书》

从文献时代来看，于阗文文献产生的时代均属于 6—10 世纪，在当时的于阗地区和汉字并用。而此前同一地区则是佉卢字和汉字并用。之所以发生文字的换用，主要是因为有一支说于阗塞语的东伊朗人取代了此前的雅利安人，成为当地的主体民族。

在文献刊布方面，早在 1913 年，伯希和就率先刊布了《金光明经》的片段；1919 年，德国学者洛伊曼刊布了《弥勒会见记》。20 世纪 30 年代，日本石滨纯太郎、渡边照宏，挪威的柯诺等人也刊布了若干残卷，其中以德国洛伊曼父子 1933—1936 年刊布的《赞巴斯塔书》篇幅最大。英国学者贝利在这方面用力最勤，经过他的努力，自 1938 年起，大部分海外于阗文文献都已经影印出来。计有：《于阗文抄本》一册(1938)、《于阗文文献》六册(1945—1967)、《于阗文佛教文献》一册(1951)、《塞克文献》六册(1960—1967);单独刊行的还有《本生故事》(1955)、《赞巴斯塔书》(1968)、《首楞严三昧经》(1970)和《妙法莲华经》(1982)。同时期日本和苏联也刊布了若干文献,其中1965年苏联刊布的《跋陀罗传》,正可补足洛伊曼父子所刊行的《赞巴斯塔书》缺失的部分。①

在语言研究方面,也以贝利的成果最为重要。他于1968年出版了《塞克文献译释》,后来又编有《塞语字典》(1979)。他的弟子厄麦里克著有《于阗文文献指南》(1979),详细汇总了于阗文文献刊布的相关信息。②

四、藏文

按照各种藏文古籍的相关记载,吐蕃赞普松赞干布派大臣图弥三菩扎(意思是“图弥氏的藏族优秀人士”)前往印度学习7年,学习了包括《波尼尼语法》在内的一系列古印度语言学名著,返回吐蕃之后,对藏语的语音和语法结构作了细致入微的分析,创制了藏文,并撰写了第一批藏语语法学著作。③ 从7世纪创制至今,藏文已经沿用了1 400多年,是中国少数民族文字当中使用时间最长的。

藏文的形体和字母表的排序都明显表现出跟梵文字母之间的源流关系。按照藏族历史传说,藏文是基于兰扎体创制的,有楷书(“有头字”)和行书(“无头字”)两种字体。藏文从文字属性上来说,改变了印度字母辅音-音节文字的性质,发展成为一种辅音-音位文字。元音a仍然用辅音字母后面的零形式来表示,但是已经为其他四个元音设计了专门的字母,可是这四个元音字母并不能单独书写,因此还不是完全意义上的音位文字。藏文的拼写方式在上下、前后两个维度上展开,以“基字”为中心,前后维度上可以有前加字、后加字和再后加字,最多可达四个;上下维度上可以有上加字、下加字,如果再加上a以外的元音字母,最多也可以达到四个。因此藏文的一个拼式(一个“藏字”),最多可以由七个字母拼成,但是无论是上下维度还是前后维度,最多都只能有四个。藏文的行款是从左向右横写,从上至下转行。

---

① 黄振华:《于阗文》,《中国民族古文字》,中国民族古文字研究会,1982年,第163—169页。

② 黄振华:《于阗文》,《中国民族古文字》,中国民族古文字研究会,1982年,第163—169页。

③ 华侃、桑吉苏奴、贡保杰、贡去乎尖措:《藏语语言学史稿》,民族出版社,2017年,第19—28页。

藏文创制以后曾经过三次“厘定”。其中第一次厘定就发生在藏文创制之后不久，虽然具体参与情况、执行者未见明确记载，但一般认为是由图弥三菩扎本人及当时的一些译师们共同完成的，主要是统一佛经翻译用字。第二次厘定发生在赤松德赞任赞普时期（798—815），参与厘定的既有印度高僧，也有藏族译师。厘定的主要目标是统一译文，并根据卫藏方言演变的实际情况修订拼写形式，不包括取消一些不再发音的字母、规范拼写当中的异体等，以及在词汇方面用“今词”替换了一批“古词”。第三次厘定开始于11世纪初的古格王朝，由当时阿里地区著名译师仁钦桑波主持。这次厘定前后持续300余年，共有见诸记载的167位译师参加。这次厘定以后的藏文再无变化。① 而这一次厘定之前的藏文，今天一般称作“古藏文”，以区别于现代仍在使用的藏文。

由于文字历史悠久且一直未间断使用，藏文文献的种类和数量十分丰富，是我国除汉文文献之外种类最齐全、数量最多的少数民族文字文献。我们这里只介绍古藏文文献。现存的古藏文文献，综合考虑发现地点、载体和内容，可以归为三大宗。

首先是写卷，主要发现于敦煌莫高窟藏经洞和新疆若羌米兰故城旧堡，总数达5 000余件，分藏于法国巴黎、英国伦敦、俄罗斯圣彼得堡和中国新疆。这部分写卷以佛经为主；此外是世俗文献，有医书、本族历史世系、翻译汉文史书、占卜、法律文书等；文学作品则有译自梵文的《罗摩衍那》等。敦煌古藏文文献的研究，起步也较早。最早是法国学者巴考（J. Bacot）汇编的《敦煌本吐蕃历史文书》（1940），王尧、陈践二位先生将其译为中文出版。② 近年来，散见于各国的敦煌文献被有计划地陆续影印，其中法藏敦煌古藏文文献共计18册已经出齐；英藏敦煌古藏文文献也在陆续出版之中。

另一宗是在若羌旧堡发现的400多枚简牍，以行政、军事、经济、地理文书为主，兼有部分宗教占卜文献。这部分文献主要保存在英国伦敦和俄罗斯圣彼得堡，1973年以后发现的则保存在中国新疆等地，目前大多也已经被整理出来。王尧、陈践汇编的《吐蕃简牍综录》共收录了464简。③

① 华侃、桑吉苏奴、贡保杰、贡去乎尖措：《藏语语言学史稿》，民族出版社，2017年，第38—43页。

② J. Bacot, F. W. Thomas, Ch. Toussaint: *Documents de Touen-houangrelatifs a l'historie du Tibet*, Paris, 1940. 王尧、陈践：《敦煌本吐蕃历史文书》（藏文），民族出版社，1980年。

③ 王尧、陈践：《吐蕃简牍综录》，文物出版社，1986年。

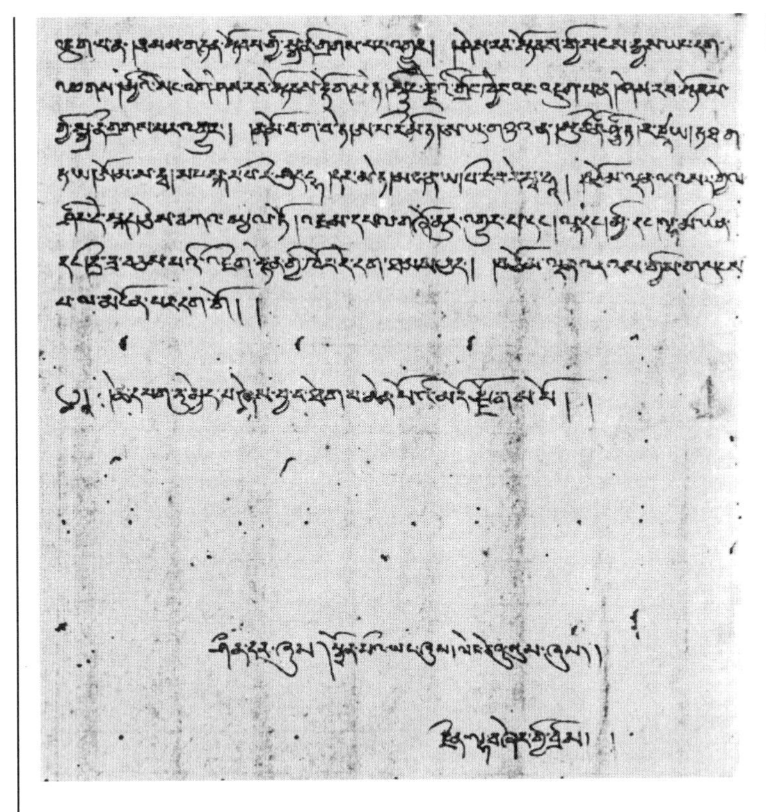

图 5－19　古藏文《大乘无量寿经》

图 5－20　若羌出土写卷

第三大宗就是传世金石类文献，目前已知有十余块碑刻或摩崖石刻，另有少量钟铭，分散在藏区各地和不丹等地，内容以祭祀、记功封赏、外交会盟为主。金石文献的研究也比较完善。有王尧先生编著的《吐蕃金石录》①,汇编 13 种;李方桂、柯蔚南合著的《古代西藏碑文研究》,汇编 14 种(将《吐蕃金石录》所收之谐拉康碑甲、碑乙和刻石合为一种,另外收录琼结桥碑、洛扎摩崖刻石两种碑刻文献和敦煌石窟墨书文献)。②

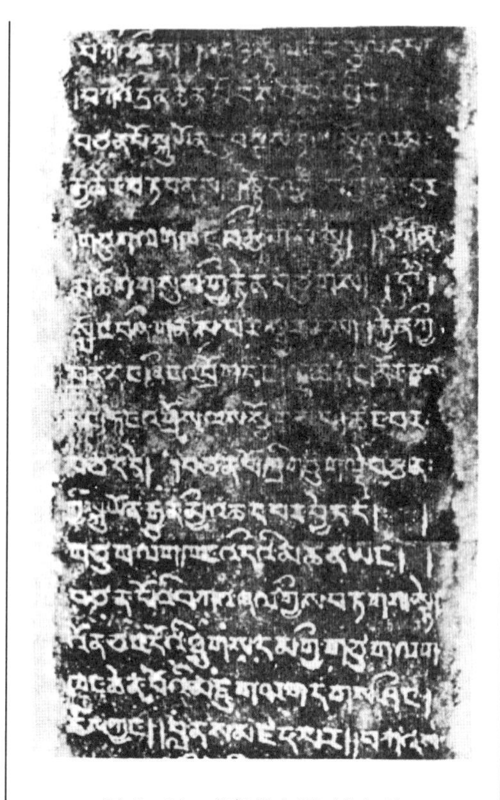

图 5－21 《唐蕃会盟碑》拓片

古藏文文献对于研究藏文字母系统和拼写方式的变化,研究藏语语音、词汇和语法的发展历史有直接的作用。此外可以通过这些文献研究吐蕃时期的经济、政治、文化和相关制度。目前这些领域的相关研究正在陆续展开。

① 王尧:《吐蕃金石录》,文物出版社,1982 年。

② 王尧:《古藏文》,《中国民族古文字图录》,中国社会科学出版社,1990 年,第 137—148 页;华侃、桑吉苏奴、贡保杰、贡去乎尖措:《藏语语言学史稿》,民族出版社,2017 年,第 418—432 页;李方桂、柯蔚南:《李方桂全集 9: 古代西藏碑文研究》,王启龙译,清华大学出版社,2007 年。

五、八思巴字[①]

“八思巴字”是藏传佛教萨迦派喇嘛罗追坚赞奉元世祖忽必烈之命创制的一套拼音文字,“八思巴”是他的尊号,是藏语“圣者”之意。这种文字主要采用藏文楷体加以改变而来。八思巴字在藏文的基础上进一步发展,除了沿用藏文的办法,用零形式表示 a 之外,其余元音字母不仅有了独立形体,而且可以独立书写,成为了一种完全意义上的音位文字。八思巴字的一个拼式,基本上对应语言中的一个音节。一个拼式包含的字母数量最少一个,最多不超过四个,这一特点同样继承了“藏字”的拼写规则。八思巴字母在实际书写和使用时共有三种字体:楷体、篆体和草体。以楷体和篆体最为常见。书写行款为从上至下直行书写,自左向右转行。这保留了回鹘式蒙文的行款规则。八思巴字主要用于拼写蒙古语和汉语,同时也可以转写其他拼音文字。如转写藏文,或通过藏文转写梵文,也可用于标音。

八思巴字的创制,是元世祖忽必烈正式建立大元、进行国家制度全新建设的环节之一。八思巴在受命之后,从 1264 年至 1269 年完成了文字创制过程。

八思巴字被创制以后,经过官方的努力推动,在有元一代曾被广泛应用,作为实用文字的时间跨度约 110 年。现存有明确纪年、最早将其作为实用文字的为元世祖至元九年(1272 年)的一方官印“和众县印”;最晚的为(北元)天元五年(1383,当明洪武十六年)六月“中书礼部造”的“甘肃省左右司之印”。

八思巴字主要用于元代官方文件的书写,尤其是皇帝颁降的圣旨、玉册或诏书,皇室成员颁布的懿旨、令旨,国师颁降的法旨,官方颁发的牒文、榜文、表彰文书等。有时仅在官方文件的年款或标题、落款上出现;其次是官印,以及用来表明公职人员身份的牌符;货币铸造年代标志(主要用于铜币)或印章(主要见于纸币,具有防伪作用);国家颁布的度量衡标准,如铜权等。同时也用于翻译、刊印重要典籍,特别是宗教、历史、儒学典籍,如《萨迦格言》《资治通鉴》(《通鉴节要》)《贞观政要》《孝经》等。专门用于推广八思巴字而编制的八思巴字-汉字对照书籍,如《蒙古字韵》《八思巴字百家姓》等。也见于墓碑、神道碑或墓址界石,以及题记、落款、器物铭文等。

---

① 本部分参考陈鑫海:《〈蒙古字韵〉韵母系统研究》,硕士学位论文,北京大学,2008 年;陈鑫海:《八思巴字汉语语音研究》,博士学位论文,北京师范大学,2015 年。

图 5－22 亦思麻儿甘军民万户府印

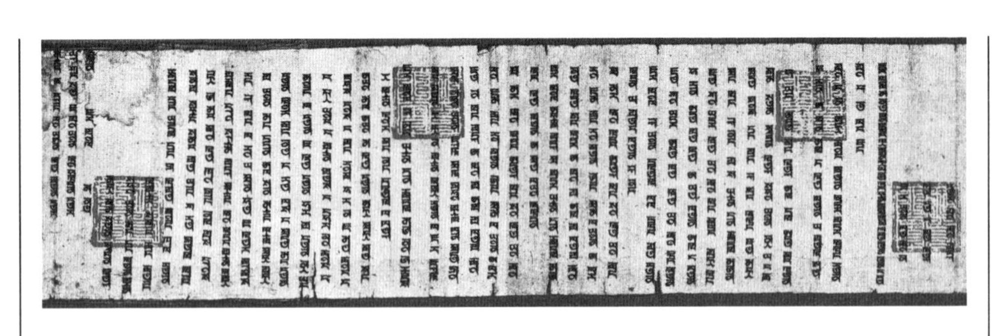

图 5－23 广州南华寺藏八思巴字（蒙古语）圣旨局部

尽管元朝官方不遗余力地推广八思巴字，但并没有能让它彻底取代原有的回鹘式蒙文、汉字以及其他民族文字。元廷北遁以后，八思巴字逐渐退出实用领域，最终成为一种“死文字”。同时在藏传佛教内部，又以其篆体为基础，演变出一种美术字变体，主要用于刻制藏传佛教喇嘛的印章，或用于书写匾额、楹联乃至题写经卷封面。这种字体直到现代仍然存在于蒙古地区的藏传佛教寺庙中，学界称为“八思巴字变体”“八思巴字藏体”或“八思巴字（篆体）藏文”，也有的学者直称为“篆体藏文”。

从八思巴字创制、应用直至退出实用领域的过程来看，到了 19 世纪以前，属于八思巴字研究的“酝酿阶段”。随着 19 世纪欧洲“东方学”的兴起，这种文字才进入学者们的研究视野，其研究过程可以分为五个时期。19 世纪 30 年代至 20 世纪20年代是“萌芽期”，以文献、文物的搜集为主，代表人物是兹季涅耶夫。这一时期德国学者贾柏莲（H. C. von der Gabelentz）最早用拉丁字母转写了八思巴字，他也是第一位向欧洲介绍八思巴字文献的学者。而最早借助汉语历史文献研究八思巴字的是法国汉学家朴节（M. G. Pauthier）。20世纪30年代至50年代，是八思巴字蒙、汉语研究的独立成长时期，两种语言研究的奠基之作都是苏联学者所作。其中蒙古语研究的奠基之作是阿尔泰学家鲍培（H. H. Поппе）以俄文发表的《蒙古文字史第一卷：方体字》（1941）①；1957年，鲍培在美国指导美国印第安纳大学教授约翰·克鲁格（John Richard Krueger）对之进行增订，并翻译为英文出版，成为影响更大的版本。最早成系统地利用八思巴字汉语文献来研究近代汉语语音的则是汉学家龙果夫。到了20世纪50年代，英藏清抄本《蒙古字韵》被发现后，被日、中两国先后公布。

20世纪六七十年代是八思巴字研究的发展时期。蒙古语文献研究的代表人物是匈牙利东方学家李盖提（Louis Ligeti）；汉语研究的代表人物有中国台湾地区学者郑再发、日本学者中野美代子和桥本万太郎。20世纪八九十年代是八思巴字研究走向成熟的时期。中国学者照那斯图先生和杨耐思先生分工合作，分别引领中国八思巴字蒙古语和汉语研究的水平达到世界领先位置，二位学者无论是在八思巴字文献学研究领域还是在八思巴字语言学、文字学研究领域，都取得了突破性进展。此外，本时期在汉语文献研究方面另一项重要的成就，是宁忌浮从汉语韵书史的角度厘清了《蒙古字韵》汉字部分的文本来源；蒙古语文献方面，有一批传世的八思巴字蒙古语文献被陆续报道和研究。进入21世纪前20年，八思巴字研究在总结此前两个世纪的研究成果基础上，达到了一个新的高度。蒙古语的文献汇集工作日臻完善，中国内蒙古学者呼格吉勒图和萨如拉，蒙古国学者姚·江其布、特木耳陶高等先后作了较好的文献汇集专著；汉语文献的整理方面，日本学者吉池孝一、美籍华裔学者沈钟伟和中国学者宋洪民等人对《蒙古字韵》的文献学、语言学研究都是重要的成就。

---

① Николай Николаевич Поппе（Nicholas N. Poppe（波普/鲍培）），История Монголъской Письменности Vol. 1 Квадратная Письменность（《蒙古文字史　第1卷：方体字》），Издательство Академии Наук СССР（苏联科学院出版社），Труды Института Востоковедения，T. XXI（东方研究所学报第21卷），（Москва-Ленинград，莫斯科-列宁格勒），1941年，第167—188页。

八思巴字文献对于研究中古蒙古语的语音、词汇和语法，以及近代汉语的语音系统都非常重要。因为这种文字相对于回鹘式蒙古文标音功能更精微，对于不能（完全）标音的汉字而言，其标音功能更是独具价值。

八思巴字蒙汉语研究目前仍然需要解决两个关键性的观念问题。在蒙古语研究看来，对于八思巴字的文字属性，是"音节文字"还是"音位文字"，一直存在争议。所谓八思巴字是音节文字的看法，是鲍培最早提出来的。盖因当时对整个印度系文字的属性整体持此看法，因此在20世纪早期的学术界，无论对藏文还是对八思巴字，都是如此定性。不过随着研究的深入，学界不仅对藏文的定性已经有了不同看法，对于八思巴字的属性也有了新的看法。照那斯图先生早在1980年就准确判定：八思巴字是"音素文字"①，我们进一步改称"音位文字"。但是照那斯图先生的这个定性，还没有被八思巴字蒙古语学界完全接受，鲍培的说法还在影响八思巴字蒙古语的研究。这种观念亟待更新。而对于汉语而言，应当辨析八思巴字是一套拼音文字，还是一种"对音文献"。杨耐思先生早在20世纪60年代就已经明确指出：八思巴字是历史上第一个汉语拼音方案，但未能引起学界足够的重视。② 用看待拼音的眼光去研究，和将其当作一种"对音"材料来看待，研究视角和研究方法自然也有所不同。我们认为杨耐思先生的这个定性，对于今后的八思巴字汉语研究有至关重要的指导意义。

---

① 照那斯图：《论八思巴字》《八思巴文元音字母字形问题上的两种体系》《八思巴字中的零声母符号》，《八思巴字和蒙古语文献・I 研究文集》，东京外国语大学亚非语言文化研究所，1990年，第1—7页、第9—14页、第15—22页。

② 杨耐思：《元代八思巴文的汉语拼音》，《文字改革》1963年第3期。

第五节

方块壮字、苗文、白文、侗文

中国北方民族文字大部分都已经消亡，成为历史古文字。南方民族文字与北方民族文字不同，绝大多数南方民族文字都是“活文字”，即现在仍然在使用的文字。南方文字中有一部分民族深受汉字的影响，是根据汉字创制出的本民族文字，这些文字符号体态上非常接近汉字，也叫“方块文字”。下面我们来介绍四种受汉字影响创制的文字：方块壮字、苗文、白文和侗文。

第一部分　方块壮字

一、方块壮字的定义

壮族是我国人口最多的少数民族，方块壮字是壮族人仿照汉字构形理据、利用汉字整字或构件创制的用来记录其本民族语言——壮语的方块字。方块壮字在壮语中被称为“sawndip”，义为“生字”“未成熟的字”，如图5-24所示。①

二、方块壮字与汉字的关系

方块壮字借源于汉字，与汉字有着密切的亲缘关系，周有光称之为“孳乳仿造的汉字型文字”②。王元鹿等曾对《古壮字字典》所收方块壮字进行统计，发现这

① 张声震：《壮族麽经布洛陀影印译注》（第三卷），广西民族出版社，2004年，第726—727页。
② 周有光：《比较文字学初探》，语文出版社，1998年，第214页。

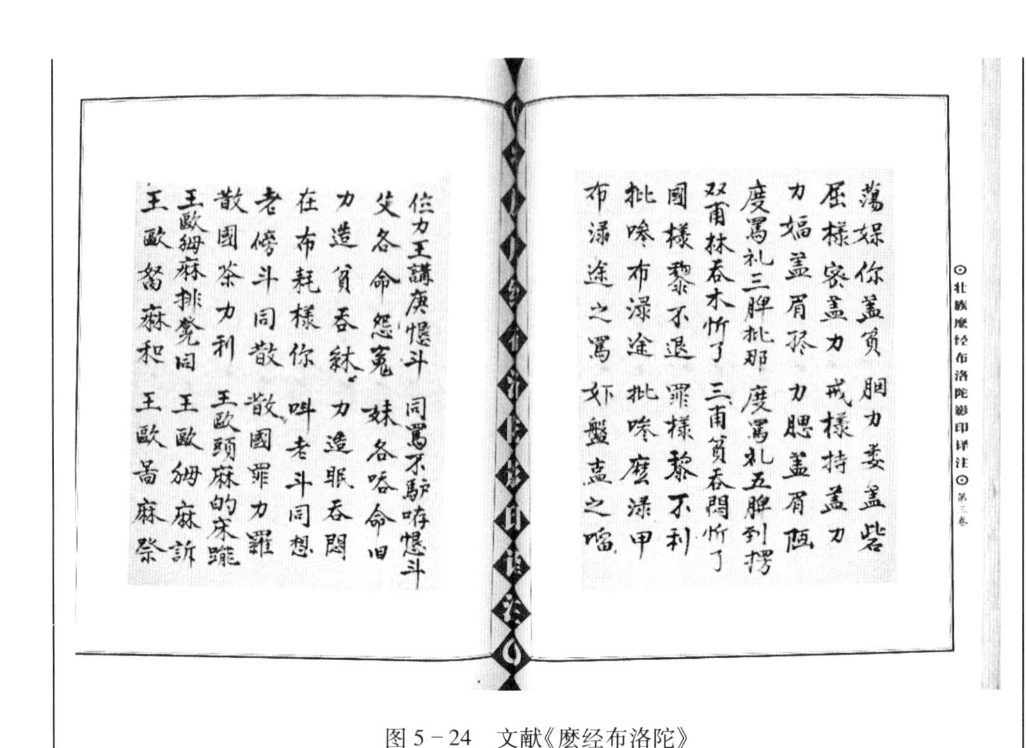

图 5－24　文献《麽经布洛陀》

些字中与汉字相关(包括直接借用、变形仿造)的占 90%以上。①

三、方块壮字的产生

一般认为,方块壮字产生于唐代。迄今发现最早的方块壮字文献是唐初永淳元年(682 年)澄州韦敬办所刻的《六合坚固大宅颂碑》,碑中文字以汉字为主,但夹杂了不少方块壮字。到了宋代,方块壮字已经在壮族群体中广为流行,宋人称之为“俗字”“土俗字”或“土俗书”。庄绰《鸡肋篇》中提到:“广南里俗,多撰字画,以坌为恩,奀为稳,衺为矮,如此甚众。”②范成大《桂海虞衡志 · 杂志》中也提到:“边远俗陋,牒诉券约,专用土俗书,桂林诸邑皆然。”③周去非《岭外代答 · 俗字》中也记载了十余个流行于当地的方块壮字:“广西俗字甚多……氽,音泅,言人在

① 王元鹿、朱建军、邓章应:《中国文字发展史 · 民族文字卷》,华东师范大学出版社,2015 年。
② 庄绰、张端义:《历代笔记小说大观:鸡肋篇 · 贵耳集》,上海古籍出版社,2012 年,第 69 页。
③ 范成大:《桂海虞衡志校注》,严沛校注,广西人民出版社,1986 年,第 111—112 页。

水上也;氼,音魅,言没入在水下也;氹,音胡,言多髭;砰,东敢切,言以石击水之声也。”[①]明末清初之际,又出现了专门收载方块壮字的文献——《太平府夷语通译》。该书主要收录和翻译太平府(包括今广西壮族自治区崇左市江州区、宁明县、龙州县、凭祥市等地)通行的方块壮字。1936 年,闻宥发表《广西太平府属土州县司译语考》一文,对其所收方块壮字进行了形、音、义的全方位解析。

四、方块壮字的研究材料

凡是用方块壮字记录的文献,无论是壮族诗史、宗教典籍还是民间歌本、书信、契约,甚至田间地头的界碑,都可以看作方块壮字的研究材料。目前学界经常使用的方块壮字材料主要有以下几种。

(一)碑刻:碑刻为保存久远且可靠的研究资料。存世的方块壮字碑刻不多,但很珍贵。上文提及的澄州韦敬办《六合坚固大宅颂碑》最为著名,此外尚有周万岁通天二年(697)廖州韦敬一《智城碑》、清道光十一年(1831)宜州《廖士宽墓方块壮字壮歌门碑》。前两块唐碑只是其中少量文字被认为是方块壮字,第三块为廖士宽生前自撰题为《自叹白文》的壮族勒脚歌十五首,共一百二十行,六百字。[②]

(二)传世刊刻文献:宋代以来有数量不多的汉文献及官方通译文献留存一些方块壮字,如上文提及的范成大《桂海虞衡志》、周去非《岭外代答》、庄绰《鸡肋篇》,还有明末清初《太平府夷语通译》《广西庆远土司译语》等。

(三)民间手抄文献:方块壮字曾广泛流行,至今民间仍有大量手抄文献保存,其中民间宗教文本、歌本、师公唱本尤多。宗教文本如《麽经布洛陀》,歌本如《达稳之歌》《达备之歌》《嘹歌》等,师公唱本如《达七》《唱红毛》《唱顺儿》《唱董永》《庄子鼓盆歌》等。广西少数民族古籍办公室、广西图书馆等均收藏了不少方块壮字手抄文献,其中部分藏本已进入国家珍贵古籍名录。广西少数民族古籍办公室多年来组织整理出版重要壮族古籍文献多部,主要有《壮族麽经布洛陀影印译注》《壮族鸡卜经影印译注》《壮族麽经布洛陀遗本影印译注》,以及在这些文献基础上编撰的《古壮字字典》等,其文本来源主要为右江、红水河流域及云南文山

---

① 周去非:《岭外代答校注》,杨武泉校注,中华书局,1999 年,第 161 页。

② 莫瑞扬、蔡培康:《勒脚歌的标本 无子嗣的哀歌——宜州古育廖士宽墓门碑〈自叹白文〉古壮字壮歌评析》,《河池学院学报(哲学社会科学版)》2005 年第 4 期。

州。左江流域手抄文献整理出版相对较少，目前主要有梁庭望、罗宾整理的《壮族伦理道德长诗传扬歌译注》，黄南津、史维坤等的《〈字学纂要〉〈指南解音〉影印及整理研究》，等等。

在上述方块壮字文献的整理与研究中，《麽经布洛陀》所受关注最多。研究者们多以《壮族麽经布洛陀影印译注》《壮族麽经布洛陀遗本影印译注》为语料，从版本、方块壮字、壮语词汇、语法、文化色彩等不同角度展开考察。主要成果有：何思源《壮族麽经布洛陀语言文化研究》①，高魏、张显成《〈壮族麽经布洛陀影印译注〉字频研究》②，李远航《〈壮族麽经布洛陀影印译注〉部分抄本句法研究》③，丁美华《右江流域〈壮族麽经布洛陀影印译注〉流传版本宗教词研究》④等。黄南津等所著《〈壮族麽经布洛陀影印译注〉文字词汇研究》⑤一书对《壮族麽经布洛陀影印译注》文本文字、词汇进行了穷尽性的收集分析，并对其文字分析方法、信息化方法加以探讨，该书是第一部方块壮字研究专书。

五、方块壮字的研究热点

（一）方块壮字的构形方式与构形特点

方块壮字的构形方式与构形特点从一开始便是学者们关注的焦点。早在1953年，韦庆稳《广西壮族的方块字》一文已对方块壮字的造字法进行了探讨，他认为方块壮字的主要造字法共有7种，分别是：借音、音义兼借、借义、自造的形声字、自造的会意字、借字、自造的方块字，这7种分类基本构建了方块壮字构形的分类框架。1980年之后，相关文章纷至沓来。张元生《壮族人民的文化遗产——方块壮字》⑥选取了在武鸣地区使用过的一千余个方块壮字，详细介绍了它们的音

---

① 何思源：《壮族麽经布洛陀语言文化研究》，博士学位论文，中央民族大学，2007年。

② 高魏、张显成：《〈壮族麽经布洛陀影印译注〉字频研究》，《广西民族研究》2014年第2期。

③ 李远航：《〈壮族麽经布洛陀影印译注〉部分抄本句法研究》，硕士学位论文，广西大学，2015年。

④ 丁美华：《右江流域〈壮族麽经布洛陀影印译注〉流传版本宗教词研究》，硕士学位论文，广西大学，2017年。

⑤ 黄南津、高魏、胡惠、杨粒彬、李静峰：《〈壮族麽经布洛陀影印译注〉文字词汇研究》，广西教育出版社，2021年。

⑥ 张元生：《壮族人民的文化遗产——方块壮字》，《中国民族古文字研究》，中国社会科学出版社，1984年，第455—521页。

义及构形特点；黄革《上林地区壮族方块字的构造》①，黄革、韦瑞峰《方块壮字的产生及其作用》②均对方块壮字的构造加以探讨；覃国生《关于方块壮字》③注意到了方块壮字造字法与汉字“六书”的关系，将方块壮字分为“假借字”“形声字”“会意字”“借汉字”“自造字”，并将方块壮字与喃字进行了比较；郑贻青《靖西方块壮字试析》④先将方块壮字分为“借源字”与“自造字”两类，再进一步将“自造字”分为“合体字”“形声字”“类形声字”“其他”四个小类；蓝利国《方块壮字探源》⑤讨论了方块壮字对汉字的借用方式和改造途径。此外还有胡惠《方块壮字字体类型研究》⑥、李明《〈古壮字字典〉方块古壮字研究》⑦、梁红燕《〈壮族麽经布洛陀影印译注〉（1—2卷）形声方块壮字的整理与研究》⑧等。

近几年，随着方块壮字本体研究的深入，相关讨论不再局限于造字法和字形结构特征的分类阐述，更倾向于对某一类型的字进行深入分析。高魏、王丹《方块壮字俗借字的产生方式》⑨考察了方块壮字借用俗体汉字的现象，厘清了方块壮字俗借字的产生方式。胡惠《〈古壮字字典〉所收象形字及其构形特征分析》⑩在承认《古壮字字典》所举“象形字”具备象形功能，符合象形字构形标准的基础上，归纳了这些“象形字”的构形模式，并揭示了其构形特点。蓝盛《方块壮字反切造字法再探》⑪重新探讨了方块壮字“反切字”的甄别标准，并指出了方块壮字“反切字”研究存在的主要问题。

（二）方块壮字字用研究

近年来，学者们开始注意壮字与壮语间错综复杂的对应关系，一些特殊的字

① 黄革：《上林地区壮族方块字的构造》，《民族语文》1982年第2期。
② 黄革、韦瑞峰：《方块壮字的产生及其作用》，《广西民族学院学报（哲学社会科学版）》1983年第2期。
③ 覃国生：《关于方块壮字》，《广西民族学院学报（哲学社会科学版）》1986年第4期。
④ 郑贻青：《靖西方块壮字试析》，《民族语文》1988年第4期。
⑤ 蓝利国：《方块壮字探源》，《广西民族学院学报（哲学社会科学版）》1995年第A1期。
⑥ 胡惠：《方块壮字字体类型研究》，硕士学位论文，广西大学，2006年。
⑦ 李明：《〈古壮字字典〉方块古壮字研究》，博士学位论文，华东师范大学，2008年。
⑧ 梁红燕：《〈壮族麽经布洛陀影印译注〉（1—2卷）形声方块壮字的整理与研究》，硕士学位论文，广西大学，2013年。
⑨ 高魏、王丹：《方块壮字俗借字的产生方式》，《民族语文》2020年第4期。
⑩ 胡惠：《〈古壮字字典〉所收象形字及其构形特征分析》，《广西民族研究》2021年第4期。
⑪ 蓝盛：《方块壮字反切造字法再探》，《黔南民族师范学院学报》2021年第4期。

用现象逐渐成为关注焦点。高魏、张显成《论方块壮字同形字的产生途径——以〈麽经〉为新材料》对方块壮字中的同形字作出界定，即“形体相同而记录不同壮语词的方块壮字”[1]，并将其产生途径大致归纳为“分头借用整字”“分头重构字形”“分头改造字形”三种。蒙元耀、韦亮节《论方块壮字中的偶合字》注意到了方块壮字中那些与汉字偶然同形的自创壮字，并对其进行分类。作者指出：“承认偶合字存在，可跳出字形的‘障眼法’，有利于对民间文献用字的辨析。”[2]

（三）方块壮字音韵研究

李方桂《武鸣壮语》以武鸣的壮语方言为研究对象，因其调查所用歌本由方块壮字写成，因此也可视为方块壮字音韵研究的成果。覃国生《关于方块壮字》、蓝利国《方块壮字探源》等文也涉及了方块壮字的读音问题。此外主要有：郑作广《古壮字中的“古无轻唇音”遗迹及其成因》[3]，黄笑山《方块壮字的声旁和汉语中古韵母》[4]，林亦《谈利用古壮字研究广西粤语方音》[5]《方块壮字与粤方言史研究》[6]，郑伟《古壮字的汉字借音声旁与中古后期的韵母演变》[7]《方块壮字的汉字借音声旁与中古韵图的内外转》[8]，等等。

（四）方块壮字使用调查

韦庆稳《广西壮族的方块文字》、张元生《壮族人民的文化遗产——方块壮字》等文已对方块壮字在民间的使用情况作了简要说明。黄南津、唐未平《当代壮族群体使用汉字、古壮字情况调查与分析》[9]《壮族民间群体古壮字使用状况的调查

---

① 高魏、张显成：《论方块壮字同形字的产生途径——以〈麽经〉为新材料》，《中央民族大学学报（哲学社会科学版）》2018 年第 3 期。

② 蒙元耀、韦亮节：《论方块壮字中的偶合字》，《广西民族研究》2020 年第 1 期。

③ 郑作广：《古壮字中的“古无轻唇音”遗迹及其成因》，《广西大学学报（哲学社会科学版）》1996 年第 1 期。

④ 黄笑山：《方块壮字的声旁和汉语中古韵母》，《中古近代汉语研究》第一辑，上海教育出版社，2000 年，第 22—46 页。

⑤ 林亦：《谈利用古壮字研究广西粤语方音》，《民族语文》2004 年第 3 期。

⑥ 林亦：《方块壮字与粤方言史研究》，《北斗语言学刊》第二辑，上海古籍出版社，2017 年，第 92—106 页。

⑦ 郑伟：《古壮字的汉字借音声旁与中古后期的韵母演变》，《中国文字研究》第二十六辑，上海书店出版社，2017 年，第 165—173 页。

⑧ 郑伟：《方块壮字的汉字借音声旁与中古韵图的内外转》，《古汉语研究》2018 年第 1 期。

⑨ 黄南津、唐未平：《当代壮族群体使用汉字、古壮字情况调查与分析》，《广西大学学报（哲学社会科学版）》2007 年第 5 期。

与分析》①,黄南津、高魏、陈华萍《方块壮字文献生存及传承状况调查分析——以龙州、象州、忻城三县为例》②等文皆是方块壮字民间使用状况的调查实录。覃晓航《方块壮字经久不绝却难成通行文字的原因》③指出方块壮字难以成为通行文字的原因主要有三点:1. 本身有缺点,2. 社会地位远不如汉字,3. 没有受到历代统治阶级的认可。韦星朗《拼音壮文改革与新方块壮字刍议》④对拼音壮文难以推行的现状进行了剖析,呼吁创制一种新的方块壮文。2018 年,《广西壮族自治区国家通用语言文字使用情况调查研究》⑤一书出版,为我们了解不同语言文字在广西的使用现状提供了全面参考。

(五) 方块壮字与其他文字的对比研究

首先是方块壮字与喃字的比较。1936 年,闻宥在《广西太平府属土州县司译语考》一文中已经注意到了方块壮字和喃字"宛然一家眷属"⑥的密切关系,并揭示了两者之间的差异。覃国生《关于方块壮字》也涉及了方块壮字与喃字的比对。李乐毅《方块壮字与喃字的比较研究》⑦具体对比了方块壮字与喃字产生背景和构字法的异同。罗长山《古壮字与字喃的比较研究》⑧、韦树关《喃字对古壮字的影响》⑨、李忻之《方块壮字与喃字发展的比较》⑩等也是这方面的代表性成果。

其次是不同地域之间方块壮字的比较。闻宥最先注意到不同地域方块壮字之间的差别。他所选用的材料中既包含了属于南部壮语方言区的太平府、镇安府

---

① 黄南津、唐未平:《壮族民间群体古壮字使用状况的调查与分析》,《暨南学报(哲学社会科学版)》2008 年第 1 期。

② 黄南津、高魏、陈华萍:《方块壮字文献生存及传承状况调查分析——以龙州、象州、忻城三县为例》,《广西民族研究》2010 年第 2 期。

③ 覃晓航:《方块壮字经久不绝却难成通行文字的原因》,《广西民族研究》2008 年第 3 期。

④ 韦星朗:《拼音壮文改革与新方块壮字刍议》,《中央民族大学学报(哲学社会科学版)》2012 年第 6 期。

⑤ 黄南津等:《广西壮族自治区国家通用语言文字使用情况调查研究》,社会科学文献出版社,2018 年。

⑥ 闻宥:《广西太平府属土州县司译语考》,《国立中央研究院历史语言研究所集刊》第六卷第 4 期,商务印书馆,1936 年,第 497—552 页。

⑦ 李乐毅:《方块壮字与喃字的比较研究》,《民族语文》1987 年第 4 期。

⑧ 罗长山:《古壮字与字喃的比较研究》,《东南亚纵横》1992 年第 3 期。

⑨ 韦树关:《喃字对古壮字的影响》,《民族语文》2011 年第 1 期。

⑩ 李忻之:《方块壮字与喃字发展的比较》,《中国文字研究》第十六辑,上海人民出版社,2012 年,第 190—193 页。

壮字,也包括属于壮语北部方言区的庆远府壮字,并有意将三者放在一起比对。郑贻青《靖西方块壮字试析》一文以靖西县的方块壮字为研究材料,明确提出:"靖西壮话属壮语南部方言,无论在词汇上或者在语音上跟北部方言都有一定的差别,因此所用壮字跟北部方言有很大的不同,一些常用的词在字形上也往往跟北部方言有所区别。"[1]黄丽登《凌云方块壮字与马山方块壮字字形对比研究——以〈目蓮经〉和〈佚子请客〉为研究对象》[2]分析了两本方块壮字文本中字形的特点及同义词的字形异同现象。

第三是方块壮字与汉字的比较,如范丽君《古壮字、喃字与汉字比较研究》[3]。

第四是方块壮字与其他少数民族文字的比较,如袁香琴《方块古壮字与水文的比较研究》[4]。

(六)方块壮字数字化处理

方块壮字数字化信息处理与开发主要成果有:1."DOS下的古壮文操作系统和编辑排版系统"(1990),由广西区民族古籍办公室与广西科学院计算中心共同研制,该系统字库中包含8 636个古壮字字符集,属点阵字库。广西古籍办应用上述系统完成了壮族民间长歌《嘹歌》《壮族民歌古籍集成情歌(二)欢(木岸)》和《唱文隆·唱英台·唱唐皇》的录入和排版。2.广西大学黄南津研究团队完成了"方块壮字字库"建设与输入法开发。3.广西民族大学等"壮文智能输入法"包含方块壮字输入。但总体而言,字库及输入方式还不够丰富完善。

相关的研究文献主要有:刘连芳等《古壮文操作系统和编辑排版系统》[5]和《壮文与壮文信息处理》[6],覃志强、吴晓蓉《论古壮字信息化传承的策略、影响因素及开发》[7],黄勇等《基于Windows IME古壮文输入法编辑器的设计与实现》[8],

---

① 郑贻青:《靖西方块壮字试析》,《民族语文》1988年第4期。

② 黄丽登:《凌云方块壮字与马山方块壮字字形对比研究——以〈目蓮经〉和〈佚子请客〉为研究对象》,硕士学位论文,中央民族大学,2011年。

③ 范丽君:《古壮字、喃字与汉字比较研究》,硕士学位论文,中央民族大学,2007年。

④ 袁香琴:《方块古壮字与水文的比较研究》,博士学位论文,华东师范大学,2017年。

⑤ 刘连芳、顾林、廖宏:《古壮文操作系统和编辑排版系统》,《计算机应用研究》1993年第6期。

⑥ 刘连芳、顾林、黄家裕、温家凯:《壮文与壮文信息处理》,《中文信息学报》2011年第6期。

⑦ 覃志强、吴晓蓉:《论古壮字信息化传承的策略、影响因素及开发》,《民族教育研究》2012年第3期。

⑧ 黄勇、池俊辉:《基于Windows IME古壮文输入法编辑器的设计与实现》,《现代计算机》2013年第17期。

高魏等《方块壮字笔画计量分析与输入法编码设计》①,等等。

六、方块壮字研究未来展望

方块壮字研究虽然已经取得一定成果,也获得了学界的诸多关注,但总体来说,研究基础仍然比较薄弱,研究角度也存在局限。我们需要进一步夯实基础,更需要拓宽研究视野,与此同时还要加快人才培养。

(一) 夯实研究基础

1. 文献基础

如前所述,方块壮字文献是方块壮字的载体,也是开展相关研究的基础。目前,民间和图书机构、研究机构还有大量方块壮字文本有待收集整理。其中已进入公藏的部分文献,应整理出版,或提供开放查阅、数字化利用的渠道,让学界与社会得以使用,切忌珍贵文本“一入侯门深似海”“养在深闺人未识”。尚在民间的部分文献需要加大力度收集。纸本文献极其脆弱,一旦丧失就无可挽回。尤其是宗教文本,这些文本通常为入门抄录,身故随葬,若不及时收集很容易失传。

2. 理论基础

作为一种记录民族语言的非自源孳乳文字,方块壮字的分析固然可利用汉字分析理论,已有研究大多也在“六书”的理论框架内进行。但随着研究的深入,我们必然要结合壮语记录需求归纳总结其特点,深化和丰富方块壮字分析理论。与此相类的还有文献版本分析、壮语方言调查与分析、文字词汇语义分析、音韵分析、文本翻译等,这些研究的理论基础均需要进一步夯实与开拓。

(二) 拓宽研究视野

1. 比较与综合

百越民族分布广泛,分枝繁复。与壮族同源的布依族有布依方块字,与壮族相邻而居的越南京族有喃字,这些文字也都属于汉字孳乳型文字,产生时间亦接近。所以,完全可以也应该建立文字比较研究,综合了解与分析这些文字的共性与特点,为各民族语言文字研究,也为汉字文化圈语言文字研究作出贡献。

---

① 高魏、黄南津:《方块壮字笔画计量分析与输入法编码设计》,《中国文字学报》第七辑,商务印书馆,2017年,第266—275页。

2. 拓宽与加深

我们需要在现有基础上进一步拓宽文本研究视野,发现更多有特点、有价值的文本并进行研究。应增加研究样式,如文献目录与提要、版本考释、专书词典、壮语方言与文本综合研究、方块壮字与拉丁壮文的文字体系综合比较研究、方块壮字地域特点研究等,尽快形成研究体系。

(三) 培养研究人才,形成人才梯队

目前在国内外有不少学者关注方块壮字,一些高校也着力培养这方面的高级人才。国内的知名院校如北京师范大学、华东师范大学、中央民族大学、西南大学等都在招收、培养研究方块壮字的硕士研究生、博士研究生。广西壮族自治区是壮族的聚居地,区内广西大学、广西民族大学等高校也致力于培育研究方块壮字的青年力量。目前看来,相关团队研究水平参差不齐,人员也相对分散,这也是亟待解决的问题之一。

第二部分 苗 文

一、苗文的定义

苗族是我国人口众多的古老民族,最早起源于长江和黄河中下游一带,后经五次大迁徙而散布于西南各地。苗文是苗族使用的文字,广义上的苗文包括苗族创制的原始文字和近现代创制的文字,狭义上的苗文指现在通行使用的拼音苗文。

历史上苗族没有形成统一的文字,但曾经创制过文字,苗族传说和苗族古歌里都说苗族有文字,清人陆次云《峒溪纤志》云:“苗人有书,非鼎种,亦非蝌蚪,作者为谁,不可考也。”现在民间还可以看到一些原始文字萌芽的孑遗,如歌棒文字、刺绣文字等。歌棒又名“刻道”“刻木”,是苗族古歌《开亲歌》演唱中的必备之物,为一尺长短的木棒或竹棒,上刻有27个原始文字符号,唱歌时起到提示作用,2006年被列入第一批国家级非物质文化遗产名录。《乾隆·镇远府志》云:“俗无文字,交质用竹木刻数寸,名为刻木。”苗族刺绣中特有的40多个表意图案也是苗族原始文字的遗存。遗憾的是,这些曾经使用过的原始文字或原始文字的渊源物逐渐消亡,没有发展为成熟的文字,这可能与苗族历代迁徙造成的居住分散及其导致社会生活和语言文化等方面的差异有关。

近代创制的苗文包括篆字苗文、方块苗文、老苗文等。篆字苗文主要流行使用于湘、黔、桂边界苗族聚居区，字形似篆字，据说为湖南城步地区苗族人民创造，故又被称为城步苗文。清乾隆四年(1739)，苗族爆发反清斗争，起义军的印章、文告、书信、手札，都是用城步苗文，为清朝官兵所不识。起义被镇压之后，清廷下令销毁所有城步苗文文本，并永禁使用该文字。

清末以来苗族文人为记录、整理、创作苗歌而创制了板塘苗文、老寨苗文、古丈苗文三种汉字式的方块苗文，主要使用于湘西地区。方块苗文是汉字文化圈内的借源文字，造字法主要有形声和会意，以汉字为基本构字部件。方块苗文多用于记录和创作苗歌，留下了十几万字的苗歌文稿，为我们提供了研究民族历史、民族风俗和民族文学的宝贵文字资料。民国时期石启贵先生创制“湘西苗语声韵速写符号”(简称速写苗文)，速写苗文属于汉字式字母文字，是仿汉语拼音注音符号创造的一套符号。另，民国初年传教士胡托借用北洋政府公布的国语注音字母为苗语黔东方言区苗族创造了一种注音字母苗文，被称为胡托苗文，当地教会曾用这种文字翻印了大量宗教读物。

表 5-1　方块苗文字例

方块苗文结构	板塘苗文	老寨苗文	古丈苗文
左右结构	[illegible](猪)	[illegible](猪)	[illegible](返回)
上下结构	[illegible](雪)	[illegible](大米)	[illegible](山)
半包围结构	[illegible](在)	[illegible](好)	[illegible](头)
内外结构	[illegible](出去)		[illegible](门)

1905 年，英国传教士塞缪尔·柏格理(Samuel Pollard)在贵州威宁传教时，为传教的需要，在滇东北汉族牧师李斯提反和苗族信徒杨雅各等人的协助下，根据拉丁字母和苗族服饰图案，以石门坎苗语为标准音创制文字。声母 21 个，韵母 14 个。这套拼音文字称“柏格理苗文”或“石门坎苗文”，亦称“滇东北老苗文”。创制后主要在川黔滇交界地区以及其他操滇东北次方言的苗族中使用。

Y+A	S+U	N+CH+H+I	P+I	P+I	I	P+AO
zie^{55}	su^{55}	ɳʈʂʰœy^{44}	pi^{54}	pi^{54}	ai^{54}	pau^{54}
Jesus[346]		love	we	we	very[347]	know
N+T+E	SH+E	P+I	E	P+AO	T+AH	T+Y+A
ntœy^{55}	ʂə^{24}	pi^{54}	ai^{54}	pau^{54}	ta^{54}	die^{21}
book	holy	we	very	know	very much	
K+E	M+I	CH+H+AH	LL+U	P+I	T+U	N+TS+A
ki^{44}	my^{44}	ʈʂʰa^{44}	ɬu^{54}	pi^{54}	tɯ^{54}	ntsai^{21}
God		pity	pity	we	son	daughter

图 5－25　柏格理苗文①

鉴于苗语方言复杂，虽然在语法上基本一致，但各个方言之间在语音、词汇等方面有着很大差异，20 世纪 50 年代，政府帮助苗族三大方言分别创制了采用拉丁字母的苗文，同时对滇东北老苗文进行了改进，从而形成了四种拼音苗文，并用于出版相关书籍。

20 世纪 80 年代以来，居住在不同国家和地区中的苗族人越来越多地学习和使用着一种用拉丁字母拼音的苗文，这种苗文被称为“国际苗文”。

二、研究历史

中华人民共和国成立之前，民国时期的学者率先开始对苗族的语言文字进行调查研究，并发表了系列研究成果。1917 年庄启《苗文略述》发表于《东方杂志》第 14 卷第 1 期；1939 年王建光《苗民的文字》②发表于《边声月刊》第一卷第三期，后收录于《贵州苗族考》一书。20 世纪三四十年代，苗族学者石启贵在湘西苗族地区进行调查研究，研究报告于 2008 年被整理出版，题为“湘西苗族实地调查报告”③，其中有语言文字专项内容。对苗文的研究主要采用文献资料与调查研究相

① 李锦平：《求解苗文古文字之谜》，《中国民族教育》2017 年第 1 期。
② 王建光：《苗民的文字》，《贵州苗族考》，贵州大学出版社，2009 年，第 253—259 页。
③ 石启贵：《湘西苗族实地调查报告》，湖南人民出版社，2008 年。

结合的原则，实地调查一直是被广泛应用的研究方法。

中华人民共和国成立后，国家对帮助少数民族创立、改革民族文字问题非常重视，学者们也对此进行了研究。王辅世发表了《苗族文字改革问题》①《苗文的正字法问题》②，马学良、王辅世、张济民发表了《为什么要给苗族创立一种以上的文字》③《苗语方言的划分和对创立、改革苗文的意见》④，等等。

国家通行苗文诞生后，学者们针对苗文在使用和普及的过程中出现的问题，尤其是对文字的规范和统一，进行了分析研究。如杨忠德的论文《苗语滇东北次方言老苗文的创制及其影响》⑤《滇东北方言区老苗文的创制及改革情况》⑥，熊玉有的论文《对滇东北次方言苗文使用问题的看法和意见》⑦，等等。

改革开放以来，对于苗文的研究取得了显著的成就，大量的研究成果如雨后春笋般涌现，关于苗文的文献资料整理、研究专著和论文不可胜数。越来越多的外国学者也开展了对苗族语言文字的研究，研究成果显著。

三、苗文研究的进展

苗族的史歌和民间传说中都有苗族有文字的记载，对苗族文字的起源，近代的学者已经开始关注，但没有进行系统深入的研究。于曙峦的《贵州苗族杂谭》⑧、胡耐安的《中国民族志》⑨等书文，记载了苗族的古文字。江应梁撰写的《西

---

① 王辅世：《苗族文字改革问题》，《中国语文》1952 年第 12 期。

② 王辅世：《苗文的正字法问题》，《贵州民族研究》1984 年第 3 期。

③ 马学良、王辅世、张济民：《为什么要给苗族创立一种以上的文字》，《光明日报》1956 年 10 月 19 日。

④ 马学良、王辅世、张济民：《苗语方言的划分和对创立、改革苗文的意见》，《人民日报》1956 年 11 月 17 日。

⑤ 杨忠德：《苗语滇东北次方言老苗文的创制及其影响》，《威宁文史资料》（第一辑），威宁县政协文史资料研究委员会，1984 年。

⑥ 杨忠德：《滇东北方言区老苗文的创制及改革情况》，《威宁文史资料》（第二辑），威宁县政协文史资料研究委员会，1986 年。

⑦ 熊玉有：《对滇东北次方言苗文使用问题的看法和意见》，《三峡论坛（三峡文学 · 理论版）》2012 年第 2 期。

⑧ 于曙峦：《贵州苗族杂谭》，《东方杂志》1923 年第 13 期。

⑨ 胡耐安：《中国民族志》（修订本），台北商务印书馆，1974 年。

南边区的特种文字》[①],记载了刺绣苗文的来历。

近三十年,对苗族古文字开始了深入的研究。对歌棒文字研究比较有代表性的有周开瑞等的《苗族〈开亲歌〉与数学》[②],该文主要探究刻符与数字的关系,以及数字的四则运算。苏晓红的《苗族刻道渊源及文化内涵初探》[③],尝试对刻符与其代表的意义进行探索,主要研究其文化内涵。李平《"刻道"对文字产生的认识意义》[④],对苗族歌棒文字进行了研究,指出歌棒文字符号与苗族生活有着密切联系。王庆贺《黔东南苗族"刻道"的构成要素及文化内涵探析》[⑤]指出刻符是苗族文字的雏形,具有丰富的文化内涵,见证了苗族婚姻的发展历程。

苗文的田野调查研究成果丰硕,龙仕平等《邵阳城步古苗文实地调查报告》[⑥]介绍了邵阳城步丹口镇100余处摩崖石刻的发现过程。通过考证摩崖石刻上的文字与古文献资料、民间歌谣传说中的古苗文和明清城步苗族起义军使用过的苗文以及与城步民间现仍在使用的苗文的相似性,推证石刻上的文字是城步苗文。杨云惠、杨付辉《滇东北次方言老苗文与苗文谱的田野调查与研究》[⑦]对柏格理创制的老苗文进行了调查研究。

在田野调查的基础上,又开展了苗文造字体系的深入研究。1986年赵丽明到湘西苗族地区进行调查,后推出了系列研究成果,如论文《湘西方块苗文》[⑧]介绍了方块苗文的产生和流传、方块苗文的结构和造字法、方块苗文的使用。李雨梅

---

① 江应梁:《西南边区的特种文字》,《西南边疆民族论丛》,珠海大学出版社,1948年,第277—287页。

② 周开瑞、周群体、周一勤:《苗族〈开亲歌〉与数学》,《西南民族学院学报(哲学社会科学版)》1993年第5期。

③ 苏晓红:《苗族刻道渊源及文化内涵初探》,《贵州民族研究》2008年第4期。

④ 李平:《"刻道"对文字产生的认识意义》,《中央民族大学学报(哲学社会科学版)》2015年第2期。

⑤ 王庆贺:《黔东南苗族"刻道"的构成要素及文化内涵探析》,《民族艺林》2019年第3期。

⑥ 龙仕平、曾晓光、肖清:《邵阳城步古苗文实地调查报告》,《吉首大学学报(社会科学版)》2013年第1期。

⑦ 杨云惠、杨付辉:《滇东北次方言老苗文与苗文谱的田野调查与研究》,《内蒙古艺术学院学报》2021年第3期、第4期。

⑧ 赵丽明、刘自齐:《湘西方块苗文》,《民族语文》1990年第1期。

《湘西民间方块苗文的造字哲理》①对板塘苗文中的会意字进行了分析，论证了借源文字创制的合理性和科学性。杨再彪、罗红媛《湘西苗族民间苗文造字体系》②介绍了五种苗文的创制和使用，研究了构形和造字法。近年，学者们对苗族村寨大量契约中“汉字记苗音”地名的苗汉语互借现象进行分析，探索“汉字记苗音”地名的类型及规律，如李一如《清水江中下游苗族契约中苗汉语互借机制研究》③，杨庭硕、朱晴晴《清水江林契中所见汉字译写苗语地名的解读》④。

此外，还从汉字传播的角度对方块苗文进行研究。如王锋《从汉字到汉字系文字——汉字文化圈文字研究》⑤专题讨论了湘西汉字型苗文，指出汉字型苗文的构字法也以假借和仿造为主。陆锡兴《汉字传播史》⑥对汉字型苗文的特征进行了分析。

一些外国学者也投身于苗文的研究。西方第一篇真正具有学术意义的苗文研究成果是1972年法国学者李穆安（Jacques Lemoine）的论文《苗族文字纪略》（*Les éctitures du Hmong*），该文首次对中西方创制的苗文进行了综合论述。美国语言人类学家斯莫莱（William A. Smalley）在1990年出版的《文字之母——救世苗文的起源与发展》⑦，详实阐述了东南亚救世苗文的创制和发展过程，深入分析了救世苗文的文字学机理及其在国际上的影响。瑞典学者乔克意姆·恩沃（Joakim Enwall，汉名阎幽磬）的著作《从神话到现实：中国苗族文字发展史》1995年在瑞典出版发行，这是一部关于中国境内苗文发展史的开拓性著作，研究内容丰富，研究视野广阔，集语言学、文字学、政治学、宗教学、历史学、社会学、文献学和人类

① 李雨梅：《湘西民间方块苗文的造字哲理》，《中南民族学院学报（哲学社会科学版）》1991年第3期。

② 杨再彪、罗红媛：《湘西苗族民间苗文造字体系》，《吉首大学学报（社会科学版）》2008年第6期。

③ 李一如：《清水江中下游苗族契约中苗汉语互借机制研究》，《贵州大学学报（社会科学版）》2014年第2期。

④ 杨庭硕、朱晴晴：《清水江林契中所见汉字译写苗语地名的解读》，《中央民族大学学报（哲学社会科学版）》2017年第1期。

⑤ 王锋：《从汉字到汉字系文字——汉字文化圈文字研究》，民族出版社，2003年，第75—84页。

⑥ 陆锡兴：《汉字传播史》，语文出版社，2002年，第201—209页。

⑦ Smalley William A, Yang Gnia Y, Vang Chia K: Mother of Writing: the Origin and Development of a Hmong Messianic Script. Chicago: the University of Chicago Press, 1990.

学于一体，首次对各种苗文的创制背景、创制过程和文字学机理进行了系统梳理和分析，对于推动苗文研究的发展具有重要的意义。

近年来，苗族原始文字研究、苗文数字化处理研究、苗文教学等方面的研究成果突出，研究进展较大。

四、苗文研究的基本材料

关于苗文碑刻的研究材料，有这样几个方面。至今发现的最早的刻有老苗文的碑文是位于云南省昆明市东川区红土地镇法者村罗家沟的“罗家沟摩崖苗文石刻”，上面刻有 9 行 56 个字符，与今天所使用的老苗文存在着一定的差异，碑文大意是：基嘎这块地原是彝族人阿卡尼阿耕种，狗年张才兴开始耕种这块地。我不会写字，这些字是上帝教我写的。后人会感谢我们。① 20 世纪 30 年代，在贵州苗族聚居地雷山县雷公山发现一块残碑，被称为“苗文碑”，碑文有待研究破译。闻宥在《贵州雷山苗碑文初考》②中指出，碑上的字不是象形字，也不是音素字，很可能是音节字，因为来自苗区，可以假定是一种苗文。近年在湖南城步苗族自治县丹口镇发现了 100 余处摩崖石刻，专家们认定为篆字苗文，即城步苗文。

清人陆次云《峒溪纤志》书中附《歌章》《铎训》两篇，文字各有 180 个字，有相应汉语译文，初步认定为苗文，很有研究价值。

各种苗文翻译的宗教读物是研究苗文的重要资料。以老苗文翻译出版的宗教读物有《新约全书》《赞美诗》《颂赞诗歌》《旧约摘录》《川苗福音诗》《马可福音》等。2009 年 5 月中国基督教三自爱国运动委员会、中国基督教协会出版《苗文圣经》，次年出版《苗文颂主圣歌》。

苗族的重要口承文化遗产——古歌是苗族的百科全书，也是研究苗文的重要资料。1979 年田兵编选的《苗族古歌》是最早公开出版的全本，收录了流传在黔东南清水江流域的 4 组 13 首古歌。2004 年毕节地区民族宗教事务局等编《六寨苗族口碑文化》③，该书记载了六寨苗族的古歌，分为创世史歌、战争与迁徙、生产劳动歌和仪礼歌、理词与巫词、情歌、爱情叙事诗、时政歌七个篇章。2007 年 11 月

① 梁佳雪、张杰：《东川罗家沟摩崖苗文石刻考释》，《贵州社会主义学院学报》2021 年第 2 期。

② 闻宥：《贵州雷山苗碑文初考》，《华西文物》1952 年第 8 期。

③ 毕节地区民族宗教事务局、毕节地区民族研究所、大方县民族宗教事务局、毕节地区苗学研究会：《六寨苗族口碑文化》，贵州民族出版社，2004 年。

云南民族出版社出版发行《中国西部苗族口碑文化资料集成(上下卷)》。2019年由贵州省民族古籍整理办公室编,李正杰、唐千文整理译注的《雷公山苗族古歌古词》[①]记录了黔东南地区苗族的迁徙过程,对研究苗族迁徙史、苗族如何与大自然和谐相处、苗族社会结构及其管理、苗族文化的形成具有重要的历史价值和社会价值。该书全部用苗文记述心记口传的苗族古歌古词,分为创世神话、跋山涉水、清军征苗疆、巫词四个部分。王安江编《王安江版苗族古歌》[②]收集记录了12部大型苗族古歌,近60万字,5万余行。王凤刚《苗族贾理》[③]搜集整理并译注苗族口传经典《贾》,采用苗汉双语文对照的形式,苗文使用黔东方言苗文拼音方案。1992年湖南民族古籍整理办公室主编的《板塘苗歌选》一书由岳麓书社出版,该书选取了苗族"歌圣"石板塘先生编写的具有代表性的苗歌12首,受当时排版印刷条件所限,没有印上石板塘创制的方块苗文,而是采用国家新创制的苗文重新记音,由刘自齐、赵丽明将其进行了汉语音译和意译。赵丽明等整理出500个自制板塘苗文,100多个自制老寨苗文,辑有《板塘苗文字汇》《老寨苗文字汇》(未刊)。

陈金全等主编《贵州文斗寨苗族契约法律文书汇编》[④],公布了近七百份清水江文书影印件,大部分均附有录文,提供了大量珍贵原始资料。同时一些学者也指出了其中的不足,如张娜娜《〈贵州文斗寨苗族契约法律文书汇编〉文字考校十则》[⑤]、付喻锐《〈贵州文斗寨苗族契约法律文书汇编〉续校十则》[⑥]、王阳《契约文书误校原因探析——以〈贵州文斗寨苗族契约法律文书汇编〉为例》[⑦]等,在使用

---

① 贵州省民族古籍整理办公室:《雷公山苗族古歌古词》,李正杰、唐千文整理译注,贵州民族出版社,2019年。

② 王安江:《王安江版苗族古歌》,贵州大学出版社,2008年。

③ 王凤刚:《苗族贾理》,贵州人民出版社,2009年。

④ 陈金全、杜万华:《贵州文斗寨苗族契约法律文书汇编——姜元泽家藏契约文书》,人民出版社,2008年;陈金全、梁聪:《贵州文斗寨苗族契约法律文书汇编——姜启贵等家藏契约文书》,人民出版社,2015年;陈金全、郭亮:《贵州文斗寨苗族契约法律文书汇编——易遵发、姜启成等家藏诉讼文书》,人民出版社,2018年。

⑤ 张娜娜:《〈贵州文斗寨苗族契约法律文书汇编〉文字考校十则》,《皖西学院学报》2018年第3期。

⑥ 付喻锐:《〈贵州文斗寨苗族契约法律文书汇编〉续校十则》,《皖西学院学报》2019年第4期。

⑦ 王阳:《契约文书误校原因探析——以〈贵州文斗寨苗族契约法律文书汇编〉为例》,《宁波大学学报(人文科学版)》2020年第5期。

中应注意规避这些问题。

中华人民共和国成立后出版的工具书有1958年由贵州民族出版社出版的《苗汉简明词典》;1997年4月贵州省民委民族语文办公室编,杨亚东、阿熄蒙编著,贵州民族出版社出版发行的《苗语常用词汇手册》;2000年5月鲜松奎编著,四川民族出版社出版发行的《新苗汉词典(西部方言)》等。

五、苗文研究所关注的问题

苗文历史综合研究。如:石德富、杨胜锋《黔东苗文五十年回顾与思考》[1],今旦《谈苗族文字问题》[2],刘琳等《川南苗族语言文字使用的历史演变》[3],李锦平《六十年来苗族语言文字研究综述》[4],赵晓阳《苗文创制和苗文圣经译本考述》[5],李云兵《苗文创制与试验推行60年来的意义和存在的问题》[6]。

苗语词汇与苗族历史文化研究。如:曹翠云、姬安龙《略谈苗族的语言与文化》[7],曹翠云《从苗语看苗族历史和起源的痕迹》[8],姬安龙《浅谈苗语词汇中的文化迹象》[9],李锦平《从苗语词汇看苗族历史文化》[10],李锦平《苗语俗语的文化分析》[11],李锦平《从苗语词汇看苗族农耕文化》[12]。朱文光、潘学德主编《苗文源

---

① 石德富、杨胜锋:《黔东苗文五十年回顾与思考》,《构建多语和谐的社会语言生活:民族语文国际学术研讨会论文集》,民族出版社,2009年,第155—167页。

② 今旦:《谈苗族文字问题》,《今旦选集》,中国国际广播出版社,2018年,第40—48页。

③ 刘琳、郎维伟:《川南苗族语言文字使用的历史演变》,《西南民族大学学报(人文社会科学版)》2018年第4期。

④ 李锦平:《六十年来苗族语言文字研究综述》,《贵州民族学院学报(哲学社会科学版)》2010年第3期。

⑤ 赵晓阳:《苗文创制和苗文圣经译本考述》,《民族翻译》2017年第2期。

⑥ 李云兵:《苗文创制与试验推行60年来的意义和存在的问题》,《中国民族语言学报》第二辑,商务印书馆,2019年,第101—109页。

⑦ 曹翠云、姬安龙:《略谈苗族的语言与文化》,《贵州民族研究》1991年第3期。

⑧ 曹翠云:《从苗语看苗族历史和起源的痕迹》,《贵州民族研究》1983年第3期。

⑨ 姬安龙:《浅谈苗语词汇中的文化迹象》,《苗语文集》,贵州民族出版社,1993年,第137—149页。

⑩ 李锦平:《从苗语词汇看苗族历史文化》,《贵州文史丛刊》1999年第6期。

⑪ 李锦平:《苗语俗语的文化分析》,《贵州民族研究》2000年第4期。

⑫ 李锦平:《从苗语词语看苗族农耕文化》,《贵州民族研究》2002年第4期。

流》[①],全书分为早期符号、老苗文、拉丁苗文、规范苗文、传承发展、文献史料等章节,展示了苗文的来源和发展历程。与本专题相关的研究还有肖淼《伯格理苗文与中西文化的融合》[②],该论文通过柏格理苗文在翻译基督教《圣经》中的应用,反映柏格理苗文使苗族文化和西方文化两种不同文化求同相融。

海外的苗文研究,以蒙昌配等人发表的系列论文为代表,有:《百年来海外苗学的苗族文字研究文献述论》[③]《海外苗族 RPA 文字系统的创制、传播与影响》[④]《中外比较视域下的世界苗文研究史——世界苗学谱系梳理研究之一隅》[⑤]等。

六、研究热点

苗文研究的热点主要体现在:一、苗文的推广和普及,二、苗文的信息处理。

苗族地区进行苗文推行普及时,对苗文推广的整改成为研究热点,也涌现了大量与此相关的研究成果。如:李锦平《浅谈苗汉双语教学问题》[⑥]、鲜松奎《开展双语教学首先应重视民族文字的推行》[⑦]、龙建华《苗文推广普及必须处理好七个关系》[⑧]、石茂明《台江县苗文试行与苗文教育传播研究报告》[⑨]、吴正彪《苗族语言文字的发展状况及苗文推广普及的困境与出路管窥》[⑩]等。

20 世纪 90 年代至今,根据社会进步和时代的需要,计算机苗文处理系统的建设和完善、苗文在线学习网站也成为研究热点。例如字形的生成及描述是湘西民间苗文在字层面信息处理技术研究的重要内容。莫礼平、周恺卿《一种湘西民间

---

① 朱文光、潘学德:《苗文源流》,内部资料,未公开发行,2017 年。

② 肖淼:《伯格理苗文与中西文化的融合》,硕士学位论文,贵州大学,2015 年。

③ 蒙昌配、龙宇晓:《百年来海外苗学的苗族文字研究文献述论》,《民族论坛》2014 年第 8 期。

④ 蒙昌配、郑晓雪、龙宇晓:《海外苗族 RPA 文字系统的创制、传播与影响》,《贵州师范学院学报》2014 年第 8 期。

⑤ 蒙昌配、龙宇晓:《中外比较视域下的世界苗文研究史——世界苗学谱系梳理研究之一隅》,《民族论坛》2015 年第 8 期。

⑥ 李锦平:《浅谈苗汉双语教学问题》,《贵州民族研究》1986 年第 2 期。

⑦ 鲜松奎:《开展双语教学首先应重视民族文字的推行》,《贵州民族研究》1986 年第 1 期。

⑧ 龙建华:《苗文推广普及必须处理好七个关系》,《毕节师专学报》1996 年第 3 期。

⑨ 石茂明:《台江县苗文试行与苗文教育传播研究报告》,《民族研究》1999 年第 6 期。

⑩ 吴正彪:《苗族语言文字的发展状况及苗文推广普及的困境与出路管窥》,《文山学院学报》2012 年第 1 期。

苗文字形的动态生成方法及其实现途径》①,提出一种基于构件组合运算的湘西民间苗文字形动态生成方法,该方法将苗文字形的生成过程表示为由苗文构件作为操作数、由构件位置关系决定运算符的组合运算表达式,将 2—3 个构件进行不同的组合运算,即可动态生成不同结构的苗文字形。利用操作系统自带的表意文字描述序列解释机制,将构件组合运算表达式转换为表意文字描述序列。根据该方法编写的映射脚本生成的湘西民间苗文字形可以满足实用要求。莫礼平等《板塘苗文的计算机编码及字库创建》②一文在分析湘西板塘苗文的字形特点和简单介绍字符编码标准及字体技术的基础上,提出了 Windows 环境下基于 Unicode 标准的板塘苗文在计算机中的编码方案,给出了板塘苗文基于 Photoshop 技术的字模制作方法及基于 Truetype 技术的字库创建步骤。

七、未来展望

当前越来越多的学者加入到苗文研究的队伍中,这对于苗文的研究都将会产生巨大的推动作用。未来,可以在以下几个方面对苗文予以进一步研究。

第一,融媒体与苗文的推广普及研究。前期对苗文推广普及中存在的困境认识不足,重视不够,对苗文的推广普及多是采用传统的模式。在融媒体时代,应当与时俱进,将各种现代信息传播方式和苗文的推广普及相结合。

第二,对苗文进一步规范化的研究。为了使苗文更好地促进苗族社会经济文化的发展,现行的拼音苗文需要进一步的改善和规范。在改进过程中,除了需要科学和专业的态度,还应尊重苗族民众的情感和需求,广泛倾听苗族民众和教会等的意见,深入察看苗文在民间的使用和推广状况。

第三,对古苗文的考释研究。对各种古苗文及其文献的深入解读有待加强。例如发现于 20 世纪 30 年代的雷公山苗文碑,碑文至今未能破译。城步摩崖石刻上的苗文,也有待考释。

第四,对苗文文化内涵的开发应用研究。对古苗文及其苗族历史内涵进行解

---

① 莫礼平、周恺卿:《一种湘西民间苗文字形的动态生成方法及其实现途径》,《北京大学学报(自然科学版)》2016 年第 1 期。

② 莫礼平、周恺卿、蒋效会:《板塘苗文的计算机编码及字库创建》,《吉首大学学报(自然科学版)》2013 年第 2 期。

读，并进行多元化开发。例如苗族服饰上的传统刺绣图案中的文化符号、苗族古歌中的文化符号的产业开发和利用。

第五，苗文与其他文字的融合研究。苗族从整体来看，属于散杂居，苗族地区汉字与苗文兼用的状况非常普遍，大量海外的苗族人也处于苗文与外文兼用的状态，随着民族交融的加强，苗文面临的这些问题都值得关注和研究。

第三部分 白 文

一、白文的定义

白族是一个古老的民族，源出氐羌，历史上长期被称为“僰人”“白人”，主要分布在云南大理白族自治州。白族先民一直与中原地区保持着政治、经济、文化上的密切联系，在长期使用汉语文的过程中，白族民间逐渐开始借用汉字来记录白语。公元 738 年，南诏王皮罗阁统一洱海地区，建立了南诏国。到南诏中后期(9 世纪至 10 世纪)，单凭假借汉字来书写白语，已经不能满足社会生产、生活的需要，人们开始通过增减汉字笔画或仿照汉字造字法重新造字的方法来书写白语。自造字的出现，标志着白文形成了自己的造字方法，在一定程度上摆脱了汉字的束缚，走上了相对独立的发展道路。这种文字历史上又称为“僰文”，为与中华人民共和国成立后创制的拼音白文相区别，又称“老白文”“古白文”“方块白文”或“汉字白文”。

老白文是一种典型的汉字系文字，构字方法以假借汉字和仿造汉字为主。仿造字是仿照汉字造字法，用汉字及其偏旁组合而成的新字。有些是以增减汉字笔画来造字，这些方法没有较为固定的造字原则，实际上有很多属于汉字变体字。由于各种历史、社会的原因，白文的仿造造字法并没有发展到成熟、完备，而且随着时代发展，白文中的仿造字越来越少。

中华人民共和国成立后创制的白族文字一般称为新白文或拼音白文，是一种以拉丁字母为符号基础的拼音文字。1958 年设计的《白族文字方案》(草案)受特定历史条件的影响，并没有得到试验和推行。1982 年修订《白族文字方案》(草案)，以中部方言(剑川)为标准音，这个方案在剑川县受到普遍欢迎，但在其他白族地区的推广情况并不理想。1993 年，又进行第二次修订，推广白文的活动也随后展开，《白族文字拼音读本》等教材问世。

白族有两种民族文字,即老白文和新白文。老白文是在汉字基础上发展起来的,新白文则是中华人民共和国成立后创制的拼音文字。

二、白文研究历史

白文研究最初集中在对老白文性质的研究。1938 年,曾昭燏等人在大理进行考古发掘,先后发现南诏大理国有字残瓦二百余片,凌纯声看后认为,有部分乃僰文之借用汉字,音义与汉文有异①。南诏字瓦的发现,揭开了白文研究的序幕。方国瑜在《洱海民族的语言与文字》②中通过对现存南诏、大理国时期的金石文字的研究,认为所谓的"僰文"(白文),是由汉字发展为僰字,字形有的与汉字相同,有的与汉字不同。石钟健的《论白族的白文》③、赵衍荪的《浅谈白族语言及其他》④等一系列研究论文,论证白族有自己的文字,属于借源文字。

进入 20 世纪 80 年代以后,随着新材料的发现、新理论的吸纳和新方法的运用,白文研究进入一个崭新的时期。这一时期,一方面,在政府机关的大力提倡和推动下,白语教育和新白文创制推广工作取得了突出成绩。另一方面,学者们通过搜集到的老白文文献,对老白文进行深入解读,取得了丰硕的成果。如徐琳、赵衍荪的《白文〈山花碑〉释读》⑤,张福三、傅光宇的《大本曲曲目新探》⑥,禾章的《白文和白文学》⑦,李绍尼的《有关白族文字的几个问题》⑧等。

近三四十年,更多的学者投入到白文研究中,无论是对白文文献的研究还是对白文本体的研究,都更加深入细致。既有王锋、段伶、徐琳等学者从面上对白文书写符号系统构成的研究和白文文献整理的研究,也有韦韧、王彬、李二配等学者从文献数据库、汉白语言关系、文字羡余、记录语言单位等各个独特的角度对白文

---

① 曾昭燏:《云南苍洱境考古报告乙编——点苍山下所处古代有字残瓦》,中央博物院筹备处,1942 年。

② 方国瑜:《洱海民族的语言与文字》,《云南志补注·附录》,云南人民出版社,1995 年,第 166—179 页。

③ 石钟键:《论白族的白文》,《中国民族问题研究集刊》第六辑,中央民族学院研究部,1957 年,第 125—145 页。

④ 赵衍荪:《浅谈白族语言及其他》,《洱海报》1979 年 7 月 15 日。

⑤ 徐琳、赵衍荪:《白文〈山花碑〉释读》,《民族语文》1980 年第 3 期。

⑥ 张福三、傅光宇:《大本曲曲目新探》,《大理文化》1980 年第 1 期。

⑦ 禾章:《白文和白文学》,《民族文化》1981 年第 2 期。

⑧ 李绍尼:《有关白族文字的几个问题》,《大理文化》1981 年第 4 期。

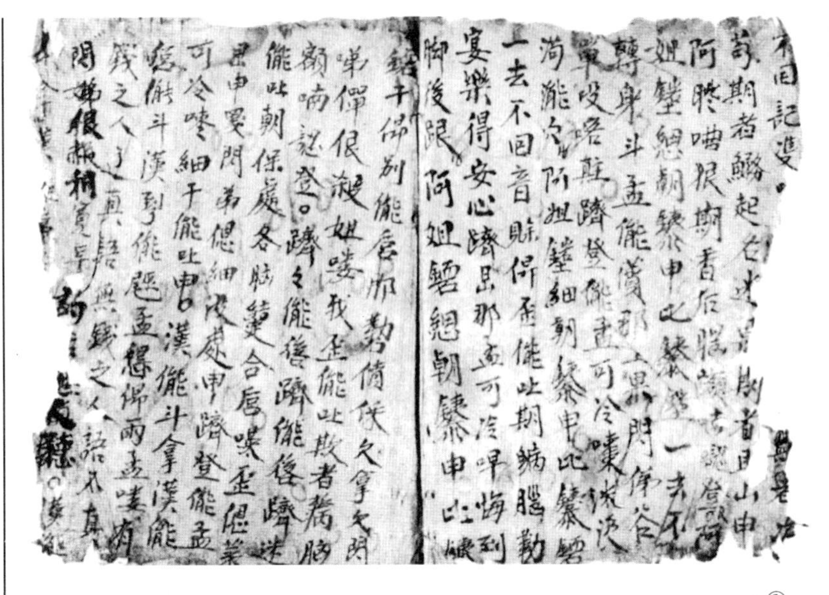

图 5-26　老白文《云龙白曲残本》抄本,(美)圣玛丽大学傅京起收藏[①]

展开研究。白文的研究进入蓬勃发展的时期。

三、白文研究的进展

白文至今至少已有一千年的历史,但白文的历史文献直到 20 世纪 40 年代以后才陆续被发现,对白文的学术研究也是从 20 世纪 40 年代才开始的。

最初许多学者围绕“古白文的有无”展开探讨。徐嘉瑞首创“白族无文字”说。[②] 杜乙简(1957 年)也认为白族历史上并不存在一种独立成型的白文。[③] 徐琳和赵衍荪认为古白文只是曾在一些人中间起过一定的帮助辨记语言的作用,远不能准确方便地记录白语而广泛流传使用。[④] 大多数学者都确信,在南诏大理国时期曾存在、使用过“白文”:这种文字借鉴汉字的构字方法来另造新字以记录当时的白族语音。20 世纪 50 年代,杨堃和孙太初率先提出“白族有古文”的观点。

---

① 中国民族图书馆:《中国少数民族文字古籍版本研究》,民族出版社,2018 年,第 14 页。

② 徐嘉瑞:《大理古代文化史》,国立云南大学西南文化研究室,1949 年。

③ 杜乙简:《“白文”质疑》,《云南白族的起源和形成论文集》,云南人民出版社,1957 年,第 83—86 页。

④ 徐琳、赵衍荪:《白语概况》,《中国语文》1964 年第 4 期。

后来,林超民[①]、段伶[②]、张增祺[③]、马曜[④]、赵衍荪[⑤]都曾对白文相关问题予以探讨。杨应新《方块白文辨析》(1991 年)一文对白文进行全面和深入的研究,指出现今残存的方块白文文献资料包括白文史籍、白文残瓦、白文经卷、白文碑刻、白文曲本、白文释文和白文对联七种。最有价值的是白文经卷,其中夹注着大量的古白文。[⑥]

20 世纪 80 年代以来,学者们从"有无白文"的争论中摆脱出来,并对白文文献典籍中存在的一些"知其形而不明其音义"的词语进行了释读和破译。如徐琳、赵衍荪《白文〈山花碑〉释读》[⑦],徐琳《明代白文〈故善士杨宗墓志〉试释》[⑧],何一琪《白文哀词〈赵坚碑〉研究》[⑨],赵桂堂、施文清《明代凤羽〈高公墓志〉白文碑注》[⑩]等对白文碑文作了考释。

近 20 年来,相关研究机构和学者加大了古白文档案文献编纂出版的力度,古白文文献的编研成果大量涌现。张文、陈瑞鸿主编的《白族文字文献》[⑪]收录了从明代流传至今的剑川本子曲唱词古白文抄本,为稀有罕见、首次公开出版的学术价值较高的古白文文献。张锡禄、甲斐胜二主编的《中国白族白文文献释读》[⑫]收录的白文文献分白曲曲本、大本曲曲本、吹吹腔戏本、宗教经文、祭文五类,基本涵盖了白文文献的主要种类,所选文献也很具代表性,可以作为研究白文的标准文本。田怀清《南诏大理国瓦文》[⑬]收集整理了南诏大理国的瓦文。张文、陈瑞鸿主

① 林超民:《漫话白文》,《思想战线》1980 年第 5 期。

② 段伶:《六库谣》,《中国民族》1981 年第 2 期。

③ 张增祺:《南诏、大理国时期的有字瓦——兼谈白族历史上有无"白文"的问题》,《文物》1986 年第 7 期。

④ 马曜:《云南民族问题在中国革命和建设中的地位》,《民族研究》1989 年第 6 期。

⑤ 赵衍荪:《浅论白族文字》,《云南民族语文》1989 年第 3 期。

⑥ 赵寅松:《白族研究百年》,民族出版社,2008 年。

⑦ 徐琳、赵衍荪:《白文〈山花碑〉释读》,《民族语文》1980 年第 3 期。

⑧ 徐琳:《明代白文〈故善士杨宗墓志〉试释》,《罗常培纪念论文集》,商务印书馆,1984 年,第 362—378 页。

⑨ 何一琪:《白文哀词"赵坚碑"之研究》,《云南民族学院学报》1987 年第 2 期。

⑩ 赵桂堂、施文清:《明代凤羽〈高公墓志〉白文碑注》,《德宏师范高等专科学校学报》2020 年第 2 期。

⑪ 张文、陈瑞鸿:《白族文字文献》,兰州大学出版社,2004 年。

⑫ 张锡禄、〔日〕甲斐胜二:《中国白族白文文献释读》,广西师范大学出版社,2011 年。

⑬ 田怀清:《南诏大理国瓦文》,云南人民出版社,2011 年。

编的《石宝山歌会传统白曲》①是第一部用方块白文、拼音白文、汉译三对照模式编排、公开出版的白族非物质文化遗产民间文学类口传档案文献汇编。这些文献成果标志着古白文研究进入了一个新阶段。

四、白文研究的基本材料

由于明王朝推行压制民族文化的政策，大量白族历史文献被毁，明代以前的白文古籍大都没有流传下来。王叔武著《云南古佚书钞》②从群书中钩稽出被汉籍引用的白文古籍内容，使今人得以窥见其崖略。

明清以来，白文主要用来书写碑刻铭文、民间文学作品等，尤其是各种曲本、唱词。目前可见的白文文献可以分为南诏字瓦、佛经、碑铭、史籍、曲本唱词等。

南诏宁瓦是20世纪30年代以来陆续发现的，多出土于南诏的建筑遗址中，少数字瓦为大理国之物。这些数量众多的残瓦上刻有各类符号，既有特殊的记号，也有汉字和由汉字增减笔画造成的文字符号。后两类一般认为即是当时的白文。

南诏大理国写本佛经是时代较早的一批白文文献，是费孝通等1956年在大理凤仪发现的三千多卷佛经，其中有20卷是南诏大理国时期的写本佛经。这20卷佛经中，有的经卷夹杂着古白文符号，有的在汉文经卷右侧附有白文旁注，卷尾有白文注疏。这批白文佛经对于研究南诏大理国时期佛教在大理地区的传播以及白文的发展具有重要价值。其中《仁王护国般若波罗蜜多经》被列入国家珍贵古籍名录。

白文碑铭也是研究白文的重要资料。代表碑文有：大理国《段政兴资发愿文》，是现存较早的白文文献，刻于铜制观音像后背。全文43字，前23字为汉语，述造像之缘由，后20字为一首白文五言诗，祝愿江山永固，帝业长存。明代《故善士杨宗墓志碑》，全碑347字，该碑的重要价值是文内有"弟杨安道书白文"字样，这是白文历史文献中第一次有"白文"名称的记载，证明白文当时不仅使用普遍，而且已经有了统一的名称。明代《词记山花·咏苍洱境碑》碑文520字，全用白文写成，保存较好，是白文文献的代表作品。

白文史籍主要有《僰古通记》《玄峰年运志》《西南列国志》等。明代著名学者

---

① 张文、陈瑞鸿：《石宝山歌会传统白曲》，云南民族出版社，2011年。

② 王叔武：《云南古佚书钞》（增订本），云南人民出版社，1996年。

杨慎贬谪云南,搜集整理了多种白文史籍,并译为汉文,编成《滇载记》。但这些白文史籍原书都已失传,现只能从相关的汉文文献中了解其简要情况。

方块白文主要为白族民间用于曲本、戏本、宗教经文、祭文、对联、书信等,文献数量多、内容丰富,以写本为主。对方块白文文献进行整理和研究的主要有:张文、陈瑞鸿主编的《西南少数民族文字文献・第十五卷:白族文字文献》①收录了较为稀有罕见的本子曲抄本,填补了明代以来方块白文文献出版的空白。奚治南《白族大本曲・梁山伯与祝英台》②用原文、国际音标、直译、白文、意译五对照的形式对其进行释读。此外,还有王晋《白族大本曲非物质文化遗产建档保护研究》③、大理白族自治州民族宗教事务委员会编《白族白文大本曲》④等现代方块白文文献。

侯冲《白族白文新论》⑤全面考察了云南地方文献尤其是《白古通记》等明清云南地方史志,对白文典籍的分类和部分典籍的白文性质提出了自己的观点。殷群、寸云激《白文文献的研究与新发现》⑥对近年来田野调查中搜集到的白文文献作全面整理、分类、编目和检校,并对白文文献研究进行梳理,尝试提出新的研究方法与传承方式。

五、白文研究所关注的问题

对白文的研究主要集中在三方面:白文文字性质研究、白文书写符号系统构成的研究、白文文献的整理与释读。

白文文字性质研究。关于老白文的性质,一直是学术界所关注的问题。民国时期石钟键在《大理喜洲访碑记》⑦《滇西考古报告》⑧《论白族的白文》⑨《大理明

---

① 张文、陈瑞鸿:《西南少数民族文字文献・第十五卷:白族文字文献》,兰州大学出版社,2003年。

② 奚治南:《白族大本曲・梁山伯与祝英台》,云南民族出版社,2015年。

③ 王晋:《白族大本曲非物质文化遗产建档保护研究》,中国社会科学出版社,2019年。

④ 大理白族自治州民族宗教事务委员会:《白族白文大本曲》,云南民族出版社,2018年。

⑤ 侯冲:《白族白文新论》,《中央民族大学学报(哲学社会科学版)》2000年第4期。

⑥ 殷群、寸云激:《白文文献的研究与新发现》,《中央民族大学学报(哲学社会科学版)》2019年第6期。

⑦ 石钟键:《大理喜洲访碑记》,云南省立龙渊中学中国边疆问题研究会,1944年。

⑧ 石钟键:《滇西考古报告》,云南省立龙渊中学中国边疆问题研究会,1944年。

⑨ 石钟键:《论白族的"白文"》,《中国民族问题研究集刊》第六辑,中央民族学院研究部,1957年,第125—145页。

代墓碑的历史价值:〈大理访碑录〉代序》[1]等研究成果中指出白文是当时民家人所用的文字,大概产生在12世纪中叶以前。这种文字,十之八九是借用汉字,新奇字不过占十分之一二。形式虽是汉文,实质乃是白族的文字。林超民《漫话白文》[2]认为在唐宋时期,白族为了生产、社会及文化的需要,利用汉字作为表意和记音的符号,编制了白文。段伶《"白文"辨析》[3]认为在南诏时期开始使用白文。段伶《白语》[4]认为老白文的使用情况,大致分为简单记事、广泛应用、韵文应用三个时期。简单记事是在唐代南诏时期,广泛应用是在宋代大理国至元代段氏总管时,韵文应用是从明代至当代。赵衍荪《关于白文及白文的研究》[5]认为到了南诏末期以后,白族人民中间就产生了一种利用汉字或以增损汉字笔画的方法记录白语的表意表音的文字——白文。到了现代,即使在绝大多数白族人民都通晓汉语汉文的情况下,白文仍然在一定的范围内通行。杨人龙《创制白族文字刍议》[6]、赵橹《僰(白)文考略》[7]、周祜《白文考证》[8]、杨政业《论"白(僰)文"的形态演化及其使用范围》[9]、赵寅松《关于白文的思考》[10]等研究成果都对白文的历史和性质作了深入研究。

白文书写符号系统构成的研究。王锋《从汉字到汉字系文字——汉字文化圈文字研究》[11]《从白文古籍看白文书写系统的历史发展》[12]等研究成果将白文书写符号系统从组成结构上分为独体字、派生字、合体字三类。在构字方法上,白文

---

① 石钟键:《大理明代墓碑的历史价值:〈大理访碑录〉代序》,《中南民族学院学报(人文社会科学版)》1993年第2期。

② 林超民:《漫话白文》,《思想战线》1980年第5期。

③ 段伶:《"白文"辨析》,《大理文化》1981年第5期。

④ 段伶:《白语》,《大理白族自治州志·卷七:方言志》,云南人民出版社,2000年,第369—464页。

⑤ 赵衍荪:《关于白文及白文的研究》,《大理文化》1982年第1期。

⑥ 杨人龙:《创制白族文字刍议》,《大理师专学报(社会科学版)》1985年第1期。

⑦ 赵橹:《僰(白)文考略》,《大理文化》1988年第6期。

⑧ 周祜:《白文考证》,《南诏文化论》,云南人民出版社,1991年,第194—211页。

⑨ 杨政业:《论"白(僰)文"的形态演化及其使用范围》,《大理师专学报(综合版)》1997年第4期。

⑩ 赵寅松:《关于白文的思考》,《大理民族文化研究论丛》第二辑,民族出版社,2006年,第375—380页。

⑪ 王锋:《从汉字到汉字系文字——汉字文化圈文字研究》,民族出版社,2003年。

⑫ 王锋:《从白文古籍看白文书写系统的历史发展》,《民族古籍》2002年第2期。

以假借汉字和仿造字为主,另有汉字省略字、汉字变体字和其他自造字。从历代的白文文献看,假借汉字一直是白文最主要的书写手段。白文中的假借汉字有音读字、训读字、借词字、借形字几种类型。白文的仿造字有派生字和合体字两类。段伶《论"白文"》①一文将方块白文分为白文汉字和白文白字两大类,白文汉字又分为训读、假借、直读。徐琳《关于白族的文字》②一文将方块白文文字符号系统分为音读、训读、直接借用和自造新字,其中自造新字下又分出会意、形声等小类。

白文文献的整理与释读。石钟健对七种白文碑刻及文本进行了分析,开启了白文文献的整理和解读工作,其有关白文历史、特点、价值及著作的讨论,对白文文献研究有重要意义。徐琳、赵衍荪则首次运用国际音标对白文标音,对《词记山花咏苍洱境》的碑文进行了系统解读。杨应新对白文碑刻和大本曲、本子曲进行了部分释读,同时还讨论了白文文献分类的问题。周祜对云龙白族的白语祭文进行了汉译,对白文文献的整理和解读也有程度不同的贡献。近年来,张锡禄、甲斐胜二、段伶等在文献收集的基础上,按白曲、大本曲、吹吹腔戏本、祭文、宗教经文的分类,对十七种白文文献进行了部分释读,并标注了国际音标。

六、白文研究热点

对老白文文化内涵的研究。王锋《方块白文历史发展中的文化因素》一文从文字符号的选用,南诏、大理国统治阶级以及白族士大夫阶层对白文的态度等方面,说明白文的文化属性,是特定文化环境的产物,其形成、发展和特定的文化环境密切相关。③ 周祜《从白族语言文字、风俗习惯看汉白民族的融合》④从老白文的角度审视汉族与白族之间民族文化的融合。施珍华《古白文的规范与开发》⑤从古白文传递的古代信息、古白文与现代文明、古白文的规范、古白文的开发四个

① 段伶:《论"白文"》,《大理师专学报》2001年第1期。

② 徐琳:《关于白族的文字》,《白族文化研究2001》,民族出版社,2002年,第273—292页。

③ 王锋:《方块白文历史发展中的文化因素》,《云南民族学院学报(哲学社会科学版)》2002年第6期。

④ 周祜:《从白族语言文字、风俗习惯看汉白民族的融合》,《下关师专学报(社会科学版)》1982年第1期。

⑤ 施珍华:《古白文的规范与开发》,《大理民族文化研究论丛》第二辑,民族出版社,2006年,第436—447页。

方面探索古白文发展的方向。牛玉婷、张琪《大理白族文字的文化效用》①指出白文是研究白族历史文化的重要切入点。

拼音白文的推广。甲斐胜二、韦海英《关于白族文字方案》②介绍了白族文字方案的制定和进展；甲斐胜二《关于白族的白文问题》③分析了阻碍新白文推广的因素和探索改进的方法；杨敏、奚寿鼎《白族白、汉双语教学十六字方针实施初探》④指出十六字教学方针中“先白后汉”是教学途径，“白汉并重”是防止偏废，“以白带汉”是衔接规律，“白汉俱通”是最终目的；奚寿鼎《白语文工作的回顾及若干思考》⑤、毕丽丝《白汉双语双文教学实验项目的介绍》⑥介绍了剑川县推行白文的情况；罗正鹏《新创拼音白文试验推行50年来的反思》⑦对新创拼音白文试验推行中存在的问题从国家和普通老百姓的角度进行了深入的分析，以多元文化视角，从民族平等、民族团结的角度提出了国家在新的历史时期对民族文字工作应该重视的几个方面。罗正鹏《略论文化多样性保护与双语教育——基于白族新创文字应用情况的调查研究》⑧，张国荣、罗正鹏《试论文化多样性保护与白语教育——基于白族新创文字应用情况的调查研究》⑨探讨了开展双语教育、白语教育中存在的观念障碍和解决办法。

七、未来展望

白文文献资料丰富，承载的文化内涵还有待进一步发掘。白文的研究，还有

---

① 牛玉婷、张琪：《大理白族文字的文化效用》，《汉字文化》2021年第22期。

② 〔日〕甲斐胜二、韦海英：《关于白族文字方案》，《大理师专学报（社会科学版）》1997年第2期。

③ 〔日〕甲斐胜二：《关于白族的白文问题》，《大理民族文化研究论丛》第五辑，民族出版社，2011年，第530—537页。

④ 杨敏、奚寿鼎：《白族白、汉双语教学十六字方针实施初探》，《民族教育研究》1995年第1期。

⑤ 奚寿鼎：《白语文工作的回顾及若干思考》，《白族学研究》1997年第7期，白族学学会编印。

⑥ 〔澳〕毕丽丝：《白汉双语双文教学实验项目的介绍》，《南诏大理历史文化国际学术讨论会论文集》，民族出版社，2006年，第581—585页。

⑦ 罗正鹏：《新创拼音白文试验推行50年来的反思》，《大理学院学报》2008年第3期。

⑧ 罗正鹏《略论文化多样性保护与双语教育——基于白族新创文字应用情况的调查研究》，《民族教育研究》2015年第2期。

⑨ 张国荣、罗正鹏：《试论文化多样性保护与白语教育——基于白族新创文字应用情况的调查研究》，《广西民族研究》2015年第4期。

大量的工作需要做。

第一,对民间方块白文文献的搜集和整理。民间使用的白文文献,包括白祭文、民歌唱本、大本曲唱本等,文献资料丰富。过去的研究主要集中于元明清时期的白文文献,近年对民间流传和使用的白文文献的调查和研究取得了一些成果,但还需要根据文献的内容和形式,逐一进行整理、分类编制目录,厘清文献的来源、流传、内容、文本结构等相关的情况。

第二,对白文文献的解读。南诏大理国写本佛经自造字较多,还没有得到很好的释读。白族方言之间有差别,往往一词有不同的写法和一字多意的现象,因此对方块白文的解读需要熟练掌握白语方言和语词,解决白语方言差异对文献释读的影响,对白文文献逐字逐句进行系统完整的释读,力求译注的文献保持历史原貌和地域特征。

第三,制定方块白文字符标准,把它纳入国家和国际标准体系。由于方块白文字形复杂,各方言区和各个使用者书写的方块白文不统一,制定统一的标准,有助于出版方块白文字典和开发方块白文和汉文翻译系统。

第四,白文数据库建设。以白文文献为原始语料,建立方块白文数据库,利用数据库的优势,整理、分析方块白文,破解存疑文献。将文献资源数字化,建成各类文献专题数据库,提高白文文献资源的共享度和利用率。

第五,加强白文和其他汉字系文字的比较研究。白文的形成和发展并不是孤立的,它是在汉字文化圈特定的历史文化大背景下形成的民族文字,通过比较,有助于加深对白文性质的认识。

第四部分 侗　文

一、侗文概况

侗族主要分布在贵州、湖南、广西三省区毗连的广大地区和湖北西部山区。侗族自称 kam1,由于方音的变化,又称为 ȶam1 或 ȶəm1 等。[①] 侗族是从古代百越族群发展而来的,历史上,侗族先民被称为"僚人""侗僚""峒人""洞蛮""峒苗",

① 国家民族事务委员会全国少数民族古籍整理研究室:《中国少数民族古籍总目提要 · 侗族卷》,中国大百科全书出版社,2010 年,序言第 1 页。

或泛称为“苗”或“夷人”。民国时期称为“侗家”，中华人民共和国成立以后称为侗族。侗族形成为单一民族，大概在隋唐时期。唐宋时期，中央王朝在“峒区”设立羁縻政权，委任土官，称为“羁縻州峒”。

侗族使用侗语。侗语以往被认为是属于汉藏语系壮侗语族（或称“侗台语族”“壮台语族”等）侗水语支，现在一般认为侗语属于壮侗语系[①]。侗语以锦屏县启蒙镇为界，分成南北两个方言区，每个方言区内因各地语音的不同又各分为四种土语。相对而言，北部方言区的语言吸收汉语词汇和使用汉语语法较为普遍，语音也趋于简化；南部方言则保持较古的面貌，元音分长短，有一套完整的促声韵。南北方言的语法规则基本一致，方言之间的同源词超过70%，不同方言区的人们经过一段时间的接触就能对话。[②]

侗族自古无本族文字。据清代李宗昉《黔记》记载，“狪苗……通汉语”，“狪家苗……男子虽通汉语，不识文字，以刻木为信”。自明清以来，侗族习用汉字，除用来书写汉语外，也用来记录侗语，主要记录侗族通书、侗族款词以及歌本、农书、历书、族谱、家谱等内容。目前认为最早的汉字记侗语文献出现在明末清初，如《绥宁县志》载明万历三年（1575）的《尝民册示》、1985年从江县九洞地区搜集的明末的《东书少鬼》、通道杨锡先生保存的乾隆五年（1740）的抄本《古款本》等。[③]

上述以汉字记侗语的情况是侗文的主体内容，一般称为汉字侗文；另外还有少量仿汉字式自造文字，称为方块侗字；中华人民共和国成立后创制的以拉丁字母为基础的《侗文方案》（草案）所拼写的侗文，称为新侗文。下面分别说明。

（一）汉字侗文

以汉字记侗语，一般称为汉字侗文，“指采用汉字作为书写符号记录下的成文的侗语言材料”[④]，汉字侗文记录的内容涉及侗族社会生活的各个方面，其中侗族款词及歌本是主体。据吴永谊的调查，在“全国最大的侗族聚居地”三宝侗寨，汉

---

① 自美国学者白保罗提出壮侗语不属于汉藏语系后，这一看法慢慢被语言学界所接受。

② 国家民族事务委员会全国少数民族古籍整理研究室：《中国少数民族古籍总目提要·侗族卷》，中国大百科全书出版社，2010年，第2页。

③ 赵丽明：《汉字侗文与方块侗字》，《中国民族古文字研究》第三辑，天津古籍出版社，1991年，第221—226页。

④ 赵丽明：《汉字侗文与方块侗字》，《中国民族古文字研究》第三辑，天津古籍出版社，1991年，第221—226页。

字记侗语的歌本数量较多，每两三家就会有一本歌书。吴永谊所分析的汉字记侗语的情况主要是两种。①

1. 借汉字的音

即音读方式。假借汉字记录侗语的语音，这里汉字只是一种表音符号，与其意义无涉。音读方式多用于记录民间歌本。如：

表5－2

用来记侗语的汉字	侗语读音	侗语词义	用来记侗语的汉字	侗语读音	侗语词义
多	to^{33}	唱	兰	lam^{22}	忘记
怒	nu^{53}	看	脚	ȶot^{22}	边、侧
赖	lai^{55}	好	吊	ȶiu^{55}	我们
胳	ko^{11}	脖子	宋	suŋ^{35}	话

2. 借汉字的义

即训读方式，借汉字形义而读以侗语语音。训读方式多用于记录侗族经典式、史诗式、法规式的文献。如：

表5－3

用来记侗语的汉字	侗语读音	侗语词义	用来记侗语的汉字	侗语读音	侗语词义
虎	məm^{31}	虎	雷	pja^{33}	雷
尾	sət^{55}	尾	大	mak^{33}	大
看	ma^{42}	看	肉	nan^{31}	肉

另外还有一些兼借汉字音义的情况，即一般说的借词字。这些字记录的就是侗语中的汉语借词，如：

① 吴永谊：《汉字记录侗语初探——以三宝侗寨民间歌本为例》，《贵州民族学院学报（哲学社会科学版）》2012年第3期。

表 5-4

用来记侗语的汉字	侗语读音	侗语词义	用来记侗语的汉字	侗语读音	侗语词义
金	ȶəm55	金	鬼	ȶui33	鬼
三	sam35	三	日头	ȵət22 tou22	日头
同	toŋ22	同	风	xoŋ35	风
讲	kaŋ33	讲	鸡	ȶi55	鸡

赵丽明谈到另外两种用汉字记侗语的方法。①

3. 反切法

反切法有四种：第一，借两个汉字，上字取声或声、韵腹，下字取韵或韵尾，如"尼亚"ȵa（河）；第二，借三个汉字切侗语一个音节，如"其呵母"ȶha：m（走）；第三，侗音反切，如"身洞"（下垂貌），侗语身体 ɕən、洞 jem；第四，汉侗混合切，如"萨嘴"切 səp（细），汉语萨 sa、侗语嘴 əp。

4. 转借法

转借法是分两步假借。第一步借汉字义训读侗音，第二步借侗语同（近）音词表义。如：路——借义训读为侗语"路"，音 khwən——借音近表义"完成"wən；雨——借义训读为侗语"雨"，音 pjən——借音同表义"羽毛"，音 pjən。

由于没有统一规范的记音方法，汉字记侗语具有很强的个人特点和地域差别，不能实现通用。

（二）方块侗字

侗族民间知识分子模仿汉字结构、取汉字部件自创少量仿汉字式文字，一般称为方块侗字，这部分侗文数量很少。据赵丽明调查，"从目前所看到的有限材料中，收集到一百多个自制方块侗字，分别见于古老的侗款和民歌唱本中，而且在桂北、湘南以及附近的贵州地区，这些字几乎是通用的"②；据杨子仪对一册侗文抄本

① 赵丽明：《汉字侗文与方块侗字》，《中国民族古文字研究》第三辑，天津古籍出版社，1991年，第221—226页。

② 赵丽明：《汉字侗文与方块侗字》，《中国民族古文字研究》第三辑，天津古籍出版社，1991年，第221—226页。

《古本誊录》的调查,这些仿造的方块侗字“共80来个,占用字总量的10%左右”,而汉字记侗语的情况占90%①。

方块侗字大致可分为以下几类:

1. 象形字

例如:卩,pau^{55},“树干上的节疤”;电,kji^{55},“乌龟”,象乌龟形。

2. 会意字

例如:𢇟,kwak^{33},“宽阔”;秞,wa^{11},“禾苗”;閺,mhən^{33},“躲藏”,会身隐于门内之意,又从门得声,会意兼形声。还有一种特殊情况,姑且放入会意,如以下两例:𦖋,tɕin^{453},一身兼“品尝”“听觉”二义,从“尝(嘗)”“闻”省形,上下部分各表一义;𤭛,ke^{55},“瓦渣、麻雀”,从“瓦”“鹰”省形。

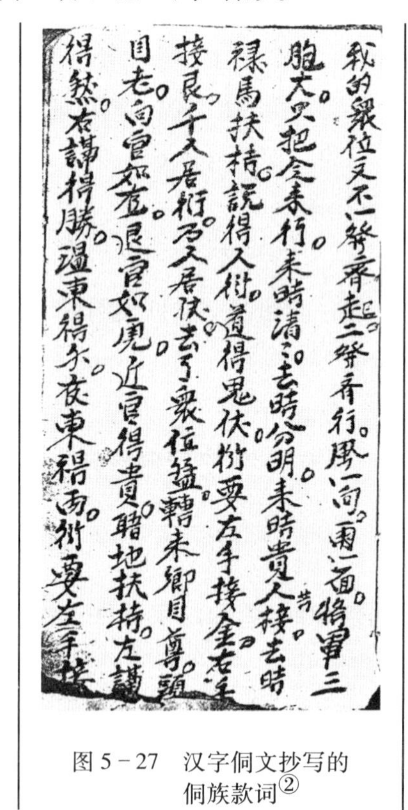

图5-27　汉字侗文抄写的侗族款词②

① 杨子仪:《〈古本誊录〉中的古侗字研读》,《民族语文》2000年第4期。

② 广西壮族自治区少数民族古籍整理出版规划领导小组办公室:《侗族款词》,吴浩、梁杏云项目主编,广西民族出版社,2009年,1059页。

3. 形声字

形声字的形符表侗语词的义类，声符表侗语词的语音（同音或近音）。另有亦声、省声之变。伓，pu³¹，“父亲、男人”，从人不声。瑆，çiŋ⁵⁵，“声音”，从耳星声。鴹，çak³³，“喜鹊”，从鸟手声。佛，sa³¹，“祖母”，从人掃省声。

4. 加符号区别字

或称加形字，是在汉字基础上添加区别性符号构成新字。这个区别性符号一般在字的左半边，常见的有“口”“亻”“扌”等，它们既不标音也不标义，只是一个区别性记号。可分为三类：第一类，记音的加符号区别字，如傋，tɕha³³，“扯”；嘘，pe⁵⁵，“买”；撑，təŋ³³，“根部”；溠，sai⁵⁵，“允许”，分别以“姐”“悲”“等”“差”记侗语音，表对应的侗语义。第二类，记义的加符号区别字，如：仸，mən⁵⁵，“天”；㚺，mjek³³，“妇女”，分别借汉字“天”“女”表义，所加区别性符号无义。这类字不多。第三类，兼记音义的加符号区别字，实际就是借汉语词而添加了区别性符号，如行，tak³³，“打”；啨，çin⁵⁵，“声音”；尫，tɕin⁵³，“正”；啽，kwan⁵⁵，“官”。

5. 汉字变体字

取汉字音义（或只取音、只取义），对形体略加改造。如，迃，ju¹¹，借汉字“游”音义，字形略加改造。黨，thɔn⁴²，“敞开”；着，jo⁴²，“样子”，分别是对汉字“黨”“若”略加改造，借其汉语音，对应该读音相应的侗语义。手，ŋɔ¹¹，“牙齿”；宄，jen⁵⁵，“兔”，分别是对汉字“牙”“兔”加以改造，借其汉语义，读侗语音。

方块侗字中还有少量意音合体字。这类字由完整的两个汉字合成，其中一个用来表该字读音，另一个表义，与形声字不同。如粐，读为 ma，意为“来”。① 另有一些造字理据不明的字，如遡，lau⁵⁵，“我们”；仂，an⁵⁵，“月份”。

（三）新侗文

新侗文是指中华人民共和国成立后，1958 年为记录侗语而创制的以拉丁字母为基础的《侗文方案》（草案）所拼写的侗文，该方案在侗族地区试行已有半个多世纪。

本节所谈侗文，主要指前两种文字，对新侗文的研究情况，只做简单介绍。

---

① 王锋：《从汉字到汉字系文字——汉字文化圈文字研究》，民族出版社，2003 年，第 102 页。

"Haih, maoh baov daol naengl lis lagx banl ah!" Jav dah geel naih leev, Taik Beex eengv Yeenc Wangc pieek yac lagx sunx bail dos maoh. Siut Nyih sunx bail Yangc Qip, Jeml Langc sunx bail Bags Liangc. Jav Sinc Wap lis lagx touk xenp daengl, wodt maenl wodt nyanl, samp nyanl nuv nas, jus nyanl nuv nyongx daengl lax. Hat jav maoh lis siik xebc beds nyinc, yaot sangx lis maenv lagx yak yedp.	"嗨，先生说咱俩命好，还会生贵子咧！"金元说。这时候，太白和阎王正送一对童男童女给金元。童女送到洋溪，童男送去良口。那钱花身怀有孕了，日复一日，月复一月，一月着床，十月怀胎。当时金元已是四十八岁的人了，才生下这么一个贵子。

图 5－28　用新侗文记录的侗族长篇叙事歌《岜汉》中的内容[①]

二、侗文研究历史

侗文的研究历史可以综述为以下几个方面。

1. 早期侗文文献的发现与收集整理

早期的侗文文献，有 1985 年在从江县九洞地区搜集的、据推测出现于明末的《东书少鬼》（可译为《卜鬼通书》）[②]、通道杨锡先生保存的乾隆五年（1740）的手写本《古款本》等。[③] 早期对侗文的收集与整理，主要见于地方志，如《绥宁县志》记载的明万历三年（1575）的《尝民册示》，如清代的《光绪古州厅志》《光绪黎平府志》《民国贵州通志》收录较多汉字记侗语内容，其中的源头是成书较早的《光绪古州厅志》，收录 106 个汉字记侗语词汇。[④]

2. 调查研究起步期（20 世纪 50 年代至 80 年代末）

主要工作是对侗语的系统调查，对侗文文献的收集、整理和刊布。其中，20 世纪 50 年代和 80 年代这两个十年是侗文调查收集的黄金时期，而 60 年代初至 80 年代初是停滞期。

这一时期的贡献主要是：第一，对侗语包括侗族地区方言土语的系统调查。

① 贵州省民族古籍整理办公室、黎平县民族宗教事务局：《岜汉》，银永明、石峰收集整理，贵州民族出版社，2015 年，第 38 页。

② 向零：《一本珍贵的侗族古籍——〈东书少鬼〉》，《贵州民族研究》1990 年第 2 期。

③ 赵丽明：《汉字侗文与方块侗字》，《中国民族古文字研究》第三辑，天津古籍出版社，1991 年，第 221—226 页。

④ 张明、韦天亮、姚小云：《从贵州地方志看清水江地区的汉字记录侗语情况》，《贵州大学学报（社会科学版）》，2014 年第 6 期。

如《侗汉简明词典》(初稿)[1]、《侗语简志》[2]《三江侗语》[3]《侗语语法》[4]都是这一次系统调查研究的成果。第二,1958年,为记录侗语创制了以拉丁字母为基础的《侗文方案》(草案),而后大量的侗族民间口传文献被调查发掘并以新侗文记录刊布,如《侗族文学资料》第六集的《侗族叙事歌和琵琶歌》[5],又如杨锡光等整理的《侗款》[6]。第三,侗族历史上的民间抄本一部分得到调查刊布,代表性的如《侗族大歌》[7]《起源之歌》[8]等。

3. 调查研究初探期(20世纪90年代至21世纪前十年)

主要工作包括三方面:第一,对侗文开始了初步研究。侗文文字本体的研究始于赵丽明《汉字侗文与方块侗字》[9],这是田野调查后对汉字侗文和方块侗字的基础整理与介绍;而后杨子仪《〈古本誊录〉中的古侗字研读》详细介绍了一种侗文抄本(据后记所言为乾隆年抄本)中的汉字侗文和方块侗字[10];陆锡兴《汉字传播史》[11]、王锋《从汉字到汉字系文字——汉字文化圈文字研究》[12]分别就赵丽明、杨子仪提供的资料,对侗文从汉字传播史角度作了进一步介绍与初步研究。第二,对侗语的持续调查研究。如龙耀宏《侗语研究》[13]、欧亨元《侗汉词典》[14]为相关研究提供了基础材料,石林《侗语汉语语法比较研究》[15]、石林《侗台语

① 贵州民族语文指导委员会研究室、中国科学院少数民族语言调查第二工作队:《侗汉简明词典》(初稿),贵州民族出版社,1959年。
② 梁敏:《侗语简志》,民族出版社,1980年。
③ 邢公畹:《三江侗语》,南开大学出版社,1985年。
④ 杨汉基:《侗语语法》,天柱民委审印、天柱印刷厂印,1986年。
⑤ 贵州省民族事务委员会、贵州省民间文艺研究会编《侗族文学资料》共七种,1984—1985年。如其中第六集为《侗族叙事歌和琵琶歌》,石宗庆、张盛等记音,龙玉成等意译,1984年。
⑥ 湖南少数民族古籍办公室:《侗款》,杨锡光、杨锡、吴治德整理译释,岳麓书社,1988年。
⑦ 贵州省文联:《侗族大歌》,贵州人民出版社,1958年。
⑧ 杨权、郑国乔:《侗族史诗——起源之歌》,辽宁人民出版社,1988年。
⑨ 赵丽明:《汉字侗文与方块侗字》,《中国民族古文字研究》第三辑,天津古籍出版社,1991年,第221—226页。
⑩ 杨子仪:《〈古本誊录〉中的古侗字研读》,《民族语文》2000年第4期。
⑪ 陆锡兴:《汉字传播史》,语文出版社,2002年。
⑫ 王锋:《从汉字到汉字系文字——汉字文化圈文字研究》,民族出版社,2003年。
⑬ 龙耀宏:《侗语研究》,贵州民族出版社,2003年。
⑭ 欧亨元:《侗汉词典》,民族出版社,2004年。
⑮ 石林:《侗语汉语语法比较研究》,中央民族大学出版社,1997年。

比较研究》[1]、黄勇《汉语侗语关系词研究》[2],开展对侗语与相关语言的比较研究。第三,关于新侗文的研究和文献刊布。如海路、李芳兰对新侗文的研究综述和历史总结[3],如以新侗文记录、整理和刊布的侗族传统文献《金汉列美》《珠郎娘美》等。

4. 调查研究开拓期(2011 年至今)

这一时期,侗文研究开始从一手材料、从文献出发开展研究,并开辟了新的研究视角。

这一时期的主要工作表现在三方面:第一,侗文传统文献的大量整理、译注和刊布,如传统的汉字侗文《三宝琵琶歌》[4]《北部侗族婚嫁歌》[5],如以新侗文记录的《侗族琵琶歌》[6]等。第二,密切结合一手文献开展侗文研究,如吴永谊《汉字记录侗语初探——以三宝侗寨民间歌本为例》[7]、张明等人《从贵州地方志看清水江地区的汉字记录侗语情况》[8],但相关成果很少。第三,发现新的研究视角。伴随着清水江文书的研究热潮,侗文研究出现了新的契机,清水江文书记录了大量苗、侗民族基本词汇,使用了特定的物量词、人名、地名等民俗词语,文字书写上俗字、自造字、异体字以及别字混杂,体现出当地苗、侗民族在汉字书写过程中因本族文化的影响而产生的跨文化用字和写字现象,已有研究的关注点多在汉语俗语词和汉字俗字,但由此带动了侗文研究。

---

① 石林:《侗台语比较研究》,天津古籍出版社,1997 年。

② 黄勇:《汉语侗语关系词研究》,天津古籍出版社,2002 年。

③ 海路、李芳兰:《侗族新创文字应用研究评述——以相关文献研究为线索》,《湖北民族学院学报(哲学社会科学版)》2010 年第 6 期;《侗族新创文字的历史沿革》,《贵州民族研究》2010 年第 6 期。

④ 杨远松、欧安祝:《中国侗族琵琶歌系列・三宝琵琶歌》,向廷辉、普虹收集翻译,贵州民族出版社,2016 年。

⑤ 贵州省民族古籍整理办公室:《北部侗族婚嫁歌》,吴世源搜集,吴定鎏、吴定文、吴定华整理,贵州大学出版社,2015 年。

⑥ 广西壮族自治区少数民族古籍整理出版规划领导小组办公室:《侗族琵琶歌》,吴浩、李燕玲分册主编,广西民族出版社,2012 年。

⑦ 吴永谊:《汉字记录侗语初探——以三宝侗寨民间歌本为例》,《贵州民族学院学报(哲学社会科学版)》2012 年第 3 期。

⑧ 张明、韦天亮、姚小云:《从贵州地方志看清水江地区的汉字记录侗语情况》,《贵州大学学报(社会科学版)》2014 年第 6 期。

可以看出,侗文研究没有经历过真正的发展期,这跟侗文自身特点有很大关系,而清水江文书的大规模发现整理,为侗文研究带来了新材料和新思考。

三、研究进展

侗文研究的进展可以概括为三个主要方面。

一是侗文文字本体的研究,分别讨论了汉字侗文、方块侗字,研究始于赵丽明、杨子仪;后有陆锡兴、王锋从汉字传播的角度加以阐发;近年来,吴永谊、王宗勋、张明等人的研究,重视田野调查,对文字的研究植根于文献,因而对侗文的解析进一步深入。

二是大量侗文文献的抢救性收集整理、影印、译注和出版,反映出侗文在侗族民间使用的实际情况,为进一步研究提供了丰富的一手材料。同时基于上述文献材料和田野调查,亦有相关侗汉词典、汉侗词典面世,便利了后续研究与文献整理、译介。

三是清水江文书的研究热潮带动、启发了侗文文字和词汇研究,开拓了侗文研究的视野。清水江文书呈现了明清以来侗族民间使用汉字的真实情况,也反映出苗侗民族在继承基础上对汉字的俗造、俗用,反映出汉字在侗族地区的传递、使用和变异,而清水江文书的俗字、方言词语与侗文的纠缠,也将是学界新的观察视角。

四、侗文研究的基本材料

1. 侗语调查研究成果及相关工具书

侗语调查研究成果不多,中华人民共和国成立至今的七十余年大致有:梁敏《侗语简志》,是第一部介绍侗语的著作①;黄勇《汉语侗语关系词研究》②,使用侗语方言材料构拟了完整的早期侗语声母系统,并进行了侗语和汉语历史关系的探讨;欧亨元《侗汉词典》是以南部方言为基础,兼收南北方言六个土语词汇的侗汉对译词典③;另有《侗汉简明词典》(初稿)④,邢公畹《三江侗语》⑤,杨汉基《侗语

---

① 梁敏:《侗语简志》,民族出版社,1980年。

② 黄勇:《汉语侗语关系词研究》,天津古籍出版社,2002年。

③ 欧亨元:《侗汉词典》,民族出版社,2004年。

④ 贵州民族语文指导委员会研究室、中国科学院少数民族语言调查第二工作队:《侗汉简明词典》(初稿),贵州民族出版社,1959年。

⑤ 邢公畹:《三江侗语》,南开大学出版社,1985年。

语法》[1],杨汉基与张盛《简明侗语语法》[2],石林《侗语汉语语法比较研究》[3],石林《侗台语比较研究》[4],龙耀宏《侗语研究》[5],潘永荣和石锦宏《侗汉常用词典》[6]等。

2. 侗族民间文献的收集整理与刊布

侗文文献早期的收集与整理,主要见于地方志,可参前文研究历史部分。中华人民共和国成立后的七十余年间,调查发掘出大量侗族民间不同时期的手写本文献,也有大量口传文献陆续用新侗文记录下来的。这些文献数量巨大,部分已正式刊布,下面分类择要说明。

第一类,是传统手写本侗文文献,以汉字侗文为主体,夹杂少量方块侗字。代表性的如贵州省文联编《侗族大歌》[7],《侗族民歌》[8],向零主编《三宝侗族古典琵琶歌》[9],《起源之歌》(侗族史诗)[10],《侗族款词》[11],《北部侗族婚嫁歌》[12],向廷辉、普虹收集翻译《三宝琵琶歌》[13]等。这些文献基本采取汉字记侗音为主体、标注新侗文(少数未标)、对应汉语意译的编排方式,其中仅吴浩、梁杏云主编的《侗族款词》,有部分传统手写本内容的影印页,其余均无从窥见传统手写本原貌。

第二类,是1958年《侗文方案》(草案)创制以来,以新侗文记录的各类侗语文

---

① 杨汉基:《侗语语法》,天柱民委审印、天柱印刷厂印,1986年。
② 杨汉基、张盛:《简明侗语语法》,贵州民族出版社,1993年。
③ 石林:《侗语汉语语法比较研究》,中央民族大学出版社,1997年。
④ 石林:《侗台语比较研究》,天津古籍出版社,1997年。
⑤ 龙耀宏:《侗语研究》,贵州民族出版社,2003年。
⑥ 贵州省少数民族语言文字办公室:《侗汉常用词典》,潘永荣、石锦宏编著,贵州民族出版社,2008年。
⑦ 贵州省文联:《侗族大歌》,贵州人民出版社,1958年。
⑧ 中国音乐家协会贵阳分会筹委会、贵州大学艺术系:《侗族民歌》,贵州人民出版社,1961年。
⑨ 向零:《民族志资料汇编·第四集(侗族)》(三宝侗族古典琵琶歌),贵州省民族志编委会,1987年。
⑩ 杨权、郑国乔:《侗族史诗——起源之歌》,辽宁人民出版社,1988年。
⑪ 广西壮族自治区少数民族古籍整理出版规划领导小组办公室:《侗族款词》,吴浩、梁杏云主编,广西民族出版社,2009。
⑫ 贵州省民族古籍整理办公室:《北部侗族婚嫁歌》,吴世源搜集,吴定鋆、吴定文、吴定华整理,贵州大学出版社,2015年。
⑬ 杨远松、欧安祝:《中国侗族琵琶歌系列·三宝琵琶歌》,向廷辉、普虹收集翻译,贵州民族出版社,2016年。

献。包括以新侗文记录传统的口传文献、转写传统手写本文献，以及创作的各类、各层级的新侗文识字教材和普及读物。典型的如：20 世纪 80 年代涌现出一批侗族文献资料汇编（多数未正式出版），如 1985 年前后中国民间文艺研究会贵州分会先后翻印和编印的《民间文学资料》，共七十二集，其中侗族文学部分多以新侗文记录；再如《侗族文学资料》（共七集）第六集的《侗族叙事歌、琵琶歌》①。正式出版的新侗文文献如：杨锡光等《侗款》②，清代张鸿干原著、张人位翻译、潘永荣整理的传统侗戏《金汉列美》③，陈乐基主编《珠郎娘美》④，张民等人《侗族古歌》⑤，吴浩和李燕玲《侗族琵琶歌》⑥，银永明和石峰收集整理《岜汉》⑦，吴世源和杨长根收集整理《北侗戏剧》⑧等，在编排上，都是以新侗文逐字记录传统文献内容，并给出汉语意译。

另有《贵州少数民族古籍总目提要 · 侗族卷》⑨《中国少数民族古籍总目提要 · 侗族卷》⑩等，可供了解侗文文献基本情况。

3. 清水江文书中涉及侗语、侗文的有关内容

清水江文书是清水江流域苗、侗为主的多民族人民共同创制和保藏的民间文献，时间上最早起于明成化二年（1466），晚至 20 世纪 50 年代，有近 500 年的时间跨度；内容极为丰富，以土地和山林契约文书为主，亦涉及书信、账册、诉讼案卷、宗教科仪书、乡规民约、族谱、官府文告等。清水江文书中保留了大量侗、苗民族

---

① 贵州省民族事务委员会、贵州省民间文艺研究会：《侗族叙事歌和琵琶歌》，石宗庆、张盛等记音，龙玉成等意译，1984 年。

② 湖南少数民族古籍办公室：《侗款》，杨锡光、杨锡、吴治德整理译释，岳麓书社，1988 年。

③ 潘永荣、张人位：《金汉列美》，贵州人民出版社，2007 年。

④ 贵州省民族古籍整理办公室：《珠郎娘美》，陈乐基主编，贵州民族出版社，2010 年。

⑤ 张民、普虹、卜谦：《侗族古歌》，贵州民族出版社，2012 年。

⑥ 广西壮族自治区少数民族古籍整理出版规划领导小组办公室：《侗族琵琶歌》，吴浩、李燕玲分册主编，广西民族出版社，2012 年。

⑦ 贵州省民族古籍整理办公室、黎平县民族宗教事务局：《岜汉》，银永明、石峰收集整理，贵州民族出版社，2015 年。

⑧ 贵州省民族古籍整理办公室：《北侗戏剧》，吴世源、杨长根收集整理，贵州民族出版社，2020 年。

⑨ 贵州省民族古籍整理办公室：《贵州少数民族古籍总目提要 · 侗族卷》，贵州民族出版社，2012 年。

⑩ 国家民族事务委员会全国少数民族古籍整理研究室：《中国少数民族古籍总目提要 · 侗族卷》，中国大百科全书出版社，2010 年。

语基本词汇，包括地名、人名、数词、量词、计量单位等，文字形态呈现为汉字、汉字记侗音、俗字、侗文自造字、别字、汉字变体字等的混杂，为侗文研究开拓出很大空间。清水江文书著录极其丰富，代表性的如张应强、王宗勋《清水江文书》①，已出版三辑，共33册，其他不再赘举。近年著录中值得一提的是谭洪沛《九寨侗族锦屏文书辑存》（全36册）②，辑录自明清到20世纪五六十年代散藏于锦屏县北部侗族九寨地区20余个家族中的近6 000份契约文书和乡规民约，影印出版，有汉语对译。

五、侗文研究所关注的问题

侗文研究涉及以下主题。

1. 侗文文献的收集整理和译注出版

涉及汉字侗文、方块侗字和新侗文，可参前文基础资料部分。

2. 与侗文研究直接相关的侗语调查研究

涉及侗语的整体性、综合性研究，语音系统尤其是声母和声调的研究，方言土语研究，词汇研究，侗语与其他语言的比较研究，以及相关工具书的编纂。侗语调查研究成果集中于20世纪80年代至21世纪初前十年，多为专著和工具书，可参前文基础材料部分；近年有付美妮《侗语榕江话汉语借词的历史层次研究》③、姚权贵《清水江文书所见300年前锦屏方言的语音特点》④等论文，新成果不多。

3. 侗文本体研究

就侗文传统文献开展的文字本体研究成果很少，已有成果多数是介绍性的初步研究。代表性成果如赵丽明《汉字侗文与方块侗字》⑤，杨子仪《〈古本誊录〉中的古侗字研读》⑥，以及陆锡兴、王锋从汉字汉文化传播角度对侗文的介绍与研

---

① 张应强、王宗勋：《清水江文书》（第一——三辑，共33册），广西师范大学出版社，2007—2011年。

② 谭洪沛：《九寨侗族锦屏文书辑存》（全36册），凤凰出版社，2019年。

③ 付美妮：《侗语榕江话汉语借词的历史层次研究》，硕士学位论文，贵州民族大学，2019年。

④ 姚权贵：《清水江文书所见300年前锦屏方言的语音特点》，《贵州民族研究》2020年第5期。

⑤ 赵丽明：《汉字侗文与方块侗字》，《中国民族古文字研究》第三辑，天津古籍出版社，1991年，第221—226页。

⑥ 杨子仪：《〈古本誊录〉中的古侗字研读》，《民族语文》2000年第4期。

究[1],吴永谊《汉字记录侗语初探——以三宝侗寨民间歌本为例》[2]。

4. 对新侗文的研究

因为新侗文是以拉丁字母为基础的新创文字,所以在此与传统侗文分开来谈。新侗文研究成果非常丰富,包括:不同系列、不同层级的新侗文语文课本,相关工具书,侗族传统手写文献的转写译注与口头文献的记录、译注,新创科普和通俗文学读物等,另外有不少关于新侗文试行以来的历史发展、得失、修订等方面的研究论文,如谭厚锋《20世纪50年代以来侗族语文著作述评》[3],海路、李芳兰《侗族新创文字的历史沿革》[4],海路、李芳兰《侗族新创文字应用研究评述——以相关文献研究为线索》[5],邓敏文《〈侗文方案〉补充修订的初步设想》[6],彭婧《侗语文规范问题研究》[7]等。

5. 围绕清水江文书展开的侗语、侗文研究

清水江文书保留了大量侗语基本词汇,包括地名、人名、计量单位和多种民俗词语,文书的写手使用音同或音近的汉字去记录侗音,因此围绕如此大宗的清水江文书,可以开拓侗语和侗文研究的新天地。但因为清水江文书存在着语言上苗语、侗语、方言土语等的混杂,文字记录上汉字记侗音、汉字记苗音、汉字俗字、侗文和苗文自造字、汉字变体字等的混杂,诸多纠葛,涉及因素复杂,难以梳理,给侗语词汇和侗文研究增加了难度。已有研究多是在对汉语俗语词和汉字俗字的研究中涉及侗语词汇和侗文,以张明、唐智燕、姚权贵、肖亚丽、陈婷婷、史光辉、杨小平、倪荣强等人的系列研究为代表。语音方面,新的视角是利用清水江文书调查方言语音、历史语音现象,可参史光辉、姚权贵《从写本文献角度看清水江文书的

---

① 陆锡兴:《汉字传播史》,语文出版社,2002年,第282—287页;王锋:《从汉字到汉字系文字——汉字文化圈文字研究》,民族出版社,2003年,第100—103页。

② 吴永谊:《汉字记录侗语初探——以三宝侗寨民间歌本为例》,《贵州民族学院学报(哲学社会科学版)》2012年第3期。

③ 谭厚锋:《20世纪50年代以来侗族语文著作述评》,《西南边疆民族研究》第六辑,云南大学出版社,2009年,第285—296页。

④ 海路、李芳兰:《侗族新创文字的历史沿革》,《贵州民族研究》2010年第6期。

⑤ 海路、李芳兰:《侗族新创文字应用研究评述——以相关文献研究为线索》,《湖北民族学院学报(哲学社会科学版)》2010年第6期。

⑥ 邓敏文:《〈侗文方案〉补充修订的初步设想》,《百色学院学报》2014年第4期。

⑦ 彭婧:《侗语文规范问题研究》,博士学位论文,暨南大学,2018年。

价值》[1],史光辉《多语和谐视野下的清水江文书语言研究》[2]等。词汇方面,代表性成果如张明等人《从贵州地方志看清水江地区的汉字记录侗语情况》[3]、王宗勋《清水江文书整理中的苗侗语地名考释刍议》[4]、金胜《清水江文书名量词研究》[5]、张明等人《论清水江流域土地契约文书中的特殊字词》[6]、唐智燕《清水江文书疑难双音词例释》[7]、肖亚丽《略论清水江文书的词汇研究价值》[8]等。文字方面,代表性成果有张明等人《清水江文书侗字释例》[9]、魏郭辉《清水江文书语言研究价值及俗字成因考析》[10]、陈婷婷《清水江文书"天柱卷"俗字考例释——以"酘""旺"为例》[11]、史光辉和姚权贵《从写本文献角度看清水江文书的价值》[12]。可以看出,围绕清水江文书开展的侗语词汇和侗文研究,集中于近十年,视野开阔,材料丰富,但研究难度大,研究有待进一步开展。

六、研究热点和研究展望

从研究史的梳理可以看出,侗文研究始终没有经历很大发展,文字本体研究成果极为有限,只是因为近十年来清水江文书语言文字研究的热潮,因为与汉语俗语词、汉字俗字的纠葛,使得侗文研究得以较为频繁地进入学术视野,成为当前

---

① 史光辉、姚权贵:《从写本文献角度看清水江文书的价值》,《汉字汉语研究》2021年第4期。

② 史光辉:《多语和谐视野下的清水江文书语言研究》,《贵州民族研究》2020年第5期。

③ 张明、韦天亮、姚小云:《从贵州地方志看清水江地区的汉字记录侗语情况》,《贵州大学学报(社会科学版)》2014年第6期。

④ 王宗勋:《清水江文书整理中的苗侗语地名考释刍议》,《原生态民族文化学刊》2015年第2期。

⑤ 金胜:《清水江文书名量词研究》,硕士学位论文,湘潭大学,2017年。

⑥ 张明、安尊华、杨春华:《论清水江流域土地契约文书中的特殊字词》,《贵州大学学报(社会科学版)》2017年第1期。

⑦ 唐智燕:《清水江文书疑难双音词例释》,《原生态民族文化学刊》2020年第6期。

⑧ 肖亚丽:《略论清水江文书的词汇研究价值》,《安庆师范大学学报(社会科学版)》2020年第4期。

⑨ 张明、韦天亮、姚小云:《清水江文书侗字释例》,《贵州大学学报(社会科学版)》2013年第4期。

⑩ 魏郭辉:《清水江文书语言研究价值及俗字成因考析》,《中国山地民族研究集刊》第二辑,社会科学文献出版社,2014年,第184—194页。

⑪ 陈婷婷:《清水江文书"天柱卷"俗字考例释——以"酘""旺"为例》,《人文世界:区域·传统·文化》第七辑,贵州大学出版社,2016年,第12—20页。

⑫ 史光辉、姚权贵:《从写本文献角度看清水江文书的价值》,《汉字汉语研究》2021年第4期。

侗文研究中唯一的热点。

今后的侗文研究,有一定的拓展空间,而材料梳理和研究有一定难度。可以开展的方面如:

第一,逐步建设侗文文献和文字数据库,围绕汉字记侗音材料开展相关语言研究。整理已收集和刊布的汉字记侗音文献,包括梳理清水江文书中的侗文材料,逐步建设数据库,通过系统分析汉字记侗音材料,调查与侗语相关的方言语音、历史语音现象,充分调查侗语、汉语关系词。

第二,逐步建设侗文文献和文字数据库,辨析汉语俗语词与侗语词汇,对侗语特有的地名、人名、方俗词语等开展系统研究。

第三,进行侗文与南方系民族文字的比较研究。全面梳理侗文文献,对其中的方块侗字做尽可能全面的收集整理与考证,总结方块侗字的构形规律,与具有共同语言文化背景和共同文字特点的南方系民族文字进行比较研究,如与周边壮文、布依文、水族水字等的比较研究,探寻民族文字对汉字借用、改造的规律,探寻南方民族文字自造字的共同规律,充实比较文字学和普通文字学研究。

第四,开展与侗文文献相关的文化研究。侗文文献所反映的时代、地域文化、宗教、民俗等专题文化,都有待揭示。

第六节

彝文、傈僳文、水字

南方的民族文字中，除了方块文字之外，还有其他类型的文字。这些文字虽然在创制过程中，受到了汉字或其他文字的影响，但有部分或者大部分字符体现了其本民族的文化心理，这样的民族有彝族、傈僳族和水族等。下面我们具体介绍彝族、傈僳族和水族使用的文字及其发展史。

第一部分　彝　　文

一、彝文的定义

彝文主要分布在我国的云南、四川、贵州、广西这三省一区，其中四川凉山彝族自治州、云南楚雄彝族自治州和红河哈尼彝族自治州是比较大的三个聚居区。此外在东南亚的越南、老挝等国境内也有彝族居住。[①]

彝族不但有自己的语言，更为可贵的是，彝族历史上还创造了记录这种语言的本民族文字——彝文。[②] 与国内外其他已经消亡的许多古文字相比，彝文表现

① 根据沙马拉毅先生的考察，中国的彝族与东南亚越南、老挝等国的彝族族属是同源的，它们之间是一个有着共同习俗、文化、信仰的同一族群群体。（沙马拉毅：《中国彝族及东南亚各国倮倮族之比较研究》，《天府新论》2003 年第 2 期。）

② 本文在使用“彝文”这一术语时，如未作特别说明均指传统彝文。除传统彝文和规范彝文之外，彝族历史上还使用过以下几种文字符号：柏格里文式彝文、姚安鲁国洪音节彝文、凉山拉丁字母式彝文以及云南禄劝使用过的一种图画性质的文字。

出了强大的生命力，它至今还“活”着，还被使用着。

彝文，在彝语中因方言的差异各地的称谓略有不同。云南武定、禄劝一带的彝族称彝文为na^{33}so^{33}su^{33}so^{55}mo^{11}，其中na^{33}so^{33}就是“彝族”；su^{33}即为“书”；so^{55}是“标记、记号”的意思；mo^{11}是“痕迹”之义，在彝语中so^{55}mo^{11}连用就是“标记、符号”的意思。合言之，彝文就是彝族用来标记在书上的符号。四川凉山称彝文为no^{33}su^{33}bu̠^{33}ma^{33}，no^{33}su^{33}为彝族自称，bu̠^{33}即“图”，ma^{33}即一个一个的字。贵州大方一带的彝族称彝文为nɯ^{55}su^{13}su^{33}na^{33}，nɯ^{55}su^{13}即“彝族”，su^{33}为“书”，na^{33}有“眼睛”的意思，也有“黑”或“一点一滴”之义，可引申为“字眼”。其他地区亦有类似称谓，如南部方言称之为ni^{55}su^{33}su^{55}，东南部方言撒尼语称之为ni^{21}si^{55}，阿哲支系称之为a^{21}tʂə^{33}su^{55}等。①

彝族各地对彝文称谓读音上差异，最终导致了汉文典籍中出现彝文称谓变异多端的情况。② 在汉文的史志记载中彝文历来没有统一的名称，一般采取前面是族称或毕摩名称，后缀以“文”或“字”的方法予以命名。如爨文③、倮倮文、毕摩文、西波文、僰文、夷文、罗罗文、蛮文、散民文、白夷文、子君文、爨字、夷字、韪书、爨书、夷经等。这些名称既说明了彝文是一种比较古老的文字，同时也反映了彝文在不同地区的流传和不同历史时期的发展。④

目前，这种文字在云南、四川、贵州、广西四省区均有分布。但由于种种客观条件的限制，彝文在四省区的分布情况相对比较复杂：不同方言区之间文字差异较大，同一方言区内部差异较小；同一方言区内，不同土语之间差异较大，同一土语内部差异较小；同一土语区内，不同村寨、不同流派的毕摩在用字上也存在着差异。⑤ 如周裕栋先生通过对云南地方志书上的记载以及解放前后调查发掘的材料综合起来，发现“云南有不少彝族使用过或使用着彝文。这些彝文不是一种，而是数种。它们代表彝文发展的不同阶段，和彝族发展的历史紧密地联系在一起，与支系、方言、土语之间有着错综复杂的关系”。⑥《滇川黔桂彝文字集》将四省区的彝文单字汇为一编，其中收有云南禄劝、武定彝文单字18 588个，宣威4 000个，红

---

① 朱崇先：《彝族典籍文化研究》，中央民族大学出版社，1996年，第15—16页。

② 朱崇先：《彝族典籍文化研究》，中央民族大学出版社，1996年，第16页。

③ 也有学者认为，彝文和爨文毫无瓜葛。（罗显仁：《彝文非爨文》，《贵州彝学》，民族出版社，2000年，第224—235页。）

④ 白兴发：《彝族文化史》，云南民族出版社，2002年，第67页。

⑤ 孔祥卿：《彝文的源流》，民族出版社，2005年，第278页。

⑥ 周裕栋：《云南彝文的使用和传播》，《民族研究》1980年第6期。

河、玉溪 16 140 个,石林 2 644 个,弥勒 5 531 个;四川 21 360 个;贵州 17 650 个;广西 1 133 个。① 不过,字集所收的这些彝文单字,还不是对各地彝文的穷尽性收集。换句话说,彝文在各地的实际分布数量比上述数据还要多不少。

二、研究历史

彝文研究的历史相当久远,至迟在 19 世纪上半叶就已有学者开始了真正意义上的彝文研究。解放前,杨成志先生收藏有一本《昆明西乡彝文单字注释》,这是“迄今发现的第一部古彝文字书”,该书作者毕文龙于 1804 年开始辑录此书,直到 1817 年才完稿成书,历时 13 个春秋。② 这可以看成是到目前为止国内彝文研究的滥觞。

彝文研究者的队伍亦相当庞大,不仅有彝族本民族的学者在研究彝文,还有汉族等其他民族的学者在研究彝文,更为可贵的是还有很多外国学者也投身到了彝文研究的行列③。

综观近两百年来中外学者的相关研究,我们不难发现已有的彝文研究成果是相当喜人的,学者们已从不同的角度(如创制时间、性质、结构方式、与其他文字的关系、工具书的编纂等)对彝文进行了深入的研究。但总的来看,彝文研究的重地仍在国内,其研究的真正的学术春天是在“文化大革命”以后。

三、彝文研究的进展

(一)关于彝文创制的时间

这一问题学术界可谓是众说纷纭,意见不一,归纳起来主要有以下五种观点。

1. 彝文创制于先秦。持此种观点的研究者以彝族本民族的学者为主,其代表人物有丁椿寿④、朱建新⑤、陈英⑥、黄建明⑦等。

---

① 滇川黔桂彝文协作组:《滇川黔桂彝文字集》,云南民族出版社、四川出版集团、四川民族出版社、贵州民族出版社,2004 年。

② 朱崇先:《〈昆明西乡彝文单字注释〉的初步研究》,《中央民族学院学报(哲学社会科学版)》1988 年第 4 期。

③ 黄建明:《彝文文字学》,民族出版社,2003 年,第 162—163 页。

④ 丁椿寿:《彝文论》,四川民族出版社,1993 年,第 27、34 页。

⑤ 朱建新:《彝汉文渊源之争述略》,《西南民族学院学报(哲学社会科学报)》1990 年第 1 期。

⑥ 陈英:《古陶文与彝文对比研究》,《中国民族古文字研究》第二辑,天津古籍出版社,1993 年,第 159—164 页。

⑦ 黄建明:《彝文文字学》,民族出版社,2003 年,第 91—96 页。

2. 彝文创制于春秋战国时期。这一观点以李生福[①]、朱文旭[②]、孔祥卿[③]等为代表。

3. 彝文创制于汉代。马学良[④]、肖家成[⑤]、武自立[⑥]等为持这一观点的代表。

4. 彝文创制于汉唐以前。代表人物有余宏模[⑦]、冯时[⑧]等。

5. 彝文创制于唐代。这一观点以陈士林[⑨]为代表。

（二）关于彝文与其他文种、符号的关系

这一问题，学术界主要有以下五种观点。

1. 彝文是一种独创的民族古文字。马学良[⑩]、史金波[⑪]、丁椿寿[⑫]、李家祥[⑬]等均持此观点。

2. 彝文中有借汉字的情况。这种观点在某种程度上是相对于上述第一种观点而提出的。早在20世纪30年代，闻宥就指出，彝文"之若干重要单位，大致袭自汉文。其袭取似又经过较长之时间，大约时袭时废，不皆保存，各支间又不皆一致。今日所见，有留存近似篆文之痕迹者，……有完全与楷书相合者。"[⑭]此后，陈士林[⑮]、陆

---

① 李生福：《古彝文及其造字规律新探》，《贵州民族研究》2001年第2期。

② 朱文旭、马娟：《彝文中的借汉字研究》，《三月三・少数民族语文》2005年第6期（民族语文论坛专辑）。

③ 孔祥卿：《彝文的源流》，民族出版社，2005年。

④ 马学良：《彝文和彝文经书》，《民族语文》1981年第1期。

⑤ 肖家成、武自立、纪嘉发：《彝文源流试论》，《云南社会科学》1982年第3期。

⑥ 武自立：《彝文的起源和发展》，《凉山彝族奴隶制研究》1981年第1期。

⑦ 余宏模：《试论彝族文字的起源和发展》，《彝族语言文字论文选》，四川民族出版社，1988年，第294—306页。

⑧ 冯时：《龙山时代陶文与古彝文》，《光明日报》1993年6月6日；《山东丁公龙山时代文字解读》，《考古》1994年第1期。

⑨ 陈士林：《彝文研究的基础和前景》，《中国民族古文字研究》，中国社会科学出版社，1984年，第275—299页。

⑩ 马学良：《彝文和彝文经书》，《民族语文》1981年第1期。

⑪ 史金波：《中国少数民族古文字概说》，《民族研究》1984年第5期。

⑫ 丁椿寿：《彝文非仿汉字论》，《贵州民族研究》1989年第4期。

⑬ 李家祥：《论彝文之创立与发展》，《贵州民族研究》1992年第4期。

⑭ 闻宥：《读爨文丛刻》，《图书季刊》1936年第4期。

⑮ 陈士林：《试论彝文的起源、类型和造字法原则问题》，《罗常培纪念论文集》，商务印书馆，1984年，第141—158页。

锡兴[①]、黄振华[②]、朱文旭[③]等均撰文提出过这一观点。

3. 彝文与汉字是同源异流的关系。这一观点早在20世纪30年代丁文江就已经在《爨文丛刻(甲编)·自序》中提出。[④] 学术界持此观点者不在少数。如:余宏模认为彩陶符号很可能就是彝文与汉字的共同来源。[⑤] 陈英提出半坡陶符是彝汉文的共同始祖,彝文与汉文出于同源。[⑥] 丁椿寿在20世纪80年代初也撰文提出:"彝文和汉文属于同源,已是为人们所公认的事实。……彝文在发生学上和汉字有很显著的历史渊源关系。"[⑦]

4. 彝文是受巴蜀文字的影响而产生的。彝文与巴蜀文字的关系问题,很早就受到了学术界的关注。马学良[⑧]、陆锡兴[⑨]、冯广宏[⑩]、孔祥卿[⑪]等均探讨过此问题。

5. 彝文是在刻划陶符的基础上发展而来的。这一观点在彝文研究界相当有市场。20世纪70年代,贵州毕节彝文翻译组罗国义等认为半坡出土的刻划符号有的和彝文的基本笔画、偏旁部首类似,有的则能用彝文的形、音、义去进行释读。[⑫] 此后一些学者也相继撰文支持这一观点。值得注意的是有的学者在研究陶符与彝文的关系时所使用的陶符材料已经不再局限于半坡陶符,如:刘志一认为彝文是由大地湾、半坡、姜寨等地出土的陶符发展而来的[⑬];冯时对11个丁公陶文

① 陆锡兴:《汉字传播史》,语文出版社,2002年,第125—126页。

② 黄振华:《古体彝文字源考》,《文津学志》第一辑,北京图书馆出版社,2003年,第1—46页。

③ 朱文旭、马娟:《彝文中的借汉字研究》,《三月三·少数民族语文》2005年第6期(民族语文论坛专辑)。

④ 丁文江:《自序》,《爨文丛刻(甲编)》,商务印书馆,1936年,第1—2页。

⑤ 余宏模:《试论彝族文字的起源和发展》,《彝族语言文字论文选》,四川民族出版社,1988年,第294—306页。

⑥ 陈英:《试论汉彝民族的历史渊源》,《贵州民族研究》1980年第1期;《对比研究彝汉古文化的启示》,《贵州民族学院学报(社会科学版)》1998年第2期。

⑦ 丁椿寿、于风城:《论彝文的类型及其超方言问题》,《贵州民族研究》1981年第1期。

⑧ 马学良等:《彝族文化史》,上海人民出版社,1989年,第143页。

⑨ 陆锡兴:《汉字传播史》,语文出版社,2002年,第123页。

⑩ 冯广宏:《巴蜀文字的期待(七)》,《文史杂志》2005年第1期。

⑪ 孔祥卿:《彝文的源流》,民族出版社,2005年,第77—78页。

⑫ 余宏模:《试论彝族文字的起源和发展》,《彝族语言文字论文选》,四川民族出版社,1988年,第294—306页。

⑬ 刘志一:《论民族文字的起源、发展与消亡》,《中央民族学院学报》1988年第1期。

用古彝文进行了释读，认为丁公陶文就是古彝文。[①] 王继超、陈长友认为龙山、二里头等地出土的陶文与彝文有发生学上的必然联系[②]；朱琚元认为"彝文与贾湖、彭头山遗址出土刻符之间，是有着一定的源和流的渊源关系"[③]。但陈士林[④]、余宏模[⑤]、王正贤[⑥]、李生福[⑦]等学者也同时指出，在讨论彝文和出土陶符的关系时需慎重，不能简单地通过形体比附而轻下断言。

（三）关于彝文的性质

彝文的性质问题，是学者们讨论、关注较多但也是分歧较为严重的问题之一。[⑧]

1. 彝文是一种象形文字。这种观点的提出是在 20 世纪的上半叶，以丁文江[⑨]、江应梁[⑩]为代表。现在，很少有学者再持这一观点。

2. 彝文是一种表意文字。此说以丁椿寿[⑪]、王正贤[⑫]、陆锡兴[⑬]等为代表。

3. 彝文是一种音节文字。持这种观点的学者比较多，较早提出这一说法的是杨成志[⑭]和柯象峰[⑮]，此后傅懋勣[⑯]、李方桂[⑰]、陈士林[⑱]、张公瑾[⑲]、罗美

---

① 冯时：《龙山时代陶文与古彝文》，《光明日报》1993 年 6 月 6 日；《山东丁公龙山时代文字解读》，《考古》1994 年第 1 期。

② 王继超、陈长友：《彝族族源初探——兼论彝族文字的历史作用》，《中央民族大学学报（哲学社会科学版）》1993 年第 3 期。

③ 朱琚元：《中华万年文明的曙光：古彝文破译贾湖刻符、彝器辨明文物》，云南人民出版社，2003 年，第 136、170 页。

④ 陈士林：《规范彝文的实践效果和有关的几个问题》，《民族语文》1979 年第 4 期。

⑤ 余宏模：《试论彝族文字的起源和发展》，《彝族语言文字论文选》，四川民族出版社，1988 年，第 294—306 页。

⑥ 王正贤《彝文金石述略》，《贵州民族研究》2002 年第 2 期。

⑦ 李生福：《论彝族文字的社会性和群众性》，《中国彝学》第二辑，民族出版社，2003 年，第 28—36 页。

⑧ 规范彝文的性质在学术界的看法基本是一致的，没有什么争议，此处不再赘述。

⑨ 丁文江：《爨文丛刻（甲编）》，商务印书馆，1936 年。

⑩ 江应梁：《西南边区的特种文字》，《边政公论》1945 年第 1 期。

⑪ 丁椿寿：《彝文论》，四川民族出版社，1993 年，第 51 页。

⑫ 王正贤：《呗耄 · 彝文 · 文献》，《彝语文集》，贵州民族出版社，1993 年，第 31—53 页。

⑬ 陆锡兴：《汉字传播史》，语文出版社，2002 年，第 125—126 页。

⑭ 杨成志：《罗罗文字的起源及其内容一般》，《国立中山大学语言历史学研究所周刊》1930 年第 125—138 期。

⑮ 柯象峰：《罗罗文字之初步研究》，《金陵学报》1938 年第 1—2 期。

⑯ 罗常培、傅懋勣：《国内少数民族语言文字的概况》，《中国语文》1954 年第 21 期。

⑰ Fang-kuei Li："Languages and dialects of China", *Journal of Chinese Linguistics*, 1973(01), p.1.

⑱ 陈士林：《规范彝文的实践效果和有关的几个问题》，《民族语文》1979 年第 4 期。

⑲ 张公瑾：《中华民族的共同财富——谈谈我国各民族的语言和文字》，《百科知识》1981 年第 10 期。

珍[1]、聂鸿音[2]等也都赞同这一观点。

4. 彝文是一种表意的音节文字。这种观点由马学良[3]提出。此后，那建坤[4]、阿鲁品豪[5]、冯时[6]、阿余铁日[7]、黄建明[8]等都接受了这一提法。

5. 彝文是一种意音文字。武自立[9]、朱文旭[10]、胡素华[11]、周有光[12]、朱建新[13]、朱琚元[14]等都这样认为。

6. 彝文是一种表词文字。该观点由孔祥卿[15]提出。

（四）关于彝文的结构方式

彝文的结构方式亦是学者们在研究彝文时关注较多的问题之一。但不同的学者往往有各自不同的分类结果。现简单罗列如下：

武自立、纪嘉发、肖家成：象形、会意、假借。[16]

马学良：象形、象意、转位法（上下转位、上下左右转位、斜转）、增点法、假借。[17]

黄建明：象形（具体象形、抽象象形）、指意（抽象指意、原文上加指意符号、合

---

① 罗美珍：《我国少数民族的语言和文字》，《语文研究》1983 年第 2 期。

② 聂鸿音：《中国文字概略》，语文出版社，1998 年，第 198 页。

③ 马学良：《再论彝文“书同文”的问题——兼论彝文的性质》，《中央民族学院学报》1986 年第 2 期。

④ 那建坤：《彝文部首浅析》，《贵州民族研究》1989 年第 2 期。

⑤ 阿鲁品豪：《统一规范彝族文字势在必行》，《彝语文集》，贵州民族出版社，1993 年，第 77—90 页。

⑥ 冯时：《山东丁公龙山时代文字解读》，《考古》1994 年第 1 期。

⑦ 阿余铁日：《彝文字形探源》，四川民族出版社，2001 年。

⑧ 黄建明：《彝文文字学》，民族出版社，2003 年。

⑨ 武自立、纪嘉发、肖家成：《云贵彝文浅论》，《民族语文》1980 年第 4 期。

⑩ 朱文旭：《彝文说略》，《彝族文化研究论文集》，四川民族出版社，1993 年，第 168—186 页。

⑪ 胡素华：《论彝文类型争议》，《中国彝学》第一辑，民族出版社，1997 年，第 165—176 页。

⑫ 周有光：《文字发展规律的新探索》，《民族语文》1999 年第 1 期。

⑬ 朱建新：《传统文字分类理论及分类标准的反思与评说——兼论彝文的文字类型》，《西南民族大学学报（人文社科版）》2003 年第 8 期。

⑭ 朱琚元：《中华万年文明的曙光——古彝文破译贾湖刻符、彝器辨明文物》，云南人民出版社，2003 年，第 59 页。

⑮ 孔祥卿：《彝文的源流》，民族出版社，2005 年，第 276—277 页。

⑯ 武自立、纪嘉发、肖家成：《云贵彝文浅论》，《民族语文》1980 年第 4 期。

⑰ 马学良：《再论彝文“书同文”的问题——兼论彝文的性质》，《中央民族学院学报》1986 年第 2 期。

体指意)、变体(转位变体、增减笔画变体、综合变体)。①

朱文旭:象形(象身、象物、象工)、象意、假形。②

丁椿寿:象形、指事、会意、形声、假借、义借。③

周有光:象形、会意、指事、假借、形声。④

朱建新:象形、指事、会意、类形、类声、类义。⑤

李生福:独体、合体、重迭、连体、形近、象形、其他。⑥

阿余铁日:象形、指事、会意、形声、转注、假借。⑦

陆锡兴:象形字、指事字、会意字、形声字(意符和意兼声符合成、两个意兼声符号合成)、部件变体字(互换位置、增加或减少笔画、前两类的综合变化)。⑧

李家祥:独体式直表形文字、合体式曲表形文字、简朴式非表形文字、复缛式非表形文字。⑨

朱琚元:象形、指事、会意、在独体字上增添笔画组成别的独体字(原独体字和新字在音、义上没有内在联系;原字和新字义虽不同或无内在联系但音同或音近)、通假借用(用字法)。⑩

巴且日火:象形、会意、指事、形声、假借。⑪

孔祥卿:象形、示义、假借、转注、借字。⑫

(五)关于彝文信息化处理

彝文的信息化处理工作早在20世纪80年代就已经开始,经过几十年的发展,

---

① 黄建明:《论彝文造字法》,《中国民族古文字研究》第三辑,天津古籍出版社,1991年,第134—146页;《彝文文字学》,民族出版社,2003年,第128—136页。

② 朱文旭:《彝文形声初探》,《彝族文化研究论文集》,四川民族出版社,1993年,第205—220页。

③ 丁椿寿:《彝文论》,四川民族出版社,1993年,第60—70页、第99—112页。

④ 周有光:《六书有普遍适用性》,《中国社会科学》1996年第5期。

⑤ 朱建新:《彝文造字法新探》,《西南民族学院学报(哲学社会科学版)》1999年第3期。

⑥ 李生福:《古彝文及其造字规律新探》,《贵州民族研究》2001年第2期。

⑦ 阿余铁日:《彝文字形探源》,四川民族出版社,2001年,序言第2页。

⑧ 陆锡兴:《汉字传播史》,语文出版社,2002年,第126—129页。

⑨ 李家祥:《彝文形态结构方式简析》,《凉山大学学报》2002年第3期。

⑩ 朱琚元:《中华万年文明的曙光:古彝文破译贾湖刻符、彝器辨明文物》,云南人民出版社,2003年,第50—59页。

⑪ 巴且日火:《浅谈彝族文字类型》,《凉山大学学报》2000年第4期。

⑫ 孔祥卿:《彝文的源流》,民族出版社,2005年,第258—270页。

彝文信息化处理工作已取得可喜的成就。以计算机彝文系统的研制为例,从 1982 年至今已有十几种彝文计算机系统问世。同时彝文信息处理有关标准也相继制定。1992 年国家技术监督局发布实施《信息交换用彝文编码字符集》《信息交换用彝文字符 15×16 点阵字模集及数据集》,1997 年国家技术监督局发布《信息交换用彝文字符 24×24 点阵字模集及数据集》。1993 年,《信息交换用彝文编码字符集》国际标准方案研制完成;1994 年,向国际信息标准组织的 ISO/IEC JTC1/SC2/WG2 第 25 次会议提交了“关于将彝文编码到 ISO/IEC 10646 BMP 的提案”;1999 年,经过 6 年的积极争取,国际信息标准组织终于批准了这一提案,并收入国际信息标准集 2000 年版。①

此外,沙马拉毅、钱玉趾《规范彝文编码方案》②,沙马拉毅《计算机彝文信息处理》《计算机彝文操作系统的研制》③,吴兵、张楠、刘玉萍、殷锋《X 窗口系统中彝文国标编码与显示》④,吴兵、史军、刘玉萍、张楠、王莉《基于 Linux 系统的彝文输入动态挂接》⑤均为彝文信息化处理的较新成果。我们也曾对传统彝文字库的建设问题作过一些不成熟的思考。⑥

(六)其他

彝文研究除了在上述几个方面取得了较为重大的成果之外,同时也有学者在以下几个方面有所涉猎(只是研究的深度和广度还远远不够)。

1. 彝文异体字问题

异体现象是彝文的一个重要的文字现象,正如闻宥所说:“(彝文)一字异文之多,几与殷墟卜文所见相埒。”⑦陈士林也曾提到彝文中存在着“一字多形”的现

① 沙马拉毅:《计算机彝文信息处理研究》,《西南民族学院学报(哲学社会科学版)》2000 年第 S3 期。

② 沙马拉毅、钱玉趾:《规范彝文编码方案》,《中文信息》1990 年第 3 期。

③ 沙马拉毅:《计算机彝文信息处理》,四川民族出版社,2000 年;《计算机彝文操作系统的研制》,《西南民族学院学报(自然科学版)》2003 年第 1 期。

④ 吴兵、张楠、刘玉萍、殷锋:《X 窗口系统中彝文国标编码与显示》,《西南民族大学学报(自然科学版)》2004 年第 6 期。

⑤ 吴兵、史军、刘玉萍、张楠、王莉:《基于 Linux 系统的彝文输入动态挂接》,《西南民族大学学报(自然科学版)》2005 年第 4 期。

⑥ 朱建军:《古彝文字库建设的几点思考》,《湖州师范学院学报》2003 年第 1 期。

⑦ 闻宥:《川滇黔罗文之比较》,《中国文化研究汇刊》第七卷,金陵大学中国文化研究所、齐鲁大学国学研究所、华西大学中国文化研究所,1947 年,第 245—249 页。

象,“大多数基本字都各有几个、十几个、几十个,甚至一百多个重文别体”。[①] 马尔子引用了凉山彝族“毕变百二十”(即毕摩可把一个字变成一百二十个异体字)一说,形象地说明彝文中普遍存在的这种异体现象,并认为毕摩们抄错或篡改是导致异体字星罗棋布的主要原因。[②] 丁椿寿对彝文的异体现象作过专题讨论,对彝文异体字判断的标准、彝文异体字出现的原因提出了自己的观点。[③] 朱琚元从两个方面解释过彝文异体字繁多的原因。[④] 此外,马学良在《彝文经籍文化辞典》的附录中整理了一张《彝文常用字与异体、变体字对照表》,彝文异体字的整理工作到目前为止除了马先生之外似乎还没有其他人做过,但这一工作对于系统地研究彝文的异体现象是必不可少的一步,因此马先生整理的这张对照表可谓是功德无量。[⑤]

2. 彝文的考释

考释是研究彝文的一项基础工作。陈士林在20世纪80年代初撰文提出“古彝文的解读、考释和译注具有重要作用”,并举了八个例子对彝文的考释工作作了初步尝试,同时还提出综合法是比较有效的释读法。[⑥] 此外,他还对贵州彝文中的ㄥ⫩字作过专文讨论。[⑦] 李家祥在讨论彝文和汉字中的象形字存在形同或形似现象时顺便对彝文中的“水”和“盒”字的造字理据进行了考证。[⑧] 丁椿寿提出了分析彝文的三种基本方法——分析辨明字的形体结构、比较法、历史考证法。[⑨] 阿余铁日寻溯了155个现行常用彝文形体的来源,通过字形字义的结合,对“彝文是根

① 陈士林:《试论彝文的起源、类型和造字法原则问题》,《罗常培纪念论文集》,商务印书馆,1984年,第141—158页。

② 马尔子:《彝文的历史发展和四川规范彝文》,《中国民族古文字研究》第四辑,天津古籍出版社,1994年,第225—230页。

③ 丁椿寿:《彝文论》,四川民族出版社,1993年,第121—126页。

④ 朱琚元:《中华万年文明的曙光:古彝文破译贾湖刻符、彝器辨明文物》,云南人民出版社,2003年,第59—61页。

⑤ 马学良:《彝文经籍文化辞典》,京华出版社,1998年,第703—717页。

⑥ 陈士林:《彝文研究的基础和前景》,《中国民族古文字研究》,中国社会科学出版社,1984年,第275—299页。

⑦ 陈士林:《说“ㄥ⫩”[ɣ a˧]——关于彝文造字法原则的几点体会》,《万里彝乡即故乡——陈士林著述及纪念文选集》,西北工业大学出版社,1994年,第109—114页。

⑧ 李家祥:《论彝文之创立与发展》,《贵州民族研究》1992年第4期。

⑨ 丁椿寿:《彝文论》,四川民族出版社,1993年,第20—23页。

据什么形象、什么意思造字”“怎样发展演变”等问题作了直观的分析。① 黄振华对 445 个借汉字的彝文的字源进行了考证。② 孔祥卿对 180 多个共同彝字的字形来源及形音义的发展演变进行了解释和分析。③ 此外,梁岵庐和罗正仁分别撰有《倮倮初笺》和《彝文字义剖析》,对彝文也做过一定的考释工作。④

3. 各地彝文的比较

各地彝文的比较研究,除了果吉·宁哈的《论滇川黔桂彝族文字》《滇川黔桂彝文单字对比研究》⑤这两部真正意义上的四省区彝文的比较研究专著之外,孔祥卿的《彝文的源流》⑥、王元鹿等的《中国文字发展史·民族文字卷》⑦亦可算是对各省区彝文比较研究的成功探索,而其他学者开展的比较研究相对显得零星而不成系统。

武自立、纪嘉发、肖家成对云南的“绿春/新平”“禄劝武定”“路南弥勒”和贵州的“大方威宁”四个点的 339 个字(词)作了定量比较,得出了“四个点的彝文相同、相似的程度是比较大的”这一结论。⑧ 马学良对四川《献酒经》和云南《凤氏碑》中的彝文单字与贵州彝文相同的字也作过定量统计。⑨ 陈士林通过对云贵川彝文的比较,发现三省彝文的地区差异主要表现在书写符号的不同⑩,并对各省的书写特点作过描述。⑪ 姚昌道在参加用凉山彝文转译《阿诗玛》彝文原本的工作时,对云南、四川两地的彝文进行了初步的比较研究,发现了近百个同源字,这些

---

① 阿余铁日:《彝文字形探源·序言》,四川民族出版社,2001 年。
② 黄振华:《古体彝文字源考》,《文津学志》第一辑,北京图书馆出版社,2003 年,第 1—46 页。
③ 孔祥卿:《彝文的源流》,民族出版社,2005 年。
④ 黄建明:《彝文文字学》,民族出版社,2003 年。
⑤ 果吉·宁哈:《论滇川黔桂彝族文字》,油印本,1984 年,后由民族出版社于 1988 年出版;《滇川黔桂彝文单字对比研究》,油印本,1985 年。
⑥ 孔祥卿:《彝文的源流》,民族出版社,2005 年。
⑦ 王元鹿、朱建军、邓章应:《中国文字发展史·民族文字卷》,华东师范大学出版社,2015 年。
⑧ 武自立、纪嘉发、肖家成:《云贵彝文浅论》,《民族语文》1980 年第 4 期。
⑨ 马学良:《彝文和彝文经书》,《民族语文》1981 年第 1 期。
⑩ 陈士林:《彝文研究的基础和前景》,《中国民族古文字研究》,中国社会科学出版社,1984 年,第 275—299 页。
⑪ 陈士林:《试论彝文的起源、类型和造字法原则问题》,《罗常培纪念论文集》,商务印书馆,1984 年,第 141—158 页。

字的形音义都有渊源关系。① 丁椿寿对做好各地彝文全面系统的比较研究的重要性提出了自己的看法，并提出了五项做好各地彝文比较的基础工作。② 马尔子通过对诸省的彝文单字进行比较之后，发现滇川黔古彝文文献中的象形文字有 60% 以上不仅字形相同，而且字音字义相通。③ 李生福通过云贵川三省彝文的比较，对三省彝文的造字特点进行了总结。④ 朱琚元在比较了凉山、贵州、路南、双柏、武定的彝文以后，对上述各地彝文存在的差异作了简单的总结。⑤ 此外，闻宥、杨成志、江应梁等在 1949 年以前也对各地彝文的比较研究做过一定的探索性的研究。

4. 与汉字的比较

开展这一研究工作的学者并不是很多。很多学者都是在涉及彝汉文的渊源关系或彝文中的借汉字现象时才会些许涉及与汉字的比较，而且很多比较往往又都只是对彝汉文中相同或相近的字形做一些简单的描述或数据统计。如李家祥提出彝文中的许多字体不同大篆、小篆、隶书和楷书，而与甲骨文同形或形似，并列举了十三组彝文和甲骨文同形和形似的例子。⑥ 陈士林在谈到彝文中的借汉字情况时罗列了三种基本情况。⑦ 罗显仁统计出《彝汉字典》中的七千多个彝文有 2‰与汉文的字形相同（包括音不同义同、音义都不同）。⑧ 李生福将彝文与《古文字类编》中所收的 3 042 个古汉字相比，发现与甲骨文形同的 56 个，形近的 8 个；与金文形同的 31 个，形近的 6 个；与简书形同 18 个，形近 3 个；与篆文形同 31 个，形近 3 个。⑨ 朱琚元将流传于滇东北一带的常用彝文与《甲骨文字典》收字作概略

① 姚昌道：《彝文纵横谈》，《民族文化》1984 年第 3 期。
② 丁椿寿：《彝文论》，四川民族出版社，1993 年，第 15—17 页。
③ 马尔子：《彝文的历史发展和四川规范彝文》，《中国民族古文字研究》第四辑，天津古籍出版社，1994 年，第 225—230 页。
④ 李生福：《古彝文及其造字规律新探》，《贵州民族研究》2001 年第 2 期。
⑤ 朱琚元：《中华万年文明的曙光：古彝文破译贾湖刻符、彝器辨明文物》，云南人民出版社，2003 年，第 44—45 页。
⑥ 李家祥：《论彝文之创立与发展》，《贵州民族研究》1992 年第 4 期。
⑦ 陈士林：《说“[illegible]”[ɤ a˧]——关于彝文造字法原则的几点体会》，《万里彝乡即故乡——陈士林著述及纪念文选集》，西北工业大学出版社，1994 年，第 109—114 页。
⑧ 罗显仁：《彝文非爨文》，《贵州彝学》，民族出版社，2000 年，第 224—235 页。
⑨ 李生福：《古彝文及其造字规律新探》，《贵州民族研究》2001 年第 2 期。

比较后,发现两者字形结构完全相同者有186字,相近者148字。① 罗阿依、马啸通过彝汉数目字的比较,发现两者"字形如出一辙,字义语序等同,虽异族异姓,但应同宗同祖,同根同源,都是中国古文化的传承和沿用,只是彝文较多地保留了古文字的本来面目"。② 朱建军也曾对汉字与彝文的数目字③、干支字④之间存在的关系作过专文探讨。

四、彝文研究的基本材料

在彝族的发展历史上,彝族人民用彝文编写了卷帙浩繁、内容丰富的彝文史籍。这些典籍是彝族优秀传统文化的代表,是中华文化宝库中的重要组成部分,是彝族先人留给我们后人的一笔宝贵财富。这些典籍涉及了文学、历史、教育、宗教、地理、军事、天文、医药等领域,记录了彝族人民的物质精神生活及其历史发展过程,它对于许多其他学科(如文学、历史学、天文学、宗教学、语言文字学等)的研究具有重大的参考价值。

从文献的载体来分,彝文文献主要可以分为石刻文献、简牍文献、骨制文献、金属器物文献、皮制文献、布帛文献、纸质文献等。

其中,纸质文献是彝文文献最重要的表现形式,它主要由写本和木刻本流传于后世。其中写本的数量非常多,内容非常丰富。比较有代表性的文献主要有《西南彝志》(彝语名为"哎哺啥额")、《彝族源流》(彝语名为"能素恒说")、《宇宙人文论》(彝语名为"妥鲁历咪署")、《阿诗玛》《勒俄特依》等。而木刻本比较少见,据马学良先生调查,目前所见的较早的刻本是1943年在云南武定县茂莲乡土署中所藏的一部用彝文翻译《太上感应篇》的母题再加阐述的木刻本《劝善经》。⑤目前,彝文文献主要收藏于云南、贵州、四川、北京等地的民族工作部门、科研部门

---

① 朱琚元:《中华万年文明的曙光:古彝文破译贾湖刻符、彝器辨明文物》,云南人民出版社,2003年,第110页。

② 罗阿依、马啸:《探析彝汉数目数字之历史渊源》,《西昌学院学报(人文社会科学版)》2004年第3期。

③ 朱建军:《汉字与彝文数目字比较研究》,《绍兴文理学院学报(哲学社会科学版)》2009年第5期。

④ 朱建军:《彝文干支字初探——兼与汉字干支字进行比较》,《华西语文学刊》第四辑,四川文艺出版社,2011年,第32—37页、第271页。

⑤ 马学良:《彝文访古录追记》,《贵州民族研究》1992年第1期。

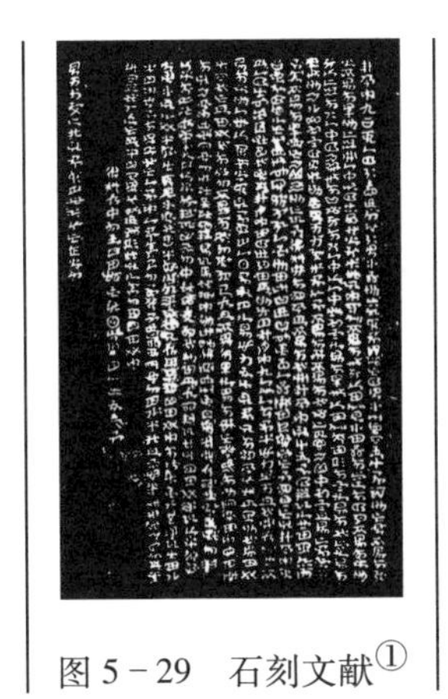

图 5-29　石刻文献①

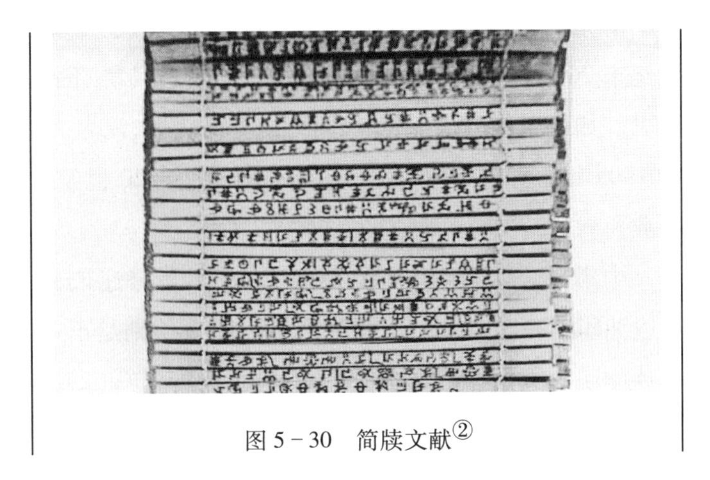

图 5-30　简牍文献②

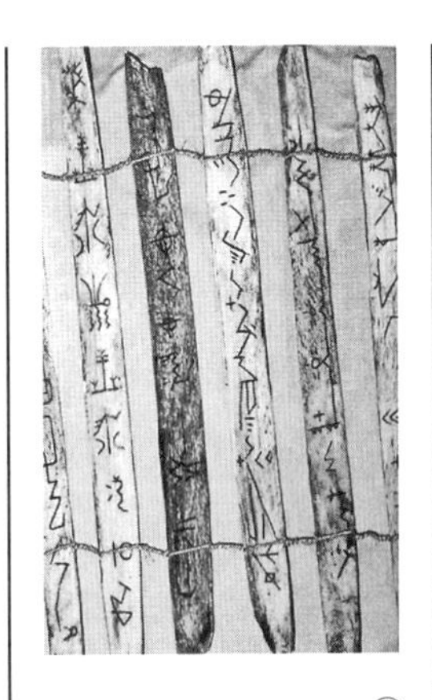

图 5-31　骨制文献③

图 5-32　金属器物文献④

和图书馆、博物馆。法国和英国的博物馆也有部分彝文文献收藏。此外,根据调查,还有大量文献散存于云、贵、川等地的彝族地区。⑤

目前发现的最早的彝文辞书当属成书于 1817 年的《昆明西乡彝文单字注释》。武自立和杨文虎在 1960 年至 1965 年间去云南贵州普查彝文时发现了两部

① 朱踞元:《彝文石刻译选》,云南民族出版社,1998 年,第 64 页。
② 凉山彝族奴隶社会博物馆藏品(朱建军摄)。
③ 张纯德:《彝族古代毕摩绘画》,云南大学出版社,2003 年,第 11 页。
④ 中国民族古文字研究会:《中国民族古文字图录》,中国社会科学出版社,1990 年,第 205 页。
⑤ 张邡:《论彝文古籍的收藏、抢救与保护》,《西南民族大学学报(人文社科版)》2005 年第 9 期。

算不上完备的字典。[1] 云南红河州的彝族山寨也发现过两部彝文单字汇编。[2] 19世纪末20世纪初,一些外国传教士进入彝区传教,因传教需要编纂了几部彝文工具书。如法国传教士保禄·维亚尔(Paul Vial,汉名为邓明德)编著的《法倮词典》于1909年由香港纳匝勒教士会印刷出版。[3] 20世纪初,杨成志编纂了一部《中罗字典》。[4]

中华人民共和国成立后,彝文工具书的编纂迎来了真正的春天。这些辞书有的是以油印本的形式在有限的范围内使用,有的则是正式出版的。主要有:(1)中央民族学院语文系《彝汉词典》(油印本),1960年;(2)四川省民委彝语文工作组和凉山彝族自治州语文文字指导委员会《彝汉词汇》,1978年;(3)贵州省毕节地区民委彝文翻译组《彝文字典》(油印本),1978年;(4)中央民族学院彝族历史文献编译室、中央民族学院彝族历史文献班《滇川黔桂彝汉基本词汇对照词典》(油印本),1984年;(5)云南省路南彝族自治县文史研究室《彝汉简明词典》,云南民族出版社,1984年;(6)四川省民委彝语文工作组《彝文检字本》,四川民族出版社,1984年(1997年再版)[5];(7)四川省汉彝词典编译委员会《汉彝词典》,四川民族出版社,1989年;(8)四川省民委彝语文工作办公室《彝汉字典》,四川民族出版社,1990年;(9)朱建新、潘正云《彝文字典》,四川民族出版社,1990年;(10)贵州省彝学研究会、贵州省民族事务委员会民族语文办公室、贵州民族学院彝文文献研究所、贵州省毕节地区彝文翻译组《简明彝汉字典》,贵州民族出版社,1991年;(11)毕云鼎、张启仁、张海英、普艺《云南规范彝文汉文字词对照》,云南民族出版社,1994年;(12)云南省楚雄彝族自治州民族事务委员会、楚雄彝族自治州教育委员会、云南社会科学院楚雄彝族文化研究所、楚雄民族中等专业学校、楚雄民族师范学校《彝汉字典(楚雄本)》,云南民族出版社,1995年;(13)马学良、朱崇先、范慧娟《彝文经籍文化辞典》,京华出版社,1998年;(14)滇川黔桂彝文协作组

---

① 武自立:《彝文的起源和发展》,《凉山彝族奴隶制研究》1981年第1期。

② 华林:《彝族古代文字档案史料研究》,《思想战线》1995年第3期。

③ 黄建明、燕汉生:《保禄·维亚尔文集——百年前的云南彝族》,云南教育出版社,2003年,第178—179页。

④ 杨成志:《罗罗文的起源及其内容一般》,《杨成志人类学民族学文集》,民族出版社,2003年,第14—22页。

⑤ 该工具书曾在1978年以《彝文检字法》由四川民族出版社出版过省内发行版。

《滇川黔桂彝文字典》,云南民族出版社,2001年;(15)滇川黔桂彝文协作组《滇川黔桂彝文字集》,云南民族出版社、四川出版集团、四川民族出版社、贵州民族出版社,2004年;(16)普璋开《滇南彝文字典》,云南民族出版社,2005年。

五、彝文研究展望

未来,彝文可以在以下几个方面作进一步的深入研究。

第一,关于彝文的创制时间。这是我们研究彝文时无法回避的一个重要课题。但在研究这一问题时我们一定要慎之又慎,相关结论的得出也一定要建立在比较坚实的论据之上。

第二,关于彝文渊源物的探讨。这一问题最好能够结合普通文字学的相关研究成果进行。普通文字学的研究表明,文字的发生一般不是一元的,而是二元甚至多元的。因此,研究彝文的渊源物,不能仅局限于某一种,不能将某一种渊源物绝对化而无视其他渊源物的存在。

第三,关于彝文与汉字等其他文字的关系问题。这一问题的研究要以全面而扎实的文字材料为基础,并同时参照相关文献记载、民族发展关系史等资料。

第四,关于彝文的性质。这是彝文本体研究的必然需要,是我们在研究彝文时无法回避的一个重要的理论问题。有些学者提出"彝文的关键问题不在于争论表音、表意"①的观点是很值得商榷的。探讨彝文的性质,必须以科学的文字分类工作为基础,同时必须充分反映彝文的本质特征。

第五,关于彝文的结构方式。已有的研究,有些学者只是单纯地照搬汉字的"六书"理论,没有结合彝文的实际作适当的修改;有些学者虽然考虑到了彝文的实际,但在具体的分类上不是术语混乱就是各类之间的界限不清。汉字的"六书"理论经过几辈人的共同努力,已基本可以较为科学地概括汉字的结构方式,这已是一套相对比较成熟的理论。作为与汉字在某种程度上有众多相似之处的彝文,我们在研究其结构方式时借鉴汉字的"六书"理论是无可厚非的,但借用时一定要顾及彝文的实际并作适当的修改。

第六,关于彝文工具书的编纂。各省区目前已有多部彝文工具书问世,但有些工具书对于非彝族使用者来讲并不是太方便,这主要是编排体例等原因引起

① 夷吉·木哈:《浅谈彝文类型争议和抢救民族文化遗产》,《贵州民族研究》1982年第3期。

的,因此某些彝文工具书的编纂必须要考虑使用者的多层次性。还有,彝文工具书编纂的一些理论问题也需作进一步的深入探讨,这项工作对于提高工具书的质量是必不可少的。

第七,关于彝文的信息化工作。规范彝文的信息化工作已经做得相当多了,相关研究也已经基本能满足日常需要了。但传统彝文的信息化工作还只是刚刚起步,许多工作还有待开展,要实现彝文古籍的数字化还有很长的路要走。

第八,关于彝文的异体字、考释、各地彝文的比较以及与其他文字的比较等研究。彝文异体字问题的研究对于相关工具书的编纂、彝文的规范、彝文的信息化等工作来说都是至关重要的,但相关工作开展得还很不够,虽然这一工作有相当的难度,但开展专题的研究却是亟需的。彝文的考释工作也需进一步跟上,这不仅是因为彝文本身蕴含着许多重要信息(如文化、历史、民俗等),而且是因为这一工作是我们顺利开展文字本体其他方面研究的基础。各地彝文的比较研究也有待加强,这不仅关系到四省区"书同文"的早日实现,而且也有助于探明四省区彝文的源流关系。彝文与汉字等的比较研究也需要全面开展,这不仅能充实比较文字学的相关理论宝库,而且也可以对相关文字的本体研究提供新的视角、新的思路。

第二部分 傈 僳 文

一、傈僳文的定义

傈僳族源于古老的氐羌族系,和彝族、纳西族在族源上关系密切。傈僳族是跨境民族,国内主要分布在云南、四川的部分地区,国外分布于缅甸、泰国等地,在印度、新加坡、菲律宾等也有散居人口。傈僳语属汉藏语系藏缅语族彝语支,内部没有语支,各种方言、土语的差别不大。

历史上傈僳族没有创立文字,只有口耳相传和结绳、刻木等原始记事方式。自20世纪初,云南各地的傈僳族地区先后出现了四种傈僳文字。

框格式傈僳拼音文字。1913年英国传教士王慧仁以云南省武定县傈僳族语音为基础,创制了一种拼音文字,大字母表示声母,共30个,小字母表示韵母,共25个,声调3至4个,由韵母在声母的不同位置表示。每个音节组成一个方框格式,所以称为框格式傈僳文。这种文字主要通行在武定、禄全等县傈僳族信奉基督教的地区,出版过《圣经》等基督教书籍,但仅在教会内部使用,没能成为傈僳族的通用文字。

傈僳音节文字。20 世纪 20 年代,维西县傈僳族农民汪忍波(1900—1965)以一己之力创制了音节文字。该文字一个音节一个字形,不同声调算不同的音节,共有一千余字,每个音节都包含有声、韵、调。字是音节的书写形式,只表音,与意义无联系,是一种纯粹的音节文字。汪忍波用音节文字编写了《傈僳语文课本》(亦称《傈僳文字典》),其中共有 1 330 个字,除去重复出现的,则有 918 个字。他还和弟子一起用音节文字记录了傈僳族神话、天文、历法、故事、自然地理环境和生产生活等十万字的文献,对傈僳族传统文化的传承起到了重要作用,为后人的研究提供了宝贵资料。

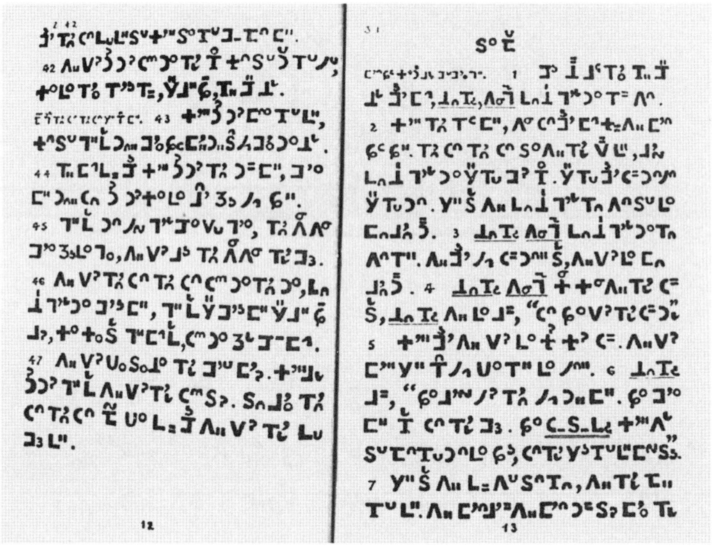

图 5－33　框格式傈僳拼音文字①

老傈僳文。20 世纪 20 年代英国传教士富能仁创制了一种音素字母体系的文字,共有 40 个字母,其中有 25 个拉丁字母,另外 15 个是用颠倒翻置拉丁字母的办法衍化出来的,以区别不同的音节。声调用标点符号表示。这种文字通用于中国和缅甸的部分傈僳族地区。由于其主要通行在基督教群众之间,所以又称“圣经

① 赵晓阳:《圣经翻译和景颇文、傈僳文的创制》,《铜仁学院学报》2018 年第 10 期。

文字”。

新傈僳文。20世纪50年代由中央民族学院和中国社会科学院语言研究所创制、并经国务院批准使用的傈僳文,称为新傈僳文。新傈僳文是一种拉丁字母形式的拼音文字,文字方案采用26个拉丁字母,在充分表达自己语音特点的基础上采用了与汉语拼音方案字母表相同的字母名称。傈僳语与汉语相同或相近的音尽量采用与汉语拼音方案相同的字母表示,傈僳语特有的音则用其他办法表示。

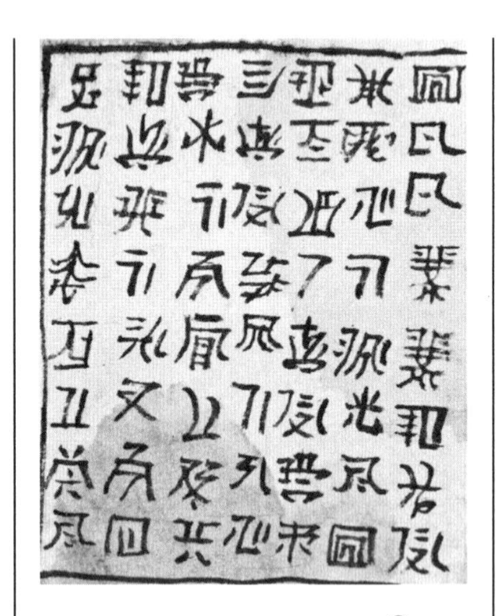

图5－34　傈僳音节文字①

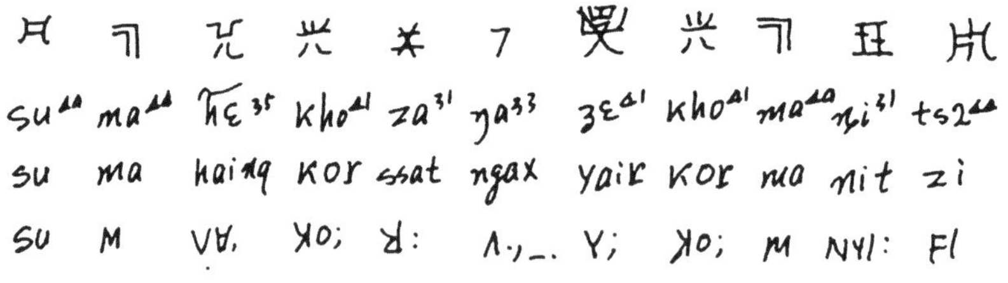

su^{44} ma^{44} hɛ^{35} kho^{41} za^{31} ŋa^{33} ʒɛ^{41} kho^{41} ma^{44} ȵi^{31} tsɿ^{44}

su ma hainq kor ssat ngax yair kor ma nit zi

图5－35　傈僳音节文字、国际音标、新傈僳文、老傈僳文四对照②

傈僳族现通行使用的有老傈僳文、新傈僳文和音节文字三种文字,其中老傈

① 云南省少数民族古籍整理出版规划办公室:《云南少数民族古籍珍本集成·第5卷:傈僳族》,云南人民出版社,2013年,第282页。

② 木玉璋:《傈僳族音节文字文献资料汇编》,知识产权出版社,2006年,第63页。

傈文的使用面最广。

二、傈僳文研究历史

傈僳音节文字是自源文字,造字体系最特殊,用它记载的傈僳族历史文化文献也最丰富,因此对傈僳族文字的研究,主要集中于傈僳音节文字。

1943 年,李兆丰在昆明《正义报》发表文章《傈僳族两种文字》,首次把傈僳族音节文字的创制过程、文字特点及当时的推行状况公布于世。1954 年,罗常培、傅懋勣在《国内少数民族语言文字的概况》一书中,对傈僳族音节文字作了科学论断:“这是一种音节文字,没有字母,一个形体代表一个音节。”[①]自此学术界将汪忍波所创制的文字或称“音节文字”,或称“傈僳音节文字”。

“文化大革命”后,傈僳音节文字的研究开始复苏。中国社会科学院民族研究所语言室同维西县合作,成立调查组,1982 年到 1989 年间到汪忍波家乡进行了数次实地调研,广泛访问汪忍波的亲属、弟子及当地群众,了解到汪忍波在生前一共撰写了三十多部各种文体的著作, 并搜集了一部分手抄残本,做录音,进行了记录、整理和翻译工作。1995 年木玉璋编写《傈僳族音节文字及其文献研究》《傈僳族音节文字字典》,但当时仅作为内部资料,没有公开发行,2006 年正式出版,为中国社会科学院民族研究所重点项目成果。

对傈僳音节文字性质的研究也在逐步深入。周有光在《汉字文化圈的文字演变》[②]一文中将傈僳族音节文字列入汉字体系进行研究,指出傈僳音节文字的笔画近似汉字的篆字和隶书之间的形态。陆锡兴《汉字传播史》[③]指出傈僳族音节文字吸收了纳西东巴文、哥巴文及玛丽玛沙文,还有贵州老彝文文字,吸收最多的还是汉字。木玉璋、高慧宜、韩立坤等学者也纷纷对音节文字的性质进行了深入细致的研究,取得了大量研究成果,将傈僳音节文字的研究推进了一大步。

近年来,随着国家对少数民族传统文化的挖掘、整理、传承工作的加强,傈僳族积极开展民族文化保护和传承研究,在对傈僳文田野调查、文献整理和翻译等方面进行了重点研究,同时还积极探索傈僳文的教学和应用,相关研究成果不断涌现。

---

① 罗常培、罗季光、王均等:《国内少数民族语言文字的概况》,中华书局,1954 年。

② 周有光:《汉字文化圈的文字演变》,《民族语文》1989 年第 1 期。

③ 陆锡兴:《汉字传播史》,商务印书馆,2018 年。

三、傈僳文研究的进展

傈僳音节文字田野调查的收获。首度对傈僳族音节文字的系统调查发生在20世纪50年代,由中央民族学院派出的调查组到达维西,对音节文字进行调查,调查对象主要是音节文字本身,对于音节文字记录的文献没有涉及。20世纪80年代,中国社会科学院民族研究所的木玉璋等对维西地区进行了一个多月的调查,搜集到了一大批音节文字的书写材料,其中最重要的是二十四部《祭天古歌》。2006年木玉璋编著的三卷本《傈僳族语言文字及文献研究》将此前的调查成果汇编成书,也是一部系统研究傈僳族音节文字的专著。华东师范大学博士生韩立坤在2015年至2017年间四次到维西地区对音节文字的使用情况进行田野调查。

老傈僳文的应用研究。老傈僳文一直是傈僳族最通行的文字,在应用过程中,学者们不断提出改进意见,并且积极进行推广普及。段伶《初识老傈僳文〈MI MI ⊥O: ˥〉》[①]一文分析了老傈僳文的缺陷和文字应用中的问题,指出老傈僳文不是一成不变的文字,而是经历了不断修订、不断完善的过程。段伶《傈僳文应用中的几个新问题》[②]一文对声、韵母的增减现象等问题进行了探讨。老傈僳文的识字课本也处于不断改进中,1981年云南省少数民族语文指导工作委员会、维西县文教局联合编写《傈僳文识字课本》。1994年云南省少数民族语文指导工作委员会和怒江州少数民族语文指导工作委员会联合编写《傈僳文识字课本》,该课本是各地从事傈僳族语言文字方面的专家学者经过充分讨论后定稿出版的,至2012年已发行14.5万册。

傈僳文的数字化应用。2018年维西县政府和潍坊北大青鸟华光照排公司联合推出了傈僳音节文字输入法软件和《傈僳音节文字字库》,为傈僳音节文字现代传习、全球普及和规范使用奠定了根本基础。老傈僳文软件于2010年诞生,这套软件免费向公众开放。到目前为止,国外的傈僳族用老傈僳文软件建立了数个老傈僳文网站。2018年德宏传媒集团推出傈僳文字体v1.0版输入法软件,主要解决老傈僳文字符在电脑与手机平台输入及显示的国际标准化和标准统一化问题,

---

① 段伶:《初识老傈僳文〈MI MI ⊥O: ˥〉》,《大理民族文化论丛》第五辑,民族出版社,2012年,第538—549页。

② 段伶:《傈僳文应用中的几个新问题》,《民族语文工作通讯》1986年第3期。

软件涵盖了标准印刷体、艺术体、手写体等多种字型。软件的研制成功有助于民族文字的传承和推广使用，有助于民族文字与国际标准接轨。

四、傈僳文研究的基本材料

创制音节文字后，汪忍波及其弟子利用音节文字书写了一大批文献，内容包括傈僳族的神话、诗歌、历法、天文、占卜，等等。20 世纪 80 年代的调查中，首次发现了音节文字文献，最著名的当属《祭天古歌》。目前已经收集到约十万字音节文字文献，分别收藏在不同的文化机构。1999 年《祭天古歌》①由云南人民出版社付梓出版。2013 年云南省少数民族古籍整理出版规划办公室编撰的《云南少数民族古籍珍本集成 · 第 5 卷：傈僳族》②收录了《创世纪》《洪水滔天》《养畜经》等 11 篇傈僳音节文字文献古籍中的孤本、善本和珍本，并以彩色影印的方式真实再现了古籍原貌。

2013 年在维西县叶枝镇发现了一块音节文字石碑，当属首次发现的音节文字石刻文献。石刻署名汪忍波和嘎麦波（音译），字体秀丽，内容为预言。但是，石碑埋入矿洞的时间、原因，另一署名者的身份等问题仍然需要进一步调查和研究。

傈僳文工具书。1985 年徐琳等编著的《傈汉词典》③一书收词和词组一万余条，并逐条用新傈僳文、老傈僳文与汉文对照，用汉语拼音注音，为学习和研究傈僳文的实用工具书。1987 年祝发清《傈汉小词典》④收集了三千多条傈僳语常用词汇，是傈汉对照和用傈僳文给汉文注音的小词典。1992 年云南省少数民族语文指导工作委员会联合怒江州少数民族语文指导工作委员会编《汉傈新词术语集》⑤收录新词术语 3 500 余条，采用汉字、汉语拼音、老傈僳文、新傈僳文四对照的体例。2012 年出版的《傈汉成语词典》是曹福宝、胡兰英、张兴德三位作者经过十几年的收集、翻译、整理、汇编而成，该词典是一部傈汉语言对译的专用工具书。

---

① 哇忍波：《祭天古歌》，光那巴补遗唱述，木玉璋、汉刚、余宏德搜集译注，云南民族出版社，1999 年。

② 云南省少数民族古籍整理出版规划办公室：《云南少数民族古籍珍本集成 · 第 5 卷：傈僳族》，云南人民出版社，2013 年。

③ 徐琳、木玉璋、施履谦等：《傈汉词典》，云南民族出版社，1985 年。

④ 祝发清：《傈汉小词典》，德宏民族出版社，1987 年。

⑤ 云南省少数民族语文指导工作委员会、怒江州少数民族语文指导工作委员会：《汉傈新词术语集》，云南民族出版社，1992 年。

2014 年荣凤妹、金华妹编著《傈僳语汉语对照学习手册》①把傈僳族日常生活用语用傈僳文、汉语直译、汉语标音对照的形式编写出来，便于傈僳族群众准确掌握简单的汉语字词。目前对傈僳族音节文字收录较为全面的是木玉璋编著的《傈僳族音节文字字典》，收入傈僳音节文字 961 个，每一个字用国际音标对译并有汉译。字目后列举有关的词、词组或典故、历史人物、地名等。

傈僳音节文字文献译注。基于多年傈僳文献的调查和搜集，傈僳音节文字文献的翻译整理工作取得了丰硕的成果。1981 年徐琳、木玉璋编纂的《傈僳族〈创世记〉研究》②由日本东京外国语大学出版，该书采用新傈僳文和汉文对照，记录了傈僳族长诗《创世纪》。2004 年木玉璋搜集整理的《人类的金色童年：傈僳族叙事长诗创世纪・牧羊歌》③以新傈僳文和汉文对照形式记录了傈僳族长诗《创世纪》和《牧羊歌》，书中还附有老傈僳文文本。汉刚、汉维杰编译的《傈僳族音节文字古籍文献译注》④将收集到的音节文字文献分初级教材、医药、看相、祭祀、风水、招雨、趋雨七个方面进行整理翻译。浩杰辉、汉刚译注《傈僳族音节文字文献译注・占卜经》⑤将从民间搜集到的傈僳族音节文字古籍“蛙亮卜”进行整理和翻译。汉刚、李贵明译注《傈僳族音节文字文献译注・祭天古歌》⑥将从民间搜集到的 24 部祭天经文按祭天仪式的顺序翻译。起国庆、汉刚主编的《傈僳族音节文字古籍译注》⑦将收藏在云南省少数民族古籍整理出版规划办公室的傈僳族音节文字古籍文献进行翻译整理，书中还附有古籍原件。这些译注都采用老傈僳文、国际音标注音、汉语直译、意译的形式，全方位展示了傈僳族的传统文化，对研究音节文字及其文献、傈僳族社会历史、生产生活等有着重要的意义。

---

① 荣凤妹、金华妹：《傈僳语汉语对照学习手册》，云南民族出版社，2014 年。

② 徐琳、木玉璋：《傈僳族〈创世记〉研究》，日本东京外国语大学亚非语言文化研究所，1981 年。

③ 裴阿欠、黑达：《人类的金色童年——傈僳族叙事长诗创世纪・牧羊歌》，木玉璋搜集整理，云南民族出版社，2004 年。

④ 维西傈僳族自治县人民政府：《傈僳族音节文字古籍文献译注》，汉刚、汉维杰注译，德宏民族出版社，2013 年。

⑤ 迪庆藏族自治州非物质文化遗产保护中心：《傈僳族音节文字文献译注・占卜经》，浩杰辉、汉刚译注，云南民族出版社，2016 年。

⑥ 迪庆藏族自治州非物质文化遗产保护中心：《傈僳族音节文字文献译注・祭天古歌》，汉刚、李贵明译注，云南民族出版社，2017 年。

⑦ 云南省少数民族古籍整理出版规划办公室：《傈僳族音节文字古籍译注》，起国庆、汉刚主编，云南人民出版社，2020 年。

2016 年李瑞华著《中国傈僳族研究文献题录》对 2014 年之前的有关傈僳族研究成果进行全面系统的搜集整理和分类著录。

五、傈僳文研究所关注的问题

（一）傈僳族音节文字的系统研究

许多学者对傈僳族音节文字进行探源和考释，对文字的体系和性质作了深入的研究。

高慧宜的《傈僳族竹书文字研究》①，第一次对傈僳族音节文字进行了较为全面而系统的研究。论文通过田野调查，以汪忍波编纂的《傈僳课本》为对象，首先考释字形，然后对音节文字的异体字、自造字和借源字进行研究，论证了音节文字的性质，即采用汉字符号体态的同时又仿照纳西哥巴文记录语音的特征，并借用少数汉字和哥巴文的一种民族自创文字。高慧宜以博士论文为基础，发表了 4 篇研究论文：《傈僳族竹书文字的异体字初探》②《傈僳族竹书文字考释方法研究》③《从傈僳族竹书之发生看文字发生的复杂性》④《水族水文和傈僳族竹书的异体字比较研究》⑤。

另一部系统研究傈僳族音节文字的著作是木玉璋编著的《傈僳族语言文字及文献研究》⑥全三册。三册书分别是：第一册《傈僳族音节文字及文献研究》，介绍了音节文字的创造、字态、语音基础、文化价值及部分研究成果；第二册《傈僳族音节文字字典》，根据《傈僳语文课本》手抄本，结合录音材料核写，共收入 961 个字，注释国际音标和汉语解释；第三册《傈僳族音节文字文献资料汇编》，采用音节文字、国际音标、新老傈僳文及汉字对照的形式，收入《獐皮文书》（即《汪忍波自传》）、《人类繁衍和占卜历法书》和《洪水滔天的故事》（即《创世纪》）三篇。木玉

---

① 高慧宜：《傈僳族竹书文字研究》，博士学位论文，华东师范大学，2005 年。

② 高慧宜：《傈僳族竹书文字的异体字初探》，《云南民族大学学报（哲学社会科学版）》2004 年第 6 期。

③ 高慧宜：《傈僳族竹书文字考释方法研究》，《中文自学指导》2006 年第 1 期。

④ 高慧宜：《从傈僳族竹书之发生看文字发生的复杂性》，《华东师范大学学报（哲学社会科学版）》2007 年第 2 期。

⑤ 高慧宜：《水族水文和傈僳族竹书的异体字比较研究》，《民族论坛》2008 年第 3 期。

⑥ 木玉璋：《傈僳族语言文字及文献研究》，知识产权出版社，2006 年。

璋还发表了一系列研究论文:《傈僳族的原始记忆方法和音节文字》[1]和《傈僳族语言文字概况》[2]介绍了傈僳族音节文字的情况;《傈僳族音节文字文献中的历法》[3]对音节文字中所记录的傈僳族历法进行了探索;《傈僳族音节文字造字法特点简介》[4]则对音节文字的造字方法进行了研究。

此外,刘红好的《傈僳竹书与纳西哥巴文造字机制比较研究》[5]对比研究了两种文字的仿拟、引进和参照等机制。高新凯的《竹书创制与性质的再认识》[6]提出,傈僳族音节文字是一种纯粹的表音文字。韩立坤博士学位论文《傈僳族音节文字研究》[7]以木玉璋《傈僳族音节文字字典》为基础,结合田野调查获取的材料,对傈僳族音节文字进行了较为全面和深入的研究,考释出253个字的字源,指出借源字主要借用对象为汉字、藏文和老傈僳文,并对傈僳族音节文字中的大量异体字进行了研究。

为了对傈僳族音节文字进行保护和传承,维西傈僳族自治县傈僳学研究所余海忠、蜂玉程编著了《傈僳族音节文字识字读本》[8],作为小学乡土教材,以兴趣课的形式进行教学,推广普及音节文字。汉刚、汉维杰所著的《傈僳族音节文字识字课本》[9]将音节文字用老傈僳文字母的顺序读音排课文,每个音节文字的词用国际音标、老傈僳文注音,用汉语翻译,对掌握傈僳族音节文字,研究、整理音节文字文献等方面有积极意义。

(二)老傈僳文与新傈僳文的选择问题

1982年怒江州在全州范围内开展农村扫盲并逐步在小学中实行双语教学,在维西等地开办傈僳文学习班,使用的主要是新傈僳文。新傈僳文的推广使用势头尚好。熊泰河《推广傈汉双语文教学,提高民族文化素质——兼谈怒江州双语文

---

① 木玉璋:《傈僳族的原始记忆方法和音节文字》,《民族文化》1983年第2期。

② 木玉璋:《傈僳族语言文字概况》,维西傈僳族自治县文教局,1984年铅印本。

③ 木玉璋:《傈僳族音节文字文献中的历法》,《民族古籍》1988年第2期。

④ 木玉璋:《傈僳族音节文字造字法特点简介》,《民族语文》1994年第4期。

⑤ 刘红好:《傈僳竹书与纳西哥巴文造字机制比较研究》,硕士学位论文,西南大学,2011年。

⑥ 高新凯:《竹书创制与性质的再认识》,《中国文字研究》第二十辑,上海书店出版社,2014年,第199—204页。

⑦ 韩立坤:《傈僳族音节文字研究》,博士学位论文,华东师范大学,2018年。

⑧ 余海忠、蜂玉程:《傈僳族音节文字识字读本》,德宏民族出版社,2013年。

⑨ 汉刚、汉维杰:《傈僳族音节文字识字课本》,云南民族出版社,2017年。

教改试点教学法》[1]认为怒江州开展傈汉双语文教学是由怒江州的实际情况所决定的，并论证怒江州开展傈汉双语文教学的可行性，提出存在的问题及完善措施。

随着当地基督教的发展，信教群众大幅增加，老傈僳文的使用逐渐频繁，范围也不断扩展，后来就不局限于宗教领域，许多报刊、书籍、文书、牌匾都开始使用老傈僳文。1992 年怒江州政府重申了新老傈僳文"并存并用"的原则，但实际上新傈僳文的使用越来越少，人们更倾向于使用老傈僳文。

马效义博士学位论文《新创文字在文化变迁中的功能与意义阐释》[2]的调查结果显示傈僳族群众对老傈僳文的支持率较高。荣凤妹的《傈僳族语言文字现状、发展趋势及对策》[3]认为一个地区一个民族使用两种文字，不仅加重群众的负担，而且对发展民族文化教育事业和民族经济的发展是不利的，从傈僳族大众的自愿选择原则出发，支持使用老傈僳文。盖兴之的《谈谈新老傈僳文》[4]和《关于新老傈僳文的选择问题》[5]等支持使用新傈僳文，认为新傈僳文比较科学，容易实现计算机输入。密秀英的《推行傈僳文是提高教学质量和加速扫盲进程的有效途径》[6]首先肯定在扫盲和小学双语教学中推行新傈僳文所取得的成效及其原因，其次对新傈僳文推行中存在的问题进行了分析。张军《傈僳族新老文字使用问题》[7]指出了傈僳族文字使用方面存在的突出的问题。

六、傈僳文研究热点

傈僳文文献整理研究。在 20 世纪 80 年代至 90 年代的调查中，调查者将目光

---

① 熊泰河：《推广傈汉双语文教学，提高民族文化素质——兼谈怒江州双语文教改试点教学法》，《民族语文》1990 年第 3 期。

② 马效义：《新创文字在文化变迁中的功能与意义阐释——哈尼、傈僳和纳西族新创文字在学校教育和扫盲教育中的使用历史与现状研究》，博士学位论文，中央民族大学，2007 年。

③ 荣凤妹：《傈僳族语言文字现状、发展趋势及对策》，《云南民族语言文字现状调查研究》，云南民族出版社，2001 年，第 106—107 页。

④ 盖兴之：《谈谈新老傈僳文》，《民族语文》1983 年第 5 期。

⑤ 盖兴之：《关于新老傈僳文的选择问题》，《民族语言文化论集》，云南大学出版社，2001 年，第 239—256 页。

⑥ 密秀英：《推行傈僳文是提高教学质量和加速扫盲进程的有效途径》，《中国民族教育》1999 年第 3 期。

⑦ 张军：《傈僳族新老文字使用问题》，《中国语言生活状况报告 2013》，商务印书馆，2013 年，第 135—140 页。

从音节文字本身转向文献，由此收集到了大批文献。根据材质，音节文字文献可分为白棉纸文献、木板和雕刻文书、碑刻文献。其中，最著名音节文字文献当属《祭天古歌》。二十四部《祭天古歌》是傈僳族祭天仪式中吟唱的歌谣，包含了傈僳族古代生活的各个方面，是一项重大发现。经过整理和翻译，最终得以出版。此外，还有许多其他的文献，例如《创世纪》《神瓜经》《八卦书》等文献，保存了傈僳族的神话传说和占卜历法等内容，《汪忍波自传》记述了汪忍波本人的经历和创制音节文字的历程，对研究者对音节文字具有十分重要的意义。2013 年发现的音节文字石碑拓宽了音节文字文献材质的种类，也是近些年来音节文字文献的重要发现之一。由此也证明，傈僳族音节文字的确可用于书写各种材质的文献和内容。

宗教传播与傈僳文研究。金杰博士学位论文《基督教传播对傈僳族语言文字及其使用的影响研究》①，在深入中、泰两国傈僳族社区进行调研，掌握大量第一手资料的基础上，从文字创制、方言交流、语言本体、口头文学传承以及语言的使用等方面分析了基督教传播对傈僳族语言文字及其使用的影响。王再兴《傈僳语圣经翻译传播及其社会文化影响》②指出老傈僳文的创制和应用大大提升了傈僳族的文化素质。陈建明《传教士在西南少数民族地区的文字创制活动》③指出传教士领导各少数民族信徒创制和使用某种文字传播基督教义的同时，对特定民族的传统文化、价值体系、道德观念、教育水平、生活方式也产生了影响。

七、傈僳文研究的未来展望

未来，傈僳文可以在以下几个方面予以深入研究。

第一，傈僳音节文字文献非常有价值，需要进一步整理和保护。傈僳文文献丰富，尤其是存在于民间的傈僳音节文字文献。对于傈僳族音节文字文献，近年来已经开展了整理工作，但还不够彻底全面，音节文字文献的搜集、整理、保存、翻译和出版等方面，还有许多工作需要去做。

第二，加强田野调查研究。前期的调查研究多为社会语言学的调查方法，且访谈不够深入，被访谈对象代表性不足，未能深入涉及各个阶层的代表。重点问

① 金杰：《基督教传播对傈僳族语言文字及其使用的影响研究》，博士学位论文，云南大学，2013 年。

② 王再兴：《傈僳语圣经翻译传播及其社会文化影响》，《云南社会科学》2008 年第 2 期。

③ 陈建明：《传教士在西南少数民族地区的文字创制活动》，《宗教学研究》2010 年第 4 期。

题进行深度挖掘不够，定量研究较少。

第三，傈僳文文献资源数据库建设。傈僳音节文字、老傈僳文、新傈僳文都实现了数字化输入，在此基础上开展傈僳文文献资源数据库的开发和建设的条件已经具备。数据库的开发可以采取各部门联合建设、资源共享的方式。

第四，傈僳文存在新老傈僳文并存并用的问题，情况较为复杂。对于到底哪种文字应该保存，哪种文字应该放弃，一直没有定论，也没有明确的政策，这个问题需要进行深入的探讨。

第三部分 水 族 水 字

一、水字概况

水族主要聚居在贵州省黔南州的三都水族自治县、荔波、独山、都匀等县市，黔东南州的榕江、丹寨、雷山、从江、黎平等县为主要散居区，此外在广西北部的河池、南丹、环江、融水等县市及云南省富源县也有分布。水语以往被认为是属于汉藏语系壮侗语族（或称"侗台语族""壮台语族"等）侗水语支，现在一般认为水语属于壮侗语系①。水族长期以来使用汉文。

水族源于百越，由秦汉时期西瓯或骆越的一支发展而来。这是结合水族的语言、习俗、居住地域以及文化上和百越的共同点得出的结论。但水族历史发展的脉络不详。据《新唐书・地理志・羁縻州》载，唐初，在"西北诸蕃"及"蛮夷"部落"列置州县"，其中江南道诸蛮州五十一个，中有"抚水州"，有人推测抚水州和今水族有一定关系。到了宋人的记载中，"抚水州""抚水州蛮""抚水蛮"等频繁出现，多记"抚水州蛮"进贡、扰边及山川民情等情况，另如元人马端临《文献通考》，清人《续通志》《广西通志》等，所记亦大同小异。所以，从地域上、从史书上记载的当地大姓、从地理环境和风物民情等方面看，"抚水蛮"和今水族有一定渊源。水族有专称，有人认为始于明代。理由是，水族自称为 ai^3sui^3，明王守仁《重修月潭寺建公馆记》将"苗、夷、犵、狳"并提；明末邝露《赤雅》有"狳人亦獠类"的记载；清人《广西通志・诸蛮・狄》亦略记"狳人"民情。但这些记载颇简单而不确定，和水族的情况也不完全相合，所以，认为"狳"是水族专称的说法还有待考证。

---

① 自美国学者白保罗提出壮侗语不属于汉藏语系后，这一看法慢慢被语言学界所接受。

水族内部有一种外形古老的文字，称为 $le^{1}sui^{3}$，意为“水字”或“水书”。这种文字只用于宗教内部，不能记录日常生活语言，文字的使用者仅限于巫师（水书先生），外人不懂不用。文字用于抄写各种占卜择吉内容，这些抄本也称为“水书”。这种文字，近年邓章应等学者定名，区分为“水文（指称水文的文字系统）”“水字（指称单个的水文字符）”①，此处我们仍将水族文字称为“水字”，将用水字书写的抄本称为“水书”。

水字是一种极具特色的文字，它是一个文字杂糅系统。在它内部，既有看上去极为古老的自源文字，如 、、、；也有一批对汉字直接搬用或稍加变异改造而形成的汉语借字，如、、、；还有结合自源字与汉语借字的形态、结构造出的拼合字，如、、。水字为我们提供了一种特殊的文字样品，表现出“拼盘文字”的特点②，可以补充我们对文字发展史及文字传播规律的认识。

关于水字和水书的发生发展，缺少确切文献记载。目前所见的众多水书抄本中，一般认为最早的是清光绪年间的本子，绝大多数是清末民国初的本子③，也有人认为最早的抄本在顺治年间④。水书按其用途可分为白书和黑书，如潘一志所记：“相传水书有白书、黑书两种，白书是一般用来为婚丧、营建、除病害、求子、求财等择吉目的。黑书则是选择凶日，嫁祸于人或被人嫁祸而择日解除的。”⑤水书内容，类同于汉族通书⑥，旨在通过占卜对日常生活的种种事项择吉避凶，包括择

① 邓章应：《水族古文字的科学定名》，《中国科技术语》2009 年第 3 期；邓章应：《东巴文与水文比较研究》，人民出版社，2015 年，第 64—72 页。

② 王元鹿：《水文在文字学研究中的认识价值与研究方法》，《中国文字研究》第九辑，大象出版社，2007 年，第 269—272 页。

③ 王锋：《从汉字到汉字系文字——汉字文化圈文字研究》，民族出版社，2003 年，第 99 页；刘凌：《关于水字历史的思考》，《中国文字研究》第九辑，大象出版社，2007 年，第 273—281 页。

④ 孙易：《水族文字研究》，博士学位论文，南开大学，2006 年，第 75—76 页。另外，孙易博士论文中说：水族专家王品魁先生鉴定有成于明代的六本水书手抄本，还有一本成于明洪武年间的木刻印刷本。该文认为对这些水书的年代需要再做鉴别。

⑤ 潘一志：《水族社会历史资料稿》，《潘一志文集》，巴蜀书社，2009 年，第 498 页。

⑥ 潘一志：《水族社会历史资料稿》，《潘一志文集》，巴蜀书社，2009 年，第 437 页；王品魁：《水书源流新探》，《水家学研究——贵州省水家学会第三届、第四届学术讨论会论文汇编》，贵州民族出版社，1999 年，第 349—354 页。

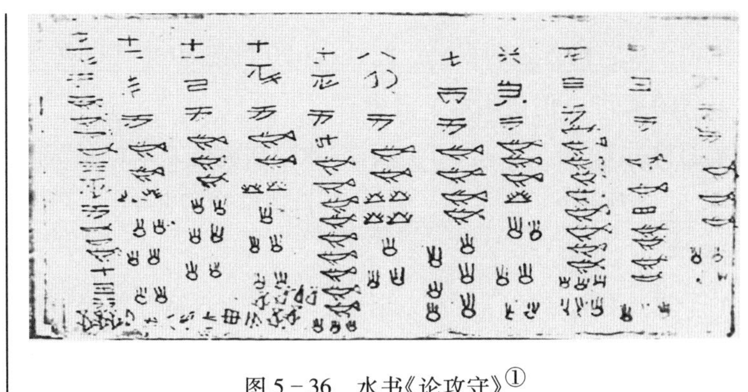

图 5－36　水书《论攻守》[1]

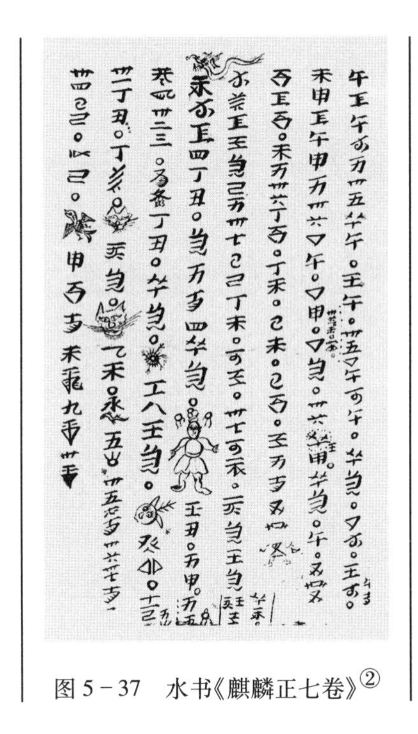

图 5－37　水书《麒麟正七卷》[2]

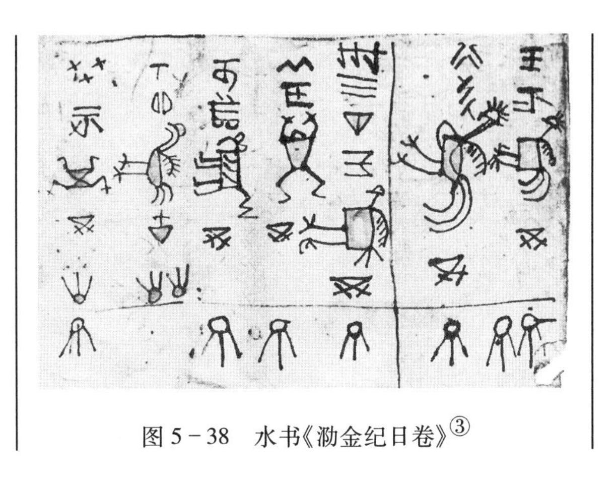

图 5－38　水书《泐金纪日卷》[3]

时、择方位，大致有如下几类：天文历法类，主要用于农业耕种；择时类，用于婚丧、

① 中国民族古文字研究会：《中国民族古文字图录》，中国社会科学出版社，1990 年，第 237 页。

② 黔南布依族苗族自治州人民政府：《水书·麒麟正七卷》（上、下），杨介钦、韦光荣注，贵州民族出版社，2010 年，第 9 页。

③ 贵州省档案局（馆）、荔波县人民政府：《泐金·纪日卷》，贵州人民出版社，2007 年，第 12 页。

营造、出行等的选择年、月、日、时；择方位类，用于埋葬、开垦、建房奠基时选择方位；遁掌，以星宿十二宫掐算吉凶祸福。此外，自 20 世纪 80 年代以来，陆续发现了几处以水字书写的墓碑①，但使用水字极少。

水书文献面目古老，数量丰富，可参后文“水字研究的基本材料”部分。

水字体系，可分为三个主要方面：借源字、自造字和拼合字。

（一）借源字

水书中的干支、阴阳、吉凶、五行、八卦、九星、二十八宿等都是成套借自汉语词汇，其中一部分直接借用汉字，一部分对汉字加以改造变形，还有一部分是为汉语借词自造新字。下面分类说明。

1. 假借汉字

第一，音读方式，借汉字音，表水语中该读音对应的意义，如，读 ho^3，意为“穷”；写作“拜伦”，读汉语音，水书中表示“往回走”。

第二，训读方式，借汉字义，读水语音，如，音 ʔbən^1，意为“天”；，音 hɑːm^1，意为“三”。

第三，借词字，形音义都借，如，音 çi^5，意为“四”；，音 sui^3，意为“水”。

水字中直接假借汉字者不多，多数是对汉字加以改造变形。

2. 汉字变体字

借用汉字所表语词的音义，对汉字作“反书”“倒书”、增减笔画或部件、笔画变形、拆解重组等改造变形，如：干支字“子”“卯”“辛”分别作、、、，、；季节“冬”作、；吉凶之“凶”作、、；“逢”作、，读汉语音 foŋ^2，意为“相逢、遇到”。

（二）自造字

自造字有一部分是记录汉语词，如水书二十八宿来自汉文化，二十八宿名称都是汉语借词，像“昴宿（也称昴日鸡）”，读汉语音 ŋɑ^2 ȵət^8 ȶi^1，为这个汉语词自造新字，写作、、、；“女宿（也称女土蝠）”，读 ȵui^3 thu^3 foŋ^8，写作、、；另如水书中神煞名称用字较多是自造字，像，表“五锤鬼”。以上都是采用象形方式构字。

指事字如：上，下，中；前进，放鬼；后退，收鬼。

① 蒙耀远：《水族铭刻类古籍搜集整理架构述略》，《广西民族师范学院学报》2013 年第 6 期。

会意字如：表“死”“死人”意，有较多异体，如、、、、；，意为“重丧”，亦是汉语借词，凶神之一，以棺材叠加会意，表示在此日安葬家中会接连死人。

（三）拼合字

以汉字或汉字部件，结合水字或结合其他抽象形体，拼合而成新字，如：、、，意为“祖”，上部为汉字“天”或“大”，下部△或○表示“人口”，“祖”就是家中最长的人；、，意为“父”；、，意为“母”；、，意为“妻子”。

二、水字研究历史

关于水字研究，已有较多综述性文章，反映不同时期的研究状况，包括韦忠仕[1]、孙易[2]、潘朝霖[3]、罗春寒[4]、翟宜疆[5]、韦学纯[6]、韦宗林和韦述启[7]、邓章应[8]、白小丽和徐艳茹[9]等，可以参考。

本文将水字研究分为五个时期。

1. 发现与介绍时期（1860年至20世纪40年代）

主要是莫友芝（1811—1871）对水族文字和文化的介绍[10]，1914年《独山县志》、1925年《都匀县志稿》、1940年《三合县志略》和1944年《荔波县志稿》等地方志材料对少量水字的收录与说明。[11]

---

① 韦忠仕：《“水书”研究概况》，《贵州文史丛刊》1992年第4期

② 孙易：《水族文字研究》，博士学位论文，南开大学，2006年。

③ 潘朝霖：《水书文化研究150年概述》，《采风论坛（7）》，中国文联出版社，2006年，第1—16页。

④ 罗春寒：《水族、水书与水书研究述评》，首届水书文化国际学术研讨会，贵州都匀，2007年。

⑤ 翟宜疆：《水文造字机制研究》，博士学位论文，华东师范大学，2007年。

⑥ 韦学纯：《水书研究现状与发展趋势》，《中国民族语言学研究》，社会科学文献出版社，2008年，第192—212页。

⑦ 韦宗林、韦述启：《水族文字研究综述》，《释读旁落的文明：水族文字研究》，民族出版社，2011年，第265—277页。

⑧ 邓章应：《东巴文与水文比较研究》，人民出版社，2015年。

⑨ 白小丽、徐艳茹：《水文研究回顾与展望》，《华西语文学刊》第十三辑，四川文艺出版社，2016年，第192—198、402、404页。

⑩ 刘世彬：《莫友芝对水族古文字的研究》，《黔南民族师范学院学报》2006年第1期。

⑪ 三都水族自治县县志编纂委员会：《三都水族自治县县志》，贵州人民出版社，1992年。

2. 调查研究起步期(20 世纪 40—60 年代)

以张为纲《水家来源试探》[①]、岑家梧《水书与水家来源》[②]、《水语调查报告初稿》[③]、潘一志《水族社会历史资料稿》[④]、《水族简史简志合编》[⑤]、韦庆稳《水语概况》[⑥]、李方桂《水话研究》[⑦]、日本西田龙雄《水文之际历的释译》[⑧]等为代表,主要是水书文献的少量收集介绍、水字简单介绍、水语调查(并附录少量水字)。

3. 调查研究探索期(20 世纪 80 年代至 21 世纪初)

这一时期研究资料仍旧短缺,主要研究可概括为四方面:

第一,水字初步研究,包括文字考释、对水字文字体系与文字性质的研究、水字"反书"特点的探析等,如石尚昭与吴支贤《水族文字研究》提供了最早的水字字表[⑨],王国宇《水书与一份水书样品的释读》对一页水书作了完整释读[⑩],刘日荣《〈水书〉中的干支初探》最早将水字与汉字中的干支字作了成体系的对比研究[⑪],刘凌《"水书"文字性质探索》最早对水字系统、水字性质、水字和汉字关系作了全面梳理和早期研究[⑫]。

第二,对水书性质、水书源流和水书文化内涵的探讨,如刘日荣对水书性质、

---

① 张为纲:《水家来源试探》,《社会研究》1942 年第 36 期。后收入《贵州苗夷社会研究》,文通书局,1942 年,第 108—110 页。该书 2004 年民族出版社重排出版。

② 岑家梧:《水书与水家来源》,《社会科学论丛》1948 年新 1 卷。1949 年修改收入《西南民族文化论丛》,岭南大学西南社会经济研究所,1949 年,第 1—21 页。亦收入《岑家梧民族研究文集》,民族出版社,1992 年,第 108—126 页。

③ 中国科学院少数民族语言调查第一工作队:《水语调查报告初稿》,内部资料,1958 年。

④ 潘一志:《水族社会历史资料稿》原为稿本,1959 年完成初稿,近年正式出版。贵州民族学院、贵州水书文化研究院:《水族学者潘一志文集》,巴蜀书社,2009 年。

⑤ 中国科学院民族研究所贵州少数民族社会历史调查组:《水族简史简志合编》,内部编印,1963 年。

⑥ 韦庆稳:《水语概况》,《中国语文》1965 年第 5 期。

⑦ 李方桂:《水话研究》,《"中研院"历史语言研究所专刊之七十三》,1977 年。后收入《李方桂全集 5:莫话记略·水话研究》,清华大学出版社,2005 年。

⑧ 〔日〕西田龙雄:《水文之际历的释译》,王云祥译,《民族语文研究情报资料集》第二集,中国社会科学院民族研究所语言研究室,1983 年,第 64—70 页。

⑨ 石尚昭、吴支贤:《水族文字研究》,《中国民族古文字研究》第二辑,天津古籍出版社,1993 年,第 250—262 页。

⑩ 王国宇:《水书与一份水书样品的释读》,《民族语文》1987 年第 6 期。

⑪ 刘日荣:《〈水书〉中的干支初探》,《中央民族大学学报(哲学社会科学版)》1994 年第 6 期。

⑫ 刘凌:《"水书"文字性质探索》,硕士学位论文,华东师范大学,1999 年。

水书中汉语借词的探讨[1],王连和与刘宝耐[2]、王国宇[3]、蒙爱军[4]、石尚昭[5]、王品魁[6]、潘道益[7]等对水书文化二十八宿、天象历法、阴阳五行等的解读,王品魁对水书源流的探讨[8],另外,出现了《水家学研究》等不定期论文集,收录了较多水书和水族文化研究内容。

第三,是与水字研究密切相关的水语研究,如张均如《水语简志》[9]、王均等《壮侗语族语言简志》[10]、曾晓渝《汉语水语关系词研究》[11]、曾晓渝与姚福祥《汉水词典》[12]。

第四,是作为一手材料的、完整的水书译注本开始出现,这一时期仅有王品魁《水书·正七卷、壬辰卷》[13]。

4. 调查研究发展期(21世纪初至2015年前后)

这一时期水书和水字研究蓬勃开展,表现为:

第一,水书的大规模收集、影印与译注、出版,为学界提供了大量的一手材料,主要有:水书抢救性整理发掘成果如“中国水书文献系列”五种(全真彩色影印

---

① 刘日荣:《水书研究——兼论水书中的汉语借词》,《中央民族大学学报》1990年增刊;《水书评述》,《中央民族大学学报(哲学社会科学版)》1995年第6期。

② 王连和、刘宝耐:《水族的天象历法》,《河北省科学院学报》1990年第1期。

③ 王国宇:《略论水书与二十八宿》,《中国民族古文字研究》第三辑,天津古籍出版社,1991年,第212—220页。

④ 蒙爱军:《谈水族鬼神观与水书五行观中的认识结构》,《贵州民族学院学报》1991年第4期。

⑤ 石尚昭:《〈水书〉通义——天文·历法》,《黔南教育学院学报》1991年第4期。

⑥ 王品魁:《〈水书〉二十八宿》,《贵州文史丛刊》1996年第2期。

⑦ 潘道益:《水族七元历制初探》,《水家学研究(三)——贵州省水家学会第三届、第四届学术讨论会论文汇编》,贵州水家学会,1999年,第148—161页。

⑧ 王品魁:《水书源流新探》,《水家学研究(二)——贵州省水家学会第一届、第二届学术讨论会论文汇编》,贵州水家学会,1993年,第349—354页;《〈水书〉探源》,《贵州文史丛刊》1991年第3期。

⑨ 张均如:《水语简志》,民族出版社,1980年。

⑩ 王均等:《壮侗语族语言简志》,民族出版社,1984年。

⑪ 曾晓渝:《汉语水语关系词研究》,重庆出版社,1994年。

⑫ 曾晓渝、姚福祥:《汉水词典》,四川民族出版社,1996年。

⑬ 贵州省民委民族古籍整理办公室、贵州省黔南州民委、三都水族自治县民委:《水书(正七卷、壬辰卷)》,王品魁译注,贵州民族出版社,1994年。

本)[1]、《中国水书》(全套160册)[2];另有丰富的整理译注成果,如《水书·丧葬卷》[3],《泐金·纪日卷》[4],《水书与水族社会——以〈陆道根原〉为中心的研究》——此书以水书文献译注为主、调查与研究并重[5],《水书·阴阳五行卷》[6],以及2009—2011年出版的“中国水书译注丛书”系列五种[7],2012年出版的《金银·择吉卷》[8],2015年出版的《水书·九星卷》[9]等。

第二,水书文字本体研究兴盛。自2003年王元鹿师《“水文”中的数目字与干支字研究》[10]《水文方位字研究及其对普通文字学研究的启发——兼论水文研究的必要性与方法论》[11]开始,水字本体研究进入体系化和深入探讨阶段。包括几个大的方面:对水字文字性质、文字地位的探讨;对水字体系的整体、综合性研究;水字与其他文字的比较研究——涉及水字与汉字、纳西族东巴文、彝文、傈僳族竹书、壮文等多种文字的比较;水字专题研究——包括水字造字方法、造字机制研

---

① 中国水书编委会:“中国水书文献系列”,全真彩色影印本,共五本,包括《分割卷》《八探卷》《寅申卷》《正七卷》《探巨卷》,贵州民族出版社,2006年。

② 莫善余等:《中国水书》(全160册),巴蜀书社、四川民族出版社,2006年。

③ 贵州省民族古籍整理办公室、贵州省黔南布依族苗族自治州民族宗教事务局、贵州省三都水族自治县人民政府:《水书·丧葬卷》,王品魁、潘朝霖译注,贵州民族出版社,2005年。

④ 贵州省档案局(馆)、荔波县人民政府:《泐金·纪日卷》,贵州人民出版社,2007年。

⑤ 张振江、姚福祥:《水书与水族社会——以〈陆道根原〉为中心的研究》,中山大学出版社,2009年。

⑥ 贵州省民族古籍整理办公室:《水书·阴阳五行卷:水文、汉文》,蒙耀远译注,贵州民族出版社,2011年。

⑦ 本系列包括以下五种,均为黔南布依族苗族自治州人民政府编,贵州民族出版社出版。杨介钦、韦光荣译注:《水书·麒麟正七卷:汉文、水文》,2010年;杨介钦、韦光荣译注:《水书·金用卷:汉文、水文》,2010年;蒙邦敏、蒙君昌译注:《水书·正五卷:汉文、水文》,2010年;陆春译注:《水书·秘籍卷:汉文、水文》,2011年;梁光华、蒙景村、蒙耀远、蒙君昌译注:《水书·婚嫁卷:汉文、水文》,2009年。

⑧ 贵州省档案局、黔南州人民政府、荔波县人民政府:《金银·择吉卷:汉文、水文》,贵州人民出版社,2012年。

⑨ 贵州省民族古籍整理办公室:《水书·九星卷:水汉对照》,陆春译注,贵州大学出版社,2015年。

⑩ 王元鹿:《“水文”中的数目字与干支字研究》,《华东师范大学学报(哲学社会科学版)》2003年第4期。

⑪ 王元鹿:《水文方位字研究及其对普通文字学研究的启发——兼论水文研究的必要性与方法论》,《湖州师范学院学报》2003年第2期。

究，专书、专类水字研究，对水书和水字起源、历史的探讨；另有《水书常用字典》的出版①。

第三，是水书文化研究的蓬勃发展。水书文化研究可以分为如下几类：对水书文化作整体性研究，水书二十八宿与天象历法研究，水书与汉族传统文化中周易、阴阳五行、连山易的密切关系探讨，水书专书、专题内容解读，水书保护传承、整理开发等相关研究，还有不定期出版的水书、水族文化研究系列论文集，包括《水书文化研究》（第1—5辑）②、贵州省水家学会《水家学研究》（四、五）③。

第四，与水字研究密切相关的水语研究。

第五，水书与水字数字化研究。主要涉及输入法研制、文字编码、数据库建设、水书档案文献数字化等方面。

5. 研究缓慢开拓期（2016年前后至今）

这一时期水字本体研究发展缓慢，但在研究方向上有所开拓，主要体现在水字的文字识别研究方面。这一时期研究状况可以概括为四个方面。

第一，水字本体研究方面成果较少，水字与其他文字的比较研究持续缓慢地开展。

第二，水书译注继续保持繁盛局面。各家依托水书先生的讲解，开展各类水书卷本的译释工作，有一些重要卷本，甚至因卷本的不同传承体系、不同时期不同研究者的译注理念而产生不同的译注本。如潘朝喜《水书·壬辰卷：水汉对照》④，是继王品魁《水书（正七卷、壬辰卷）》⑤之后的又一译本；杨介钦、韦光荣译注《水书·麒麟正七卷》⑥亦与王品魁上述译本密切相关；贵州民族文化宫《水

① 韦世方：《水书常用字典》，贵州民族出版社，2007年。

② 潘朝霖、唐建荣：《水书文化研究》第一辑，贵州民族出版社，2009年；《水书文化研究》第二辑，中国言实出版社，2012年；潘朝霖、韦成念：《水书文化研究》第三辑，中国言实出版社，2012年；潘朝霖、唐建荣：《水书文化研究》第四辑，中国言实出版社，2012年；《水书文化研究：兼论南方民族文字》第五辑，中国戏剧出版社，2013年。

③ 贵州省水家学会：《水家学研究》（四、五），非正式出版，2004年、2010年。

④ 三都水族自治县档案馆：《水书·壬辰卷：水汉对照》，三都水族自治县水书抢救暨水书申报世界记忆遗产办公室译注，贵州民族出版社，2021年。

⑤ 贵州省民委民族古籍整理办公室、贵州省黔南州民委、三都水族自治县民委：《水书·正七卷、壬辰卷》，王品魁译注，贵州民族出版社，1994年。

⑥ 黔南布依族苗族自治州人民政府：《水书·麒麟正七卷》，杨介钦、韦光荣译注，贵州民族出版社，2010年。

书·水书古籍·金堂卷：水文、汉文对照》[1]，是继陆常谦《水书·金堂卷：水文、汉文对照》[2]之后的又一译本。

第三，围绕水书文献的抢救、保护、传承、开发，以及编纂译注方法等的讨论是这一时期的研究热点。

第四，关注水书和水字数字化、智能化研究，尤其是水书文字切分和水字自动识别研究。

三、水字研究进展

水字从被发现、介绍，到调查研究的兴盛期，再到当前的缓慢开拓期，已历经一百余年，其研究进展主要表现在四个方面。

1. 水书和水字研究的一手材料从极端缺少到逐渐丰富，大量水书得到抢救性发掘整理，重要的水书卷本得以影印出版，水书译注范围在逐步扩大。

从1860年前后莫友芝对水字的介绍，到20世纪初方志文献的简单介绍，再到1985年第一份水字字表（油印本）的出现，1994年第一部水书译注本《水书·正七卷、壬辰卷》的出现，21世纪初水书出现抢救性发掘整理高潮、大型系列《中国水书》（全套160册）的出版，以及自21世纪初开始至今，水书译注成果大量涌现（目前水书译注品种有近三十种）——可以看出水书和水字研究一手材料日渐丰富，这为后续研究准备了充分条件。

2. 水字本体研究逐步开拓和深入。

第一，水字研究的材料范围逐步扩展。早期只是收集、介绍少量水字，而后是简单的字表编写，再发展为植根于大量水书文献的、系统的文字研究和字典编纂。

第二，水字研究的方向不断开拓。从起步期的文字构形分析、文字考释、对水字文字体系的初步研究、对水字"反书"特点的探析等，发展到不同阶段对水字性质的反复探讨、对水字系统的综合性研究、水字与其他民族文字关系的比较研究，以及当前的水字数字化研究和文字识别研究等。

---

① 贵州民族文化宫（贵州省民族博物馆）：《水书·水书古籍·金堂卷：水文、汉文对照》，贵州民族出版社，2021年。

② 陆常谦：《水书·金堂卷：水文、汉文对照》，贵州民族出版社，2019年。

第三，水字研究不断深化。从文字介绍、构形分析、文字系统的分析，发展到对文字性质、造字机制、异体字的反复探讨，以及近十余年植根于文献的专书、专类水字研究，并在多种民族文字的比较研究中逐步加深了对水字的认识。

3. 水书文化内涵研究自水书被发现、介绍直至当下，处于持续不断的发展中。

在水书调查研究的探索期，研究围绕水书二十八宿、天象历法、阴阳五行展开，亦涉及水书源流的探讨。在水书调查研究的发展期，上述研究仍是热点，而水书与汉族传统文化中周易、连山易的密切关系，水书专题内容的解读，水书保护传承、整理开发等相关研究，以及水书文化的综合性研究，是研究的新进展，而且这一时期出版了不定期的水书、水族文化研究系列论文集，包括潘朝霖、唐建荣主编的《水书文化研究》（第1—5辑）[1]、贵州省水家协会《水家学研究》（四、五）[2]，水书文化研究之兴盛可见一斑。2016年前后，水书研究进入缓慢开拓期，这一时期研究的关注点是水书文献的抢救保护、传承开发、编纂译注和数字化建设。

4. 水书和水字的数字化建设逐步开展。

自2000年韦宗林《水族古文字计算机输入法》[3]开始，水书数字化工作开始起步，其后涉及输入法研制、文字编码、数据库建设、水书档案文献数字化等方面，近年又出现关于水书文字切分和水字自动识别的研究。

四、水字研究的基本材料

（一）早期水字材料的收集与不同时期字表的编写

1914年《独山县志》、1925年《都匀县志稿》、1940年《三合县志略》和1944年《荔波县志稿》等地方志材料对少量水字的收录与说明。[4] 石尚昭与吴支贤《水族

---

① 潘朝霖、唐建荣：《水书文化研究》第一辑，贵州民族出版社，2009年；《水书文化研究》第二辑，中国言实出版社，2012年；潘朝霖、韦成念：《水书文化研究》第三辑，中国言实出版社，2012年；潘朝霖、唐建荣：《水书文化研究》第四辑，中国言实出版社，2012年；《水书文化研究：兼论南方民族文字》第五辑，中国戏剧出版社，2013年。

② 贵州省水家学会：《水家学研究》（四、五），非正式出版，2004年、2010年。

③ 韦宗林：《水族古文字计算机输入法》，《贵州民族学院学报（哲学社会科学版）》2000年第4期。

④ 三都水族自治县县志编纂委员会：《三都水族自治县县志》，贵州人民出版社，1992年。

文字研究》(油印本,1985)提供了最早的水字字表[①]。后有陈昌槐《水族文字与〈水书〉》所附字表[②],刘日荣《水书研究——兼论水书中的汉语借词》所附字表[③],刘凌硕士论文《"水书"文字性质探索》所附字表[④],孙易博士论文《水族文字研究》所附字表[⑤]。目前收字最多的是翟宜疆《水文造字机制研究》所附《水文常用字表》,它收录了上述全部字表中的水字,并将当时已译注出版的《水书·正七卷、壬辰卷》《水书·丧葬卷》所见水字亦尽数收入,合计收字 315 个,字符数 1 049 个(含异体字)[⑥];梁光华等《水族水书语音语料库系统研究》收录不重复的水字单字 472 个(不含异体)[⑦];梁光华、蒙耀远《水族水字研究》收水字 472 个(不含异体)[⑧]。另有韦世方《水书常用字典》,是目前唯一一部水字字典,收字 468 个,含异体共 1 780 个[⑨]。

(二)水书抢救性发掘整理和译注成果

水书抢救性发掘整理成果的影印出版,有"中国水书文献系列"(全真彩色影印本)[⑩]、《中国水书》(全套 160 册)[⑪]。

各时期的水书译注成果。水族专家王品魁先生的《水书·正七卷、壬辰卷》[⑫]是水书正式译注出版之开端,为早期水书、水字研究提供了难得的一手材料。这一时期译注质量较好、具有代表性的水书原始著录有《水书·丧葬卷》[⑬],《泐金·

---

① 石尚昭、吴支贤:《水族文字研究》,《中国民族古文字研究》第二辑,天津古籍出版社,1993 年,第 250—262 页。

② 陈昌槐:《水族文字与〈水书〉》,《中央民族学院学报》1991 年第 3 期。

③ 刘日荣:《水书研究——兼论水书中的汉语借词》,《中央民族大学学报》1990 年增刊。

④ 刘凌:《"水书"文字性质探索》,硕士学位论文,华东师范大学,1999 年。

⑤ 孙易:《水族文字研究》,博士学位论文,南开大学,2006 年。

⑥ 翟宜疆:《水文造字机制研究》,博士学位论文,华东师范大学,2007 年。

⑦ 梁光华等:《水族水书语音语料库系统研究》,贵州民族出版社,2012 年。

⑧ 梁光华、蒙耀远:《水族水字研究》,《黔南民族师范学院学报》2015 年第 3 期。

⑨ 韦世方:《水书常用字典》,贵州民族出版社,2007 年。

⑩ 中国水书编委会:"中国水书文献系列",全真彩色影印本,共五本,包括《分割卷》《八探卷》《寅申卷》《正七卷》《探巨卷》,贵州民族出版社,2006 年。

⑪ 莫善余等:《中国水书》(全套 160 册),巴蜀书社、四川民族出版社,2006 年。

⑫ 贵州省民委民族古籍整理办公室、贵州省黔南州民委、三都水族自治县民委编:《水书·正七卷、壬辰卷》,王品魁译注,贵州民族出版社,1994 年。

⑬ 贵州省民族古籍整理办公室、贵州省黔南布依族苗族自治州民族宗教事务局、贵州省三都水族自治县人民政府:《水书·丧葬卷》,王品魁、潘朝霖译注,贵州民族出版社,2005 年。

纪日卷》[1],《水书与水族社会——以〈陆道根原〉为中心的研究》[2],《水书·阴阳五行卷》[3],以及2009—2011年出版的“中国水书译注丛书”系列五种,包括《水书·麒麟正七卷》《水书·金用卷》《水书·正五卷》《水书·秘籍卷》和《水书·婚嫁卷》[4]。2015年以后,水书译注成果大量涌现,如《金银·择吉卷》[5],《水书·九星卷》[6],《水书·九喷卷》[7],《水书·八山卷》[8],“贵州国家级珍贵民族古籍译注丛书”第一辑两种《水书·吉星卷》[9]、《水书·六十龙备要》[10],《中国水书·春寅卷》[11],《中国水书·降善卷》[12],《清华大学馆藏水书文献十本解读》[13],《水书·太平卷》[14],“中国水书译注丛书”系列三种《水书·贪巨卷》[15]、陆常谦译注《水书·金堂卷》[16]、《水

① 贵州省档案局(馆)、荔波县人民政府:《泐金·纪日卷》,贵州人民出版社,2007年。

② 张振江、姚福祥:《水书与水族社会——以〈陆道根原〉为中心的研究》,中山大学出版社,2009年。此书以水书文献译注为主,田野调查与研究并重。

③ 贵州省民族古籍整理办公室:《水书·阴阳五行卷:水文、汉文》,蒙耀远译注,贵州民族出版社,2011年。

④ 本系列包括以下五种,均为黔南布依族苗族自治州人民政府编,贵州民族出版社出版。杨介钦、韦光荣译注:《水书·麒麟正七卷:汉文、水文》,2010年;杨介钦、韦光荣译注:《水书·金用卷:汉文、水文》,2010年;蒙邦敏、蒙君昌译注:《水书·正五卷:汉文、水文》,2010年;陆春译注:《水书·秘籍卷:汉文、水文》,2011年;梁光华、蒙景村、蒙耀远、蒙君昌译注:《水书·婚嫁卷:汉文、水文》,2009年。

⑤ 贵州省档案局、黔南州人民政府、荔波县人民政府:《金银·择吉卷:汉文、水文》,贵州人民出版社,2012年。

⑥ 贵州省民族古籍整理办公室:《水书·九星卷:水汉对照》,陆春译注,贵州大学出版社,2015年。

⑦ 陆春、石龙妹:《水书·九喷卷:水汉对照》,贵州大学出版社,2016年。

⑧ 韦章炳、韦贞福:《水书·八山卷》,贵州人民出版社,2016年。

⑨ 贵州省古籍保护中心、三都水族自治县档案史志局:《水书·吉星卷:水汉对照》,黄琴主编,韦仕钊译注,贵州民族出版社,2017年。

⑩ 贵州省古籍保护中心、三都水族自治县档案史志局:《水书·六十龙备要:水汉对照》,潘中西主编,杨胜昭、韦锦涛、陆常谦等译注,贵州民族出版社,2017年。

⑪ 陆春:《中国水书·春寅卷》,贵州大学出版社,2018年。

⑫ 陆春:《中国水书·降善卷》,贵州大学出版社,2018年。

⑬ 赵丽明:《清华大学馆藏十本水书解读》,贵州人民出版社,2018年。

⑭ 贵州省民族古籍整理办公室:《水书·太平卷:水文、汉文对照》,韦章炳、韦光荣译注,贵州民族出版社,2019年。

⑮ 陆春:《水书·贪巨卷:水文、汉文对照》,贵州民族出版社,2019年。

⑯ 陆常谦:《水书·金堂卷:水文、汉文对照》,贵州民族出版社,2019年。

书·起造卷》[1],《八宫取用卷译注》[2],张义兵译注《水书·金堂卷》[3],“贵州国家级珍贵民族古籍译注丛书”第二辑三种《水书·壬辰卷》[4]、《水书·六十甲子卷》[5]、《水书·二十八宿》[6]等。可以看出,水书译释工作涉及水书各个重要门类,其中一些重要卷本,因传承关系、译注时间、译注理念的不同而产生了不同的译本。

(三)与水字研究密切相关的水语调查研究

《水语调查报告初稿》[7]、李方桂《水话研究》[8]、张均等《水语简志》[9]、张均等《壮侗语族语言简志》[10]、曾晓渝《汉语水语关系词研究》[11]、曾晓渝与姚福祥《汉水词典》[12],另外胡硕士学位论文《汉语水语语音对比研究》[13]、韦学纯博士学位论文《水语描写研究》[14]也给出了较为系统的水语资料。

五、水字研究所关注的问题

(一)水书抢救性整理和译注工作。可参见前文“水字研究的基本材料”部分。

---

① 陆春:《水书·起造卷:水文、汉文对照》,贵州民族出版社,2019年。
② 梁光华、蒙耀远、罗刚、肖锟:《八宫取用卷译注》,上海古籍出版社,2019年。
③ 贵州民族文化宫(贵州省民族博物馆):《水书古籍 水书·金堂卷:水文、汉文对照》,贵州民族出版社,2021年。
④ 三都水族自治县档案馆:《水书·壬辰卷:水汉对照》,三都水族自治县水书抢救暨水书申报世界记忆遗产办公室译注,贵州民族出版社,2021年。
⑤ 三都水族自治县档案馆:《水书·六十甲子卷:水汉对照》,三都水族自治县水书抢救暨水书申报世界记忆遗产办公室译注,贵州民族出版社,2021年。
⑥ 三都水族自治县档案馆:《水书·二十八宿:水汉对照》,三都水族自治县水书抢救暨水书申报世界记忆遗产办公室译注,贵州民族出版社,2021年。
⑦ 中国科学院语言少数民族调查第一工作队:《水语调查报告初稿》,内部资料,1958年。
⑧ 李方桂:《水话研究》,《“中研院”历史语言研究所专刊之七十三》,1977年。后收入《李方桂全集5:莫话记略·水话研究》,清华大学出版社,2005年。
⑨ 张均如:《水语简志》,民族出版社,1980年。
⑩ 王均等:《壮侗语族语言简志》,民族出版社,1984年。
⑪ 曾晓渝:《汉语水语关系词研究》,重庆出版社,1994年。
⑫ 曾晓渝、姚福祥:《汉水词典》,四川民族出版社,1996年。
⑬ 胡拓:《汉语水语语音对比研究》,硕士学位论文,贵州大学,2009年。
⑭ 韦学纯:《水语描写研究》,博士学位论文,上海师范大学,2011年。

（二）与水字研究密切相关的水语研究。可参见前文基本材料部分。

（三）水字本体研究。可大致分为以下六个方面。

第一，水字收集、考释、整理和字表编写。如石尚昭与吴支贤《水族文字研究》提供了最早的水字字表①，王国宇《水书与一份水书样品的释读》对一页水书作了完整释读②，王品魁对水字墓碑作了文字考证③，韦宗林对水书鬼名用字作了考释④，等等。字表的整理可参前文基础材料部分。另有唯一一本《水书常用字典》的出版⑤及刘凌对该字典的评析⑥。

第二，对水字文字性质、文字地位的探讨。如刘日荣《水书研究——兼论水书中的汉语借词》认为水字是专为汉语借词而造的字⑦，周有光《世界文字发展史》论断水字性质为“文字的幼儿”⑧，刘凌硕士论文《“水书”文字性质探索》⑨、陆锡兴《汉字传播史》⑩、邓章应博士论文《西南少数民族原始文字的产生与发展》⑪、邓章应《东巴文与水文比较研究》⑫亦涉及对水字性质的讨论，另有朱建军《从文字接触视角看汉字对水文的影响》⑬、翟宜疆《以自源字为依据的水文的初期性质拟测》⑭

---

① 石尚昭、吴支贤：《水族文字研究》，《中国民族古文字研究》第二辑，天津古籍出版社，1993年，第250—262页。

② 王国宇：《水书与一份水书样品的释读》，《民族语文》1987年第6期。

③ 王品魁：《拉下村水文字墓碑辨析》，《水家学研究（三）——贵州省水家学会第三届、第四届学术讨论会论文汇编》，贵州水家学会，1999年，第220—224页。

④ 韦宗林：《神秘的水族鬼名符号文字初释》，《贵州民族学院学报（哲学社会科学版）》2012年第1期。

⑤ 韦世方：《水书常用字典》，贵州民族出版社，2007年。

⑥ 刘凌：《〈水书常用字典〉评述——兼谈民族文字字典理想的编纂模式》，《辞书研究》2014年第1期。

⑦ 刘日荣：《水书研究——兼论水书中的汉语借词》，《中央民族大学学报》1990年增刊。

⑧ 周有光：《世界文字发展史》，上海教育出版社，1997年，第38页。

⑨ 刘凌：《“水书”文字性质探索》，硕士学位论文，华东师范大学，1999年。

⑩ 陆锡兴：《汉字传播史》，语文出版社，2002年，第222—223页；《汉字传播史》，商务印书馆，2018年，第299—304页。

⑪ 邓章应：《西南少数民族原始文字的产生与发展》，博士学位论文，华东师范大学，2007年。

⑫ 邓章应：《东巴文与水文比较研究》，人民出版社，2015年。

⑬ 朱建军：《从文字接触视角看汉字对水文的影响》，《贵州民族研究》2006年第3期。

⑭ 翟宜疆：《以自源字为依据的水文的初期性质拟测》，《中国文字研究》第八辑，大象出版社，2007年，第246—250页。

《水文文字符号与它所记录的语言单位的对应关系》①、邓章应《水文书写单位与诵读单位的层次差异及水文的性质》②专文分析水字的性质和文字地位。

第三,对水字体系的整体、综合性研究,包含文字构形分析、归类等。起始于刘凌硕士论文《“水书”文字性质探索》,该文最早对水字系统、水字和汉字关系作了全面梳理和早期研究③;陆锡兴《汉字传播史》④、王锋《从汉字到汉字系文字》也对水字作了描述⑤;其后有曾晓渝和孙易《水族文字新探》⑥、孙易博士论文《水族文字研究》⑦、孙易《水字的分类与分析》⑧、韦宗林《释读旁落的文明——水族文字研究》⑨、梁光华和蒙耀远《水族水字研究》⑩。

第四,水字造字方法、造字机制的研究。如高慧宜《水文造字方法初探》⑪、邓章应《水书造字机制探索》⑫、蒙景村《“水书”及其造字方法研究》⑬、翟宜疆《水文造字机制研究》⑭等;水字异体字现象研究,如朱建军《水文常见字异体现象刍议》⑮、翟宜疆《从异体字角度看水文的一些问题》⑯、李杉《水文异体字研究》⑰。

---

① 翟宜疆:《水文文字符号与它所记录的语言单位的对应关系》,《中国文字研究》第十五辑,大象出版社,2011 年,第 199—208 页。

② 邓章应:《水文书写单位与诵读单位的层次差异及水文的性质》,《中国文字博物馆》2011 年第 1 期。

③ 刘凌:《“水书”文字性质探索》,硕士学位论文,华东师范大学,1999 年。

④ 陆锡兴:《汉字传播史》,语文出版社,2002 年,第 222—223 页;《汉字传播史》,商务印书馆,2018 年,第 299—304 页。

⑤ 王锋:《从汉字到汉字系文字——汉字文化圈文字研究》,民族出版社,2003 年。

⑥ 曾晓渝、孙易:《水族文字新探》,《民族语文》2004 年第 4 期。

⑦ 孙易:《水族文字研究》,博士学位论文,南开大学,2006 年。

⑧ 孙易:《水字的分类与分析》,《南开语言学刊》2008 年第 1 期。

⑨ 韦宗林:《释读旁落的文明:水族文字研究》,民族出版社,2012 年。

⑩ 梁光华、蒙耀远:《水族水字研究》,《黔南民族师范学院学报》2015 年第 3 期。

⑪ 高慧宜:《水文造字方法初探》,《中国文字研究》第五辑,广西教育出版社,2004 年,第 199—201 页。

⑫ 邓章应:《水书造字机制探索》,《黔南民族师范学院学报》2005 年第 2 期。

⑬ 蒙景村:《“水书”及其造字方法研究》,《黔南民族师范学院学报》2005 年第 1 期。

⑭ 翟宜疆:《水文造字机制研究》,博士学位论文,华东师范大学,2007 年。

⑮ 朱建军:《水文常见字异体现象刍议》,《中国文字研究》第六辑,广西教育出版社,2005 年,第 246—249 页。

⑯ 翟宜疆:《从异体字角度看有关水文的一些问题》,《兰州学刊》2007 年第 3 期。

⑰ 李杉:《水文异体字研究》,硕士学位论文,华东师范大学,2008 年。

第五，专书、专类水字研究。如王元鹿《“水文”中的数目字与干支字研究》[①]《水文方位字研究及其对普通文字学研究的启发——兼论水文研究的必要性与方法论》[②]、韦荣平《水书鬼名文字研究》[③]、韦宗林《神秘的水族鬼名符号文字初释》[④]、翟宜疆《水文鬼名用字分析》[⑤]《水文象形字研究》[⑥]、饶文谊和梁光华[⑦]《明代水书〈泐金·纪日卷〉残卷水字研究》、高慧宜《水族“反书”特征探究》[⑧]、韦宗林《水族古文字“反书”的成因》[⑨]、刘杨翎和刘本才《水字“反书”成因及文字学意义》[⑩]、韦荣平《水书“反书”新探》[⑪]、牟昆昊《水书“公”、“子”诸字形相关问题的思考》[⑫]。

第六，水字与其他文字的比较研究。刘日荣《〈水书〉中的干支初探》最早将水字与汉字作较为系统的对比研究[⑬]，后来的文字比较研究涉及多种文字，如李子涵《从记录语言的方式看水文自造字和汉字的同义》[⑭]、黄思贤《水字、古汉字及其纳

---

① 王元鹿：《“水文”中的数目字与干支字研究》，《华东师范大学学报（哲学社会科学版）》2003年第4期。

② 王元鹿：《水文方位字研究及其对普通文字学研究的启发——兼论水文研究的必要性与方法论》，《湖州师范学院学报》2003年第2期。

③ 韦荣平：《水书鬼名文字研究》，硕士学位论文，贵州民族学院，2011年。

④ 韦宗林：《神秘的水族鬼名符号文字初释》，《贵州民族学院学报（哲学社会科学版）》2012年第1期。

⑤ 翟宜疆：《水文鬼名用字分析》，《中国文字研究》第十七辑，上海人民出版社，2013年，第216—220页。

⑥ 翟宜疆：《水文象形字研究》，《兰州学刊》2009年第10期。

⑦ 饶文谊、梁光华：《明代水书〈泐金·纪日卷〉残卷水字研究》，《黔南民族师范学院学报》2010年第1期。

⑧ 高慧宜：《水族“反书”特征探究》，《华西语文学刊》第五辑，四川文艺出版社，2011年，第96—102、255页。

⑨ 韦宗林：《水族古文字“反书”的成因》，《贵州民族学院学报（社会科学版）》1999年第4期。

⑩ 刘杨翎、刘本才：《水字“反书”成因及文字学意义》，《重庆社会科学》2018年第5期。

⑪ 韦荣平：《水书“反书”新探》，《民俗典籍文字研究》第二十七辑，商务印书馆，2021年，第239—248、269页。

⑫ 牟昆昊：《水书“公”、“子”诸字形相关问题的思考》，《贵州民族学院学报（哲学社会科学版）》2012年第1期。

⑬ 刘日荣：《〈水书〉中的干支初探》，《中央民族大学学报（哲学社会科学版）》1994年第6期。

⑭ 李子涵：《从记录语言的方式看水文自造字和汉字的同义》，《甘肃联合大学学报（社会科学版）》2007年第3期。

西东巴文同义比较举例》[1]、田铁和阿闹《水书与彝文的对比研究》[2]、高慧宜《水族水文和傈僳族竹书的异体字比较研究》[3]、韦世方《从水书结构看汉字对水族文字之影响》[4]、董元玲《东巴文与水文象形字的比较研究》[5]、翟宜疆《水文与壮文借源字初步比较》[6]、牟昆昊《水书天干地支与商周同类字形的比较研究》[7]、邓章应《东巴文与水文比较研究》[8]、袁香琴《方块古壮字与水文的比较研究》[9]、刘杨翎《水字与古彝文比较研究》[10]、杨小燕和梁金凤《壮族、布依族新发现古文字和水书的初步比较》[11]。

（四）水书文化研究。水书文化研究内容丰富，可分为以下六类。

第一，水书二十八宿与天象历法研究。如王连和与刘宝耐《水族的天象历法》[12]、王国宇《略论水书与二十八宿》[13]、石尚昭《水书通义——天文历法》[14]、王品魁《〈水书〉二十八宿》[15]、潘道益《水族七元历制初探》[16]、蒋南华和蒙育民《水书文

---

① 黄思贤：《水字、古汉字及其纳西东巴文同义比较举例》，《兰州学刊》2007年第2期。

② 田铁、阿闹：《水书与彝文的对比研究》，《贵州社会科学》2008年第3期。

③ 高慧宜：《水族水文和傈僳族竹书的异体字比较研究》，《民族论坛》2008年第3期。

④ 韦世方：《从水书结构看汉字对水族文字之影响》，《水家学研究（五）——水家族文明》，贵州省水家学会，2010年，第101—108页。

⑤ 董元玲：《东巴文与水文象形字的比较研究》，《中国科教创新导刊》2011年第13期。

⑥ 翟宜疆：《水文与壮文借源字初步比较》，《华西语文学刊》第六辑，四川文艺出版社，2012年，第43—47页。

⑦ 牟昆昊：《水书天干地支与商周同类字形的比较研究》，硕士学位论文，贵州民族大学，2012年。

⑧ 邓章应：《东巴文与水文比较研究》，人民出版社，2015年。

⑨ 袁香琴：《方块古壮字与水文的比较研究》，博士学位论文，华东师范大学，2017年。

⑩ 刘杨翎：《水字与古彝文比较研究》，博士学位论文，华东师范大学，2018年。

⑪ 杨小燕、梁金凤：《壮族、布依族新发现古文字和水书的初步比较》，《百色学院学报》2020年第2期。

⑫ 王连和、刘宝耐：《水族的天象历法》，《河北省科学院学报》1990年第1期。

⑬ 王国宇：《略论水书与二十八宿》，《中国民族古文字研究》第三辑，天津古籍出版社，1991年，第212—220页。

⑭ 石尚昭：《〈水书〉通义——天文 · 历法》，《黔南教育学院学报》1991年第4期。

⑮ 王品魁：《〈水书〉二十八宿》，《贵州文史丛刊》1996年第2期。

⑯ 潘道益：《水族七元历制初探》，《水家学研究（三）——贵州省水家学会第三届、第四届学术讨论会论文汇编》，贵州水家学会，1999年，第148—161页。

化中的文字与历法》[1]、潘朝霖《水族汉族二十八宿比较研究》[2]《水苗汉二十八宿比较研究》[3]、王品魁《天文学四象与水书二十八宿》[4]。

第二,水书与汉族传统文化中周易、阴阳五行、连山易的密切关系。如蒙爱军《水家族水书阴阳五行观的认识结构》[5]、阳国胜等《水书〈连山易〉真伪考》[6]、蒙耀远和文毅《略论水书中的阴阳五行》[7]、孟师白《水书、周易、九星的数据对比研究》[8]、戴建国等《水书与水族阴阳五行关系分析》[9]。

第三,水书专书、专题内容解读。如牟昆昊《水书〈正七卷〉与汉文献〈象吉通书〉比较研究》[10]、文毅等《解读〈水书·阴阳五行卷〉》[11]、韦述启《水族〈祭祖经〉的文化解读》[12]、潘朝霖《水书地支"酉"六种读音研究》[13]、潘朝霖《水书地支多种读音探析》[14]、白小丽《水书〈正七卷〉纪时地支的文字异读》[15]。

---

① 蒋南华、蒙育民:《水书文化中的文字与历法》,《贵州社会科学》2008 年第 5 期。

② 潘朝霖:《水族汉族二十八宿比较研究》,《贵州民族学院学报(哲学社会科学版)》2000 年第 2 期。

③ 潘朝霖:《水苗汉二十八宿比较研究》,《贵州民族研究》2001 年第 3 期。

④ 王品魁:《天文学四象与水书二十八宿》,《水家学研究(四)论文集》,贵州省水家学会,2004 年,第 77—83 页。

⑤ 蒙爱军:《水家族水书阴阳五行观的认识结构》,《贵州民族学院学报(哲学社会科学版)》2002 年第 5 期。

⑥ 阳国胜、陈东明、姚炳烈:《水书〈连山易〉真伪考》,《贵州大学学报(社会科学版)》2008 年第 5 期。

⑦ 蒙耀远、文毅:《略论水书中的阴阳五行》,《三峡论坛(三峡文学·理论版)》2011 年第 6 期。

⑧ 孟师白:《水书、周易、九星的数据对比研究》,《贵州民族学院学报(哲学社会科学版)》2012 年第 1 期。

⑨ 戴建国、蒙耀远、文毅:《水书与水族阴阳五行关系分析》,《黔南民族师范学院学报》2012 年第 3 期。

⑩ 牟昆昊:《水书〈正七卷〉与汉文献〈象吉通书〉比较研究》,博士学位论文,中央民族大学,2015 年。

⑪ 文毅、林伯珊、蒙耀远:《解读〈水书·阴阳五行卷〉》,《凯里学院学报》2012 年第 4 期。

⑫ 韦述启:《水族〈祭祖经〉的文化解读:以韦朝贤的〈祭祖经〉为例》,硕士学位论文,贵州民族大学,2012 年。

⑬ 潘朝霖:《水书地支"酉"六种读音研究》,《贵州世居民族研究》(第一卷),贵州民族出版社,2004 年,第 393—400 页。

⑭ 潘朝霖:《水书地支多种读音探析》,《贵州民族学院学报(哲学社会科学版)》2010 年第 5 期。

⑮ 白小丽:《水书〈正七卷〉纪时地支的文字异读》,《贵州民族学院学报(哲学社会科学版)》2010 年第 5 期。

第四,对水书、水字向汉文化溯源,以及汉字、汉文化对水书传播影响的研究。这些探讨多数与水书内容密切结合,如王品魁《水书源流新探》①《〈水书〉探源》②、韦宗林《水族古文字探源》③《水族古文字源头的几个问题》④、刘凌《关于水字历史的思考》⑤、梁敏《关于水族族源和水书形成之我见》⑥、饶文谊和梁光华《关于水族水字水书起源时代的学术思考》⑦;另有陆锡兴《汉字传播史》⑧、王锋《从汉字到汉字系文字》⑨分析了汉字、汉文化传播对水书、水字产生的影响。

第五,对水书文化的全面、整体性探析。如韦章炳《水书与水族历史研究》⑩、潘朝霖和唐建荣《水书文化研究》⑪、韦章炳《中国水书探析》⑫。还有不定期的系列论文集,收录了较多水书和水族文化研究内容,包括潘朝霖、唐建荣主编的《水书文化研究》(第1—5辑)⑬、贵州省水家学会《水家学研究》(1—5)⑭。

第六,水书保护传承、整理开发、编纂译注等相关研究。如张振江《贵州水族

---

① 王品魁:《水书源流新探》,《水家学研究(二)——贵州省水家学会第一届、第二届学术讨论会论文汇编》,贵州水家学会,1993年,第349—354页。

② 王品魁:《〈水书〉探源》,《贵州文史丛刊》1991年第3期。

③ 韦宗林:《水族古文字探源》,《贵州民族研究》2002年第2期。

④ 韦宗林:《水族古文字源头的几个问题》,贵州省水家学会:《水家学研究(四)论文集》,贵州省水家学会,2004年,第84—101页。

⑤ 刘凌:《关于水字历史的思考》,《中国文字研究》第九辑,大象出版社,2007年,第273—281页。

⑥ 梁敏:《关于水族族源和水书形成之我见》,《广西民族研究》2008年第3期。

⑦ 饶文谊、梁光华:《关于水族水字水书起源时代的学术思考》,《原生态民族文化学刊》2009年第4期。

⑧ 陆锡兴:《汉字传播史》,语文出版社,2002年,第222—223页;《汉字传播史》,商务印书馆,2018年,第299—304页。

⑨ 王锋:《从汉字到汉字系文字——汉字文化圈文字研究》,民族出版社,2003年。

⑩ 韦章炳:《水书与水族历史研究》,中国戏剧出版社,2009年。

⑪ 潘朝霖、唐建荣:《水书文化研究》,贵州民族出版社,2009年。

⑫ 韦章炳:《中国水书探析》,中国文史出版社,2007年。

⑬ 潘朝霖、唐建荣:《水书文化研究》第一辑,贵州民族出版社,2009年;《水书文化研究》第二辑,中国言实出版社,2012年;潘朝霖、韦成念:《水书文化研究》第三辑,中国言实出版社,2012年;潘朝霖、唐建荣:《水书文化研究》第四辑,中国言实出版社,2012年;《水书文化研究:兼论南方民族文字》第五辑,中国戏剧出版社,2013年。

⑭ 贵州省水家学会:《水家学研究》(一—五),非正式出版,1992—2010年。

的水书与水书传承札记》[1]、韦绍武《水族文字档案——水书整理方法初探》[2]、梁光华《水书译注体例研究》[3]、瞿智琳《水书档案存续研究》[4]、陈金燕《水书传承与发展影响因素的深层探索》[5]、蒙耀远《水族水书抢救保护十年工作回顾与思考》[6]、瞿智琳《水书档案编纂现状探析》[7]、张欢《水族碑刻文献的研究现状、价值及保护对策》[8]、陆春《浅谈水族水书文化的抢救与翻译》[9]、瞿智琳《水书档案开发利用研究》[10]。另有罗世荣和陆春《水书常用词注解》为水书译注、普及提供参考[11],有贵州省档案馆、贵州省史学会《揭秘水书——水书先生访谈录》[12],对与水书保护传承直接相关的水书先生作了抢救性访谈。

(五)水书与水字数字化研究。

主要涉及输入法研制、文字编码、数据库建设、水书档案文献数字化、水字文字识别等方面。

输入法研制方面,早在2000年韦宗林《水族古文字计算机输入法》即已开始水书数字化的思考与起步工作[13],后有戴丹、董芳《水文输入法的设计与实现》[14]、戴丹和陈笑荣《水书水字可视化输入中的模式匹配》[15]、陈笑蓉等《水书键盘输入

① 张振江:《贵州水族的水书与水书传承札记》,《文化遗产》2008年第4期。

② 韦绍武:《水族文字档案——水书整理方法初探》,《贵州省档案学会2008年年会论文集》,贵州省档案局、贵州省档案学会,2008年,第330—331页。

③ 梁光华:《水书译注体例研究》,《华南师范大学学报(社会科学版)》2009年第2期。

④ 瞿智琳:《水书档案存续研究》,硕士学位论文,云南大学,2013年。

⑤ 陈金燕:《水书传承与发展影响因素的深层探索》,《中国民族博览》2016年第7期。

⑥ 蒙耀远:《水族水书抢救保护十年工作回顾与思考》,《文史博览(理论)》2016年第1期。

⑦ 瞿智琳:《水书档案编纂现状探析》,《兰台世界》2016年第1期。

⑧ 张欢:《水族碑刻文献的研究现状、价值及保护对策》,《华夏文化论坛》第十八辑,吉林文史出版社,2017年,第367—373页。

⑨ 陆春:《浅谈水族水书文化的抢救与翻译》,《贵州省翻译工作者协会2019年年会暨学术研讨会论文集》,贵州省翻译工作者协会,2019年,第39—48页。

⑩ 瞿智琳:《水书档案开发利用研究》,《兰台世界》2019年第1期。

⑪ 罗世荣、陆春:《水书常用词注解》,贵州民族出版社,2012年。

⑫ 贵州省档案馆、贵州省史学会:《揭秘水书——水书先生访谈录》,贵州民族出版社,2010年。

⑬ 韦宗林:《水族古文字计算机输入法》,《贵州民族学院学报(哲学社会科学版)》2000年第4期。

⑭ 戴丹、董芳:《水文输入法的设计与实现》,《大众科技》2006年第4期。

⑮ 戴丹、陈笑荣:《水书水字可视化输入中的模式匹配》,《计算机技术与发展》2011年第9期。

系统研究与实现》①。

水字编码方面，如董芳等《“水书”文字编码方法研究》②、董芳《水书水字类属码的研究》③、黄千等《水书字音编码研究》④、杨撼岳等《水族文字笔形编码方法研究》⑤。

水书和水字数字化建设方面，如董芳等《水族水书语料库的建立原则研究》⑥、林伯珊《关于中国“水书”文献资源数字化建设的思考》⑦、梁光华等《水族水书语音语料库系统研究》⑧、刘凌和邢学艳《民族古文献语料库建设与应用——以水族水书文献为例》⑨、杨秀璋《基于水族文献的计量分析与知识图谱研究》⑩、黄天娇和邱志鹏《文化传承视阈下水书古籍档案数据库建设研究》⑪。

水书文字切分和水字自动识别研究，如张国锋《水书古籍的字切分方法》⑫、杨秀璋等《一种基于水族濒危文字的图像增强及识别方法》⑬、夏春磊硕士学位论文《基于深度学习的水书图像识别算法研究与应用》⑭、丁琼《水书文字识别系统

---

① 陈笑蓉、杨撼岳、郑高山、黄千：《水书键盘输入系统研究与实现》，《中文信息学报》2013 年第 1 期。

② 董芳、周石匀、王崇刚：《“水书”文字编码方法研究》，《黔南民族师范学院学报》2006 年第 6 期。

③ 董芳：《水书水字类属码的研究》，《中文信息学报》2008 年第 5 期。

④ 黄千、陈笑蓉、倪利华：《水书字音编码研究》，《贵州大学学报（自然科学版）》2011 年第 4 期。

⑤ 杨撼岳、陈笑蓉、郑高山：《水族文字笔形编码方法研究》，《计算机工程》2011 年第 14 期。

⑥ 董芳、蒙景村、罗刚：《水族水书语料库的建立原则研究》，《黔南民族师范学院学报》2007 年第 6 期。

⑦ 林伯珊：《关于中国“水书”文献资源数字化建设的思考》，《图书馆学刊》2008 年第 3 期。

⑧ 梁光华等：《水族水书语音语料库系统研究》，贵州民族出版社，2012 年。

⑨ 刘凌、邢学艳：《民族古文献语料库建设与应用——以水族水书文献为例》，《中国文字研究》第二十五辑，上海书店出版社，2017 年，第 184—190 页。

⑩ 杨秀璋：《基于水族文献的计量分析与知识图谱研究》，《现代计算机（专业版）》2019 年第 1 期。

⑪ 黄天娇、邱志鹏：《文化传承视阈下水书古籍档案数据库建设研究》，《云南档案》2020 年第 10 期。

⑫ 张国锋：《水书古籍的字切分方法》，《黔南民族师范学院学报》2016 年第 2 期。

⑬ 杨秀璋、夏换、于小民：《一种基于水族濒危文字的图像增强及识别方法》，《计算机科学》2019 年第 S2 期。

⑭ 夏春磊：《基于深度学习的水书图像识别算法研究与应用》，硕士学位论文，中央民族大学，2019 年。

研究与实现》①、汤辉等人《基于自动学习的常用水字识别》②。

六、水字研究热点

自调查研究进入探索期至今的四十余年，始终居于研究热点的是以下两个方面：第一，水书整理和译注。水书整理译注的范围不断扩大，成果大量涌现，并伴随关于水书文献的抢救保护、传承开发、编纂译注和数字化建设方面的研究。第二，水书文化研究。多年来持续不断围绕着以下几个热点：对水书二十八宿、天象历法的解析，水书与汉文化中阴阳五行、周易八卦等的关系研究，水书文化的整体性研究，单本水书文献的深度解析。

自21世纪初步入调查研究发展期至今的二十年，始终居于研究热点的是以下两个方面：第一，水字本体研究。多年来反复探讨的是以下热点问题：水字的文字性质、文字地位，水字的造字方法、造字机制，水字系统中特殊的鬼名用字，水字特殊的反书现象，以及各家对水字系统的不同描述分析。第二，水字与其他文字的比较研究。涉及水字与汉字、彝文、纳西族东巴文、古壮字、傈僳族竹书、布依文的比较研究，在比较中凸显水字的性质特点，彰显其在文字发展史中的特殊地位。

近几年的研究热点集中在水字的文字识别研究，以及对水书文献整理、保护、档案开发、译注方法等的研究。

七、水字研究展望

（一）扩大水书整理译注工作的范围，提升译注质量。

近二十年来，水族地区积极开展对水书和水书先生的抢救工作，收集、影印出版大量水书手抄本，译注了一些重要抄本，并开展了水书档案建设和开发研究工作。今后的工作重点之一，是继续增加水书译注成果，为后续研究提供一手资料，同时需更多地抢救性吸收水书先生的意见，更深入地探析水书文献内涵，规范译注方式，提升整体译注质量。目前已知水书译注工作在贵州省的黔南州、都匀、三都、荔波、独山等地有序开展。

---

① 丁琼：《水书文字识别系统研究与实现》，《中国新通信》2020年第19期。

② 汤辉、张国锋、张维勤：《基于自动学习的常用水字识别》，《现代计算机》2020年第26期。

另外，水书文献目前分散收藏在各地档案馆、图书馆、博物馆等机构，应当编纂水书文献联合目录便利学界。

（二）汇总已有水书译注和研究成果，建设水书和水字数字化平台，实现已有资源的社会共享、全面检索，借由文献逐字调查提供的数据支撑，开展水字与水书的综合研究，推动研究进展。

经过二十余年的努力，目前的水书译注成果已有近三十种，充分利用现有资源，推动研究进展，迫切需要一个公共的水书数字平台。该平台至少应当具有如下功能：能够实现全部水书文献的原貌呈现；文献原貌与译注成果的逐字对应；实现文献全文逐字检索；编制程序，实现相关择吉避凶内容、相关篇目等的系联，以利水书综合研究；建设水字数据库，标注水字形音义，标注已有考释研究成果，标注与汉字和其他民族文字的关系等等，以利水字综合研究。通过上述数字化平台，通过对材料的尽可能全面地占有和充分的量化统计，推动相关研究的进展，解决诸如水字性质、水字造字机制、水字系统的全貌等聚讼纷纭的问题；开展深入的水字专题研究。又比如，可以利用数字平台系联水书文化各专题内容，对水书内涵作充分挖掘，勾勒水书文化全貌。

（三）充分开展水字与南方民族古文字的比较研究。在汉文化和汉字影响下产生的南方民族古文字，如壮文、侗文、布依文、越南字喃等，具有诸多共性，水字表现出与南方系民族古文字不同的特点，如异体繁多，较多反书和倒书现象，对汉字的大量、无规则改造，对汉语词汇的直接搬用等。对水字系统的充分挖掘，相关文字比较研究，有助于比较文字学和普通文字学研究，丰富文字学理论。

（四）开展水字的文字识别研究，建设网络数据库，促成各研究领域资源共享。

当前人工智能、文字识别技术的研究，目标集中在实现民族古文献从数字图像自动、批量转换为数字文本，从而使已建成的原文图像数据库具备批量转换、建设为全文数据库的可能，实现民族古籍全文数字化成果的规模化产出。但刘志基《简析古文字识别研究的几个认识误区》，以及这一思路指导下的相关研究，如华东师范大学中国文字研究与应用中心开发的“‘文镜万象’出土文献智能识别释读系统”，为水书数字化和智能化研究指出了更为广阔的前景。水书文献数据库需要经过深度加工，使其成为一个由字、词、句到篇章逐级标注的复合型水书文献数据库，而后通过单个水字和整篇水书的一体化识别，在识别字形的同时，识别与这个字形相联系的全方位、各层次的有价值的信息，如对字形所关联的语义、语境、考释、文化等信息的一并识别。这样，经由文字识别实现水书文献的充分系联、穷尽性检索，可借以打通水字与水书文化，打通多民族文字的比较研究，探寻水书与汉文化的关系，开展多民族文字与文化的比较研究，等等，解决水书文献难以综合使用的难题，满足多领域综合使用水书文献的需求。

上述数字平台建成后，当实现网络共享，满足不同领域的研究开发之需。

（五）以水书数字化平台和文字识别手段为基础，开发网络数据库，编纂系列工具书。

在现有收集、整理和译注范围内，构建复合型的水书数字化平台，对水书文献内容作由字、词、句到篇章的逐级标注和多层次、多角度关联，借由文字识别系统，实现水书文献全部内容的贯通。在此基础上，利用数据库编纂目前急需的《水字大字典》[1]《水书类纂》等，亦可以编纂其他电子工具书。其中《水书类纂》可以按照神煞系统、择吉事项、时日、方位等作为分类主题，实现水书条目的分类系联排比，满足不同领域研究需求。例如，可将水书研究置于汉籍“日书”“通书”传承流变研究的序列中，充分发现水书对汉族择吉文献的继承与变异，梳理二者的源流关系，等等。

① 已有的唯一一部水字字典为韦世方：《水书常用字典》，贵州民族出版社，2007年。限于当时条件，该字典存在收字有限、体例不完整且正文与体例不对应、内容散乱、例证呈现形式不合理、缺少索引等问题。

第七节

纳西东巴文

一、纳西东巴文的定义

纳西族主要分布在中国云南、四川和西藏三省区毗邻的澜沧江、金沙江及其支流无量河、雅砻江流域，大约在东经98.5°—102°，北纬26.5°—30°，即分布在今丽江市、迪庆州、凉山州、甘孜州、昌都地区、攀枝花市行政区域内。纳西族居住在横断山区，青藏高原、四川盆地、滇中高原的过渡地带，境内有怒江、澜沧江、金沙江、玉龙雪山、哈巴雪山、虎跳峡、泸沽湖等名山胜水。

纳西族在历史上出现过多种文字，分别是东巴文、哥巴文、达巴文和玛丽玛萨文以及纳西老拼音文字和纳西拼音文字。

东巴文的符号体态似图画，也被称为"象形文字"或者"图画文字"。东巴文属于比较原始的意音文字，书写的经典大多不能精确记录词语，只有少部分的应用性文献和咒语类经典是完整记录语言的。东巴文是一种有能力完整记录语言的文字。东巴文从字符静态角度划分，主要由意符、音符和定符组成，定符数量非常少。从表达方式上来看，有表意方式、表音方式和意音结合的方式。由于东巴文尚处于不成熟阶段，对应的语言单位也非常复杂。根据文字与文字之间的天然界限，以及记录的语言情况，我们把东巴文分作两类，一类是单字，对应的语言单位等于或小于词；余下的称为非单字结构①。一般来说，单字可以用六书分析，非单

① 李静：《纳西东巴文非单字结构研究》，博士学位论文，华东师范大学，2009年。

字组合是图像组合，较为复杂。东巴文的单字在1 500个左右。

东巴经的阅读顺序总的来说从上到下，从左到右。东巴文属于不成熟文字，文字与文字之间的组合有时并不按照语言的线性规则来排列，而是按照文字与文字之间的事理关系或者文字与文字之间的图像组合关系来排列。

东巴文书写的载体主要是东巴纸，目前尚存的东巴经典几乎都是手抄本，还有极少部分书写载体是砖或者石刻等。东巴经典的书写工具主要是竹笔，也有少部分使用芦苇笔、铜笔等。东巴经典大部分左侧装订，占卜类经典多是上侧装订。东巴经的封面大部分有装饰图案和标题框，在标题框内书写该经书的题目。每页一般被分成三栏，占卜类和咒语类或者在写跋语的时候会被分成多于三栏。写完一段会用竖线隔开。

东巴经典的书写者和使用者是东巴祭司。东巴书写的文献，大部分是宗教文献，还有部分是书信、账簿、契约等应用性文献。文字的功能与宗教紧密相关。东巴经中主要记录的语言是纳西语，偶尔也用东巴文记录藏语、汉语、彝语、白语等其他民族语言。纳西语属于汉藏语系藏缅语族①，是缺乏形态变化的孤立语。

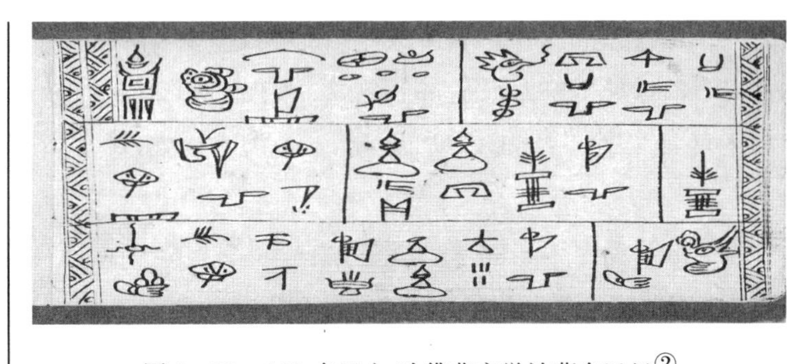

图5－39　A28 东巴文 哈佛燕京学社藏东巴经②

哥巴文是一种标音音节文字，从符号体态上来看，比东巴文字形更为简洁。哥巴文主要是从汉字、东巴文以及藏文的基础上简化而来。哥巴文文字数量约400个，纯哥巴文文献数量很少，还有部分哥巴文零散在东巴文的经书中。哥巴文的使用范围非常有限，主要分布在丽江坝区、鲁甸区等，有些地方的东巴经中没有

① 关于纳西语语支归属的问题仍有很大的争议。

② 本图及图5－40都来自哈佛燕京学社图书馆官网。

哥巴文,也没有哥巴经。

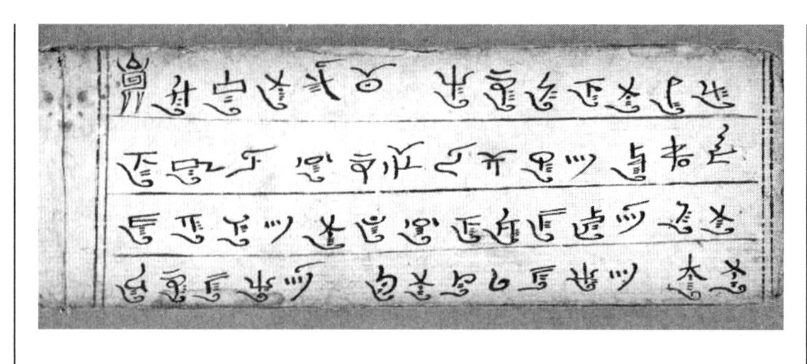

图 5-40 A39 哥巴文 哈佛燕京学社所藏东巴经

玛丽玛萨文是纳西族支系玛丽玛萨人曾使用的一种文字,符号体态象形,类似东巴文。由于音译的不同,也叫玛丽玛萨文或玛丽玛沙文等。玛丽玛萨文符号体态属于象形符号,其中有部分文字与东巴文相同,主要用来记账、通信等。字符数量一百多个,由于字量过少,玛丽玛萨文多音多义现象严重,不能完整记录语言。

纳西老拼音文字是 19 世纪二三十年代,西方传教士为了传教方便,创制的纳西老拼音文字,还用这套文字翻译了《圣经》。这套老拼音文字是在 26 个拉丁字母的基础上创制的,通过字母的颠倒,翻转来记录西语当中没有的语音。尽管西方传教士创制了这套文字,但是纳西族信仰基督教的人很少,这套文字创制不久就夭折了。①

纳西拼音文字指的是中华人民共和国成立以后,政府为了贯彻民族平等,保障各民族享有平等的权利,政府根据自愿原则,在大规模语言文字的调查基础上先后为壮族、布依族、彝族、苗族等 10 个民族创制了 14 种以拉丁字母为基础的拼音文字。② 纳西拼音文字是以拉丁字母为基础创制的表音文字,1957 年设计创制,1982 年、1984 年又进行修订,把字母设计限制在 26 个拉丁字母的范围之内。纳西拼音的创制参考了汉语拼音,大部分声韵与汉语拼音相似,学习起来更容易入手。因此纳西拼音文字在创制之后,使用方便,流传范围较广,在扫盲运动中起到了重要的作用,至今在纳西族中广泛使用。

---

① 和虹:《纳西族东巴古籍文献整理与研究》,云南民族出版社,2021 年。

② 王丽梅:《试论纳西拼音文的创制及发展》,《辽宁教育行政学院学报》2018 年第 5 期。

表 5－5　《维西傈僳族自治县志》[1]中的玛丽玛萨文

1962 年前收集的玛利玛沙文

表 21—14

文字	读音	意义	文字	读音	意义
	mv ˧	天		kɯ ˨˩	星
	xɯ ˥	海		be ˧	雪
	dø ˨˩	地方		mbu ˨˩	峰
	lɯ ˧	田		dʑi ˨˩	水
	ndzo ˨˩	桥		ŋgu ˨˩	仓库
	tha ˥	塔		bø ˨˩	圈
	kə ˧	坛		mu ˨˩	门
	dzʅ ˨˩	佛铃		ʈʂæ ˨˩	对联
	mu ˨˩	簸箕		thie ˧	旗子
	ʈʂhu ˧	尺子		pu ˥	甑子
	khua ˨˩	碗		tɕi ˥	剪
	ku ˨˩	针		tshø ˧	犁
	to ˧	木板		ŋgɯ ˨˩	山片
	sa ˧	麻		le ˥	茶
	kv ˧	蒜		ɕi ˨˩	稻
	zə ˧	烟		zʅ ˧	草
	nie ˧	籼米		dze ˧	麦
	zø ˨˩	青稞		ly ˧	果实

严格意义上的纳西文字应该包含东巴文、哥巴文、玛丽玛萨文、纳西老拼音文字和纳西拼音文字。除东巴文之外，其他几种文字文献少，字量少，使用范围局限，研究者也甚少。因此，本文将纳西东巴文作为研究论述对象。

二、纳西东巴文的研究历史

东巴文的研究可分为国际和国内两条线。东巴经的研究滥觞于国外。自从

① 云南省维西傈僳族自治县志编纂委员会：《维西傈僳族自治县志》，云南民族出版社，1999年，第 869 页。

法国传教士德斯古丁斯(Père Auguste Desgodins)于1867年将一份11页的纳西族手稿复印件寄回法国之后,西方对这些不寻常的东巴经产生了浓厚的兴趣。① 国内对东巴文的记载以及研究起步都很晚。东巴经的研究主要分为以下六个时期。②

第一期:萌芽期(19世纪末)。这个时期的东巴经搜集处在探索阶段,搜集的东巴经数量非常少,对东巴经的认识有限,著作大多以介绍为主。当时大批的传教士和探险家进入了中国西南地区,开始了东巴经的搜集之旅,这个时期的代表人物有库帕、吉尔、德斯古丁斯、拉克伯里等。

第二期:发展期(20世纪初)。20世纪初,大批的语言文字学家进入了纳西文字研究的领域。开始对东巴经进行翻译与研究,编纂东巴文与哥巴文字典,对纳西语有更深入的认识。国外的代表人物有庄士敦、巴克、劳费尔、泊宁、洛克。这一时期的中国,东巴文研究处在非官方的学者探索型的东巴经搜集阶段。这一时期国内的代表人物有方国瑜、李霖灿、周汝诚、万斯年等。

第三期:消沉期(1949—1978年)。中华人民共和国成立以后,中外往来较少,因此国外学者无法到中国西南地区进行调查,因此这些学者只能依托于前辈的材料进行研究,国外的代表是雅纳特和杰克逊。中华人民共和国成立初期,各个图书馆与博物馆开始大批量收藏。由于东巴文化属于"四旧"范围,在"文化大革命"期间受到严重损害,东巴文研究进入停滞阶段,直到改革开放以后才有了新的发展。

第四期:恢复与发展(1978—2000年)。改革开放后,中外联系密切,国际化程度越来越高,迎来了东巴经发展的高潮期。学者们不仅可以方便查阅各国东巴经,同时还可以来纳西地区进行第一手的调查与研究。这一时期的代表是孟彻里、赵省华、潘安石、米可等。此时的国内东巴文研究也迎来了春天,涌现出大批量的优秀学者。国内学者的代表有:李静生、和力民、喻遂生、王元鹿等。

第五期:稳步增长期(2000—2016年)。这一时期的特点是东巴经的大量翻译,东巴文研究的文章快速增长,研究队伍不断扩大。此时国际纳西学萧条,而国内进入了纳西学研究的热潮。国内代表学者有邓章应、黄思贤、刘悦、木仕华、和

---

① Terrien de Lacouperie.:"Beginnings of writing in and around Tibet". *Journal of the Royal Asiatic Society of Great Britain and Ireland*. 1885(3), pp.415-482.

② 李晓亮:《西方纳西学史研究(1867—1972)》,博士学位论文,西南大学,2014年。

继全等。

第六期：瓶颈期(2016年至今)。随着老一代东巴文专家的退休,老东巴们的去世,新学者尚未成熟,硕博点减少,研究队伍萎缩,东巴文研究进入了瓶颈期。此时东巴文成果处在缓慢增长的状态。这一时期的东巴文研究呈现出多元视角和跨学科研究的新趋势。

三、纳西东巴文研究的基本资料

东巴文的基本研究材料可以分为经典类、工具书类、论文论著类三部分。

第一类：东巴经经典。东巴经典籍刊布与翻译的集大成是东巴文化研究所编译的《纳西东巴古籍译注全集》(100卷)[1],迄今为止,该书是东巴经收录最多,翻译水平最高的著作。除此之外还有李霖灿等《么些经典译注九种》[2];傅懋勣《丽江么些象形文"古事记"研究》[3];傅懋勣《纳西族图画文字〈白蝙蝠取经记〉研究》[4];和即仁《求取占卜经》;东巴文化研究所《纳西东巴古籍译注》[5];中国社会科学院民族学与人类学研究所、丽江市东巴文化研究院、哈佛燕京学社《哈佛燕京学社藏纳西东巴经书》第一—四卷[6],后又出第五—九卷[7][8]。近年丽江市东巴文化研究院编译了《纳西阮可东巴古籍译注》(第1—3卷)、《常用东巴仪式规程及经典》等。需要说明的是李霖灿、傅懋勣所编写的东巴经是"四对照",原文、音标、字释、意义都在翻译文本中存在,是最为详细也最易入手的原典。国外也有不少东

① 丽江市东巴文化研究所:《纳西东巴古籍译注全集》(100卷),云南人民出版社,1999—2000年。

② 李霖灿、张琨、和才:《么些经典译注九种》,台湾编译馆中华丛书编审委员会,1978年。

③ 傅懋勣:《丽江么些象形文"古事记"研究》,武昌华中大学,1948年。

④ 傅懋勣:《纳西族图画文字〈白蝙蝠取经记〉研究》,日本东京外国语大学亚非语言文化研究所,1981年、1984年;商务印书馆,2012年。

⑤ 云南省少数民族古籍整理出版规划办公室:《纳西东巴古籍译注》(一、二、三),云南民族出版社,1986年、1987年、1989年。

⑥ 中国社会科学院民族学与人类学研究所、丽江市东巴文化研究院、哈佛燕京学社:《哈佛燕京学社藏纳西东巴经书》(第一—四卷),中国社会科学出版社,2011年。

⑦ 中国社会科学院民族学与人类学研究所、丽江市东巴文化研究院、哈佛燕京学社:《哈佛燕京学社藏纳西东巴经书》(第五、六卷),中国社会科学出版社,2018年。

⑧ 中国社会科学院民族学与人类学研究所、丽江市东巴文化研究院、哈佛燕京学社:《哈佛燕京学社藏纳西东巴经书》(第七—九卷),中国社会科学出版社,2021年。

巴经的翻译,然而较为零散,主要集中在洛克的著作中。

第二类:工具书类。研究纳西语和东巴文主要的工具书有方国瑜、和志武《纳西象形文字谱》,①李霖灿《么些象形文字字典》②《么些标音文字字典》③,洛克《纳西语英语百科辞典》上下册④,木琛《纳西象形文字·常用字表》⑤,孙堂茂《纳西汉英词典》⑥,桥本万太郎《纳西语料》⑦,和发源等《东巴经书专有名词选》⑧,和即仁、赵庆莲、和洁珍《纳西语常用词汇》⑨,和学光《纳西语汉语词典》⑩,李国文《东巴文化辞典》⑪,赵净修《东巴象形文常用字词译注》⑫,黑泽直道、和力民、山田敕之《纳西语地名汇编》⑬。其中方国瑜、李霖灿以及洛克的三本字典是最为常用的东巴文研究字典。

第三类:论文论著类。此类数量多,类型丰富,此处不一一介绍。

四、纳西东巴文研究主要关注的问题

(一)文献学视角

1. 文献刊布和翻译

文献搜集刊布和翻译是东巴经研究的基础,国内外学者在这个领域都有广泛涉及。1885 年,英国学者拉克伯里(Terrien de Lacouperie)在《西藏及其周边文字的起源》中刊布了法国传教士德斯古丁斯搜集的 11 页东巴经⑭,这是国外最早记

---

① 方国瑜、和志武:《纳西象形文字谱》,云南人民出版社,1981 年。

② 李霖灿:《么些象形文字字典》,台湾文史哲出版社,1972 年。

③ 李霖灿:《么些标音文字字典》,国立中央博物院筹备处,1945 年石印本。

④ 〔美〕J. F.洛克:《纳西语英语百科辞典》(上下册),意大利罗马东方学研究所,1963 年、1972 年。上册中译本被改名为《纳西语英语汉语语汇》,由云南教育出版社于 2004 年出版。

⑤ 木琛:《纳西象形文字·常用字表》,云南人民出版社,2003 年。

⑥ 〔美〕孙堂茂:《纳西汉英词典》,云南民族出版社,2012 年。

⑦ 〔日〕桥本万太郎:《纳西语料》,日本东京外国语大学亚非语言文化研究所,1988 年。

⑧ 和发源等:《东巴经书专有名词选》,云南省社会科学院东巴文化研究室,1983 年油印本。

⑨ 和即仁、赵庆莲、和洁珍:《纳西语常用词汇》,云南民族出版社,2011 年。

⑩ 和学光:《纳西语汉语词典》,丽江市纳西文化传习协会,2013 年。

⑪ 李国文:《东巴文化辞典》,云南教育出版社,1997 年。

⑫ 赵净修:《东巴象形文常用字词译注》,云南人民出版社,2001 年。

⑬ 〔日〕黑泽直道、和力民、〔日〕山田敕之:《纳西语地名汇编》,社会科学文献出版,2020 年。

⑭ Terrien de Lacouperie:"Beginnings of writing in and around Tibet", *Journal of the Royal Asiatic Society of Great Britain & Ireland*, 1885, pp.459-460.

录刊布的东巴经。1898 年，法国古文献学家政府官员伯宁开翻译之先河，在当地东巴的帮助下翻译了几页经书。① 亨利・奥尔良刊布并翻译了 8 页经书。② 1907 年至 1909 年，法国藏学家巴克(Bacot)两次深入西藏及周边地区探险，收集 20 册东巴经，1913 年出版《么些研究》③，翻译了部分东巴经，并将搜集的东巴经编纂成了东巴文字典。1916 年，英国植物学家福瑞斯特(George Forrest)在丽江收集了一百多册东巴经。④ 劳佛尔在《尼尔的么些手抄本》中刊布了尼尔收藏的经书。⑤ 此外还有大英图书馆所藏东巴经，大英图书馆所藏是 20 世纪二三十年代在丽江的英国传教士代表领事馆购买的，他们在当地东巴的帮助下翻译东巴经，后翻译成了英文。⑥ 1880 年，荷兰传教士斯恰顿(E. Schartten)在丽江收集到 15 册东巴经，现藏在荷兰莱顿的瑞吉克斯博物馆。她是翻译的先驱，旅居昆明、丽江 20 年，她是第一个完整翻译纳西族宗教仪式的人，也是唯一一个将英语翻译成纳西语的人，还曾编纂过词典和字典，与洛克曾经在丽江有过短暂相遇。⑦ 但因以上成果都尚未出版，所以学界对她知之甚少。洛克是西方纳西学之父，居住丽江近三十年，搜集东巴经八千余册。在搜集东巴经、翻译东巴经方面堪称之最，他搜集的书被许多知名图书馆和博物馆所收藏。他翻译的东巴经著作大多已出版，如《纳西人的祭天仪式》⑧《纳西族的纳加崇拜及其相关仪式》⑨《中国西南纳西族的开丧仪

① Charles-Eudes Bonin, *Note sur résulats géographiques de la mission accomplice au Tibet et en Mongolie en 1895 – 1896*, Bulletin de la Société de Géographie, vol. XIX, 1898, pp.389 – 403.

② 〔法〕亨利・奥尔良：《云南游记——从东京湾到印度》，龙云译，云南人民出版社，2001 年。

③ *Les Mo-so, Ethnographie des Mo-so, leurs religions, leur langue et leur éctriture, Avec les Documents historiques et géographiques relatives à Li-kiang.*

④ Anthony Jackson: "Mo-so magical texts", *Bulletin John Ryland Library*, 48 (1): Manchester University Press, 1965, p.143.

⑤ Berthold Laufer: "*The Nichols Mo-So Manuscript*", *Geographical Review*, 1916(04), pp.277 – 278.

⑥ Duncan Pound: *Translation/Re-Creation: Southwest Chinese Naxi Manuscripts in the West*, Lundon: Routledge, 2021, pp.117 – 137.

⑦ Duncan Pound: *Translation/Re-Creation: Southwest Chinese Naxi Manuscripts in the West*, Lundon: Routledge, 2021, pp.127 – 128.

⑧ Joseph F. Rock: "The Mùan-bpö Ceremony of the Sacrifice to Heaven as Practiced by the Na-khi", *Monumenta Serica*, 1948(01): 1 – 166.

⑨ Joseph F. Rock: *The Na-khi Naga Cult and Related Ceremonies*, Part Ⅰ, Roma: Istituto Italiano per il Medio ed Estremo Oriente, 1952.

式》[①]等。洛克是西方学者中翻译最多,翻译最全,翻译最为规范的学者。洛克的大量作品在西方问世与传播,引发了许多追随者。1944 年,昆亭・罗斯福(Q. Roosevelt)在纳西族地区征集 1 861 册东巴经书带回美国,并撰写了相关的文章。[②] 20 世纪 50 年代,美国现代主义诗人埃兹拉・庞德(Ezra Pound)就是将洛克的著作消化得最为出神入化的一位追随者。他的作品是基于洛克的材料而进行翻译创作的。[③] 与之同期的还有德国诗人柯克(Robert Koc)曾翻译过东巴经的歌曲。[④] 除此之外,还有杰克逊和潘安石零星翻译过洛克搜集的东巴经。[⑤] 70 年代,雅纳特注意到东巴经需要全球共享,他和夫人一起出版由他夫人描摹的《纳西文献精选》。[⑥]

国内东巴经搜集相对较晚,最早的记录是方国瑜受刘半农之命搜集东巴经。1935 年,方国瑜在中甸收集东巴经千余册。1940 年至 1943 年,李霖灿在丽江地区为中央博物院、中央研究院收集东巴经 1 500 册。1942 年万斯年从丽江为北平图书馆收集东巴经约 4 000 册。解放后丽江文化馆收集 4 000 册,中央民族学院收集 1 000 册,云南省图书馆 600 册,云南省博物馆 300 册。丽江市博物院约 1 000 册,迪庆州博物馆约 400 册。[⑦]

东巴经国内最早的翻译是 1938 年陶云逵的《么些族之羊骨卜及肥卜》[⑧]。后李霖灿等人翻译了《么些经典译注九种》[⑨]。1948 年,傅懋勣的《丽江么些象形文"古事记"研究》《纳西族图画文字〈白蝙蝠取经记〉研究》《纳西族祭风经〈请洛

---

① Joseph F. Rock: *The Zhi Mä Funeral Ceremony of the Na-khi of Southwest China*, Vienna-Mödling: ST. Gabriel's Mission Press, 1955.

② Quentin Roosevelt:"In the land of the devil priests", *Natural history*, 1940.

③ Duncan Pound: *Translation/Re- Creation: Southwest Chinese Naxi Manuscripts in the West*, Lundon: Routledge, 2021, pp.168 - 169.

④ Duncan Pound: *Translation/Re- Creation: Southwest Chinese Naxi Manuscripts in the West*, Lundon: Routledge, 2021, p.177.

⑤ 潘安石:《纳西经书的翻译》,何新元译,《纳西、摩梭民族志——亲属制、仪式、象形文字》,云南大学出版社,2010 年,第 291—325 页。

⑥ Janert Klaus L., Ilse Pliester: Nachitextedition, teil1 - 7, Wiesbaden: Franz Steiner Verlag Gmbh., 1984 - 1994.

⑦ 和继全:《东巴文百年研究与反思》,《思想战线》2011 年第 5 期。

⑧ 陶云逵:《么些族之羊骨卜及肥卜》,中央研究院历史语言研究所《人类学集刊》1938 年第 1 期。

⑨ 李霖灿、张琨、和才:《么些经典译注九种》,台湾编译馆中华丛书编审委员会,1978 年。

神〉研究》。1962 年至 1965 年,丽江县文化馆整理石印《崇般图》等四对照本 22 种。1981 年,云南省社会科学院东巴文化研究室(1991 年改为东巴文化研究所,2004 年更名为丽江市东巴文化研究院)出版了《纳西东巴古籍译注》(一、二、三)①,1999 年又出版《纳西东巴古籍译注全集》100 卷②。后中国社会科学院民族学与人类学研究所与丽江市东巴文化研究院合作,共同翻译出版《哈佛燕京学社藏纳西东巴经书》(第一—六卷)③。2018 年翻译了《纳西阮可东巴古籍译注》(第 1—3 卷)④。除了以上大型官方翻译之外,还有部分学者对田野调查中所得的东巴经进行翻译研究,如钟耀萍、曾小鹏、和继全、杨亦花、赵丽明等。

2. 文献编目

东巴经的文献编目较多,只要东巴经入藏到各大机构,就会产生一本目录,然而这些目录大多没有正式出版,因此学界也无法有效使用。

第一部官方正式刊布的目录是《纳西手抄本目录》。《纳西手抄本目录》共有 5 册,其中第 1 册、第 2 册由洛克与雅纳特共同编写,英文版本,1965 年在德国威斯巴登出版社出版;第 3 册至第 5 册由雅纳特一人编写,德文版本,1975—1980 年期间由德国威斯巴登出版社陆续出版。《纳西手抄本目录》(1、2 册)包含了四个部分:纳西族东巴宗教仪式分类;根据仪式分类对德国马尔堡图书馆所藏东巴经书进行的描写分析;经书复本展示以及索引。其中的版本信息都汇集在第二部分,作者按照东巴文标题、所藏地编号和洛克编号、标题释义、版本信息描述、内容提要、跋语释读的内容编排对马尔堡经书进行了编目研究。

朱宝田对哈佛藏东巴经以及国会图书馆做过编目整理,但讹误甚多。⑤ 国内近年也出版了大型编目工具书:《中国少数民族古籍总目提要 · 纳西族卷》⑥《纳

① 云南省少数民族古籍整理出版规划办公室:《纳西东巴古籍译注》(一、二、三),云南民族出版社,1986 年、1987 年、1989 年。

② 丽江市东巴文化研究所:《纳西东巴古籍译注全集》(100 卷),云南人民出版社,1999—2000 年。

③ 中国社会科学院民族学与人类学研究所、丽江市东巴文化研究院、哈佛燕京学社:《哈佛燕京学社藏纳西东巴经书》(第一—四卷),中国社会科学出版社,2011 年;《哈佛燕京学社藏纳西东巴经书》(第五、六卷),中国社会科学出版社,2018 年。

④ 丽江市东巴文化研究院:《纳西阮可东巴古籍译注》(第 1—3 卷),云南民族出版社,2018 年。

⑤ 朱宝田:《哈佛大学哈佛燕京图书馆藏中国纳西族象形文字经典分类目录》,哈佛大学哈佛燕京图书馆,1997 年。

⑥ 国家民族事务委员会全国少数民族古籍整理研究室:《中国少数民族古籍总目提要 · 纳西族卷》,中国大百科全书出版社,2003 年。

西东巴文化研究总览》[1]《北京地区东巴文古籍总目》[2]《〈纳西东巴古籍译注全集〉诠释》[3]等。零散的还有和志武《纳西象形文字谱》以及钟耀萍、和继全、曾小鹏、杨亦花等博士论文中有简要提及东巴经目录。纳西学者和力民对台北故宫博物院、重庆中国三峡博物馆、法国远东学院收藏的东巴经进行了编目。[4] 和根茂也做过编目研究。[5]《北京地区东巴文古籍总目》著录有馆藏编号、象形文书名、国际音标标音、汉文译名、内容提要、开本、张数等,代表当下水平最高的编目。

3. 东巴经的分域与流派

李霖灿基于东巴经不同风格特征,将东巴经划分成不同的派别。李霖灿是第一个明确提出东巴经有四大类型的学者,他在《论么些经典之版本》一文中就依据纳西族迁徙路线的顺序,按照从北至南再至西的方向将东巴经典的分布地域划作四区:第一区为若喀,主要村落名字为洛吉、苏支、药迷、上下海罗等;第二区为中甸县的白地六村和丽江县的剌宝东山二区;第三区以丽江城附近为大本营;第四区为丽江之西,因为么些人迁到了丽江之后就改向西方的维西一带发展。[6] 这就是后来我们所熟知的第一区若喀经、第二区白地经、第三区丽江经、第四区鲁甸经的说法。

英国学者杰克逊还谈到自己与潘安石发明了一种根据东巴整体风格来区分东巴经的新方法,这种方法使辨别谁(或哪一种流派)写了经书成为可能,再加上相关的年代方面的资料,甚至可以判断这些书的书写年代。[7] 杰克逊将东巴的写作流派分为白沙派、太安(鲁甸)派、白地派、宝山派。他认为:"白沙派包括丽江坝

---

① 宋光淑:《纳西东巴文化研究总览》,云南大学出版社,2006 年。

② 北京市民族古籍整理出版规划小组办公室多语种编辑部:《北京地区东巴文古籍总目》,民族出版社,2009 年。

③ 习煜华:《〈纳西东巴古籍译注全集〉诠释》,云南民族出版社,2010 年。

④ 和力民、杨亦花:《重庆中国三峡博物馆藏东巴经书目简编》,《长江文明》第三辑,光明日报出版社,2009 年,第 89—104 页、第 4 页;和力民:《法国远东学院东巴经藏书书目简编》,《长江文明》第六辑,河南人民出版社,2010 年,第 66—77 页。

⑤ 和根茂:《白地吴树湾村汝卡东巴丧葬用经编目》,《学行堂语言文字论丛》第六辑,科学出版社,2018 年,第 233—263 页。

⑥ 李霖灿:《论么些经典之版本》,《么些研究论文集》,台北故宫博物院,1984 年,第 101—112 页。

⑦ 〔英〕安东尼・杰克逊、潘安石:《纳西仪式、索引书籍的作者以及占卜书籍》,吴瑛译,《纳西、摩梭民族志——亲属制、仪式、象形文字》,云南大学出版社,2012 年,第 239—290 页。

区的东巴，丽江坝区迄今仍是纳西族的经济文化中心。这儿的东巴比其余任何地方的东巴都写了更多的仪式手稿，并且更擅长于绘画和舞蹈。他们在使用象形文字的同时也使用被称为'哥巴'的音节文字。白沙派包括了丽江坝子的五个区域，都在距丽江城2—3公里内：a. 丽江以北的白沙；b. 丽江西南拉市乡的文笔和长水；c. 丽江以东的贵峰和良美；d. 丽江以南的五台；e. 丽江城（大研镇）。"①

东巴文字形分域理论的实践主要分布在以田野调查为主要手段的博士论文中，曾小鹏著有《俄亚托地村纳西语言文字研究》②对俄亚地区的东巴经进行了调查研究，和继全《白地波湾村纳西东巴文调查研究》③对白地东巴经进行了研究，钟耀萍《纳西族汝卡东巴文研究》④对汝卡支系的东巴经进行了深入研究。关于维西经，邓章应曾撰写《李霖灿收藏刘家驹所获东巴经略考》⑤一文，介绍了维西县叶支的东巴经。周寅的博士论文《纳西东巴文构形分域研究》⑥是东巴文分域实践集大成者，他从构形领域分析了丽江、白地、鲁甸三地的字形异同，还提出了三地特有的字形。邓章应的《纳西东巴文分域与断代研究》与邓章应、郑长丽的《纳西东巴经跋语及跋语用字研究》对纳西东巴经进行了分域研究，分域类型遵从李霖灿的方法。张春凤的《哈佛燕京学社藏纳西东巴经谱系分类方法研究》⑦和《哈佛燕京学社藏纳西东巴经书写流派研究》⑧是东巴经谱系分类的最新成果。总的来说，李霖灿的四区分类法的影响最大，后辈学者基本沿袭着他的理论不断细化和系统化。

4. 东巴经的考证

杨亦花的《和世俊东巴研究》《和文质东巴研究》⑨开启了东巴经考证的先河。

---

① 〔英〕安东尼·杰克逊、潘安石：《纳西仪式、索引书籍的作者以及占卜书籍》，吴瑛译，《纳西、摩梭民族志——亲属制、仪式、象形文字》，云南大学出版社，2010年，第240页。

② 曾小鹏：《俄亚托地村纳西语言文字研究》，博士学位论文，西南大学，2011年。

③ 和继全：《白地波湾村纳西东巴文调查研究》，博士学位论文，西南大学，2012年。

④ 钟耀萍：《纳西族汝卡东巴文研究》，博士学位论文，西南大学，2010年。

⑤ 邓章应：《纳西东巴文分域与断代研究》，人民出版社，2013年，第158页。

⑥ 周寅：《纳西东巴文构形分域研究》，博士学位论文，西南大学，2015年。

⑦ 张春凤：《哈佛燕京学社藏纳西东巴经谱系分类方法研究》，博士学位论文，华东师范大学，2016年。

⑧ 张春凤：《哈佛燕京学社藏纳西东巴经书写流派研究》，国家社科基金结项材料，2022年。

⑨ 杨亦花：《和世俊东巴研究》，《丽江师范专科学报》2009年第3期；《和文质东巴研究》，《丽江师范专科学报》2009年第4期。

和继全发表了《美国哈佛大学燕京图书馆馆藏东巴经跋语初考》，释读出哈佛藏东巴经中的部分跋语和人名，从而迎来了国内研究哈佛藏东巴经的热潮，不断出现考证经书的成果。2013 年，邓章应、张春凤发表了《哈佛燕京图书馆藏带双红圈标记东巴经初考》①，张春凤还发表了《哈佛所藏东知东巴经书的分类与断代》②《哈佛燕京学社藏东巴经两册"崭新"经书考》③《哈佛燕京学社藏东巴经跋语中带有"嘎"的经书地名考》④等系列文章。2015 年李晓亮发表了《哈佛大学燕京学社图书馆藏和鸿东巴经抄本研究》⑤。邓章应考证了东发、李霖灿收藏刘家驹所获东巴经等⑥。

5. 应用性文献的研究

应用性文献也是指非宗教文献，包括跋语、规程、地契、人情账簿、对联、歌本等。原本认为东巴文是为宗教而书写的文字。后来李霖灿、喻遂生等学者发现东巴文的功能突破了宗教的作用，是一种面向社会大众的文字。应用性文献成果中，有关跋语和地契的成果丰硕。

（1）跋语研究。

据文献记载，法国探险家亨利·奥尔良（Henri Orleans）最先翻译过一则写在东巴经封面的跋语：兔年二月三日。埃莫森——巫师的签名。⑦ 洛克在《纳西手抄本目录》中对经书版本信息的描述，除了经书的新旧、标题翻译等之外，特别交代了跋语信息。有些经书没有跋语，他就在该经书简介处标明"这本经书无跋语"。⑧ 1956 年，李霖灿在整理美国国会图书馆东巴经时，总结了东巴经中皇帝年

① 邓章应、张春凤：《哈佛燕京图书馆藏带双红圈标记东巴经初考》，《文献》2013 年第 3 期。

② 张春凤：《哈佛所藏东知东巴经书的分类与断代》，《学行堂语言文字论丛》第二辑，四川大学出版社，2012 年，第 340—356 页。

③ 张春凤：《哈佛燕京学社藏东巴经两册"崭新"经书考》，《文献》2016 年第 3 期。

④ 张春凤：《哈佛燕京学社藏东巴经跋语中带有"嘎"的经书考》，《中国文字研究》第二十六辑，上海书店出版社，2017 年，第 178—186 页。

⑤ 李晓亮、张显成：《哈佛大学燕京学社图书馆藏和鸿东巴经抄本研究》，《中南民族大学学报（人文社会科学版）》2015 年第 1 期。

⑥ 邓章应：《纳西东巴文分域与断代研究》，人民出版社，2013 年。

⑦ 〔法〕亨利·奥尔良：《云南游记：从东京湾到印度》，龙云译，云南人民出版社，2001 年。转引自李晓亮：《西方纳西学史研究（1867—1972）》，博士学位论文，西南大学，2014 年，第 27、50 页。

⑧ Joseph F. Rock："Klaus Ludwig Janert", *Na-khi Manuscripts*, *Part I*, Wiesbaden: Steiner, 1965.

号的写法,并通过一则跋语鉴定了“康熙七年”是他见到所有经书中最早的经书纪年,并认为美国“国会图书馆拥有世界第一早的么些经典”。[①] 洛克与李霖灿发现“最早经书”的悬案尚未得到圆满解决,但全世界所藏东巴经几万册,只有研究完所有的经书才可以断定哪本是现存最早的经书,否则结论都有些欠妥。李霖灿是系统整理皇帝纪年书写方式的第一人,启发了许多后辈学者对经书断代研究的重视。

喻遂生在跋语研究方面颇有建树,建立了全面系统研究跋语的范式,引领了跋语研究的热潮。他谈道:东巴是东巴文化的主要创造者和传承者,但其生平事迹,往往史无记载,口碑材料又不太准确。经书中的跋语纪年,实是东巴自己留下的第一手史料,对于经书断代、东巴生平和东巴文化史的研究,都有重要的意义,应该引起我们的重视。[②] 他在《纳西东巴经跋语及跋语用字研究·序》中再次谈到了跋语的重要性:“大凡对神灵的虔诚、对经艺的追求、对生活和子孙的祈愿、抄写经书的艰辛、经书的经济价值、经书的传承、东巴的年龄里籍、抄书时的一些历史事件,在跋语中都有反映。经书跋语是东巴心灵的窗户,是东巴自己留下的真实史料,有的跋语对于确定写本的时代有决定性的作用。”他陆续发表了《〈纳西东巴古籍译注全集〉纪年经典述要》[③]《〈纳西东巴古籍译注全集〉中的年号纪年经典》[④]《〈纳西东巴古籍译注全集〉中的花甲纪年经典》[⑤]《〈纳西东巴古籍译注全集〉中的年龄纪年经典》[⑥]《东巴生年校订四则》[⑦],第一次以《纳西东巴古籍译注全集》一百卷为研究材料,系统整理了经书跋语:总结出了跋语中的年号纪年、花

---

① 李霖灿:《美国国会图书馆所藏的么些经典》,《么些研究论文集》,台北故宫博物院,1984年,第127页。

② 喻遂生:《〈纳西东巴古籍译注全集〉中的年龄纪年经典》,《纳西东巴文研究丛稿》第二辑,巴蜀书社,2008年,第325—343页。

③ 喻遂生:《〈纳西东巴古籍译注全集〉纪年经典述要》,《纳西东巴文研究丛稿》第二辑,巴蜀书社,2008年,第275—287页。

④ 喻遂生:《〈纳西东巴古籍译注全集〉中的年号纪年经典》,《纳西东巴文研究丛稿》第二辑,巴蜀书社,2008年,第288—301页。

⑤ 喻遂生:《〈纳西东巴古籍译注全集〉中的花甲纪年经典》,《纳西东巴文研究丛稿》第二辑,巴蜀书社,2008年,第302—324页。

⑥ 喻遂生:《〈纳西东巴古籍译注全集〉中的年龄纪年经典》,《纳西东巴文研究丛稿》第二辑,巴蜀书社,2008年,第325—343页。

⑦ 喻遂生:《东巴生年校订四则》,《纳西东巴文研究丛稿》第二辑,巴蜀书社,2008年,第344—354页。

甲纪年、年龄纪年三种纪年的方式，推动了经书分区域和断代研究的发展；利用前人的研究成果，对跋语翻译进行校订；通过跋语对东巴生平进行校订。喻遂生最早提出通过对东巴系联东巴经，对经书进行分域断代的思想，着重强调了跋语的重要性，揭示了跋语研究的重镇材料——《纳西东巴古籍译注全集》。

2009年，和继全发表《美国哈佛大学燕京图书馆馆藏东巴经跋语初考》①一文，这是继洛克之后首次整理哈佛藏东巴经跋语。2010年，他的《李霖灿"当今最早的么些经典版本"商榷——美国国会图书馆"康熙七年"东巴经成书时间考》②一文，重新鉴定了该经书的跋语，认为这本经书抄写年代不是"康熙七年"而是"咸丰元年"。他对跋语研究的贡献主要体现在：重视释读和使用第一手材料，并对原文跋语进行翻译；跋语研究与田野调查相结合，解决了经书中的重大问题。《美国哈佛大学燕京图书馆馆藏东巴经跋语初考》一文的发表揭开了国内研究哈佛藏东巴经的序幕，把研究材料从《纳西东巴古籍译注全集》转向国外收藏的经书。郑长丽的《〈纳西东巴古籍译注全集〉跋语研究》③第一次全面系统地整理了《纳西东巴古籍译注全集》中的跋语，并从大地域中细分出小地域，按照东巴个体来编排跋语，对《全集》中有跋语的经书进行了全面梳理，得出了不同地域经书跋语的特点。邓章应、郑长丽的《纳西东巴经跋语及跋语用字研究》将目前已经翻译的所有东巴经跋语囊括于内。邓章应的《纳西东巴文分域与断代研究》探讨了分域断代的标准，将跋语信息作为东巴经地域判断标准的显性标准。李晓亮在《西方纳西学史(1867—1972)研究》中通过翻译哈佛藏东巴经跋语材料，确认出了一些新的地名。

(2) 其他应用性材料的刊布、释读与研究。

在应用性文献方面，新文献的发现和释读是主要方向。喻遂生发表了《纳西东巴文地契研究述要》《东巴文白地买古达阔地契约译释》《东巴文白地卖拉舍地契译释》《丽江东巴文残砖契重考》《和志本东巴借条译释》《和才东巴题词译释》等④。

---

① 和继全：《美国哈佛大学燕京图书馆馆藏东巴经跋语初考》，《中央民族大学学报(哲学社会科学版)》2009年第5期。

② 和继全：《李霖灿"当今最早的么些经典版本"商榷——美国会图书馆"康熙七年"东巴经成书时间考》，《民间文化论坛》2010年第2期。

③ 郑长丽：《〈纳西东巴古籍译注全集〉跋语研究》，硕士学位论文，西南大学，2012年。

④ 以上成果集结在喻遂生：《纳西东巴文研究丛稿》第二辑，巴蜀书社，2008年。

在喻遂生“文字学在田野”的倡导下，从纳西族的田野调查中，涌现出很多新材料。如和继全《民国时期白地波湾村东巴文“古舒里”地契译释》[①]，杨亦花《俄亚东巴文广告译释及研究》[②]《木里县甲波村东巴文墓碑译释及研究》[③]，曾小鹏《四川泸沽湖达祖纳西族人情账簿译释》[④]，和丽峰《宝山吾木村乾隆五十九年东巴文地契译释》[⑤]，还有邓章应、白小丽、甘露、史晶英、和根茂等释读翻译研究。其中喻遂生等撰写的《俄亚、白地东巴文化》是应用性文献研究带有理论和实践的综合性专著。总的来说，应用性文献研究主要表现在搜集的地域越来越广，应用性文献的类型越来越多，释读的内容越来越丰富，但研究的范式一直没有突破。

6. 东巴经的来源

东巴教是以本土原始宗教为主，兼容吸收了苯教、藏传佛教与道教的内容。东巴经的来源与宗教来源相对应，不仅有东巴自创的东巴经，还有借鉴自其他民族的经书故事。学者们通过东巴经与其他民族典籍的比较得出异同点，如白庚胜通过纳西族的《黑白战争》和藏族的《叶岸战争》比较[⑥]，杨福泉通过敦煌文书《马匹仪轨作用的起源》与东巴经《献冥马》进行比较[⑦]，和继全通过敦煌古藏文残卷《乌鸦占卜法》和东巴经《以乌鸦叫声占卜》比较，木仕华通过《藏族苯教神祇与纳西东巴教神祇关系论析》[⑧]，仇任前、洲塔通过苯教《章格经》与东巴教《多格飒》[⑨]

---

① 和继全：《民国时期白地波湾村东巴文“古舒里”地契译释》，《丽江师范高等专科学校学报》2019年第1期。

② 杨亦花：《俄亚东巴文广告译释及研究》，《中国文字研究》第三十二辑，华东师范大学出版社，2020年，第241—245页。

③ 杨亦花：《木里县甲波村东巴文墓碑译释及研究》，《中国文字研究》第二十九辑，上海书店出版社，2019年，第179—187页。

④ 曾小鹏：《四川泸沽湖达祖纳西族人情账簿译释》，《民俗典籍文字研究》第二十一辑，商务印书馆，2018年，第165—196页、第275页。

⑤ 和丽峰：《宝山吾木村乾隆五十九年东巴文地契译释》，《学行堂语言文字论丛》第二辑，四川大学出版社，2012年，第386—403页。

⑥ 白庚胜：《〈黑白战争〉与〈叶岸战争〉比较研究》，《民间文化》2001年第1期。

⑦ 杨福泉：《敦煌吐蕃文书〈马匹仪轨作用的起源〉与东巴经〈献冥马〉的比较研究》，《民族研究》1999年第1期。

⑧ 木仕华：《藏族苯教神祇与纳西东巴教神祇关系论析》，《西藏民族大学学报（哲学社会科学版）》2016年第4期。

⑨ 仇任前、洲塔：《苯教〈章格经〉与东巴教〈多格飒〉文献之比较研究》，《西藏大学学报（社会科学版）》2017年第3期。

文献比较，得出藏传佛教或者苯教经典和东巴经有着紧密的联系，部分东巴经的内容借鉴自藏族文献。和继全还撰写了一系列关于藏语音读文献的文章，如《东巴文藏音字研究》《东巴文藏借字举隅》《东巴文藏传佛教〈皈依文〉释义》等，成果皆集结在论文集《东巴文考论稿》[①]中。还有同美的《西藏本教文化与纳西东巴文化的比较研究》[②]。东巴经除了来自藏语文献之外，还有来自汉文典籍的内容。[③]

（二）文字学视角

东巴文的文字学研究是成果中最多的，限于篇幅，此处分类言之。

1. 文字的发生

东巴文发生的时代和产生的地点目前是一个悬而未决的问题，从先秦到唐宋，时代差异较大。徐中舒认为东巴文和汉文、巴文同出一源，形成于公元前16世纪之前。[④] 方国瑜、和志武认为东巴文应该形成于纳西族进入奴隶社会时期的唐初，并在宋代已流行使用。[⑤] 董作宾先是认为"大概是（宋理宗时代）麦琮创造的"，后来又提出创制在铁器时代的晚期。[⑥] 李霖灿《论么些象形文字的发源地》一文提出东巴文的发生地在无量河附近。[⑦]

文字自源还是借鉴。大部分学者认为东巴文的产生和其他文字没有关系，是一种自源文字[⑧]。也有学者认为和汉字[⑨]或者金沙江岩画有关[⑩]。

2. 文字的性质

关于东巴文的性质，众说纷纭，是东巴文研究中的难点，主要分为以下三种

---

① 和继全：《东巴文考论稿》，民族出版社，2017年。

② 同美：《西藏本教文化与纳西东巴文化的比较研究——以〈十三札拉神〉中的"威玛"与〈东巴文化真籍〉中的"尤玛"为例》，《民族学刊》2013年第2期。

③ 和继全：《汉籍〈玉匣记〉"六壬时课"之纳西东巴文译本述要》，《云南社会科学》2015年第3期；张春凤：《汉语东巴经〈五方五帝经〉的发现及其价值》，《西北民族大学学报（哲学社会科学版）》2018年第6期。

④ 徐中舒：《论巴蜀文化》，四川人民出版社，1982年，第47页。

⑤ 方国瑜、和志武：《纳西象形文字谱》（第3版），云南人民出版社，2005年，第41页。

⑥ 董作宾：《么些象形文字字典·序》，《说文月刊》1945年第3—4期；《从么些文看甲骨文》，《科学汇报》1954年第2期。

⑦ 李霖灿：《么些研究论文集》，台北故宫博物院，1984年。

⑧ 董作宾：《从么些文看甲骨文》，《科学汇报》1954年第2期；王元鹿：《纳西东巴文字与汉字不同源流说》，《云南民族大学学报》1987年1期。

⑨ 徐中舒：《论巴蜀文化》，四川人民出版社，1982年，第45页。

⑩ 和力民：《和力民纳西学论集》，民族出版社，2010年，第162页。

观点：

第一种：东巴文是一种象形文字，或者是文字画（原始文字）。如和志武在《试论纳西象形文字的特点》①《纳西族古文字概论》②《纳西族古文字概况》③等多篇文章中专门予以讨论。对东巴文性质的争论，从字形上主要纠结于图画和象形。傅懋勣认为东巴文包含了图画文字和象形文字两种性质不同的文字。④ 董作宾也认为"严格的说起来，与其说它是文字，不如说它是图画，它实在只是介于文字与图画之间的绘画文字"⑤。

第二种：东巴文处在一种从象形（图画）走向文字的过渡阶段。李霖灿认为"么些象形文字，既是文字，又是图画，正在由图画变向文字的过程中"。⑥

裘锡圭说："纳西文是已经使用假借字、形声字，但还经常夹用非文字的图画式表意手法的一种原始之字。"⑦王伯熙认为是"语段文字向表词文字发展的过渡阶段文字"⑧。王元鹿认为"东巴文字是不够成熟的意音文字，处于从语段文字向意音文字过渡的阶段"⑨。王凤阳认为"从东巴经中可以相当完整地看到由图画文字到象形文字的过渡过程"⑩。聂鸿音认为是"从图画文字向象形文字演化的中间阶段"⑪。

第三种：多角度划分。周有光说"东巴文是略带音符的'章节·图符·形意

---

① 和志武：《试论纳西象形文字的特点——兼论原始图画字、象形文字和表意文字的区别》，《东巴文化论集》，云南人民出版社，1985年，第136—154页。

② 和志武：《纳西族古文字概论》，《云南社会科学》1982年第5期。此文后改名为《纳西族的古文字和东巴经类别》，收入《东巴文化论集》，云南人民出版社，1985年，第155—172页。

③ 和志武：《纳西族古文字概况》，《中国民族古文字研究》，中国社会科学出版社，1984年，第296—312页。

④ 傅懋勣：《纳西族图画文字和象形文字的区别》，《东巴文化论集》，云南人民出版社，1985年，第102—117页。

⑤ 董作宾《么些象形文字字典·序》，《说文月刊》1945年第3—4期；《从么些文看甲骨文》，《科学汇报》1954年第2期。又收入李霖灿：《么些研究论文集》，台北故宫博物院，1984年。

⑥ 李霖灿：《么些象形文字字典·序》，台北文史哲出版社，1972年。

⑦ 裘锡圭：《汉字形成问题的初步探索》，《中国语文》1978年第3期。

⑧ 王伯熙：《文字的分类和汉字的性质——兼与姚孝遂先生商榷》，《中国语文》1984年第2期。

⑨ 王元鹿：《汉古文字与纳西东巴文字比较研究》，华东师范大学出版社，1988年，第161页。

⑩ 王凤阳：《汉字学》，吉林文史出版社，1989年，第327页。

⑪ 聂鸿音：《中国文字概略》，语文出版社，1998年，第60页。

文字’”[①]。谢书书、张积家从心理认知方面对东巴文字性质研究的进展和视角作了探讨，提出纳西东巴文字性质研究主要经历了两个阶段：早期研究将东巴文字定位为象形文字；20世纪八九十年代重视东巴文“形声字”与汉字形声字的异同，分化出表意文字的初级阶段、象形文字靠近于原始图画文字、象形文字靠近于表意文字三种不同的观点。[②]

造成观点不一的原因是，关于文字的定义有差别，定性的标准有差异。

3. 文字单位

东巴文的文字单位切分是东巴文研究中的重难点，相关的术语有字组、合文、非单字结构等。傅懋勣最早提出了“字组”的概念，提出东巴文中文字单位的复杂性[③]。喻遂生有专文[④]详细讨论了东巴文中“字和字组”的问题。李静提出了单字和非单字结构[⑤]。白小丽撰写了《纳西东巴文文字单位与语言单位对应关系演变研究》，论文从单字、准合文、合文三种文字单位与语言单位的关系，论述各自的发展方向。[⑥] 至此，东巴文文字单位的理论研究已经到达了新高度。目前东巴文的文字单位切分依旧是一个悬而未决的问题，东巴文文字书写的黏着性，让文字切分标准很难实行。

4. 东巴文的结构

李霖灿在《么些象形文字字典》的引言中论及“论形字与图画、论形字之字形变化、论形字之同音假借和论形字之经典特质”，简略地总结了东巴文的特点。[⑦] 方国瑜《纳西象形文字谱》最早以“造字的用意”归纳出东巴文的十种结构类型。

① 周有光：《世界文字发展史》，上海教育出版社，1997年，第47页。

② 谢书书、张积家：《纳西东巴文字性质研究进展和新视角》，《华南师范大学学报（社会科学版）》2008年第3期。

③ 傅懋勣：《纳西族图画文字和象形文字的区别》，《东巴文化论集》，云南人民出版社，1985年，第102—117页。

④ 喻遂生：《纳西东巴字字和字组的划分及字数的统计》，《语苑撷英：庆祝唐作藩教授七十寿辰学术论文集》，北京语言文化大学出版社，1998年，第205—215页。后收入《纳西东巴文研究丛稿》，巴蜀书社，2003年，第22—34页。

⑤ 李静：《纳西东巴文非单字结构研究》，博士学位论文，华东师范大学，2009年。

⑥ 白小丽：《纳西东巴文文字单位与语言单位对应关系演变研究》，博士学位论文，华东师范大学，2013年。

⑦ 李霖灿：《么些象形文字字典》，台北文史哲出版社，1972年。

王元鹿在《汉古文字与纳西东巴文字比较研究》①一书中总结了象形、指事、会意、义借、假借和形声等六类造字法。喻遂生《纳西东巴文概论》总结了象形、指事、会意、形声、假借、借形等六类造字法。② 以上研究成果都是基于汉字“六书”理论而得出的，确实六书对东巴文的单字分析具有适用性，有一大批相关的论文发表，其中贡献最大的是形声字研究和假借字研究。

郑飞洲《纳西东巴文字字素研究》借鉴了李圃的“字素理论”，造字法有独素、加缀、合素、加素、省素、更素造字等六类，表词方式有象形、指事、会意、形声、义借、假借六种。③ 除此之外，还有邓章应的造字机制④和张春风的“语音补充”⑤和莫俊的“义补”⑥，突破六书理论，突破了字的限制，提供了一种文字结构研究的新视角。

5. 字释研究

字释是东巴文研究中的基础。由于东巴经并不逐词记录语言，翻译的东巴经存在着阅读障碍，不适合初学者和其他专业的人使用，因此，喻遂生提出要把东巴经做成“字释”。在此思潮下有一大批硕士论文产生，如《纳西东巴经〈给死者换寿岁〉字释及研究》⑦《纳西东巴经〈黑白战争〉字释及研究》⑧《纳西东巴经〈大祭风·超度男女殉情者·制作木身〉字释及研究》⑨《纳西东巴经〈九个天神和七个地神的故事〉字释及研究》⑩等。最值得一提的是喻遂生编译的《纳西东巴文献字释合集》（全50册），对文字的解释更详细，更适合初学者使用。⑪

---

① 王元鹿：《汉古文字与纳西东巴文字比较研究》，华东师范大学出版社，1988年。

② 喻遂生：《纳西东巴文概论》，西南大学研究生教材，2002年油印本。

③ 郑飞洲：《纳西东巴文字字素研究》，民族出版社，2005年。

④ 邓章应：《东巴文新造字参照机制试析》，《丽江第二届国际东巴艺术节学术研讨会论文集》，云南民族出版社，2005年，第82—90页。

⑤ 张春风：《玛雅文与纳西东巴文音补的比较研究》，硕士学位论文，西南大学，2012年。

⑥ 莫俊：《论纳西东巴文的义补》，《中央民族大学学报（哲学社会科学版）》2018年第1期。

⑦ 孔明玉：《纳西东巴经〈给死者换寿岁〉字释及研究》，硕士学位论文，西南大学，2007年。

⑧ 张毅：《纳西东巴经〈黑白战争〉字释及研究》，硕士学位论文，西南大学，2007年。

⑨ 刘汭雪：《纳西东巴经〈大祭风·超度男女殉情者·制作木身〉字释及研究》，硕士学位论文，西南大学，2007年。

⑩ 莫俊：《纳西东巴经〈九个天神和七个地神的故事〉字释及研究》，硕士学位论文，西南大学，2008年。

⑪ 喻遂生：《纳西东巴文献字释合集》（全50册），重庆大学出版社，2003年。

6. 异体

异体关系是东巴文研究中的一个热点。异体字的术语也经历了异体、情境异体字与语境异体字的变化。有关研究有《东巴文同字异体之间结构类型组合情况的调查》①《东巴文异体字形成原因初探》②《〈纳西象形文字谱〉的异体字及相关问题》③《纳西东巴文异体字关系特征初步研究》④《基于异体现象描述的东巴文字发展研究》⑤,《东巴文异体字研究》⑥等是对基于字典而厘定出的异体字进行类型、结构、发展的研究。

东巴文的异体与汉字中的异体概念有较大的差异,可以根据不同的语境而进行改变。这一方面的研究有秦桂芳《纳西东巴文与甲骨文情境异体字比较研究》⑦,邓章应、白小丽《纳西东巴文语境异体字及其演变》⑧等,对语境异体字的类型、演变、发生的原因进行了深入的研究。

7. 专类用字研究

处于不成熟文字阶段中的东巴文,用字表现形式丰富。李佳的《〈纳西东巴古籍译注全集〉祝福语用字研究》⑨对祝福语进行了分类,从文字记录语言的方式、语言与文字的对应关系、文字的符号体态、字序等方面进行了整理研究,并分析了影响用字的原因。与之相似的成果还有:杨阳的《纳西东巴文动物字研究》⑩,李晓亮、毛志刚的《纳西东巴文与甲骨文鸟类字比较研究》⑪,韩立坤《纳西东巴文天

① 周斌:《东巴文同字异体之间结构类型组合情况的调查》,《甘肃联合大学学报(社会科学版)》2006 年第 1 期。
② 周斌:《东巴文异体字形成原因初探》,《西北民族大学学报(哲学社会科学版)》2005 年第 5 期。
③ 邓章应:《〈纳西象形文字谱〉的异体字及相关问题》,《内江师范学院学报》2006 年第 5 期。
④ 李杉:《纳西东巴文异体字关系特征初步研究》,《邵阳学院学报(社会科学版)》2011 年第 1 期。
⑤ 刘悦:《基于异体现象描述的东巴文字发展研究》,博士学位论文,华东师范大学,2010 年。
⑥ 周斌:《东巴文异体字研究》,博士学位论文,华东师范大学,2004 年。
⑦ 秦桂芳:《纳西东巴文与甲骨文情境异体字比较研究》,硕士学位论文,华东师范大学,1999 年。
⑧ 邓章应、白小丽:《纳西东巴文语境异体字及其演变》,《中央民族大学学报(哲学社会科学版)》2009 年第 4 期。
⑨ 李佳:《〈纳西东巴古籍译注全集〉祝福语用字研究》,硕士学位论文,西南大学,2011 年。
⑩ 杨阳:《纳西东巴文动物字研究》,硕士学位论文,西南大学,2010 年。
⑪ 李晓亮、毛志刚:《纳西东巴文与甲骨文鸟类字比较研究》,《学行堂文史集刊》2012 年第 1 期。

象类字研究》[1]，郭佳丽《纳西东巴文人体字研究》[2]，田玲玲《纳西东巴经神名用字研究》[3]，杨蕾《纳西东巴经数量用词词研究》[4]，谭松菊《东巴经走兽类动物词语用字研究》[5]，马跃《纳西东巴经称谓词语用字研究》[6]等。黄思贤《纳西东巴文献用字研究》[7]是用字研究中最为系统、水平最高的一本专著。

8. 与其他文字的关系

比较文字学是民族文字研究中的一个重要分支。在东巴文文字研究中有一大批成果集中在东巴文和其他文字的比较上。特别是东巴文和甲骨文的比较，成果显著，早期如董作宾《从么些文看甲骨文》[8]、刘又辛《纳西文字、汉字的形声字比较》[9]、西田龙雄《汉字的六书与纳西文》[10]、裘锡圭[11]等。研究成果最多的属王元鹿[12]和喻遂生[13]。在开设比较文字学专业的背景下，产生了一大批比较文字学专业的学术成果，如白庚胜等《纳汉形声字声符形化比较》[14]、范常喜《甲骨文纳西

① 韩立坤：《纳西东巴文天象类字研究》，硕士学位论文，华东师范大学，2013 年。

② 郭佳丽：《纳西东巴文人体字研究》，硕士学位论文，西南大学，2013 年。

③ 田玲玲：《纳西东巴经神名用字研究》，硕士学位论文，西南大学，2015 年。

④ 杨蕾：《纳西东巴经数量词用字研究》，硕士学位论文，西南大学，2015 年。

⑤ 谭松菊：《东巴经走兽类动物词语用字研究》，硕士学位论文，西南大学，2016 年。

⑥ 马跃：《纳西东巴经称谓词语用字研究》，硕士学位论文，西南大学，2016 年。

⑦ 黄思贤：《纳西东巴文献用字研究：以〈崇搬图〉和〈古事记〉为例》，民族出版社，2010 年。

⑧ 此文发表于《大陆杂志》1951 年第 1—3 期，又收入李霖灿《么些研究论文集》，台北故宫博物院，1984 年，有较多改动。

⑨ 刘又辛：《纳西文字、汉字的形声字比较》，《中央民族大学学报（哲学社会科学版）》1993 年第 1 期。

⑩ 〔日〕西田龙雄：《汉字的六书与纳西文》，《国际东巴文化研究集粹》，云南人民出版社，1993 年，第 245—276 页。

⑪ 裘锡圭：《汉字形成问题的初步探索》，《中国语文》1978 年第 3 期。

⑫ 王元鹿：《汉古文字与纳西东巴文比较研究》，华东师范大学出版社，1988 年。

⑬ 喻遂生：《纳西东巴字的异读和纳汉文字的比较研究》《纳西东巴字、汉古文字中的“转意字”和殷商古音研究》《甲骨文、纳西东巴文的合文和形声字的起源》《汉古文字、纳西东巴字注音式形声字比较研究》，4 篇论文收入《纳西东巴文研究丛稿》，巴蜀书社，2003 年。《从纳西东巴文看甲骨文研究》收入《甲金语言文字研究论集》，巴蜀书社，2002 年，第 224—234 页。

⑭ 白庚胜、和自兴：《玉振金声探东巴：国际东巴文化艺术学术研讨会论文集》，社会科学文献出版社，2002 年。

东巴文会意字比较研究初探》[①]、张毅《甲骨文与东巴文兵器用字比较研究》[②]、甘露《甲骨文与纳西东巴文农牧业用字比较研究》[③]、邹渊《甲骨文与纳西东巴文器物字比较研究》等[④]。

东巴文和水文比较的成果有:《东巴文与水文象形字的比较研究》[⑤]《东巴文与水文比较研究》[⑥]。和彝文比较研究的成果有:《汉字、彝文、东巴文文字起源神话比较研究》[⑦]《彝文东巴文形义比较研究》。此外还有东巴文和玛雅文、东巴文和楔形文字、巴蜀符号、达巴文、玛丽玛莎文的比较成果。

9. 心理学认知学方面的研究

东巴文在心理认知方面的研究主要集中在张积家老师的团队中,主要的成果有《纳西东巴文字性质研究进展和新视角》[⑧]《从认知角度探查纳西东巴文的性质》[⑨]《英文词、汉字词、早期文字和图画的认知加工比较》[⑩]《纳西象形文字识别中的形、音、义激活》[⑪]《结合东巴文学习汉字对幼儿汉字字形记忆的影响》[⑫]《内隐学习中东巴文促进幼儿汉字字形记忆的研究》[⑬]等。

---

① 范常喜:《甲骨文纳西东巴文会意字比较研究初探》,硕士学位论文,西南师范大学,2004年。

② 张毅:《甲骨文与东巴文兵器用字比较研究》,《现代语文(语言研究版)》2010年第1期。

③ 甘露:《甲骨文与纳西东巴文农牧业用字比较研究》,《大理师专学报》2000年第1期。

④ 邹渊:《甲骨文与纳西东巴文器物字比较研究》,《绵阳师范学院学报》2009年第12期。

⑤ 董元玲:《东巴文与水文象形字的比较研究》,《中国科教创新导刊》2011年第13期。

⑥ 邓章应:《东巴文与水文比较研究》,人民出版社,2015年。

⑦ 朱建军:《汉字、彝文、东巴文文字起源神话比较研究》,《云南社会科学》2007年第4期。

⑧ 谢书书、张积家:《纳西东巴文字性质研究进展和新视角》,《华南师范大学学报(社会科学版)》2008年第3期。

⑨ 谢书书、张积家、岑月婷、周宇婷:《从认知角度探查纳西东巴文的性质》,《华南师范大学学报(社会科学版)》2014年第4期。

⑩ 张积家、王娟、刘鸣:《英文词、汉字词、早期文字和图画的认知加工比较》,《心理学报》2011年第4期。

⑪ 张积家、和秀梅、陈曦:《纳西象形文字识别中的形、音、义激活》,《心理学报》2007年第5期。

⑫ 王娟、张积家、谢书书、袁爱玲:《结合东巴文学习汉字对幼儿汉字字形记忆的影响》,《心理学报》2011年第5期。

⑬ 王娟、张积家、谢书书、袁爱玲:《内隐学习中东巴文促进幼儿汉字字形记忆的研究》,《心理科学》2013年第1期。

10. 东巴文的数字化

东巴文数字化是近二十年来一个新的研究方向。随着计算机的普及,进入 21 世纪初,这种技术被大规模运用到东巴文研究中来。主要以华东师范大学中国文字研究与应用中心为代表阵地。自 2003 年开始,王元鹿申请到一系列民族古文字的数据库建设项目:“中华民族古文字资料库与电子辞典”“中国文字数字化工程——中文信息化补缺建设”“古汉字与其他民族古文字同义比较研究”“汉字与南方民族古文字关系研究”“中华民族早期文字资料库与《中华民族早期文字同义对照字典》”。以上各个项目基本上都是以资料库为最后成果或主要操作手段的。数据库的基础建设,为东巴文定量和穷尽性的研究提供了保障。

2010 年以后,随着技术的更新,人工智能的方法进入东巴文研究,代表人物是徐小力团队。他们发表了《东巴象形文字识别方法》①《基于拓扑特征的纳西东巴文象形文字输入方法研究》②《基于遗传算法的纳西东巴文化传承趋势研究》③等。

除此以外,东巴文的书法、艺术、审美、文创、学术史的研究也层出不穷。

五、纳西东巴文研究未来展望

东巴文的研究已有一百多年的历史,进入新千年后东巴文的研究逐渐有了以下新趋势。

第一,东巴文的研究资料从字典研究逐渐转向东巴经原典研究,不再受到材料的局限。

第二,东巴经的取材从局部区域走向世界。东巴文研究使用文献经典之后,主要以《纳西东巴古籍译注全集》为主。田野调查的发现以及国外东巴经的刊布,东巴经可使用的范围越来越广,逐渐突破了《纳西东巴古籍译注全集》的局限。

第三,东巴经的释读达到一定量的时候,量变将产生质变,将有更细致更全面的东巴文大字典、纳西语词典的问世。

---

① 杨萌、徐小力、吴国新、左云波:《东巴象形文字识别方法》,《北京信息科技大学学报(自然科学版)》2014 年第 3 期。

② 王海燕、王红军、徐小力:《基于拓扑特征的纳西东巴文象形文字输入方法研究》,《中文信息学报》2016 年第 4 期。

③ 毕浩程、蒋章雷、吴国新、刘秀丽、徐小力:《基于遗传算法的纳西东巴文化传承趋势研究》,《北京信息科技大学学报(自然科学版)》2020 年第 6 期。

第四,东巴文、东巴经的持久和深入发展,必要依托语言、文化、宗教、人工智能等跨学科的研究。

第五,东巴文研究方法从文字文献分析走向田野调查,从普通的小量分析走向大数据分析的方式。

第六章

汉字文化圈

第一节

日本的汉字与假名

一、定义

如今在日本人的日常生活中使用的文字种类有汉字、平假名、片假名、罗马字、阿拉伯数字等。汉字根据其出处可分为汉字(狭义)和国字,其中国字是指日本创制的汉字,意指在中国没有相同的字体的汉字。国字亦叫作和字、日本制汉字。

而国训是指中国有相同字体的汉字。它分为中国汉字的字义在日本发生变化的情况和虽然是日本制汉字但是其字体偶然与中国既存汉字相一致(同字体冲突)的情况。国训亦称作日本制字义。为了判定是否是国训,有必要从社会和文化的视角编辑汉字志。在中日两国,汉字的词性发生变化的情况,一般不视为国训。此外,汉字的发音除了吴音、汉音、唐宋音之外,还有惯用音。

圈定日常使用的汉字范围的内阁"告示 · 训令"的《常用汉字表》中有 2 136 字,其中日本制汉字仅为"込""働""峠""枠"等 10 字。而 1 万字左右的《JIS 汉字》的第 4 水准汉字中,除了"人名用汉字"之外,还收录了在普通书籍、文艺作品、专业书籍和历史文献中出现的用于日本制汉字与固有名词的 100 多个日本制汉字。

即便在总务省的"住基统一文字"、法务省的"户籍统一文字"当中,也没有网罗住民基本情况登记册、户籍和土地登记册中使用的日本制汉字,对这些汉字的调查还在进行中。《大汉和辞典》《今昔文字镜》和《统一码》同样如此。

方言汉字是指带有地域性特征的汉字字种、字体,也包括带有地域特色音训的汉字。它与文字的出处无关,是一个共时的概念,在日本使用的方言汉字有日本制、中国制的,还有朝鲜制的。在其他国家见不到的典型的方言汉字有“垳”(日语读音为:がけ 埼玉县——笔者注)、“椥”(日语读音为:なぎ 京都府——笔者注)等,其中也有广为人知的“大阪”的“阪”、“岐阜”的“阜”、“渋谷”的“渋”等汉字,这些汉字包含中国汉字的用法。

在假名中,删除汉字表意性用法的称作“万叶假名”。它是假借的一种,包含相对固定的情况与随机性的情况。例如万叶假名保留汉字的读音,通过简化汉字的字体创制的表音文字叫作“假名”。不规范的假名叫作“变体假名”。假名可分为起源于草书的平假名与起源于楷书的片假名。片假名的雏形诞生于奈良时期,在公元800年左右形成于奈良的佛教界。平假名的雏形可见于奈良时期用万叶假名撰写的信件当中,比片假名诞生得稍微晚一些,并融入了美感要素。到了江户时代,新井白石等人开始在表记外来语时除了使用汉字和平假名之外,还开始使用了片假名。

本文将聚焦于日本制汉字、日本制字义、假名等问题,围绕近几年相对较新的研究成果展开论述。

二、研究历史

奈良时代就已有了收录“鞆”(日语读音为“とも”,武具之称)等日本制汉字的《杨氏汉语抄》。在此之前,就已出现“椿”“鵤”“欟”(“鵤”“欟”二字是与圣德太子相关的字,是以“鵃”“梘”为基础创制的)等日本制字义和日本制汉字。并且,这一时期出土了只列出日本制字义的字书木简(习书木简)。这种带有历史年轮的日本制汉字,如“标准化石”一般,可作为查明书写文献的年代与地域的资料。

从辞书和金石文、木简等的状况,可以判断出上述表记的制定是官方行为。早有人提出,天武朝的境部连石积等人编辑的《新字》44卷(682年)可能与官方有关。关于日本制汉字,引用《小学篇》(400字左右,包括日本制字义与汉字)和《临时杂要字》(同)而编撰的字书《新撰字镜》,还有引用如前所述的《杨氏汉语抄》和《和名类聚抄》等辞书之外,《江谈抄》中也有研究“榊”的痕迹。平安时期对日本制汉字的研究呈现出相对成熟的面貌。

中世期的《下学集》等辞书中出现了“倭字”(和字)等用词,手抄本中也出现了关于“畠”字的出处的见解。江户时代，新井白石在《同文通考》中，严格区分了“国字”与“国训”，对国字定义为：日本人创制，汉籍中没有，并且没有音读的汉字。在国学者们中间，如伴直方的《国字考》、冈本保孝的《倭字考》、木村正辞的《皇朝造字考》等专业书，虽然都是手抄本，但是已有聚焦于日本制汉字的研究成果。在随笔和杂记中，也有如黑川春村的《硕鼠漫笔》一样，带有汉字志色彩的记录。考证学者狩谷棭斋的《笺注和名类聚抄》中也能看到这些研究成果的一端①。

进入近代之后，日本国语学界受到重视音声语言的西洋语言学的影响，汉学研究逐渐消沉。虽然杉本孜和山田俊雄等人重整旗鼓，开始着手近代日本制汉字和文献中的日本制汉字的研究，一直为确立日本制汉字研究的地位而努力，但是目前为止学界还没有编撰该领域专业书籍的学者，语言学家中也没有以此为专业的学者，整体来说一般都止于兴趣范畴。

假名问题，从镰仓时代开始成为议题，《假名文字遣》等书目现世，并得到了歌道世界的重视。在平安时代末期，佛教界的宗派间开始推进了字体的统一，并逐渐大众化。

在江户时代，国学者们着手万叶假名的整理。他们推进了假名字源的探究，探索了上代特殊假名使用问题，以及分析了《万叶集》的表记法等。到了近代，在训点语研究中，大矢透、春日政治、筑岛裕等学者加速了假名历史相关的各种研究。

三、研究进展、基本材料

关于日本制字义，在《关于国训“宛”(日语读音为：あてる——笔者注)的成立问题——误用成为国训的一种情况》②中，揭示了从“充”变形为“宛”，并赋予“あてる”(汉语意思为：寄给——笔者注)训义的过程；在《国训成立的一种情况——关于偏旁添加字》③中，阐述了“偲”来源于“思”的汉字志，国字“働”则来

① 〔日〕笹原宏之：《日本的“佚存文字”——以狩谷棭斋的考证为中心》，《文献·文学·文化：中日古典学交流与融通工作坊论集·第一卷》，北京大学出版社，2022 年，第 387—407 页。

② 〔日〕乾善彦：《关于国训“宛”的成立问题——误用成为国训的一种情况》，《国语学》第一百四十七辑，武藏野书院，1986 年，第 1—13 页。

③ 〔日〕乾善彦：《国训成立的一种情况——关于偏旁添加字》，《国语学》第一百五十九辑，武藏野书院，1989 年，第 1—14 页。

源于“动”;乾善彦还发表了《国训“椦”(日语读音为:こしらふ——笔者注)的种种——从文字使用历史的一个视角》[1]。

高桥忠彦的《关于国训的构造——汉字的日本语用法(上)》《字音语的诸相——关于汉字的日本语用法(下)》[2]中,对日本制字义进行了详细的分类;高桥久子也以中世的文献、文书、辞书为材料,作了很多关于日本制字义和日本制异体字的研究[3]。此外,还有堀胜博研究“萩”“椿”等日本制字义的个别研究成果。

佐藤进等人为主编,高桥忠彦、高桥久子、笹原宏之为副主编的汉和辞典《汉辞海》[4]中,简洁地概述了关于汉字的日本用法的研究成果;佐藤稔的《难读的名字增加之原因》[5]中,论述了人名用汉字的训读历史与使用状况。

1990年,对日本制汉字来说是具有划时代意义的。学会机关刊物《国语学》第163号中,收录了笹原宏之的《国字与位相——对江户时代以降例子中的“个人文字”、“位相文字”、“狭义国字”的展开》[6]一文,文中第一次全面论述了日本制汉字,他根据使用阶层把文字分为4类,对“腺”“膵”“濹”三个汉字的历史从“个人文字”“位相文字”“狭义国字”的视角进行了阐述。

面向普通读者的研究书籍有小畑悦子的《日本人创制的汉字:国字的诸问题》[7]与菅原义三的《国字辞典》[8]。《国字辞典》中收录了被推测为日本制汉字的1 500余字。

此外,佐藤稔在《拟制汉字(国字)小论》[9]中,对日本制汉字进行了全方位的

---

① 〔日〕乾善彦:《国训“椦”的种种——从文字使用历史的一个视角》,《帝塚山大学日本文学研究》第19号,帝塚山大学,1988年,第45—60页。

② 〔日〕高桥忠彦:《关于国训的构造——汉字的日本语用法(上)》,《东京学艺大学纪要(第2部门人文科学)》第五十一辑,东京学艺大学,2000年,第313—325页;《字音语的诸相——关于汉字的日本语用法(下)》,《东京学艺大学纪要(第2部门人文科学)》第五十二辑,东京学艺大学,2001年,第293—303页。

③ 〔日〕高桥忠彦、高桥久子:《意思分类体辞书的综合研究》,武藏野书院,2021年。

④ 〔日〕户川芳郎监修,佐藤进、滨口富士雄:《全译汉辞海》,三省堂,2000年(第1版,已出第4版)。

⑤ 〔日〕佐藤稔:《难读的名字增加之原因》,吉川弘文馆,2007年。

⑥ 〔日〕笹原宏之:《国字与位相——对江户时代以降例子中的“个人文字”、“位相文字”、“狭义国字”的展开》,《国语学》第163号,1990年。

⑦ 〔日〕小畑悦子:《日本人创制的汉字:国字的诸问题》,南云堂,1990年。

⑧ 〔日〕菅原义三:《国字辞典》,东京堂,2017年。

⑨ 〔日〕佐藤稔:《拟制汉字(国字)小论》,《国语和国文学》1999年第5期。

论述。对个别汉字的论考亦相继出炉,如,乾善彦、森田亚也子的《国字“䶥(さやけし)”的种种》①、冈本和子的《关于“辻”字》②等。

笹原宏之《国字的位相与展开》③中,综合利用上述先行研究、第一手文献、未刊资料和最新的电子资料等,分析了日本制汉字与历史、社会和地域间的关系。该研究作为日本制汉字的专题研究,首次获得了金田一京助博士纪念奖、白川静纪念东洋文字文化奖。著书中对“腺”与“粁”等汉字进行了补充论考。

此外,民间的图版研的网络文章《为何用“瓦”表记重量单位“克”(承前)》④中,揭示了以“瓦”表记“克”与“加仑”的日本制字义的更古老的用例。这种知识的健全循环与更新非常重要。

民间研究社出版的大原望《和制汉字辞典》⑤中,收录了被推测为日本制汉字的3 000余字。该辞典对古辞书进行了收集与研究,并在网上将研究成果向一般民众开放,此举具有巨大的社会意义,但问题是,其对每个汉字的揭示与考证有即兴和肆意的情况,如,把单纯的异体字视为日本制汉字的情况很多。还有,已出售的影印版中,因为字体的原因,把表记“天桥立”的“䨺”误认为是“䨺”,从而致使“幽灵汉字”的产生与传播。

由世界文化社编辑部编辑、笹原宏之作序的《形象化的“国字”字典》⑥中,对每个日本制汉字提出了一般性见解。并且,笹原宏之在《日本制汉字“蛯”的出现及其背景》⑦与《“蛯”的使用分布的地域差与其背景》⑧中,以日本制汉字“蛯”(汉

① 〔日〕乾善彦、森田亚也子:《国字“䶥(さやけし)”的种种》,《国语词汇史的研究》第21辑,和泉书院,2002年。

② 〔日〕冈本和子:《关于“辻”字》,汉检汉字文化研究奖励赏,2006年。

③ 〔日〕笹原宏之:《国字的位相与展开》,三省堂,2007年。

④ 图版研:《为何用“瓦”表记重量单位“克”(承前)》,2022年1月16日(https://note.com/pict_inst_jp/n/neb16599282c3)。

⑤ 〔日〕大原望:《和制汉字辞典》,2015年2月(https://ksbookshelf.com/nozomu-oohara/WaseikanjiJiten/)。

⑥ 世界文化社编辑部:《形象化的“国字”字典》,世界文化社,2017年。(笹原宏之编撰序文)

⑦ 〔日〕笹原宏之:《日本制汉字“蛯”的出现及其背景》,《训点语与训点资料》第一百一十八辑,2007年,第14—29页。

⑧ 〔日〕笹原宏之:《“蛯”的使用分布的地域差与其背景》,《国语文字史的研究》第十辑,和泉书院,2007年,第245—266页。(这是在日本语学中,开拓文字研究领域的前田富祺主编的系列研究书籍)。

语意思为：虾)为例子，进行了“蛯”的表记志研究，文中把历史的变迁定位为时代差、地域变异视为地域差、社会变异视为集团差，明确了日本制汉字的研究意义。此外还有笹原宏之的元素汉字的研究[1]与社会语言视角的研究[2]、安冈孝一的文字统一编码研究[3]、大居司的文献研究[4]，这些学者对汉字的考证工作作出了贡献。

如上所述，若想理解每个文字的各种意义和价值，不仅需要一般语言学的知识，还需要导入社会语言学的视角。菊地恵太在《和制汉字(国字)、和制异体字研究的概况》[5]中，总结了关于日本制汉字和日本制异体字的研究情况。

日本语学会中汉字研究也逐渐兴盛，在2018年设立的日本汉字学会中关于汉字的研究逐渐增多。但是，对每一个日本制汉字的出处、发展演变过程与总体状况的研究，即便在日本语学界与汉字学界也非常少。在网络中公开该领域调查结果的主要是自由学者，期待他们在刊物上正式发表其研究成果。

笹原宏之提出了“佚存文字”这一术语，并对它的实态进行了考察。此外，自由研究者竹泽雅文在《首次用“鰮”表记沙丁鱼的国家是日本吗?》[6]中，记述了中日汉字志，提出了“鰮”有可能曾是中国的方言汉字的论说，只可惜该论文欠缺对如加纳喜光等学者以近现代视角在该领域先行研究成果的引用。

美国学者米斯克·马修·约瑟夫在《汉字对和语的影响——以“写”字与“うつす”关系为例》[7]中，对因汉字的字义而发生变化的日本词的日本制字义进行了实证研究，成就显著。

---

① 〔日〕笹原宏之：《元素汉字的研究》，2020年6月15日(https://www.kojundo.blog/kanji/3108/)。

② Sasahara Hiroyuki: "Chinese Characters: Variation, Policy, and Landscape", *Handbook of Japanese Sociolinguistics*, Berlin, Boston: De Gruyter Mouton, 2022.

③ 〔日〕安冈孝一：《新常用汉字与人名用汉字：限制汉字的历史》，三省堂，2011年。

④ 〔日〕大居司：《依据篇韵贯珠集、篇韵拾遗的疑难字考释》，《日本汉字学会报》2019年第1期。

⑤ 〔日〕菊地恵太：《和制汉字(国字)、和制异体字研究的概况》，《日本语学》第38辑，明治书院，2019年，第32—41页。

⑥ 〔日〕竹泽雅文：《首次用“鰮”表记沙丁鱼的国家是日本吗?》，《日本汉字学会报》2021年第3期。

⑦ 〔美〕米斯克·马修·约瑟夫：《汉字对和语的影响——以“写”字与“うつす”关系为例》，《汉字教育研究》2009年第10期。

根来麻子在《关于谦让语“タマフ(下二段)”的表记“食”》[①]中,论述了“食”在上代的用法。

关于惯用音的研究有,如鸠野惠介的《汉和辞典中的惯用音的规范》[②]等几个论考。不同的汉和辞典对日本制汉字的认定标准都有差别,有必要基于沼本克明的《对日本汉字音的历史研究:关于体系与表记问题》[③]、小仓肇的《日本吴音的研究》[④]《基于日本吴音的研究(续)》[⑤]、佐佐木勇的《关于平安镰仓时代的日本汉音的研究》[⑥]、冈岛昭浩的《唐音语存疑》[⑦]等先行研究,进行扎实的查证。

假名研究从江户时代开始盛行,在《同文通考》中也记载了新井白石等人关于假名的字源解释。进入近代以后,上述训点研究中,片假名的字形研究进展尤为显著。随着小林芳规等学者们的独创性研究,片假名的诞生与朝鲜的口诀之间的关系逐渐变得清晰。

四、研究热点及研究的相关问题

目前为止的研究历史证明,汉字的创制与使用历史随着更多资料的发掘,有些真相才逐渐浮出水面。研究的历史也是这么推进的,但这些研究与江户时代的国学者们彻底调查文献的做法相比,因为资料散佚的缘故,略有逊色。

关于日本制汉字的字志记述的研究正在逐步推进。尽管有待调查的工作量非常庞大,但是研究者的数量远远不够。笹原宏之一直在推进自己所提倡的包含汉字志、表记志在内的研究。如前所述,在汉字研究领域,动态文字学的研究逐渐扎根,并不断地推进。上述研究成果,不仅与日本语学和汉字学相关,还与社会语言学密切关联。并且,这些研究成果还曾在公益财团法人日本罗马字社的刊物《语言与文字》上发表过,该杂志并非是倾向于罗马字专用论的杂志,它一直在刊

---

① 〔日〕根来麻子:《关于谦让语“タマフ(下二段)”的表记“食”》,《日本汉字学会报》2021年第3期。

② 〔日〕鸠野惠介:《汉和辞典中的惯用音的规范》,《语文》第九十一辑,2008年,第35—46页。

③ 〔日〕沼本克明:《对日本汉字音的历史研究:关于体系与表记问题》,汲古书院,1997年。

④ 〔日〕小仓肇:《日本吴音的研究》,新典社,2005年。

⑤ 〔日〕小仓肇:《日本吴音的研究(续)》,和泉书院,2014年。

⑥ 〔日〕佐佐木勇:《关于平安镰仓时代的日本汉音的研究》,汲古书院,2009年。

⑦ 〔日〕冈岛昭浩:《唐音语存疑》,《文献探究》1990年第25号。

载有关日本文字的理想状态的论考。

今后有必要就社会文化环境、人、文字、媒体传播的实态、资料与地域的定位问题,做进一步研究。如,有必要查证发音与语法、词汇当中的因素是什么,在什么样的情况下与文字交融。此外,对文字创作者与使用者的意识问题的历史调查还不充分,方法论也处于有待开发的阶段。汉字的位相,即因社会集团的不同,汉字的字种、字体、音义方面产生差异的研究正在盛行,并取得了长足的发展。

包含合字在内的汉字研究也在日本语学、东洋医学等各种领域展开。关于医学用语的用字方面,佐藤贵裕在《医家、田代三喜的造字——附京都大学富士川文库本〈百一味作字〉影印》[①]和《田代三喜作字资料〈三帰一流〉影印》[②]中,论考了在近世、近代中医学领域的"一字铭"问题;此外,医师西岛佑太郎不断地推进医学界的造字实态的研究,并在网络上公开了自己的成果。西岛佑太郎的《医学领域汉字的不可思议用法》[③]中略记了汉字在社会中作为暗号发挥的作用。

对于"膣""腟"的日本制字义(传自中国),有久具宏司的《在医学界用"腟"表记"膣"的奇特用法》[④]等论考;西岛佑太郎则在《医学用词"膣""腟"的诞生和混用》[⑤]中,对这二字的历史演变作了详细的论证。

关于个人文字的造字问题研究有,西岛佑太郎的《海上随鸥的造字法》[⑥](海上随鸥:兰学者——笔者注)。关于个人文字的日本制字义的研究有,西岛佑太郎的《关于野吕天然的医学用语中的汉字"转用"问题》[⑦],他的研究使险些在历史中埋没的个人行为重见天日。

---

① 〔日〕佐藤贵裕:《医家、田代三喜的造字——附京都大学富士川文库本〈百一味作字〉影印》,《国语文字史的研究(九)》,和泉书院,2006年,第132—161页。

② 〔日〕佐藤贵裕:《田代三喜作字资料〈三帰一流〉影印》,《岐阜大学国语国文学》第三十四辑,2008年,第25—47页。

③ 〔日〕西岛佑太郎:《医学领域汉字的不可思议用法》(https://kanjibunka.com › rensai › yomimono-7863)。

④ 〔日〕久具宏司:《在医学界用"腟"表记"膣"的奇特用法》,《日本汉字学会报》2019年第1期。

⑤ 〔日〕西岛佑太郎:《医学用词"膣""腟"的诞生和混用》,《医谭》复刊第112期,2020年。

⑥ 〔日〕西岛佑太郎:《海上随鸥的造字法》,《日本汉字学会报》2020年第2期。

⑦ 〔日〕西岛佑太郎:《关于野吕天然的医学用语中的汉字"转用"问题》,《日本汉字学会报》2021年第3期。

西岛佑太郎在《汉检汉字文化研究奖励奖　最优秀奖　日本语医学用语的读法的多样性与标准化——以“楔”字为例》[①]中，明确了“楔”字在医学用语中，派生出字典中没有的惯用音的实态。韩国学者成明珍在《关于日中韩三国的专门用语中的词汇、文字的研究——以医学、化学领域的汉字、汉字词为中心》[②]中，对日中韩三国的医学用语、化学用语中的汉字进行了比较，揭示了三国用字的一致度低的实况，她指出这源于日本制汉字与日本制字义。山本早纪在《关于音乐领域用词“嬰”的历史变迁》[③]中，通过文献指出“嬰”字可能是中世期的假借字，并探究了真相。

关于日本制异体字的研究不断推进。北京师范大学的沈涵，通过对江户时代的《异体字弁》的研究，2021 年在中国获得了博士学位，该研究用实证法揭示了《异体字弁》不仅收录了《字汇》，还收录了日本异体字的事实。山下真里在《关于“広”的字体——简体字的出现时期及其要因》[④]中，专门探索了明治初期的矿山文书，并提出了把“廣”简化为“広”字的这一日本特有的的异体字，是源于把“鑛”简化为“鉱”的矿山社会的观点。她开拓了用田野调查法调查文学以外的文献研究的方法，并把简体字定位于位相文字，其意义深远。

同为东北大学出身的菊地恵太在《简体字的成立与扩大使用的一侧面——以“积”的偏旁“尺”为例》[⑤]及《利用叠用符号的略体字的成立与展开》[⑥]中，从位相视角对中世期以降的日本特有的简体字进行了实证，并把这些研究总结为《日本简体字史论考》[⑦]。

① 〔日〕西岛佑太郎：《汉检汉字文化研究奖励奖　最优秀奖　日本语医学用语读法的多样化与标准化——以“楔”字为例》，《汉字文化研究》2014 年第 5 期，第 7—56 页。

② 〔韩〕成明珍：《关于日中韩三国的专门用语中的词汇、文字的研究——以医学、化学领域的汉字、汉字词为中心》，博士学位论文，早稻田大学，2014 年。

③ 〔日〕山本早纪：《关于音乐领域用词“嬰”的历史变迁》，《早稻田日本语研究》第三十辑，2021 年，第 79—90 页。

④ 〔日〕山下真里：《关于“広”的字体——简体字的出现时期及其要因》，《汉字文化研究》2011 年第 1 期。

⑤ 〔日〕菊地恵太：《简体字的成立与扩大使用的一侧面——以“积”的偏旁“尺”为例》，《训点语与训点资料》第 136 辑，2016 年，第 102 页。

⑥ 〔日〕菊地恵太：《利用叠用符号的略体字的成立与展开》，《日本语的研究》第十四辑第 2 期，2018 年，第 101—117 页。

⑦ 〔日〕菊地恵太：《日本简体字史论考》，日本语学会论文赏业书 2，武藏野书院，2022 年。

从文字地理学视域考察日本制汉字和异体字的研究也在盛行。其实该视角的研究早在江户时代就已开始，日本语学者和方言学者们当中出现了如柴田武的《方言论》[①]一样基本成形的考察。平山辉男、田中ゆかり的《日本语言系列14：神奈川县的恕言》[②]中，收录了田中对神奈川县内的方言汉字“墸”的分布情况的先驱性论说与分布图的论文。

自笹原宏之的《日本的汉字》[③]《国字的位相与展开》[④]《方言汉字》[⑤]《神秘的汉字：查找由来与变迁》[⑥]等一系列研究以降，方言汉字中的日本制汉字的研究也在推进。笹原宏之的《日本制汉字的地域分布》(*The Regional Distribution of Japanese Kanji*)[⑦]，论文中论述了日本制汉字的周圈型、东西对立型、孤岛型的分布情况，用文献中的实例论述了日本制汉字分布形成的历史过程。

由于对每一个方言汉字的坚持不懈探讨与不断公开发行研究成果，日本媒体也开始关注日本方言汉字。日本各地关于方言汉字的报告在网络上逐渐增多，在埼玉县与市民共同召开的方言汉字会议(笹原宏之担任顾问)中也成为议题。由笹原宏之作为主编编辑的日本首部《方言汉字辞典》已经出版[⑧]。

关于方言汉字的研究成果也在增加，毕业于北海道大学的冈墙裕刚发表了《关于静冈县函南町的方言汉字“函”的研究》[⑨]，他的成果补充了笹原宏之原有的调查。此外，他还发表了《关于神户市须磨区的方言汉字“磨”的研究》[⑩]等论文，论文中从历史视角用照片的形式，对异体字的最新使用情况进行了汇总。

毕业于早稻田大学的佐佐木绘美在《关于北海道函馆市旧椴法华村的“椴”字

---

① 〔日〕柴田武：《方言论》，平凡社，1988年。

② 〔日〕平山辉男、田中ゆかり：《日本语言系列14：神奈川县的恕言》，明治书院，2015年。

③ 〔日〕笹原宏之：《日本的汉字》，岩波书店，2006年。

④ 〔日〕笹原宏之：《国字的位相与展开》，三省堂，2007年。

⑤ 〔日〕笹原宏之：《方言汉字》，角川GROUP PUBLISHING，2013年。

⑥ 〔日〕笹原宏之：《神秘的汉字：查找由来与变迁》，中央公论新社，2017年。

⑦ 〔日〕笹原宏之：“The Regional Distribution of Japanese Kanj”, *Journal of Chinese Writing Systems*, 2022(2).

⑧ 〔日〕笹原宏之：《方言汉字辞典》，研究社，2023年。

⑨ 〔日〕冈墙裕刚：《关于静冈县函南町的方言汉字“函”的研究》，《神户女子大学文学部纪要》第50辑，2017年，第9—21页。

⑩ 〔日〕冈墙裕刚：《关于神户市须磨区的方言汉字“磨”的研究》，《神户女子大学文学部纪要》第51辑，2018年，第1—15页。

表记的考察》①中，解明了"椴"字的"トド"（汉语意思为：库页冷杉——笔者注）这一日本制字义的使用实态。自由学者塚田雅树一直在调查小巷层面的地名用字，《"作畬（さくがあらく）"考——关于出现在地形图中的小地名异体字的考察》②《出现在登记信息服务中的地名外字——以 Unicode 中没有的例子为中心》③中，广泛涉列了地名中的方言汉字，确立了细致探究的研究方法，取得了可喜的实证成果。

成为医生之前，西岛佑太郎着眼于方言汉字，发表了《关于"杁"字》④。相关研究还有当地使用"杁"字的居民发表的研究成果⑤。希望掌握丰富的方言汉字资料的当地人推进方言汉字的研究。

当山日出夫的《京都的"葛""祇"的使用实例与"JIS X 0213：2004"——基于非文献资料的考察》⑥，横山诏一、高田智和、米田纯子的《东京的山手与在葛饰、葛西的文字生活的地域差》⑦，也是着眼于当地附近地名用字的研究，文中论述了"祇"和"葛"的异体字使用状况，并对其进行了分析。后者在研究中尝试并开拓了使用者的意识层面的调查研究方法。

日本经济新闻社的小林肇在《从报纸用字外汉字之所见》⑧中，详细地分析了报纸中出现的姓名等报纸用字之外的汉字。小林在日本汉字能力检定协会网站上的连载《报纸汉字的种种 13：从"3.11"大地震所想到的人名用汉字》中，对日本

---

① 〔日〕佐佐木绘美：《关于北海道函馆市旧椴法华村的"椴"字表记的考察》，硕士学位论文，早稻田大学，平成 18 年度（2006 年）汉检汉字文化研究奖励奖。

② 〔日〕塚田雅树：《"作畬（さくがあらく）"考——关于出现在地形图中的小地名异体字的考察》，《日本汉字学会报》2019 年第 1 期。

③ 〔日〕塚田雅树：《出现在登记信息服务中的地名外字——以 Unicode 中没有的例子为中心》，《日本汉字学会报》2020 年第 2 期。

④ 〔日〕西岛佑太郎：《关于"杁"字》，《汉字教育研究》第 9 辑，公益财团法人日本汉字能力检定协会，2007 年，第 6—13 页。

⑤ 〔日〕白须大地：《关于爱知县的地域文字"杁""圦"》，《古文字资料馆》2017 年第 171 号，第 6—18 页。

⑥ 〔日〕当山日出夫：《京都的"葛""祇"的使用实例与"JIS X 0213：2004"——基于非文献资料的考察》，《信息处理学会研究报告（人文科学与电脑）》第五十七辑，2006 年，第 53—60 页。

⑦ 〔日〕横山诏一、高田智和、米田纯子：《东京的山手与在葛饰、葛西的文字生活的地域差》，《人文科学与电脑的专题 2006 论文集》，2006 年，第 379—386 页。

⑧ 〔日〕小林肇：《从报纸用字外汉字之所见》，《日本语学》2016 年第 6 号，第 14—22 页。

东北地方使用的“褜”(日语读音为:えな——笔者注)等字,也作了细致的调查。

奈良时代的汉字日本化的问题也成为学界关注的焦点。瀬间正之编的《“上代语言与文字”入门(上代文学研究法研讨会)》①中,介绍了濑间和笹原宏之等人的关于日本制汉字、日本制字义、异体字等领域的最新研究状况。中川ゆかり的《从“正仓院文书”溯源词汇世界》,进一步推进森博达研究的葛西太一的《日本书纪阶段编修论:从文体、注记、语法所见的多样性与多层性》等研究成果中,也涉列了日本制字义的内容。

奈良文化财团研究所构建了《历史文字数据库联合检索系统》②,该网站提供汉字资料中出现的汉字字形的横断面与纵断面,希望学者们能利用这样的研究成果进行研究。

朝鲜文字对古代日本产生了影响,这是毋庸置疑的事实。证明这一史实的,如关于“椋”等字的研究也在推进。但是,百济的木简中出现的如“白田”这样的文字,是否能够视为一个字“畠”,对此目前还处在讨论阶段。

日本史研究者有急于断定结论的倾向,对此有人指出其字义与“はたけ”(畑)不同,有必要全面考察作为文字资料的文字列全部、字之间的间隔、构成因素之间的关系、意思用法等各个层面。

从奈良时代到平安时代间,万叶假名、平假名、片假名是如何诞生的?关于假名问题,基于现存的资料,讨论进展得非常活跃。内田贤德、乾善彦编的《万叶假名与平假名:它们之间的连续性与间断性》③就是该领域研究的一大集成,文章汇集了诸多研究者的研究成果,彰显了现今假名领域的研究水平。

对万叶假名为首的奈良时代以前的表记问题,早稻田大学的泽崎文出版了《关于古代日本语中的万叶假名表记的研究》④之外,还在《关于〈万叶用字格〉中的用字法分类用语的再探讨》⑤中,对一直以来沿袭的万叶集的用字方法问题进行了逻辑推理,并进行了修正。奈良女子大学的尾山慎也不断推进实证研究和细致

① 〔日〕濑间正之:《“上代语言与文字”入门(上代文学研究法研讨会)》,花鸟社,2020年。

② 奈良文化财团研究所:《历史文字数据库联合检索系统》,2022年5月18日。

③ 〔日〕内田贤德、乾善彦:《万叶假名与平假名:它们之间的连续性与间断性》,三省堂,2019年。

④ 〔日〕泽崎文:《关于古代日本语中的万叶假名表记的研究》,塙书房,2020年。

⑤ 〔日〕泽崎文:《关于〈万叶用字格〉中的用字法分类用语的再探讨》,《早稻田大学日本语学会设立60周年纪念论文集(第1册):语言的结构》,HITSUJI书房,2021年。

的理论探索，并把研究成果总结为《二合假名的研究》《上代日本语表记论的构想》①。关于假名使用问题，斋藤达哉在其著作《国语假名表记史的研究》②中，从更广泛的视角对其进行了调查与分析，在此不详列。

从江户时代到明治时代，对如何统一平假名和片假名、假名活字的演变历程等问题，自由学者们也参与到其中，假名领域的真相亦不断地清晰化。钱谷真人在他的博士论文《近代活版印刷中的平假名字体的研究》③中，推进了关于版本的调查研究。冲森卓也、笹原宏之、常盘智子、山本真吾撰写的《图解日本文字》④中，山本真吾简单明了地总结了假名的历史。

假名合字能否视为汉字的问题，也有部分学者从文字论的视角进行了探讨。对1900年发布的《小学校令实行规则》也开始重新定位。值得一提的是，北海道大学出身的冈田一祐对"伊吕波假名"开展了实证性研究，并出版了《近代平假名体系的成立：明治时期的读本与平假名字体意识》⑤，填补了先前研究之空白。

五、未来展望

日本语学会编辑的《日本语学大辞典》⑥，2018年由东京堂出版社发行，其中专设了"国字"专栏（由笹原宏之撰写）。成立第六年的日本汉字学会也开始编撰术语辞典，再次展现了当今的研究现状与水准。

关于上代汉字，笹原宏之、泽崎文编辑了《上代文献与汉字》⑦，文章中从多角度对日本汉字和假名进行了查证。

研究者们应利用出土物、未发掘的资料，发表新的研究成果。矢田勉的《日本

---

① 〔日〕尾山慎：《二合假名的研究》，和泉书院，2019年；《上代日本语表记论的构想》，花鸟社，2021年。

② 〔日〕斋藤达哉：《国语假名表记史的研究》，武藏野书院，2021年。

③ 〔日〕钱谷真人：《近代活版印刷中的平假名字体的研究》，博士学位论文，早稻田大学，2018年。

④ 〔日〕冲森卓也、笹原宏之、常盘智子、山本真吾：《图解日本文字》，三省堂，2011年。

⑤ 〔日〕冈田一祐：《近代平假名体系的成立：明治时期的读本与平假名字体意识》，文学通信，2021年。

⑥ 日本语学会：《日本语学大辞典》，东京堂出版社，2018年。

⑦ 〔日〕笹原宏之、泽崎文：《上代文献与汉字》，《日本文学研究专刊》（古典丛书）2022年第24号，第9—24页。

语学会的社会作用与〈日本语学大辞典〉：对公共知识〈日本语学大辞典〉的期待》①中，为坊间的日本语论与日本语研究成果之间的偏离现象敲响了警钟。此外，也有人指出学会杂志中的有些书评不符合实际情况，成为议题②。在日本汉字与假名问题上，也需要这种建设性意见与健全的相互批判，这样才能使研究可持续发展。

在网上，可以看到民间人士对日本汉字与假名进行调查研究的零星成果。其中虽然不乏利用不断发展的电子资料作出优秀研究的人士，亦有学术素养缺失的井底之蛙，还有不少自由学者隐身于网络之间。网络社会的匿名特点，再加上相互间联系的稀疏，致使自由学者的研究水平还没有学界那样成熟，希望这些研究者能汇入到学会当中。

在网上虽然有很多信息，但是鱼龙混杂。例如，“あまのはしだて”（京都的地名“天桥立”的读音）的错误信息在网络扩散。笹原宏之的《对表记京都“天桥立”的日本制汉字的展开与背景——以“[illegible]”“[illegible]”为中心》③中，在消除了坊间误解的同时，还揭示了受到道教影响的神道的符与连歌师介入地名汉字历史的事实。

笹原宏之的《一个非会意国字的消长——以“[illegible]”为中心》④中，可以了解到被推测为日本制汉字的渊源中，存在着中国与日本的信仰要素。今后的汉字研究需要进一步加强国际化与跨学科化。

在中国，何华珍等学者积极推进着包括日本在内的汉字圈地区的异体字与造字的研究，已有丰富的研究成果；此外洪仁善的《战后日本的汉字政策研究》⑤与潘钧的《日本汉字的确立及其历史演变》⑥等也进行了概括性的研究；韩国檀国大

---

① 〔日〕矢田勉：《日本语学会的社会作用与〈日本语学大辞典〉：对公共知识〈日本语学大辞典〉的期待》，《日本语的研究》2020 年第 1 号。

② 〔日〕佐藤贵裕：《书评的规则——读完“今野真二氏‘〔书评〕佐藤贵裕的《〈近世节用集史的研究〉’之感”》，《日本语的研究》2021 年第 1 号，第 19—26 页。

③ 〔日〕笹原宏之：《对表记京都“天桥立”的日本制汉字的展开与背景——以“[illegible]”“[illegible]”为中心》，《日本语文字论的挑战：为思考表记・文字・文献的 17 章》，勉诚出版社，2021 年，第 292—343 页。

④ 〔日〕笹原宏之：《一个非会意国字的消长——以“[illegible]”为中心》，《国语文字史的研究》第 15 号，和泉书院，2016 年，第 65—83 页。

⑤ 洪仁善：《战后日本的汉字政策研究》，商务印书馆，2011 年。

⑥ 潘钧：《日本汉字的确立及其历史演变》，商务印书馆，2013 年。

学的李建植也发表了诸多关于韩国制汉字与日本制汉字的比较研究的论著;俄罗斯安娜·沙尔科在早稻田大学提交的博士论文中,通过对公文书的发掘,把“露”字在日本作为俄罗斯之意使用的契机论证得更加清晰。

2019年,日本汉字学会在东京大学召开了以“关于日本制汉字与其他国家和地区造字的比较研究”为主题的研讨会。在研讨会中,不仅涉及了单个文字的研究,还涉及了比较文字学、对照文字学层面。作为其研究成果,2022年刊行了《汉字系文字的世界:字体与造字法》①,其中刊载了关于通过文献对汉字字体使用地域性问题的历史过程进行解明、类型化与比较的论文。今后关于文字地理学方面的研究也值得期待。

“屎”与“𩛰(うしのあつもの)”在小林龙雄的《字体与字形之间——以文字信息基础整备事业为例》②中,被推测为日本制汉字。对此,笹原宏之在《被误认为是国字(日本制汉字)的唐代汉字——关于佚存文字的考察》③中,通过对诸多文献的调查查明,前者其实是唐代前后的佚存文字、后者是“臇”的拆字的事实,因此对后者的汉字字符编码标准化的必要性也存有疑问,今后把汉字纳入字符编码标准之际,应事先做好充分的文字研究。

此外,“串”“鲍”在日中韩哪个国家被赋予“クシ”(汉语意思为:扦子)、“アワビ”(汉语意思为:鲍鱼)字义的问题,从现状来看很难定论。对此,笹原宏之在《“串”字探源——以“串”表扦子之意为中心》④《汉字圈里的造字与传播——以“鲍·蚫”为中心》⑤中,通过文献,从纵向和横向的视角进行了查证,该研究结果对仅凭部分辞书就轻易下定论的做法提出了警示。

笹原宏之查证了出处不明的“呎”是明治初期的日本制汉字的事实,并指出应

① 〔日〕荒川慎太郎:《汉字系文字的世界:字体与造字法》,日本汉字学会编,吉川雅之主编,花鸟社,2022年。

② 〔日〕小林龙雄:《字体与字形之间——以文字信息基础整备事业为例》,《情报管理》第58卷第3期,2015年。

③ 〔日〕笹原宏之:《被误认为是国字(日本制汉字)的唐代汉字——关于佚存文字的考察》,《东亚语言接触研究》第五十一辑,关西大学东西学术研究所研究业刊,2016年,第1—39页。

④ 〔日〕笹原宏之:《“串”字探源——以“串”表扦子之意为中心》,《中国文字研究》第二十一辑,上海书店出版社,2015年,第219—229页。

⑤ 〔日〕笹原宏之:《汉字圈里的造字与传播——以“鲍·蚫”为中心》,《汉字研究》第七辑,韩国庆星大学韩国汉字研究所,2012年,第131—162页。

对江户时代狩谷棭斋的《笺注和名类聚抄》中关于被推测为日本制汉字的论述部分进行补充说明，该研究已口头发表，并总结成论文①。对被推测是日本制汉字的“䋨”，笹原宏之解明了该字是越南的字喃流入日本后变质的事实②。

日本制汉字在中国的传播历史至少在明代就可见，虽然在近代使用率高的“働”“膵”“粁”等汉字已经被废除，但是，“腺”“鱈”“呎”等汉字，已完全融入到中国社会，被误认为是本土汉字。并且，近年来，固有名词“畑”“辻”“笹”“雳”“凪”等汉字也在中国的部分领域传开。对这些汉字的发音还没有规范，例如“笹”字的读音是“shì”还是“tì”（从“屉”类推）还在摇摆。随着流行文化在网络上传播，以固有名词为中心的日本制汉字的传播也将持续。

因为每个中日两国汉字的变迁都需要繁琐的实证考察，因此研究日本制汉字与日本制字义的学者目前并不多，但是聚焦于不同文献及其不同版本，以及特定领域的调查研究今后也会逐渐展开。

此外，关于万叶假名演进到平假名、片假名的过程，随着更多的出土物的增多会不断被阐明。关于近世、近代假名字母与字形的消长与收缩的研究，已有很多年轻的研究者参与其中，因此诸多问题会变得更加清晰。如同矢田勉的《国语文字・表记史的研究》③一样，俯瞰整体框架，进而加以具体研究和论述的方法也可借鉴。

希望汉字和假名的发展史、交流史研究，能够站位于国际化视野，在利用纸媒的同时，最大限度地利用电子信息，以全面掌握资料为前提，在全世界范围内开展。

---

① 〔日〕笹原宏之：《表码磅衡量制汉字、国字的诞生与在日中两国的传播——以英系衡量制“码”“磅”“吨”“哩”“呎”“吋”为中心》《Understanding Regional Dynamics in Asia-Pacific》，早稻田大学出版部，2022 年，第 243—259 页；《创于六朝・隋唐时期存迹于日本的“佚存文字”》，《中国古典学》（出版中），北京大学。

② 〔日〕笹原宏之：《用借用于日本语与中国语的字喃所表记的越南语：关于被辞典所采用的“䋨”在汉字圈中的传播与变迁的汉字志》，《早稻田大学日本语学会设立 60 周年纪念论文集：语言的结构》（第 1 册），HITSUZI 书房，2021 年，第 55—70 页。

③ 〔日〕矢田勉：《国语文字・表记史的研究》，汲古书院，2012 年。

第二节

韩国的汉字使用

韩国目前使用的语言是韩国语。韩国语词汇由韩国原本拥有的固有语、由汉字组成的汉字语、从外国引进后逐渐本地化的外来语组成。为了用字母表达这三种词汇,韩国目前正在使用五百多年前在韩国创造的韩文(谚文)。目前以韩文为官方文字,但在现实生活中,由于汉字语的比例相当高,因此为了有效表达经常使用汉字。

由此,本文将全面考察韩国最早使用汉字的时间、当前的使用程度、学校教学用汉字数量、使用汉字的"借字使用法"、韩国创制的汉字和中国使用的汉字之间的差异。

一、汉字的传入

关于汉字是何时传入韩国的,目前还没有人能作出准确的回答。之所以很难说出确切的时间,是因为汉字是文化的产物,而文化产物的传播一般认为是逐渐形成的,而不能断定地说它是在某一年传播的。

由于没有对汉字传入时间的记录,想要了解它,我们只能通过揭示中韩之间发生交流的时间和类型来推测汉字的传入过程。

流传至今的韩国汉字材料中,最古老、最完整的正是《高句丽广开土王碑》。据说此碑是他的儿子长寿王在广开土王死后的第二年,也就是公元 414 年制造的。通过此遗物的存在,我们可以了解到至少在广开土王生前韩国已经普遍使用汉字了。

虽然没有遗物,但在此之前,就有记录称,百济的阿直岐和王仁早在4世纪左右已经向日本提供了《论语》等许多书籍。由此我们可以推测,在朝鲜半岛最迟至4世纪以前已经存在相当水平的汉字文献,而这正说明汉字很早以前就已经传入了韩国。

那么,在此之前韩国与中国有多久的交流呢?历史告诉我们,公元前104年中国的汉武帝在韩国设立了汉四郡。在乐浪古遗址中发现的遗物中有西汉时期的漆器(公元前85年)和铜钟(公元前41年)。虽然最近对汉朝在朝鲜半岛设立汉四郡的真伪正在争论不休,但如果这是事实,那么很有可能汉字是这个时候引入韩国的。

说其根据,便是如下。汉朝在朝鲜半岛设置汉四郡的目的是为了统治朝鲜半岛,而为了统治,就需要上下沟通,沟通必然需要语言或文字。但是,在当时的汉朝已经使用了很长时间的汉字,统治者必定是以汉字为基础进行了统治。

当然,没有文字的种族也可以统治其他国家。然而,他们已经在使用汉字这种高级文化工具,因此他们在建立汉四郡时不使用汉字进行统治的可能性极小。由此看来,汉四郡的建立很自然地伴随着汉字的引入,在朝鲜半岛最迟也在那个时候开始使用了汉字。然而不幸的是,至今没有发现当时使用汉字痕迹的任何文物。

与汉字相关的遗物中,除《高句丽广开土王碑》外,还有其他文物。如果你去庆尚南道南海郡的锦山,就会看到在一个山谷的路边有一块刻着"徐市过此"的石头。相传,秦始皇为了永生不死,派一个名叫徐市的大臣带500名童男童女前往圣地,寻找不老草。于是,徐市一行来到在东方的济州岛,打听数地,正好听说这里有不老草,就来到了这里。徐市一行为了纪念自已的到来,在石头上刻下了四个汉字"徐市过此"。

如果这是真的,那么汉字传入韩国应该是在公元前220年前后的秦始皇时期,这比设立汉四郡的时间早了100多年。不过,这只是一个传说,并没有任何证据支持这一事实,而且虽说石头上刻下的文字确实是汉字,但尚不清楚这些汉字是不是"徐市过此"。还有,就算"徐市过此"四字清晰,也不能说是徐市一行刻的。理由是当时的秦朝盛行小篆和隶书,而这四个字不属于这两种字体。因此,极有可能是后人为了记录一个古老的传说而刻下的。因为韩国的海岸线中风景特别好的地方都为了更加美化壮丽景色流传着很多传说,比如说秦始皇为了寻找栖息在神圣地方的不老草,派他的大臣们到过那里。忠武海滩的海金刚、丽水海滩的白岛、西海岸的红岛等,都是保留着这种传说的地方。①

二、汉字使用初期的借字表记法

汉字传入韩国的初期是直接使用汉字的，但随着时间的推移，逐渐出现了一种将汉字与韩国固有的语言结合使用的方式,而不直接使用汉字。即制定了一种借用汉字的音和训来记录韩国语的表记法。这又称“借字表记法”或“汉字借字表记法”。该汉字借字表记法总括乡札、吏读、口诀、固有名词表记等。

借用汉字的方法,根据借用汉字的音和训中的哪一个而分为“音”和“训”,还根据是按照汉字的本意使用还是放弃本意只使用表音而分为“读”和“假”。然后结合这些方法，便得出如下借字体系。

① 音读字：把汉字读成音,还体现其本意而借用的借字。

② 音假字：把汉字读成音,但放弃其本意,只借用为表音字的借字。

③ 训读字：把汉字读成训,体现其本意而借用的借字。

④ 训假字：把汉字读成训,但放弃其意思,只借用为表音字的借字。

它们结合了表意文字性质和表音文字性质，因此借用为表意字的借字被称为读字，借用为表音字的借字被称为假字。借字中有介于读字和假字中间的部分，因此作为读字却具有假字性质的被称为“拟读字”，而作为假字却具有读字性质的被称为“拟假字”。

至于借字的表音,如果是音读字,就读成当时韩国的汉字音;如果是训读字,就读成韩国语的语型“训”。一个借字可以读成两个以上的训，两个以上的借字也可以读成一个训。比如,在《乡药救急方》中,“草”被读成“풀”和“새”,而“末”和“粉”都读成“ᄀᆞᄅᆞ”。

音假字也大体上读成当时的汉字音,但也有一些读成无法知道根源的俗音。比如,“省”读成“소”，这有可能是上一代的汉字音。再比如，“弥”在《乡药急救方》中也曾读成“미”，但传统上读作“며”，而“며”被推测为古代汉字音。

借字的连接规则是以语节为单位的，其前半部分表记为表示概念的音读字或训读字，而表示语法关系的后半部分则表记为音假字或训假字。即，具有“读字+假字”特征的表记结构。这个顺序在用字上特别明显。

① 〔韩〕李圭甲,《한자의 즐거움》，차이나하우스,2016 年,第 64—66 页。

借字表记法始于将地名、人名、国名及官名等表记为假字的固有名词表记。这来自于使用汉文假借字的方法。该表记法早已从韩国最古老的记录《高句丽广开土王碑》的碑文开始使用了。

从三国时期金石文上记录的汉文或出现在初期吏读文上的字，我们能够得以确认新罗、高句丽、百济使用了同一种文字。这些与中国人记录外来语时使用的假借字或日本的初期固有名词表记字大体上相同，从中我们可以看出这些国家的文字互相受到影响。但是早在6世纪的资料中已经使用了韩国固有的用法“训假字”，这一事实说明固有名词表记法已经实现了韩国化。下面简单了解一下代表借字表记法的吏读、口诀、乡札。①

1. 吏读

“吏读”是借用汉字的音和训来记录韩国语的表记法，这和“吏道、吏刀、吏头、吏吐”等是表示一样的意思，只是汉字不同而已。虽然“吏”与“胥吏”的“吏”的意思相同，但“读”却推测为是从“句读”的“读”演变而来的。如此看来，吏读则成了胥吏们使用的吏读文之“吐(助词)”。

从资料上看，吏读文体早在三国时代就开始发达，在统一新罗时代成立，一直传承到19世纪末。吏读文是汉文语法和韩国语语法混合的文体，有时汉文语法更强，有时韩国语语法更强，其程度不固定。吏读文体的这种特征是因为它起源于文书体。

关于吏读的创制者，早就有薛聪创制的记录，但实际上吏读这个借字表记法难以看作是由个人创制的。因此，与其说薛聪是首次创制吏读的，不如说是他整理了发展到当时的借字表记法，用韩国语注解并刻下了经书。

以整理吏读的文献而广为人知的有李义凤的《古今释林》中记载的罗丽吏读、李圭景的语录辩证说、作者不详的《吏文》《吏文大师》《吏文杂例》等。这些都是从17世纪到19世纪之间形成的，在吏读上用谚文注上了读音，可以让我们了解到吏读的读法。将吏读按功能分类，加上所推测到的读法和简单释义，介绍一部分如下。

将以上吏读表记的文字从借字体系来看可分为以下四类。

---

① 以上是概括并整理了“NAVER知识百科”“借字表记法”(韩国民族文化大百科、韩国学中央研究院)上的相关内容。

① 音读字：告目/고목，根脚/근각，衿記/짓긔，卜數/짐수。

② 训读字：進賜/나ᅀᆞ리，流音/흘림，所/바，事/일，矣身/의몸，望良/ᄇᆞ라。

③ 音假字：題音/뎨김，召史/조ᅌᅵ，役只/격기，矣身/의몸，亦/이，乙/(으)ㄹ，果/과，段/단。

④ 训假字：是/이，良中/아ᄒᆡ，以/(으)로，爲如/ᄒᆞ다，爲去等/ᄒᆞ거든，茂火/더브러。①

2. 口诀

“口诀”是指在汉文中加入“吐”阅读的韩国式汉文阅读法，还包括所读的内容。“口诀”一词可以看作是起源自“口授秘诀”，据推测是老师或大学者将自己掌握的经典内容传授给弟子，然后在一直传承下来的过程中出现了“口诀”一词。

口诀是随着汉文进入韩国后在进行系统学习的过程中发展起来的。高句丽的小兽林王二年(372)建立大学教育子弟，估计这时已出现了口诀。据推测，百济也在这个时候有了“博士”，所以也有了如同大学一样的教育机构，并据此可以推定这时已出现了口诀。新罗出现口诀的时间虽然比这些国家晚了一些，但新罗在真德女王五年(651)设立了“国学”，因此应该说当时已经形成了《经典》的口诀。因为这个时代的口诀是口传的，所以”吐”的表记法可能没有得以实现。

口诀字在新罗时代主要使用了借字(汉字)的正字体，但在高丽时代的《释读口诀》中却主要使用了略字。口诀字随着传承的时代的不同而变化，随着记载的文献资料的不同也有差异。从《华严经疏》之后到《瑜伽师地论》的口诀字来看，一个文献资料上使用了55个字左右，在此介绍其中的一部分如下所示。

八/只/ㄱ，기 艮/良/ᄀ厺/去/거 *ナ/在/겨 口/古/고。

入/果/과 *尔/彌/금 *十/中/긔 *言/這/ㅈ乛/隱/ㄴ。

乃/那/나 又/奴/노 *卜/臥/누 匕/尼/니 *飞/飛。

*斤/斤/ᄂᆞᆯ *丨/之/다 丁/丁/뎌 *彳/彼/뎌 刀/刀/도。

这些口诀字既有来自草书体的，也有来自楷书体的。笔画简单的借字按原字使用，但笔画多的口诀字却只取了正字的前半部分笔画或后半部分笔画。

---

① 以上有关吏读的内容是概括并整理了“NAVER知识百科”“借字表记法”(韩国民族文化大百科、韩国学中央研究院)上的相关内容。

“顺读口诀”是按照汉文的语序朗读汉文时,在相当于句读的地方加入“吐”来读的方法。在20世纪70年代发现“释读口诀”之前，只有这个口诀为人所知，所以一提到口诀就指这个口诀。后来确认高丽时代以前主要使用“释读口诀”后，将其称为“顺读口诀”。

顺读口诀是读诵汉文的同时也能理解其内容的读法,所以随着理解汉文水平的提高便得以发展。因此我们认为顺读口诀是在汉文得到广泛普及、其运用能力得到提高的12世纪前后开始发展起来的。[①]

3. 乡札

乡札是用借字完全记录三国时代韩国语的表记法。作为乡札的记录，流传至今的主要是乡歌。《三国遗事》中记录了相传源自三国时代和新罗时代的十四首乡歌等。

乡札是借字表记法中最发达的表记法，据推测是从表记官名等固有名词或一小部分词语开始，然后按照吏读→口诀→乡札的顺序发展的。

乡札的表记结构以语节为单位，以“读字+假字”的结构为主。即,表示概念的部分是根据汉字的本意进行表记,而像助词或词尾等表示语法关系的部分和词语的末音部分则放弃汉字的意思利用表音文字进行表记。在这一点上，和吏读、口诀的表记结构在类型上是相同的。但乡札是按照完整的韩国语语序排列，假字的一部分“吐”几乎完美地表记着助词或词尾。另外，即使不是固有名词，跟“丘物叱丘物叱. 亍昙亍昙” 一样使用“假字+假字”式连接结构的例子也出现不少。

吏读文主要以汉文的语序和韩国语的语序混用为主，而乡札除了引用句或体现特别表现效果的情况，都不使用汉文的语序。[②]

三、韩国的汉字使用

汉字在韩国的使用当然是在汉字传入韩国之后。正如前面所说,很可能是公元前104年中国的汉武帝在朝鲜半岛设立汉四郡后引入韩国的。此后,朝鲜的三国时代各个国家设立学校以鼓励学问，这里使用的字可能都是汉字。从那个时期

① 以上有关口诀的内容是概括并整理了“NAVER 知识百科”“借字表记法”(韩国民族文化大百科、韩国学中央研究院)上的相关内容。

② 以上有关乡札的内容是概括并整理了“NAVER 知识百科”“借字表记法”(韩国民族文化大百科、韩国学中央研究院)上的相关内容。

一直到近代，历代各国教授学问的机关如下。

高句丽的太学(4 世纪)；

统一新罗的国学(7 世纪)；

高丽时代的国子监(10 世纪)、成均馆(14 世纪)；

朝鲜时代的成均馆(15 世纪)、乡校和书院。

在这些机关教授学问的过程中,韩国的学问在文史哲各个领域打下了很好的学术基础,并取得了诸多学术成果,留下了不少的汉文资料,流传到目前的具有代表性的有：

统一新罗：《大方广佛华严经》《华严石经》、各种碑文；

高丽：《高丽大藏经》(大约五千万字)；

朝鲜：《朝鲜王朝实录》(大约五千万字)、《承政院日记》(大约两亿字)、各种文集(一共数千万字)。

四、韩文的创制与使用

在朝鲜初期世宗大王创制韩文之前,所有的文件都是用汉字写成的,大多数不认识汉字的百姓因不识汉字而经历着各种困难。因此,世宗大王为了消除其困难,创制了韩国固有的文字——韩文。

世宗大王为了创制韩文,涉猎了很多与文字相关的典籍,同时在当时最高学问机关——集贤殿学者们的帮助下,为创造韩文付出了巨大努力。结果,1443 年创造了与汉字系统不同的音素文字韩文,并取名为“训民正音”,意为“教育百姓的正确声音”。训民正音的音素初期由 28 个组成,后来合并了 4 个,目前使用 24 个音素。

世宗大王创制训民正音后,试图立即颁布让所有百姓都能使用,但遭到了大臣们的反对,一度未能颁布。后来说服大臣们并得到他们理解,直到 1446 年才颁布。世宗大王想在所有文件上都和汉字一起使用韩文,但实际上几乎所有文件上都仍然使用汉字,韩文主要在女性或下层百姓之间使用。因此连名字也被贬称为“谚文”。

进入 20 世纪后,随着西欧教育制度的引入开始建立了学校,而学校也开始教授韩文,韩文才开始逐渐被广泛使用。与此同时,在韩国文盲人数也减少了很多,因此韩文的使用也越来越多了起来。但是,汉字并没有在所有文件上完全消失,汉字仍然与韩文一起使用,如此跨过了20世纪中期。

正如前面所提到的,直到19世纪为止,在韩国制作的文献几乎都是使用汉字的。但进入20世纪后,逐渐在更多地方使用韩文。但是,由于韩国语中相当一部分是汉字语,所以不得不使用汉字,即使不使用汉字,以对汉字的理解为基础来理解韩国语也会更加有效。那么,现在使用的韩国语是如何构成的?为此,考察韩国国立国语研究院编纂的《标准国语大辞典》收录的51万个词汇,其中各类词汇的比重如下。

固有语:大约占26%;

汉字语:大约占58%;

固有语和汉字语构成的合成语:大约占9%;

外来语及其他:大约占7%。

仅在三四十年前,韩国街头的招牌上大多使用汉字,报纸和杂志上也使用很多汉字。但是最近汉字几乎消失了,全部被换成了韩文,甚至出现了英语过度泛滥的倾向。如下两张照片足可以反映这种现象。

图5-41 20世纪70年代的街头招牌

图5-42 21世纪10年代的街头招牌

五、近代的汉字教育政策

汉字是汉武帝在朝鲜半岛设立汉四郡后传入韩国的,很自然地就形成了汉字教育。朝鲜的三国时代不仅存在正式的教育机构,高丽时期开始建立了进行私人教育的私塾,这些机构都对学生进行汉字教育。尽管如此,到朝鲜时代末期为止,能够接受这种教育的人在整体国民中还是只占一部分,因此会读写汉字的人是非常有限的。

但是,大韩民国建立后向所有国民实施义务教育,进入学校的学生都能习得文字。只是初期的时候政府实施韩文专用政策,学生们没有学习汉字。但随着时间的推移,从1952年开始实行国文、中文混用政策,学生们在中小学国语教科书中可以接触到汉字了。此后根据政策随时调整韩文和汉字教育,其过程概括如下。①

1945年,废除汉字使用(学务局、朝鲜教育审议会);

1948年,颁布韩文专用法;

1952年,在小学四、五、六年级的国语教科书上使用常用汉字1 000字范围内的汉字;

1964年,在小学四年级以上、中学国语教科书上使用汉字;

1969年,停止汉字教育;

1972年,实施中学中文教育,选定并发表教育用汉字1 800字(初中900字,高中900字);

1997年,从义务教育中排除中文教育科目,允许各学校进行选择性教育;

2000年,教育部修订发表教育用汉字1 800字(初中900字,高中900字)。

总之,随着上述教育政策的实施,现在初中是否进行中文教育将交由各学校校长斟酌决定,因此出现了不少学校没有将中文列为正式教育科目。把中文教育首次作为正式科目的中学,以2007年至2012年的韩国初中班级数为基准,根据学校的斟酌权限选择学习中文的班级数统计如下。

表5-6　2007—2011年度韩国初中班级数及选择学习中文的班级数

年　度	全体班级数	选择学习中文的班级数	百分比(%)
2007	58 950	40 846	69.29
2008	58 804	40 285	68.51

① 〔韩〕李圭甲:《韓國의 漢字 教育과 教育用 漢字-漢字選定方式의 問題點 爲主》,《韩中言语文化研究》2015年第37号。

续 表

年 度	全体班级数	选择学习中文的班级数	百分比(%)
2009	58 396	39 712	68.00
2010	58 373	37 080	63.52
2011	57 830	27 242	47.11

根据该统计，选择学习中文的班级数不超过全体班级数的70%。虽然到2009年为止没有太大的差异，但从2010年开始选择学习中文的班级数开始减少，到了2011年大幅减少,还不到全体班级数的一半。从中我们可以看出韩国对中文的教育和学习需求在逐渐减少。

六、韩国固有的汉字

文字是一种文化,因此从拥有文字的地区传播到没有文字的地区是普遍的现象。如果在一个地区拥有优秀的文字，它就会传播到周围，最终周围其他人也会使用它。从这个角度来看,汉字在中国创制,后来传到韩国、日本或越南等地是非常自然的现象。当然,这些国家也有可能拥有自己的文字体系，如果拥有比汉字更优秀或感觉不到汉字必要性的文字体系，那么也许汉字就没有传入那个国家，或者即使传入了那个国家也不会被广泛使用。但无论如何，汉字早就传入了韩国，而且至今使用非常广泛。

如此看来,从外国传入韩国而使用的汉字肯定都是中国创制的。跟所有其他文字一样,汉字是有生命力的,根据需要会发生演变,不再使用的字也会被淘汰。因此，汉字传播到韩国后，中国也不断创造新的汉字，而这些汉字再度陆续传入韩国。

那么,从中国首次创制汉字后传入韩国一直到现在,韩国从没有过自己新创制的汉字吗?虽然中国一直在制造所需的汉字,韩国也一直引进，但韩国也有一些自己制造的文字。这是一些不是从中国传入的词汇,但韩国在必要时,根据表达需要，韩国产生了要自己创造新汉字的欲望。

即,为了表达韩国固有的地名、人名、官职名或固有词汇等,必须使用汉字，但引进到韩国的汉字中，没有恰当表现它的汉字，所以有必要创制出与之相符的新字。因此韩国独有的汉字很有可能早在很久以前就已形成。当然,大部分固有汉字都是在近代以后形成的,但据记载,三国时代的人名或地名当中也有不少韩国制造的汉字。这种汉字通常称为“固有汉字”,一般在字典中把韩国的固有汉字记为“国字”。

如此为了表达韩国使用的词汇,利用汉字的方法大致可分为三种。第一种是创制了全新的汉字,第二种是只利用中国制造汉字的发音的方式,第三种是只利用中国制造的现有汉字意义的方式。从统一新罗时期开始存在的吏读或乡札等使用的汉字大部分都属于这一范畴。其中,从真正意义上韩国制造的汉字只是第一种字。①

在韩国整理并收录这些国字的文献中,具有代表性的有池锡永的《字典释要》(1909 年)、崔南善的《新字典》(1915 年)、鲇具房之进的《俗字考》(1931 年)、崔范勋的《汉字借用表记体系研究》(1977 年)、金钟埙的《韩国固有汉字研究》(改订增补版,2014 年)、檀国大学校东洋学研究所编撰的《韩国汉字语词典》(卷一—卷四,1992 年、1993 年、1995 年、1996 年)等。②

以上文献中收录的韩国国字中,列举一部分如下(以韩国语音为序)。

간(鐗)·갈(乫)·갈(乫)·감(𥓑)·갓(㔶)·갯(乪)·거(艍)·걱(巪)·걱(巪)·걸(乬)·겁(㤼)·겁(㤼)·것(㖴)·계(㮒)·고(㚌)·고(𦬦)·골(㕞)·골(㐆)·골(𦮘)·곱(𠁾)·곳(𦭮)·곳(𢈌)·곳(㐥)·광(㹤)·굴(乻)·굴(乻)·굿(㐒)·귀(櫷)·끝(㖟)·기(忯)·놀(乻)·놀(乻)·놈(者)·늣(𦻇)·답(畓)·대(垈)·대(襨)·돈(獤)·돌(乭)·돌(埃)·돗(𨗝)·똥(㖯)·똥(㖯)·두(㐲)·둑(㐲)·둔(㐳)·둘(乧)·둘(乧)·듯(㖖)·둥(㐘)·둘(乧)·등(㐘)·람(㘓)·로(㐰)·마(亇)·마(亇)·마(𩵋)·말(唜)·말(唜)·망(䰶)·망(䰶)·명(椧)·몰(乮)·반(㮽)·발(炦)·배(环)배(𥴣)·백(苩)·뻘(浌)·볼(乶)·봇(乶)·부(㚿)·뿐(㐻)·뿐(㐻)·비(䊬)·비(㮰)·산(㯉)·산(𪎊)·삽(㐊)·쌀(㐖)·살(乷)·셔(闍)·선(𦻇)·션(鐥)·션(縇)·설(乴)·설(𨫰)·소(蟎)·쇼(乺)·솔(乺)·솔

① 〔韩〕李圭甲:《한자의 즐거움》, 차이나하우스,2016 年,第 126—127 页。

② Yongki Lim, Jiyoung Lee:“Korean-coined characters and syllable structure”. *Journal of Chinese Writing Systems*,2019(3).

(乶)・솟(乺)・수(稤)・슈(逑)・승(氶)・씨(穖)・식(飧)・얌(㖼)・억(䒑)・얼(乻)・엄(欕)・엇(旕)・엿(㳛)・유(𥬠)・올(乭)・욋(乼)・료(鐐)・우(沾)・우(絆)・울(乶)・율(乷)・자(啫)・자(襟)・작(者)・잘(乽)・잣(茬)・장(欌)・적(硳)・던(猠)・절(乫)・졈(岾)・뎡(釘)・조(曺)・조(穛)・종(䑗)・줄(乼)・줏(詜)・짓(巪)・추(榁)・탁(侂)・택(垞)・퉁(夘)・톨(乧)・팟(巼)・팽(閪)・편(鍽)・할(乤)・화(夻)・횡(遤)①

除上述例子外，韩国的国字中也有一些和中国使用的异体字字形相同而字音和字义完全不同的汉字。只是这些汉字并不是和中国的正字字形相同，而是和异体字字形相同，因此很难将其视为中国的汉字，即便如此，也很难将其视为完全是韩国的国字。例如，表示岛屿名称的“岺”字。对此，金殷嬉表示：“岺”除了岛名“岺”之外，很难找到其他用例。《韩国汉字语词典》(卷二)里记为“音不详，义为岛名”，但根据《朝鲜王朝实录》(sillok.history.go.kr)中的《光海君日记》(59卷，光海四年11月6日，第5篇报道)中记载的将“岺崽”译为“불새“而读成“불”。在中国的《金瓶梅》(《宋元以来俗字谱》)和1936年被《中国歌谣资料》引用的《北平岺时志》中，“岺”被作为“岁”的异体字②，但推测它受到用于岛屿名称的“崽”的表意偏旁“山”的影响，是由表意偏旁“山”和表音偏旁“不”结合而成的“国字”。③

七、目前韩国常用的汉字

目前在韩国有一部分人几乎都在使用韩文，但韩国语中已经含有大量的汉字语。因此，即使将其表记为韩文，实际上在不知不觉中使用了许多汉字语。因此，如果将这些用韩文写的汉字语全部换成汉字，那么我们算是使用着大量的汉字。

那么，韩国最常用的汉字是哪些？目前韩国虽然同时使用韩文和汉字，但助词或可以用韩国语表记的汉字语都用韩文书写，因此，无论使用再多的字，在使用的全体汉字中所占比率并不高，其频率分布比较均匀。相反，在中文中，所有字词都

① 〔韩〕李圭甲：《한자의 즐거움》，차이나하우스，2016年，第128—129页。

② 岺，同“岁”。《中国歌谣资料》第一集第七部分所引地方志有张江裁纂《北平岺时志》。出自《汉语大字典》(第二版 九卷本)，四川辞书出版社、崇文书局，2010年，第787页。

③ 〔韩〕金殷嬉：《현대 중국 사회에서의 한국 고유한자 ‘國字’의 존재 양상 분석》，《外國學研究》2021年第58集。

用汉字书写，助词之一的“的”字占汉字总数的4%以上，属于频率表上前10位的字占全部汉字使用率的15%以上。

那么在中国经常使用的汉字中，在韩国使用得相对较少的字有哪些呢？为了对此进行调查，首先按顺序罗列了两国各常用的100个字，并将其中两国都有使用的字和只有一国的字做成下面的表格（见表5－7）。根据该表，两国都使用的汉字只有31个字，其余69个汉字，均为占据各国前100位的汉字。

其中，在中国作为助词使用频率最高的“的”字在韩国也排在第18位，频率也算是很高的。使用频度排位第二的“一”字在韩国也排在第12位。但是像“了”和“是”这样的字在中国经常使用，而在韩国并不经常使用。除此之外，像“我、在、有、这、他、们、来、个、着、和、里”这样的助词或代名词，在韩国因为纯韩语很少用汉字来书写，在中国却使用相当频繁。

从整体上看，在韩国最常用的50个字中，在中国进入前100个字的有20个；而在中国经常使用的50个字中，在韩国进入前100个的字只有14个。与此相反，在韩国，像“金”“李”这样表示姓氏的字占据很高的使用频率，但在中国使用频度排位前100个字中根本找不到，这很可能是因为这些字只有在韩国才经常使用的缘故。

表5－7　韩中两国汉字使用频率高的前100个字

号码	韩	中	号码	韩	中	号码	韩	中	号码	韩	中
1	國37	的18	10	東	这	19	中61	就	28	民67	得
2	大17	一12	11	法	他	20	地16	你	29	南	去
3	文	了	12	一2	们	21	會32	说79	30	主33	也
4	金	是	13	子24	来	22	性	到	31	上	那
5	學46	不77	14	三	个	23	化	和	32	高	会21
6	由	我	15	史	上	24	生42	子13	33	石	主30
7	李	在	16	韓	地20	25	道78	要	34	神	时59
8	人9	有	17	事88	大2	26	州	里	35	教	出
9	書	人8	18	的1	着	27	日	么	36	水	下

续 表

号码	韩	中	号码	韩	中	号码	韩	中	号码	韩	中
37	王	国 1	53	城	多	69	寺	想	85	朴	只
38	理	过	54	成 71	天 48	70	院	样	86	西	种
39	正	为	55	長 100	工	71	本	成 54	87	內	老
40	實	好	56	者	家 61	72	公	义 44	88	門	事 17
41	朝	看	57	官	把	73	體	后	89	相	从
42	面 68	生 24	58	物	动 80	74	自 63	她	90	川	分
43	行 99	可	59	時 34	用	75	定	头	91	白	前
44	義 72	以	60	海	对	76	集	经 49	92	元	些
45	社	还	61	家 56	中 19	77	不 5	产	93	詩	点
46	論	学 5	62	安	作	78	光	道 25	94	德	开
47	新	起	63	部	自 74	79	說 21	十	95	無	而
48	天 54	都	64	軍	发	80	動 58	甚	96	方 97	很
49	經 76	年 84	65	世	又	81	平	进	97	龍	方 96
50	宗	小	66	代	同	82	北	心 98	98	心 82	于
51	錄	没	67	明	民 28	83	五	现	99	權	行 43
52	記	能	68	政	面 42	84	年 49	然	100	江	长 55

* 汉字旁边的数字表示对方国家使用该字的频率顺序。①

① 〔韩〕李圭甲:《한자의 즐거움》,차이나하우스,2016 年,第 232—235 页。

后记

进入新世纪以来，中国文字学学科体系建设获得长足发展。无论是新材料还是理论新突破，无论是基础研究还是实际应用，无论是工具的因素还是多学科交叉的领域，都有必要加以总结，提要钩玄，提纲挈领，适合人文基础通识性阅读，适用文字进行跨文化传播的当下需求。无论是总结反映学科建设进展，还是读者一般使用，做到一册在手，即可及时掌握复杂的中国文字学体系——华东师范大学中国文字研究与应用中心组织推出了这本《中国文字学手册》，希望能真正成为相关学科方便实用的工具。相较学科的建设发展，总结和归纳总是滞后的。由于学科体系过于庞杂，更兼时间仓促，又出自众人之手，心力不齐，挂一漏万，在所难免。期待大家补粗，以便及时完善。

参与撰写的各位专家，都是在相关细分领域既有扎实的文字学科基础素养，又作出公认学术贡献的学者。其中有的学者，可以称得上是“一时之选”。

根据体例，涉及历史悠久的文字基本术语体系，基本包含概念定义、历史讨论的主要观点、最新发展及相关资料等。《中国文字学手册》由绪论、汉字的理论、历史中的汉字、汉字的应用、中国的民族文字、汉字文化圈等几大知识板块有机组成。

第一章　绪论部分。包括中国文字的起源与中国文字的类型。

第一节　中国文字的起源，由四川大学历史文化学院何崝教授完成。何崝教授作为古文字学家，探究中国文字起源课题，历有年所。由巴蜀书社所付梓的《中国文字起源研究》近百万言，代表了该领域研究目前最新的成就。

第二节　中国文字的类型，由上海外国语大学国际文化交流学院朱建军教授完成，朱教授的专业领域为比较文字学与民族文字学。

第二章　汉字的理论。本部分包括汉字的性质、汉字的结构、汉字的简化、现代汉字。

第一节　汉字的性质，由华东师范大学中国文字研究与应用中心臧克和教授完成。

第二节　汉字的结构，由南通大学文学院连登岗教授完成。连登岗教授长期在汉字学理论、现代汉字学研究等相对薄弱环节，用力维勤，是在相关领域成就大、贡献多的著名学者。

第三节　汉字的简化，由南通大学文学院连登岗教授完成。

第四节　现代汉字，由南通大学文学院连登岗教授完成。

第三章　历史中的汉字。本部分历史跨度大，材料类型多，包括：甲骨文、商周金文、简帛、石刻文字、小篆、陶文、货币文字、玺文、纸写文字等。

第一节　甲骨文，由华东师范大学中国文字研究与应用中心徐丽群博士后研究员完成。

第二节　商周金文，由华东师范大学中国文字研究与应用中心董莲池教授完成。

第三节　简帛，由华东师范大学中国文字研究与应用中心白于蓝教授完成。

第四节　石刻文字，由华东师范大学中国文字研究与应用中心姚美玲教授完成。

第五节　小篆，由华东师范大学中国文字研究与应用中心潘玉坤教授等完成。

第六节　陶文，由华东师范大学中国文字研究与应用中心汤志彪教授等完成。

第七节　货币文字，由华东师范大学中国语言文学系陶霞波助理研究员完成。

第八节　玺文，由华东师范大学中国文字研究与应用中心汤志彪教授等完成。

第九节　纸写文字，由华东师范大学中国文字研究与应用中心姚美玲教授完成。

第四章　汉字的应用。本部分涉及汉字与计算机技术、汉字与书法、汉字与教学、汉字与文化等。

第一节　汉字与计算机技术，由华东师范大学中国文字研究与应用中心刘志基教授完成。

第二节　汉字与书法，由四川大学历史文化学院何崝教授完成。何崝教授是中国精通古文字学的真正书艺名家。

第三节　汉字与教学，由华东师范大学国际汉语文化学院、华东师范大学中国文字研究与应用中心张德劭研究员完成。

第四节 汉字与文化,由华东师范大学中国文字研究与应用中心刘志基教授完成。刘志基教授是业内公认的古文字国际编码、数据库文字学专家,也是中国汉字文化学学科最有成就的学者之一。

第五章 中国的民族文字。本大类涵盖凡19种民族文字,涉及众多专家学者。

第一节 西夏文,由上海外国语大学全球文明史研究所唐均研究员完成。唐均教授是以研究领域广泛而著称的普通文字学专家。

第二节 契丹、女真文,由上海外国语大学全球文明史研究所唐均研究员完成。

第三节 粟特文、回鹘文、蒙古文、满文,由广州中医药大学外国语学院曾俊敏教授完成。

第四节 "吐火罗文"、于阗文、藏文、八思巴字,由天津大学语言科学研究中心陈鑫海教授完成。

第五节 方块壮字、苗文、白文、侗文,由下列专家分工完成:

第一部分 方块壮字,由江苏大学文学院史维坤博士完成;

第二部分 苗文,由淄博师范高等专科学校人文学院刘悦教授完成;

第三部分 白文,由淄博师范高等专科学校人文学院刘悦教授完成;

第四部分 侗文,由华东师范大学中国文字研究与应用中心刘凌副教授完成。

第六节 彝文、傈僳文、水字,由下列专家分工完成:

第一部分 彝文,由上海外国语大学国际文化交流学院朱建军教授完成;

第二部分 傈僳文,由淄博师范高等专科学校人文学院刘悦教授完成;

第三部分 水字,由华东师范大学中国文字研究与应用中心刘凌副教授完成。

第七节 纳西东巴文,由华东师范大学中国文字研究与应用中心张春凤研究员完成。

第六章 汉字文化圈,本部分包含:日本的汉字与假名、韩国的汉字使用。

第一节 日本的汉字与假名,由日本早稻田大学社会科学研究科大学院笹原宏之教授、东北师范大学外国语学院日语系洪仁善教授完成。笹原宏之是日本国当今汉字学成就最为突出的学者之一。

第二节　韩国的汉字使用,由韩国延世大学中文系李圭甲教授完成。李圭甲教授是韩国高丽大藏经研究所所长,是文字学著作等身的学者。

英国世哲出版公司(SAGE)出版的英文版《中国文字》(JCWS)编辑部张春凤博士承担了组编工作,张德劭研究员研制了《中国文字学手册》大纲;华东师范大学中国文字研究与应用中心郑邵琳博士为组织处理联系,花费了许多时间。《中国文字学手册》的及时付梓,得到了国内外文字学家、汉字文化圈地区的同道专家们的支持,得到了华东师范大学出版社的重视,王焰社长重视并将其作为重点选题,社项目部朱华华主任付出了大量时间与精力:这些都是促成《中国文字学手册》顺利问世的因缘。

华东师范大学中国文字研究与应用中心

臧克和于癸卯岁孟夏因树缘湖居